Unternehmenscontrolling

Laurenz Lachnit • Stefan Müller

Unternehmenscontrolling

Managementunterstützung bei
Erfolgs-, Finanz-, Risiko-
und Erfolgspotenzialsteuerung

2., überarbeitete und erweiterte Auflage

Prof. Dr. Laurenz Lachnit
Universität Oldenburg
Oldenburg, Deutschland

Prof. Dr. Stefan Müller
Helmut-Schmidt-Universität
Hamburg, Deutschland

ISBN 978-3-8349-3141-2
DOI 10.1007/978-3-8349-3736-0

ISBN 978-3-8349-3736-0 (eBook)

Die Deutsche Nationalbibliothek verzeichnet diese Publikation in der Deutschen Nationalbibliografie; detaillierte bibliografische Daten sind im Internet über http://dnb.d-nb.de abrufbar.

Springer Gabler
© Springer Fachmedien Wiesbaden 2006, 2012

Lektorat: Anna Pietras / Renate Schilling

Gedruckt auf säurefreiem und chlorfrei gebleichtem Papier

Springer Gabler ist eine Marke von Springer DE. Springer DE ist Teil der Fachverlagsgruppe Springer Science+Business Media.
www.springer-gabler.de

Vorwort zur zweiten Auflage

Das Controlling befindet sich nach wie vor in einem deutlichen Weiterentwicklungsprozess, der vielfältige Ursachen hat. Infolgedessen haben wir gerne die Möglichkeit genutzt, eine von der Verfügbarkeit des Buches her nötige 2. Auflage zugleich mit inhaltlichen Überarbeitungen zu verbinden.

Mit Blick auf das Grundverständnis von Controlling sind aktuelle Wesens- und Inhaltsbeschreibungen für das Controlling durch offizielle Controllingverbände sowie neueste Diskussionspositionen der Wissenschaft zu diesem Gegenstand neu aufgenommen worden.

In großem Umfang waren zudem an verschiedenen Stellen des Buches Anpassungen nötig, um die durch das BilMoG und die zwischenzeitlichen IFRS-Entwicklungen bewirkten Veränderungen in den Datenlagen und Methodenanforderungen für das Controlling zu berücksichtigen. In diesem Zusammenhang musste auch die zahlenhinterlegte Fallstudie zu Controlling-Kennzahlensystemen in Form und Zahleninhalt angepasst werden. Die Gelegenheit wurde zugleich genutzt, sie auch inhaltlich in Richtung auf anstrebenswerte zusätzliche Informationstypen hin zu erweitern.

Nicht minder wichtig war uns, bei der Überarbeitung zur 2. Auflage der Tatsache Rechnung zu tragen, dass die Finanzkrise der letzten Jahre gravierende Auswirkungen auch für das Controlling der Unternehmen hat. Im Teilgebiet Finanzcontrolling wurde daher ein zusätzliches Kapitel über Kreditwürdigkeitsuntersuchung, Rating durch Banken und Selbstrating eingefügt, im Teilgebiet Risikocontrolling wurden die Implikationen der Finanzkrise auf die Ausgestaltung von Risikomanagementsystemen grundlegend behandelt und insbesondere die prozyklische Wirkung der derzeitigen Risikomanagementsysteme des Controllings als Problem herausgearbeitet.

Ein Lehrbuch lebt auch von der Kommunikation zwischen Leserschaft und Autoren. So konnten wir wertvolle Hinweise von Kollegen, Mitarbeitern und Studierenden bei der Überarbeitung berücksichtigen und hoffen auf einen weiterhin fruchtbaren Dialog

Oldenburg, im März 2012   *Laurenz Lachnit, Stefan Müller*

Vorwort zur ersten Auflage

Unternehmen sehen sich seit Jahren einer wachsenden Dynamik in den Rahmenbedingungen ihres Handelns ausgesetzt. Neue Technologien lassen ganze Branchen entstehen und führen zum Verschwinden wiederum anderer Märkte. Nach der Änderung der weltpolitischen Lage durch die stärkere Einbindung ehemaliger Ostblockländer in die Weltwirtschaft sowie durch die boomartige Entwicklung in manchen Regionen Asiens ergeben sich eine Vielzahl neuer potentieller Kunden und Lieferanten, aber auch Konkurrenten. Zudem ändern sich durch den Bedeutungsgewinn supranationaler Organisationen die rechtlichen Grundlagen sowie die (global-)gesellschaftlichen Normen, einhergehend mit einer kulturell und medienmäßig gestiegenen Macht der öffentlichen Meinung. Gleichzeitig führen von hohen, z.T. spekulativ zur Verfügung stehenden Beträgen geprägte Kapitalmärkte zu starken Schwankungen von Devisenkursen, Unternehmenswerten und Zinsen, wobei zusätzlich die Finanzierungsgegebenheiten der Unternehmen z.T. völlig neue Gestalt annehmen. Schließlich sieht sich jedes Unternehmen auch noch wirtschaftsprozesstypischen Unwägbarkeiten, wie Absatzeinbrüchen, Produzentenhaftung, Änderung der politischen Rahmenbedingungen usw. ausgesetzt, die jeder unternehmerischen Tätigkeit als Risiken immanent sind.

In diesem Szenario bekommt das Controlling als Unternehmensführungs-Servicefunktion existenzielle Bedeutung. Dabei steht zunächst die Unterstützung der Erfolgs- und Finanzlenkung im Vordergrund, da die nachhaltige Sicherung von Erfolg und Liquidität Voraussetzung für den Bestand von Unternehmen ist. Allerdings muss die Lenkung von Erfolg und Finanzen stets unter Beachtung der Risikolage erfolgen, so dass als zentrale Controllingteilgebiete Erfolgs-, Finanz- und Risikocontrolling erforderlich sind. Wird die Betrachtung in Richtung der langfristigen Gestaltungsmöglichkeiten erweitert, kommen Erfolgspotenziale in den Fokus, die über verschiedene Ansätze des Erfolgspotenzial-Controllings gesteuert werden können. Bei dieser Fülle von Informationen aus den verschiedenen Controllingfeldern benötigt die Unternehmensführung ein komprimiertes Management-Armaturenbrett, in welchem die zentralen entscheidungsrelevanten Informationen zusammenfließen. Diesem Zweck entsprechen Controlling-Kennzahlensysteme.

Das vorliegende Buch folgt diesem Controllingverständnis und bietet für das gesamtunternehmensbezogene Controlling eine fundierte anwendungsorientierte Behandlung der genannten Controllingfelder. Dabei werden die theoretischen Ausführungen durch zahlreiche Beispiele im Text und eine umfassendere Fallstudie am Ende des Buches ergänzt. Das Buch ist als Lehr- und Arbeitsbuch gedacht. Es richtet sich an Personen, die mit Unternehmensführung, Controlling, Erfolgs-, Finanz- und Risikomanagement oder Unternehmensanalyse und -gestaltung befasst sind. Adressaten sind zum einen Studierende und Dozenten der Betriebswirtschaftslehre, zum anderen Praktiker aus den genannten Bereichen.

In dem Werk sind viele Anregungen von Kollegen, Mitarbeitern und Studierenden eingeflossen, wofür wir danken möchten. Besonders zu erwähnen sind dabei Frau Dr. Inge Wulf für kritische inhaltliche Mitwirkung, Herr Dipl.-Kfm. Andreas Eiselt für die Bearbeitung von Beispielen und die redaktionelle Begleitung sowie Frau Monika Seweron, die gewohnt gekonnt die schreibtechnische Umsetzung gemeistert hat.

Oldenburg, im März 2006   *Laurenz Lachnit, Stefan Müller*

Inhaltsverzeichnis

Vorwort V

1   **Unternehmenscontrolling: eine Gegenstandsbestimmung** 1
1.1   Grundsachverhalte des Controllings 1
1.1.1   Wesen und Aufgabe des Controllings 1
1.1.2   Controllingentwicklung und Controllingphilosophien 6
1.1.3   Koordination der Unternehmensführungs-Teilsysteme als Controllingaufgabe.... 9
1.1.4   Gestaltung des Planungs- und Kontrollsystems als Controllingaufgabe.............. 11
1.1.5   Gestaltung des betrieblichen Informationssystems als Controllingaufgabe......... 17
1.1.6   Unterstützung der Rationalitätssicherung als Controllingaufgabe 22
1.2   Teilgebiete des Controllings 24
1.2.1   Controllingteilgebiete nach Aufgabenaspekt... 25
1.2.2   Controllingteilgebiete nach Zeitaspekt 27
1.2.3   Controllingteilgebiete nach Funktionalaspekt 32
1.2.3.1 Produktionscontrolling 34
1.2.3.2 Marketing- und Absatzcontrolling... 35
1.2.3.3 Beschaffungs- und Logistikcontrolling.. 36
1.2.3.4 Forschungs- und Entwicklungscontrolling.. 37
1.2.3.5 Verwaltungscontrolling.. 38
1.2.3.6 Projektcontrolling 39
1.2.4   Controllingteilgebiete nach Faktoraspekt 40
1.2.4.1 Personalcontrolling 41
1.2.4.2 Investitions-/Anlagencontrolling... 42
1.2.4.3 Vorrätecontrolling.. 42
1.3   Instrumente des Controllings 43

2   **Erfolgscontrolling**... 49
2.1   Grundsachverhalte des Erfolgscontrollings 49
2.2   Kosten- und Leistungsrechnung als Bestandteil des Erfolgscontrollings 49
2.2.1   Wesen der Kosten- und Leistungsrechnung 49
2.2.2   Aufgaben und Module der Kosten- und Leistungsrechnung............................. 52
2.2.3   Gegenstände der Kosten- und Leistungsrechnung 55
2.2.4   Teilgebiete der Kosten- und Leistungsrechnung... 58
2.2.4.1 Kostenartenrechnung 59
2.2.4.2 Kostenstellenrechnung... 62
2.2.4.3 Kostenträgerrechnung 67
2.2.4.4 Kalkulatorische Ergebnisrechnung 72
2.2.5   Kostenrechnungssysteme 79
2.2.5.1 Typologie der Kostenrechnungssysteme.. 79
2.2.5.2 Ist-Vollkostenrechnung.. 80
2.2.5.3 Teilkostenrechnung und Deckungsbeitragsrechnung 83

2.2.5.4   Plankostenrechnung 92
2.3   Kostenmanagement als Bestandteil des Erfolgscontrollings 102
2.3.1   Fixkostenmanagement 102
2.3.2   Prozesskostenrechnung 103
2.3.3   Lifecycle Costing 107
2.3.4   Target Costing 111
2.3.5   Cost Benchmarking 115
2.4   Absatz- und Umsatzprognose als Bestandteil des Erfolgscontrollings 118
2.4.1   Absatz- und Umsatzprognose als zentraler Controllingbaustein 119
2.4.2   Verfahren zur Absatz- und Umsatzprognose 120
2.4.3   Umsatzprognose bei Unternehmen mit hoher Wiederholungshäufigkeit der
           Leistungserstellung (Massenfertigung) 125
2.4.4   Umsatzprognose bei Unternehmen mit geringer Wiederholungshäufigkeit der
           Leistungserstellung (Einzelfertigung) 129
2.4.5   Absatz- und Umsatzmanagement 136
2.5   Umsatz-, Kosten- und Erfolgsplanung als Bestandteile des Erfolgscontrollings 139
2.5.1   Umsatzplanung 139
2.5.2   Kostenplanung 140
2.5.3   Erfolgsplanung 144
2.6   Budgetierung als Bestandteil des Erfolgscontrollings 150
2.6.1   Budgetierungsprozess 153
2.6.2   Budgetierungstechniken 156

3   Finanzcontrolling 161
3.1   Grundsachverhalte des Finanzcontrollings 161
3.2   Statische Kalküle des Finanzcontrollings 164
3.2.1   Vermögensanalyse 164
3.2.1.1   Vermögensstruktur 164
3.2.1.2   Vermögensumschlag 166
3.2.1.3   Investitionstätigkeit 168
3.2.2   Kapitalanalyse 169
3.2.2.1   Bereinigtes Eigenkapital 169
3.2.2.2   Kapitalstruktur 172
3.2.2.3   Kapitalrückflusszeiten 175
3.2.3   Deckungsverhältnisse von Vermögen und Kapital 175
3.2.3.1   Langfristige Deckungsrelationen 176
3.2.3.2   Kurzfristige Deckungsrelationen 177
3.2.4   Prospektive beständebezogene Finanzanalyse 179
3.2.5   Liquiditätsstatusrechnungen 181
3.3   Dynamische Kalküle des Finanzcontrollings 181
3.3.1   Finanzplanungsprozess 182
3.3.1.1   Finanzprognose und Finanzplanung 182
3.3.1.2   Plananpassung und Finanzplan-Optimierung 183
3.3.1.3   Finanzkontrolle 183

3.3.2   Originäre und derivative Einnahmen-Ausgaben-Rechnung 184
3.3.2.1   Kurzfristige Finanzplanung 185
3.3.2.2   Unterjährige Finanzplanung 185
3.3.2.3   Mittelfristige Finanzplanung 186
3.3.2.4   Langfristige Finanzplanung 187
3.3.3   Kapitalflussrechnung (Cashflow-Statement) 187
3.4   Kreditwürdigkeitsuntersuchung 200
3.4.1   Regeln der Kreditvergabe 200
3.4.2   Rating 203
3.4.3   Selbstrating 205
3.4.3.1   Ziel und Aufbau 205
3.4.3.2   Branchenanalyse 206
3.4.3.3   Quantitative Analyse 207
3.4.3.4   Qualitative Analyse 210
3.4.3.5   Warnsignale und Gesamtergebnis 211
3.4.4   Implikationen der Bilanzpolitik 211
3.5   Integriertes Erfolgs-, Bilanz- und Finanzplanungssystem 213
3.5.1   Planungs- und Kontrollsystem der Unternehmung 213
3.5.1.1   Strategische Ausgestaltung des Planungs- und Kontrollsystems 215
3.5.1.2   Operative Ausgestaltung des Planungs- und Kontrollsystems 216
3.5.2   Erfolgs- und Finanzlenkung als integrativer Faktor des Planungs- und
             Kontrollsystems 217
3.5.3   Sachliche Integration von Erfolgs-, Bilanz- und Finanzgrößen 219
3.5.4   Zeitliche Integration von Erfolgs-, Bilanz- und Finanzgrößen 220
3.5.5   Organisatorische Integration von Erfolgs-, Bilanz- und Finanzgrößen 220

4   Risikocontrolling 223
4.1   Grundsachverhalte des Risikocontrollings 223
4.2   Module des Risikocontrollings 224
4.2.1   Grundkonzept eines Risikomanagementsystems 225
4.2.2   Risikoidentifikation 228
4.2.3   Bewertung der Einzelrisiken 231
4.2.4   Risikokommunikation 233
4.2.5   Risikoaggregation und Risikogesamtbewertung 234
4.2.6   Risikobericht 236
4.2.7   Risikosteuerung 236
4.2.8   Risikoüberwachung 237
4.3   Implikationen der Finanzkrise für die Ausgestaltung von
             Risikomanagementsystemen 239
4.3.1   Entstehung und Wirkungen der Finanzkrise 239
4.3.2   Risikomanagement im Entstehen der Finanzkrise 240
4.3.3   Risikomanagement während der Finanzkrise 244
4.3.4   Prozyklische Wirkung der Risikomanagementsysteme 245

4.4   Integriertes Erfolgs-, Finanz- und Risikomanagementsystem 247
4.4.1   Grundkonzept eines integrierten Erfolgs-, Finanz- und
          Risikomanagementsystems 247
4.4.2   Erfolgs- und Finanztransformation der Risiken 249
4.4.3   Gesamtunternehmensmodule eines integrierten Erfolgs-, Finanz- und
          Risikomanagementsystems 251

5   **Erfolgspotenzial-Controlling** **253**
5.1   Grundsachverhalte des Erfolgspotenzial-Controllings 253
5.2   Wertorientiertes Controlling 255
5.2.1   Economic Value Added©-Konzept 256
5.2.2   Cash Value Added-Konzept 258
5.2.3   Cashflow Return on Investment-Konzept 259
5.2.4   Discounted Cashflow-Konzept 260
5.2.5   Möglichkeiten und Grenzen wertorientierter Konzepte 263
5.3   Immaterial-Controlling 267
5.3.1   Identifizierung von Immaterialvermögen 268
5.3.2   Bewertung von Immaterialvermögen 269
5.4   Erfolgsfaktoren-Controlling 270
5.4.1   Identifizierung von Erfolgsfaktoren 271
5.4.2   Messung von Erfolgsfaktoren 277
5.5   Strategisches Controlling 280
5.5.1   Instrumente und Techniken des strategischen Controllings 280
5.5.2   Integration qualitativer und strategischer Informationen in Controllingkalküle.. 284

6   **Controlling-Kennzahlensysteme** **291**
6.1   Notwendigkeit von Controlling-Kennzahlensystemen 291
6.2   Return on Investment (ROI)-Kennzahlensystem 292
6.3   Rentabilitäts-Liquiditäts-(RL-) Kennzahlensystem 295
6.3.1   Das Grundkonzept des Rentabilitäts-Liquiditäts-Kennzahlensystems 295
6.3.2   Der allgemeine Teil des Rentabilitäts-Liquiditäts-Kennzahlensystems 297
6.3.2.1   Der Rentabilitätsteil des RL-Systems 297
6.3.2.2   Der Liquiditätsteil des RL-Systems 303
6.3.3   Der Sonderteil des Rentabilitäts-Liquiditäts-Kennzahlensystems 307
6.3.3.1   Produktbezogener Sonderteil des RL-Systems 308
6.3.3.2   Organisationsbezogener Sonderteil des RL-Systems 311
6.3.3.3   Fallweiser Sonderteil des RL-Systems 311
6.3.4   Erweiterungen des RL-Kennzahlensystems um Wertorientierungs-,
          Nachhaltigkeits- und Risikoaspekte 312
6.3.4.1   Erweiterungen des allgemeinen Teils des RL-Kennzahlensystems 315
6.3.4.2   Erweiterungen des Sonderteils 318
6.4   Balanced Scorecard 319

6.5	Fallstudie	323
6.5.1	Controlling mit konventionellen Jahresabschlussdaten	324
6.5.2	Controlling mit erweiterten Jahresabschlussdaten	342
6.5.2.1	Grundsachverhalte einer Mehrspalten-Darstellung	342
6.5.2.2	Umsetzung	347
6.5.2.3	Erkenntnisse durch die transparentere Darstellung des Jahresabschlusses in drei Spalten	352
6.5.2.4	Besonderheiten der Spalte „Liquidität"	353
6.5.2.5	Besonderheiten der Spalte „interne Information"	355

Literatur ... 359

Stichwortverzeichnis ... 373

1 Unternehmenscontrolling: eine Gegenstandsbestimmung

1.1 Grundsachverhalte des Controllings

1.1.1 Wesen und Aufgabe des Controllings

Controlling als Funktion und Institution wird zunächst hauptsächlich im Zusammenhang mit erwerbswirtschaftlich orientierten Unternehmen gesehen, aber auch in der öffentlichen Verwaltung, in öffentlichen Betrieben, Krankenhäusern, Wohlfahrtsverbänden und NGOs erlangt das Controlling eine steigende Bedeutung.[1] Die Globalisierung der Unternehmenstätigkeiten, gestiegene Anforderungen der Kapitalgeber (hier vor allem auch der Banken), sowie weitreichende Veränderungen auf den Märkten führen dazu, dass der Stellenwert des Controllings in Unternehmen – nicht zuletzt auch bei mittelständischen Betrieben - weiter wachsen wird. Das **Controlling** stellt eine im Zusammenwirken von Praxis und Wissenschaft entwickelte und inzwischen auch erprobte **Konzeption zur Wirkungsintensivierung von Unternehmensführung** dar.[2] Dabei kann Controlling zunächst als eine spezielle Führungs- bzw. Managementfunktion angesehen werden, die aus der Notwendigkeit entspringt, die zu treffenden Entscheidungen im Managementprozess durch geeignete Informationen zu fundieren und an dem Zielsystem des Unternehmens auszurichten. Teile dieser Funktion können auf das Controlling ausgelagert werden, wobei dies als **Controllership** bezeichnet wird.[3] In diesem Sinn hat etwa die International Group of Controlling als praxisnahes Leitbild formuliert:

„Controller gestalten und begleiten den Management-Prozess der Zielfindung, Planung und Steuerung und tragen damit Mitverantwortung für die Zielerreichung. Das heißt:

■ Controller sorgen für Strategie-, Ergebnis-, Finanz-, Prozesstransparenz und tragen somit zu höherer Wirtschaftlichkeit bei.

■ Controller koordinieren Teilziele und Teilpläne ganzheitlich und organisieren unternehmensübergreifend das zukunftsorientierte Berichtswesen.

■ Controller moderieren und gestalten den Management-Prozess der Zielfindung, der

---

[1] Vgl. z.B. Müller, S./Papenfuß, U./Schaefer, C.: Controlling in Kommunen, 2009.

[2] Vgl. insbesondere Freidank, C.-C.: Controlling, 1993, S. 400; Hahn, D./Hungenberg, H.: Controllingkonzepte, 2001, S. 175-197; Hans, L./Warschburger, V.: Controlling, 1999; Horváth, P.: Controlling, 2011; Koch, G.: Controlling, 1980; Küpper, H.-U.: Controlling, 2005, Lachnit, L.: Controlling, 1992, S. 1-18; Lachnit, L.: Controlling als Instrument, 1992, S. 228-233; Lorson, P.: Controlling, 2011, S. 270-280; Serfling, K.: Controlling, 1992; Reichmann, R.: Controlling mit Kennzahlen, 2011, S. 2-3.

[3] Vgl. z.B. Weber, J./Schäffer, U.: Controlling, 2011, S. 1.

Planung und der Steuerung so, dass jeder Entscheidungsträger zielorientiert handeln kann.

■   Controller leisten den dazu erforderlichen Service der betriebswirtschaftlichen Daten- und Informationsversorgung.

■   Controller gestalten und pflegen die Controllingsysteme."[4]

Dieses primär aus der Praxis entstandene Controllingverständnis kann aus theoretischer Sicht fundiert werden. Demnach beschäftigt sich das Controlling mit der Erfolgs-, Finanz- und Risikosteuerung des Unternehmens und wirkt koordinierend mit Blick auf die zu erreichenden Ziele innerhalb und außerhalb des Unternehmens. Damit bewirkt das Controlling eine Rationalitätssicherung im Unternehmen, da bestehende kognitive Fähig- keitsbegrenzungen der Akteure durch den Einsatz organisatorischer und methodischer Maßnahmen vermindert werden. Controlling dient zur Unterstützung und Komplettierung des Managementprozesses, indem betriebswirtschaftliches Wissen über Führungs- instrumente und Verfahren eingebracht wird. Es handelt sich somit um eine zentrale Unternehmensführungsservicefunktion. Controlling umfasst die Gesamtheit der Konzepte und Instrumente zur rechnungswesenbasierten Unterstützung der Unternehmensführung bei Lenkung des Unternehmens, wobei das Rechnungswesen in diesem Zusammenhang sehr weit zu definieren ist und alle Konzepte und Verfahren einschließt, die eine quantitative Erfassung, Dokumentation, Aufbereitung und Auswertung innerbetrieblicher Prozesse und wirtschaftlich relevanter Beziehungen des Unternehmens zu seiner Umwelt ermöglichen.[5]

Das Controlling hat vor allem die Aufgabe,

■   Instrumente und Informationen für die Unternehmensführung bereitzustellen, um unternehmerische Entscheidungsbildung und -durchsetzung zu unterstützen,

■   Planung, Steuerung und Kontrolle auf den unterschiedlichen Ebenen des Unter- nehmens zu verankern sowie

■   die Sicherung des Bestandes und die Entwicklung der Potenziale des Unternehmens zu gewährleisten.

Ein **dispositiv nutzbares Rechnungswesen** wird dabei zum zentralen Controllinginstrument. Es ist **Kernbestandteil eines umfassenden Führungssystems**, in welchem die Führungs- teilsysteme koordiniert und in einer ganzheitlichen Führungskonzeption zusammengefügt werden. Da das Controlling keinen Rechtsnormen unterliegt, kann es firmenspezifisch auf die jeweiligen Führungserfordernisse zugeschnitten werden. Die Führungsunterstützung wird durch entsprechende Ausgestaltung interner Abbildungsmodelle ermöglicht, wobei z. B. für die Funktionalbereiche der Unternehmung und auch für verschiedene Branchen eine Vielzahl von Einzellösungen entwickelt wurden.

---

4   Controller Leitbild der IGC International Group of Controlling: Aktuelle Fassung, Parma, 14.09.2002, www.controllerverein.com (11.11.11) auch Inhalt der DIN SPEC 1089:2009-04, S. 4.
5   Vgl. Eisele, W./Knobloch, A. P.: Betriebliches Rechnungswesen, 2011, S. 11.

Die vorliegende Veröffentlichung befasst sich mit dem gesamtbetrieblichen Controlling. In einem ersten Kapitel werden zur Gegenstandsbestimmung zunächst Wesen und Aufgaben, Teilgebiete und Instrumente des Controllings behandelt. In Kapitel 2 erfolgt die Beschreibung des **Erfolgscontrollings** mit den zentralen Instrumenten Kosten- und Leistungsrechnung, Absatz- und Umsatzprognose sowie Umsatzplanung, Kostenplanung und Erfolgsplanung. Begriff und Aufgaben des **Finanzcontrollings** werden in Kapitel 3 geklärt. Es wird die Analyse von Vermögen und Kapital dargestellt; des Weiteren wird hier die Liquiditätsstatusrechnung beschrieben, bevor der Finanzplanungsprozess und die originäre und derivative Einnahmen- und Ausgabenrechnung sowie der Aufbau einer Kapitalflussrechnung und deren Bedeutung für das Controlling erläutert werden. Darauf aufbauend wird das integrierte Erfolgs-, Bilanz- und Finanzplanungssystem erarbeitet, wobei nach der Darstellung von Inhalt und Struktur eines Planungs- und Kontrollsystems verdeutlicht wird, warum eine Integration der Erfolgs-, Bilanz- und Finanzgrößen für die Unternehmensführung notwendig ist und wie ein solches integriertes Planungs- und Kontrollsystem ausgestaltet werden kann.

In Kapitel 4 werden Kalküle des **Risikocontrollings** sowie Prozess und Grundkonzept eines Risikomanagementsystems (RMS) beschrieben, bevor das Konzept eines integrierten Erfolgs-, Finanz- und Risikomanagementsystems vorgestellt wird. Dabei wird aufgezeigt, wie Risiken in Erfolgs- und Finanzinformationen transformiert und in das Gesamtsystem zu einem integrierten Erfolgs-, Finanz- und Risikomanagementsystem überführt werden können.

In Kapitel 5 wird auf die Steuerung von **Erfolgspotenzialen** als Herausforderung an das Controlling eingegangen, wobei zunächst aufgezeigt wird, warum das monetäre Abbildungssystem alleine noch nicht für eine zieloptimale Steuerung des Unternehmens geeignet ist. Die Herangehensweise an das Erfolgspotenzialcontrolling erfolgt dabei über unterschiedliche Ansätze. Diese sind das Wertorientierte Controlling, das Immaterial-Controlling, das Erfolgsfaktoren-Controlling sowie das Strategische Controlling. In jedem dieser Bereiche kommen spezifische Instrumenten und Techniken zum Einsatz, die insbesondere die Identifizierung und Messung von Erfolgsfaktoren sowie die Integration der dabei gewonnenen Informationen in das Controlling zur Aufgabe haben und daher letztlich auch nicht überschneidungsfrei sind.

Schließlich werden in Kapitel 6 **Kennzahlen und Kennzahlensysteme** als Controllinginstrument erläutert. Hierbei werden das Return-on-Investment- und das Rentabilitäts-Liquiditäts-Kennzahlensystem dargestellt, ihre Zusammenhänge aufgezeigt und ihre Aussagekraft erörtert. Im Anschluss daran wird die Balanced Scorecard als Führungskennzahlensystem hinsichtlich Aufbau und Arbeitsweise umrissen. Abschließende werden die Erkenntnismöglichkeiten an einer umfangreicheren Fallstudie aufgezeigt.

Controlling hat in der Wirtschaftspraxis als Funktion wie auch Institution weite Verbreitung gefunden, und auch in der Betriebswirtschaftslehre ist Controlling inzwischen ein fester Bestandteil. Dennoch bestehen über Wesen und Inhalt noch recht unscharfe und teils nicht unerheblich differierende Vorstellungen. Zur **Wesensbestimmung des Controllings**

kann zweckmäßigerweise vom Begriff "to control" ausgegangen werden, der die Tätigkeiten des Lenkens, Regelns, Steuerns bezeichnet.[6] So verstanden stellt Controlling als
Funktion einen Bestandteil des Managementprozesses dar. Das Controlling, verstanden als
Institution, übernimmt diese Führungsaufgaben aber nicht unmittelbar, sondern assistiert
der Unternehmensleitung durch die Übernahme der abgespaltenen Informationsfunktion
aus der Willensbildungs- und Willensdurchsetzung. Es wird als Controllership bezeichnet.
Somit ist **Controlling als eine Unternehmensführungs-Servicefunktion** darauf gerichtet,
der Unternehmensführung bei der zielorientierten Lenkung des komplexen Gebildes
Unternehmung auf konzeptioneller, instrumenteller und informatorischer Basis behilflich
zu sein.

Controlling verkörpert ein Konzept zur **Wirkungsverbesserung der Unternehmensführung,** in dessen Mittelpunkt die Unterstützung bei Zielbildung, Planung,
Kontrolle, Information, Koordination, und Rationalitätssicherung steht. Eine Erhöhung der
Führungseffizienz ist z.B. zu erreichen durch verbesserte entscheidungsbezogene Auswertung der Daten des betrieblichen Rechnungswesens sowie durch Beschaffung und
Auswertung führungsrelevanter außerbetrieblicher Informationen. Für das Controlling
entsteht damit die Verantwortung, eine auf die Zwecke der Unternehmensführung zuge-
schnittene **betriebliche Informationswirtschaft** zu realisieren.

Ein weiterer Ansatzpunkt für eine Steigerung der Unternehmensführungs-Effizienz besteht
darin, eine methodisch ausgeschliffene, als Gesamtsystem ausgelegte **Planung, Steuerung
und Kontrolle im Unternehmen** einzurichten, damit die Aktivitäten aller betrieblichen
Handlungsträger im arbeitsteiligen Zusammenwirken deutlicher auf die maßgeblichen
Unternehmensziele ausgerichtet werden. Die Schaffung eines solchen **Lenkungsgefüges**
verlangt sehr weit reichende Spezialkenntnisse, so dass diese Aufgabe häufig nicht von der
Unternehmensführung selbst, sondern vom institutionalisierten Controlling übernommen
wird.

Ein dritter Ansatzpunkt zur Verbesserung der Führungseffizienz besteht z.B. darin, die
verschiedenen Management-Teilsysteme, die häufig relativ unabgestimmt nebeneinander
existieren, in methodischer und inhaltlicher Hinsicht aufeinander abzustimmen und
systematisch zu koordinieren. Diese **Koordination** ist durch das Controlling zu leisten,
wobei die Voraussetzungen für ein wirkungsvolles Schnittstellenmanagement unter Beachtung vielfältiger Interdependenzen geschaffen werden müssen, um Reibungsverluste
zwischen den Führungs-Teilsystemen abzubauen und Synergieeffekte zu mobilisieren.

Als vierter Aspekt der Effizienzsteigerung – nach Informationsversorgung, Planung und
Kontrolle sowie Koordination auch die derzeit letzte Stufe der in der Theorie entwickelten
Controllingverständnisse –, wird die **Rationalitätssicherung der Führung** diskutiert.[7] Dabei
wird der Controller zum Sparringspartner des Managements, der – gemeinsam mit diesem

---

6   Vgl. zur Sematik Horváth, P.: Controlling, 2011, S. 16-18 oder Weber, J./Schäffer, U.: Controlling,
     2011, S. 1-26.
7   Vgl. Weber, J./Schäffer, U.: Thesen zum Controlling, 2004, S. 459-466.

sowie mit anderen Partnern, wie etwa Wirtschaftsprüfern, Aufsichtsrat oder anderen Akteuren im Kontext der Corporate Governance – für eine sachliche Fundierung von Entscheidungen sorgt, Entscheidungen kritisch hinterfragt und so ggf. vorhandene Defizite im Management auszugleichen versucht. Dies bedingt jedoch der Bereitschaft aller Beteiligten, sich dieser Sicherungsaufgabe zu stellen und einen offenen Dialog zu führen. Letztlich ist der Controller kein besserer Manager und kann daher nur Vorschläge unterbreiten und Anregungen liefern, die letzte Verantwortung liegt stets beim Management.

Die Übertragung dieser das Management unterstützenden Aktivitäten auf ein dafür spezialisiertes Controlling kann eine beträchtliche **Effizienzsteigerung der Unternehmensführung** bewirken, was höchst wünschenswert erscheint, da eine Vielzahl von ökonomischen und außerökonomischen Rahmenbedingungen der Unternehmenstätigkeit komplexer geworden sind. Als Beispiele seien hier neben der Subprime- und Staatsschuldenkrise nur erwähnt der Wertewandel im gesellschaftlichen Umfeld, die starke Globalisierung bei gleichzeitig weit reichenden weltwirtschaftlichen und weltpolitischen Veränderungen, eine zunehmende Tendenz zu politischen Eingriffen in Wirtschaftszusammenhänge, hohe Dynamik der Märkte, starker technischer Fortschritt mit deutlicher Verkürzung der Innovationszeiten und Lebenszyklen von Produkten, hohe Fix- und Sozialkostenbelastung sowie eine relativ niedrige Eigenkapitalausstattung der Unternehmen. Controlling erweist sich vor diesem Hintergrund als Möglichkeit, durch Fachspezialisten gezielt Managementunterstützung insbesondere in den Aufgabenfeldern Planung, Kontrolle, Information, Koordination und Rationalitätssicherung zu bieten, wobei die so erreichte Wirkungsverbesserung bei der Unternehmensführung Freiräume schafft, um den gestiegenen Managementanforderungen besser begegnen zu können.

Das Controlling als Konzept zur methodischen Führungsverbesserung tritt neben die häufig anzutreffende **intuitive Unternehmensführung**.[8] Controlling bedeutet nicht eine Abkehr von der intuitiven, auf „unternehmerischem Gespür" basierenden Führung, sondern soll die spezifischen Vorteile beider Wege kombinieren. Die Controllinginstrumente und –methoden kompensieren die Nachteile intuitiv erdachter Lösungen, wie insbesondere die mangelnde Begründbarkeit, durch die Überprüfung ihrer Plausibilität. Nicht vergessen werden soll auch, dass insbesondere strategische Controllinginstrumente ein hohes Maß an Intuition und Kreativität benötigen, was diese sinnvolle Ergänzung untermauert.

Als fundamentale Grundsätze für das institutionalisierte Controlling sind nach DIN SPEC 1086 anzusehen:[9]

■ Transparenz – z.B. bezüglich der Wahl der getroffenen Annahmen, des Realisierungsgrads der Zielerreichung, der Vergleichbarkeit von Daten oder der Systematik von Überprüfungen und Bewertungen. Erstellung von entscheidungsrelevanten Informationen für das Management.

---

8   Vgl. Schneider, D./Bäumler, M.: Unternehmertum, 1994, S. 371.
9   DIN SPEC 1086, 2009, S. 3.

■ Wahrhaftigkeit – z.B. Authentizität und Zuverlässigkeit von Analysen oder angewandten Methoden und Kennzahlen. Das Controlling ist Partner des Managements und hat daher die Tätigkeit so zu gestalten, dass das Management erreicht wird um in vertrauensvoller Zusammenarbeit Einvernehmen herzustellen.

■ Plausibilität – z.B. der Nachvollziehbarkeit und Konsistenz von Reporting, Planungsdaten und Potenzialen sowie bezüglich des erkennbaren Zusammenhangs zwischen Ergebnissen, Annahmen und zufälligen Einflüssen.

■ Konsequenz – z.B. bezüglich der Kontinuität in der strategischen Ausrichtung oder der Zielstrebigkeit bei der Umsetzung von Verbesserungspotenzial oder Lerneffekten. Dazu erkennt das Controlling selbständig Probleme bezüglich der operativen Exzellenz in der Umsetzung strategischer und operativer Ziele.

Als fachliche Grundsätze fordert DIM SPEC 1086[10]

■ die Verzahnung aller Führungsstufen von der unternehmenspolitischen Festlegung bis zur dispositiven Steuerung,

■ eine integrierte und bereicheübergreifende Planung,

■ eine klare Adressierung von Führungsverantwortung, die vom Controlling durch geeignete Instrumente zu unterstützen ist,

■ die Ausgestaltung und Darstellung von den im Controlling generierten Informationen in verständlicher, handhabbarer Form, die für die konkrete Entscheidung auch bedeutsam sind sowie

■ die zeitnahe Verfügbarkeit von für die Führung relevanten Daten in konsistenter Form.

1.1.2   Controllingentwicklung und Controllingphilosophien

Nach frühen rudimentären Ansätzen hat das Controlling in den USA insbesondere in den zwanziger Jahren Gestalt angenommen. Zunächst lag der Schwerpunkt der Controllingtätigkeiten auf **Finanzwirtschafts- und Revisionsaufgaben**, später kamen **Planungs-, Budget- und Berichtswesenaufgaben** hinzu.[11] In Deutschland, wo zu dieser Zeit die Kostenrechnung fulminant durch die Erweiterung des bis dahin vorherrschenden Kalkulationszweckes um die Zwecke Wirtschaftlichkeits- und Erfolgskontrolle sowie Unterstützung der Unternehmensführung weiterentwickelt wurde,[12] tritt das Controlling erst Anfang der siebziger Jahre spürbar in Erscheinung, wobei, abweichend von der Ausprägung in den USA, die Akzente von Anfang an auf der **managementgemäßen Gestaltung** und Auswertung von Kostenrechnung, Finanzbuchhaltung, Berichtswesen, auf Planung und Budgetierung sowie Kontrolle und Unternehmensanalyse liegen.

---

10 DIN SPEC 1086, 2009, S. 4.
11 Vgl. Lingnau, V.: Geschichte, 1998, S. 276.
12 Vgl. Schweitzer, M./Wagener, K.: Geschichte, 1998, S. 442.

Die Vorstellungen über Zweck und Inhalt von Controlling haben beträchtliche Veränderungen erfahren bzw. weisen beträchtliche Akzentunterschiede auf. Man kann diese Unterschiede als Entwicklungsstufen des Controllings oder als verschiedenartige Controllingphilosophien verstehen.[13] In der Tendenz lassen sich folgende **Controllingausprägungen** unterscheiden:[14]

■ Historisch- und buchhaltungsorientiertes, basisinformationsgenerierendes Controlling

In den Grundzügen ist das historisch- und buchhaltungsorientierte Controlling geprägt durch das Bemühen, ein ordnungsgemäßes retrospektives Rechnungswesen zu realisieren und die Daten von Finanzbuchhaltung und Kostenrechnung für Zwecke der Unternehmensübersicht nutzbar zu machen. Das historisch- und buchhaltungsorientierte Controlling ist erfassend und dokumentierend ausgerichtet, die Akzente liegen auf Verdichtung, Übersichtsvermittlung und Information im Sinne von Bericht und Rechenschaftslegung.

■ Zukunfts- und aktionsorientiertes, planungs- und kontrollorientiertes Controlling

Eine beträchtliche Veränderung im Controllingverständnis bedeutet der Übergang auf ein betriebswirtschaftlich aktiv wirkendes Controlling. Das Rechnungswesen wird jetzt als Informationsquelle und Datenbank gesehen, wobei sachgemäße Erfassung und Dokumentation als gegeben unterstellt werden und sich das Schwergewicht der Aktivitäten auf die Analyse mit Hilfe des betrieblichen Rechnungswesens und Erarbeitung von Korrekturvorschlägen verlagert. Schwerpunkte der Controllingtätigkeit sind nun die Untersuchung von Betriebsabläufen, das Aufdecken von Schwachstellen, die Einführung von und Unterstützung bei der Anwendung von Planungs- und Kontrollsystemen, die Durchführung von Soll-Ist-Vergleichen und Abweichungsanalysen sowie die Erarbeitung von betrieblichen Anpassungs- und Verbesserungsmaßnahmen.

■ Managementsystemorientiertes, koordinierendes Controlling

Eine weitere Entwicklungsstufe liegt im Übergang vom analysierenden Controlling auf Basis gegebener Führungssysteme zu einem aktiv die Managementsysteme gestaltenden Controlling. Dem Controlling fällt nun die Aufgabe zu, die Unternehmensführung konsequent zu entlasten, indem Gestaltung, Implementierung und Weiterentwicklung insbesondere der Führungssysteme zu Planung und Kontrolle sowie Informationsversorgung übernommen werden. Die Aufgabenstellung des Controllers wird jetzt über die analytische Rolle hinaus kreativ-strukturgebend. Der Controller wird zum Gestaltungsträger und Innovator, indem er Konzeptionen zur wirkungsvolleren Unternehmensführung entwirft. Dies verlangt umfassende Kenntnisse in betriebswirtschaftlichen Techniken, wie Prognose, Planung, Kontrolle, Unternehmenssowie Umweltanalyse oder Informations- und Wissensverarbeitung, ebenso wie über

---

[13] Vgl. zu den verschiedenen Controlling-Konzeptionen beispielsweise, Hahn, D./Hungenberg, H.: Controllingkonzepte, 2001, S. 276.

[14] Vgl. zu den ersten drei Ausprägungen grundsätzlich z. B. bereits Henzler, H.: Januskopf, 1974, S. 60-63

Organisation und zu Managementsystemen. Der Controller entwickelt die Strukturen des betrieblichen Führungssystems, um mit Hilfe dieses Instrumentariums der Unternehmensführung eine wirkungsvolle Lenkung des gesamten Unternehmens zu ermöglichen. Anstatt vergangenheitsbezogener Analyse dominieren planerische und gestalterische Komponenten, wobei gezielt novative betriebswirtschaftliche Erkenntnisse und informationstechnologische Fortschritte in die Entwicklung einbezogen werden.

■ Rationalitätssicherndes Controlling

Zusätzlich zu den zuvor dargestellten Controllingausprägungen kommt nach Meinung von *Weber/Schäffer* als wesensprägender Kern des Controllings die personelle Rolle des Controllers als Partner des Managements zur Sicherung der Rationalität der Managementhandlungen im Unternehmen hinzu.[15] Hier hat der Controller aktiv die bestehenden Defizite des Managements zu analysieren und möglichst durch geeignete Maßnahmen auszugleichen, womit der Controller ein Baustein der Corporate Governance wird.

Die in Unternehmen konkret anzutreffende Controlling-Ausprägung hängt allerdings nicht nur vom entwicklungshistorischen Stand des Controllings ab, sondern von weiteren Kontextfaktoren, wie z.B. dem Niveau des Führungssystems im jeweiligen Unternehmen oder auch von den Umweltzuständen. Allgemein aber lässt sich das **Aufgabengebiet des Controllers** nach gegenwärtigem Entwicklungsstand wie im zu Anfang von Kapitel 1.1 bereits dargestellten Controller Leitbild beschreiben.[16] Etwas systematischer erschließen sich die Aufgaben bei deduktivem Vorgehen, indem man von Controlling als einer **Unternehmensführungsservicefunktion** ausgeht. Als zentrale Merkmale von Unternehmensführung werden Entscheidungsbildung und -durchsetzung angesehen, wobei zur Umsetzung dieser Aktivitäten ein komplexes Führungsinstrumentarium, das so genannte Unternehmensführungs- oder Managementsystem, benötigt wird. Unter einem **Führungs- oder Managementsystem** ist die Gesamtheit der Instrumente, Regeln, Institutionen und Prozesse zu verstehen, mit denen Führungsaufgaben(-funktionen) in einem sozialen System erfüllt werden.[17] Ein solches Führungssystem besteht aus Teilsystemen, die der Erfüllung einzelner Teilfunktionen der Führung dienen.

Als wichtigste **Führungs-Teilsysteme** sind zu nennen

■ Zielsystem,

■ Planungssystem,

■ Kontrollsystem,

■ Informationssystem,

■ Organisationssystem und

■ Personalführungssystem.

---

[15]   Vgl. Weber, J./Schäffer, U.: Controlling, 2011, S. 43-52.

[16]   Controller Leitbild der IGC International Group of Controlling: Aktuelle Fassung, Parma, 14.09.2002, www.controllerverein.com (11.11.11)

[17]   Vgl. z.B. Hahn, D./Hungenberg, H.: Controllingkonzepte, 2001, S. 7-10.

Dem Controlling fällt in diesem Zusammenhang die Aufgabe zu, die Unternehmensführung durch **Funktionssicherung des Managementsystems** zu unterstützen, wobei gegenwärtig folgende Aktivitäten im Vordergrund stehen:

■ Koordination der Unternehmensführungs-Teilsysteme;

■ Funktionssicherung des Planungs- und Kontrollsystems;

■ Funktionssicherung des betrieblichen Informationssystems;

■ Sicherstellung der Rationalität der Unternehmenshandlungen vor dem Hintergrund der Unternehmensziele.

Die Koordinationsaufgabe bezieht sich auf Interdependenzen zwischen den Führungs-Teilsystemen. Hinsichtlich der Funktionssicherung einzelner Führungs-Teilsysteme liegen dem Controlling wegen der starken Rechnungswesenprägung insbesondere die Teilsysteme Planung und Kontrolle sowie Informationswesen nahe. Eine Befassung mit dem Zielbildungs-, Organisations- und Personalführungssystem erfolgt durch das Controlling nur insoweit, als es um deren Planungs-, Kontroll- und Informationsaspekte geht. Die Funktionssicherung des Planungs- und Kontroll- sowie des Informationssystems erfolgt über Konzipierung, Entwicklung, Implementierung und Betreuung der Systeme und Systembausteine. Mit diesen Aufgaben unterstützt das Controlling letztlich die Rationalität der Unternehmensführungsentscheidungen im Hinblick auf die Unternehmensziele.

Je nach Anwendungs- und Gegenstandsbereich der Systeme lassen sich **Controllingteilgebiete** definieren. Es ergeben sich dann z.B.

■ gesamtbetriebliches und teilbetriebliches Controlling,

■ Erfolgs-, Finanz- und Risikocontrolling,

■ operatives und strategisches Controlling,

■ Funktionalbereiche-Controlling, wie etwa Absatz-, Produktions-, Beschaffungs-, Logistik- und Verwaltungscontrolling, oder

■ Faktorcontrolling, wie etwa Anlagen-, Material- oder Personalcontrolling.

1.1.3 Koordination der Unternehmensführungs-Teilsysteme als Controllingaufgabe

Das Unternehmensgeschehen ist ein durch die Unternehmensführung gelenkter, multidimensionaler arbeitsteiliger Prozess. Auf der Ausführungsebene vollzieht sich der Prozess der Leistungserstellung und -verwertung in Gestalt von Güter- und Geldströmen. Dieser Leistungsprozess verläuft nicht von allein in sinnvoller Weise, sondern bedarf der zielorientierten Gestaltung durch die Führungsebene. Als Instrumentarium wird dazu das Führungssystem eingesetzt, welches gemäß Aufgabenart insbesondere in die Teilsysteme für Zielbildung, Planung, Kontrolle, Information, Organisation und Personalführung unterteilt werden kann.

Diese Teilsysteme sind funktional getrennt zu sehen, gleichwohl bestehen zwischen ihnen
vielfältige Zusammenhänge. Eine optimale Gesamtwirkung des Führungssystems ist nur
zu erwarten, wenn die Teilsysteme so aufeinander abgestimmt sind, dass sich maximale
Synergie- und minimale Reibungseffekte ergeben. Die **Koordination zwischen den verschiedenen Teilgebieten** kann wegen des systemübergreifenden Zusammenhanges nicht
von einem der zu koordinierenden Führungsteilsysteme übernommen werden, sondern ist
von einem speziellen Funktionsträger, dem institutionalisierten Controlling, zu leisten.
Abbildung 1.1 verdeutlicht diese Stellung des Controllings:[18]

Abbildung 1.1   Controlling im Systemzusammenhang der Unternehmung

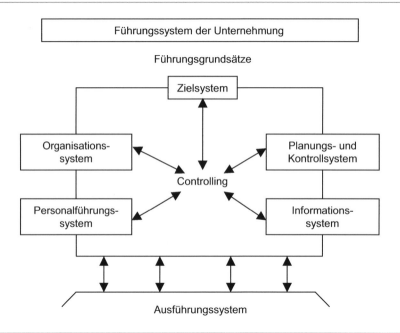

Die **Koordination der Führungsteilsysteme** verkörpert eine zentrale Controllingaufgabe[19]
und verlangt vom Controlling weitreichende Antworten sowie umfangreiche
konzeptionelle und instrumentelle Lösungen. So sind z.B. durch fundierte Inter-
dependenzanalysen die vielfältigen Abhängigkeiten zwischen den Teilsystemen zu klären,
was bisher nur ansatzweise gelungen, für ein effizientes Schnittstellenmanagement aber
Voraussetzung ist. Des Weiteren sind Koordinationskonzepte zu strukturieren, wobei
grundsätzlich zwischen systembildender und systemkoppelnder Koordination unterschieden werden kann. Bei systembildender Koordination wird die Gebilde- und Prozess-

---

[18]   Entnommen aus Lachnit, L.: Controlling, 1992, S. 7. In Anlehnung an Küpper, H.-U.: Konzeption,
       1987, S. 99.
[19]   Vgl. z. B. Küpper, H.-U.: Controlling, 2005; Weber, J./Schäffer, U.: Controlling, 2011.

struktur, die zur Abstimmung beiträgt, eigens geschaffen. Unter systemkoppelnder Koordination versteht man dagegen solche Aktivitäten, die auf die Herstellung oder Aufrechterhaltung von Verbindungen zwischen bereits bestehenden Teilsystemen gerichtet sind.[20]

Die Koordinationskonzepte müssen schließlich in instrumenteller Gestalt konkretisiert werden. Im Einzelnen sind vielfältige **Instrumente für Koordinationszwecke** zu nutzen,[21] so z.B. Führungsgrundsätze, Organigramme, Aufgaben- und Kompetenzverteilungen, Kommunikationsregelungen, Zielvorgaben, Verhaltensprogramme, Informations-Bedarfsanalysen und Informations-Flussdiagramme, Unternehmensdatenmodelle, Rechnungswesenkalküle, Kennzahlensysteme, Planungsmodelle, Kontrolltechniken und - last but not least - Techniken der elektronischen Daten-, Informations- und Wissensverarbeitung.[22] Der Zusammenbau dieser Instrumente zu leistungsfähigen Lösungen für die Partial- und Gesamtkoordination der Führungsteilsysteme verlangt vom Controlling umfassende Fähigkeiten und Fachkenntnisse, wobei die Qualität dieser Koordinationslösungen großen Einfluss auf die Leistungsfähigkeit der Unternehmensführung hat.

1.1.4   Gestaltung des Planungs- und Kontrollsystems als Controllingaufgabe

Eine zielorientierte Unternehmensentwicklung setzt Planung und Kontrolle der Ziele und Realisierungsgegebenheiten voraus. Planung und Kontrolle sind Führungsaufgaben. Die systematische gedankliche Vorwegnahme zukünftiger Sachverhalte und die Beschlussfassung über zukünftige Ziele, Potenziale, Programme und Aktivitäten unter Berücksichtigung alternativer Situationen wird als **Planung** bezeichnet.[23] Der Planungsbegriff impliziert im Gegensatz zum Prognosebegriff zusätzlich zur Information auch die Entscheidungen zur Ausgestaltung der Zukunft.[24] Die Kontrolle dient zur Feststellung der Zielerreichung bzw. Zielverfehlung durch Gegenüberstellung von Ist und Soll sowie zur Klärung der Abweichungsursachen. Sie dient letztlich zur Realisierungsabsicherung und Erkenntnisgewinnung für Neuplanungen. Die Einordnung von **Planung und Kontrolle in den Führungsprozesses** verdeutlicht **Abbildung 1.2.**[25]

---

[20] Vgl. Horváth, P.: Controlling, 2011, S. 107.
[21] Vgl. Horváth, P.: Controlling, 2011, S. 109-122.
[22] Vgl. Lachnit, L.: Controlling, 1992, S. 8.
[23] Vgl. Hammer, R. M.: Unternehmensplanung, 1995, S. 45-47; Horváth, P.: Controlling, 2011, S. 146; Lachnit, L.: Unternehmensführung, 1989, S. 11.
[24] Vgl. Serven, L. B. M.: Value Planning, 2001, S. 13-14.
[25] Vgl. z. B. Hahn, D./Hungenberg, H.: Controllingkonzepte, 2001, S. 46.

Abbildung 1.2   Struktur des Führungsprozesses

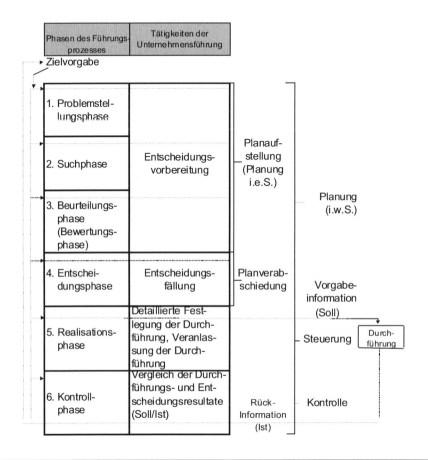

Die Teilaktivitäten des Planungs- und Kontrollprozesses liefern erste Hinweise darauf, welche Module in einem Planungs- und Kontrollsystem enthalten sein müssen. Das **Planungssystem** ist in der systemtheoretischen Sichtweise ein Teilsystem der Unternehmensführung. Das als die Gesamtheit aller Instrumente, Regeln, Prozesse und Institutionen zur Erfüllung von Führungsaufgaben innerhalb eines sozialen Systems definierte Unternehmensführungssystem umfasst weiterhin die Teilsysteme Zielsystem, Kontrollsystem, Informationssystem, Organisationssystem und Personalführungssystem. Das Controlling hat als Unternehmensführungsservicefunktion die Aufgabe, durch die Funktionssicherung des Planungs- und Kontrollsystems die Unternehmensführung bei der Entscheidungsbildung und -durchsetzung zu unterstützen. Das Planungssystem wird hierarchisch-funktional in die Ebenen der strategischen und operativen Planung gegliedert.

Auf der **strategischen Ebene** erfolgt eine Planung mit längerfristigem Planungshorizont, oft mit qualitativen Zielgrößen und hohem Abstraktionsniveau sowie in erster Linie mit einer Ausrichtung auf das gesamte Unternehmen oder Segmente (langfristige Rahmenplanung). Im Mittelpunkt der Betrachtung stehen dabei Erfolgspotenziale. Auf der **operativen Ebene** wird dagegen eine kurzfristige Planung mit einem Horizont von einem Jahr bis zu fünf Jahren mit hoher Detailliertheit durchgeführt, die für einzelne Teilbereiche konkrete Ausstattungen, Prozesse und Richtwerte festlegt.[26] Bei dieser Unterteilung ist sicherzustellen, dass die jeweiligen Interdependenzen beachtet werden. Somit können die operativen Pläne auch als Teilpläne verstanden werden, die zusammengenommen als Zielsetzung des Unternehmens den Gesamtplan ergeben. Die **Verzahnung der Teilpläne** mit dem Gesamtplan ist dabei auf der **sachlichen Ebene** durch Verknüpfung der Mittel-Zweck-Zusammenhänge, auf **zeitlicher Ebene** durch Anbindung der operativen an die strategische Planung und **organisatorisch** im Arbeitsteilungs- und Hierarchiegefüge zu realisieren. Der Gesamtplan umfasst dabei sowohl alle Funktionsbereiche, wie z.B. Beschaffung, Produktion und Absatz, der Unternehmung als auch übergreifend die Kosten- und Erlös- sowie die Finanzplanung auf strategischer und operativer Ebene. Alle Pläne müssen somit verzahnt betrachtet werden, wobei sich Programme und Maßnahmen aus übergeordneten Strategien ergeben müssen.

Unter einem **Planungssystem** ist eine geordnete und integrierte Gesamtheit verschiedener Teilplanungen und deren Elemente sowie ihrer Beziehungen zu verstehen, die zwecks Erfüllung bestimmter Funktionen nach einheitlichen Prinzipien aufgebaut und miteinander verknüpft sind. Als Grundelemente von Planungssystemen sind Planungsinhalte, Planungs- und Kontrollfunktionen sowie -prozesse, Planarten, Informationsbasis, Struktur, Regelungen sowie Verfahren und Instrumente zu nennen. Im Zusammenspiel mit Planung und Realisation spielt die **Kontrolle** eine wichtige Rolle. Aus der Gegenüberstellung von geplanten Soll- und tatsächlich eingetretenen Istwerten werden Abweichungsinformationen generiert, die das Ausmaß der Zielerreichung bzw. –verfehlung verdeutlichen und nötig sind, um sinnvolle Anpassungen bzw. Korrekturen zu ermöglichen. Hierauf abgestimmt bedarf es eines Kontrollsystems, das termingerechte und flächendeckende Kontrollen in allen Unternehmensbereichen sicherstellt und koordiniert. Analog zur Einheit zwischen Planung und Kontrolle kann ein Planungssystem seine Funktionsfähigkeit nur in Verbindung mit einem Kontrollsystem erhalten. Ein strukturiertes Planungs- und Kontrollsystem soll Problempunkte im Hinblick auf unvollständige Planung und Kontrolle durch Insellösungen sowie fehlende sachliche und zeitliche Abstimmung von Planungsgrößen vermeiden. Dies erfordert eine **Integration in sachlicher, zeitlicher und organisatorischer Hinsicht.**[27] Ein Planungs- und Kontrollsystem kann Mengen-, Zeit- und Wertangaben in vergangenheits- und zukunftsorientierter Ausprägung beinhalten. Vor allem der monetären Inhaltgebung des Planungs- und Kontrollsystems in erfolgs- und liquiditätsorientierter Hinsicht, die zu den zentralen Aufgaben der **Erfolgs- und Finanzlenkung** einer jeden Unternehmensführung gehört und somit auch als Kernpunkt langfristiger Existenz-

---

[26] Vgl. Küpper, H.-U.: Controlling, 2005, S. 86-87.
[27] Vgl. Bleicher, K.: Integriertes Management, 1999, S. 366.

sicherung betrachtet werden muss, gebührt besondere Aufmerksamkeit.[28] Bezogen auf die Erfolgs- und Finanzplanung ist es daher sinnvoll, vorhandene Denk- und Rechnungswesengegebenheiten im Unternehmen sowie die Belange des Unternehmensumfeldes aus Gründen der Systemakzeptanz aufzugreifen. Darum sollten zweckmäßigerweise als zentrale Lenkungskalküle möglichst konvergent ausgestaltete Rechnungen, wie GuV, Bilanz und Kapitalflussrechnung dienen,[29] aus denen dann auch wertorientierte Führungskennzahlen ableitbar sind.

Das **Planungs- und Kontrollsystem** besteht aus einer Anzahl von Betrachtungsfeldern (Modulen), die nach Inhalt der zu planenden Größen, nach Funktionalbereichen, nach Fristigkeiten oder nach Hierarchiestufen der Pläne unterteilt sind, wobei insgesamt ein System wie in **Abbildung 1.3** dargestellt entsteht.[30]

Abbildung 1.3   Inhaltliche Struktur eines Planungs- und Kontrollsystems

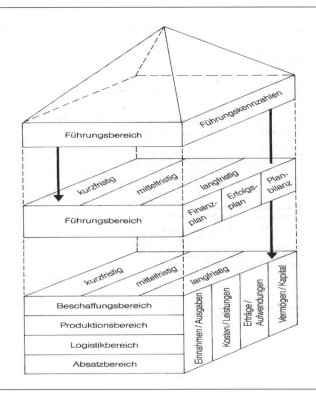

---

28   Vgl. Hahn, D./Hungenberg, H.: Controllingkonzepte, 2001, S. 56.
29   Vgl. Lachnit, L.: Unternehmensführung, 1989, S. 46.
30   Entnommen aus Reichmann, T.: Controlling mit Kennzahlen, 2. Aufl., 1990, S. 10.

Aufgabe des Controllings ist es, die Lenkung des heterogenen Gesamtsystems Unternehmung durch die Unternehmensführung in der vernetzten Arbeitsteilung verschiedenster Funktionalbereiche und Hierarchieinstanzen mit Hilfe eines strukturierten Planungs- und Kontrollsystems zu unterstützen und so die Unternehmensführung in die Lage zu versetzen, eine gesamtzielgemäße effiziente Lenkung zu verwirklichen. Die Unterstützung besteht nicht in unmittelbarer Durchführung von Planung und Kontrolle durch das Controlling, sondern in Konzipierung, Implementierung, Betreuung und Rationalitätssicherung des Planungs- und Kontrollsystems. Die **Elemente des Planungs- und Kontrollsystems** ergeben sich letztlich aus den Teilschritten des Prozesses zur Verwirklichung der Unternehmensziele, nämlich:

■   Herunterbrechen der obersten Unternehmensziele auf die Bereiche und Stellen;

■   Abstimmen der Ziele und Aktivitäten in horizontaler Hinsicht (funktionale Arbeitsteilung);

■   Abstimmen der Ziele und Aktivitäten in vertikaler Hinsicht (hierarchische Arbeitsteilung);

■   Einbeziehung informatorischer und mitwirkender Regelkreise als Planungs- und Kontrollinstrument;

■   endgültiges Umsetzen der Unternehmensziele in ein abgestimmtes, vorgabefähiges Zielgefüge der gesamten Unternehmung, unterteilt nach Funktionalbereichen, Verantwortungsfeldern und Hierarchiestufen;

■   Ermittlung der Istwerte und mitlaufende Selbstkontrolle der ausführenden Stellen;

■   nachträgliche Soll-Ist-Vergleiche, Abweichungsanalyse und Konsequenzenfestlegung;

■   Neuplanung unter Berücksichtigung der Soll-Ist-Abweichungserkenntnisse.

In formaler Hinsicht kann man sich die **Struktur** eines solchen Planungs- und Kontrollsystems wie in **Abbildung 1.4** dargestellt vorstellen:[31]

---

[31]   Vgl. Lachnit, L.: Controllingkonzeption für Unternehmen mit Projektleistungstätigkeit, 1994, S. 12.

Abbildung 1.4　　Formale Struktur eines Planungs- und Kontrollsystems

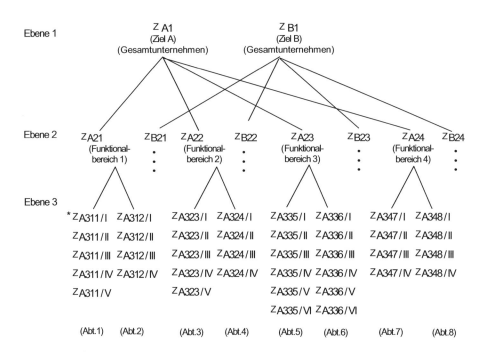

Das Planungs- und Kontrollsystem arbeitet auf der Grundlage von Informationen. In der Vertikalen handelt es sich vor allem um Ziel-, Vorgabe- und Kontrollinformationen, in der Horizontalen um Unterrichtungs- und Abstimmungsinformationen. Die Aufgabe des Controllings besteht darin, die Grundstrukturen für ein in dieser Weise gestaltetes Planungs- und Kontrollsystem zu entwickeln sowie das System zu implementieren und beim Einsatz zu betreuen. Darüber hinaus hat das Controlling konzeptionelle und instrumentelle Beratung für die Benutzer des Systems zu leisten.

Zudem verlangen Entwicklungen der externen Rechnungslegungssysteme zunehmend fundierte Unternehmensplanungen. So sind etwa seit dem Geschäftsjahr 2010 mit dem Bilanzrechtsmodernisierungsgesetz Ergebnis- und Steuerplanungen mit dem Zeithorizont von fünf Jahren notwendig, um Verlustvorträge als aktive latente Steuern ansetzen zu können, für die Bewertung von Rückstellungen müssen Vorstellungen über zukünftige Mengen- und Wertstrukturen vorliegen, um Erfüllungsbeträge zu bestimmen und schon bislang sind für die Ermittlung von außerplanmäßigen Abschreibungen bzw. Wertminderungen nach HGB und IFRS aus zukünftigen Planungen Nutzwerte für einzelne

Vermögensgegenstände bzw. eine Gruppe von Vermögenswerten (zahlungsmittel-generierende Einheiten, IAS 36) zu ermitteln. Das Fundament jeden Abschlusses ist zudem die Prüfung, ob die Unternehmensfortführung gesichert ist, da ansonsten eine Anwendung der handelsrechtlichen Normen bzw. der IFRS-Normen ausgeschlossen ist. Auch im Lage-bericht sind Aussagen über Chancen und Risiken zu machen, was Planungssysteme er-fordert. Somit sind Planungssysteme nicht mehr freiwillig bzw. aus den Anforderungen an die ordnungsmäßige Geschäftsführung rein intern zu erstellen, sondern zwingend not-wendig zur Erfüllung der externen Rechnungslegungspflichten.

Da Jahresabschluss und Lagebericht von mittelgroßen und großen Kapitalgesellschaften bzw. denen gleichgestellten Personenhandelsgesellschaften ohne eine natürliche Person als Vollhafter (§ 264a HGB) nach § 316 HGB von Wirtschaftsprüfern zu prüfen sind, sieht sich der Controller zunehmend der Notwendigkeit gegenüber, bei seiner Arbeit externen Dokumentations- und Sorgfaltsvorgaben zu genügen und seine Arbeit ebenfalls prüfen zu lassen.[32]

1.1.5 Gestaltung des betrieblichen Informationssystems als Controllingaufgabe

Das gesamte Unternehmensgeschehen wird durch **Informationsströme** begleitet. Dabei ist zu unterscheiden zwischen Führungsinformationen für Zielbildung sowie Planung und Kontrolle und Ausführungsinformationen zur Unterstützung der Realisationstätigkeiten. **Abbildung 1.5** verdeutlicht diese Aspekte.[33]

Die Informationswirtschaft einer Unternehmung ist ein mehrdimensionales Nervensystem, das die Verknüpfung betrieblicher Teilbereiche und Funktionen gewährleisten soll. Es findet seine Notwendigkeit in der Tatsache, dass Informationsentstehung und -verwen-dung in zeitlicher, sachlicher sowie organisatorischer Hinsicht auseinander fallen.[34] Im Rahmen einer organisatorisch gegliederten Unternehmung ist daher ein **eigenständiger Teilbereich Informationswirtschaft notwendig,** der für alle anderen Teilbereiche Informationen zur Verfügung zu stellen hat. Informationssysteme haben die grundsätzliche Aufgabe, dem Management entscheidungsrelevante, aktuelle und konsistente Führungs-informationen bereitzustellen. Sie schaffen somit eine Abbildung zum einen der innerhalb des Unternehmens ablaufenden Prozesse und der ihnen zugrunde liegenden Strukturen und zum anderen der außerhalb des Unternehmens liegenden Umweltprozesse.[35] **Betrieb-liche Informationssysteme** können als geordnete Beziehungsgefüge aus den Informationen selbst, den Informationsprozessen, den Aktionsträgern der Prozesse sowie den konkreten Aufgabenstellungen bzw. Zwecksetzungen und den jeweiligen Elementen untereinander angesehen werden.

---

[32] Vgl. insb. ICV-Facharbeitskreis „Controlling und IFRS" (Hrsg.): BilMoG und Controlling, 2009.
[33] Vgl. z. B. Zahn, E./Kemper, H.-G./Lasi, H. : Informationsmanagement,: Führung, 2011, S. 448.
[34] Vgl. Lachnit, L.: Unternehmensführung, 1989, S. 52.
[35] Vgl. Bleicher, K.: Integriertes Management, 1999, S. 349.

Abbildung 1.5   Informations-Entscheidungs-Aktions-System der Unternehmung

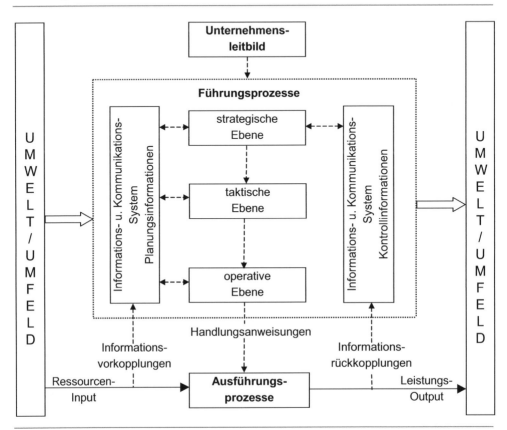

Bei der Gestaltung des betrieblichen Informationssystems sind Lösungen zu schaffen für die grundsätzlich anfallenden informationswirtschaftlichen Teilaufgaben der Informationsbedarfsermittlung, -beschaffung, -speicherung und -übermittlung.[36] Dabei sind bezogen auf die Führungsentscheidungen vor allem folgende **Informationsprobleme** zu lösen:[37]

■ Quantitätsproblem: Der erforderliche Informationsumfang ist vor dem Hintergrund einer angemessenen Auswahl, Verknüpfung und Verdichtung von Informationen zu fixieren.

■ Qualitätsproblem: Es ist zu entscheiden, welche Informationen für welche Zwecke geeignet sind und wie sie beurteilt und gewichtet werden sollen.

■ Zeitproblem: Informationen müssen rechtzeitig bereitgestellt werden.

---

[36] Vgl. z. B. Kraege, T.: Informationssysteme, 1998, S. 57-67.
[37] Vgl. z. B. Schierenbeck, H./Lister, M.: Value Controlling, 2001, S. 69.

■ Kommunikationsproblem: Informationen sind adäquat zu verteilen und zu präzisieren.

■ Wirtschaftlichkeitsproblem: Dem Grenznutzen der Informationen stehen steigende Kosten für die Informationsgewinnung und -auswertung gegenüber.

Eine exakte Lösung kann es dabei nicht geben, da der Wert einer Information durch ihren Nutzen determiniert ist. Dieser Nutzen kann jedoch erst bewertet werden, wenn der Inhalt der Information bekannt ist, was letztlich zu einem Zirkelproblem führt.[38] Die näherungsweise Lösung dieses Informationsbeschaffungsproblems ist vom **Controlling** anzustreben, dessen **Verantwortung für das betriebliche Informationssystem** der Tatsache entspringt, dass der Produktionsfaktor Information in seiner Wichtigkeit erkannt worden ist, aber in der üblichen Organisation der Unternehmen kein unmittelbarer, für seine Optimierung zuständiger Verantwortungsträger existiert. Die Unternehmensführung kann sich mit der Optimierung des Informationssystems aus fachlichen und zeitlichen Gründen nicht hinreichend qualifiziert befassen, die Funktionalbereiche sind nicht in der Lage, einen gesamtbetrieblichen Konzeptionsrahmen zur Gestaltung einer führungsgemäßen Informationswirtschaft zu entwickeln, so dass dieses Aufgabenfeld fast natürlicherweise in die Verantwortung des Controllings gelangt.

Die **Gestaltung eines führungsgemäßen betrieblichen Informationssystems** kann auch nicht dem betrieblichen Rechnungswesen übertragen werden. Zum einen arbeiten Führungs-Informationssysteme nicht nur mit quantitativen Informationen (z.B. Berichtswesen oder strategische Informationssysteme), d.h. Teile der Informationen treten in kaum formalisierbarer Form auf, sie sind mit Unsicherheiten behaftet oder mehrdeutig und führen im Informationsprozess u. U. zu der Gefahr von dysfunktionalen Formalisierungseffekten. Zum anderen sind Kommunikationsstrukturen sowie Methoden- und Modellbanken zu gestalten, die weit über den Rahmen des betrieblichen Rechnungswesens hinausgreifen und ein managementgemäß ausgestaltetes Rechnungswesen bedingen.[39] Verallgemeinernd kann die **Architektur von Führungs-Informationssystemen** in folgende Komponenten unterteilt werden:

■ Datenbasis,

■ Modell-/Methodenbank,

■ Ablaufsteuerung und

■ Benutzerschnittstelle.[40]

Die **Datenbasis** stellt die vom Management benötigten Daten bereit. Dabei kann es sich sowohl um unternehmensinterne, i.d.R. vom Rechnungswesen gelieferte, als auch um unternehmensexterne Daten, z.B. von Marktforschungsinstituten, aus volkswirtschaftlichen Statistiken, aus Wirtschaftsdatenbanken sowie dem World-Wide-Web, handeln. Als Daten-

---

[38] Vgl. Schneider, D.: Entscheidungstheorie, 1995, S. 165.
[39] Vgl. Müller, S.: Management-Rechnungswesen, 2003.
[40] Vgl. z. B. Krcmar, H.: Entscheidungsunterstützungssysteme, 1990, S. 408-412; Werner, L.: Entscheidungsunterstützungssysteme, 1992, S. 46.

pool hat sich in der Praxis dabei das Data-Warehouse-Konzept mit einer relationalen Datenbank durchgesetzt. Hierbei werden die Daten themenorientiert, vereinheitlicht, zeitorientiert und beständig bereitgestellt.[41] Die **Modell-/Methodenbank** beinhaltet die für die Datenauswertung erforderlichen Verfahren sowie Generatoren für die Schaffung neuer Informationen. Beispiele hierfür können die unter dem Schlagwort Data-Mining zusammengefassten Verfahren der mathematischen Statistik und Algorithmen des maschinellen Lernens aus dem Gebiet der Künstlichen Intelligenz sowie betriebliche Frühwarnsysteme sein.[42] Aufgabe der **Ablaufsteuerung** ist es, Datenbasis, Modell-/Methodenbank und Benutzerschnittstelle miteinander zu verbinden. Die **Benutzerschnittstelle** schließlich ermöglicht die Interaktion zwischen dem Benutzer und dem System. Charakteristischerweise ist sie in Führungs-Informationssystemen besonders anwenderfreundlich gestaltet.

Ein auf die Zwecke der Unternehmensführung zugeschnittenes **gesamtheitliches Informationssystem** entsteht durch Integration unterschiedlicher Module, die in sachlichem Zusammenhang stehen und in denen durch zunehmende Verdichtung die Umwandlung von Ausführungs- in Führungsinformationen und umgekehrt durch Auflösung die Umsetzung von Führungs- in Ausführungsinformationen geschieht, wie **Abbildung 1.6** zeigt.[43]

---

[41]   Vgl. Gabriel, R./Chamoni, P./Gluchowski, P: Data Warehouse, 2000, S. 76-78.
[42]   Vgl. Lachnit, L.: Frühwarnsysteme, 1997, S. 169.
[43]   Vgl. z. B. Lachnit, L. : Controllingkonzeption für Unternehmen mit Projektleistungstätigkeit, 1994, S. 15.

Abbildung 1.6   Systeme der betrieblichen Informationswirtschaft

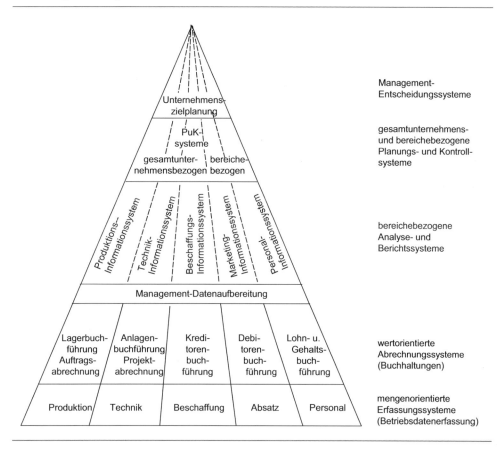

Die Gestaltung des Funktionsbereiches Informationswirtschaft richtet sich auf eine optimale Versorgung aller Stellen im Unternehmen mit den benötigten Informationen in der erforderlichen Breite, Tiefe, Vollständigkeit, Komprimiertheit und Aktualität. Eine zentrale **Aufgabe des Controllings** besteht dabei in der Koordination von Informationsbedarf, Informationserzeugung und Informationsbereitstellung. Von besonderer Bedeutung ist dabei die Informationsversorgung des Planungs- und Kontrollsystems der Unternehmung.

Die Verantwortung des Controllings für die Gestaltung des Funktionsbereiches Informationswirtschaft umfasst zum einen die Anforderung, ein Management-Informationssystem zur Unterstützung der Unternehmensführung einzurichten, zum anderen ist bei der Optimierung des Funktionsbereiches Informationswirtschaft durch das Controlling auch die Informationsversorgung der übrigen Instanzen des Unternehmens in einem gesamtbetrieblich abgestimmten Konzept zu gestalten. Die Erfüllung dieser Aufgabe hat auf der Grundlage neuesten betriebswirtschaftlichen Methodenwissens unter Einbeziehung von moderner Datenverarbeitungs- und Kommunikationstechnologie zu erfolgen. Aufgrund der durch die Verwendung von Datenverarbeitungsverfahren zunehmenden Bestände an unverdichteten Daten stellt die Verdichtung und damit die Aggregation von Informationen ein Hauptproblem dar. Dies bedeutet, dass eine Vermeidung von Redundanzen sowie eine managementorientierte Informationsverdichtung, beispielsweise durch die Generierung und Aufbereitung von aussagefähigen Kennzahlen,[44] vorgenommen werden muss.

1.1.6   Unterstützung der Rationalitätssicherung als Controllingaufgabe

Das Controlling ist mit diesen zuvor dargestellten Aufgaben auch als zentraler Baustein einer **Corporate Governance** zu verstehen. Mit Corporate Governance ist allgemein der Ordnungs- und Strukturrahmen für die Unternehmensführung und –überwachung gemeint. Dieser ergibt sich primär aus Gesetzen und deren Auslegung in Rechtsprechung und Literatur. Mit dem für deutsche börsennotierte Unternehmen relevanten Deutschen Corporate Governance Kodex (DCGK)[45] sind die in Deutschland geltenden Regeln für Unternehmensführung und -überwachung für nationale wie internationale Investoren transparent gemacht worden, wobei es das primäre Ziel war, das Vertrauen in die Unternehmensführung deutscher Gesellschaften zu stärken. Dieser Kodex besteht einerseits in der Wiedergabe der gesetzlichen Regelungen, die von der Unternehmensführung pflichtgemäß zu beachten sind, und andererseits in über die gesetzlichen Vorschriften hinausgehenden Empfehlungen. Betroffene Aktiengesellschaften haben gem. § 161 AktG anzugeben, inwieweit sie den Empfehlungen folgen, wobei Abweichungen anzugeben und zu begründen sind. In den jeweiligen Anhängen zum Einzel- und Konzernabschluss muss auf diese Erklärung verwiesen werden. Inhaltlich werden erstens das Verhältnis der Gesellschaft zu den Aktionären sowie zweitens das von Vorstand und Aufsichtsrat einschließlich deren jeweilige Pflichten konkretisiert. Bezüglich der Aufgaben des Vorstands wird explizit die Einführung eines Risikomanagements und -controllings verlangt (DCGK 4.1.4).

Unabhängig von dem primär auf die Investoren zielenden Corporate Governance Kodex haben auch nichtbörsennotierte Gesellschaften führungsrelevante Ordnungsregeln zu beachten. So hat der Vorstand einer AG gem. § 93 Abs. 1 S. 1 AktG bei der Geschäftsführung die Sorgfalt eines ordentlichen und gewissenhaften Geschäftsleiters anzuwenden. Über Verweis gilt diese Vorschrift auch für die Geschäftsführer einer GmbH bzw. anderer Rechtsformen. In Satz 2 von § 93 Abs. 1 AktG wird dann festgestellt, dass keine Pflichtverletzung vorliegt, wenn der Vorstand **vernünftigerweise** annehmen durfte, auf der Grundlage angemessener Information zum Wohle der Gesellschaft zu handeln. Diese sog. „Business Judgement Rule" wird im Deutschen Corporate Governance Kodex in der Tz. 3.8

---

[44] Vgl. beispielsweise Reichmann, T.: Controlling mit Kennzahlen, 2011; Reichmann, T./Lachnit, L.: Planung, Steuerung und Kontrolle, 1976, S. 705-723.

[45] Zu Inhalt und Erläuterungen siehe http://corporate-governance-code.de/ (14.11.2011)

als Generalnorm für die Unternehmensführung aufgegriffen und bedeutet nichts anderes, als dass die Rationalität (=Vernunft) bei unternehmerischen Entscheidungen zu sichern ist, will die Geschäftsführung keine Pflichtverletzung begehen. Auch der Passus „auf der Grundlage angemessener Informationen" verdeutlicht die Relevanz eines Controllings. Somit hat sich der Controller nicht nur als interner Aufgabenerfüller zu verstehen, sondern er ist eingebunden in den Ordnungs- und Strukturrahmen des Unternehmens. Dabei ist seine Aufgabe in diesem Kontext die (interne) Transparenzschaffung durch die geeignete Generierung und Aufbereitung von Informationen sowie die Sicherstellung der Rationalität der Führungsentscheidungen vor dem Hintergrund der Unternehmensziele. Hierbei bleibt er aber stets dem Management untergeordnet, so dass der Controller nur im Zusammenwirken mit dem Management diese Aufgaben ausführen kann. Er hat somit nicht die Machtbefugnisse eines Aufsichtsrats und kann daher letztlich dem Management nur Vorschläge unterbreiten und dieses auf Missstände hinweisen. Eine eigenständige Kontaktaufnahme zum Aufsichtsrat oder anderen Überwachungsorganen ist – anders als beim Wirtschaftsprüfer – nicht vorgesehen und daher höchst problematisch. Umgekehrt kann der Aufsichtsrat jedoch ggf. in Absprache mit dem Vorstand auf das Controlling zukommen und für die Arbeit notwendige Informationen erfragen.

Die Sicherung der Führungsrationalität bedeutet eine enge Zusammenarbeit mit dem Management. Konkret sind Entscheidungen und der Weg dorthin zu hinterfragen. In Bezug auf die Auswahl und Anwendung eines Planungsmodells sollen die verschiedenen Möglichkeiten der Rationalitätssicherung exemplarisch veranschaulicht werden:[46]

- Prüfung des Modells vor seiner Anwendung (Inputrationalität)

    - Vermeidung von mangelnder Modelleignung (Modell adäquat für das zu lösende Problem? Sind die Anwendungsprämissen des Modells hinreichend gegeben?)

    - Vermeidung von Könnensdefiziten (Modell und dessen Prämissen den beteiligten Akteuren bekannt?)

    - Vermeidung von Wollensdefiziten (Modell und dessen Prämissen hinreichend vor Opportunismus der beteiligten Akteure geschützt?)

- Prüfung des Modells in seiner Anwendung (Prozessrationalität)

    - Prüfung des einzusetzenden Wissens

    - Vermeidung von Defiziten in der Wissens- und Informationsverarbeitung im Modell

    - Prüfung, ob der Modellanwendungsprozess dem Soll-Ablauf entspricht

- Prüfung der Modellergebnisse (Outputrationalität)

    - Vermeidung von Abweichungen der Modellergebnisse von den Anforderungen, z.B. hinsichtlich Genauigkeit

    - Durchführung von Plausibilitätschecks

---

46   Vgl. Weber, J./Schäffer, U.: Controlling, 2011, 47-50.

Die Umsetzung der Rationalitätssicherung bedeutet für das Controlling, die Unternehmensführung mit kritischer Distanz bei ihren Entscheidungen zu begleiten und ggf. Korrekturvorschläge einzubringen. Naturgemäß stark ist das Controlling in allen Bereichen der Unterstützung mit geeigneten Instrumenten und Methoden der Informationsgenerierung, der Planung und Kontrolle sowie der Koordination der Führungsteilsysteme. In anderen Feldern, wie etwa bei naturwissenschaftlichen technischen Abläufen oder hinsichtlich der Personalführung, kann der Controller lediglich auf die Einbindung entsprechender interner oder externer Expertise drängen.

1.2   Teilgebiete des Controllings

Zu den zentralen Aufgaben einer jeden **Unternehmensführung** gehört die nachhaltige Optimierung von Erfolg und Finanzen des Unternehmens. Unter einer **nachhaltigen Optimierung** wird hier eine Optimierung verstanden, die berechtigte Interessen aller Stakeholder berücksichtigt. Dies werden über die wirtschaftlichen Ziele hinaus insbesondere Umweltschutz-, Sozial- und/oder Ethikziele sein. Bezüglich der Berücksichtigung ist jedoch zu unterscheiden. Geht die Berücksichtigung der Ziele konform mit der Optimierung von Erfolg und Finanzen, da etwa eine Umweltverschmutzung mit einer hohen Strafzahlung geahndet wird oder beim Verstoß gegen ethische Grundsätze (z.B. Kinderarbeit) negative Effekte auf den Umsatz aufgrund von Verbraucherboykotten drohen, ist dies im Zielsystem bereits berücksicht, da eine Einhaltung der Ziele im ureigenen Interesse des Unternehmens liegt. Wenn dagegen mehr gefordert wird als die Einhaltung aktueller gesetzlicher oder gesellschaftlicher Normen, d.h. ein Verstoß gegen diese Ziele hätte keine (unmittelbaren) negativen Auswirkungen auf die Erfolgs- und Finanzlage, so ist eine gesonderte Berücksichtigung als Ziel oder Nebenbedingung im Optimierungssystem notwendig.

Da das Wirtschaftsgeschehen unter Unsicherheit verläuft, gehört das Management von Risiken ebenfalls zu den Kernaufgaben der Unternehmensführung. Diese drei Problemfelder sind der menschlichen Wahrnehmung nicht unmittelbar zugänglich, sondern müssen mittels Quantifizierung über Kalküle und Kennzahlen darstellbar und führbar gemacht werden. Das Controlling hat die entsprechenden Führungsinformationssysteme zu entwickeln und zu betreuen.

Die **Erfolgs-, Finanz- und Risikogegebenheiten** des Unternehmens müssen zum einen aggregiert für das Gesamtunternehmen erfasst, analysiert und geführt werden, zum anderen sind die relevanten Erfolgs-, Finanz- und Risikoelemente auf teilbetrieblicher Basis zu betrachten, da nur so eine wirkungsvolle Führung dieser Sachverhalte im arbeitsteiligen Gesamtsystem Unternehmung möglich wird. Die **teilbetriebliche Auflösung** der Erfolgs-, Finanz- und Risikoelemente kann z.B. erfolgen nach Funktionalbereichen, Produktivfaktoren, Produktgruppen (Segmente, Profitcenter) und gegebenenfalls Projekten.

Außer in der organisatorischen Unterteilung nach Gesamtunternehmen und Unternehmensteilbereichen müssen die Erfolgs-, Finanz- und Risikoinformationen auch in **zeit-**

licher Unterteilung nach operativem und strategischem Führungshorizont vorliegen. Die operative Führung bezieht sich auf einen relativ zeitnahen Horizont, die Betrachtungs-gegenstände sind sehr konkret und durch Rechnungswesendaten hinterlegt, die strategische Führung beruht dagegen auf längerfristigen Sichtweisen, wobei die Betrachtung auf so genannte Potenziale gerichtet ist und durch eigenständige strategische Informations-instrumente, wie z.B. Portfolio- oder Stärken-Schwächen-Analysen, gestützt wird.

Zusammengefasst ergibt sich demnach die in **Abbildung 1.7** dargestellte **grundsätzliche Struktur eines Führungsinformationssystems**.

Abbildung 1.7   Strukturdimensionen eines Führungsinformationssystems

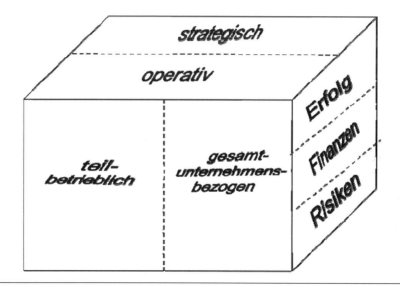

Die Abdeckung dieser Informationsanforderungen muss durch das Controlling geschehen, indem die entsprechenden Konzepte und Methoden entwickelt und führungsgemäß bereitgestellt werden.

1.2.1   Controllingteilgebiete nach Aufgabenaspekt

Gemäß der inhaltlichen Führungsaufgabe lassen sich die **Controllingteilgebiete**

- Erfolgscontrolling,
- Finanzcontrolling und
- Risikocontrolling

unterscheiden.

Der Niederschlag dieser Sachverhalt ist in Kennzahlen und dahinterliegenden Kalkülen wie folgt vorstellbar:

- Die **Erfolgslage** des Unternehmens konkretisiert sich z.B. in Größen wie Jahresergebnis, ordentliches Jahresergebnis, ordentliches Betriebsergebnis, Segmentergebnissen, Rentabilitäten, Wirtschaftlichkeiten oder Cashflow und in entsprechenden Kalkülen, wie z.B. GuV, Kosten- und Leistungsrechnung, Umsatz-, Kosten- und Betriebsergebnisplanung oder Cashflow-Planung.

- Die **Finanzlage** des Unternehmens konkretisiert sich z.B. in Kennzahlen zur Finanzstruktur, vor allem beständebezogene Bilanzkennzahlen, und zur Finanzkraft, wie z.B. Cashflow-Kennzahlen und Finanzfluss-Kennzahlen, sowie in Kalkülen, wie z.B. Cashflow-Statement oder kurz- und langfristigen Finanzplänen.

- Die **Risikolage** des Unternehmens konkretisiert sich in Ausmaß und Wahrscheinlichkeit der negativen Abweichung in betriebswirtschaftlich relevanten Sachverhalten, z.B. gesamtunternehmensbezogen als Überschuldungsgefahr in der denkbaren Verlusthöhe in Relation zum Eigenkapital, als Illiquiditätsgefahr im denkbaren Cashflow-Defizit in Relation zu Finanzreserven und als Kreditwürdigkeitsgefährdung in denkbaren Bilanzstrukturentwicklungen.

Das Controlling hat die Aufgabe, zur Abdeckung dieser Problembereiche die entsprechenden Führungsinformationen zu organisieren. Im Zusammenhang mit dem **Erfolgscontrolling** steht im Zentrum die Führung des Betriebsergebnisses gestützt durch Umsatz- und Kostenplanung bzw. dispositive Kosten- und Leistungsrechnung. Des Weiteren muss das Erfolgscontrolling die Führung von Finanzergebnis, ordentlichem Jahresergebnis und bilanziellem Jahresergebnis sowie von Rentabilitäten und wertorientierten Erfolgszahlen instrumentell unterstützen.

Die Aufgabe des **Finanzcontrollings** besteht darin, die informatorischen Instrumente für die Unternehmensführung bei der Optimierung der Finanzlage des Unternehmens bereitzustellen. Im Zentrum steht hierbei die kurz- und langfristige Sicherung der Liquidität. Als Instrumente des Finanzcontrollings werden dabei beständebezogene Finanzstrukturkennzahlen, bewegungsbezogene Finanzkraftkennzahlen und kurz- und langfristige Finanzpläne eingesetzt. Beständebezogene Finanzstrukturkennzahlen, wie z.B. Eigenkapitalanteil, Langfristkapitalanteil, Liquiditätsanteil oder Anlagedeckungsgrad, verdeutlichen im Aufbau von Vermögen und Kapital des Unternehmens vorhandene finanzielle Vorbegünstigungen oder Vorbelastungen künftiger Perioden und sind insbesondere im überbetrieblichen Vergleich hilfreiche Signale. Bewegungsbezogene Finanzzahlen, wie z.B. Cashflow zu Umsatz oder Cashflow zu Verbindlichkeiten, verdeutlichen die Finanzkraft des Unternehmens, eine Schichtung der gesamten Einnahmen und Ausgaben des Unternehmens nach Herkunft und Verwendung verdeutlicht die Ausgewogenheit in der Finanzpolitik der Periode. Finanzpläne sind schließlich das Instrument, um die finanzielle Entwicklung der Zukunft zu verdeutlichen.

Die Aufgabe des **Risikocontrollings** besteht darin, die Systeme zur Information über die Risiken des Unternehmens zu entwickeln sowie die Reaktions- und Gestaltungsfähigkeit der Unternehmensführung in Bezug auf die Risikosituation zu optimieren.[47] Im Einzelnen erfordert dies Instrumente auf den verschiedenen Stufen im Risikomanagementprozess, nämlich zu

- Risikoidentifikation und Risikoinventur,
- Risikoanalyse, Risikobewertung sowie Erfolgs- und Finanztransformation der Risiken,
- Risikopolitik und Risikosteuerung sowie
- Risikoüberwachung und Risikobericht.

Aus Sicht des Controllings sind neben der formalen und organisatorischen Ausgestaltung des Risikomanagements insbesondere die Aspekte der Identifikation, Bewertung, Aggregation und Berichterstattung von Risiken von Interessen. Zudem sind stets auch die Chancen gleichwertig zu berücksichtigen. Verlustmöglichkeiten werden immer nur dann hingenommen, wenn auch entsprechende Gewinnmöglichkeiten (Chancen) existieren.[48] Jedem Risiko steht i.d.R. eine Chance gegenüber. Um eine endgültige Aussage über Analyse und Bewertung von Risiken treffen zu können, muss deshalb eine Gegenüberstellung von Risiken und Chancen erfolgen,[49] auf was in Kapitel 4 vertieft eingegangen wird.

1.2.2 Controllingteilgebiete nach Zeitaspekt

Führungsentscheidungen und -prozesse können im Hinblick auf ihre zeitliche Reichweite und gegenstandsmäßige Bestimmtheit in strategische und operative Aufgaben unterschieden werden, und entsprechend ist bei der Unterstützung der Unternehmensführung durch Controlling zwischen strategischem und operativem Controlling zu unterscheiden.

Das **strategische Controlling** hat das Ziel der dauerhaften Existenzsicherung des Unternehmens unter Einbezug der sich ändernden Umweltbedingungen, was bedeutet, dass die künftigen Chancen und Risiken erkannt und beachtet werden müssen. In einer sich schnell verändernden Unternehmensumwelt hängen insbesondere strategische Unternehmensentscheidungen, wie beispielsweise die Entscheidung über langfristige Anlageinvestitionen oder die Einschätzung zukünftiger Nachfragetrends, von der Informationsgrundlage und deren subjektiver Bewertung sowie der Intuition und Vision des Entscheidungsträgers ab. Daher hat das führungsorientierte Rechnungswesen die Aufgabe, die hierfür notwendigen Prognosen, Planungen, Durchführungen und Kontrollen zu unterstützen. Zentrale Größen sind dabei strategische Erfolgsfaktoren, wie Marktanteil und Marktwachstum, die über verschiedene qualitative und quantitative Instrumente unter Beachtung von Trends, vorhandenen oder aufbaubaren Kompetenzen und Potenzialen, Strategien sowie Szenarien betrachtet werden können.[50]

---

47 Vgl. z. B. Lück , W.: Überwachungssystem, 1998, S. 84.
48 Vgl. Kromschröder, B./Lück W.: Unternehmensüberwachung, 1998, S. 1574.
49 Vgl. Dowd, K.: Value-at-Risk, 1998, S. 163.
50 Vgl. z. B. Scheffler, E.: Strategisches Management, 1989, S. 27-33; Wirtz, B. W.: Vision Management, 1996, S. 257-260.

Das **operative Controlling** arbeitet vorzugsweise mit gegenwarts- oder vergangenheits-
orientierten Daten, die für einen kurz- bis mittelfristigen Planungshorizont fortgeschrieben
werden. Diese Planungen beziehen sich auf die Realisation der aufgestellten und abgesteck-
ten kurz- und mittelfristigen Ziele der Unternehmung, wobei Gewinn-, Rentabilitäts- sowie
Liquiditätsgrößen im Vordergrund stehen. Dabei baut das operative Controlling weit-
gehend auf internen Informationsquellen auf und orientiert sich an wohldefinierten und
wohlstrukturierten Problemen, weshalb standardisierte Instrumente, wie Planungs- und
Kontrollsysteme, Budgetierungssysteme und Informationssysteme, eingesetzt werden
können.[51] Wegen der Ausführungsnähe in den Betrachtungsgegenständen muss das
operative Controlling sehr konkret und detailliert ausgestaltet sein.

Aufgrund der wenig differenzierten und schlecht strukturierten Problemstellungen wird
eine Delegation von strategischen Controllingaufgaben im Gegensatz zum operativen
Controlling in einem deutlich geringerem Maße möglich sein, so dass es überwiegend von
der obersten Führungsebene vorgenommen werden muss.[52] Beide Controllingausrich-
tungen dürfen aber nicht isoliert voneinander betrachtet werden. „Die strategische Ausrichtung eines Unternehmens muß am 'hier und heute' anknüpfen (...) und die Strategie
muß im Tagesgeschäft umgesetzt werden."[53] Dies macht eine Verbindung der operationalen mit der strategischen Controllingausrichtung notwendig, was seinen Ausdruck in der
Entwicklungstendenz hin zu einem integrierten Controlling findet.[54]

Hinter der Unterscheidung von operativem und strategischem Controlling liegen die verschiedenartigen Erfordernisse und **Merkmale von operativer und strategischer Unternehmensführung. Abbildung 1.8** verdeutlicht zentrale Aspekte der Abgrenzung.

Die Aufgabe des Controllings besteht nun darin, für die strategische und die operative
Unternehmensführung   die   entsprechende   Unterstützung   auf   konzeptioneller,
instrumenteller und informatorischer Basis zu bieten. Im Einzelnen bedingt das die Einrichtung und Funktionssicherung entsprechend zugeschnittener

- Informationssysteme sowie

- Planungs- und Kontrollsysteme.

Hinter der **Gestaltung der Informationssysteme** stehen die Teilprobleme der
Informationsbedarfsanalyse, -beschaffung, -speicherung, -verarbeitung und -übermittlung
jeweils mit Bezug auf die strategisch bzw. operativ relevanten Aspekte, also **strategisch** vor
allem mit Bezug auf langfristige Erfolgs- und Finanzpotenziale unter Einbezug der Risikolage sowie Stärken und Schwächen des Unternehmens, **operativ** vor allem beinhaltend
konkrete monetäre Daten zu Aufwand, Ertrag, Gewinn, Kosten, Leistung, Betriebsergebnis,
Einnahmen und Ausgaben, Cashflow sowie Vermögen, Kapital und Bilanzrelationen. Das

---

[51]   Vgl. Kraus, H.: Operatives Controlling, 1990, S. 123.
[52]   Vgl. Krystek, H./Müller-Stewens, G.: Frühaufklärung, 1993, S. 173; Liessmann, K.: Strategisches
       Controlling, 1990, S. 343-364.
[53]   Dürr, H.: Controlling als Instrument, 1990, S. 61.
[54]   Vgl. Hahn, D.: Unternehmensziele, 1995, S. 337.

Spektrum der für die Gestaltung des Informationssystems relevanten Punkte reicht dabei von spezifisch gestalteten Datenbanken über Analyse-, Kreativitäts- und Koordinationstechniken bis zu Kommunikationssystemen und betrieblichem Berichtswesen.

Abbildung 1.8   Abgrenzung von operativer und strategischer Unternehmensführung

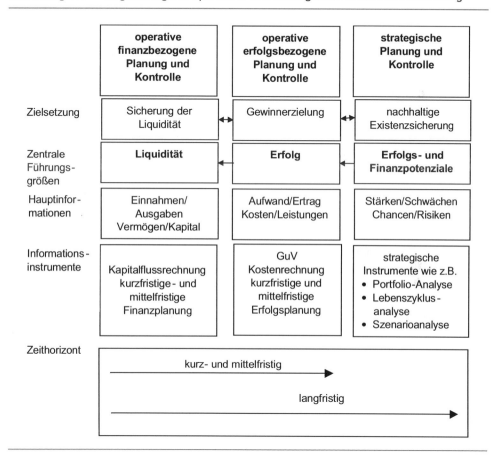

Die **Gestaltung der Planungs- und Kontrollsysteme** umfasst Entwicklung und Funktionssicherung eines systematischen Gesamtgebäudes der Planung, Steuerung und Kontrolle, wobei ausgehend von den gesamtunternehmensbezogenen Erfolgs-, Finanz-, Leistungs- und Sozialzielen auch die Auflösung dieser Unternehmensgesamtziele in Subzielen, z.B. nach Organisationseinheiten, Produktgruppen oder Regionen, abgedeckt werden muss. Diese Ziele sind zudem nach zeitlich-perspektivischem Aspekt in langfristig/strategische und kurzfristig/operative Dimensionen aufzulösen, wobei das Planungs- und Kontrollsystem die Module für die Planung, Steuerung und Kontrolle im strategischen und operativen Bereich getrennt vorhalten muss.

Im Zusammenhang mit der Planungsaufgabe umfasst das **Methodenspektrum** vielfältige Teile, wie z.B. Prognoseverfahren, Frühwarnsysteme, Analysetechniken, Planungstechniken, Optimierungsverfahren, Budgetierungsmodelle oder Vorgabekonzepte. Zur Kontrolle sind entsprechend realisierungsbegleitende und ex post-Kontrollen zu unterschieden, die wiederum auf Basis vielfältiger Methodendurchgeführt werden können. Zu beachten ist dabei, dass zwischen strategischer und operativer Methodenbasis der Planung und Kontrolle gravierende Unterschiede bestehen.

Die **Ansätze der strategischen Planung** sind relativ global, beruhen häufig auf Skalierung und subjektiver Wertung und haben Potenziale, d.h. potenzielle Wirkungsmöglichkeiten des Unternehmens, zum Gegenstand. Konkret sind die integrierte Produktprogramm und Potenzialplanung, die Potenzialstrukturplanung und die Führungsinformationssystemplanung zu unterstützen.[55]

In der integrierten **Produktprogramm- und Potenzialplanung** sind simultan die Produktarten, die daraus resultierenden Produktprogramme und die für dessen Realisierung notwendigen Potenziale zu bestimmen. Ausgangspunkt der Planung sollte der optimierte Einsatz der strategischen Vorteile des Unternehmens und damit die Erfolgsfaktorenanalyse sein, die im Rahmen der strategischen Geschäftsfeldplanung auf die Unternehmensteilbereich- bzw. Geschäftsfeldebene heruntergebrochen wird.[56] In Abhängigkeit von der Organisationsform sind auf dieser Ebene dann das Produktprogramm und die dafür notwendigen Potenziale zu planen. Zentrale Gegenstände sind somit Merger- and Akquisition-Vorhaben, Investitions- und Desinvestitionsentscheidungen sowie Personaleinstellungs- und -abbaumaßnahmen, wobei diese Teilplanungen wieder zu einer Unternehmens- oder Konzerngesamtplanung integriert werden müssen.

Die **Potenzialstrukturplanung** hat Fragen der Organisation, Rechtsform und Konzerngestaltung zum Inhalt, die insbesondere nach größeren Wachstums-, Schrumpfungs- oder Umstrukturierungsprozessen Gegenstand intensiverer Betrachtungen sein sollten. Diese Rahmenbedingungen des unternehmerischen Handelns sind größenorientiert, aber auch geschäftsfeldabhängig anzupassen. Daher ist eine integrative Verknüpfung mit der Produktionsprogramm- und Potenzialplanung sowie zur **führungspotenzialorientierten Planung** sicherzustellen. Letztere umfasst sowohl die personelle Orientierung auf die Führungskräfte und deren Motivationsmöglichkeiten, wie z.B. über Managementanreizsysteme,[57] als auch die sachliche Ausgestaltung der Führungsunterstützung mit der Führungsinformationssystemplanung, welche auch die Einbindung von Controlling sowie Management-Rechnungswesen beinhaltet.[58]

Beispiele für strategische Analyse- und Planungsverfahren sind z.B. Portfoliotechniken, Stärken-Schwächen-Profile, Lebenszyklusanalysen, Szenariotechniken und strategische Bilanzen.

---

[55]   Vgl. Hahn, D./Hungenberg, H.: Controllingkonzepte, 2001, S. 359-460.
[56]   Vgl. Hans, L./Warschburger, V.: Controlling, 1999, S. 54.
[57]   Vgl. z.B. den Überblick bei Klingebiel, N.: Performance Measurement, 1999, S. 141-159.
[58]   Vgl. Hahn, D./Hungenberg, H.: Controllingkonzepte, 2001, S. 459-460.

Die Aufgabe des strategischen Controllings ist es, die Unternehmensführung dabei zu unterstützen, einerseits die Erfolgspotenziale unter Berücksichtigung bestehender Chancen und Risiken aufzubauen, zu verteidigen und auszubauen sowie andererseits die vorhandenen oder bereitzustellenden Produktivfaktoren unternehmenszielorientiert zu optimieren.

Die **Planungen im operativen Zeithorizont** zielen dagegen auf den unternehmenszielgemäß optimierten Einsatz der vorgegebenen Potenziale. Dazu sind integrierte Produktprogramm- und funktionsbereichsbezogene Aktionsplanungen nötig, die soweit zu operationalisieren sind, dass die Ergebnisse als konkrete Vorgaben in das Ausführungssystem gegeben werden können.[59] Die Planung fußt dabei auf dem internen Abbildungsmodell der Kosten- und Leistungsrechnung und ist für Steuerungs- und Kontrollzwecke auch in dieser Struktur als Plankostenrechnung zu erstellen.[60] Wie bereits ausgeführt, ist das Abbildungsmodell jedoch auch um die Kalküle Vermögen und Kapital sowie Ein- und Auszahlungen zu erweitern bzw. in die extern orientierten Kalküle Aufwand und Ertrag zu transformieren.

Die Durchführung der operativen Planung erfolgt zwar generell in Abhängigkeit von der Unternehmensorganisation, wird aber tendenziell aufgrund des hohen Detaillierungsgrades in den Unternehmensteilbereichen durchgeführt werden. Die **Produktprogrammplanung** bestimmt Art und Menge der in einer festgelegten Periode zu produzierenden und abzusetzenden Produkte samt den bei angenommenen Preisen und Prozessen daraus resultierenden Kosten, Erlösen, Deckungsbeiträgen und Ergebnissen.[61] Durch die Verwendung von kalkulatorischen Eigenkapitalzinsen können bereits auf der Ebene der Produkte Entscheidungsalternativen wertorientiert optimiert ausgewählt werden, wobei jedoch stets die Abbildungsprämissen beachtet werden müssen.

Zum einen erfolgt die Planung mit monetären Größen. Um den Gesamtplan des Unternehmens zu erhalten, muss die **Funktionsbereicheplanung,** etwa mit den Teilplänen Absatz, Produktion, Beschaffung, Forschung und Entwicklung sowie Verwaltung, simultan durchgeführt werden. Die Teilpläne umfassen jeweils detaillierte kostenstellenbezogene Planungen, aus denen gleichzeitig Steuerungsinformationen, wie z.B. Budgetvorgaben, zu generieren sind, die in späteren Perioden Grundlage für Kontrollen und Abweichungsanalysen sein müssen.[62] Zum anderen beinhaltet die operative Funktionsbereicheplanung neben den monetären Werten aber auch weitere quantitative Sachverhalte, wie z.B. Mengen- und Zeitangaben oder Qualitätsanforderungen in Form von einzuhaltenden Toleranzwerten.

Die operative Planung hat im Kern konkrete, betriebswirtschaftlich klar definierte, primär monetäre Sachverhalte zum Gegenstand und beruht auf durch das Rechnungswesen detailliert unterstützten Verfahren, wie z.B.

---

[59]   Vgl. Hans, L./Warschburger, V.: Controlling, 1999, S. 104.
[60]   Vgl. Freidank, C.-C.: Systeme der Kostenrechnung, 2000, S. 15-17.
[61]   Vgl. Hahn, D./Hungenberg, H.: Controllingkonzepte, 2001, S. 464.
[62]   Vgl. Hahn, D./Hungenberg, H.: Controllingkonzepte, 2001, S. 505-507.

- Erfolgsplanung (Kosten-, Leistungs-, Betriebsergebnisplanung, Gesamtergebnisplanung)

- Finanzplanung (Einnahmen-, Ausgaben-, Liquiditätsbestandsplanung)

- Bilanzplanung (Vermögen- und Kapitalplanung)

- Budgetierung (nach Segmenten, Funktionalbereichen, Profitcentern usw.).

Zur **Integration** der operativen und strategischen sowie der Teil- und Gesamt-Planungen bietet sich eine Ausrichtung an den zentralen Unternehmenszielen an, die in der Wertorientierung oder allgemeiner in der Erfolgs- und Finanzoptimierung ggf. unter Einbezug konkreter Nachhaltigkeitsziele und Risikoparametrisierungen gesehen werden können.

Zusammenfassend kann man also die nach Zeitaspekt abzugrenzenden Controlling-teilgebiete des strategischen und operativen Controllings wie folgt kennzeichnen:

- Das **strategische Controlling** bezieht sich auf die langfristig-globalen Aspekte der Entwicklung von Erfolgs-, Finanz- und Risikolage des Unternehmens. Die Betrachtungsgegenstände sind Potenziale, die Abbildung geschieht mit globalen quantitativen Schätzungen oder mit Methoden der empirischen Sozialforschung, wie z.B. Skalierungen und subjektiven Bewertungen. Die Anbindung dieser Abbildungen an die konkret-monetären Gegenstände des operativen Controllings, wie z.B. Aufwand, Ertrag, Gewinn, Einnahmen, Ausgaben, Cashflow oder Vermögen und Kapital, bereitet dabei große Schwierigkeiten.

- Das **operative Controlling** richtet sich auf die kurzfristige, konkret-detaillierte Planung, Steuerung und Kontrolle der relevanten Erfolgs-, Finanz- und Risikogrößen des Gesamtunternehmens einschließlich ihrer Auflösung im organisatorischen Strukturbau des Unternehmens, z.B. nach Funktionalbereichen, Segmenten oder Regionen. Die Betrachtungsgegenstände sind vor allem monetäre Größen, die Methoden sind primär quantitativer, rechnungswesenbasierter Natur.

1.2.3   Controllingteilgebiete nach Funktionalaspekt

Eine wirkungsvolle Unternehmensführung kann sich nicht auf eine Planung, Steuerung und Kontrolle der Ziele und Mittel auf Basis des Gesamtunternehmens beschränken, sondern muss die relevanten Größen zusätzlich in die betriebliche Organisation hinein auflösen, damit die Führungswirkung bis auf die maßgeblichen Handlungsebenen hinunterreicht. Dementsprechend wird eine Auflösung der gesamtunternehmens-bezogenen Ziele und Mittel z.B. nach **Segmenten** oder nach **Funktionalbereichen** erforderlich. Je nach Branche, Größe und Organisation des Unternehmens sind als Funktionalbereiche z.B. Beschaffung, Produktion, Absatz, Forschung und Entwicklung, Logistik und Verwaltung zu unterscheiden. Das Controlling muss zur zielorientierten Führung dieser Bereiche entsprechend gestaltete Controllingsysteme entwickeln, um die Bereiche mit ihren Wirkungen auf die gesamtunternehmensbezogenen Erfolgs-, Finanz-, Sach- und Sozialziele planen, steuern und kontrollieren zu können. Dazu sind häufig spezifische Instrumente zu entwickeln.

Im Prinzip sind zur **Beschreibung der zielorientierten Rolle von Bereichen** folgende **Sachverhalte** von Belang:

■ Input: Art, Menge, Qualität und Wert der in dem Bereich eingesetzten Produktivfaktoren einschließlich Informationen zu den relevanten Determinanten dieser Faktoren, z.B. hinsichtlich Marktabhängigkeit.

■ Output: Art, Menge, Qualität und Wert der in dem Bereich erstellten/erbrachten Leistungen einschließlich Informationen zu den relevanten Determinanten dieser Leistungen, z.B. hinsichtlich Kapazitätsengpässen oder Marktabhängigkeiten.

■ Potenziale: Art, Menge, Qualität und Wert der in dem Bereich verfügbaren Ressourcenausstattungen.

■ Prozess- und Effizienzgegebenheiten: Hier ist zu denken an Produktivitäten, Verfahrensstrukturen oder technisch-ökonomische Merkmale des jeweiligen Bereiches.

Um die Führung der Funktionalbereiche gesamtunternehmensbezogen anzubinden und zu optimieren, muss das **Controllingsystem des jeweiligen Funktionalbereichs** verschiedene **Module** umfassen. Im Kern ist je Funktionalbereich nötig

■ eine bereichsspezifische Informationsdatenbank,

■ ein bereichsspezifisches Planungs- und Kontrollsystem,

■ ein bereichsspezifisches Budgetierungssystem und

■ ein bereichsspezifisches Kennzahlensystem.

Die bereichsspezifische Informationsdatenbank beinhaltet alle wesentlichen Informationen interner und externer Art, die für die Fundierung von Entscheidungen in diesem Bereich erforderlich sind. Welche Informationen das im Einzelnen sind, variiert von Bereich zu Bereich, aber auch nach Branchen und Unternehmen. Das bereichsspezifische Planungs- und Kontrollsystem beinhaltet zum einen die für die Planung im jeweiligen Bereich relevanten Methoden und die systematische Einbindung in das Planungssystem des Gesamtunternehmens, zum anderen die entsprechenden Strukturen zur mitlaufenden und nachträglichen Soll-Ist-Gegenüberstellung und Abweichungsanalyse. Das bereichsspezifische Budgetierungssystem ist Ausfluss des Planungs- und Kontrollsystems, indem die jeweilige gesamtunternehmensabgestimmte Planung für den Funktionalbereich in konkrete, realisierungsleitende Teilelemente zu Erfolgs-, Finanz- und Sachzielen unter Integration der Sozialziele als Vorgaben umgesetzt wird. Die drei vorstehend genannten Module werden schließlich durch ausgewählte, funktionalbereichsspezifische Kennzahlen zwecks komprimierter Aussage ergänzt. Hierbei müssen die durch die Dezentralisierung der Controllingaufgaben entstehenden Koordinationsprobleme beachtet werden, da die einzelnen Teilergebnisse für die Steuerung des gesamten Unternehmens wieder zusammengeführt werden müssen.

Die vorstehend beschriebenen generellen Strukturkriterien für Controllingteilgebiete nach Funktionalaspekt sind zu verbinden mit den spezifischen inhaltlichen Besonderheiten der jeweiligen Funktionalbereiche. Nachfolgend werden diese Gesichtspunkte für die geläufigen Funktionalbereiche überblicksartig umrissen.

1.2.3.1   Produktionscontrolling

Die strategische Komponente dieses Controllingbereichs beinhaltet die aus der Unternehmensstrategie abgeleiteten Ziel- und Programmplanungen sowie die zukunftsorientierten Überlegungen, z.B. im Hinblick auf den Einsatz moderner Mittel der Informationstechnik sowie die Reduktion von strategischen Risiken.[63]

Die operative Komponente befasst sich mit Systemen und Methoden, die den Einsatz der **Produktionsfaktoren** planen, steuern und überwachen. Hierbei geht die Bandbreite der Systeme vom Produktionsplanungs- und Steuerungssystem (PPS) bis zu Computer Integrated Manufacturing (CIM), umfassend z.B. die Komponenten:

- Angebots- / Auftragsverwaltung,

- Produktionsprogrammplanung,

- Produktionsablaufsteuerung,

- Fehlermöglichkeits- und Einflussanalyse,

- Fertigungssteuerung,

- Betriebsdatenerfassung (BDE),

- Erzeugnisbeständeführung.

Diese sind eingebunden in ein **Produktionsplanungs- und Kontrollsystem**,[64] welches in ein Budgetierungssystem mündet und über ein Kennzahlensystem zu steuern ist. Zusätzlich kommen im Bereich des Produktionscontrolling Kennzahlen in Frage, die Aufschluss geben über:

- Auslastungsgrade der Maschinen,

- Fertigungszeiten pro Serie, Artikel, Produktionsbereich,

- Ausschussquoten,

- Qualitätsgrade,

- Produktivität des Materialeinsatzes,

- Umsatz, Wertschöpfung, Produktionsmenge je Maschinenstunde oder

- Personalauslastungsquoten.

---

[63]   Vgl. Reichmann, T.: Controlling mit Kennzahlen, 2011, S. 307.
[64]   Vgl. Hahn, D./Hungenberg, H.: Controllingkonzepte, 2001, S. 376.

Das **Produktionscontrolling** muss sich ergebnisorientiert auch auf die Steuerung der Qualität der Produkte beziehen, was dann den fließenden Übergang zum Marketing- und Absatzcontrolling bedeutet.

1.2.3.2   Marketing- und Absatzcontrolling

Zur wirkungsvollen Führung des Absatz- und Marketingbereichs ist ein differenziert ausgestaltetes **Marketingcontrolling** notwendig. Zentral ist dabei ein umfassendes Informations- und Steuerungssystem einerseits, um ein alle Unternehmensbereiche integrierendes Marketing-Konzept abzubilden, und andererseits ein Planungs- und Kontrollsystem, um durch geeignete Abweichungsanalysen rechtzeitig auf Chancen oder Fehlentwicklungen aufmerksam zu machen.

Hierbei müssen die Planungs- und Kontrollprozesse differiert auf die Vertriebswege oder einzelne Kundensegmente und deren Betreuung durch die Verkaufsorganisation zielen sowie auch konkret für die Steuerung des Marketingmixes eingesetzt werden.

Dazu bedient sich das Marketing- und Absatzcontrolling z.B. folgender Instrumente im strategischen Bereich:

- Marktbeobachtung (Strategische Frühaufklärungssysteme)
- Analyse der Kundenorientierung
- Portfolioanalysen
- Konkurrenzanalysen
- Betriebsvergleiche
- Lebenszyklusanalysen.

Zu den operativen Instrumenten, die der Marketingführung dienen, gehören z.B.

- ABC-Analyse
- Kunden- und Vertriebserfolgsrechnung
- Deckungsbeitragsrechnung und Produktergebnisrechnung
- Deckungsbeitragsflussrechnung und Erlösabweichungsanalysen
- Profitcenter-Ergebnisrechnungen
- Kommunikationserfolgsmessung.

Die Ergebnisse sind in geeigneter Weise über Kennzahlensysteme zu Steuerungszwecken zu kommunizieren.[65]

---

[65]   Vgl. Reichmann, T.: Controlling mit Kennzahlen, 2011, S. 449.

1.2.3.3   Beschaffungs- und Logistikcontrolling

Den gestiegenen Marktanforderungen stehen hohe Kosten für Produktion, Handling, Lagerung und Transport, lange Rüst- und Wartungszeiten, gestiegene Komplexität, verkürzte Reaktionszyklen und hohe Lagerbestände in den Unternehmen gegenüber. Weiterhin ist die Datenerfassung oft sehr stark auf die Finanzbuchhaltung ausgelegt und kann keine Realtime-Verfügbarkeit für dispositive Logistikentscheidungen bereitstellen.

Die Verschärfung des Wettbewerbs erzwingt jedoch die Erschließung von Produktivitätsfortschritten und Rationalisierungsmaßnahmen, um eine langfristig überlegene Wettbewerbsposition aufbauen und verteidigen zu können. Einen zentralen Ansatzpunkt neben der Disposition, dem Beschaffungsmarketing und der Einkaufsfunktion in diese Richtung bietet die Logistik.[66]

Die **Logistik** wird als System zur erfolgsoptimalen Steuerung sämtlicher Material- und Warenbewegungen im **Supply Chain** verstanden. Hauptaufgaben einer integrierten Unternehmenslogistik sind

- Erreichung von sinkenden Durchlaufzeiten durch Steigerung der Flexibilität,
- Reduzierung der Kapitalbindung,
- Kostensenkung durch integrative Erfassung der betroffenen Bereiche,
- Reduzierungen von Insellösungen,
- Einführungen von Just in time-Konzepten, d.h. Verfügbarkeit der richtigen Güter in der richtigen Menge zum richtigen Zeitpunkt am richtigen Ort bei Fremdbezug.

Zur Erfüllung dieser **Aufgaben** stehen unter anderem

- die Materialbedarfsplanung, die programm- oder verbrauchsgesteuert ablaufen kann, sowie
- die Logistikkosten- und Logistikleistungsrechnung zur Erfassung und Gegenüberstellung der mit dem Logistikprozess verbundenen Kosten und Leistungen

zur Verfügung.

Ein weiteres wichtiges **Instrument** des Logistik-Controlling sind die Kennzahlen für

- Transportzeiten und -kosten pro Auftrag,
- Lieferbereitschaftsgrad,
- Losgrößenoptimierung,
- Kosten pro Lagerbewegung und
- Kapitalbindung.

---

[66]   Vgl. z.B. Reinschmidt, J.: Beschaffungs-Controlling, 1989, S. 55-64.

Neben rein analytischen informativen Zwecken dienen sie als Zielgrößen für die ko-ordinierte Planung, Steuerung und Kontrolle der materialwirtschaftlichen Aktivitäten.[67]

1.2.3.4 Forschungs- und Entwicklungscontrolling

Zu den strategisch wichtigen Leistungsprozessen gehören in den meisten Unternehmen **Forschung und Entwicklung** (F+E); wird doch gerade hier der Grundstein für das strategische Überleben des Unternehmens gelegt sowie über den technologischen Erfolg und damit über zukünftige Erlöse und Aufwendungen entschieden. Die Abbildung der Ergebnisse aus den Forschungs- und Entwicklungsprozessen erfolgt im Rechnungswesen differenziert nach Rechnungslegungssystem und unterschiedlich für Forschung und Ent-wicklung. Grundsätzlich sind Forschungskosten als Aufwendungen zu erfassen. Nur be-stimmte Kosten der Entwicklungsphase sind nach den internationalen Rechnungslegungs-standards pflichtgemäß zu aktivieren. Dagegen besteht nach HGB ein Aktivierungswahl-recht für selbst geschaffenes immaterielles Anlagevermögen.

Die Notwendigkeit eines **F+E-Controllings** ist unbestritten.[68] Für die Erfüllung externer Rechnungslegungsvorschriften, wie das Aktivierungswahlrecht des § 248 Abs. 2 HGB für selbst geschaffene immaterielle Vermögensgegenstände des Anlagevermögens bzw. das Ansatzgebot des IAS 38 für selbst erstellt immaterielle Vermögenswerte, ist ein F+E-Controlling Grundvoraussetzung. Extrem wachsende Forschungs- und Entwicklungsauf-wendungen, der internationale Wettbewerbsdruck, die zunehmende Komplexität der Produkte und die kürzer werdenden Innovationszyklen zwingen zu einer verstärkten be-triebswirtschaftlichen Steuerung des F+E-Bereiches. Daher muss ein effektives F+E-Controlling-System einen optimalen und praktikablen Weg zwischen zwei Extremen finden. Es hat einerseits die **Aufgabe,**

- Planungs- und Kontrollrechnungen zu erstellen,

- Methoden und Fachwissen für die Steuerung und Sicherung von Forschungs- und Ent-wicklungsleistungen bereitzustellen und

- Entscheidungsträger der Forschung und Entwicklung zu beraten und die Rechtmäßig-keit sowohl bezüglich der Bilanzierung als auch z.B. bezüglich Patentverletzungen sicherzustellen,

sowie andererseits die

- Koordinierungsaufgaben zwischen den Abteilungen und den verschiedenen Kompetenzbereichen wahrzunehmen,

- die Zielorientierung der Forschungs- und Entwicklungtätigkeit zu betonen und

- die Innovationsfähigkeit des F+E-Personals zu erhöhen.

---

[67] Vgl. Reichmann, T.: Controlling mit Kennzahlen, 2011, S. 304-306.
[68] Vgl. z.B. Peemöller, V.: Controlling, 2005, S. 369.

In den letzten Jahren kommt dabei dem Aspekt der Sicherung und der Rechtmäßigkeit der Ergebnisse große Bedeutung zu, da innovative Unternehmen sich zunehmend Patentverletzungsklagen ausgesetzt sehen bzw. selber gegen Nachahmer zu diesem Instrument greifen müssen. Hier muss das Controlling für eine gute Schnittstelle zur Compliance, d.h. der Regelkonformität der Einhaltung von Gesetzen und Richtlinien, sorgen, um Schaden vom Unternehmen abzuwenden.

Forschung und Entwicklung stellen unterschiedliche Anforderungen an das Controlling-System, wobei eine genaue Trennung kaum gelingt. Bei der Forschung handelt es sich um die eigenständige und planmäßige Suche nach neuen wissenschaftlichen oder technischen Erkenntnissen oder Erfahrungen allgemeiner Art, über deren technische Verwertbarkeit und wirtschaftliche Erfolgsaussichten grundsätzlich keine Aussagen gemacht werden können. Es überwiegt somit der innovative Charakter, das Problem ist schlecht strukturiert, die Zielstellung unscharf. Es existieren im größeren Maße veröffentlichte Grundlagenergebnisse, die in den eigenen Forschungsprozess eingebunden werden können und vor dem Hintergrund der Effizienz auch müssen. Gleichzeitig sind eigene Ergebnisse häufig auch nur schlecht mit Patenten zu sichern. Die Entwicklung – definiert in § 255 Abs. 2a HGB als Anwendung von Forschungsergebnissen oder von anderem Wissen für die Neuentwicklung von Gütern oder Verfahren oder die Weiterentwicklung von Gütern oder Verfahren mittels wesentlicher Änderungen – wird im Gegensatz dazu mit zumeist genau definierten Zielen in einer bekannten Umgebung durch einen komplexen Prozess betrieben, wobei u. U. Konflikte mit bestehenden Patenten anderer Eigentümer auftreten können.

Im strategischen Bereich stehen als **Instrumente und Methoden** zur Umsetzung der Ziele und Aufgaben z.B. Portfoliotechniken, Brainstorming oder Morphologische Analysen zur Verfügung. Für das Forschungs- und Entwicklungscontrolling im operativen Bereich gibt es als Methoden z.B. das Projektmanagement und das Zeit- und Kosten- Controlling in Form von Budgets und einer stellen- und projektbezogenen Kostenrechnung. Ziel ist es hierbei, die Forschungsprojekte zu bewerten, zu beschleunigen und zu kontrollieren.[69]

1.2.3.5   Verwaltungscontrolling

Verwaltungskosten fallen in allen Bereichen des Unternehmens an. Sie gehören zu den Gemeinkosten, die nicht unmittelbar einem Kostenträger zuzuordnen sind. Ihr überwiegender Anteil wird in den personalintensiven indirekten Leistungsbereichen verursacht, die nicht unmittelbar am Leistungsprozess beteiligt sind, wie z.B.

- Arbeitsvorbereitung,
- Fertigungsplanung,
- Logistik,
- Vertrieb oder
- allgemeine Verwaltung.

---

[69]   Vgl. z.B. Peemöller, V.: Controlling, 2005, S. 371.

Problematisch an diesen Kosten ist, dass sie sich nicht proportional zum Mengenwachstum der Produkte verhalten, u. U. auch bei sinkender Produktion steigen und häufig unbewusst aufgebaut werden und somit für das Controlling nur schwer zu erfassen, zu steuern und zu kontrollieren sind.

Instrumente, die die Planung, Steuerung und Kontrolle der Verwaltungskosten ermöglichen, sind z.B.

- Budgetierung von Kostenstellen im Verwaltungsbereich;

- Wertanalysen, d.h.

  – Aufnahme des Istzustandes, um festzustellen welche Leistungen werden wie, wann und wo in welcher Menge erbracht,
  – Erarbeitung von Alternativen, um festzustellen ob Leistungen überhaupt erbracht werden müssen, ob die Erstellung rationalisiert werden kann oder ob Leistungen fremdbezogen werden können,
  – Bewertung und Alternativenauswahl unter Berücksichtigung von Einsparungspotenzialen, Risiko, Zeit- und Kostenbedarf der Rationalisierung;

- Prozesskostenmanagement, d.h.

  – Durchführung einer Aktivitätenanalyse,
  – Prozesskostenrechnung,
  – Prozessoptimierung.

Durch den Einsatz der Instrumente im **Verwaltungscontrolling** sollen die nachfolgenden **Ziele** erreicht werden:

- Verbesserung der Planung, Steuerung und Kontrolle der Gemeinkosten;

- Erhöhung der Transparenz, Effizienz und Outputbezogenheit in indirekten Leistungsbereichen.

1.2.3.6   Projektcontrolling

Prinzipiell lassen sich die generellen Aufgaben des Controllings auch auf Unternehmen mit Projektleistungstätigkeit übertragen.[70] Das **Projektcontrolling** i. e. S. umfasst

- alle Maßnahmen konzeptioneller, informatorischer und methodentechnischer Art zur Unterstützung von Planung, Steuerung und Kontrolle von Einzelprojekten in allen Projektlebensphasen, reichend

- von der Projektvorbereitung (Initiierung, Vorstudie, Angebotserstellung) über

- die Projektabwicklung (Auftragserhalt bzw. Projektbewilligung, Realisierung in technischer, organisatorischer und wirtschaftlicher Hinsicht, Projektübergabe und -endabrechnung) bis zur

---

[70]   Vgl. Lachnit, L.: Controllingkonzeption, 1994.

- Projektnachbereitung (Projektabschlussbericht und Erfahrungsauswertung, Kontrolle der Projektzielerreichung und Abweichungsanalysen).

Für eine Unternehmensführung unter Projektverhältnissen reicht ein nur auf das einzelne Projekt gerichtetes Controlling jedoch nicht aus. Das Projektcontrolling i. e. S. muss so erweitert werden, dass auch diejenigen **projektbezogenen Aufgaben** erfasst werden, die auf übergeordneten Ebenen angesiedelt sind. Es handelt sich hier um projektübergreifende Betrachtungen für Projektgruppen und/oder Projektgesamtheit, wobei **organisatorische Aufgaben** wie Kapazitätenplanung oder Termine- oder Ablaufplanungen, und **wirtschaftliche Aspekte**, wie z. B. Kosten-, Ergebnis- und Liquiditätswirkungen, im Vordergrund stehen. Dieser Rahmen reicht aber für eine umfassende Unternehmensführung in Unternehmen mit Projektleistungstätigkeit i. d. R. nicht aus, da die wirtschaftliche Lage des Gesamtunternehmens auch durch Sachverhalte ohne Projektbezug beeinflusst wird. Aus diesem Grund muss im Controllingkonzept die Integration von Projekt- und Nichtprojektbereichen gewährleistet werden, wodurch das Projektcontrolling seine weiteste Fassung erhält, gleichbedeutend mit Controlling in Unternehmen mit Projektleistungstätigkeit.

Das **Controllingkonzept unter Projektverhältnissen** umfasst mithin

- die projektbezogenen Controllingaufgaben, die zur Planung, Steuerung und Kontrolle einzelner Projekte notwendig sind,

- die projektübergreifenden Aufgaben, welche auf die Projektgruppen und die Gesamtheit der Projekte zielen, und

- die das Gesamtunternehmen betreffenden Controllingaufgaben projektabgeleiteter und projektneutraler Herkunft.

Eine wesentliche Aufgabe besteht in der Integration komplexer Projekt-Einzellösungen zu einem integrierten, optimalen Gesamtentwurf, wobei diese Planung aufgrund der Laufzeit von Projekten i. d. R. den operativen Planungszeitraum überschreiten wird, so dass der Verzahnung von operativer und strategischer Planung eine besondere Bedeutung zukommt. Darüber hinaus muss aber auch berücksichtigt werden, dass das Projektcontrolling i. e. S. laufzeitbezogen strukturiert ist, die Kalküle also die Projektgesamtlaufzeit umfassen, während das Projektcontrolling i. w. S. auch auf die kalenderjahrorientierte Rechenperiode des betrieblichen Rechnungswesens ausgerichtet sein muss.

1.2.4   Controllingteilgebiete nach Faktoraspekt

Ein weiterer Gesichtspunkt, nach dem Controlling-Systeme unterschieden werden können, ist die Differenzierung nach Produktionsfaktoren; daher wird im Folgenden das Controlling exemplarisch für drei zentrale Faktoren, nämlich Personal, Anlagen und Vorräte, näher erläutert.

1.2.4.1   Personalcontrolling

Personalcontrolling heißt, Instrumente, Daten und Verfahren zur Planung, Steuerung und Kontrolle für das optimale Verhältnis von Personalaufwand (im Sinne von Preis) zu Personalleistung (im Sinne von Menge, Zeit und Qualität) unter Berücksichtigung derzeitiger und zukünftiger Entwicklungen im Unternehmen bereitzustellen. Benötigt werden diese Informationen sowohl in der Personalabteilung als auch in den Fachabteilungen.[71]

Strategisches Personalcontrolling ist eine Unterstützungsfunktion des strategischen (Personal-) Managements. Es dient dem Aufbau und der Nutzung von Human-Ressourcen zur Erreichung der strategischen Unternehmensziele. Als Instrument kommt hierfür z.B. die Balanced Scorecard in Betracht, die für die Ausarbeitung eines dezidierten Zielsystems zur Verfügung steht und die Grundlage für Anreizsysteme sein kann.

Zu den **Aufgaben des Personalcontrolling** gehört es neben der Ausgestaltung von **Anreizsystemen** die Planungs- und Kontrollstrukturen bereitzustellen für z.B.

■ Personaleinsatzplanung:

  Es handelt sich dabei um die Zuordnung der im Unternehmen verfügbaren Mitarbeiter zu den anstehenden Aufgaben bzw. zu besetzenden Arbeitsplätzen. Hierbei sind vor allem Personalzuordnung, Gestaltung der Arbeitsorganisation, Gestaltung der Arbeitszeit und Bestimmung der Einsatzorte im Unternehmen vorzunehmen.

■ Personalbedarfs- und Strukturplanung / Personalbeschaffung:

  Hier wird zum einen eine Arbeits- und Anforderungsanalyse im Unternehmen, die eine Personalbedarfs- und Personalstrukturplanung zum Ergebnis hat, durchgeführt. Zum anderen werden differenzierte Positionenprofile erstellt und daraus die erforderlichen Personenmerkmale abgeleitet. Nach der erfolgreichen Besetzung einer Position wird im Rahmen eines Follow-up die Integration des Kandidaten begleitet.

■ Personalentwicklung:

  Mit Personalentwicklung werden i.d.R. systematisch und oft langfristig angelegte Maßnahmen bezeichnet, mit denen die Qualifikation der Mitarbeiter verbessert wird. Neben der Vermittlung von Kenntnissen und Fähigkeiten steht häufig im Mittelpunkt der Personalentwicklung die Förderung der Bereitschaft der Mitarbeiter, auf neue fachliche und soziale Herausforderungen im Unternehmen oder am Arbeitsplatz flexibel zu reagieren (z. B. Erfordernis des lebenslangen Lernens oder die Bereitschaft zu Job Rotation). Ziel der Personalentwicklung im Unternehmen ist grundsätzlich Schaffung und Erhalt eines leistungsfähigen Mitarbeiterpotenzials.

■ Personalkostenplanung:

  Die Personalkostenplanung hat letztendlich sicherzustellen, dass die erfolgs- und finanzzielorientierte Ausrichtung des Unternehmens Berücksichtigung findet.

---

[71] Vgl. Wunder, R./Schlagenhaufer, P.: Personal-Controlling, 1994.

1.2.4.2 Investitions-/Anlagencontrolling

Zu den Hauptaufgaben des **Investitions- und Anlagencontrolling**[72] zählen die Planung, Durchführung und Kontrolle von Investitions- sowie Instandhaltungsentscheidungen. Hierbei sind durch das Investitions- und Anlagencontrolling

■ Investitions- bzw. Desinvestitionsentscheidungen zu initiieren,

■ Investitionsvolumen und Investitionsplanung zu koordinieren,

■ Entscheidungsvorbereitung in Form von Datenbeschaffung für Investitionsrechnungen und Kontrolle von Anträgen und Wirtschaftlichkeitsberechnungen zu leisten,

■ Überwachung der Investitionsprojekte, durchzuführen, sowie

■ Ermittlung, Überwachung und Durchführung von Instandhaltungsplänen und -zeit-punkten vorzunehmen.

Als **Instrumente** zur Unterstützung der vorgenannten Aufgaben zählen insbesondere:

■ Wertanalyse,

■ Statische und dynamische Verfahren der Investitionsrechnung, wie z.B.
    – Kosten- und Erfolgsvergleich,
    – Rentabilitäts- und statischer Amortisationsvergleich,
    – Kapitalwert-, Annuitäten- und interne-Zinsfuß-Methode oder
    – Szenariosimulation und Nutzwertanalysen.

Mit Hilfe des Investitionscontrollings sollen

■ das optimale Investitionsprogramm und

■ der optimale Investitionszeitpunkt bestimmt sowie

■ Investitionsalternativen analysiert und

■ Investitionsentscheidungen abgesichert

werden.

Wie auch bei den anderen Controllingbereichen ist im Rahmen des Investitions- und Anlagencontrolling eine Überwachung der Daten, Modelle und Methoden in Form einer detaillierten Abweichungsanalyse und Investitionskontrolle durchzuführen. Als Kontrollgrößen eigen sich z.B. Kennzahlen.

1.2.4.3 Vorrätecontrolling

Das **Vorrätecontrolling** ist eng mit dem Produktions- und Logistikcontrolling verbunden. Ebenso wie die Kapazitäten in ausreichendem Maße zur Produktionserstellung bereit-

---

[72] Vgl. Schulz, M.: Investitionscontrolling, 2005.

stehen müssen, haben auch die für die Produktion benötigten Roh-, Hilfs- und Betriebsstoffe bzw. bezogenen Leistungen rechtzeitig, in der erforderlichen Quantität und Qualität
zur Verfügung zu stehen. Auch hier bedarf es jedoch einer mit der Unternehmensgesamt-
planung abgestimmten Optimierung, da die Lagerung von Vorräten Kapital bindet, dem
Lagerungsrisiko z. B. bezüglich Schwund, Alterung, oder Verderbnis unterliegt und daher
auf das notwendige Maß zu reduzieren ist. Neben strategischen Analysen bei nur beschränkt verfügbaren Vorräten, wie z. B. besonderen Rohstoffen, steht die Bestimmung
optimaler Lagerhaltung und optimaler Bestellmengen im Zentrum der operativen Betrachtungen, die das Controlling zu unterstützen hat.

1.3   Instrumente des Controllings

Die **Controllinginstrumente** lassen sich entsprechend ihrer Struktur in dispositive Einzeltechniken sowie Kalküle des entscheidungsbezogenen Rechnungswesens einteilen.
Während dispositive Einzeltechniken methodische Teilstücke darstellen, die bislang recht
aleatorisch ohne festen Platz in Rechnungswesen oder betrieblichen Informationssystemen
angeboten werden, handelt es sich bei den Kalkülen des entscheidungsbezogenen
Rechnungswesens um managementgemäß ausgestaltete Ergebnis- und Finanzrechnungen
unter Berücksichtigung der Risikolage, die in die Arbeit des Controllings systematisch
eingebracht werden können.

Die **dispositiven Einzeltechniken (Abbildung 1.9)** lassen sich in Analyse-, Prognose- und
Planungs- sowie Kontrolltechniken unterteilen, wobei die Zuordnung der Techniken auf
die einzelnen Anwendungsfelder nicht überschneidungsfrei möglich ist. Sie wird nachstehend unter dem Gesichtspunkt vorgenommen, wo das jeweilige Instrument hauptsächlich zum Einsatz kommt.

Abbildung 1.9   Einteilung von dispositiven Controlling-Einzeltechniken

Operative Analysetechniken	Strategische Analysetechniken
▨ ABC-Analyse	▨ Stärken-Schwächen-Analyse
▨ Wertanalyse	▨ Lebenszyklus-Analyse
▨ Kosten-Nutzen-Analys	▨ Portfolio-Analyse
▨ Break-Even-Analyse	▨ Gap-Analyse
▨ Gemeinkostenanalyse	▨ Szenario-Technik
▨ Kennzahlen und Kennzahlensysteme	▨ ...
▨ ...	

Prognose- und Planungstechniken
- ▨ Qualitative Prognoseverfahren, wie z.B. Delphi-Methode
- ▨ Quantitative Prognoseverfahren, wie z. B. Zeitreihenverfahren, kausale Prognoseverfahren, Simulationsmodelle, OR-Prognosemodelle
- ▨ EDV-gestützte Planungs- und Simulationssysteme
- ▨ Budgetierungstechniken
- ▨ Netzplantechnik
- ▨ Entscheidungsbaumverfahren
- ▨ ...

Kontrolltechniken
- ▨ mitlaufende und nachträgliche Kontrolle
- ▨ Eigen- und Fremdkontrolle
- ▨ direkte und indirekte Kontrolle
- ▨ interne und externe Kontrolle
- ▨ Vollkontrolle oder Stichprobenkontrolle
- ▨ ....

Als Ausstattung eines Controllinginstrumentariums mit relativ pragmatischem Zuschnitt definiert die DIN SPEC 1086 folgende Positionen:

- ■ „Anforderungen und Format einer Unternehmensplanung/strategischen Planung,

- ■ Planstruktur mit festen Planungszyklus und Verantwortlichkeiten sowie definierten Planungselementen, Genehmigungsverfahren, Planungs- und Budgetierungsperioden, Vergleichsperioden und Zeit- und Ablaufschemata,

- ■ Erforderliche Detaillierung der Planung und der Ist-Erfassung bezüglich Erlösen, Leistungen, Kosten, Investitionen, Personal und sonstigen Kennzahlen,

- ■ Struktur des Kontenrahmens mit Kontenschlüsseln,

- ■ Kostenstellenstruktur mit festgelegten Kostenverantwortlichen,

- Festlegung der betriebswirtschaftlichen Anforderungen an Arbeitspläne und Stücklisten bzw. Stufennormen, sofern der spezifische Geschäftsbetrieb es erfordert,

- Kalkulationsverfahren,

- Erarbeitung von Prinzipien der innerbetrieblichen Leistungsverrechnung,

- Definition von Verrechnungspreisrichtlinien zwischen Konzerngesellschaften,

- Abrechnungsperioden mit letztem Tag der Periode als Buchungstag,

- Liste der zu erstellenden Berichte mit Turnus, Verantwortlichkeiten und Empfängerkreis,

- Vorgehensweise und Detaillierung der Erstellung von Erwartungsrechnungen / Forecasts,

- Definition von Kennzahlen mit ihren Berechnungsregeln und Messmethoden sowie von betriebswirtschaftlichen Begriffen." [73]

Während bei der Anwendung der genannten Controlling-Einzeltechniken die Fundierung unternehmerischer Entscheidungen im Zusammenhang mit eng umrissenen Teilaufgaben erreicht werden soll, liegt die Funktion von Controllingkalkülen des entscheidungsorientierten Rechnungswesens in Lenkungsaufgaben, die sich auf die gesamte Unternehmung bzw. auf organisatorische Teilbereiche erstrecken. Als Kern für ein Führungs-Informationssystem stehen insbesondere die Angaben aus dem betrieblichen Rechnungswesen, also vor allem aus Finanz- und Betriebsbuchhaltung, Jahresabschluss, Kostenrechnung, betriebswirtschaftlicher Statistik und Planungsrechnung zur Verfügung.

Sobald diese Instrumente führungsunterstützenden Charakter haben, sind sie als Teile des **Management-Rechnungswesens** zu verstehen.[74] **Abbildung 1.10** zeigt die Instrumente des Management-Rechnungswesens, unterteilt in den externen und internen Bereich.

Diese insbesondere in Deutschland gewachsene Trennung von internem und externem Rechnungswesen wird jedoch vor dem Hintergrund einer möglichen **Konvergenz** der beiden Bereiche intensiv diskutiert, wobei als ursächlich hierfür vorrangig die fortschreitende Internationalisierung der Rechnungslegung gilt.[75] Im Vergleich zur am Gläubigerschutz orientierten HGB-Rechnungslegung wird die internationale Rechnungslegung als für interne Steuerungszwecke geeigneter angesehen, da sie weniger stark durch das Vorsichts- und das Imparitätsprinzip geprägt ist. Lange Zeit wurde daher in Schrifttum und Praxis die Harmonisierung von internem und externem Rechnungswesen überwiegend vor dem Hintergrund diskutiert, dass die Unternehmensleitung bzw. stellvertretend das Controlling Instrumente und Ermittlungsansätze des externen Rechnungswesens in das interne Rechnungswesen übernimmt (sog. externe Dominanz der Harmonisierung).

---

[73] Vgl. DIN SPEC 1086:2009-04, S. 8.
[74] Vgl. Müller, S.: Management-Rechnungswesen, 2003, S. 127-130.
[75] Vgl. stellvertretend Müller, S.: Management-Rechnungswesen, 2003, S. 90-91;

Abbildung 1.10   Bestandteile des Management-Rechnungswesens

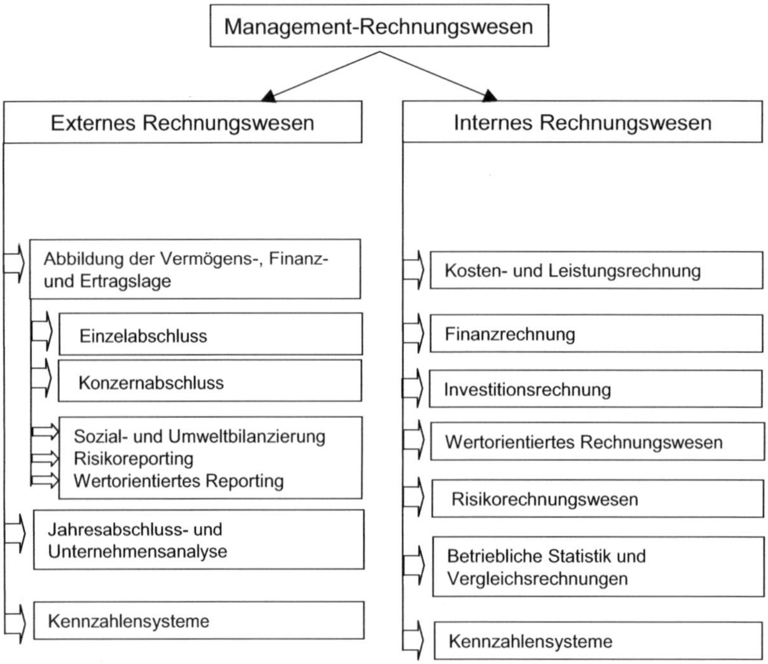

Die **Harmonisierung von externem und internem Rechnungswesen** kann jedoch grundsätzlich aus beiden Richtungen erfolgen. Im Bereich der Cashflow-Rechnungen und Liquiditätsbetrachtungen existiert alleine von der Grundlage der Rechnung her vollständige Konvergenz, da Geld intern wie extern nicht anders bewertet oder erfasst werden muss. Eine interne Dominanz der Harmonisierung liegt dabei vor, wenn der Gesetzgeber bzw. der Standardsetter bei der Ausgestaltung von Rechnungslegungsvorschriften auf das interne Steuerungs- und Berichtssystem zurückgreift. Dies ist seit kurzem verstärkt in der HGB- oder IFRS-Rechnungslegung zu beobachten. So verlangen beide Rechnungslegungssysteme die Bewertung von Rückstellungen zum (abgezinsten) Erfüllungsbetrag, für Abwertungen müssen zukünftige Nutzwerte ermittelt werden und auch die Aktivierung von latenten Steuern aus Verlustvorträgen erfordert jeweils die Betrachtung der zukünftigen Realisierbarkeit.

Die derzeit weitestgehende Übernahme von internen Werten in die Rechnungslegung erfolgt bei der **Segmentberichterstattung** nach IFRS 8, der fast wortgleich der entsprechenden Regelung nach US-GAAP entspricht. Bei diesem als Management Approach bezeichneten Ansatz muss den Abschlussadressaten eine Betrachtung des Unternehmens

„through the management's eyes"[76] ermöglicht werden. Dabei sind die zu veröffentlichten Informationen unmittelbar vom internen Rechnungswesen zu übernehmen, eine Anpassung an die IFRS erfolgt erst in der Überleitungsrechnung zu den jeweiligen Gesamtkonzerndaten, die der IFRS-Rechnungslegungsnorm zu entsprechen haben. Empirische Studien zeigen, dass die im DAX, MDAX und SDAX notierten Unternehmen in ihren Segmentberichterstattungen kaum Anpassungen vornehmen.[77] Daher ist davon auszugehen, dass diese Großkonzerne zumindest auf Segmentebene bereits intern mit IFRS-Daten steuern und somit die Konvergenz im Rechnungswesen hier weit fortgeschritten ist.

Somit wird das Controlling einerseits Informationslieferant für die externe Rechnungslegung und steht daher auch mit seinen diesbezüglichen Handlungen unter der Kontrolle der Wirtschaftsprüfung und des Aufsichtsrats, gleichzeitig bietet der Jahresabschluss aber auch einen sehr guten Informationspool, den das Controlling für seine managementunterstützende Tätigkeit auszuwerten hat.[78] Schließlich ist der Jahresabschluss – oft als Visitenkarte des Unternehmens bezeichnet – auch der Ausgangspunkt z.B. für Kapitalvergabeentscheidungen externer Investoren und Kreditinstitute. Letztere sind nach § 18 KWG zur Analyse des Jahresabschlusses vor der Vergabe von Kredit ab einem bestimmten Volumen verpflichtet und haben je nach dem primär auch aus diesen Zahlen ermittelten Risiko eine begründete Entscheidung über die Kreditvergabe zu treffen und ggf. die Zinsen risikoadäquat zu berechnen.[79] Daher hat sich das Controlling intensiv auch mit der Rechnungslegung und den dort verwendeten Normen zu befassen[80] und muss die Auswirkungen des Jahresabschlusses auf die Adressaten abschätzen und ggf. durch begleitende Erläuterungen korrigieren können.

Ein verantwortungsvolles Management muss die Entwicklung von Erfolg, Finanzen und Risiken des Unternehmens systematisch lenken. Mithin sind die Instrumente des Management-Rechnungswesens systematisch zu gegenstandsspezifischen Instrumentenkästen zusammenzufügen. Als Kalküle des **Erfolgscontrollings** sind z.B. dispositive Kostenrechnungsverfahren, Absatz- und Umsatzprognoseverfahren, systematische Umsatz-, Kosten- und Ergebnisplanung sowie die kurzfristige Erfolgsrechnung zu nennen. Die Kalküle des **Finanzcontrollings** umfassen dagegen bestände- und bewegungsbezogene Finanzrechnungen, wie z.B. Bilanzkennzahlen oder Cashflow-Statements, sowie integrierte Erfolgs-, Bilanz- und Finanzplanungssysteme. Als Kalküle des **Risikocontrollings** sind schließlich zu nennen systematische Risikoinventurkalküle, Kalküle zu Risikobewertung, Risikoaggregation und Risikotransformation in Erfolgs- und Finanzdaten unter Feststellung des Gesamtrisikoeffekts in Hinblick auf Illiquidität, Überschuldung sowie Bilanzstruktur.

---

[76] IASB (Hrsg.): Convergence Standard, 2006.
[77] Vgl. Blase, S./Müller, S.: IFRS-8-Erstanwendung, 2009, S. 537-544.
[78] Vgl. z.B. Lorson, P.: Controlling, 2011, S. 313-314.
[79] Vgl. Müller, S./Brackschulze, K./Mayer-Fiedrich, M. D.: Basel III, 2011, S. 6-20.
[80] Vgl. z.B. Engelbrechtsmüller, C./Losbichler, H. (Hrsg.): CFO Schlüssel-Know-how IFRS, 2010; FAK IFRS des ICV: Controllerstatement IFRS, 2011.

2 Erfolgscontrolling

2.1 Grundsachverhalte des Erfolgscontrollings

Beim Erfolgscontrolling steht die Führung des Betriebsergebnisses gestützt durch Umsatz- und Kostenplanung bzw. dispositive Kosten- und Leistungsrechnung im Zentrum der Betrachtung. Des Weiteren muss das Erfolgscontrolling die Führung von Finanzergebnis, ordentlichem Jahresergebnis und bilanziellem Jahresergebnis sowie von Rentabilitäten und wertorientierten Erfolgszahlen instrumentell unterstützen. Auch wenn die Erfolgslage untrennbar mit der Finanz- und Risikolage des Unternehmens verbunden ist, hat sich im Controlling doch durch die Verwendung von spezifischen Instrumenten im ersten Schritt eine Teilbetrachtung dieses Aspektes herausgebildet, die dann mit den Teilbetrachtungen der Finanz- und Risikoaspekte zu integrieren ist. Die zentralen Instrumente des Erfolgscontrollings können in der Kosten- und Leistungsrechnung, Absatz- und Umsatzprognose sowie Umsatz-, Kosten- und Erfolgsplanung gesehen werden.

2.2 Kosten- und Leistungsrechnung als Bestandteil des Erfolgscontrollings

2.2.1 Wesen der Kosten- und Leistungsrechnung

Die **Unternehmenstätigkeit** kann beschrieben werden als ein **Prozess**, in dessen Verlauf die von den Beschaffungsmärkten besorgten betrieblichen Einsatzgüter in der betrieblichen Leistungserstellung kombiniert werden und untergehen, wobei als Ergebnis der Leistungserstellung die neu geschaffenen betrieblichen Absatzleistungen als Sachgüter oder Dienstleistungen entstehen, die ihrerseits auf den Absatzmärkten veräußert werden. Stark vereinfacht kann dieser Zusammenhang modellmäßig wie in **Abbildung 2.1** dargestellt werden.

Das betriebliche Rechnungswesen ist als quantitative Abbildung des Unternehmens nötig, um die betrieblichen Sachverhalte erfassen und steuern zu können. Die Gesamtheit der Unternehmensaktivitäten und -beziehungen kann in eine Außen- und Innensphäre unterteilt werden. Die Außensphäre enthält die Verbindungen zu den Märkten und außenstehenden Dritten, die Innensphäre verkörpert den innerbetrieblichen Prozess von Produktivfaktoreinsatz und Leistungsentstehung.

Abbildung 2.1   Grundschema der betrieblichen Leistungstätigkeit

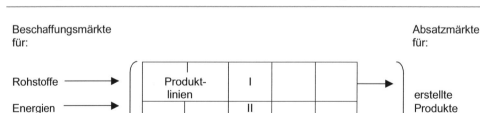

Finanzbuchhaltung und Jahresabschluss als Teilstücke des Rechnungswesens erfassen die Außenbeziehungen des Unternehmens. Das reicht aus, wenn die Rechnungslegung eine ökonomisch tatsachengemäße, hinreichend ausdifferenzierte Abbildung liefert sowie die Binnenstruktur des Unternehmens einfach angelegt ist und sich im betrieblichen Innenzusammenhang nur wenig arbeitsteilige, zu erfassende und zu koordinierende Aktivitäten finden. Bei komplexen innerbetrieblichen Gegebenheiten benötigen Unternehmen für die Unternehmensführung zusätzlich ein Rechensystem zur Erfassung und Lenkung der betrieblichen Faktoreinsätze und Leistungsentstehungen, d.h. ein differenziertes System zur Erfassung des innerbetrieblichen Geschehens. Außerdem ist eine ökonomisch tatsachengemäße und keine z.B. juristisch oder bilanzpolitisch verzerrte Abbildung[81] für die Steuerung des Unternehmens notwendig. Die **Kosten- und Leistungsrechnung** ist das Instrument, um diese im Unternehmen stattfindenden Prozesse ökonomisch tatsachengemäß zu erfassen und damit beurteilungsfähig zu machen.

Als Kosten- und Leistungsrechnung wird die Gesamtheit aller Verfahren zur quantitativen Erfassung, Auswertung und Lenkung von Kostenverursachung, Leistungsentstehung und Leistungsabgabe an den Absatzmarkt verstanden. Das Aufgabenfeld ist mit dem **Begriff** Kostenrechnung zu eng beschrieben, denn eine systematisch angelegte innerbetriebliche Lenkung benötigt sowohl Kosten- wie auch Leistungsdaten. Grundsätzlich umfasst die Kosten- und Leistungsrechnung folgende **Bausteine**, wobei die Erfassung vergangenheits- und/oder zukunftsbezogen geschehen kann:

■ Kostenrechnung als System zur Erfassung der Gütereinsätze nach Art, Menge und Wert (Kostenrechnung im engeren Sinne);

---

[81]   Vgl. zu vorhandenen stillen Reserven in Jahresabschlüssen z.B. Lachnit, L.: Schätzung stiller Reserven, 2000, S. 769-808.

- Leistungsrechnung zur Erfassung der hervorgebrachten Leistungen nach Art, Menge und Wert (Leistungsrechnung);

- Kalkulatorische Ergebnisrechnungen zur Erfassung der Ergiebigkeit der Leistungserstellung und marktmäßigen Verwertung (Produktergebnisrechnung, Betriebsergebnisrechnung).

Die quantitative Abbildung von Unternehmensgeschehen und Unternehmensaufbau erfordert eine differenzierte Erfassung, was unterschiedliche Rechnungen nötig macht. Das **betriebliche Rechnungswesen** umfasst daher eine **Vielzahl von Rechnungs-Teilgebieten**, wie **Abbildung 2.2** zeigt.

Abbildung 2.2   Teilgebiete des betrieblichen Rechnungswesens

Bezugsobjekt	Nachrechnung				Vorrechnung
	Buchhaltung und Jahresabschluss				Zeitbezogene pagatorische Planungsrechnungen insbesondere: - Jahresabschluss-planung - Finanzplanung
Zeitbezogene Rechnungen	Kostenartenrechnung (KAR)	Betriebs-abrechnung (BA)	Kosten- und Leistungs-rechnung (KLR)		Zeitbezogene kalkulatorische Planungsrechnung Plankosten-rechnung (PKR)
	Kostenstellenrechnung (KStR)				
	Kostenträgerzeitrechnung/ Betriebsergebnisrechnung (KTrZR/BER)				
Stückbezogene Rechnungen	Kostenträgerstückrechnung (KTrStR)	Nach-kalkulation			Stückbezogene kalkulatorische Planungsrechnung/ Vorkalkulation
Fallweise Rechnungen mit verschiedenen Bezugsobjekten	betriebliche Statistik				Wirtschaftlichkeits-(Investitions-)rechnungen
	betriebswirtschaftliche Vergleiche				

Finanzbuchhaltung und Jahresabschluss dienen zur Abbildung des Außenverkehrs des Unternehmens, indem zeitpunktbezogen die Vermögensgegenstände und das Kapital in der Bilanz und zeitraumbezogen die Aufwendungen, Erträge und das Jahresergebnis in der Gewinn- und Verlustrechnung unter Beachtung der Regeln der Rechnungslegungskonzeption ausgewiesen werden. Betriebsabrechnung und Kalkulation sind die Instrumente zur Erfassung der innerbetrieblichen Kostenentstehungs- und Leistungserstellungsvorgänge. Die **Wesensmerkmale der Kosten- und Leistungsrechnung** liegen in Folgendem:

Betrachtungsobjekt: Die Kosten- und Leistungsrechnung hat die durch den Betriebs-prozess bedingte Kostenentstehung und Leistungserstellung zum Gegenstand. Erfasst werden lediglich leistungsbedingte Güterverbräuche und Werteentstehungen, nicht aber betriebsfremde Sachverhalte. Die Rechnung ist darauf gerichtet, unter normalerweise gültigen Bedingungen anfallende Güterverbräuche und Leistungsentstehungen abzubilden, nicht aber außerordentliche und periodenfremde Vorgänge.

Fristigkeit: Die Kosten- und Leistungsrechnung wird zum einen in kürzeren als nur jähr-lichen Zeiträumen abgeschlossen, um die Verwendung als Instrument der Unternehmens-führung zur betrieblichen Lenkung voll zur Wirkung kommen zu lassen (operative Kosten- und Leistungsrechnung). Zum anderen ist Kosten- und Leistungsrechnung auch Instrument zur Unterstützung langfristiger Entscheidungen (strategische Kosten- und Leistungsrechnung), wobei jedoch eine Verbindung mit anderen Controllinginstrumenten, wie insbesondere dem Kostenmanagement, erfolgt.

Ausgestaltung: Im Gegensatz zu extern determinierten Abbildungskonzepten, die nur durch die Rechnungslegungskonzeptionen, Einschätzungsspielräume, Wahlrechtenutzung oder sachverhaltegestaltende Maßnahmen von interner Seite beeinflusst werden können, bietet die Kosten- und Leistungsrechnung den Unternehmen völlige Freiheit zur Aus-gestaltung einer betriebswirtschaftlich sinnvollen Abbildung. Hinzu tritt die Möglichkeit, nicht nur ganze Unternehmen bzw. Segmente abzubilden, sondern auch weitere Teilbe-reiche und Einzelaspekte transparent zu machen, so dass vielfältige entscheidungs-bezogene Ausgestaltungen möglich sind.

Zielsetzung: Die Kosten- und Leistungsrechnung dient der unternehmerischen Selbst-information, indem mit Bezug auf die Unternehmensprozesse Abbildung und Dokumentation, Planung, Steuerung und Kontrolle sowie Verhaltenssteuerung von Ent-scheidungsträgern und Mitarbeitern ermöglicht werden.[82] Zudem hat sie als Nebenaufgabe die Wertansätze für unfertige und fertige Erzeugnisse sowie selbst erstellte Anlagen für den Ansatz im Jahresabschluss bereitzustellen.

2.2.2   Aufgaben und Module der Kosten- und Leistungsrechnung

Formal betrachtet können die **Aufgaben der Kosten- und Leistungsrechnung** in folgenden Grundfunktionen beschrieben werden:

- Erfassung der leistungsbedingten Güterverzehre,
- Erfassung der erstellten Leistungen,
- Analyse der Wertverzehrs- und Wertentstehungsvorgänge, d.h. möglichst ver-ursachungsgemäße Zurechnung der Güterverzehre auf Kostenverursacher und Kosten-träger bzw. Zurechnung der erstellten Leistungen auf Leistungsersteller.

---

[82]   Vgl. Horngren, C. T./Foster, G./Datar, S. M./et al.: Cost Accounting, 2009, S. 29-30; Schweitzer, M./Küpper, H.-U.: Kosten- und Erlösrechnung, 2011, S. 27-36.

Zur Erfüllung dieser Grundfunktionen bietet es sich an, die Datenerfassung und die Datenauswertung bzw. –analyse zu trennen, damit unterschiedliche Analysen für verschiedene Rechenzwecke wirtschaftlich und zeitnah aus einem Datenpool, der sog. Grundrechnung,[83] erstellt werden können.[84] Daraus folgt, dass die Abbildung mehrdimensional und mehrwertig erfolgen muss. Ausgehend hiervon können dann differenziert vor allem folgende **Aufgaben der Kostenrechnung** erfüllt werden:

- **Kalkulatorische Erfolgsermittlung**: Für die zielorientierte Steuerung des Unternehmens ist die detaillierte Kenntnis der Erfolgslage unabdingbar. Die kalkulatorische Erfolgsermittlung kann dabei in folgenden Ausformungen durchgeführt werden:
  - kurzfristig bis jährlich,
  - gesamtbetrieblich (Betriebserfolg),
  - trägerbezogen (Produktergebnisse) sowie
  - bereichebezogen (kalkulatorische Bereichserfolge, Segmentergebnisse).

- **Wirtschaftlichkeitskontrolle** (Kontrolle der Betriebsgebarung): Zur Erfolgslenkung des Unternehmens sind Informationen über die Erreichung von Leistungs- und Kostenzielen nach Verursachungszusammenhängen nötig, da erst Abweichungen zwischen erwarteten (Soll) und tatsächlichen (Ist) Ausprägungen die Ansatzpunkte für eine zieloptimierende Steuerung des Unternehmens sind. Dabei sind Informationen über die Gründe für die Abweichungen notwendig, um ein Verbesserungspotenzial bestimmen zu können. Je nach Rechenziel können hierbei auch verhaltenssteuernde Ausprägungen der Kostenrechnung eingesetzt werden,[85] um eine im vorgegebenen Rahmen ablaufende Selbststeuerung der Unternehmensteilsysteme etwa über Budgets oder Profitcenter zu ermöglichen. Denkbar ist eine Unterteilung der Wirtschaftlichkeitskontrolle mit Hilfe von Kostenrechnungsdaten je nach Betrachtungsumfang in:
  - gesamtbetriebliche,
  - stellen- und bereichsbezogene sowie
  - prozessbezogene
    Erscheinungsformen.

- **Hilfe bei Preisentscheidungen:** Bei den Preisentscheidungen handelt es sich im Wesentlichen um Fragen bezüglich Preisuntergrenzen im Absatz, Preisobergrenzen im Einkauf, Angebotspreiskalkulation/Angebotspreisbeurteilung sowie Verrechnungspreisfragen, wobei die Information dient als:
  - Preisstellungshilfe oder
  - Preisbeurteilungshilfe.

- **Hilfe bei Programmentscheidungen:** DieKostenrechnung kommt vor allem als Hilfsmittel bei Programmentscheidungen in den Bereichen Absatz, Produktion und Beschaffung zum Einsatz, wobei es je um die ergebnisoptimale Entscheidungsvariante geht.

---

[83] Vgl. Riebel, P.: Deckungsbeitragsrechnung,1970, Sp. 394.
[84] Vgl. Ewert, R./Wagenhofer, A.: Interne Unternehmensrechnung, 2008, S. 12.
[85] Vgl. Ewert, R./Wagenhofer, A.: Interne Unternehmensrechnung, 2008, S. 8-11.

■ **Sonstige Zwecke der Kostenrechnung:** Lieferung von Daten für z.B. zwischenbetriebliche Kostenvergleiche, Beständebewertungen oder Investitionsentscheidungen.

Um diese verschiedenartigen Aufgaben erfüllen zu können, sind unterschiedliche Teilrechnungen notwendig, die jeweils bestimmte Fragestellungen gezielt abdecken. Dem entspricht die klassische **Untergliederung des Gesamtsystems der Kosten- und Leistungsrechnung** in Kostenartenrechnung, Kostenstellenrechnung und Kostenträgerrechnung (Kostenrechnung i.e.S.) und Erlösrechnung (Leistungsrechnung), die zur kalkulatorischen Ergebnisrechnung zusammengezogen werden. **Abbildung 2.3** verdeutlicht diese modulare Struktur.

Abbildung 2.3   Modulare Struktur der Kosten-, Leistungs- und kalkulatorischen
                      Ergebnisrechnung

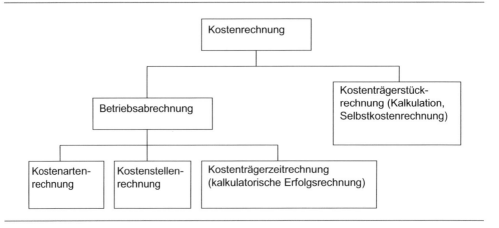

Im Kern lassen sich diesen Teilrechnungen ganz bestimmte Informationsaufträge zuordnen.

In der **Kostenartenrechnung** soll die Höhe der entstandenen Kosten unterteilt nach Produktivfaktoren/Einsatzgüterarten erfasst werden. Außerdem muss im Hinblick auf die verfolgten Rechnungsziele eine Klassifikation in unterschiedliche Kostenkategorien vorgenommen werden. Die Kostenartenrechnung gibt Antwort auf die Frage: In welcher Art sind die Kosten angefallen?

In der **Kostenstellenrechnung** steht die Kennzeichnung der Orte bzw. der Partialprozesse, in denen Kosten entstehen, im Vordergrund. Die gesamte Unternehmung wird für diesen Zweck in Abrechnungsbezirke eingeteilt. Ein solcher abgegrenzter Bezirk wird in der Regel als Kostenstelle bezeichnet. Die Kostenstellenrechnung gibt Antwort auf die verantwortungsrelevante Frage: Wo sind die Kosten angefallen?

Die Kostenträgerrechnung gibt Antwort auf die Frage: Wofür sind die Kosten entstanden? In der **Kostenträgerstückrechnung** werden Kosten den einzelnen Kostenträgern, die i.d.R.

die von einer Unternehmung erstellten Güter darstellen, je Produkt(einheit) zugerechnet, dagegen werden in der **Kostenträgerzeitrechnung** die gesamten Kosten einer Rechnungsperiode in ihrer Verteilung auf die Kostenträger bestimmt.

In der **kalkulatorischen Ergebnisrechnung** werden schließlich Kosten und zugehörige Erlöse bzw. Leistungen gegenübergestellt und so das Ergebnis nach Produkten (Produktergebnis je Leistungseinheit und Periode), nach Produktgruppen (Gruppenergebnis, Segmentergebnis) und für den Gesamtbetrieb (Betriebsergebnis) ermittelt. Diese Teilrechnungen geben Antwort auf die Frage, mit welchem wirtschaftlichen Resultat die betrachteten Leistungsfelder abschließen.

2.2.3 Gegenstände der Kosten- und Leistungsrechnung

Die Kosten- und Leistungsrechnung soll für Zwecke der betrieblichen Lenkung eine aussagefähige Erfassung der betrieblichen Verbräuche und der durch diese Faktorverbräuche hervorgebrachten betrieblichen Leistungen bieten, um die Ergiebigkeit der Leistungstätigkeit des Unternehmens erkennen und lenken zu können. Dafür sind entsprechende Denkbzw. Rechenkategorien nötig. Diese Grundlage bieten die Begriffe Kosten und Leistung, wobei als **Kosten** die durch die Leistungserstellung verursachten Güterverzehre und als Leistungen die dadurch hervorgebrachten Werte bezeichnet werden. Kosten sind demnach definiert als leistungsbezogener bewerteter Güterverbrauch. Die **Merkmale des Kostenbegriffes** sind:

Güterverbrauch: Voraussetzung für die Entstehung von Kosten ist der Verbrauch von Wirtschaftsgütern. Nach Art der eingesetzten Güter können z.B. folgende Kostenarten unterschieden werden:

- Stoffkosten,

- Arbeitskosten,

- Kosten für Fremddienste und Fremdrechte,

- Abschreibungen,

- Wagniskosten,

- Zinskosten,

- Rahmenkosten (Steuern, Gebühren, Beiträge).

Leistungsbedingter Güterverbrauch: Voraussetzung für die Eigenschaft als Kosten ist, dass der Güterverbrauch für Zwecke der betrieblichen Leistungserstellung, d.h. betriebsbedingt entstanden ist. An der Leistungsbezogenheit entscheidet sich, ob ein Sachverhalt als Kosten angesehen werden kann. Dabei wird nach herrschender Meinung dem Kostenwirkungsprinzip gefolgt, d.h. als Kosten gelten auch die nichtgeplanten, jedoch in Zusammenhang mit der Leistungserstellung anfallenden Güterverzehre, wie z.B. Schwund oder außerplanmäßige Abschreibungen. Die Erfassung dieser nichtgeplanten Güterverzehre muss jedoch in Einklang gebracht werden mit dem Anliegen der Kostenrechnung, die unter normalen Verhältnissen anfallenden Kosten ausdrücken zu wollen.

Bewerteter Güterverbrauch: Die Güterverbräuche müssen rechenbar gemacht, d.h. in Werten ausgedrückt werden. Die Kostenbewertung hat entscheidungsbezogen zu erfolgen; sie kann sich auch von den Anschaffungskosten lösen und z.B. als Bewertung zu Wiederbeschaffungspreisen, innerbetrieblichen Verrechnungspreisen oder opportunity costs geschehen. Eine derartige flexible Kostenbewertung ist nötig, um den unterschiedlichen Informationsansprüchen und Entscheidungszielen Rechnung zu tragen, für welche die Kostenrechnung Hilfestellung bieten soll.

Die im Vorstehenden für den Kostenbegriff aufgeführten Definitionsüberlegungen sind in analoger Weise für den Leistungsbegriff anzuwenden. **Leistungen** sind definiert als **betriebsbedingte bewertete Güterentstehungen**, d.h. Leistung ist das bewertete Ergebnis betrieblicher Tätigkeit. Als Leistung gilt die Gesamtheit der erstellten Güter und Dienste, soweit sie Zweck der betrieblichen Tätigkeit gewesen ist, d.h. nicht außerordentlicher, zufälliger, spekulativer oder betriebsfremder Quelle entspringt. Die Abgrenzung der eigentlichen betrieblichen Aktivitäten von den nicht als Leistung anzusehenden Werteentstehungen ist nicht nur theoretisch, sondern vor allem auch in der Praxis häufig nicht unproblematisch. Mit dem Leistungsbegriff gleichgesetzt werden im Folgenden auch die **Erlöse**.

Die in der Betriebswirtschaftslehre für die verschiedenen Arten von Werttransaktionen verwendeten spezifischen Fachbegriffe **Kosten, Aufwand, Leistung und Ertrag** sind wie nachstehend voneinander abzugrenzen. Die Begriffe Aufwand und Ertrag werden in Finanzbuchhaltung und Jahresabschluss, die Begriffe Kosten und Leistung in Betriebsbuchhaltung und Kostenrechnung benutzt. Dabei lassen sich die Inhalte dieser Begriffe wie folgt umreißen:

Aufwand	=	periodisierte erfolgswirksame Ausgabe;
Ertrag	=	periodisierte erfolgswirksame Einnahme;
Kosten	=	leistungsbedingter bewerteter Güterverbrauch;
Leistung	=	bewertetes Ergebnis betrieblicher Tätigkeit.

Als **Aufwand** wird jeder erfolgswirksame Güterverzehr angesehen, der in der Betrachtungsperiode verursacht worden ist, unabhängig davon, ob diese Güterverbräuche betriebsbedingt-gewollter oder betriebsfremder sowie zufälliger und ungewöhnlicher Natur sind. Als **Kosten** gelten dagegen nur die leistungsbedingten, unmittelbar für den betrieblichen Leistungserstellungsprozess verursachten, dem Rechnungsziel gemäß bewerteter Güterverbräuche. Damit ergeben sich als maßgebliche Unterschiedlichkeiten zwischen den Begriffen Kosten und Aufwand folgende Sachverhalte:

- **neutraler Aufwand**, umfassend die Bestandteile

  – betriebsfremder Aufwand
  – periodenfremder Aufwand
  – außerordentlicher, einmaliger oder ausschließlich aufgrund von Steuervorschriften entstehender Aufwand;

- **kalkulatorische Kosten**, umfassend die Bestandteile

  – Anderskosten
  – Zusatzkosten

Bei den **neutralen Aufwendungen** handelt es sich um Aufwendungen, die nicht als Kosten gelten können, da sie

- betriebsfremder Natur sind, d.h. nicht mit dem Leistungserstellungsprozess zusammenhängen (z.B. Spenden);

- betrieblicher Natur sind, aber aus anderen Perioden stammen und mithin nicht mit der Leistungserstellung dieser Periode zusammenhängen (z.B. Aufwendungen aus dem Abgang von Anlagevermögen oder Forschungs- und Entwicklungsaufwendungen, die erst in den folgenden Perioden zu Erträgen führen);

- betrieblicher Natur sind, aber der Höhe nach einmalig oder ungewöhnlicher Natur oder durch steuerliche Vorschriften derart verformt sind, dass sie nicht als normal gültiger Werteverzehr für Leistungserstellungsprozesse gelten können (z.B. Rückstellungen für Einzelschäden, steuerliche Mehrabschreibungen oder Restrukturierungsaufwendungen).

Die neutralen Aufwendungen sind für Zwecke der Kostenrechnung durch **kalkulatorische Kosten** zu ersetzen. An die Stelle derjenigen neutralen Aufwendungen, die zwar der Art nach auch als Kosten auftreten, aber andere Wertansätze verlangen, treten als kalkulatorische Kosten die sogenannten **Anderskosten** (bewertungsverschiedene Kosten), d.h. insbesondere

- kalkulatorische Abschreibungen (normalisiert auf Perioden verteilt);

- kalkulatorische Zinsen (einschließlich Zinsen auf das Eigenkapital);

- kalkulatorische Wagnisse (einschließlich der durch Kalkulationsumlage selbst zu tragenden Wagnisse, d.h. normalisierte Zuführungen zu Rückstellungen);

- kalkulatorische Mieten (einschließlich Miete für betrieblich genutzte Privatobjekte).

Außerdem gibt es kalkulatorische Kosten, denen in der Aufwandrechnung überhaupt keine Positionen gegenüberstehen, nämlich kalkulatorische **Zusatzkosten** (wesensverschiedene Kosten). Es handelt sich hier vor allem um den kalkulatorischen Unternehmerlohn für den mitwirkenden Unternehmer, dessen Gehalt bei Personengesellschaften oder Einzelkaufleuten in der Finanzbuchhaltung nicht als Aufwand, sondern als Gewinn angesehen wird.

Im Prinzip lassen sich die Kategorien Ertrag und Leistung in gleicher Weise voneinander abgrenzen. Auch hier sind **neutrale Erträge** eventuell in **kalkulatorische Leistungen** zu überführen oder bei den kalkulatorischen Kosten zu korrigieren. Besonders relevant ist die Identifikation periodenfremder Erträge, wie z.B. Erträge aus der Auflösung von Rückstellungen und Erträge aus dem Abgang von Anlagevermögen. In beiden Fällen sind die kalkulatorischen Kosten bezüglich der Abschreibungen und der Wagniskosten zu überprüfen. Als weitere neutrale Erträge sind unerwartete Wechselkursgewinne zu werten, die einer speziellen weiteren Betrachtung und ggf. einer Anpassung der kalkulatorischen Wechselkurse bedürfen. Aus dem Problem der handelsrechtlich vorgeschriebenen Completed-Contract-Methode bei der Erfassung von Gewinnen aus langfristigen Fertigungsvorgängen resultiert die ökonomische Notwendigkeit, in der Kosten- und Leistungsrechnung die Gewinne kalkulatorisch den einzelnen Perioden der Herstellung zuzurechnen, so dass hier **Andersleistungen** zu verrechnen wären. Statt der zu Herstellungskosten bewerteten Erträge aus Bestandserhöhungen sind die Herstellkosten zuzüglich Gewinnzuschlag anzusetzen.

Erst nach Abgrenzung der durch die betrieblichen Prozesse verursachten Werteverzehre und Werteentstehungen von den nichtbetrieblichen Wertebewegungen liegt die Datenbasis in Gestalt von Kosten und Leistungen vor, um die wirtschaftliche Lenkung des differenzierten innerbetrieblichen Leistungsgeschehens zu ermöglichen.

2.2.4   Teilgebiete der Kosten- und Leistungsrechnung

Entsprechend Betrachtungsgegenstand und Rechenziel sind verschiedene **Teilgebiete der Kosten- und Leistungsrechnung** zu unterscheiden, nämlich Kostenartenrechnung, Kostenträgerrechnung (Kostenträgerzeitrechnung, Kostenträgerstückrechnung) sowie Erlös- bzw. Leistungsrechnung. Durch Zusammenführen der Kosten- und der Leistungsdaten entsteht schließlich die kalkulatorische Ergebnisrechnung als Zeit- und als Stückrechnung. Die zeitbezogenen Teilkalküle bilden zusammen die sogenannte Betriebsabrechnung, die stückbezogenen Teile werden als Kalkulation bezeichnet.

Abbildung 2.4 verdeutlicht diese Struktur und klärt die Einordnung der nachfolgend näher behandelten Teilgebiete der Kosten- und Leistungsrechnung in den Gesamtrahmen:[86]

---

86   Entnommen aus Müller, S.: Management-Rechnungswesen, 2003, S. 296.

Abbildung 2.4 Teilgebiete der Kosten-, Leistungs- und kalkulatorischen Ergebnisrechnung

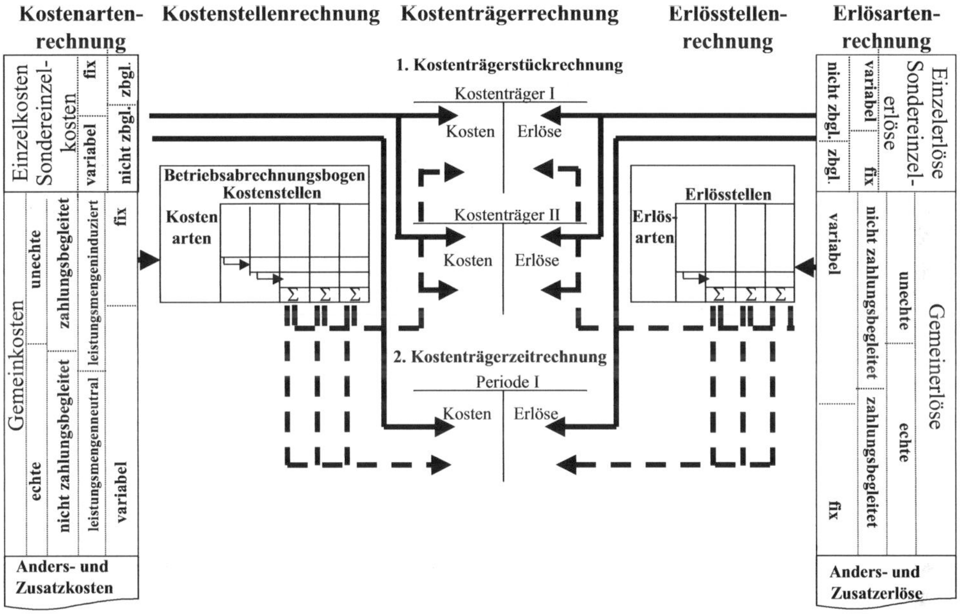

Kostenarten-rechnung Kostenstellenrechnung Kostenträgerrechnung Erlösstellen-rechnung Erlösarten-rechnung

1. Kostenträgerstückrechnung
Kostenträger I
Kosten | Erlöse

Betriebsabrechnungsbogen
Kostenstellen
Kostenarten
Σ Σ Σ

Kostenträger II
Kosten | Erlöse

Erlösstellen
Erlösarten
Σ Σ Σ

2. Kostenträgerzeitrechnung
Periode I
Kosten | Erlöse

Einzelkosten — Sondereinzelkosten — variabel — fix — nicht zbgl. zbgl.
Gemeinkosten — unechte — zahlungsbegleitet — leistungsmengeninduziert — fix
echte — nicht zahlungsbegleitet — leistungsmengenneutral — variabel
Anders- und Zusatzkosten

nicht zbgl. zbgl. — variabel — fix — nicht zahlungsbegleitet — zahlungsbegleitet — fix
Einzelerlöse — Sondereinzelerlöse
Gemeinerlöse — unechte — echte
Anders- und Zusatzerlöse

2.2.4.1 Kostenartenrechnung

Die **Kostenartenrechnung** ist der erste Baustein der Kosten- und Leistungsrechnung. Für ein geschlossenes Rechensystem, welches bis zur Ermittlung kalkulatorischer Ergebnisse führt, muss zusätzlich zur Kostenartenrechnung auch das Pendant einer Erlös- bzw. Leistungsartenrechnung vorhanden sein.

In der Kostenartenrechnung werden sämtliche Kosten der Abrechnungsperiode, nach Kostenarten gegliedert, erfasst und für Auswertungen bereitgestellt. Für die **Aussagefähigkeit** der Kostenartenrechnung sind vor allem zwei Dinge wesentlich:

- zutreffende und vollständige Erfassung der Kostenbeträge;

- sinnvolle Unterteilung der Kosten in Kostenarten.

Die Unterteilung nach Kostenarten erfolgt dabei mehrdimensional, d.h. die Kosten werden für verschiedene Betrachtungszwecke unterschiedlich unterteilt.

Für die **Kostenerfassung** sind zwei Wege anzutreffen. Zum einen erfolgt die **Übernahme** der Werte **aus der Finanzbuchhaltung**. Diese Möglichkeit besteht für denjenigen Teil der Kosten, der in Sache und Höhe mit den Aufschreibungen der Finanzbuchhaltung überein-

stimmt, d.h. für die Grundkosten. In diesem Bereich sind die Aufschreibungen der Finanzbuchhaltung und der Kostenrechnung identisch.

Zum anderen sind **Kosten autonom neu festzusetzen**. Rechnungszweckabhängig müssen
die aufwandsgleichen Kosten durch Ergänzung um weitere Sachverhalte (Zusatzkosten)
oder durch die Umbewertung von Kosten (Anderskosten) in die gesamten Kosten transformiert werden. Im Einzelnen sind hier kalkulatorische Abschreibungen, kalkulatorische
Zinsen, kalkulatorische Miete, kalkulatorische Wagniskosten und kalkulatorischer Unternehmerlohn zu berücksichtigen. Die kalkulatorischen Kosten werden nach Erfordernissen
der Kostenrechnung neu eingebucht. Statt ihrer sind die neutralen Aufwendungen im Bereich der Finanzbuchhaltung neutralisiert worden. Der Wertansatz der kalkulatorischen
Kosten richtet sich nach den Zielsetzungen der Kostenrechnung; so ist z.B. eine Bewertung
der Kostenverbräuche zu Wiederbeschaffungs- statt zu Anschaffungskosten möglich, um in
bestimmten Fällen eine Substanzerhaltung zu erreichen.[87]

Die Aussagefähigkeit der Kostenartenrechnung steht und fällt mit der sinnvollen Einteilung der Kosten in Kostenarten. Von zentraler Bedeutung ist zunächst eine **Gliederung
der Kosten nach Art der verbrauchten Kostengüter**, wobei z.B. unterteilt werden kann in
Stoffkosten, Arbeitskosten, Kosten für Fremddienste und Fremdrechte, Abschreibungen,
Wagniskosten, Zinskosten sowie Rahmenkosten (Steuern, Gebühren, Beiträge). Darüber
hinaus können die Kosten nach den betrieblichen Funktionen in Beschaffungs-, Fertigungs-,
Verwaltungs- und Vertriebskosten unterteilt werden,[88] was insbesondere vor dem Hintergrund der Bewertung von unfertigen und fertigen Erzeugnissen sowie der Zuordnung zu
den jeweiligen Positionen der GuV für das externe Rechungswesen von Bedeutung ist.

Eine weitere managementrelevante Klassifikation der **Kosten** ist die **nach der Abhängigkeit von einer Einflussgröße**. Die **Beschäftigung** ist eine zentrale Einflussgröße und
demnach sind (beschäftigungs-) **variable und** (beschäftigungs-) **fixe Kosten** zu unterschieden. Bei fixen Kosten bleibt die Kostenhöhe trotz Beschäftigungsänderung konstant.
Für eine konkrete Zuordnung bedarf es aber einiger Prämissen. So ist zunächst der Zeitraum zu bestimmen, in dem auf die Beschäftigungsänderung reagiert werden kann, da
letztlich alle Kosten variabel sind, wenn die Anpassungszeit nur lang genug gewählt wird.
Außerdem wird eine beliebige Teilbarkeit der Kostengüter unterstellt, was in der Realität
oft nicht gegeben ist, so dass **sprungfixe Kosten** entstehen. Des Weiteren ist es nötig, eine
Betrachtungsspannbreite um eine gedachte Ausbringungsmenge zu bestimmen, in der die
Kostenverläufe analysiert und dann klassifiziert werden können. Klassischerweise werden
(Produkt-)Einzelkosten als direkt dem Produkt zurechenbar und somit als variabel ein-
gestuft, während die nicht zurechenbaren Gemeinkosten primär als fix klassifiziert werden.
Dies wirft jedoch u.U. Probleme auf, da z.B. als variabel klassifizierte Einzelkosten auf
Grund langfristiger Lieferverträge einen fixen Charakter haben können.

---

[87] Ein pauschale Berücksichtigung ist i.d.R. nicht nötig, da über die Finanzierungseffekte bereits ein
      Inflationsausgleich erreicht wird, vgl. z.B. Schneider, D.: Substanzerhaltung, 1984, S. 2521-2528.
      Anzumerken ist aber, dass in der Kostenrechnung sehr wohl Analysen von Ersatzinvestitionen
      vorgenommen werden müssen, wo Wiederbeschaffungskosten relevant sind.
[88] Vgl. Schweitzer, M./Küpper, H.-U.: Kosten- und Erlösrechnung, 2011, S. 80-81.

Eine weitere entscheidungsrelevante Kostenkategorisierung betrifft die Frage der verursachungsgemäß eindeutigen Zurechenbarkeit von Kosten, was zur Unterscheidung von Einzel- und Gemeinkosten führt.

- **Einzelkosten** sind diejenigen Kosten, die direkt einem Bezugsobjekt zugerechnet werden können. Dabei kommen als Bezugsobjekte zunächst Produkte und Produktgruppen, aber auch Kostenstellen, Prozesse oder umfassende Kostenbereiche in Betracht.

- **Gemeinkosten** entstehen demgegenüber gemeinsam für verschiedene Bezugsobjekte, was mit Blick auf die verursachungsgemäße Zurechnung Probleme aufwirft.

Sowohl Einzel- als auch Gemeinkosten sind im Weiteren zu klassifizieren nach ihrer **Zahlungsbegleitetheit**, um die finanzorientierte Steuerung des Unternehmens informatorisch zu unterstützen. Aus diesem Grund wird in der Kostenartenrechnung als weitere Kategorie die Unterteilung in zahlungsbegleitete und nicht zahlungsbegleitete Kosten eingeführt.

Durch kapitalintensive Produktion oder durch steigende Dienstleistungsanteile ist ein enormer Anstieg der Gemeinkosten zu konstatieren, was die bisherige Klassifikation der Kosten und die daraus generierbaren Informationen betriebswirtschaftlich höchst problematisch erscheinen lässt. Daher ist zu überlegen, die direkte Zurechenbarkeit durch tiefgreifendes Durchdringen der Gemeinkosten zu erweitern. Dieses Ziel verfolgt die Prozesskostenrechnung,[89] indem der Gemeinkostenblock durch Prozessbetrachtungen unterteilt wird in **leistungsmengeninduzierte und leistungsmengenneutrale Kostenbestandteile**. Während die leistungsmengenneutralen als fix eingestuft werden, sind die leistungsmengeninduzierten Kosten gedanklich variabelisiert und erkenntnissteigernd den Produkten als Kostenträgern direkt zuzurechnen.[90]

Die bisherigen Ausführungen bezogen sich jeweils auf die Kostenseite, die Überlegungen sind aber im Prinzip auch auf die Leistungsseite übertragbar, wobei jedoch einige Besonderheiten bestehen. **Gemeinerlöse** resultieren i.d.R. aus einer absatzwirtschaftlichen Leistungsverbundenheit, wie z.B. bei Pauschalreisen oder kombinierten Lieferungs- und Dienstleistungsverträgen, was eine Aufteilungsproblematik der einzelnen Erlösteile nach sich zieht. Auch ist zu trennen zwischen absatzbestimmten und wiedereinzusetzenden Leistungen. Während Erstere als Markterlöse in der Finanzbuchhaltung erfasst werden, führen die wiedereinzusetzenden Leistungen zu einer Sekundärkostenrechnung zur innerbetrieblichen Leistungsverrechnung. Außerdem ist weiter zu unterscheiden nach der Periodenzurechnung. So führen absatzbestimmte bzw. wiedereinzusetzende Leistungen (Güter), die erst in einer späteren Periode verkauft bzw. verbraucht werden sollen, zur Aktivierung als fertige bzw. unfertige Erzeugnisse.

---

89 Vgl. Kapitel 2.2.2.
90 Vgl. Lachnit, L.: Prozeßorientiert erweiterte KLR, 1999, S. 44-51.

Des Weiteren sind **Erlösschmälerungen** zu bedenken, die genau erfasst und abgegrenzt werden müssen.[91] Im Rahmen der Erfassung der Erlösschmälerungen besteht das Problem, dass deren Inanspruchnahme erst schrittweise bis zum endgültigen Vollzug des Kaufvertrages sichtbar wird, wobei sich dieser Prozess mit der Notwendigkeit von Abgrenzungen auch über das Periodenende hinaus erstrecken kann. Beispiel hierfür sind jahresumsatzbezogene Rabatte, nachträglich gewährte Nachlässe für Minderqualitäten usw., die häufig nur durch Anwendung von Plan- oder Standardwerten abgeschätzt werden können.[92]

Die so klassifizierten Kosten und Erlöse stellen das Datengrundgerüst für alle weiteren Auswertungen dar, wobei die Daten auch in zeitlicher Hinsicht sortiert bzw. in den verschiedenen Ausprägungen Ist-, Standard-(Normal-) und Soll-(Plan-)kosten vorgehalten werden müssen. Noch einen Schritt weiter geht die Grundrechnung der **relativen Einzelkosten- und Deckungsbeitragsrechnung**,[93] in der sämtliche Kosten und Erlöse als (relative) Einzelkosten bzw. -erlöse gemäß dem Identitätsprinzip an der Stelle zu erfassen sind, wo sie direkt einer als Entscheidung des Unternehmens interpretierten Bezugsgröße zugerechnet werden können. Die **Grundrechnung** ist somit als vieldimensionale, zeitlich fortschreitende Datenbasis

- der Erlöse mit der Gliederung der Erlöse, Erlösschmälerungen und Erlösberichtigungen entsprechend einer vieldimensionalen Umsatzstatistik nach den für die Planung und Kontrolle des Absatzes relevanten Merkmalen,

- der Kosten in geplanter bzw. realisierter Ausprägung, die entweder den Kalkulationsobjekten bzw. einzelnen Zeitabschnitten eindeutig zurechenbar oder in einer Zeitablaufrechnung aufgeführt sein müssen sowie nach den Bezugsgrößen der Kostenzurechnung und nach weiteren Merkmalen in Kostenarten und Kostenkategorien gegliedert sind,

- der Potenziale mit der Abbildung der Bestände an personellen, sachlichen und finanziellen Nutzungspotenzialen sowie ihrer geplanten bzw. realisierten Inanspruchnahme durch die verschiedenen Leistungsträger

zu verstehen.[94] Diese Datengrundlage kann im Weiteren rechnungszweckgemäß auf die Kosten- und Erlösträger verteilt werden. Während dies qua Definition bei den Einzelkosten und -erlösen direkt möglich ist, müssen die verbleibenden Gemeinkosten und -erlöse in der Kosten- und Erlösstellenrechnung entweder im Sinne der Teilkostenrechnung unberücksichtigt bleiben oder mit Hilfe von Methodenkonstruktionen zugerechnet werden.

2.2.4.2   Kostenstellenrechnung

Für eine leistungsfähige Betriebsabrechnung reicht die Erfassung der Kosten nach Kostenarten nicht aus. Zum einen können daraus keine Schlüsse auf die Wirtschaftlichkeit der Betriebsabteilungen gezogen werden, zum anderen sind viele der Kostenarten nicht un-

---

91   Vgl. Männel, W.: Erlösrechnung, 1992, S. 631-655.
92   Vgl. Schweitzer, M./Küpper, H.-U.: Kosten- und Erlösrechnung, 2011, S. 119.
93   Vgl. Riebel, P.: Deckungsbeitragsrechnung, 1994.
94   Vgl. Schweitzer, M./Küpper, H.-U.: Kosten- und Erlösrechnung, 2011, S. 534.

mittelbar auf die Kostenträger verrechenbar, da sie gemeinsam für verschiedene Kostenträger angefallen sind. Aus diesem Grunde schließt sich an die Kostenartenrechnung in der Regel eine Kostenstellenrechnung an. Die **Aufgaben der Kostenstellenrechnung** bestehen im Wesentlichen in der

- Wirtschaftlichkeitskontrolle der Stellen, Abteilungen und Bereiche sowie

- der verursachungsgemäßen Zurechnung der Kosten auf die erstellten Leistungseinheiten bzw. Kostenträger.

Im Einzelnen werden damit als **Rechnungsziel** Verbesserungen verfolgt bei

- Steuerung von Prozessen und Entscheidungen,

- Kostenkontrolle und Kostenplanung,

- Kostenzuordnung und Beständebewertungen von Halb- und Fertigerzeugnissen sowie

- Bestimmung wesentlicher Kosteneinflussgrößen.

Zur Optimierung der entscheidungs- und verhaltensorientierten Steuerung muss sich die **Abgrenzung der Kostenstellen** prinzipiell an den organisatorischen Gegebenheiten orientieren, so dass klare Kostenverantwortungen und Abrechnungsbereiche entstehen.[95] Weiter ist grundsätzlich vorstellbar, auch räumliche und funktionale Gesichtspunkte bei der Gliederung der Stellen zu berücksichtigen, wobei diese jedoch häufig bereits Ausgangspunkt für die organisatorischen Gegebenheiten sind.[96] Eine üblicherweise anzutreffenden **Unterteilung nach Funktionalaspekten** führt zu folgende Bereichen:

- Materialbereich,

- Fertigungsbereich,

- Verwaltungsbereich,

- Vertriebsbereich,

- Allgemeiner Bereich.

Die identifizierten Kostenstellen (Costcenters) können im Weiteren entweder **produktionstechnisch klassifiziert** werden in

- Haupt-,

- Neben- und

- Hilfskostenstellen

oder nach rechnungstechnischen Gesichtspunkten unterteilt werden in

- Vor- und

- Endkostenstellen.

---

95 Vgl. Horngren, C. T./Foster, G./Datar, S. M./et al.: Cost Accounting, 2009, S. 223; Shim, J. K./Siegel, J. G. : Cost Management, 2000, S. 48.
96 Vgl. Freidank, C.-C.: Instrumentarium, 1999, S. 53-56.

Während die in den Vorkostenstellen erfassten Kosten im Rahmen der weiteren Rechnung komplett auf andere Kostenstellen umgelegt werden, erfolgt die Verteilung der Kosten der Endkostenstellen auf die Kostenträger in Abhängigkeit vom Rechenkonzept voll oder in Teilen. In der Praxis herrscht eine funktional orientierte Ausgestaltung in Anlehnung an das klassische Zuschlagskalkulationsschema bzw. die externen Rechnungslegungs-erfordernisse vor.[97] Die Kostenstellenverantwortlichen haben die in den Kostenstellen an-fallenden (Kostenstelleneinzel-)Kosten und damit die Effizienz der Leistungserstellung zu steuern, sind aber nicht für die Erlöse und das Beschäftigungsniveau verantwortlich. Spezialfall der Costcenter sind die Expensecenter, bei denen Kosten durch eine mangelnde Messbarkeit des Outputs nicht als sinnvolle Beurteilungseinheit zu verwenden sind, wie z.B. im Bereich der Forschung und Entwicklung sowie des Marketing, so dass eine Steuerung über Ausgaben und Budgets erfolgen muss.[98]

Erlösstellen sind zunächst alle Kostenstellen, die Aktivitäten durchführen. Da der Erfolg des Unternehmens stets nur in Verbindung mit dem Umsystem zu generieren ist,[99] besteht aber für die Erfassung von Markterlösen der Bedarf einer weitergehenden Einrichtung von primären Erlösstellen (Revenuecenter) , um die Erlösentstehung z.B. nach Produktarten und -gruppen, nach Marktsegmenten und regionalen Teilmärkten, nach Kunden und Kun-dengruppen, nach Absatzwegen und Absatzmethoden sowie nach organisatorischen oder rechnungstechnischen Gesichtspunkten transparent zu machen. Erst auf dieser Grundlage kann eine fundierte Planung und Steuerung der Markterlöse[100] sowie eine Zuordnung der erlösseitigen Verantwortung erfolgen.[101]

Die Kosten- und Erlösstellen sind angelehnt an die Organisation hierarchisch zusammenzu-fassen zu Kosten- und Erlösbereichen und Segmenten, wobei in Abhängigkeit des Delegationsgrades auch **Profitcenter** und **Investmentcenter** bestimmt werden können. Im Profitcenter besteht eine Gewinnverantwortung, da sowohl Kosten als auch Erlöse im operativen Bereich frei von der Profitcenter-Leitung gesteuert werden können. Investitions-und Finanzierungsentscheidungen obliegen jedoch weiterhin der Zentrale. Diese letzte Einschränkung ist bei den Investment Centern auch nicht mehr vorhanden, so dass diese vergleichbar mit rechtlich selbständigen Unternehmen zu führen sind, wofür sich Rentabilitäten und Residualgewinne anbieten. Durch die duale Betrachtung von Kosten und Erlösen ist die genaue Ausgestaltung Gegenstand der Kostenträgerzeitrechnung und wird daher dort genauer ausgeführt.

Nach Einrichtung der Kosten- und Erlösstellen im Unternehmen und in den Admi-nistrationssystemen besteht die Aufgabe der Kostenstellenrechnung in der **Erfassung der in den Stellen angefallenen Kosten** für Zwecke der Wirtschaftlichkeitskontrolle der Stellen sowie in der Zuordnung der Kosten auf die Endkostenstellen. Die Zurechnung auf die

---

[97]   Vgl. Schweitzer, M./Küpper, H.-U.: Kosten- und Erlösrechnung, 2011, S. 122-126.
[98]   Vgl. Ewert, R./Wagenhofer, A.: Interne Unternehmensrechnung, 2008, S. 401.
[99]   Vgl. Drucker, P. F.: Kunst des Managements, 2000, S. 242.
[100] Vgl. Atkinson, A. A./Banker, R. D./Kaplan, R. S./Young, S. M.: Management Accounting, 2001, S. 527-528; Schweitzer, M./Küpper, H.-U.: Kosten- und Erlösrechnung, 2011, S. 123.
[101] Vgl. Ewert, R./Wagenhofer, A.: Interne Unternehmensrechnung, 2008, S. 401.

Stellen folgt dem Verursachungsprinzip. Denkbare Grundlage für die **Kostenverteilung und -zurechnung** sind

- Mengenschlüssel (wie z.B. Zählgrößen, Zeitgrößen, Raumgrößen) und

- Wertschlüssel (wie z.B. Einstandsgrößen, Absatzgrößen, Bestandsgrößen).

Anhand dieser auf physikalischen und ökonomischen Zusammenhängen basierenden Größen werden die den Kostenträgern nicht direkt zurechenbaren Kosten auf die Kostenstellen verteilt.

Das zentrale Instrument in der Kostenstellenrechnung ist der **Betriebsabrechnungsbogen (BAB)**, in den die Kostenarten eingehen und auf die Kostenstellen verteilt werden. Standardmäßig enthält der BAB in den Zeilen die Kostenarten und in den Spalten die Kostenstellen.

Die Kosten können im BAB differenziert werden nach

- der Zurechenbarkeit auf Kostenträger, Produktgruppen und Kostenstellen in Einzel- und Gemeinkosten und

- ihrer Abhängigkeit vom Beschäftigungsgrad in variable und fixe Kosten.

Eine weitere Aufteilung in der Gruppierung erfolgt, um

- die Verteilung der Kostenarten auf die Vor- und Endkostenstellen,

- die Stellenumlage der Vorkostenstellen (Allgemein- und Hilfskostenstellen) auf die Endkostenstellen und

- die Bestimmung der Zuschlagssätze

durchzuführen.

Abbildung 2.5 verdeutlicht den schematischen Aufbau eines BAB.

Abbildung 2.5   Schematische Darstellung eines BAB

Kostenart	Kosten-summe	Verteilungsbasis	Allgem. Bereich	Material-bereich	Ferti-gungs-bereich	Ver-walt.-bereich	Ver-triebs-bereich
Hilfsstoffe	15 000	Materialscheine	1 500	1 500	9 000	1 500	1 500
Hilfslöhne	4 000	Lohnzettel	1 200	800	2 000	-	-
Gehälter	20 000	Gehaltsliste	600	1 000	8 400	7 000	3 000
Steuern	8 000	Verwaltungsliste	-	500	4 500	1 500	1 500
Raumkosten	9 000	Rechnungen	900	900	2 700	2 700	1 800
Abschreibungen	10 000	Inventarliste	500	2 500	4 000	2 000	1 000
	66 000		4 700	7 200	30 600	14 700	8 800
Umlage des Allg. Bereiches			└────▶	940	1 880	940	940
Gemeinkosten der Kostenbereiche nach Umlage				8 140	32 480	15 640	9 740
				MGK	FGK	VwGK	VtGK
Berechnung der Zuschlagssätze				33,92 % von 24 000 FM	108,3 % von 30 000 FL	17,65 % von 88 620 HK-UMS	10,99 % von 88 620 HK-UMS

FM= Fertigungsmaterial; FL= Fertigungslohn; MGK= Materialgemeinkosten; FGK= Fertigungsgemeinkosten; VwGK= Verwaltungsgemeinkosten; VtGK= Vertriebsgemein-kosten; HKUMS = Herstellkosten des Umsatzes

Für die Verrechnung der Kostenarten auf die Stellen werden die Kosten unterteilt in Kostenträger(Produkt-)einzelkosten und Kostenträger(Produkt-)gemeinkosten.

■ **Kostenträgereinzelkosten**

Es handelt sich hier um Einzelkosten der Produkte, die sich unmittelbar und eindeutig dem Endprodukt zuordnen lassen. Diese Kosten können, brauchen aber nicht über den Betriebsabrechnungsbogen geführt zu werden.

■ **Kostenträgergemeinkosten**

Es handelt sich hier um Kosten, die gemeinsam für unterschiedliche Endprodukte in den Stellen anfallen. Diese Kosten werden zunächst auf die Stellen übertragen. Die Aufteilung der Gemeinkosten auf die Stellen geschieht mit Hilfe von Zurechnungsschlüsseln. Von den Stellen werden sodann die Kosten auf die Endprodukte weiter verrechnet, was in der Regel mit Hilfe von Schlüsseln geschieht, in denen die Benutzung der Stellen durch die verschiedenen Produkte zum Ausdruck gebracht wird.

Im Betriebsabrechnungsbogen als Verteilungstabelle sind in der Senkrechten die Kostenarten und in der Vertikalen die Kostenstellen aufgetragen. Die Kostenbeträge werden durch Schlüsselung aus der Kostenartenform in die Verteilung nach Kostenstellen übertragen, wobei folgende Stufen zu unterscheiden sind:

■ Verteilung der Kostenarten auf die Stellen mit Hilfe von Kostenschlüsseln;

■ Umlage der allgemeinen Kostenstellen auf alle übrigen Kostenstellen;

■ Umlage der Hilfskostenstellen auf die von diesen Stellen bedienten Hauptbereiche.

Als Ergebnis liegt nach Umlage der allgemeinen und der Hilfskostenstellen für die Hauptkostenstellen der Betrag der Kosten für die Abrechnungsperiode fest. Diese Stellenkosten sind zum einen das Instrument der Wirtschaftlichkeitsbeurteilung für diese Stellen (z.B. im Zeitvergleich oder im Vergleich mit Kostenstellenbudgets), zum anderen werden diese Kostenstellenbeträge für die weitere Verrechnung auf die Kostenträger benötigt.

2.2.4.3 Kostenträgerrechnung

Die **Kostenträgerrechnung** ist im Prinzip zu unterteilen in die

■ Kostenträgerstückrechnung und

■ Kostenträgerzeitrechnung

Die **Kostenträgerzeitrechnung** ermittelt die Kosten der erstellten Leistungen je Periode, ergänzt diese Betrachtung aber um die entsprechenden Erlöse bzw. Leistungswerte und führt damit zur kalkulatorischen Ergebnisrechnung und wird daher im folgenden Kapitel 2.2.4.4 behandelt.

Die **Kostenträgerstückrechnung** dient zur Ermittlung der Kosten je Leistungseinheit und wird auch als Kalkulation oder Selbstkostenrechnung bezeichnet.

Mit den Selbstkosten je Leistungseinheit bietet die Kostenträgerstückrechnung dem Management Informationen für Entscheidungen bezüglich

■ Produktions- und Absatzprogrammen sowie

■ Preispolitik, Preissetzung und Preisgrenzen.

Durch Kombination der Kostenträgerstückinformationen mit Erlösinformationen können dann mathematische Verfahren zur Lösung von Gewinnmaximierungsproblemen angewendet werden. So sind z.B. unter bestimmten Prämissen **Deckungsbeiträge** zur Ermittlung des kurzfristig optimalen **Produktionsprogramms** geeignet. Deckungsbeiträge sind dabei definiert als die Differenz zwischen dem Erlös eines Produktes und seinen variablen Kosten (Teilkosten). Grundannahme ist es dabei, dass die fixen Kosten nicht kurzfristig verringert werden können, und damit im kurzfristigen Zeithorizont für Programmentscheidungen, aber auch für Eigen- versus Fremdbezugsentscheidungen sowie Zusatzauftragsentscheidungen irrelevant sind. Bei Nichtexistenz eines Engpasses ist jedes Erzeugnis zu produzieren, bei dem der Deckungsbeitrag positiv ist.

Liegt ein **Engpass** vor, so ist mit **spezifischen Deckungsbeiträgen** zu rechnen. Diese drücken den Deckungsbeitrag je Engpasseinheit aus, also etwa den Deckungsbeitrag je genutzter Minute der kapazitätsbegrenzenden Maschine.[102] Bei mehreren Engpässen sind zur Lösung Verfahren der linearen Programmierung heranzuziehen (Simultanansatz).[103] Diese Lösungsansätze können auch übertragen werden auf Probleme der Verfahrenswahl. Hier wird bei knappen Kapazitäten mit spezifischen Verfahrensdeckungsbeiträgen gerechnet, die für jedes Produkt und jeden Arbeitsgang aus der Kostenersparnis des jeweils kostengünstigsten zum nächstgünstigen Verfahren dividiert durch die Engpassbelastung zu bestimmen sind.[104] Sind in dieser Situation Eigen- vs. Fremdbezugs-, Outsourcings- oder Zusatzauftragsentscheidungen zu treffen, so ist mit Opportunitätskosten zu rechnen.[105]

Diese grundsätzlichen Lösungen bedürfen jedoch aufgrund der gesetzten Prämissen häufig einer praxisgerechteren Ausgestaltung.[106] So wurde etwa bei der Kostenartenrechnung deutlich, dass der Block der fixen Kosten keineswegs homogen sein muss, so dass ggf. noch weitere Unterteilungen auf Produkte, Produktarten, Bereiche oder Segmente möglich sind, was in der Fixkostendeckungsrechnung oder mehrstufigen Deckungsbeitragsrechnung berücksichtigt wird.[107]

Je langfristiger die **Programmentscheidung** zu treffen ist, desto stärker müssen die fixen Kosten in die Betrachtung mit einbezogen werden.[108] Hierfür muss eine Untersuchung hinsichtlich der Abbaubarkeitszeiträume erfolgen, was in Kap. 2.3.1 vertieft wird.

Im Rahmen der Entscheidungsunterstützung bei der **Preissetzung** wird die Prämisse der extern fixierten Preise aufgehoben und somit das Entscheidungsfeld des Managements

---

[102] Vgl. Freidank, C.-C.: Kurzfristige Entscheidungsinstrumente, 1999, S. 28-29.

[103] Vgl. Atkinson, A. A./Banker, R. D./Kaplan, R. S./Young, S. M.: Management Accounting, 2001, S. 274-279; Schweitzer, M./Küpper, H.-U.: Kosten- und Erlösrechnung, 2011, S. 543-545.

[104] Vgl. Ewert, R./Wagenhofer, A.: Interne Unternehmensrechnung, 2008, S. 94.

[105] Vgl. Freidank, C.-C.: Kurzfristige Entscheidungsinstrumente, 1999; S. 69-74. Im angloamerikanischen Raum wird dann allgemeiner von Relevant-Costs und Relevant-Revenues gesprochen, vgl. Horngren, C. T./Foster, G./Datar, S. M./et al.: Cost Accounting, 2009, S. 414-432.

[106] Vgl. Battenfeld, D.: Kostenrechnung, 2001, S. 142.

[107] Vgl. Freidank, C.-C.: Systeme der Kostenrechnung, 2000; S. 61-62; Schweitzer, M./Küpper, H.-U.: Kosten- und Erlösrechnung, 2011, S. 573-575.

[108] Vgl. Horngren, C. T./Foster, G./Datar, S. M./et al.: Cost Accounting, 2009, S. 428-430.

erweitert. Neben anderen zu beachtenden Determinanten, wie etwa Produktionskapazität, Finanzkraft, Konditionen, Verhalten der Kunden (Preiselastizität) und der Konkurrenz (Angebotselastizität) sowie gesetzliche Bestimmungen (Gesetz gegen Wettbewerbsbeschränkungen, Gesetz gegen den unlauteren Wettbewerb), sind die Kosten ein zentraler Aspekt der Preissetzung. Die Kosten- und Leistungsrechnung kann einerseits aktive Preissetzungen über Kalkulationen und andererseits passive Preisentscheidungen durch verschiedene Preisgrenzenbestimmungen unterstützen. Bei der **Preiskalkulation** wird zusätzlich zu den Stückkosten des Produktes ein geplanter Gewinn einbezogen. Problematisch ist, dass eine eindeutige Bestimmung der Selbstkosten aus betriebswirtschaftlicher Sicht aufgrund der notwendigen Kostenzurechnungen i.d.R. nicht möglich ist,[109] so dass stets nur eine in Abhängigkeit der gesetzten Prämissen exakte Angabe erfolgen kann.

Für die Preissetzung ist die Bestimmung von Preisgrenzen notwendig. Eine **Preisgrenze** kann dabei als der kritische Betrag verstanden werden, für den das Unternehmen bei einem spezifischen Entscheidungsproblem zwischen zwei Aktionen indifferent ist.[110] Je nach Situation gibt es daher unterschiedliche Preisgrenzen.[111] Die Preisuntergrenze für angebotene Leistungen[112] lässt sich bestimmen, indem der Preis bestimmt wird, bei dem der Deckungsbeitrag ohne Entscheidungsauswirkungen mit dem nach Entscheidungsauswirkung gleichgesetzt wird, was bei komplexen Kostenwirkungszusammenhängen zu aufwendigen Analysen führen kann. Als **kurzfristige Preisuntergrenze** können bei isolierter Sichtweise zunächst die Grenzkosten, d.h. die variablen Kosten, angenommen werden. Treten jedoch zusätzlich zu beachtende Faktoren hinzu, wie z.B. die Existenz von Lagern, Interdependenzen zum übrigen Leistungsprogramm, nichtlineare Kostenfunktionen, Kapazitätsengpässe oder Beziehungen zum Basisgeschäft, sind die dabei auftretenden Effekte bei der Preisuntergrenzenbestimmung zusätzlich zu berücksichtigen.[113] Weiterer limitierender Faktor sind die liquiden Mittel, so dass auch eine **finanzorientierte Preisuntergrenzenermittlung** notwendig werden kann,[114] wobei dann der Preis über die Gleichsetzung der Zahlungswirkungen mit und ohne Entscheidungskonsequenz bestimmt wird. Hierfür muss entweder in der Kosten- und Erlösartenrechnung die Aufteilung in zahlungswirksame und nicht zahlungswirksame Kosten und Erlöse vorgenommen worden sein oder es ist eine Bestimmung über die Finanzrechnung notwendig. Insbesondere in Branchen mit hohem Fixkostenanteil und unterschiedlicher Nachfragestruktur sind darüber hinaus Preisdifferenzierungen von zentraler Bedeutung, was zu Last-minute-, Wochenend- oder sonstigen Sonderangeboten führen kann, wobei aber stets die Gesamtauswirkungen auf den Markt zu prüfen sind.

---

[109] Vgl. Freidank, C.-C.: Instrumentarium, 1999; S. 99.

[110] Vgl. Freidank, C.-C.: Kurzfristige Entscheidungsinstrumente, 1999, S. 24.

[111] Vgl. Reichmann, T.: Controlling mit Kennzahlen, 2011, S. 176-177.

[112] Analog können auch Preisobergrenzen für Inputfaktoren berechnet werden; vgl. Ewert, R./Wagenhofer, A.: Interne Unternehmensrechnung, 2008, S. 130.

[113] Vgl. Atkinson, A. A./Banker, R. D./Kaplan, R. S./Young, S. M.: Management Accounting, 2001, S. 279-282; Ewert, R./Wagenhofer, A.: Interne Unternehmensrechnung, 2008, S. 134-144.

[114] Vgl. Freidank, C.-C.: Kostenrechnung, 2008, S. 331-333.

Entfällt die Restriktion der unveränderlichen Kapazität durch Verlängerung des Betrachtungszeitraumes, so bekommen analog zur Produktprogrammplanung die nach Fristigkeiten gestaffelten Fixkosten Bedeutung für die Preisgrenzenbestimmung. Aus langfristiger Sicht stellen dann die **gesamten Stückkosten** die Preisuntergrenze dar, weil in diesem Zeithorizont letztlich alle Kosten als variabel einzustufen sind.[115]

Die **Kostenträgerstückrechnung** ist eine wesentliche Informationsgrundlage für die vorstehend benannten Managemententscheidungen. Sie kann durchgeführt werden auf

- Vollkostenbasis:

  Es werden die im Unternehmen anfallenden Gesamtkosten auf die Kostenträger verrechnet (variable und fixe Kosten bzw. Einzel- und Gemeinkosten). Dabei werden die Ungenauigkeiten durch Proportionalisierung von Fixkosten und Schlüsselung von Gemeinkosten hingenommen. Diese Stückkosten dienen primär als Grundlage für langfristige Entscheidungen.

- Teilkostenbasis:

  Hierbei werden die Kosten ermittelt, die bei der Herstellung/Verwertung eines Kostenträgers unmittelbar entstehen (z.B. Einzelkosten, proportionale und variable Kosten). Diese Stückkosten sind nur für kurzfristige Entscheidungen brauchbar, für langfristige Entscheidungen sind volle Stückkosten relevant.

Im Rahmen der Kostenträgerrechnung sind verschiedene **Verfahren zur Kalkulation** entwickelt worden. **Abbildung 2.6** zeigt die wesentlichen Verfahren und ihre Produktionsprozesshintergründe.

Abbildung 2.6   Übersicht über Kalkulationsverfahren

Die **Divisionsrechnung** ist das einfachste Kalkulationsverfahren; hierbei werden die in einer Periode ausgebrachten Mengen eines Kostenträgers in Bezug zu den angefallenen Gesamtkosten gesetzt. Sie ist bei der Erzeugung von homogenen Produkten (Sand, Wasser, Kies etc.) geeignet. Dieses Kalkulationsverfahren kann einstufig und mehrstufig erfolgen, wobei die mehrstufige Variante die Berücksichtigung unterschiedlicher Erzeugungsmengen der einzelnen Fertigungsstufen ermöglicht.

---

[115] Vgl. Ewert, R./Wagenhofer, A.: Interne Unternehmensrechnung, 2008, S. 146.

Die **Äquivalenzziffernrechnung** ist eine spezielle Ausprägung der Divisionsrechnung bei Mehrproduktfertigung. Diesem Verfahren liegt die Annahme zu Grunde, dass die Kosten zur Produktion verschiedener Produkte in einem benennbaren Verhältnis stehen. Sie ist bei der Erzeugung von Sorten-Produkten (Biererzeugung, Dachziegel, Verblender etc.) geeignet. Einem Standardprodukt wird die Äquivalenzziffer 1 zugeordnet und allen weiteren Sorten werden in Relation zu dieser Kostenverursachung mit den entsprechenden Werten klassifiziert. Dabei geben Äquivalenzziffern unter 1 geringere, über 1 höhere Kosten im Vergleich zum als Standard festgelegten Produkt an. Das Problem dieser Rechnung liegt in der korrekten Bestimmung der Äquivalenzziffern und der Bestimmung der Abhängigkeit.

Das nachfolgende Beispiel zeigt eine Kalkulation mit Hilfe von Äquivalenzziffern bei einer Sortenfertigung mit zwei Produkten, wobei Sorte II die Standardsorte ist, von der die Sorte I dahingehend abweicht, dass sie je Tonne nur die Hälfte der Bearbeitungszeit von Sorte II erfordert. Die Gesamtkosten je Sorte ergeben sich somit, indem die Menge mit der Äquivalenzziffer und den Kosten je Sorteneinheit (Schlüsselzahl) multipliziert werden. Die Kosten je Sorteneinheit sind zu ermitteln über die Division der Gesamtkosten durch die Sorteneinheiten (Schlüsselzahl).

Tabelle 2.1   Äquivalenzziffernrechnung

Sorte	Äqivalenzziffer	Menge (t)	Schlüsselzahl	Stückkosten je Tonne (€)	Gesamt-kosten je Sorte (€)
I	0,5	10.000	5.000	9,--	90.000
II	1	5.000	5.000	18,--	90.000
Summe			10.000		180.000

Das Grundprinzip der **Zuschlagskalkulation** besteht darin, die Kostenträger-Gemeinkosten mit Hilfe von Zuschlagssätzen auf die Kostenträgereinzelkosten zu verteilen. Diese Rechnung beruht auf der Trennung in Einzel- und Gemeinkosten und basiert meistens auf Produktionsprozessgliederung und Kostenstellenrechnung. Normalerweise unterscheidet man dabei Material-, Fertigungs-, Verwaltung- und Vertriebsbereich sowie allgemeinen Bereich.

Die Zuschläge können die Gemeinkosten in einem Block oder nach Kostenarten und -stellen differenziert verrechnen. Für die Zuschlagskalkulation können ein einziger, aber auch unterschiedliche Zuschlagssätze verwendet werden. Dieses Verfahren eignet sich besonders bei **mehrstufiger Mehrproduktproduktion** zur Ermittlung der Stückkosten aufgrund der Differenzierung nach Einzel- und Gemeinkosten und ggf. Kostenstellen.

Tabelle 2.2   Zuschlagskalkulation mit mehreren Zuschlagssätzen

	Kostenarten in €	Produkte			Summe
		A	B	C	
	Fertigungsmaterial	30.000	28.000	42.000	100.000
+	Materialgemeinkosten (60%)	18.000	16.800	25.200	60.000
+	Fertigungslohn	48.000	42.000	70.000	160.000
+	Fertigungsgemeinkosten (150%)	72.000	63.000	105.000	240.000
=	Herstellkosten	168.000	149.800	242.200	560.000
+	Verwaltungsgemeinkosten (20%)	36.800	21.700	56.320	114.820
+	Vertriebsgemeinkosten (5%)	9.200	5.425	14.080	28.705
=	Selbstkosten	214.000	176.925	312.600	703.525

Im Rahmen der **Maschinensatzrechnung** werden alle Kosten, die von der Laufzeit einer Maschine abhängig sind, über einen Maschinenstunden- bzw. -minutensatz berücksichtigt. Die Kalkulation wird vielfach auf einzelnen Maschinen als Kostenplätzen durchgeführt und stellt eine verfeinerte Form der Zuschlagsrechnung dar.

Unter **Kuppelproduktion** versteht man, wenn innerhalb eines Produktionsprozesses technisch bedingt verschiedene Produkte zwangsläufig entstehen. Nach dem Verursachungsprinzip können die Kosten der Produktion nicht eindeutig verrechnet werden. Die Kosten können behelfsweise z.B. nach Restwert- und Verteilungsrechnung den Produkten zugeordnet werden. Die **Restwertrechnung** schlüsselt die Kosten nach der Bedeutung der Einzelprodukte im Verhältnis zum Produktprogramm auf. Dieses Verfahren ist anwendbar, wenn es ein definiertes Hauptprodukt und verschiedene Nebenprodukte gibt. Bei der **Verteilungsrechnung** werden die Kosten anteilig zu Größen, wie z.B. Mengenanteilen oder Marktpreisen, aufgeschlüsselt.

2.2.4.4   Kalkulatorische Ergebnisrechnung

Die **kalkulatorische Ergebnisrechnung** entsteht durch Zusammenführung von Leistungs(Erlös-)rechnung und Kostenrechnung. Insoweit sind neben den schon beschriebenen Modulen der Kostenrechnung entsprechende Module der Leistungsrechnung nötig.

Als zentrale Leistungsartentypologie ist in der **Leistungsartenrechnung** die Unterteilung nach Art der erstellten bzw. verkauften Produkte zu nennen. Dabei bestehen aber einige Besonderheiten. Neben Einzelerlösen für autonome Produkte gibt es Gemeinerlöse für Verbundleistungen. Gemeinerlöse resultieren i.d.R. aus einer absatzwirtschaftlichen Leistungsverbundenheit, wie z.B. bei Pauschalreisen oder kombinierten Lieferungs- und Dienstleistungsverträgen, was eine Aufteilungsproblematik der einzelnen Erlösteile nach sich zieht. Auch ist zu trennen zwischen absatzbestimmten und wiedereinzusetzenden Leistungen. Während Erstere als Markterlöse erfasst werden, führen die wiedereinzusetzenden Leistungen zur innerbetrieblichen Leistungsverrechnung. Außerdem ist weiter zu unterscheiden nach der Periodenzurechnung. So führen absatzbestimmte und wiedereinzusetzende Leistungen (Güter), die erst in einer späteren Periode verkauft bzw. verbraucht werden sollen, zur Aktivierung als fertige bzw. unfertige Erzeugnisse.

Leistungsstellen sind zunächst alle Kostenstellen, die Aktivitäten durchführen. Da der Erfolg des Unternehmens stets nur in Verbindung mit dem Umsystem zu generieren ist, besteht aber für die Erfassung von Markterlösen in der **Leistungsstellenrechnung** der Bedarf einer weitergehenden Einrichtung von primären Erlösstellen, um die Erlösentstehung z.B. nach

- Unternehmenssegmenten,

- Marktsegmenten und regionalen Teilmärkten,

- Kunden und Kundengruppen,

- Absatzwegen und Absatzmethoden sowie

- organisatorischen oder rechnungstechnischen Gesichtspunkten

transparent zu machen. Erst auf dieser Grundlage kann eine fundierte Planung und Steuerung der Markterlöse sowie eine Zuordnung der erlösseitigen Verantwortung erfolgen.

In Analogie zur Kostenträgerrechnung ist auch eine **Leistungs(Erlös-)trägerrechnung** notwendig, in der den erzeugten Produkten oder Dienstleistungen des Unternehmens die entsprechenden Erlöse zugerechnet werden. Hierbei ist auf die identische Bestimmung der Träger wie in der Kostenträgerrechnung zu achten, um die im Folgenden dargestellte Ergebnisrechnung in detaillierter Form zu ermöglichen.

Die **kalkulatorische Ergebnisrechnung** ermittelt die Kosten und Erlöse, die in einer Abrechnungsperiode für die produzierten und verkauften Erlös- und Kostenträger angefallen sind. Eine kalkulatorische Erfolgsrechnung ist auf Gesamtunternehmensebene und auf Jahres- bzw. Quartalsbasis nur notwendig, wenn intern eine Änderung des Abbildungsmodells vorgenommen wurde, ansonsten kann die externe Erfolgsrechnung aus dem Jahresabschluss verwendet werden.[116] Dabei ist zu beachten, dass externes und internes

---

[116] Vgl. Müller, S.: Management-Rechnungswesen, 2003, S. 96-105.

Rechnungswesen insbesondere bei Verwendung der IFRS zunehmend konvergent ausgestaltet werden können.[117] Ausgangspunkt sind übereinstimmende Zielsetzungen bei Ermittlung und Vermittlung entscheidungsrelevanter Informationen. Mögliche Änderungen liegen neben dem Verzicht auf abschlusspolitische Maßnahmen in der anderen Behandlung von Forschungs- und Entwicklungs- sowie weiteren Vorlaufkosten und Geschäfts- oder Firmenwerten, einer anderen Auslegung des Realisationsprinzips sowie in der Verwendung von kalkulatorischen Eigenkapitalzinsen, die in der Kosten- bzw. Erlösartenrechnung durch Anders- oder Zusatzkosten bzw. -erlöse in das Rechenmodell aufgenommen wurden. Darüber hinaus sind insbesondere kurzfristige Erfolgsrechnungen relevant, die auf monatlicher Basis laufende Überwachungs- und Wirtschaftlichkeitsinformationen generieren.

Die **Periodizität** ist zudem üblicherweise kürzer als in der pagatorischen Erfolgsrechnung gewählt (z.B. monatlich oder vierteljährlich). Eine Differenzierung der kalkulatorischen Ergebnisrechnung kann nach abgesetzten und produzierten Produkten sowie auf Voll- und Teilkostenbasis erfolgen. Durch Verbindung der Kosten- und Erlösträgerrechnung können kalkulatorische Erfolgsrechnungen für Produkte, Prozesse, Stellen, Bereiche, Segmente oder das Gesamtunternehmen verwirklicht werden.

Die kalkulatorische Ergebnisrechnung ist im Prinzip wie folgt aufgebaut:

1.		Fertigungsmaterial
2.		Materialgemeinkosten
3.	=	Materialkosten
4.		Fertigungslöhne
5.	+	Fertigungsgemeinkosten
6.	=	Fertigungskosten
7.		Herstellkosten der Erzeugung (3+6)
8.	+/-	Bestandsänderung Erzeugnisse
9.	=	Herstellkosten des Umsatzes
10.	+	Verwaltungsgemeinkosten
11.	+	Vertriebsgemeinkosten
12.	=	Selbstkosten des Umsatzes
13.		Erlöse
14.	=	Betriebsergebnis (13 ./. 12)

Grundsätzlich kann die kalkulatorische Erfolgsrechnung bezogen auf die produzierten oder die abgesetzten Leistungen durchgeführt werden. Eine Betrachtung der abgesetzten Leistungen führt zum **Umsatzkostenverfahren**, bei dem den verkauften Einheiten die ihnen zuzurechnenden Kosten gegenübergestellt werden. Dies ermöglicht zwar eine Auf-

---

[117]   Vgl. KPMG (Hrsg.): IFRS für die Unternehmensführung, 2006, S. 159-167; Müller, S./Ordemann, T./Pampel, J.: Handlungsempfehlungen, 2005, S. 2119-2125.

spaltung des Erfolges in verschiedene Produkte, Produktgruppen, Bereiche sowie Segmente (nach Funktionsbereichen), gibt aber keinen Aufschluss über die gesamte Periodenleistung des Unternehmens.

Abbildung 2.7 Kalkulatorische Erfolgsrechnung nach dem Umsatzkostenverfahren

Ergebniskonto bei Umsatzkostenverfahren	
Herstellkosten der abgesetzten Erzeugnisse	Umsatzerlöse
Verwaltungsgemeinkosten	
Vertriebsgemeinkosten	
kalkulatorisches Ergebnis (+)	kalkulatorisches Ergebnis (-)

Steht dagegen die produzierte Leistung im Mittelpunkt, so führt dies zum **Gesamtkostenverfahren**, bei dem durch den Ausweis der gesamten Kosten die Kostenstruktur für tiefere Analysen deutlich wird.

Abbildung 2.8 Kalkulatorische Erfolgsrechnung nach dem Gesamtkostenverfahren

Ergebniskonto bei Gesamtkostenverfahren	
Kosten der Periode	Umsatzerlöse
• Fertigungsmaterial	
• Materialgemeinkosten	
• Fertigungslöhne	
• Fertigungsgemeinkosten	
• Verwaltungsgemeinkosten	
• Vertriebsgemeinkosten	
Bestandsabnahme der Erzeugnisse	Bestandszunahme der Erzeugnisse
kalkulatorisches Ergebnis (+)	kalkulatorisches Ergebnis (-)

Den organisatorischen Ablauf von Gesamtkostenverfahren und Umsatzkostenverfahren im Kontenrahmen verdeutlichen in den Grundzügen die **Abbildung 2.9** und **Abbildung 2.10**.

Abbildung 2.9   Kontenmäßige Darstellung der Zusammenhänge beim GKV

(Abkürzungen: verr.= verrechnete; BE= Betriebsergebnis; FM= Fertigungsmaterial; FL= Fertigungslohn; MGK= Materialgemeinkosten; FGK= Fertigungsgemeinkosten; Verw.GK= Verwaltungsgemeinkosten; Vt.GK= Vertriebsgemeinkosten; Herst.Kto= Herstellkostenkonto)

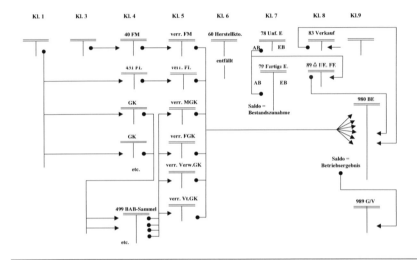

Abbildung 2.10   Kontenmäßige Darstellung der Zusammenhänge beim UKV

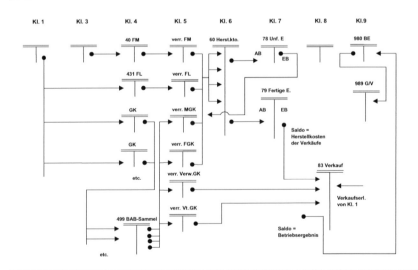

Um den Unterschied zwischen den abgesetzten und den produzierten Leistungen der Periode zu erfassen, müssen eine Bestandsveränderungsposition für Erzeugnisse sowie die Position der anderen aktivierten Eigenleistungen in das Rechenschema beim UKV eingeführt werden. Zwischen dem Umsatz- und dem Gesamtkostenverfahren entsteht kein Ergebnisunterschied, allerdings sind die Teilinformationen verschieden.

Die **Teilgebiete der Kostenrechnung** sind in der **Abbildung 2.11** noch einmal mit der Darstellung des gestuften Ablaufes der Berechnung zusammengefasst. Zunächst werden in der Kostenartenrechnung die primär aus den pagatorischen Rechnungen stammenden und um weitere Daten ergänzten Informationen über Kosten und Leistungen erfasst und nach verschiedenen Merkmalen kategorisiert. Im Mittelpunkt für die weitere Rechnung steht hierbei die Klassifikation nach Zurechenbarkeit auf die Erzeugnisse, so dass unterschieden wird in Einzelkosten, die den Kostenträgern direkt zurechenbar sind, und Gemeinkosten, die im nächsten Schritt in der Kostenstellenrechnung verteilt werden müssen. Die Verteilung zwischen den Kostenstellen erfolgt nach bestimmten Schlüsseln mit dem Ziel, Kosten der Kostenstellen zu ermitteln, um diese dann beanspruchungsgemäß auf die Kostenträger verteilt zu können. Hilfs- oder Nebenkostenstellen ohne direkte Beanspruchung durch die Kostenträger werden im Rahmen der innerbetrieblichen Leistungsverrechnung hierfür auf die Hauptkostenstellen verrechnet. Schließlich können Kalkulationssätze gebildet werden, wobei zu berücksichtigen ist, dass die Verteilung der Gemeinkosten letztlich nie als völlig exakte Verrechnung der Kosten zu verwirklichen ist, sondern lediglich als ökonomisch unter den gesetzten Prämissen sinnvolle. Auf dieser Basis können dann in der Kostenträgerrechnung bei der Ausprägung als Kostenträgerstückrechnung produkt- bzw. leistungsbezogene Informationen für Zwecke der Kalkulation oder Programmplanung generiert werden, und mit der Kostenträgerzeitrechnung die kalkulatorische Ergebnisrechnung durchgeführt werden.

Abbildung 2.11 Teilgebiete der Kostenrechnung in ablauforientierter Darstellung

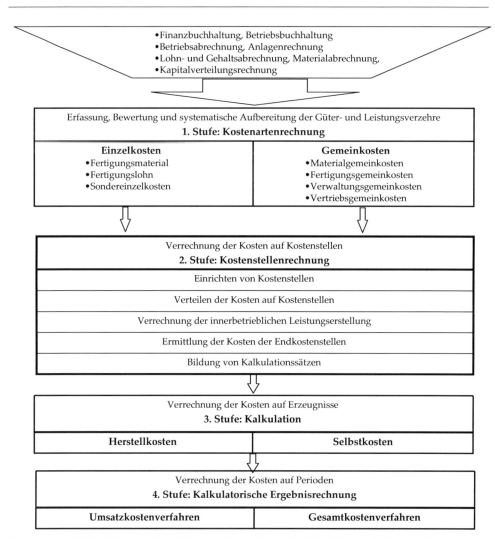

Aus der Problematik der Verrechnung der Gemeinkosten und der zeitlichen Ausprägung in Ist- und Planrechnungen sind verschiedene Systeme der Kostenrechnung entwickelt worden, die im nächsten Kapitel dargestellt werden.

2.2.5 Kostenrechnungssysteme

2.2.5.1 Typologie der Kostenrechnungssysteme

Das Rechenwerk der Kosten- und Leistungsrechnung kann, abhängig vom Rechenzweck, mit unterschiedlichem Zahlenmaterial, wie z.B. Ist- bzw. Plandaten oder Voll- bzw. Teil-kosten, beschickt werden. Dementsprechend sind verschiedenste Kostenrechnungssysteme zu unterscheiden. **Abbildung 2.12** gibt einen typologischen Überblick.

Abbildung 2.12 Typologie von Kostenrechnungssystemen

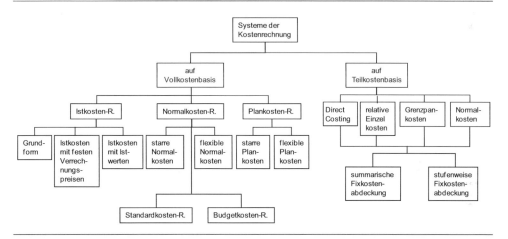

Je nach verfolgtem Rechnungszweck sind bestimmte dieser Kostenrechnungssysteme zu benutzen, was **Tabelle 2.3** verdeutlichen soll.

Aus der Tabelle wird deutlich, dass das Rechnungsziel die Wahl des Rechensystems determiniert. In welchem Umfang und wie die Erlöse und Kosten verrechnet werden, bestimmt letztendlich, in welchem Maß das Rechnungsziel erfüllt werden kann. Insoweit haben diese Zusammenhänge große Bedeutung für das Erfolgscontrolling, denn die Rechensysteme sollen ja eine optimale Führungsunterstützung bieten. Nachfolgend werden die wesentlichen Basisvarianten von Kostenrechnungssystemen näher dargestellt.

Tabelle 2.3   Rechenzweck und Kostenrechnungssysteme

Umfang und Art der Verrechnung / Rechnungszielorientierung	Einflussgrößenbezogene Rechnungen	Vollkosten- und -leistungsrechnung	Teilkosten- und -leistungsrechnung	Kombinierte Rechnungen
Ermittlungsorientierte Kosten- und Leistungsrechnung		Istkosten- und Istleistungsrechnungen auf Vollkostenbasis	Istkosten- und Istleistungsrechnungen auf Teilkostenbasis	
Planungsorientierte Kosten- und Leistungsrechnung	• Investitionstheoretische Kostenrechnung • Periodische Planerfolgsrechnung (Betriebsplankostenrechnung)	• Prognoserechnungen auf Vollkostenbasis (starr und flexibel) • Konstruktionsbegleitende Kostenrechnung • Prozesskostenrechnung	• Grenzplankosten- und Deckungsbeitragsrechnung • Prozessorientierte Kostenrechnung • Relative Einzelkosten- und Deckungsbeitragsrechnung	• Kombination isolierter Teil- und Vollkosten- sowie -leistungsrechnungen • Integration von prozessorientierter Teilkostenrechnung und Fixkostenstufung
Verhaltenssteuerungsorientierte Kosten- und Leistungsrechnung	• Standardkostenrechnung auf Teilkostenbasis • Behavioral Accounting	• Principal-Agent-Ansätze • Standardkostenrechnung auf Vollkostenbasis • Target Costing		

2.2.5.2   Ist-Vollkostenrechnung

Neben dem Sachumfang (Voll- oder Teilkosten) ist der Zeitbezug (Ist- oder Planwerte) der zugerechneten Kosten und Erlöse ein wichtiger Maßstab zur Differenzierung von Kosten- und Erlösrechnungen. Für ein wirkungsvolles Erfolgscontrolling sind sowohl zur Planung Plankostensysteme als auch zur Kontrolle Istkostensysteme erforderlich. Die Basisinformationen werden aber zunächst durch eine Istrechnung aufgebaut.

Die **Vollkostenrechnung auf Istkostenbasis** ist durch folgende **Merkmale** gekennzeichnet:

- Alle während der Abrechnungsperiode angefallenen und in der Kostenartenrechnung erfassten Beträge werden über die Kostenstellenrechnung auf die Kostenträger der gleichen Periode verteilt (Kostenermittlung und Kostenüberwachung nach Kostenarten, -stellen und -trägern);

- mit Hilfe von Kalkulationsverfahren können die vollen Selbstkosten und Herstellkosten pro betrieblicher Erzeugniseinheit auf ex-post Basis ermittelt werden (Vollkosten-kalkulation);

- die Ermittlung von Selbstkosten für Preis- und Kostenentscheidungen ist möglich;

- die Ermittlung von Herstell(ungs)kosten für die Bestandsbewertung in der kurzfristigen Erfolgsrechnung sowie für den handels- und steuerrechtlichen Jahresabschluss ist möglich.

Die wichtigsten Nachteile dieser Form der Kostenrechnung liegen im Vergangenheits-bezug, in der Schlüsselung der Gemeinkosten sowie in der Proportionalisierung der Fix-kosten und in der rechentechnischen Schwerfälligkeit.

Die nachträgliche Istabrechnung von Kosten und Leistungen reicht für Zwecke der Unter-nehmensführung nicht, weil damit **keine zukunftsbezogene Handlungsorientierung** zu erreichen ist. Als Abhilfe wird die Plankostenrechnung eingesetzt.

Die Vollkostenrechnung verteilt in der Kostenträgerrechnung die Gemeinkosten, d.h. Kosten, die gemeinsam für verschiedene Arten von Kostenträgern anfallen, werden mittels Schlüsselung auf die Produktarten verteilt. Die **Schlüsselung von Gemeinkosten** beruht dabei zum Teil auf gravierenden Verursachungsannahmen. Angesichts der Tatsache, dass moderne Unternehmenstätigkeit auf weitreichenden Infrastrukturen, d.h. hohen Gemein-kosten, beruht, sind so ermittelte Vollkosten je Kostenträger höchst problematisch. Eine Begrenzung dieser Problematik kann über die Prozesskostenrechnung erreicht werden.

Zudem werden in der Kostenträgerstückrechnung bei Vollkostenrechnung Kosten, die in ihrer Höhe unabhängig von der Beschäftigung anfallen (Fixkosten), entsprechend aus-gebrachter Leistungsmenge auf die Kostenträger je Einheit verteilt, d.h. es kommt zu einer **Proportionalisierung von Fixkosten**. Das hat zur Folge, dass dieser Kostenanteil je Leistungseinheit je nach Beschäftigungsgrad schwankt. Da Fixkosten heutzutage in Unter-nehmen oft große Höhe erreichen und zugleich die Beschäftigung, auch kurzfristig, erheb-lich schwanken kann, variieren die so ermittelten Selbstkosten je Leistungseinheit ge-gebenenfalls sehr stark, was den Nutzen dieser Kosteninformationen z.B. für Wirtschaft-lichkeitsbeurteilungen, Preis- und Programmentscheidungen oder Bewertungsent-scheidungen erheblich einschränkt.

Schließlich ist auch eine **rechentechnische Schwerfälligkeit** der Ist-Vollkostenrechnung zu konstatieren, da einerseits die Bewertung der Verbrauchsmengen mit den dazugehörigen Istpreisen erhebliche Schwierigkeiten bereitet, wenn diese zu unterschiedlichen Istpreisen beschafft wurden. Andererseits können Nach- und Zwischenkalkulation immer erst dann durchgeführt werden, wenn alle Kostenstellen ihre Endkostensummen ermittelt haben.

Um Preisschwankungen zu eliminieren und eine rechentechnische Vereinfachung zu erreichen, wird – als Abwandlung der Vollkostenrechnung auf Istkostenbasis – die **Normalkostenrechnung** eingesetzt. Die Normalkostenrechnung ist durch „normalisierte" Kosten gekennzeichnet, welche aus einer größeren Anzahl von Istkostenbeträgen früherer Perioden ermittelt wurden. Im System der Normalkostenrechung werden – aus Vereinfachungsgründen – nicht die tatsächlich angefallenen Kosten auf die Kostenträger verrechnet, sondern nur die als „normal" angesehenen Kosten. Die Über- oder Unterdeckungen als Abweichung zwischen Ist- und Normalkosten werden direkt auf das Betriebsergebniskonto übernommen. Der Normalkostenrechnung ähnlich ist die **Standardkostenrechnung,** die nicht Normalwerte, sondern als Standards geeignete Werte ansetzt und somit vorwiegend zur Kontrolle und Verhaltenssteuerung gedacht ist.[118]

Die **Ermittlung der Normalkosten** kann statisch (ohne Berücksichtigung der Zukunft) oder über aktualisierte Mittelwerte (diejenigen Istwerte werden zugrunde gelegt, bei denen ähnliche Verhältnisse vorlagen, wie sie kurzfristig zu erwarten sind) erfolgen. Die Vorteile dieses Systems sind die Normalisierung der Kalkulations- und Verrechnungssätze und die Beschleunigung und Vereinfachung der innerbetrieblichen Abrechnung. Der Nachteil dieses Systems ist, dass die Über- und Unterdeckungen sich auf alle Kosteneinflussgrößen beziehen und somit wenig aussagefähige Ergebnisse für eine genauere Abweichungsanalyse liefern. Kostenschwankungen werden nivelliert, was zu Programmfehlsteuerungen führen kann, was in folgendem Beispiel verdeutlicht wird:

Ein Unternehmen produziert auf der Basis von Lieferwagen Wohnmobile und ermittelt in t0 für ein Wohnmobil folgende Normalkosten:

Tabelle 2.4   Annahmen über die Normalkosten

Kostenstelle \ Kostenart	Material	Fertigung	Verwaltung	Vertrieb
Normalisierte Gemeinkosten	10.000	18.000	3.600	5.400
Normalisierte Bezugsgrundlage	Material 50.000	Löhne 12.000	HK 90.000	HK 90.000
Normalisierte Zuschlagssätze	20%	150%	4%	6%

Innerhalb der Periode t1 stellt sich heraus, dass die direkt zurechenbaren Materialkosten und Fertigungskosten bei 40.000 € bzw. 15.000 € liegen, so dass für die Kalkulation auf dieser Basis der Angebotspreis angepasst werden muss. Für die Gemeinkosten liegen in der

---

118   Vgl. z. B. Schweitzer, M./Küpper, H.-U.: Kosten- und Erlösrechnung, 2011, S. 685.

laufenden Periode noch keine Informationen vor, da dafür zunächst die Kostenstellenrechnung abgeschlossen werden müsste. Nach Ende der Periode wird in t2 dies durchgeführt, so dass die Nachkalkulation auf Istkostenbasis erfolgen kann. Die **Selbstkostenermittlung** stellt sich zu den drei unterschiedlichen Zeitpunkten wie in Abbildung 2.13 veranschaulicht dar.

Abbildung 2.13   Selbstkostenberechnungen zu unterschiedlichen Zeitpunkten mit den jeweiligen Datenbasen

---

(N= Normalkostenbasis; I= Istkostenbasis)

	Normalkalk. (in t0)	Kalkulation (in t1)	Nachkalk. (in t2)
Material-EK	N 50.000	I 40.000	I 40.000
+ Material-GK	N 10.000	N 8.000	I 6.000
Fertigungs-EK	N 12.000	I 15.000	I 15.000
+ Fertigungs-GK	N 18.000	N 22.500	I 23.000
= Herstellkosten	N 90.000	85.500	I 84.000
+ Verwaltungs-GK	N 3.600	N 3.420	I 3.000
+ Vertriebs-GK	N 5.400	N 5.130	I 5.200
= Selbstkosten	N 99.000	94.050	I 92.200

Die auftretenden Abweichungen sind schwer zu interpretieren, da sie sowohl von den Preisen wie auch der Beschäftigung verursacht sind. Diese Problematik ist auch bei einer Erweiterung der Kostenrechnung im Hinblick auf Teilkostenbetrachtungen oder auf Plankostenrechnungen zu beachten.

2.2.5.3   Teilkostenrechnung und Deckungsbeitragsrechnung

Teilkostenrechnungen versuchen, dem Verursachungsprinzip in der Kostenzuordnung besser zu entsprechen als Vollkostenrechnungen, indem nur diejenigen Teile der Kosten auf die Kostenträger verrechnet werden, bei denen ein hinreichend eindeutiger Verursachungszusammenhang vorliegt. Damit sollen die Kosteninformationen an Zuverlässigkeit und Entscheidungsrelevanz gewinnen.

Als Basis für die Kostenteilung sind folgende Kategorisierungen möglich:

■ Einzel- und Gemeinkosten sowie

■ variable und fixe Kosten.

Im ersten Fall werden dem Kostenträger nur die Einzelkosten belastet, es entsteht die sogenannte **Einzelkostenrechnung**. Im zweiten Fall werden dem Kostenträger nur die variablen Kosten zugeordnet, es entsteht die sog. **Grenzkostenrechnung** (Variable Costing, Direct Costing, Marginal Costing).

Um Teilkostenrechnungen verwirklichen zu können, muss eine Aufspaltung der Kosten nach variablen und fixen bzw. nach Einzel- und Gemeinkosten im Rechenwerk organisiert werden. Das kann mit Hilfe von folgenden **Kostenauflösungsverfahren** stattfinden:[119]

- **Mathematisches Kostenauflösungsverfahren**: Für verschiedene Beschäftigungsgrade werden die angefallenen Gesamtkosten ermittelt und auf dieser Basis mathematisch die Kostenfunktion bestimmt.

- **Buchtechnisches Kostenauflösungsverfahren**: Es werden die einzelnen Kostenarten jeder Kostenstelle untersucht und gedanklich in Bezug auf die Abhängigkeit von der Beschäftigung analysiert.

- **Planmäßiges Kostenauflösungsverfahren**, auch analytische Kostenplanung oder engineering approach genannt: Erforderlich ist hierbei die Kenntnis der technischen Abhängigkeit zwischen Faktoreinsatz- und Ausbringungsmengen. Somit muss für jede Abteilung (Kostenstelle) eine Kostenfunktion ermittelt werden, wobei die bewerteten Faktoreinsatzmengen zu den Kosten führen. Ausgehend von diesen Analysen kann bei einem vorgegebenen Beschäftigungsgrad die Kostenhöhe bei jeder Beschäftigung bestimmt werden.

Abbildung 2.14 gibt die dabei zu beachtenden Unterschiede bei der Abgrenzung von Fix- und Gemeinkosten wieder und nennt Beispiele.[120]

Bei der Teilkostenrechnung wird für die auf die Kostenträger verrechneten Kostenteile (variable Kosten oder Einzelkosten) unterstellt, dass damit die zentralen, bezüglich der Kostenentscheidungen relevanten Einflüsse abgedeckt sind. Das Netz der **Kosteneinflussgrößen** ist jedoch weit komplexer, als lediglich mit Beachtung der Beschäftigung ausgedrückt, wie **Abbildung 2.15** verdeutlicht.

---

[119] Vgl. Horngren, C. T./Foster, G./Datar, S. M./et al.: Cost Accounting, 2009, S. 363- 373.
[120] Entnommen aus Schierenbeck, H.: Grundzüge, 1999, S. 631.

Abbildung 2.14 Abgrenzung von Fix- und Gemeinkosten

Zurechenbarkeit auf Produkteinheit	Einzel-kosten	Gemeinkosten	
		Unechte Gemeinkosten	Echte Gemeinkosten
Veränderlichkeit bei Beschäftigungs-änderungen	Variable Kosten		Fixe Kosten
Beispiele	Kosten für Werk-stoffe (außer bei Kuppel-prozessen) Verpackungs-kosten Provisionen	Kosten für Hilfsstoffe Kosten für Energie und Betriebsstoffe	Kosten der Produktart und Produktgruppe Kosten der Fertigungs-vorbereitung und Betriebsleitung Abschreibungen (Lohnkosten)

Abbildung 2.15 Kosteneinflussgrößen

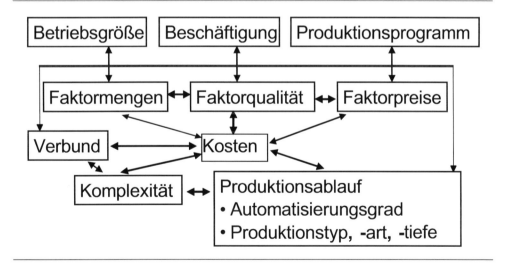

Zudem bereiten die unterstellten linearen **Kostenverläufe** bei der Verwendung variabler Kosten in der Praxis große Probleme, da diese i.d.R. – wenn überhaupt – nur innerhalb einer bestimmten Spannbreite als linear zu charakterisieren sind. Zu denken ist etwa an Mengenrabatte, technische Verbrauchsabhängigkeiten oder Lernprozesse bei der Fertigung. Daher sind die gesetzten Prämissen bei der Teilkostenrechnung stets kritisch zu beachten, um nicht eine falsche Abbildung zu erstellen. Ebenso ist zu beachten, dass die Frage der Variabilität auch vom Betrachtungszeitraum abhängt; letztlich sind alle fixen Kosten variabel, wenn der Betrachtungszeitraum nur lang genug gewählt wird.

Eine reine Teilkostenrechnung reicht für Zwecke des Erfolgscontrollings nicht aus, da zum einen in dieser Form wesentliche Teile der Kosten (Fixkosten bzw. Gemeinkosten) unberücksichtigt bleiben, zum anderen, da kalkulatorische Erfolgsaussagen fehlen. Diese letztgenannte Lücke wird geschlossen, indem die Teilkostenrechnung durch Einbezug der Erlöse zur **Deckungsbeitragsrechnung** erweitert wird.

Dieses Rechenkonzept kann auf verschiedenste Bezugsgrößen und Bezugsgrößenhierarchien angewendet werden, wodurch sich unterschiedliche Deckungsbeitragsrechnungs-Systeme ergeben, wie z.B.

- einfaches Direct Costing (Variable Costing),

- stufenweise Fixkostendeckungsrechnung,

- relative Einzelkostenrechnung.

Der **Deckungsbeitrag** ist der kalkulatorische Erfolg der betreffenden Träger bei Teilkostenansatz. Die in den Teilkosten nicht erfassten Fix- oder Gemeinkosten müssen durch die erzielten Deckungsbeiträge abgedeckt werden, damit ein positives Betriebsergebnis des Gesamtunternehmens oder der betrachteten Rechenausschnitte entsteht. Aus der Betrachtung dieser Zusammenhänge gewinnt man einen tiefgehenden Einblick in die Kosten-, Leistungs- und Erfolgsentstehungen im Unternehmen, differenziert nach verschiedensten Bezugsgrößen, wie z.B. Produkten, Produktgruppen oder Regionen. Nachfolgend sind exemplarisch die Rechenstrukturen für ein **einstufiges Direct Costing** wiedergegeben (**Tabelle 2.5**).

Tabelle 2.5 Beispiel für einstufiges Direct Costing

Erzeugnis	A	B	C	D	E	F	G	Σ
Nettoerlös	3000	3500	4750	3650	5000	2000	3250	25150
./. variable Erzeugnis-kosten (variable Herstellkosten)	2300	2825	2575	1550	3200	700	1500	14650
Deckungsbeitrag ab-solut (= Bruttoerfolg)	700	675	2175	2100	1800	1300	1750	10500
Deckungsbeitrag relativ (in % des Nettoerlöses)	(23,3)	(19,3)	(45,8)	(57,5)	(36,0)	(65,0)	(53,8	(41,8)
./. Fixkosten der Periode								9700
Periodenergebnis (= Nettoerfolg)								800

Bei einer **stufenweisen Fixkostendeckungsrechnung (Tabelle 2.6)** wird der Fixkostenblock zusätzlich bereiche- oder produkt(gruppen)bezogen unterteilt, um noch tiefere Einblicke zu ermöglichen.

Tabelle 2.6 Beispiel für stufenweise Fixkostendeckungsrechnung

Bereich								
Erzeugnisgruppe	1		2			3		Σ
Erzeugnis	A	B	C	D	E	F	G	
Nettoerlös	3000	3500	4750	3650	5000	2000	3250	25150
./. variable Erzeugniskosten	2300	2825	2575	1550	3200	700	1500	14650
Deckungsbeitrag I	700	675	2175	2100	1800	1300	1750	10500
./. Erzeugnisfixkosten	–	175	375	100	–	750	200	1600
Deckungsbeitrag II	700	500	1800	2000	1800	550	1550	8000
	1200		5600			2100		
./. Erzeugnisgruppenfixkosten	750		4000			2000		6750
Deckungsbeitrag III	450		1600			100		2150
./ Bereichsfixkosten	1000					50		1050
Deckungsbeitrag IV	1050					50		1100
./. Unternehmensfixkosten								300
Periodenergebnis (= Nettoerfolg)								800

Die Informationen der Deckungsbeitragsrechnung sind hilfreich für kurzfristige Programmentscheidungen, da in diesem Zeithorizont z.B. Fixkosten nicht abgebaut, Engpässe nicht beseitigt oder Gemeinkosten nicht durch Organisationsmaßnahmen verändert werden können. Sobald jedoch längerfristige Preis-, Programm- oder Bewertungsentscheidungen getroffen werden müssen, sind Vollkosteninformationen unentbehrlich, denn auf lange Sicht müssen zur Erfolgserzielung alle Kosten gedeckt werden.

Noch weiter geht in der Ausdifferenzierung die **relative Einzelkosten- und Deckungsbeitragsrechnung**,[121] in deren Grundrechnung sämtliche Kosten und Erlöse als (relative) Einzelkosten bzw. -erlöse gemäß dem Identitätsprinzip an der Stelle zu erfassen sind, wo sie direkt einer als Entscheidung des Unternehmens interpretierten Bezugsgröße zugerechnet werden können. Diese vieldimensionale Datengrundlage kann im Weiteren über Auswertungsrechnungen rechnungszweckgemäß auf die Kosten- und Erlösträger verteilt werden, wodurch eine sehr tiefgehende Durchdringung der Leistungs-, Kosten- und Erfolgszusammenhänge von Unternehmen möglich wird.

Die Teilkosten- und Deckungsbeitragsrechnung unterstützt im kurzfristigen Zeithorizont kostenbasierte Erfolgsentscheidungen besser als die Vollkostenrechnung.

Der **Entscheidungsnutzen der Teilkostenrechnung im Vergleich zur Vollkostenrechnung** soll an folgendem Beispiel verdeutlicht werden:

Ein Unternehmen will das gewinnmaximale **Produktionsprogramm** für die kommende Planperiode bestimmen. Es bietet vier untereinander unabhängige Erzeugnisse am Markt an, für die folgende Daten vorliegen, wobei keine Kapazitätsbeschränkungen zu beachten sind (**Tabelle 2.7**).

Tabelle 2.7   Basisdaten des Beispiels

Produkt	max. Absatzmenge in Stück	Gesamtkosten je Produktart in €	Selbstkosten je Stück in €	variable Kosten je Stück in €	Preis pro Stück in €
A	200	18.000	90	85	80
B	400	24.000	60	50	70
C	500	26.000	52	45	50
D	100	9.500	95	80	120

Auf Basis der **Vollkostenrechnung** werden die Entscheidungen über Produktion und Absatz an den erzielbaren Stückgewinnen festgemacht. **Tabelle 2.8** gibt die auf dieser Basis zu treffenden Entscheidungen wieder.

---

[121] Vgl. z. B. Riebel, P.: Deckungsbeitragsrechnung, 1994.

Tabelle 2.8   Produktprogrammentscheidung auf Vollkostenbasis

Produkt	Stück-kosten	Preis/Stk	Stück-ergebnis	Produzierte Menge	Gewinn
A	90	80	./.10	-	-
B	60	70	10	400	4.000
C	52	50	./. 2	-	-
D	95	120	25	100	2.500
				Zwischensumme:	6.500
			Fixkosten der entfallenen Produkte A:		- 1.000
				C:	- 3.500
				Gewinn:	2.000

Bei der **Deckungsbeitragsrechnung** als Teilkostenrechnung mit variablen Kosten sind nur die variablen Kosten Entscheidungsgegenstand, da die Fixkosten kurzfristig nicht verändert werden können. Auf dieser Basis erscheint auch die Produktion von C vorteilhaft zu sein, was aus der Berechnung in **Tabelle 2.9** hervorgeht.

Tabelle 2.9   Produktprogrammentscheidung auf Teilkostenbasis mit Deckungsbeiträgen (DB)

Produkt	Preis	Variable Kosten	Deckungs-beitrag/ Stk.	Produzierte Menge	DB
A	80	85	./. 5	-	-
B	70	50	20	400	8.000
C	50	45	5	500	2.500
D	120	80	40	100	4.000
				Σ	14.500
				fixe Kosten A	-1.000
Berücksichtigung sämtlicher Fixkosten				fixe Kosten B	-4.000
				fixe Kosten C	-3.500
				fixe Kosten D	-1.500
Nettogewinn				Summe	4.500

Somit ergibt sich eine Differenz bei den erwarteten Gewinnen von 2.500 €, da bei Verwendung der Vollkostenrechnung mit der Produktion von B und D nur ein Betrag von 2.000 € erzielt werden kann, wohingegen die lt. Teilkostenrechnung optimale Produktion von B, C und D zu einem Gewinn von 4.500 € führt. Die Differenz erklärt sich durch den im Rahmen der Vollkostenrechnung nicht erkannten Deckungsbeitrag des Produktes C.

Sobald **Engpässe** zu berücksichtigen sind, muss allerdings mit auf den Engpass bezogenen **relativen Deckungsbeiträgen** gerechnet werden, was an folgendem Beispiel zur Programmplanung verdeutlicht werden soll:

Ein Unternehmen stellt drei voneinander unabhängige Produktarten her. Die Daten laut **Tabelle 2.10** liegen für den kommenden Monat vor.

Tabelle 2.10   Ausgangsbasis für die Programmplanung

Produkt	Deckungsbeitrag/Stk.	Fertigungszeit (Min/Stk.)	Absatz (Stk.)
A	400	48	5.000
B	300	30	7.000
C	350	12	4.000

Die maximale Fertigungszeit beträgt 7.500 Stunden je Monat. Die Ermittlung des **optimalen Produktionsprogramms** erfolgt über drei Schritte.

1. Ermittlung der Engpasssituation:

Zunächst ist zu prüfen, ob überhaupt ein Engpass vorliegt. Falls dies nicht der Fall ist, sind alle Produkte mit positivem Deckungsbeitrag zu produzieren. Für die Produktion der maximal absetzbaren Produktemengen liegt die benötigte Fertigungszeit/Monat bei 48 Min./Stck. * 5.000 Stck. + 30 Min./Stck. * 7.000 Stck. + 12 Min./Stck. * 4.000 Stck. = 498.000 Min. = 8.300 Std.. Da die maximal zur Verfügung stehende Fertigungszeit/Monat bei 7.500 Std. liegt, besteht in diesem Fall ein Engpass, so dass im nächsten Schritt die Produktions-reihenfolge zu bestimmen ist.

2. Bestimmung der Produktionsrangfolge

Tabelle 2.11   Bestimmung der Produktionsrangfolge

Produkte i	A	B	C
Deckungsbeitrag / Stck. in €/Stck.	400	300	350
Fertigungszeit in Min./Stck.	48	30	12
Relativer Deckungsbeitrag in €/Min.	8,33	10	29,17
Rangfolge	3	2	1

Relativ zum Engpass kann mit dem Produkt C mit 29,17 € der höchste Deckungsbeitrag je Engpasseinheit hergestellt werden, gefolgt von Produkt B und Produkt A. Im nächsten Schritt kann mit diesen Informationen die Engpassbelegung bestimmt werden.

3. Bestimmung der Engpassbelegung

In der absteigenden Reihenfolge der relativen Deckungsbeiträge werden nun für die Produkte die benötigten Kapazitäten bestimmt, bis die kritische Kapazitätsbegrenzung erreicht ist.

Tabelle 2.12   Bestimmung der Engpassbelegung

	Gesamtkapazität	7.500 Std. * 60 = 450.000 Min.
-	Inanspruchnahme der Kapazität durch Produkt C	4.000 Stück * 12 Min./Stück = 48.000 Min.
=	Restkapazität	402.000 Min.
-	Inanspruchnahme der Kapazität durch Produkt B	7.000 Stück * 30 Min./Stück = 210.000 Min.
=	Restkapazität	192.000 Min.
-	Bestimmung der Outputmenge von Produkt A zur Inanspruchnahme der Restkapazität	192.000 Min.: 48 Min./Stück = 4.000 Stück
=	Restkapazität	0

Somit liegt das optimale kurzfristige Produktionsprogramm bei den jeweils in Höhe der erwarteten Absatzmenge herzustellenden 7.000 Stück von Produkt B und 4.000 Stück von Produkt C sowie nur 4.000 Stück von Produkt A statt absatzmöglicher 5.000 Stück. Damit ergäbe sich ein gesamter Deckungsbeitrag von

DB $_{gesamt}$ = 4.000 Stck. A* 400 €/Stck. + 7.000 Stck. B* 300 €/Stck. + 4.000 Stck. C* 350 €/Stck. = 5.100.000 €

2.2.5.4   Plankostenrechnung

Eine **führungsorientierte Kosten- und Leistungsrechnung** hat die Aufgabe, Informationen zu generieren, zu analysieren, zu verarbeiten und aufzubereiten, um so die Unternehmensführung bei Planung, Steuerung und Kontrolle zu unterstützen. Führung benötigt eine Zukunftsorientierung und insoweit ist eine Plankostenrechnung ein unentbehrliches Instrument im Erfolgscontrolling.

Die **Plankostenrechnung** (PKR) verwirklicht die **zukunftsorientierte Ausrichtung** der Kosten- und Leistungsrechnung als Zeit- und als Stückrechnung. Diese Planwerte in Zusammenhang mit der Erfassung der Istwerte sind die Grundlage für die Ermittlung von Soll- und Abgleich mit Ist-Größen. Derart gestaltete Kostenrechnungssysteme liefern Informationen über Abweichungsursachen und notwendige Korrekturmaßnahmen.[122]

Der zeitbezogenen Kosten- und Leistungsrechnung kommt hierbei eine **steuernde Rolle** zu; sie dient zudem als Grundlage für Budgetierung oder Plankalkulation.[123] Zwecks Vorgabe sind Hypothesen über die Beziehungen zwischen Kostenhöhe und Einflussgrößen notwendig. Im Rahmen von Abweichungsanalysen wird versucht, die Kostenabweichungen auf ihre Einflussgrößen zurückzuführen.

Kostenrechnungssysteme, bei denen für bestimmte Planungsperioden zeit- und stückbezogen Verbrauchsmengen und Preise der Kostengüter geplant und hieraus Plankosten abgeleitet werden, sind Plankostenrechnungssysteme. Eine **Plankostenrechnung** umfasst dabei folgende **Bestandteile**:

- Leistungs- und Kostenplanung

  - Festlegung der Planungsperiode (z.B. Jahr, Monat),
  - Planung der Leistungen;
  - Bestimmung der Planbeschäftigung für alle Kostenstellen, ausgedrückt in Bezugsgrößen (z.B. Stückzahl, Maschinenstunden);
  - Planung der Einzelkosten für die Kostenträger;
  - Planung der Gemeinkosten für die Kostenstellen.

- Kostenkontrolle

  - Festlegung der Abrechnungsperiode (z.B. Monat);
  - Ermittlung der Istkosten;
  - Gegenüberstellung von Istkosten und Plankosten (je Kostenträger, je Kostenstelle);
  - Plan-Ist-Vergleich und Abweichungsanalyse, d.h. Bestimmung von Ausmaß und Gründen für eine Kostenüber- oder -unterschreitung (Preis-, Verbrauchs-, Beschäftigungsabweichung);
  - Erstellung von Kostenberichten und Feststellung von Verantwortlichkeiten.

- Plankalkulation

  - Ermittlung von Plan-Angebotspreisen;
  - Ermittlung der geplanten kurz- und langfristigen Preisuntergrenzen;
  - Programmentscheidungen (Entscheidung über Zusatzaufträge, optimales Produktions_programm, Verfahrenswahl, Eigen- oder Fremdfertigung).

Die **Systeme der Plankostenrechnung** sind gemäß Einflussgrößenbestimmung und Art der einfließenden Kosten wie in **Abbildung 2.16** veranschaulicht zu unterscheiden.

---

[122] Vgl. Ewert, R./Wagenhofer, A.: Interne Unternehmensrechnung, 2008, S. 322.
[123] Vgl. Freidank, C.-C.: Kostenrechnung, 2008, S. 204.

Abbildung 2.16   Systeme der Plankostenrechnung

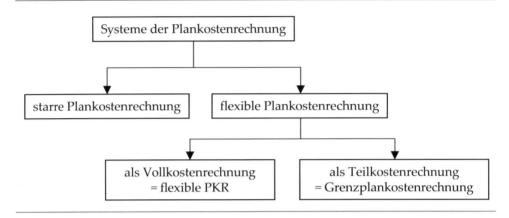

Die **starre Plankostenrechnung** ist gekennzeichnet durch folgende Merkmale:[124]

- Planung der Kosten per Kostenstelle und -art nur für einen ganz bestimmten (starren) Beschäftigungsgrad;

- als Basis dienen Vollkosten;

- keine Anpassung der Kosten an Beschäftigungsschwankungen, d.h. auch keine Umrechnung auf die Istbeschäftigung;

Im Rahmen der starren Plankostenrechnung ist wie folgt vorzugehen:

- Planbeschäftigung für das Unternehmen festlegen;

- Einzelkostenplanung;

- Gemeinkostenplanung: Ausdrücken der Planbeschäftigung in den einzelnen Kostenstellen durch eine Bezugsgröße (z.B. Fertigungsstunden, Stückzahlen), Festlegung des für diese Bezugsgrößen zu erwartenden mengenmäßigen Verbrauchs an Gemeinkostengütern, Bewertung zu Fest- oder Planpreisen).

In diesem System der Plankostenrechnung können Preis- und Mengenabweichungen festgestellt werden:

Preisabweichungen als Differenz zwischen Ist- und Planpreisen der Kostengüter werden i. d. R. herausgerechnet. Die verbleibende Kostenabweichung beruht dann nur noch auf Mengenabweichungen.

Die **Mengenabweichungen** enthalten Beschäftigungs- und Verbrauchsabweichungen. Bei den **Verbrauchsabweichungen** handelt es sich um Mehr- oder Minderkosten beim Stoff-

---

[124]   Vgl. Freidank, C.-C.: Kostenrechnung, 2008, S. 204-205.

verbrauch oder beim (Arbeits-) Zeitverbrauch, die i. d. R. von der Kostenstellenleitung zu verantworten sind. Ursachen sind hier Unwirtschaftlichkeiten, veränderte Fertigungsverfahren oder Qualitätsänderungen beim Produkt. **Beschäftigungsabweichungen** sind auf Änderungen des Beschäftigungsgrads zurückzuführen und deshalb von der Kostenstellenleitung nicht zu verantworten. Die Differenz zwischen Sollkosten und verrechneten Plankosten drückt die Leerkosten (= nicht genutzte Fixkosten) aus, wenn der Betrieb unterbeschäftigt ist. Eine negative Beschäftigungsabweichung ('überdeckte Fixkosten') liegt bei Überbeschäftigung, d.h. wie einer Auslastung von über 100%. Ein zentrales Defizit der starren Plankostenrechnung liegt darin, die Mengenabweichungen nicht in Beschäftigungs- und Verbrauchsabweichungen aufspalten zu können, so dass die Ursachen und Verantwortlichkeiten hinter den Mengenabweichungen unklar bleiben.

Rechenvorgehen und Aussage von Plankostenrechnungen sollen an einem Beispiel verdeutlicht werden (**Abbildung 2.17**). In der Kostenstelle 'Fertigung II' wurden für eine Rechnungsperiode folgende Plan-Gemeinkostenarten zu Planpreisen bei einer erwarteten Beschäftigung von 5.000 Fertigungsstunden zugrunde gelegt.

Abbildung 2.17   Plangemeinkosten der Kostenstelle „Fertigung II"

Gemeinkostenmaterial	9.000 €
Energiekosten	7.000 €
Hilfslöhne	4.000 €
Gehaltskosten	5.000 €
Sozialkosten	1.400 €
Kostensteuern	2.600 €
Mietkosten	3.500 €
Kalkulatorische Abschreibungen	7.500 €
Plan-Gemeinkosten:	40.000 €

Auf dieser Basis kann der **Plankostenverrechnungssatz** ermittelt werden, indem die Plan-Gemeinkosten durch die Anzahl der Planbeschäftigungsstunden geteilt wird, was hier zu einem Satz von 8 € / Std. führt, der die Grundlage der Kalkulation mit dem Vollkostensatz darstellt.

Nach Abschluss der betrachteten Periode stellt sich heraus, dass die Ist-Gemeinkosten bei nur 35.000 € liegen, wobei aber auch nur 3.000 Fertigungsstunden zu verzeichnen waren.

Für die **Abweichungsanalyse** kann nun die Gesamtabweichung berechnet werden. Dazu werden von den Ist-Gemeinkosten von 35.000 € die verrechneten Plankosten bei Ist-beschäftigung, d.h. 8 € x 3.000 Std. abgezogen, was zu einem Abweichungsbetrag von – 11.000 € führt.

In der Abweichungsanalyse wird versucht, die Ursachen der Abweichung zu analysieren. Eine Bestimmung der Preisabweichungen kann über den Vergleich der Ist- mit den Plan-preisen der eingesetzten Güter und Leistungen erfolgen, was hier ausgeklammert werden soll. Somit liegt eine Mengenabweichung vor, die sowohl Verbrauchs- als auch eine Be-schäftigungsabweichung sein kann. Um diese trennen zu können, ist die Kenntnis der Fix-kosten notwendig. Auf dieser Basis könnten dann die Leerkosten im Sinne von nicht **ver-rechneten Fixkosten** berechnet werden. **Abbildung 2.18** verdeutlicht die verrechneten **Nutzkosten** bzw. die verbleibenden **Leerkosten** bei Beschäftigungsniveaus von 0 bis 100 % schematisch.

Abbildung 2.18   Fixkostenverrechnung nach Auslastungsgrad

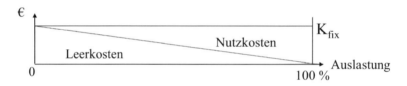

Im Fall der starren Plankostenrechnung sind die Höhe der Fixkosten und auch die weiteren Kostenfunktion nicht bekannt, so dass eine Identifizierung der Beschäftigungsabweichung und damit auch der Verbrauchsabweichung nicht möglich ist.

Dieser Mangel der starren Plankostenrechnung führte zur Entwicklung der **flexiblen Plan-kostenrechnung**[125] mit folgenden Merkmalen:

■ Zerlegung der Gemeinkosten in fixe und variable Bestandteile;

■ Bestimmung der angenommenen Kostenfunktion;

■ Ermittlung der Plankosten für einen Beschäftigungsgrad;

■ Berücksichtigung des Ist-Beschäftigungsgrades als Vorgabe von Sollkosten, dadurch Sichtbarmachen der Beschäftigungsabweichung;

■ Trennung der Kosten in fix (K_{fix}) und varibel (K_{var}) um die Gesamtabweichung in die Verbrauchs- und Beschäftigungsabweichung zu unterteilen.

---

[125]   Vgl. Freidank, C.-C.: Kostenrechnung, 2008, S. 208-213.

Abweichungen zwischen Ist- und Sollkosten können hier betriebswirtschaftlich sinnvoller als bei der starren Plankostenrechnung analysiert werden, womit der wesentliche Zweck – nämlich die Kostenkontrolle – besser erreicht wird.

Unter Fortführung des Beispiels soll nun angenommen werden, dass in der Kostenstelle „Fertigung II" die geplanten 40.000 € Gemeinkosten bei einer erwarteten Beschäftigung von 5.000 Std. unterteilt werden können in 15.000 € fixe Kosten und 25.000 € variable Kosten. Wird eine lineare Kostenfunktion unterstellt, so können zur tieferen Analyse der Abweichungen die Plankosten berechnet werden, die bei der Ist-Beschäftigung von 3.000 Std. erwartet worden sind. Dazu ist zunächst der Plankostensatz auf Vollkostenbasis in den variablen und den fixen Teil aufzubrechen. Der variable Plankostenverrechnungssatz ergibt sich aus Division der 25.000 € variable Kosten durch die Planbeschäftigung von 5.000 Std. und beträgt somit 5 € / Std. Diese Information führt bei angenommener Linearität der Kostenfunktion zu folgender **Sollkostenfunktion**:

Sollkosten = $Kosten_{fix}$ + ($Kosten_{variabel}$ x Beschäftigung) = 15.000 € + (5 €/ Std. * x Std.)

Die Sollkosten der Istproduktion lassen sich nun leicht ermitteln und betragen 30.000 €. Nun kann die Gesamtabweichung von 11.000 €, die auch bei der starren Plankostenrechnung ermittelt wurde, weiter aufgeteilt werden. Die Sollkosten der Istproduktion (30.000 €) werden von den Istkosten (35.000 €) abgezogen, so dass 5.000 € Verbrauchsabweichungen zu konstatieren sind. Die **Beschäftigungsabweichung** ergibt sich aus der Berechnung der Leerkosten, d.h. der nicht verrechneten Fixkosten. In diesem Fall sind 2.000 Std. á 3 € / Std. = 6.000 € nicht verrechnet worden. Beide Beträge zusammen ergeben die Gesamtabweichung von 11.000 €. **Abbildung 2.19** verdeutlicht die Zusammenhänge grafisch.

Abbildung 2.19   Abweichungsanalyse bei der flexiblen Plankostenrechnung

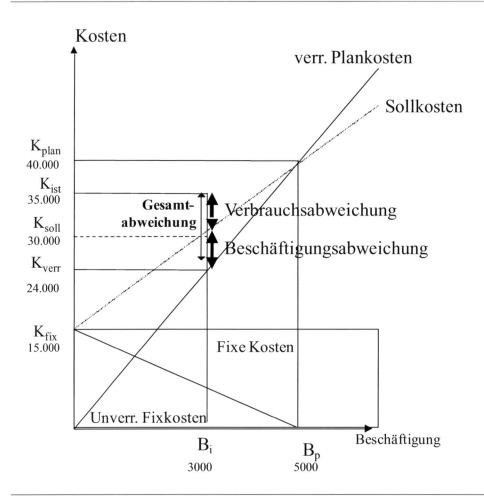

Der Kostenstellenleiter hat nur die Verbrauchsabweichung zu verantworten, die Beschäftigungsabweichung ergibt sich aus der Planungsproblematik und ist für weitere
Planungen ebenfalls kritisch zu beobachten, da eventuell bessere Planungssysteme eingesetzt werden müssen.[126]

Die Kritik an der flexiblen Plankostenrechnung betrifft vor allem die Fixierung auf die
Beschäftigung als alleinige Einflussgröße. Da die Beschäftigung nicht die einzige Einflussgröße ist, wird eine Erweiterung um andere Einflussgrößen notwendig (doppelte bzw.

---

126   Vgl. Ewert, R./Wagenhofer, A.: Interne Unternehmensrechnung, 2008, S. 383.

vollflexible Plankostenrechnung). Als weiterer Kritikpunkt ist die rechnerische Fixkostenproportionalisierung zu nennen.[127]

Die problematische Proportionalisierung der Fixkosten wird bei der **Grenzplankosten-rechnung** (GPKR) umgangen.[128] Diese Rechnung weist folgende zentrale Charakteristika auf:

- Kernpunkt ist die Zerlegung der Gemeinkosten in fixe und variable Bestandteile.

- Nur die variablen Kostenteile werden auf die Leistungen verrechnet.

- Im Unterschied zur flexiblen Plankostenrechnung auf Vollkostenbasis werden hier die fixen Kosten weder in der Kostenstellenrechnung noch in der Kostenträgerrechnung verrechnet, sondern erst in der Betriebsergebnisrechnung.

- Da nur die variablen Kosten als Plan- bzw. Sollkosten ermittelt werden, gibt es hier keine Beschäftigungsabweichung.

- Fixe Kosten werden als Block bzw. als aufgeteilter Fixkostenblock in das Betriebsergebnis gebucht.

Durch die ausschließliche Betrachtung der variablen Kosten stellt die ermittelte Abweichung nur die **Verbrauchsabweichung** dar, was an vorigem Beispiel verdeutlicht werden soll: Bei 5.000 Std. Planbeschäftigung werden geplante variable Kosten von 25.000 € erwartet. Unter der Prämisse, dass die Kostenfunktion richtig abgeleitet ist, ergeben sich aus den Istgemeinkosten von 35.000 € abzüglich der als fix angenommenen Kosten von 15.000 € die variablen Istkosten von 20.000 €. Bei der Istbeschäftigung von 3.000 Std. wurden aber nur 15.000 € variable Plankosten erwartet. Daher ist die Verbrauchsabweichung von 5.000 € direkt aus dem Vergleich der erwarteten Plankosten mit den Istkosten auf variabler Basis zu entnehmen, wie auch **Abbildung 2.20** verdeutlicht.

---

[127] Vgl. Horngren, C. T./Foster, G./Datar, S. M./et al.: Cost Accounting, 2009, S. 367.
[128] Vgl. Freidank, C.-C.: Kostenrechnung, 2008, S. 280-283.

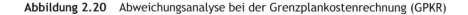

Abbildung 2.20   Abweichungsanalyse bei der Grenzplankostenrechnung (GPKR)

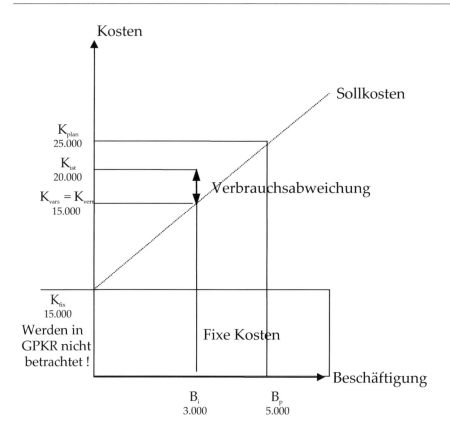

Die Anwendung dieser Kostenrechnungssysteme setzt die Kenntnis der **Kostenfunktion** voraus.[129] Dabei ist zu beachten, dass die beschäftigungsabhängigen variablen Kosten nicht immer proportional, sondern auch degressiv, d.h. unterproportional (z.B. Material mit Mengenrabatt), progressiv, d.h. überproportional (z.B. Überstundenzuschläge) oder regressiv, d.h. fallend (z.B. Heizung im Kino) verlaufen können.[130] Damit ist die Linearität der **Kostenverläufe** ebenso wie die Konstanz der fixen Kosten, oft nur in einem relativ kleinen Bereich um die Planbeschäftigung als Prämisse plausibel. Bei weitergehenden Betrachtungen sind die unterschiedlichen **Produktionsfunktionen** zu beachten. Zudem ist zu bedenken, dass die Beschäftigung nicht die einzige Einflussgröße für die Kosten darstellt, so dass es zu mehrdimensionalen Kostenfunktionen kommt, wenn mehrere **Kostenein-**

---

129   Vgl. Ewert, R./Wagenhofer, A.: Interne Unternehmensrechnung, 2008, S. 647.
130   Vgl. Horngren, C. T./Foster, G./Datar, S. M./et al.: Cost Accounting, 2009, S. 393-397.

flussgrößen interdependent wirksam sind.[131] Für zwei Einflussgrößen, wie etwa die Beschäftigung und die Erstellungszeit, kann dies noch wie in **Abbildung 2.21** grafisch dargestellt werden.

Abbildung 2.21   Mehrdimensionale Kostenfunktion mit interdependent wirksamen
                     Kosteneinflussgrößen

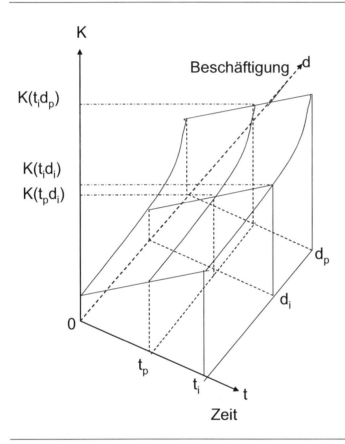

In diesem Beispiel steigen die Kosten mit der Beschäftigung, aber auch mit der Erstellungszeit, da eventuell Zulieferer integriert oder Expresszuschläge bezahlt werden müssen. Wenn nun in der Plankostenrechnung mit einer bestimmten Beschäftigung (d_p) und einer geplanten durchschnittlichen Erstellungsdauer (t_p) mit erwarteten Kosten (K t_p d_p) geplant wird, die Istkosten (K t_i d_i) aber darunter liegen, kann mit Kenntnis der Kostenfunktion in gleicher Weise eine Abweichungsanalyse vorgenommen werden.

---

[131] Vgl. Scheitzer, M./Küpper, H.-U.: Kosten- und Erlösrechnung, 2011, S. 505.

Durch Kombination der einzelnen Kostenrechnungssysteme und der dabei verwendeten Datenbasen können Informationen für verschiedenste Rechenzwecke erstellt werden. Im Rahmen des Erfolgscontrolling ist es aber notwendig, über die reine Kostenbetrachtung hinaus noch weitere Aspekte zu berücksichtigen, wie z. B. die Gestaltung dieser Sachverhalte durch die Unternehmensführung. Zu diesem Zweck sind auf Basis der Kostenrechnungssysteme weitergehende **Instrumente des Kostenmanagements** entwickelt worden, die im folgenden Kapitel behandelt werden.

2.3   Kostenmanagement als Bestandteil des Erfolgscontrollings

2.3.1   Fixkostenmanagement

Das **Fixkostenmanagement** zielt auf die nachhaltige Verbesserung der Anpassungsfähigkeit des Unternehmens. Ziel des Fixkostenmanagements ist eine Reduzierung von Beschäftigungsrisiken. Determiniert wird das Beschäftigungsrisiko durch die Unsicherheit der Erlöse und die Kostenflexibilität.[132] Obwohl die Fixkosten integraler Bestandteil der kostenrechnerischen Betrachtung sind, liefert die konventionelle Kostenrechnung kaum Informationen über das Reaktionsvermögen des Unternehmens auf Umfeldänderungen.[133] Ziele des Fixkostenmanagements sind

- Schaffung und Erhöhung der Fixkostentransparenz sowie
- zielorientierte Gestaltung des Fixkostenblocks im Zeitverlauf.

Zentraler Ansatzpunkt für das Fixkostenmanagement sind Informationen über die **Auf- und Abbaubarkeit fixer Kosten**. Dabei ist zu beachten, dass die modellmäßige Klassifikation der Kosten in fix und variabel stets nur unter der Annahme eines bestimmten Betrachtungszeitraumes möglich ist. In der Realität ergeben sich für die als fix klassifizierten Kosten unterschiedliche Möglichkeiten für eine Veränderung. Die verzögerte Anpassung der Kosten an die Veränderung der Beschäftigung wird als **Kostenremanenz** bezeichnet.[134] Die Veränderung der Fixkosten bedarf i.d.R. einer expliziten unternehmerischen Entscheidung, wie etwa Kündigung eines Mietvertrages oder Verkauf einer nicht mehr benötigten Maschine. Daher benötigt das Fixkostenmanagement Informationen über

- eingegangene Bindungsdauern bei Verträgen,
- Kündigungsfristen und Kündigungszeitpunkte,
- Bindungsintervalle,
- Restbindungsdauern,

---

[132]   Vgl. Funke, S.: Fixkosten, 1995, S. 63-65
[133]   Vgl. Freidank, C.-C.: Kostenrechnung, 2008, S. 414-422, Vikas, K.: Kostenmanagement, 1996, S. 6.
[134]   Vgl. Oecking, G.: Fixkostenmanagement, 1998, S. 156.

- Nutzungsdauern bei erworbenen Vermögensgegenständen oder
- Kosten, die durch eine frühzeitigere Veränderung ausgelöst werden.[135]

Konkret hat das Controlling dafür Informationspools zu den bestehenden Verträgen und Vermögensgegenständen in Form von **Datenbanken** zu schaffen, in denen die o.g. Informationen enthalten sind. Des Weiteren sind Kalküle zweckentsprechend auszugestalten, was insbesondere die Kostenrechnung betrifft. Hier ist zunächst die starre Klassifikation in fixe und variable Kosten in der Kostenartenrechnung zu erweitern um eine ausdifferenzierte Unterteilung nach der Veränderungsmöglichkeit, etwa in die in **Tabelle 2.13** aufgeführten Klassen.[136]

Tabelle 2.13   Struktur eines fixkostenmanagementorientierten Kostenartenplans

Kostenarten-Nr.	Abbaubarkeit
450	variabel
451	bis 1 Quartal
452	bis 1 Halbjahr
453	bis 1 Jahr
454	über 1 Jahr

Durch eventuell bestehende Optionen für eine vorzeitige Abbaubarkeit, z.B. durch Zahlung von Ausgleichszahlungen oder Hinnahme eines Verlustes aus vorzeitigem Abverkauf, kann es hierbei jedoch zu Zuordnungsproblemen kommen, was die Einrichtung einer entsprechenden Vertrags- und Vermögensdatenbank für Analysen umso nötiger erscheinen lässt.

2.3.2   Prozesskostenrechnung

Die **Prozesskostenrechnung**[137] kann definiert werden als ein System der Kostenrechnung, in welchem die Gemeinkosten systematisch und weitreichend durch Auflösung in dahinterliegende Vorgänge (Aktivitäten/Prozesse) über Bezugsgrößen verrechnet werden, die wiederum Maßausdrücke für die Vorgangs(Aktivitäten/Prozess-)mengen darstellen.

---

[135] Vgl. z.B. Fröhling, O.: Dynamisches Kostenmanagement, 1994, S. 18-19.
[136] Vgl. Kremin-Buch, B.: Kostenmanagement, 2004, S. 18-19.
[137] Vgl. Cooper, R./Kaplan, R. S.: Measure Costs, 1988, S. 96-103; Horváth, P./Mayer, R.: Kostentransparenz, 1989, Stoi, R./Giehl, M.: Prozeßkostenrechnung, 1995, S. 140-147.

Die Entwicklung der Prozesskostenrechnung wurde ausgelöst durch Kostenstrukturunter-
suchungen, die eine starke Verlagerung der Kosten in die indirekten Bereiche, wie
Forschung und Entwicklung, Verwaltung und Vertrieb, ergaben.[138] Die Prozesskostenrechnung (**Abbildung 2.22**) ist daher insbesondere auf die Kostenstellenrechnung der indirekten Leistungsbereiche fokussiert. Sie stellt prinzipiell kein neues Kostenrechnungssystem dar, da sie sich in ihrem Aufbau - wie die traditionelle Vollkostenrechnung - der
Kostenarten-, Kostenstellen- und Kostenträgerrechnung bedient.[139]

Abbildung 2.22   Ansatzpunkte der Prozesskostenrechnung

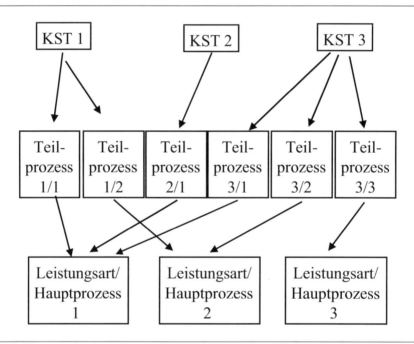

Die Prozesskostenrechnung ist eine **Rechnung auf Vollkostenbasis**. Kerngedanke der
Prozesskostenrechnung ist zunächst, die Gemeinkosten nicht mehr über wenige un-
differenzierte Zuschlagsschlüssel auf die Kalkulationsobjekte zu verteilen, sondern entsprechend der tatsächlichen Inanspruchnahme der Stellen entsprechend den durch die
Kalkulationsobjekte abgerufenen Aktivitäten oder Tätigkeiten. Im Unterschied zu den
herkömmlichen Verfahren stehen bei der Prozesskostenrechnung die betrieblichen Prozesse
im Vordergrund, wobei die Gemeinkostenbereiche in sachlich zusammengehörige, kosten-

---

[138]   Vgl. Freidank, C.-C.: Kostenrechnung, 2008, S. 267-369; Horváth, P./Kieninger, M. et al.:
        Prozeßkostenrechnung, DBW 1993, S. 611.
[139]   Vgl. Lachnit, L.: Prozeßorientiert erweiterte KLR, 1999, S. 44; Olshagen, C.: Prozeßkostenrechnung,
        1991, S. 36.

stellenübergreifende Prozessketten strukturiert werden.[140] Die **Zielsetzungen der Prozesskostenrechnung** liegen in

- der Erhöhung der Transparenz in den Gemeinkostenbereichen hinsichtlich der bestehenden Aktivitäten und ihrer Ressourceninanspruchnahme,

- der Optimierung der Prozesse hinsichtlich Qualität, Zeit und Effizienz,

- dem permanenten Gemeinkostenmanagement zur gezielten Kostenbeeinflussung der Gemeinkostenbereiche,

- der prozessorientierten, verursachungsgemäß verbesserten Kalkulation.

Die Prozesskostenrechnung beruht auf folgenden Komponenten:

- Prozessgliederung:
  Die Prozesse werden nach **leistungsmengeninduziert (lmi)** und **leistungsmengenneutral (lmn)** differenziert mit der Begründung, dass die Kosten als lmi-Prozesse von der Anzahl der Prozessdurchführungen abhängen, während lmn-Prozesse Kosten bewirken, die unabhängig vom Leistungsvolumen anfallen. Kennzeichen der lmi-Prozesse sind die Repetivität und der geringe Entscheidungsspielraum, so dass sie durch Prozessgrößen quantifizierbar sind. Die lmi-Prozesse erfassen und differenzieren die Gemeinkosten und ermöglichen so eine verursachungsgerechtere Verteilung der Gemeinkosten auf die Kostenstellen. Die Kosten der lmi-Prozesse sind als Leistungskosten zu verstehen. Die lmn-Prozesse hingegen sind durch nicht-repetitive und nur mittelbar prozessabhängige Tätigkeiten gekennzeichnet. Die Kosten dieser Prozesse können als Bereitschafts- oder Strukturkosten interpretiert werden.[141]

- Kosteneinflussgrößen:
  Kosten des Prozesses beeinflussende Größen sind z.B. Variantenzahl, Produktionsmenge oder Produktkomplexität.

- Prozessbezugsgrößen (Cost Driver):
  Die **Kostentreiber** sind die Maßgrößen der Prozessmenge; sie stellen die funktionale Beziehung zwischen Kosteneinflussgröße und den Kosten des Prozesses her.

- Prozesskostensätze:
  Die **Prozesskostensätze** ergeben sich aus der Division der Prozesskosten durch die Prozessmengen. Der Prozesskostensatz beschreibt die durchschnittlichen Kosten für die einmalige Durchführung eines Prozesses und ist damit Grundlage für die Verrechnung der Kosten auf die Endkostenstellen oder Kostenträger. Die Berechnung der Prozesskostensätze erfolgt nach der Formel

---

[140] Vgl. Müller, A.: Gemeinkostenmanagement, 1992, S. 52; Reckenfelderbäumer, M.: Prozeßkostenrechnung, 1994, S. 20-21.
[141] Vgl. Horváth, P./Kieninger, M. et.al.: Prozeßkostenrechnung, DBW 1993, S. 613.

$$\text{Prozesskostensatz} = \frac{\text{Prozesskosten}}{\text{Prozessmenge}} = \frac{\text{Input}}{\text{Output}} = \frac{1}{\text{Produktivität}}$$

Prozesse können als **Kostenträger** behandelt werden, wobei eine Unterteilung in leistungsmengeninduzierte und -neutrale Kosten vorgenommen werden muss. Hinsichtlich der Bewertung des Prozesses können verursachungsgemäß nur die leistungsmengen-induzierten Kosten zugerechnet werden, während die leistungsmengenneutralen Kosten als verbleibende Fixkosten in Summe zu erfassen sind.[142] Da erst aus der Kombination verschiedener Prozesse ein Produkt generiert wird, welches Markterlöse erzielt, können Prozesse nur Erlösträger für interne Leistungsverrechnungen sein. Neben der ver-ursachungsgerechten Kostenzurechnung zu den Stellen und Leistungen, womit die Voraussetzungen für Kalkulationssätze[143], Preisbildung und Preisbeurteilung geschaffen werden, liefern Prozesskostensätze als Kennzahlen Daten in die prozessorientierten Zeit-rechnungen. Sie verbessern damit die

- Kostenkontrolle,

- bieten Grundlagen für Kostenvergleiche,

- zeigen Rationalisierungsmöglichkeiten auf und

- dienen der Steuerung des Unternehmens.[144]

Bereits während der **Tätigkeitsanalyse** zur Ermittlung der **Prozessketten** können Schwach-stellen in der Prozessstruktur erkannt werden, die zu unnötig hohen Kosten führen bzw. die Leistungen hemmen. Die Prozesskostenrechnung wird dabei zum integralen Bestand-teil des **Supply Chain Managements**, wobei dort entwickelte und eingesetzte Wert-schöpfungskettenanalysen die Tätigkeitsanalysen sinnvoll ergänzen können.[145] Zur Ent-scheidung über Rationalisierungsmaßnahmen können die ermittelten Prozesskostensätze herangezogen werden, da diese auch die Funktion von Kennzahlen übernehmen. Eine effektive Prozesskettenkonstruktion führt zu einem geringeren Prozesskostensatz pro Prozessdurchführung.

Aus der Prozesskostenrechnung können somit Standards of Performance für die Kosten-planung und -kontrolle abgeleitet werden. Die entsprechenden Soll-Ist-Vergleiche können sowohl auf Ebene der Kostenstellen als auch kostenstellenübergreifend durchgeführt werden. Neben den zeitlichen bzw. innerbetrieblichen Vergleichen lassen sich die Prozess-ketten auch für **überbetriebliche Vergleiche** einsetzen.[146] Vor diesem Hintergrund wird von Prozessoptimierung oder **Business Reengineering** gesprochen, um die Prozessketten

---

142 Vgl. Ewert, R./Wagenhofer, A.: Interne Unternehmensrechnung, 2008, S. 683-684.
143 Zu den Kalkulationsverfahren und den Kalkulationseffekten der Prozesskostenrechnung vgl. Reckenfelderbäumer, M.: Prozeßkostenrechnung, 1991, S. 81-98.
144 Vgl. Lachnit, L.: Prozeßorientiert erweiterte KLR, 1999, S. 44-51.
145 Vgl. Kummer, S.: Supply Chain Controlling, 2001, S. 81-87.
146 Vgl. Lachnit, L.: Prozeßorientiert erweiterte KLR, 1999, S. 50-51.

zu straffen oder zu vereinfachen mit dem Ziel der Kostensenkung bzw. der Leistungssteigerung. Durch das Aufzeigen der für die Produkterstellung nötigen Prozesse kann die
produktbezogene Erfolgsrechnung, die bisher bei strengem Verursachungsdenken nur die
direkt zurechenbaren variablen Kosten aufwies, erweitert werden um die leistungsmengen-
induzierten (Gemein-)Kosten der Periode, die aufgrund von Prozessüberlegungen zwar
indirekt, aber auf plausibler Basis zurechenbar anzusehen sind und einen zweiten
Deckungsbeitragsausweis ermöglichen.[147]

2.3.3 Lifecycle Costing

In der externen Rechnungslegung ist die Erfassung von Forschungs- und Entwicklungsaufwendungen sowie eventueller Rücknahmeaufwendungen klar geregelt. Nach dem HGB
besteht für Forschungsaufwendungen stets eine Berücksichtigungspflicht als Aufwand in
der Periode, in der diese entstanden sind. Entwicklungsaufwendungen können dagegen
unter bestimmten Umständen per Wahlrecht aktiviert werden. Allerdings ist die
Aktivierung mit einer Ausschüttungssperre belegt und verursacht, da steuerrechtlich ein
Ansatzverbot besteht, zusätzlich die Berücksichtigung passiver latenter Steuern. Dies führt
dazu, dass die Aufwendungen für die Forschung sowie ggf. für die Neuentwicklung von
Nachfolgeprodukten in der Gewinnermittlung von den aktuell verkauften Produkten zu
tragen sind. Immer wenn es zu schubweisen oder tendenziell steigenden oder fallenden
Forschungs- und Entwicklungsaufwendungen kommt, kann dies aber die Erfolgslagedarstellung und damit auch die Kalkulation verzerren. Daher kann es intern geboten sein,
andere Periodenabgrenzungen vorzunehmen und Aufwendungen als Kosten auf spätere
Perioden zu verteilen bzw. in frühere Perioden vorzuziehen.[148] Der kostenrechnerische
Ansatz hierfür ist das **Lifecycle Costing**, bei dem Entwicklungs- und Anlaufkosten sowie
die Nachleistungskosten eines Produktes auf die Produktions- und Vermarktungsphase
verrechnet werden.[149] **Abbildung 2.23** verdeutlicht das Vorgehen.[150]

---

[147] Vgl. Freidank, C.-C./Wiemers, B.: Prozesskostenrechnung, 1998, S. 200-201.
[148] Vgl. Schellein, H.: Steuerungsinstrument, 1998, S. 254.
[149] Vgl. Horngren, C. T./Foster, G./Datar, S. M./et al.: Cost Accounting, 2009, S. 469-472; Männel, W.:
       Frühzeitige Kostenkalkuation, 1994, S. 110.
[150] In Anlehnung an Männel, W.: Frühzeitige Kostenkalkuation, 1994, S. 110.

Abbildung 2.23 Ablauf des Lifecyle Costing

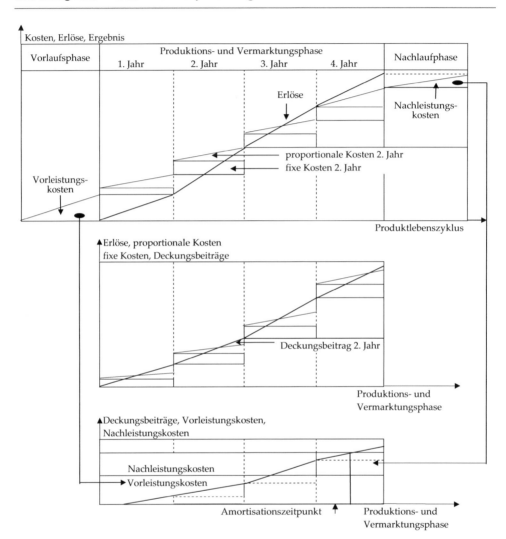

Insbesondere in forschungs- und entwicklungsintensiven Bereichen, wie etwa im Zivilflug-
zeugbau, wo nur 40% der Kosten während des Produktionszeitraumes anfallen, oder bei
PC-Software-Entwicklung, wo die Kosten der Produktion gegen Null tendieren, kann es
ohne **Vorleistungs- und Nachleistungskosten** zu falschen Signalen durch die Kosten-

informationen kommen.[151] Die Verrechnung auf die Perioden, in denen die Produkte verkauft werden, geschieht über eine Abgrenzung und Verteilung der Vorlaufkosten über die Nutzungsperioden, während die Nachlaufkosten über entsprechende Ansammlungen in den Nutzungsperioden erfasst werden müssen. Das Vorgehen soll an folgendem Beispiel verdeutlicht werden:

Ein stark wachsendes Unternehmen der Technologiebranche produziert in einer Sparte seit sieben Jahren Steuerungssysteme für Alarmanlagen, die ständig weiterentwickelt werden. Aus der Buchhaltung liegen die Daten laut **Tabelle 2.14** vor, wobei bislang keine Aktivierung der Entwicklungskosten erfolgt, da eine klare Trennung von den Forschungskosten sachlich und auch aufgrund des fehlenden Controllings in der F+E-Abteilung nicht gegeben ist.

Tabelle 2.14   Datenbasis der Buchhaltung zu Produktionsmenge und F+E-Aufwand

Jahr	Produzierte Stücke	F+E-Aufwand in €	F+E-Aufwand je Stück
1	1.000	80.000	80,00 €
2	5.000	150.000	30,00 €
3	10.000	200.000	20,00 €
4	12.000	300.000	25,00 €
5	20.000	500.000	25,00 €
6	35.000	900.000	25,71 €
7	45.000	1.200.000	26,67 €

Nachdem das Unternehmen in den Jahren 1 und 2 mit dieser Sparte erhebliche Verluste verkraften musste, wird auch im 7. Jahr festgestellt, dass die auf dieser Basis errechneten **Stückkosten** am Markt kaum durchzusetzen sind. Man überlegt daher, die Produktion komplett einzustellen. Allerdings besteht der Verdacht, dass andere Unternehmen der Branche mit deutlich weniger Forschung- und Entwicklungsaufwand auskommen, so dass auch über eine deutliche Reduktion dieses Budgets nachgedacht wird. Eine genauere Untersuchung erbringt, dass für die Innovationen, die in die Produkte einfließen, im Durchschnitt ein Jahr geforscht und entwickelt werden muss. Zudem beträgt der **Produktlebenszyklus** für die Geräte und die enthaltenen Innovationen im Durchschnitt nur zwei Jahre. Daher wird folgende Modifikation der Kalkulation erwogen: Die Aufwendungen für Forschung- und Entwicklung sollen nicht den aktuell produzierten Produkten zugerechnet werden, die auf den Innovationen der vergangenen zwei Jahre beruhen, sondern den Produkten, in die die F+E-Ergebnisse auch eingeflossen sind. Somit werden kalkulatorische F+E-Kosten ermittelt, indem die angefallenen Aufwendungen jeweils auf die nächste und

---

[151] Vgl. Atkinson, A. A./Banker, R. D./Kaplan, R. S./Young, S. M.: Management Accounting, 2001, S. 373.

übernächste Periode verteilt werden. Da diese Annahmen lediglich auf Durchschnittswerten fußten, wird eine lineare Verteilung vorgenommen. Es ist der Unternehmensführung klar, dass dieses Verfahren nicht exakte Ergebnisse zu liefern vermag, doch erscheint
die Zurechnung auf dieser Basis erheblich genauer, als die aus der handelsrechtlichen
Rechnungslegung gewohnte Berücksichtigung. Die erweiterte **Tabelle 2.15** zeigt die Ergebnisse.

Tabelle 2.15   Berechnung des kalkulatorischen F+E-Aufwands je Stück

Jahr	Produzierte Stücke	F+E-Aufwand in €	F+E-Aufwand je Stück	Abschreibung in den 2 Folgejahren	Kalk. F+E-Kosten je Stück
1	1.000	80.000	80,00 €		
2	5.000	150.000	30,00 €	40.000	8,00 €
3	10.000	200.000	20,00 €	115.000	11,50 €
4	12.000	300.000	25,00 €	175.000	14,58 €
5	20.000	500.000	25,00 €	250.000	12,50 €
6	35.000	900.000	25,71 €	400.000	11,43 €
7	45.000	1.200.000	26,67 €	700.000	15,56 €

Die auf diese Weise zu berücksichtigenden Kosten bei der Ermittlung der Selbstkosten
liegen jeweils deutlich unter den zuvor ermittelten Werten. Somit sind die auf der ursprünglichen Weise ermittelten Selbstkosten erheblich zu hoch ausgewiesen, d.h. das
Problem, diese am Markt durchzusetzen, liegt nicht an der zu teuren Forschung und Entwicklung, sondern primär an dem **falschen Abbildungssystem**, was verzerrt ist durch die
stark steigende Produktion. Eine Einstellung der Produktion würde eine ggf. gewinn-
trächtige Sparte des Unternehmens stilllegen und eine Reduktion des Budgets würde zukünftige Erfolge verhindern. Dabei besteht allerdings die Erwartung, dass die Forschungs-
und Entwicklungsleistungen der Perioden 6 und 7 sich in der Periode 8 wieder in deutlich
steigenden Produktionszahlen niederschlagen werden, so dass sich mit Blick auf eine
Marktsättigung in den nächsten Jahren auch die F+E-Aufwendungen je Stück deutlich
sinken sollten.

Dem   Vorteil   der   damit   zu   erreichenden   verbesserten   Aussage   von   **F+E-
Kostenzurechnungen** – insbesondere bei stark steigenden, fallenden oder volatilen Entwicklungen – steht der Nachteil gegenüber, dass im Unternehmen die Existenz verschiedener Rechenkonzepte akzeptiert werden muss, was zu Interpretationsproblemen
führen kann. Daher muss ein Einsatz dieser Anders- und Zusatzkosten, wenn er betriebswirtschaftlich notwendig erscheint, möglichst durchgängig für interne Rechnungszwecke
vorgenommen, umfassend dokumentiert und in Auswertungen für das Management verdeutlicht werden. Allerdings kann auch die mit dem BilMoG erlaubte Möglichkeit der
Aktivierung zumindest der Entwicklungskosten geprüft werden, was jedoch i.d.R. eine
Verbesserung des F+E-Controllings voraussetzt und das Problem der Zurechnung der nicht
aktivierungsfähigen Forschungskosten nicht löst.

2.3.4 Target Costing

Beim **Target Costing**[152] wird die Vorgehensweise der Kostenerrechnung umgekehrt, indem von einem geplanten Verkaufspreis ausgehend der gewünschte Gewinn subtrahiert und somit die Target Costs ermittelt werden,[153] die alle Unternehmensbereiche und Zulieferer[154] gegebenenfalls durch Eingehen von Kompromissen als Gesamtheit zu erreichen haben.[155] Zur besseren Handhabbarkeit werden die Target Costs zunächst aufgeteilt auf die verschiedenen Phasen des Produktlebenszyklusses; anschließend werden die Kostenvorgaben (Allowable Costs) abgeleitet aus den Produktfunktionalitäten z.B. über die **Conjoint-Analyse** für einzelne Komponenten ermittelt.[156] Die **Abbildung 2.24** verdeutlicht, wie aus den gewichteten Kundenanforderungen die Gewichtungen der Komponenten abgeleitet werden können, wobei der Umweg über die Funktionen genommen wird.[157]

Abbildung 2.24 Methodik der Zielkostenspaltung

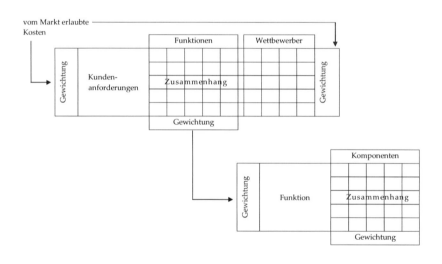

---

[152] Vgl. Hasegawa, T.: Management Accounting, 1994, S. 4-11; Horváth, P. (Hrsg.): Target Costing, 1993; Zahn, W.: Target Costing, 1995, S. 148-153.

[153] Vgl. Freidank, C.-C.: Kostenrechnung, 2008, S. 385-385; Horngren, C. T./Foster, G./Datar, S. M./et al.: Cost Accounting, 2009, S. 454-456; Zimmermann, G./Grundmann, R.: Target Costing, 2001, S. 79-80.

[154] Vgl. zur Integration von Zulieferern in das TCM-Konzept Seidenschwanz, W./Niemand, S.: Zuliefererintegration, 1994, S. 262-270.

[155] Vgl. beispielsweise Kaplan, R. S./Cooper, R.: Cost&Effect, 1998; S. 217; Klingler, B. F.: Target Cost Management, 1993, S. 200-207.

[156] Vgl. Schweitzer, M./Küpper, H.-U.: Kosten- und Erlösrechnung, 2011, S. 730.

[157] Vgl. Renner, A./Sauter, R.: Targetmanager, 1997, S. 68.

Dabei sind die Kundengewichtungen ggf. zu überformen mit den Gewichtungen der Anforderungen bei den Wettbewerbern, da hierdurch der technischen Realisierbarkeit ein höheres Gewicht beigemessen wird. Den so ermittelten und auf die einzelnen Komponenten heruntergebrochenen **Zielkosten** werden die geplanten Kosten (Drifting Costs) auf Standardkostenbasis gegenübergestellt. Zur Visualisierung kann auch ein **Zielkostenkontrolldiagramm** (Value-Control-Chart) eingesetzt werden, wo die prozentualen Kostenanteile einerseits und die prozentualen Nutzenanteile[158] andererseits je Komponente abgetragen werden. **Abbildung 2.25** gibt überblicksartig den Ablauf des Target Costing wieder.[159]

Abbildung 2.25   Ablauf des Target Costing

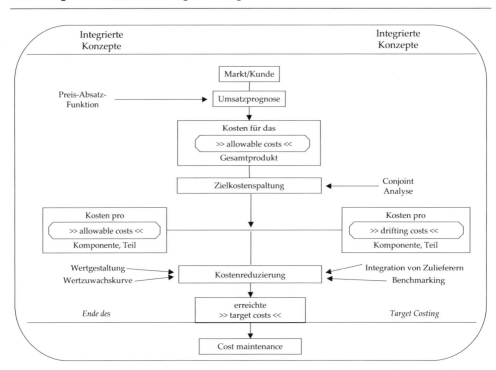

Die Grundsystematik des Target Costing soll an folgendem **vereinfachten Fallbeispiel**[160] verdeutlicht werden. Ein Unternehmen möchte einen hochwertigen Kugelschreiber herstellen, der an eine bestimmte Zielgruppe verkauft werden soll. Im Rahmen einer Conjoint-

---

158   Zur empirischen Ermittlung vgl. z.B. Bauer, H. H./Huber, F.: Nutzenorientierte Produktgestaltung, 1999, S. 709-738.
159   In Anlehnung an Coenenberg, A. G.: Kostenrechnung und Kostenanalyse, 1999, S. 489.
160   Zu ausführlicheren Beispielen vgl. z.B. Horváth, P./Seidenschwarz, W.: Zielkostenmanagement, 1992, S. 145-149.

Analyse werden die Kundenanforderungen sowie deren Gewichtung aus Sicht der Kunden ermittelt. Zudem wird ein Preis von 4 € ermittelt, den die Mehrheit der Kunden für einen derartigen Kugelschreiber zu zahlen bereit wäre. Anschließend werden die Kunden-anforderungen auf die einzelnen Komponenten des Kugelschreibers zugeordnet, was **Tabelle 2.16** ergibt.

Tabelle 2.16   Ergebnisse der Conjoint-Analyse

	Kundenge-wichtung	Schreib-system	Gehäuse	Aufdruck/Name	Mine
Design	25%	2	8		
Schriftbild	35%	2	2		6
Bedienung	15%	6	4		
Imagegewinn	10%	1	1	8	
Sicherheit	15%	2	4		4
Gesamt absolut		13	19	8	10
Gesamt relativ		26%	38%	16%	20%

Dem Design messen die befragten Kunden im Durchschnitt eine Gewichtung von 25% zu. Die interne Betrachtung kommt zu dem Schluss, dass das Design überwiegend vom Ge-häuse und zu 20% vom Schreibsystem abhängig ist. Die interne Gewichtung der einzelnen **Komponenten**, die noch über den Zwischenschritt der Betrachtung der Funktionen des Kugelschreibers gezogen werden könnte, wird hier direkt den **Kundenanforderungen** gegenübergestellt und ist im nächsten Schritt mit diesen zu gewichten, was **Tabelle 2.17** ergibt.

Tabelle 2.17   Vereinfachte Zielkostenspaltung am Beispiel eines Kugelschreibers

	Kundenge-wichtung	Schreib-system	Gehäuse	Aufdruck/Name	Mine
Design	25%	0,5	2,0	0,0	0,0
Schriftbild	35%	0,7	0,7	0,0	2,1
Bedienung	15%	0,9	0,6	0,0	0,0
Imagegewinn	10%	0,1	0,1	0,8	0,0
Sicherheit	15%	0,3	0,6	0,0	0,6
Gesamt absolut		2,5	4	0,8	2,7
Gesamt relativ		25%	40%	8%	27%

Demnach ergibt sich eine Reihenfolge der durch die Kundenanforderungen gewichteten Komponenten von Gehäuse (40%), Mine (27%), Schreibsystem (25%) und Aufdruck/Name (8%). Die bisherigen Berechnungen mit angenommenen Ausgestaltungen für das Produkt ergeben Selbstkosten inklusiv des Gewinnanteils (Drifting Costs) von 4,20 €, die sich auf die einzelnen Komponenten wie in **Tabelle 2.18** dargestellt verteilen.

Tabelle 2.18   Ermittlung der notwendigen Kostenanpassungen

	Gesamt	Schreib-system	Gehäuse	Aufdruck/Name	Mine
Gesamt relativ		25%	40%	8%	27%
Allowable Costs	4,00 €	1,00 €	1,60 €	0,32 €	1,08 €
Drifting Costs	4,20 €	1,40 €	1,40 €	0,50 €	0,90 €
Notw. Kostenan-passung	- 0,20 €	- 0,40 €	0,20 €	- 0,18 €	0,18 €

Das Schreibsystem ist demnach um 40 Cent und der Aufdruck um 18 Cent teurer, als diesen Komponenten von den Kunden als Wert zugebilligt werden würde. Das Gehäuse und die Mine sind dagegen günstiger, als der Kunde erwartet. Dies kann in dem Zielkostenkontrolldiagramm (**Abbildung 2.26**) entnommen werden.

Abbildung 2.26   Zielkostenkontrolldiagramm

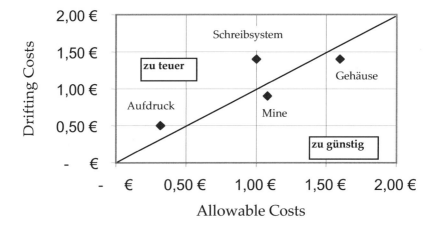

Obwohl zunächst recht komplexe Probleme in kompakter Weise gelöst zu werden scheinen, bestehen Bedenken gegen diesen Ansatz im Detail. So wird etwa bei der **Markt-preisbestimmung** von einem festen Preis ausgegangen und somit differierende marketing-politische Instrumente oder dynamische Preisstrategien ebenso wie auch das Marktver-halten der Konkurrenten ausgeklammert. Auch ist nicht ersichtlich, warum eine optimale Lösung des Kostenreduktionsproblems gefunden sein soll, wenn der Kostenanteil dem über verschiedene Umwege ermittelten Nutzenanteil je Komponente entsprechen soll. Letztlich handelt es sich um eine Preisobergrenzenbestimmung, für die die üblichen Ver-fahren der Kostenrechnung eingesetzt werden können. Bedeutung bekommt die Ziel-kostenrechnung jedoch als frühzeitig wirkendes **verhaltensorientiertes Konzept**,[161] wobei allerdings die „Steuerungsfunktion des Target Costing wesentlich stärker an konstruktiven Prozessen sowie an Produktkosten als an menschlichen Verhaltensaspekten orientiert ist."[162] Die praktische Durchführung dieses Verfahrens erfordert bereits im Rahmen der Produktentwicklung eine hohe Integration anderer Unternehmensteil- oder -umsysteme, was etwa über ein Supply Chain Controlling zu gewährleisten ist.[163] Daher müssen bei der Entscheidungsunterstützung neben dem Instrument der Kosten- und Leistungsrechnung auch weitere Ansatzpunkte und Instrumente zu einer sachkundigen Interpretation der errechneten Daten sowie für intelligente Handlungsempfehlungen verfügbar sein.[164]

2.3.5 Cost Benchmarking

Beim **Benchmarking**[165] werden Geschäftsbereiche und/oder Unternehmen mit gleicher und/oder abweichender Branchenzugehörigkeit mit dem Ziel gegenübergestellt, durch die Ermittlung von Leistungslücken Ansatzpunkte zu erkennen, um gezielt die Wettbewerbs-position zu verbessern.[166] Ziel dieser Managementtechnik ist es, die Leistungen des eigenen Unternehmens kontinuierlich mit denen anderer Unternehmen zu messen. Gegenstand solcher Vergleiche können z. B. Kostenstrukturen (Cost Benchmarking im engen Sinne), Leistungen, Prozesse oder Produkte sein. Als **Vergleichsobjekte** für ein Benchmarking sollten solche Unternehmen herangezogen werden, die entweder zu den Spitzenunter-nehmen einer Branche gehören oder die einzelnen Unternehmensfunktionen besonders gut, schnell oder kostengünstig ausführen. Darüber hinaus ist es ebenso möglich, eigene Unter-nehmensteile miteinander zu vergleichen. Ziel des Vergleichs mit den Besten ist es, die Leistungslücke zu den führenden Unternehmen zu schließen und diese womöglich zu übertreffen. Durch die Messung der eigenen Leistung an führenden Unternehmen bzw. Unternehmensteilen können Schwachstellen und Wettbewerbsnachteile im eigenen Unter-nehmen erkannt und gezielt verbessert werden. Die Benchmarking-Methode zielt darauf

---

[161] Vgl. Horngren, C. T./Foster, G./Datar, S. M./et al.: Cost Accounting, 2009, S. 465-468.

[162] Schweitzer, M./Küpper, H.-U.: Kosten- und Erlösrechnung, 2011, S. 737-738.

[163] Vgl. Johnson, M. E.: Learning From Toys, 2001, S. 106-124; Kummer, S.: Supply Chain Controlling, 2001, S. 81-87.

[164] Vgl. beispielsweise Homburg, C./Demmer, W.: Intelligente Kostenreduktion, 1995, S. 21-28.

[165] Vgl. Horváth, P./Lamla, J.: Cost Benchmarking, 1995, S. 63-88; Küting, K./Lorson, P.: Benchmarking, 1996, S. 121-140.

[166] Vgl. Busse von Colbe, W./Pellens, B.: Rechnungswesen, 1998, S. 71.

ab, einen **Lernprozess im eigenen Unternehmen zu initiieren** („Lernen von den Besten").[167] **Tabelle 2.19** verdeutlicht für das Benchmarking geeignete Messkriterien im Finanz- und Rechnungswesen (F&RW).

Zentrales Problem des Benchmarking ist die **Beschaffung der relevanten Informationen.** Dies bezieht sich zum einen auf das Auffinden tatsächlich vergleichbarer Unternehmen sowie zum anderen auf die vergleichbare Herleitung und Verlässlichkeit der zu vergleichenden Kenngrößen. Als Informationsquellen kommen neben einem freiwilligen Austausch von Informationen zwischen Benchmarking-Partnern, z.B. im Wege eines strategischen Unternehmensnetzwerks,[168] auch die Auswertung von öffentlich zugänglichen Informationen, wie Geschäftsberichten, Informationsbroschüren, Preislisten, Patentschriften, Verbandsinformationen oder Presseberichten, in Frage.[169] Beim Vergleich mit Wettbewerbern stellen bestimmte Datenaustausche über die extern verfügbaren Daten hinaus, wie etwa Selbstkosten und Marktanteile insbesondere auf Planbasis, unter Umständen einen Verstoß gegen das Gesetz gegen den unlauteren Wettbewerb dar. Darüber hinaus können auch Auskünfte Dritter, z.B. von Kunden oder Lieferanten, sowie die Informationen des eigenen Außendienstes, für ein Benchmarking herangezogen werden.

Am einfachsten gestaltet sich die **Informationsgewinnung** dann, wenn zwischen den Unternehmen entweder keine Wettbewerbsbeziehungen bestehen oder alle Partner gleichermaßen von einem Benchmarking profitieren. Die Rückschlüsse des Benchmarking sind umso valider, je höher die Vergleichbarkeit zum eigenen Unternehmen ist. Hinsichtlich der Vergleichbarkeit der Strukturen und der eindeutigen und objektiven Datenerhebung hat das interne Benchmarking gegenüber anderen Benchmarking-Formen deutliche Vorteile, wobei allerdings die zu erzielenden Lerneffekte oftmals auch nur gering sind. Hohen Nutzen verspricht insbesondere das Benchmarking gleichartiger und damit übertragbarer Geschäftsprozesse branchenfremder Unternehmen.

---

[167]   Vgl. Hoffjan, A.: Cost Benchmarking, 1997, S. 345 - 347.
[168]   Vgl. Lange, C./Schaefer, S./Daldrup, H.: Unternehmensnetzwerke, 2001, S. 75-83.
[169]   Vgl. Horngren, C. T./Foster, G./Datar, S. M./et al.: Cost Accounting, 2009, S. 270-271.

Tabelle 2.19 Messkriterien für das Benchmarking im Bereich des Finanz- und Rechnungswesens

Bereich	Messkriterien
Gesamt-überblick	• Gesamtkosten im F&RW in % vom Umsatz • Mitarbeiter im F&RW in % der gesamten Mitarbeiteranzahl • Gesamte Führungsspanne im F&RW • Durchschnittliche Betriebszugehörigkeit • Ausbildungsniveau der Mitarbeiter • Kosten in % vom Umsatz pro Funktion des F&RW's • Führungsspanne pro Funktion des F&RW's • Anteil der Unternehmen mit Shared-Service-Center Organisation
Lohn- und Gehalts-abrechnung	• Gesamtkosten Lohn-/Gehaltsabrechnung in % vom Umsatz • Gesamtkosten Lohn-/Gehaltsabrechnung pro Abrechnung • Kosten der Lohn-/Gehaltsabrechnung pro Mitarbeiter • Jährliche Anzahl der Abrechnungen pro MAK • Integration zwischen Abrechnungs- und Personaldatensystem • Fehler in % der Abrechnungen
Reisekosten-abrechnung	• Gesamtkosten Reisekostenabrechnungen in % vom Umsatz • Gesamtkosten Reisekostenabrechnung pro Erstattungsbetrag • Durchschnittlicher Erstattungsbetrag • Jährliche Anzahl der Erstattungsbeträge • Häufigkeit der Abrechnung von Erstattungsanträgen • Art der Kostenerstattung
Kreditoren-buchhaltung	• Gesamtkosten Kreditorenbuchhaltung in % vom Umsatz • Gesamtkosten Kreditorenbuchhaltung pro Eingangsrechnung • Anzahl Rechnungen pro Zahlungsvorgang • Jährliche Anzahl der bearbeiteten Eingangsrechnungen • Fehler in % der Buchungsvorgänge • Anzahl der aktiven Lieferanten
Fakturierung	• Gesamtkosten der Fakturierung in % vom Umsatz • Gesamtkosten Fakturierung pro Ausgangsrechnung • % Anteil Rechnungen mit Rückfragen • % Anteil nachträglich korrigierter Rechnungen • Tage zwischen Leistungserbringung und Fakturierung • % DFÜ-Nutzung (per Datenfernübertragung versendete Rechnungen)
Debitoren-buchhaltung	• Gesamtkosten Debitorenbuchhaltung in % vom Umsatz • Gesamtkosten Bonitäts-/Mahnwesen pro kreditgeprüftem Debitor • Gesamtkosten Bonitäts-/Mahnwesen pro gemahntem Debitor • % Anteil fehlerhafter Zahlungseingänge • Jährliche Anzahl der Zahlungseingänge • Tage zwischen Rechnungsausstellung und Zahlungseingang

Abschluss-/ Bericht- erstellung	• Gesamtkosten Abschluss-/Berichterstellung in % vom Umsatz • Anzahl „harter" unterjähriger Abschlüsse pro Jahr • Anzahl der Korrekturbuchungen in % der Gesamtbuchungen • Tage bis zur Erstellung der Abschlüsse • Anzahl Konten im Kontenplan
Budgetierung/ Planung	• Gesamtkosten Budgetierung/Planung in % vom Umsatz • Jährliche Anzahl der Budgets und Prognoserechnungen • Tage bis zur Erstellung des Jahresbudgets • % Abweichungen zwischen budgetiertem und tatsächlichem Ergebnis • Budgetierungsmethode • Budget-Gliederung

Die **Durchführung** eines Benchmarking Projekts kann in fünf Phasen unterteilt werden:

1. Auswahl des Benchmarkingobjekts (Produkte, Prozesse, Methoden, Kosten, Leistungen);

2. Auswahl des Benchmarkingbereichs (z.B. Forschung und Entwicklung[170] Produktion, Verwaltung oder Beschaffung) und des Vergleichsunternehmens;

3. Datendefinition und Datengewinnung;

4. Feststellung der Leistungslücken und Analyse der Ursachen;

5. Entwicklung eigener optimierter Lösungen (best practice) und Entwicklung von Implementierungsplänen.

Beim Einsatz der Benchmarking-Methode ist zu beachten, dass diese eine kontinuierliche Aktivität im Rahmen des unternehmerischen Verbesserungsprozesses darstellen sollte. Benchmarking ermöglicht im Übrigen durch die Aufgliederung der Vergangenheitsdaten auch die Prognoseunterstützung.

2.4 Absatz- und Umsatzprognose als Bestandteil des Erfolgscontrollings

Bei der Beschreibung der Plankostenrechnung wurde die Beschaffung der Leistungs- und Kosten-Planwerte aus der Betrachtung ausgeklammert; sie wurden als gegeben vorausgesetzt. In der Praxis liegt hier aber eine zentrale Herausforderung, die es mit Hilfe der Verfahren zur **Absatz- und Umsatzprognose** und zur **Kostenplanung** zu meistern gilt.

---

[170] Vgl. Glaß, J.; Benchmarking, 2001, S. 23-27.

2.4.1 Absatz- und Umsatzprognose als zentraler Controllingbaustein

Wirkungsvolle Unternehmensführung verlangt die Planung zentraler Sachverhalte der Unternehmensentwicklung, um zielorientiertes, abgestimmtes Handeln aller Aktivitäten-träger des Unternehmens zu ermöglichen. Umsatz und Gesamtleistung gehören zu diesen Zentralgrößen, dennoch wird die **Prognose** von Umsatz und Gesamtleistung in der Management- und Controllingliteratur wenig behandelt, und auch in der betrieblichen Praxis wird die Planung dieser Größen eher durch pragmatische Schätzungen als durch wissenschaftliche Prognosemethoden fundiert. So haben empirische Untersuchungen er-geben, dass in den Unternehmen Absatzprognosen vorwiegend

- mit einfachen Glättungsmethoden und Trendberechnungen durch Regression,

- mit Vertreter-, Kunden- und Lieferantenbefragungen sowie

- mittels historischer Analogie abgeleitet werden.[171]

Es erscheint nun aber höchst problematisch, detailliert ausgebaute Planungen für Kosten, Erfolg und Finanzen des Unternehmens oder für Beschaffung, Produktion, Lagerhaltung usw. zu erstellen, wenn die zugrunde gelegten Absatz-, Umsatz- und Gesamtleistungs-erwartungen methodisch nicht befriedigend abgesichert sind. Hier fällt dem Controlling als Unternehmensführungs-Servicefunktion und im Sinne der Rationalitätssicherung die Auf-gabe zu, die Unternehmensführung durch Abbau dieser Prognosedefizite zu unterstützen, indem es die konzeptionelle und instrumentelle Ausgestaltung leistungsfähiger **betrieb-licher Prognosesysteme** übernimmt, die informatorische Integration dieser Systeme in das Gesamtunternehmen schafft und bei Einsatz und Weiterentwicklung dieser Systeme berät.[172]

Bei der **Konzipierung von Systemen zur Prognose von Umsatz und Gesamtleistung** ist zu beachten, dass höchst unterschiedliche betriebliche Typmuster hinsichtlich Marktbeziehung und Leistungserstellung existieren. So ist z.B. unerlässlich, zwischen Unternehmen mit Mengenabsatz (marktbezogene Massen-, Sorten- und Großserienfertigung, Mengendienst-leistungen, Handel usw.) und Unternehmen mit Individualabsatz (auftragsbezogene Einzel- und Kleinserienfertigung, Dienstleistungs-Großaufträge usw.) zu unterscheiden, da sie völlig verschiedenartige Prognoseprobleme aufwerfen und mithin auch unterschiedlich gestaltete Prognosesysteme benötigen. Nachfolgend soll primär die Ausgestaltung opera-tiver Prognosesysteme in einem Zeithorizont bis zu etwa 24 Monaten betrachtet werden, da hier der instrumentelle Konkretisierungsbedarf vordringlich erscheint. Unter **Prognose** wird dabei eine als Vorhersage angelegte Aussage über zukünftige Sachverhalte verstanden, die auf Analyse der Vergangenheit und auf einem Theoriefundament mit Zusammenhangsbegründung und Prämissennennung beruht. Im Unterschied zur **Planung**

---

[171] Vgl. z.B. Welge, M. K./Al-Laham, A.: Planungspraxis, 1997, S. 796.
[172] Vgl. Reichmann, T.: Controlling mit Kennzahlen, 2011, S. 119-120.

wird nur auf die Vorhersage, nicht aber auf eine gestaltende Handlungsfestlegung ab-gestellt.[173]

2.4.2   Verfahren zur Absatz- und Umsatzprognose

Für die **Umsatzprognose** werden vielfältige Informationen über die Strukturen von Leistungsprogramm, Marktgegebenheiten sowie über die Wirkungen des Einsatzes absatz-politischer Instrumente benötigt.[174] Sie bilden die Grundlage für Entscheidungen hinsicht-lich der einzusetzenden Methode der Umsatzprognose, wobei zur Methodenauswahl vor allem folgende Auswahlkriterien heranzuziehen sind:

■ Vorhersage-Zeithorizont,

■ Datenbedarf der Methode sowie Verfügbarkeit der Daten,

■ Datenverlauf der verfügbaren Absatz- und Umsatzzeitreihen,

■ Prognosegenauigkeit der Methode,

■ Kosten der Prognosedurchführung,

■ Erfahrungen des Anwenders mit Prognosen und

■ Anwendungsfreundlichkeit der Verfahren.[175]

Die **Prognosemethoden** lassen sich z.B. in informelle und formelle Verfahren unterteilen. Während man unter **informellen Verfahren** vor allem intuitive, stark heuristisch geprägte Vorgehensweisen versteht, liegt bei den **formellen Verfahren** eine systematische und damit in gleichen oder veränderten Situationen unmittelbare oder nach Anpassungen nachvollziehbare Vorgehensweise vor. Eine zweite Klassifizierung besteht in der Unter-scheidung zwischen qualitativen und quantitativen Verfahren, wobei sich die **quantitativen Verfahren** in Zeitreihenprognosen und kausale Prognosen unterteilen lassen. Bei den quantitativen Prognosemethoden erfolgt die Transformation von der Vergangen-heit in die Zukunft strikt nach formallogischen und mathematischen Regeln, wohingegen qualitativen Prognosemethoden die Vorhersageverfahren umfassen, bei denen die Subjektivität des Prognoseerstellers zentral ist. Wenn überhaupt, so ist daher eine inter-subjektive Nachprüfbarkeit nur sehr eingeschränkt möglich. **Qualitative Prognose-methoden** sind grundsätzlich nach den Arbeitsschritten der Prognose differenzierbar. Gliederungskriterien sind die Erfassung der Vergangenheitsdaten, die Methode der Generierung der Zukunftsaussage und die Präsentation der Zukunftsaussage selbst.[176]

---

173   Vgl. Lachnit, L.: Umsatzprognose, 1992, S. 161.
174   Vgl. Hahn, D./Hungenberg, H.: Controllingkonzepte, 2001, S. 423-328.
175   Vgl. Horváth, P.: Controlling, 2011, S. 345-354.
176   Vgl. Standop, D.: Prognosemethoden, 2002, S. 1551–1562

Qualitative Prognoseverfahren, wie z.B.

- technologische Verfahren,

- Delphi-Methode,

- Szenario-Technik,

- Portfolio-Methode,

- Historische Analogie oder

- Relevanzbaum-Methode,

eignen sich daher für Prognoseprobleme, für deren Lösung die benötigten quantitativen Daten nicht erhältlich sind oder bei denen wegen der globalen oder diffusen Kontur des Problemfeldes ein unmittelbarer quantitativer Zugang ausscheidet und stattdessen die subjektive Beurteilung von Bedeutung ist. Grundlage dieser Verfahren ist die **Heranziehung von Experten**, die ihre Einschätzungen äußern, abstimmen und ggf. mit indirekten Methoden, wie z.B. Skalierungsverfahren, quantitativ konkretisieren. Bei diesen Verfahren stellen die Menschen den wesentlichen Faktor der Prognose dar, während bei quantitativen Verfahren Tatsachen, Wissen und Informationen die dominante Rolle spielen.

Für eine operative Unternehmensführung sind qualitative Prognoseverfahren kaum geeignet, weil sie konkrete numerische Informationen nur bedingt zur Verfügung stellen. Für die operative Unternehmensführung kommen somit in erster Linie quantitative Prognoseverfahren in Frage, bei denen unter Einsatz von EDV mit Hilfe retrospektiver Daten versucht wird, Gesetzmäßigkeiten in Form von mathematischen Funktionen darzustellen, die – ohne eine letzte Sicherheit für das Zutreffen dieses Vorgehens zu besitzen – auf die Zukunft übertragen werden können.

Quantitative Prognoseverfahren[177] projizieren vergangene Verläufe und Wirkungszusammenhänge von Variablen mit der Prämisse auf die Zukunft, dass im Sinne der Strukturkonstanz die in der Vergangenheit festgestellten Gesetzmäßigkeiten in Datenreihen und Abhängigkeiten auch für die Zukunft maßgeblich sind. Unter dem Einfluss des technologischen Fortschritts im EDV-Bereich verbessert sich die Qualität der generierten Ergebnisse, da durch Nutzung von Datenbanksystemen und Internet zunehmend auch auf große unternehmensinterne und unternehmensexterne Datenbasen zurückgegriffen werden kann und die Berechnung flexibler und schneller erfolgt. Im Gegensatz zur Verwendung bei Krisendiagnose und Risikomanagement, wo auch der Einsatz von ereignisorientierten Prognoseverfahren sinnvoll erscheint, ist bei einer Nutzung der Umsatz-, Kosten- und Erfolgsprognose im Controlling eine Betragsorientierung unerlässlich. Die Güte dieser Verfahren hängt entscheidend von dem verwendeten Modell und von den gesetzten Prämissen ab. Einerseits engen die Prämissen den Aussagebereich und die Übertragbarkeit der Ergebnisse auf die Praxis deutlich ein, andererseits ist aus Komplexitätsgründen ein Gesamtmodell kaum beherrschbar. Daher ist die Kenntnis der gesetzten Prämissen und der

---

[177] Vgl. z.B. Hansmann, K.-W.: Prognose und Prognoseverfahren, 1995, S. 269-286.

Aussagegrenzen der Modelle von entscheidender Bedeutung.

Zur quantitativen Prognose werden Verfahren eingesetzt, die entweder die Prognosegröße nur in Beziehung zur Zeit setzen, wie z.B. **Zeitreihenverfahren**[178] als

- Trendextrapolation
- gleitende Durchschnitte
- exponentielle Glättung
- exponentielle Glättung nach Winters
- Box-Jenkins-Verfahren,

oder aber den Einfluss einer bzw. mehrerer unabhängiger Variablen auf die Prognosegröße berücksichtigen, d.h. **kausale Verfahren**, wie z.B.:

- einfache Regression
- multiple Regression
    - iterativ-multiple Regression
    - simultan-multiple Regression
- ökonometrische Modelle
- Input-Output-Analyse
- Lebenszyklus-Analyse.

Tabelle 2.20 und **Tabelle 2.21**[179] skizzieren die angesprochenen Verfahren und ihre Merkmale.

---

[178] Vgl. z. B. Hansmann, K.-W.: Prognoseverfahren, 1983; Hüttner, M.: Prognoseverfahren, Berlin/New York 1986; Mertens, P./Rässler, S.: Prognoserechnung, 2005; Rudolph, A.: Prognoseverfahren in der Praxis, 1998.

[179] In Anlehnung an Horváth, P.: Controlling, 2011, S. 350 – 352.

Tabelle 2.20 Merkmale qualitativer Prognosemethoden

Qualitative Prognosemethoden							
Methode	Beschreibung	Anwendungsbereiche	Informationsbasis	Erkennung von Trendwenden	Genauigkeit		
					kurzfristig	mittelfristig	langfristig
Delphie-Methode	Schriftliche Befragung mehrerer Experten zur Einschätzung über künftige qualitative und quantitative Entwicklungen; Befragung erfolgt stufenweise in mehreren Durchgängen mit kontinuierlicher Übernahme der Prognoseergebnisse vorangegangener Stufen.	Langfristige Voraussage von Absatzmöglichkeiten und Marktpotenzialen für neue Produkte, langfristige Prognose technologischer Entwicklungen etc.	Notwendige Fixierung der Fragenkomplexe, Zusammenfassung der Befragungsergebnisse und erneute Verteilung durch einen Koordinator.	mittel-hoch	mittel-hoch	mittel-hoch	mittel-hoch
Szenario-technik	Gedankliche Analyse und Beschreibung einer künftigen qualitativen und quantitativen Entwicklung in Form einzelner Teilentwicklungen, aus denen sich ein zukünftiger Zustand (Szenario) insgesamt ergibt; systematische Behandlung von alternativen Entwicklungsmöglichkeiten der technischen Durchführung.	Prognose langfristiger politischer, gesamtwirtschaftlicher oder auf Teilmärkte bezogener Entwicklungen im Hinblick auf Chancen und Risiken.	Sicherung und Zusammenstellung allen verfügbaren Materials über den zu prognostizierenden Sachverhalt durch Experten, evtl. mit Verwendung von Informationen über vergangene analoge Problemstellungen (historische Analyse).	gering	gering	gering	gering
Relevanz-baum-Methode	Von einem definierten Ziel oder Programm ausgehende retrograde Ableitung von Lösungsmöglichkeiten und detaillierten Lösungsprogrammen über mehrere Stufen hinweg. Einzelne „Pfade" innerhalb des Baumes ermöglichen ein „Durchspielen" der Relevanz von Maßnahmen im Hinblick auf die Zielsetzung; auf diese Weise wird Prognose der Zielrealistik und Maßnahmenrelevanz möglich.	Ableitung und Prognose von Teilzielen und Strategien z.B. zur langfristigen Entwicklung von Distributionssystemen, Planung von Forschungs- und Entwicklungsprogrammen etc.	Genaue Definition des Ziels oder Zielprogramms, Kenntnis der erforderlichen „Ebenen" des Relevanzbaums.	gering	mittel	mittel	mittel
Historische Analogie	Vergleichende Analyse und Prognose einer zukünftigen Entwicklung von Produkten einer zukünftigen Entwicklung von Produkten und Technologien; Analogieschluss zu vergangenen Entwicklungsprobleme.	Langfristige Prognose von Produktumsatzentwicklungen, Vorhersage von Gewinnentwicklungen für Neu-Produkte	Mehrjährige Information über den Analogvorgang.	gering-mittel	gering-mittel	gering	gering

Tabelle 2.21   Merkmale quantativer Prognosemethoden

Quantitative Prognosemethoden							
Methode	Beschreibung	Anwendungsbereiche	Informationsbasis	Erkennung von Trendwenden	Genauigkeit		
					kurzfristig	mittelfristig	langfristig
Zeitreihen-verfahren							
1) Einfache Trend-extra-polation	Zerlegung einer Zeitreihe in Komponenten: Fortschreibung (Projizierung) des sich ergebenden Trends in die Zukunft..	Lagerbestandsgrößen oder Umsatzprognosen bei relativ stabiler Umwelt	Eine Reihe von Daten der zu extrapolierenden Größe aus der Vergangenheit (Zeitliche „Tiefe" je nach Anwendungsgebiet)	gering	gering-hoch	gering	sehr gering
2) Methode der glei-tenden Durch-schnitte	Jeder „Punkt" einer Zeitreihe gleitender Durchschnitte ist das arithmetische oder gewichtete Mittel einer Anzahl von „Punkten" einer einfachen Zeitreihe; durch geeignete Auswahl der Anzahl von „gemittelten Punkten" lassen sich saisonale Schwankungen eliminieren.	Wie 1, jedoch bei zunehmend instabiler Umwelt.	Wie bei einfacher Trendextrapolation, zusätzliche Spezifikation des gleitenden Durchschnitts.	gering	mittel-hoch	mittel	sehr gering
3) Methode der exponen-tiellen Glättung	Vergleichbar zur Methode der gleitenden Durchschnitte, jedoch stärkere Gewichtung von Daten der „jüngeren" Vergangenheit; dadurch entsteht ein Ausgleich früherer Prognosefehler (Schwankungen).	Wie 2, jedoch bei relativ starken Schwankungen.	Wie bei Methode der gleitenden Durchschnitte, zusätzlich Spezifizierung des Gewichtungsfaktors.	gering - mittel	mittel-sehr hoch	gering - hoch	sehr gering
Kausale Verfahren							
4) Einfache Regres-sion	Der zu prognostizierende Wert wird zu einer kausalen Größe in mathematische Beziehung gesetzt. Ableitung des zu prognostizierenden Werts durch Prognose der kausalen Größe und Anwendung der mathematischen Beziehung.	Prognose von Umsatzgrößen etc. unter Verwendung z.B. einer volkswirtschaftlichen Schlüsselgröße als kausale Größe.	Eine Reihe von vergangenen Daten des zu prognostizierenden Werts und der kausalen Größe (zeitliche Tiefe mehrere Jahre, vierteljährliche Erfassung).	sehr hoch	hoch - sehr hoch	hoch - sehr hoch	gering
5) Multiple Regres-sion	Gleiches Prinzip wie bei der einfachen Regression bei Verwendung mehrerer kausaler Größen.	Prognose von Marktentwicklungen (Umsatz, Marktvolumen), die von mehreren Einflussfaktoren abhängig sind.	Wie 4 mit entsprechenden Daten für alle kausalen Größen.	sehr hoch	hoch – sehr hoch	hoch – sehr hoch	gering
6) Ökono-metrische Modelle	System von interdependenten Regressionsgleichungen, die den zu unersuchenden Bereich (z.B. bestimmter Wirtschaftssektor) gemeinschaftlich beschreiben. Meist simultane Schätzung aller kausalen Größen.	Prognose von Marktentwicklungen, vor allem zusammenhängende Makrogrößen (Konsumausgaben, Investitionsvolumen etc.).	Wie 5 für alle Gleichungen, zunehmende zeitliche „Tiefe" der Daten notwendig.	sehr hoch	hoch – sehr hoch	hoch – sehr hoch	gering
7) Input-Output-Analyse	Analyse und Prognose des "Flusses" von Gütern oder Dienstleistungen zwischen verschiedenen Wirtschaftszweigen oder zwischen einzelnen Unternehmungen und ihren Märkten.	Prognose des Umsatzes für verschiedene industrielle Sektoren (z.B. Branchen) und deren Sub-Sektoren.	Langjährige Kenntnis der Daten und Zusammenhänge von Input-Output-Verhältnissen zwischen den untersuchten Sektoren.	mittel	nicht anwendbar	hoch – sehr hoch	hoch – sehr hoch
8) Lebens-zyklus-Analyse	Analyse und Prognose des Wachstums einzelner Produkte, Produktgruppen oder Produktmärkte auf der Grundlage der vergangenen Umsatz-(oder Absatz-) entwicklung auf dem Markt. Idealtypischer Verlauf in Form einer S-Kurve.	Prognose der Absatzentwicklung von Einzelprodukten oder Produktmärkten.	Mindestens einjährige Kenntnis der bisherigen Absatz-(bzw. Umsatz-) entwicklung oder der entsprechenden Entwicklung eines vergleichbaren Produktes oder Produktmarktes.	gering – mittel	gering	gering – mittel	mittel-hoch

Die vorstehenden Übersichten sind in ihrer Allgemeingültigkeit jedoch insoweit in Frage zu stellen, als die Prognosegegebenheiten deutlich verschieden sind je nach Typ der Marktbeziehung und Wiederholungshäufigkeit der Leistung. Nachfolgend werden daher typologisch die Strukturen für die Umsatzprognose bei hoher bzw. geringer Wiederholungshäufigkeit der Leistung, d.h. bei Massen- bzw. Einzelfertigung, näher dargestellt.

2.4.3 Umsatzprognose bei Unternehmen mit hoher Wiederholungshäufigkeit der Leistungserstellung (Massenfertigung)

Grundsätzlich stehen für Umsatzprognosen von Unternehmen mit Mengenleistungstätigkeit qualitative und quantitative Verfahren zur Verfügung. Für eine **operative Umsatzprognose** sind wegen der zeitlichen Nähe der Ereignisse und der Detailliertheit der darauf aufbauenden Planungen konkrete numerische Prognosen erforderlich. Innerhalb der quantitativen Prognoseverfahren sind wie gezeigt Zeitreihenverfahren und kausale Verfahren zu unterscheiden. Bei Zeitreihenverfahren wird die Prognose ausschließlich aus den Vergangenheitswerten der betreffenden Zeitreihe, z.B. des Umsatzes, abgeleitet. Im Gegensatz zu Zeitreihenverfahren finden bei kausalen Verfahren mindestens zwei Datenreihen Eingang in das Prognosemodell: zum einen die Reihe des Prognosegegenstandes (z.B. Umsatz), zum anderen die Reihe(n) der erklärenden Einflussgröße(n). Kausale Prognoseverfahren sind in vielen Fällen rechentechnisch anspruchsvoller als Zeitreihenverfahren, berücksichtigen dafür aber auch - anders als Zeitreihenverfahren - Veränderungen der relevanten Einflussgrößen und die sich daraus ergebenden Wirkungen auf den Prognosegegenstand.

Bei der **Auswahl von Prognoseverfahren** sind die in Kapitel 2.4.2 dargestellten verschiedene **Kriterien** zu beachten.[180] Die Frage nach dem geeignetestem Prognoseverfahren zur Umsatzprognose findet in der Fachliteratur auch für Unternehmen mit marktbezogenem Mengenabsatz keine klare Antwort, so dass sich diese Frage realitätsnah nur unter Bezug auf konkrete Unternehmen durch Prognose-Testläufe klären lässt.

Nachfolgend soll die **Konzeption eines Systems zur operativen Umsatzprognose auf kausaler Basis**[181] für Unternehmen mit marktbezogenem Mengenabsatz skizziert werden. Die Wahl der kausalen Verfahren erscheint durch die empirisch belegte Eignung begründet. Voraussetzung für die Anwendung kausaler Prognoseverfahren ist, dass die zentralen Einflüsse auf den Prognosegegenstand festgestellt und die Wirkungen auf den Prognosegegenstand in Funktionsform erfasst werden können. Als Instrumentarium für die Einflussgrößenanalyse stehen bei Mengendatengegebenheiten z.B. Korrelationsrechnungen und für die kausale Prognoseableitung z.B. Regressionsrechnungen zur Verfügung.

---

[180] Vgl. z. B. Horváth, P.: Controlling, 2011, S. 354.
[181] Vgl. Lachnit, L.: Umsatzprognose, 1992, S. 160-167.

Die Zahl der **Größen, die den Umsatz** eines Unternehmens **beeinflussen** können, ist im Prinzip sehr groß. Welche Größen relevant sind, variiert von Unternehmen zu Unternehmen, z.B.

- in Abhängigkeit von der Art der erstellten Leistung,

- der Branche oder

- den Konkurrenzverhältnissen.

Gleichwohl lassen sich für jedes Unternehmen verschiedene Größen bestimmen, die maßgeblichen Einfluss auf den Umsatz haben.[182] In Frage kommen grundsätzlich innerbetriebliche Größen, wie z.B.

- Artikelpreis,

- relative Preiswürdigkeit,

- Werbeaufwand,

- Sortimentsbreite oder

- Reklamationsquote,

sowie außerbetriebliche Größen, wie z.B.

- Volkseinkommen,

- Sparquote,

- Devisenkurse,

- Marktzinssatz,

- Konjunkturerwartungen,

- Auftragseingänge oder

- Baugenehmigungen.

Durch **Korrelationsrechnungen** ist bei quantitativen Einflussgrößen abzuklären, ob sie von signifikantem Einfluss auf den Prognosegegenstand sind. Mit Hilfe der EDV ist es heute relativ einfach, selbst längere Listen vermuteter Einflussgrößen auf ihre Bedeutung hin zu überprüfen. Anhand der Korrelationskoeffizienten ist zu erkennen, welche Einflussgrößen für den Umsatz im konkreten Fall bestimmend sind. In der Regel ist davon auszugehen, dass die Zusammenhänge zwischen Umsätzen und Einflussgrößen nicht einheitlich auf derselben zeitlichen Ebene liegen. Manche Zusammenhänge bestehen annähernd zeitgleich mit der Umsatzentwicklung, andere mit verschieden großem **zeitlichen Vor- oder Nachlauf**. Um die zeitlichen Wirkungszusammenhänge zu klären, müssen die Korrelationen

---

182 Vgl. Lachnit, L.: Umsatzprognose, 1992, S. 160-167; Reichmann, T.: Controlling mit Kennzahlen, 2011, S. 120-126.

zwischen den Zeitreihen der Prognosegröße und denen der Einflussgrößen zeitverschoben berechnet werden. Sofern die Korrelationen hinreichend hoch ausfallen und der zeitliche Vorlauf vor dem Umsatzzeitpunkt für die Datenbeschaffung und Prognoseumsetzung ausreicht, handelt es sich um Einflussgrößen, die im Rahmen einer Umsatzprognose bevorzugt benutzt werden können.[183]

Die Verzahnung der relevanten Einflüsse zu einer **multiplen Regressionsprognose** kann in verschiedener Weise erfolgen. Bei **simultan-multipler Regression** wird aus den relevanten Einflussgrößen-Zeitreihen und der Umsatz-Reihe eine einzige gesamtheitliche Regressionsfunktion abgeleitet, die z.B. bei linearem Verlauf die Gestalt

$y = a + b_1x_1 + b_2x_2 + ... + b_nx_n$

hat. Dieses kausale Prognoseverfahren ist allerdings - wie auch empirische Resultate belegen - sehr fehleranfällig,[184] da es partielle Strukturbrüche nicht auffangen kann und zu Extremausschlägen neigt.

Bei **iterativ-multipler Regression**[185] werden zunächst für die verschiedenen prognosetauglichen Einflussgrößen singuläre Umsatzprognosen abgeleitet, die sodann in einem zweiten Schritt durch arithmetische Mittelung zur multiplen Umsatzprognose verdichtet werden. Das iterativ-multiple Prognosevorgehen hat zur Konsequenz, dass sich wesentliche Veränderungen der Prognose erst dann ergeben, wenn sich die Mehrzahl der prognostisch relevanten Faktoren spürbar in ein und dieselbe Richtung entwickelt. Es handelt sich um eine relativ robuste Prognosemethodik, die durchaus Veränderungen der Einflussgrößen aufnimmt, aber gegen Überreaktionen wegen partieller "Ausreißer" in den Einflussgrößen geschützt ist.

Bei Umsatzprognosen sollte berücksichtigt werden, dass zwischen Vorhersagen und tatsächlichen Umsätzen in der Regel Verwerfungen auftreten. Sofern dazu Erfahrungswerte für zurückliegende Perioden vorliegen, können die zunächst abgeleiteten Prognosewerte mit Hilfe der durchschnittlichen Abweichungserfahrungen um einen oberen und unteren Schwellenwert ergänzt werden. Ob ein Umsatz an der Ober- oder Untergrenze erwartet werden kann, ist anhand des aktuellen wirtschaftlichen Rahmenszenarios zu beurteilen. Die vorstehend umrissenen Teilstücke ergeben zusammengenommen das in **Abbildung 2.27** wiedergegebene **System zur Umsatzprognose bei Unternehmen mit marktbezogenem Mengenabsatz.**

---

[183] Vgl. z. B. Lachnit, L.: Umsatzprognose, 1992, S. 162.
[184] Vgl. z. B. Lachnit, L.: Umsatzprognose, 1992, S. 163-164.
[185] Vgl. zu diesem Konzept Lachnit, L.: Analyse- und Prognosemöglichkeiten, 1981, S. 595-600; Lachnit, L.: Umsatzprognose, 1992, S. 162-165.

Abbildung 2.27   Systemkonzept zur operativen Umsatzprognose bei Mengenleistungstätigkeit

---

a) Feststellung der umsatzbestimmenden Einflussgrößen mit Korrelationsrechnungen

Sachzusammenhang zwischen y (Umsatz) und x (Einflussgröße)

Einflussgrösse	Korrelationshöhe
Produktpreis	0,89
Werbeaufwand	0,52
Reklamationsquote	- 0,95
Sortimentsbreite	0,18
Zinssatz	0,25
Arbeitslosenzahl	0,12
usw.	usw.

b) Feststellung des zeitlichen Wirkungszusammenhanges mit Korrelationsrechnungen

Zeitzusammenhang zwischen y (Umsatz) und x (Einflussgröße)	t-5	t-4	t-3	t-2	t-1	t
Korrelationshöhe	0,83	0,65	0,89	0,70	0,40	0,25

c) Feststellung der Funktionalform des Zusammenhanges mit
Regressionsrechnungen

d) Ableitung der Umsatzprognose mit multipler Regressionsrechnung

e) ggf. Überformung der Prognosen aus d) mit Saisonfaktoren

f) Ergänzung der Prognosen um durchschnittliche Abweichungsbandbreiten

---

Die Ausführungen zeigen, dass mit **leistungs- und absatztypentsprechend gestalteten
Prognosesystemen** bei einer betriebswirtschaftlich so zentralen Planungsentscheidung wie
der über die anzusetzende Absatz- oder Umsatzhöhe für die Unternehmensführung wertvolle Entscheidungsunterstützung geboten werden kann. Alle auf der Absatz- oder Um-
satzerwartung aufbauenden weiteren Festlegungen, z.B. über Beschaffung, Bevorratung,
Produktion oder Finanzen, bekommen damit ein solideres Fundament. Die Aufgabe des

Controllings besteht in diesem Zusammenhang darin, die unternehmensspezifische Entwicklung und Ausgestaltung des Prognosesystems und die laufende Benutzungsbetreuung zu übernehmen, um Absatz- und Umsatzprognosen zur Verbesserung von Führungsentscheidungen im Unternehmen zu verankern.

2.4.4 Umsatzprognose bei Unternehmen mit geringer Wiederholungshäufigkeit der Leistungserstellung (Einzelfertigung)

Bei Unternehmen, die von der Absatz- und Leistungstypologie her individualisierte Großaufträge abwickeln, fallen die **Umsätze periodisch-schubweise mit der Fakturierung der Projekte** an und liegen hinsichtlich Höhe und Termin durch die Verträge fest. In diesen Unternehmen ist daher im operativen Zeithorizont nicht die Prognose des Umsatzes, sondern die der Gesamtleistung das relevante Problem, denn erst in dieser Größe kommt die Entwicklung der betrieblichen Leistung als Basisgröße für weitere Planungen zum Ausdruck.[186] Eine **Gesamtleistungsprognose** ist für Unternehmen mit Einzelfertigung insofern von Bedeutung, als mit der vertraglichen Festsetzung des Zeitpunktes und des Betrages der Zahlung verbunden die Projektleistung termingerecht fertig gestellt sein muss. Ansonsten verschiebt sich der Zeitpunkt der Umsatzrealisierung, was wiederum zu finanziellen Engpässen führen kann, die ggf. sogar noch durch Konventionalstrafen verschärft werden können. Um betriebliche Planungs- und Koordinationsprobleme zu lösen, wurden Verfahren zur Unterstützung von Entscheidungsvorbereitung, Entscheidungsfindung und Entscheidungsdurchsetzung und -kontrolle entwickelt. Die Methoden des Operations Research werden vor allem bei der Entscheidungsvorbereitung und der Entscheidungsfindung angewandt. Innerhalb der Entscheidungsvorbereitung sind z.B. Szenario-Technik, Netzplantechnik und Simulationsverfahren zu nennen, bei der Entscheidungsfindung sind es insbesondere mathematische Optimierungsmethoden (lineare, nicht-lineare und stochastische Optimierung).

Bei der Prognose der Gesamtleistung muss prinzipiell zwischen **Gesamtleistung im Sinne der handelsrechtlichen GuV** und Gesamtleistung im Sinne von kalkulatorischer Betriebsleistung unterschieden werden. Die handelsrechtliche Gesamtleistung folgt dem Realisationsprinzip und umfasst folgende Inhalte:

Fakturierter Umsatz der Periode

+ Änderung des Bestandes an Erzeugnissen (bewertet zu Herstellungskosten)

+ andere aktivierte Eigenleistungen (bewertet zu Herstellungskosten).

Die **Gesamtleistung im Sinne kalkulatorischer Betriebsleistung** lässt sich als die auf die Periode gemäß Leistungsfortschritt zuordenbare Werteschaffung verstehen und z.B. wie folgt ermitteln:

---

[186] Vgl. Lachnit, L.: Controllingkonzeption, 1994; S. 27.

■ Projektgesamtwert, verteilt auf die Perioden der Projektbearbeitung entsprechend
   Fertigstellungsgrad oder

■ in der Periode entstandene Gesamtkosten der Projekte zuzüglich durchschnittlichem
   Gewinnsatz (abzüglich durchschnittlichem Verlustsatz) der Projekte.

Die Prognose der Gesamtleistung kann bei Unternehmen mit individualisierter Großauftragserstellung nicht auf der Basis der klassischen Prognoseverfahren, ausgehend von Absatz oder Umsatz, durchgeführt werden, sondern muss von strukturierten Planungen für
die einzelnen Projekte, die Gesamtheit der Projekte und das Gesamtunternehmen ausgehen, wobei die Planungen zu einem flexiblen Prognose-Ableitungssystem zusammen-
gebaut werden müssen. Das **Prognoseverfahren** beruht auf kausalen Zusammenhängen,
die aber nicht in Gestalt von Korrelations- und Regressionsanalysen, sondern **auf der
Grundlage von Strukturmodellen** erfasst werden. Nachfolgend soll exemplarisch die
Struktur eines solchen Prognosesystems, was durch die starke Festlegung der Zukunft
bereits stärker als Planungssystem zu interpretieren ist, aufgezeigt werden.[187]

Ausgangspunkt eines derartigen Prognosesystems sind die laufzeitbezogenen technischen
und ökonomischen **Strukturierungen der Einzelprojekte**. Die Daten der verschiedenen
Projekte werden sodann zu den Kosten-, Leistungs-, Ergebnis- und Finanzsummen für die
Gesamtheit der Projekte zusammengezogen und zu kalenderzeitbezogenen Größen umgerechnet. Um die Gesamtleistungsprognose sowohl als kalkulatorische Betriebsleistungs-
prognose wie auch als Prognose der Gesamtleistung gemäß handelsrechtlicher GuV durchführen zu können, muss zudem eine Umformung des Datenmaterials auf die handelsrechtliche und gesamtunternehmensbezogene Sichtweise verwirklicht werden.

Abbildung 2.28 verdeutlicht Struktur und Module eines **Systems zur Erfolgs- und
Finanzplanung** bei Unternehmen mit individualisierten Großaufträgen. Im Rahmen des
komplexen multidimensionalen Systems entsteht die Gesamtleistungsprognose für das
Unternehmen durch Zusammenfassung der Kosten- bzw. Leistungsplanungen der verschiedenen bearbeiteten Projekte, die entweder in der kalkulatorischen Betriebsergebnisplanung oder der handelsrechtlichen GuV-Planung entsprechend den Regeln des
jeweiligen Ergebnismodells durchgeführt wird.

---

[187] Vgl. Lachnit, L.: Controllingkonzeption, 1994, S. 89.

Abbildung 2.28 Struktur und Module eines Systems zur Erfolgs- und Finanzplanung bei Unternehmen mit individualisierten Großaufträgen

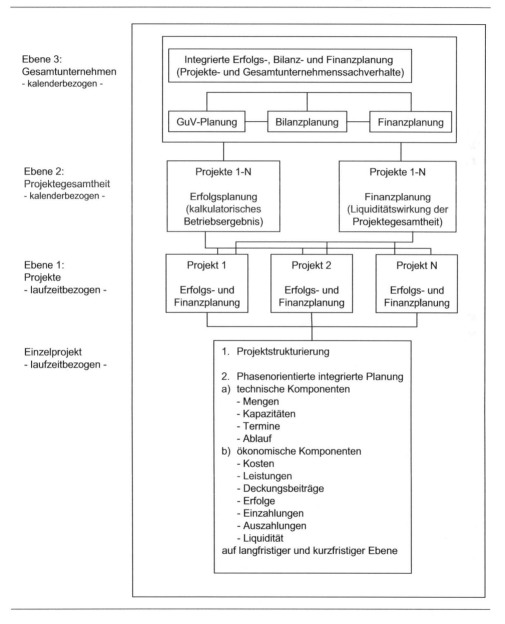

Zur Verdeutlichung einiger grundsätzlicher Aspekte dieser dualen Konzeption zur Gesamtleistungsprognose bei Unternehmen mit individualisierten Großaufträgen bzw. Projekten wird nachstehend ein **Zahlenbeispiel** wiedergegeben. Es wird von vier strukturgleichen Großprojekten mit einem Auftragswert von jeweils 60 Mio. € ausgegangen, die entsprechend der Ablaufübersicht in **Abbildung 2.29** erstellt werden sollen. Das Zahlenbeispiel wird für eine Ausgangslage und eine Simulation 1 gegenübergestellt, um sichtbar zu machen, welch weitreichende Auswirkungen auf die zu prognostizierenden periodischen Gesamtleistungen bei relativ geringfügiger Parameterverschiebungen eintreten können, wie unterschiedlich kalkulatorische und handelsrechtliche Gesamtleistung reagieren und wie irreführend intuitive prognostische Einschätzungen der Gesamtleistungsverläufe ausfallen.

Abbildung 2.29   Projektlaufzeiten, Fakturierungszeitpunkte und Umsatzverteilungen

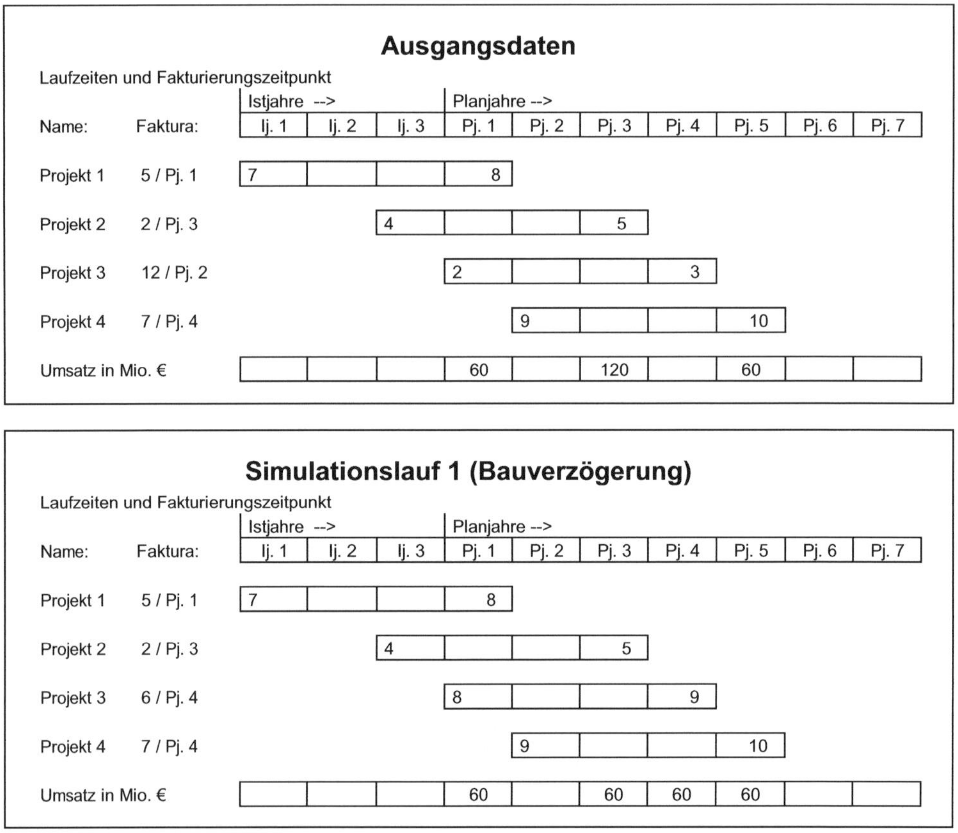

Ausgangsdaten

Laufzeiten und Fakturierungszeitpunkt

Name:	Faktura:	Ij. 1	Ij. 2	Ij. 3	Pj. 1	Pj. 2	Pj. 3	Pj. 4	Pj. 5	Pj. 6	Pj. 7
		Istjahre -->			Planjahre -->						
Projekt 1	5 / Pj. 1	7			8						
Projekt 2	2 / Pj. 3			4			5				
Projekt 3	12 / Pj. 2				2			3			
Projekt 4	7 / Pj. 4					9			10		
Umsatz in Mio. €				60			120			60	

Simulationslauf 1 (Bauverzögerung)

Laufzeiten und Fakturierungszeitpunkt

Name:	Faktura:	Ij. 1	Ij. 2	Ij. 3	Pj. 1	Pj. 2	Pj. 3	Pj. 4	Pj. 5	Pj. 6	Pj. 7
		Istjahre -->			Planjahre -->						
Projekt 1	5 / Pj. 1	7			8						
Projekt 2	2 / Pj. 3			4			5				
Projekt 3	6 / Pj. 4				8			9			
Projekt 4	7 / Pj. 4					9			10		
Umsatz in Mio. €				60		60	60	60			

Die kalkulatorische Gesamtleistung des Unternehmens ergibt sich durch Zusammenfassung der technisch-ökonomisch begründeten, periodenzugeordneten Leistungen der Einzelprojekte. Ausgehend von den detaillierten Realisierungsplanungen für die vier Beispielprojekte ergibt sich zusammengefasst u.a. für das Unternehmen die prognostizierte Entwicklung des kalkulatorischen Umsatzes, wie in der **Tabelle 2.22** mit den kalkulatorischen **Ergebnisdaten für die Projektegesamtheit** verdeutlicht. Der kalkulatorische Umsatz verkörpert im Beispiel die gemäß Kostenentstehung periodisierte Höhe der Projekt(Auftrags-) werte und ist identisch mit der kalkulatorischen Gesamtleistung der Perioden nach der Percentage-of-Completion-Methode.[188]

Tabelle 2.22   Kalkulatorische Übersicht über die Projektegesamtheit (in T€)

Projektegesamtheit	Summe Laufzeit	Pj. 1	Pj. 2	Pj. 3	Pj. 4	Pj. 5	Summe Planjahre
Projekteerfolg:							**Ausgangslage**
Umsatz (kalkulatorisch)	240.000	39.694	70.430	20.934	39.375	2.689	173.123
Summe Einzelkosten	149.164	22.220	46.947	11.227	29.770	1.705	111.868
Deckungsbeitrag I	90.836	17.474	23.484	9.707	9.605	985	61.255
Summe Gemeinkosten	76.065	14.252	19.111	9.742	10.602	1.057	54.765
Gesamtkosten	225.228	36.473	66.058	20.969	40.373	2.762	166.634
DB II/Projekteergebnis	14.772	3.221	4.372	-35	-998	-72	6.489
Projekteerfolg:							**Simulation 1**
Umsatz (kalkulatorisch)	240.000	38.710	41.971	53.838	40.648	2.689	177.857
Summe Einzelkosten	151.560	21.008	24.904j	36.122	30.526	1.705	114.265
Deckungsbeitrag I	88.560	17.701	17.067	17.716	10.122	985	63.592
Summe Gemeinkosten	79.856	14.802	14.708	16.889	11.101	1.057	58.557
Gesamtkosten	231.416	35.810	39.611	53.011	41.627	2.767	172.822
DB II/Projekteergebnis	8.584	2.899	2.360	827	-979	-72	5.035

Die handelsrechtliche Gesamtleistung der entsprechenden Perioden nach der Completed-Contract-Methode ergibt sich demgegenüber, indem die fakturierten Umsätze mit der Änderung des Bestandes an unfertigen Erzeugnissen zusammengezogen werden. In **Tabelle 2.23** und **Tabelle 2.24** sind diese **Resultate im Gefüge einer handelsrechtlichen GuV** zusammengestellt, wobei zu beachten ist, in welchem Maß handelsrechtliche und kalkulatorische Gesamtleistung in den Perioden - bedingt durch die Abrechnungsschübe der handelsrechtlichen Umsatzerfassung - auseinanderfallen können. Hier liegen zentrale Probleme für die Planung bei Unternehmen mit individualisierten Großaufträgen und Projekten, denn beide Leistungssichtweisen haben, wenn auch auf unterschiedlichen Betrachtungsebenen, weitreichende Bedeutung für die Erfolgs- und Finanzlage der Unternehmen.

Es hat sich gezeigt, dass Gesamtleistungsprognosen bei Unternehmen mit individualisierten Großaufträgen, trotz aller Detailkomplexität, mit Hilfe von Strukturmodellen sinnvoll zu begründen, aber unter realistischen Verhältnissen nur mit EDV-gestützten Systemen zu durchzuführen sind. Erst mit Hilfe von EDV-Systemen lässt sich die Integration der Einzelprojekte sachlich und zeitlich zutreffend zur Leistungsprognose des Gesamtunternehmens realisieren, was erst recht für das flexible prognostische Durchdringen geänderter Parameterlagen und Entwicklungsszenarios mit Hilfe von Simulations-

---

[188]   Vgl. Ammann, H./Müller, S.: IFRS, 2006, S. 149-157.

läufen gilt. Bei sachgemäßer Handhabung sind allerdings mit **Simulationen** weitreichende prognostische Einblicke zu erhalten, wie anschließend exemplarisch verdeutlicht wird.

Tabelle 2.23   Umsatz, Gesamtleistung und Betriebsergebnis nach handelsrechtlichem und kalkulatorischem Konzept (Ausgangslage)

(T€)	Pj. 1	Pj. 2	Pj. 3	Pj. 4	Pj. 5
GuV-Position			**Ausgangslage**		
1. Umsatzerlöse	60.000	0	120.000	0	60.000
2. Bestandsänderung Erzeugnisse	-15.204	63.648	-86.414	38.216	-56.708
3. Andere aktivierte Eigenleistungen	0	0	0	0	0
4. Gesamtleistung (handelsrechtlich)	44.796	63.648	33.586	38.216	3.292
INFO: Gesamtleistung (kalkulatorisch)	(39.694)	(70.430)	(20.934)	(39.375)	(2.689)
INFO: Unterschiedsbetrag	(-5.102)	(6.782)	(-12.652)	(1.159)	(-602)
5. Sonstige betriebliche Erträge	0	0	0	0	0
6. Materialaufwand	18.983	44.984	8.430	29.114	1.348
7. Rohergebnis	25.812	18.665	25.156	9.102	1.944
8. Personalaufwand	13.529	15.954	9.756	8.383	1.008
9. Abschreibungen auf IAV und SAV	675	968	447	550	50
10. Sonstige betriebliche Aufwendungen	1.904	2.336	1.384	1.324	254
11. Betriebsergebnis vor Kostensteuern	9.704	-593	13.5569	-1.155	632
12. Sonstige Steuern	1.381	1.817	952	1.001	103
13. Betriebsergebnis nach Kostensteuern (handelsrechtlich)	8.323	-2.420	12.617	-2.156	530
INFO: Betriebsergebnis nach Kostensteuern (kalkulatorisch)	(3.221)	(4.372)	(-35)	(-998)	(-72)

Das vorliegende Zahlenbeispiel behandelt als Simulation 1 folgende Sachlage:

Im Pj. 1 zeichnet sich eine **Bauverzögerung bei Projekt 1** ab, die abgewendet werden soll, indem entsprechende **Kapazität bei Projekt 3 abgezogen** und dieses Projekt erst sechs Monate später begonnen wird. Wie die kalkulatorische Übersicht über die Projektegesamtheit (**Tabelle 2.22**) zeigt, steigen die Gesamtkosten aller Projekte um 6,188 Mio. €, wobei 4,612 Mio. € bei Projekt 1 wegen der zusätzlichen Arbeiten und 1,576 Mio. € bei Projekt 3 wegen erhöhter Preise in Folge späterer Kostenentstehung anfallen. Da die kalkulatorische Umsatzsumme, d.h. der Vertragswert der Projekte, nicht steigt, nimmt das kalkulatorische Projektergebnis entsprechend ab.

Unerwartet sind die **Auswirkungen auf die periodische Verteilung** der Gesamtleistung. Sie zeigen, welche Probleme aus den komplexen Strukturinterdependenzen von mehrperiodischen Großaufträgen für die Gesamtleistungsprognose hervorgehen. Im konkreten Beispiel bewirkt die Kapazitätsumschichtung von Projekt 1 zu Projekt 3 im Pj. 1 einen Rückgang der handelsrechtlichen Gesamtleistung um 5,084 Mio. € von 44,796 Mio. € auf 39,712 Mio. € wegen vermehrter Kosten bei Projekt 1 ohne entsprechend vermehrte Erträge, wohingegen die kalkulatorische Gesamtleistung nur geringfügig sinkt, weil die in Kosten ausgedrückten Aktivitäten tatsächlich anfallen. Dass die kalkulatorische Gesamtleistung in

Pj. 1 dennoch sinkt, erklärt sich im vorliegenden Fall daraus, dass bei Projekt 3 über die auf Projekt 1 umdisponierten Arbeitsstunden hinaus Materialeinsätze entfallen, die nicht in gleicher Höhe bei Projekt 1 zusätzlich auftreten.

Gravierend ist des Weiteren der Rückgang der handelsrechtlichen wie kalkulatorischen Gesamtleistung im Pj. 2 um rund 25 bzw. 28 Mio. €, der durch entsprechende Betragssteigerungen im Pj. 3 kompensiert wird. In diesen Zahlen drücken sich Kosten- bzw. Leistungsverlagerungen aus, die durch den um sechs Monate späteren Beginn von Projekt 3 entstehen. Derartige Auswirkungen sind nicht unrealistisch, da der **Aktivitäten- und Kostenanfall** in langfristigen Großaufträgen **nicht proportional zur Zeit**, sondern in kurvenförmigem Verlauf geschehen, so dass relativ geringfügige zeitliche Verschiebungen in der Abfolge der Perioden u.U. massive Veränderungen von Umsatz und Gesamtleistung nach sich ziehen können.

Tabelle 2.24   Umsatz, Gesamtleistung und Betriebsergebnis nach handelsrechtlichem und kalkulatorischem Konzept (Simulation 1)

(T€)	Pj. 1	Pj. 2	Pj. 3	Pj. 4	Pj. 5
GuV-Position				**Simulation 1**	
1. Umsatzerlöse	60.000	0	60.000	60.000	60.000
2. Bestandsänderung Erzeugnisse	-20.288	38.170	-1.670	-15.966	-56.708
3. Andere aktivierte Eigenleistungen	0	0	0	0	0
4. Gesamtleistung (handelsrechtlich)	39.712	38.170	58.330	44.034	3.292
INFO: Gesamtleistung (kalkulatorisch)	(38.710)	(41.971)	(53.838)	(40.648)	(2.689)
INFO: Unterschiedsbetrag	(-1.002)	(3.801)	(-4.492)	(-3.386)	(-603)
5. Sonstige betriebliche Erträge	0	0	0	0	0
6. Materialaufwand	17.576	21.946	33.621	29.674	1.348
7. Rohergebnis	22.136	16.224	24.609	14.360	1.944
8. Personalaufwand	14.295	13.699	14.785	8.867	1.008
9. Abschreibungen auf IAV und SAV	675	705	836	574	50
10. Sonstige betriebliche Aufwendungen	1.808	1.841	2.152	1.464	254
11. Betriebsergebnis vor Kostensteuern	5.339	-21	6.936	3.456	632
12. Sonstige Steuern	1.437	1.420	1.616	1.049	103
13. Betriebsergebnis nach Kostensteuern (handelsrechtlich)	3.902	-1.441	5.319	2.407	530
INFO: Betriebsergebnis nach Kostensteuern (kalkulatorisch)	(2.900)	(2.360)	(827)	(-979)	(-73)

Es ist offenbar, dass die Unternehmensführung zur sachgemäßen Prognose der Gesamtleistung bei individualisierter Großauftragserstellung ein Prognosesystem benötigt, welches durch ein **differenziertes Strukturmodell** der betrieblichen Zusammenhänge hinterlegt ist und in welchem EDV-gestützt die verschiedenen **prognoserelevanten Zusammenhänge und Änderungen erfasst und verarbeitet** werden können. Von zentraler Bedeutung ist dabei, dass erstens eine systematische Zusammenführung der Kosten-, Leistungs- und Umsatzdaten von den Einzelprojekten über die Projektegesamtheit bis zu den Gesamtunternehmensbeträgen unter Beachtung richtiger Objekt- und Perioden-

zuordnung geschieht, und dass zweitens die duale Sicht von kalkulatorischer und handelsrechtlicher Gesamtleistung entsprechend den Abbildungsregeln dieser beiden Modelle zur
Erfolgsermittlung geboten wird.

2.4.5　Absatz- und Umsatzmanagement

Das Absatz- und Umsatzmanagement kann auf Basis der Absatz- und Umsatzprognose in
zwei Richtungen betrieben werden. Einerseits können die Erkenntnisse der Prognose verknüpft werden mit dem betrieblichen Frühwarnsystem. Andererseits kann auf dieser Basis
eine fundierte Absatz- und Umsatzplanung erfolgen, um in Verbindung mit der Kostenplanung eine Betriebsergebnisplanung zu ermöglichen. Letzteres soll im folgenden Kapitel
dargestellt werden, so dass hier zunächst auf die Frühwarnsysteme einzugehen ist.

Bei **Frühwarnsystemen**[189] handelt es sich um Informationssysteme, mit denen Risiken für
das Unternehmen anhand von Frühwarnindikatoren so rechtzeitig erkannt werden
können,[190] dass noch eine Abwehr oder zumindest Verringerung der Risiken möglich ist.
Nötig sind dafür Informationen auf Prognosebasis, wobei derartige Frühwarnsysteme
fallweise neben die reguläre Planung treten. Gegenstand der Systeme können gesamtunternehmensbezogene Sachverhalte, wie insbesondere Erfolg und Liquidität, oder
bereichebezogene Sachverhalte, etwa aus dem Absatz-, Produktions-, Beschaffungs- oder
Personalbereich, sein. Grundsätzlich sind beim Einsatz betrieblicher Frühwarnkonzepte zur
Informationsgenerierung für das Management unternehmensexterne Beobachtungsbereiche, wie etwa technisches, soziokulturelles, politisches und wirtschaftliches Umfeld einschließlich der unternehmensrelevanten Märkte, und interne Beobachtungsbereiche,
wie z.B. Erfolgs- und Finanzgrößen oder Daten der Funktionalbereiche, von Belang.

Je nach Zeithorizont muss das methodische Vorgehen variieren. **Strategische Frühwarnsysteme** sollen tief greifende Veränderungen in den langfristigen Rahmengegebenheiten
der Unternehmenstätigkeit aufdecken. Portfolio-Konzepte, Szenarios oder langfristige
Stärken-Schwächen-Analysen sind typische Ansätze, um die wegen zeitlicher Ferne erst
schwachen Signale in greifbare Frühwarninformationen umzusetzen.[191] **Operative Frühwarnsysteme** müssen dagegen wegen der zeitlichen Nähe und der Dringlichkeit von Maßnahmen sehr deutliche Signale geben. Im Idealfall sind das konkrete numerische Prognosen
über Frühwarngegenstände, etwa Umsatz, Kosten oder Liquidität.

Frühwarnsysteme stellen eine spezielle Art von Informationssystemen dar. Durch
Frühwarninformationen sollen die Entscheidungsträger mögliche Gefährdungen (Risiken)
mit zeitlichem Vorlauf signalisiert bekommen und damit in die Lage versetzt werden, noch
rechtzeitig Gegenmaßnahmen zur Abwehr oder Minderung der signalisierten Gefährdung

---

[189]　Vgl. z. B. Albach, H./Hahn, D./Mertens, P. (Hrsg.): Frühwarnsysteme, ZfB-Ergänzungsheft 2/1979;
　　　　Hahn, D.: Frühwarnsysteme, 1983, S. 7; Krystek, U./Müller, M.: Frühaufklärungssysteme, 1999;
　　　　Lachnit, L.: Früherkennung, 1986, S. 5-30.
[190]　Vgl. Spannagl, T./Häßler, A.: Implementierung, 1999, S. 1828.
[191]　Vgl. Lehner, U./Schmidt, M.: Risikomanagement, 2000, S. 264.

zu ergreifen. Ausgehend von der Erkenntnis, dass insbesondere auf sich schnell verändernden Märkten und Umfeldern neben der rechtzeitigen Ortung von Bedrohungen für
eine erfolgreiche Unternehmensführung auch das Erkennen von Chancen eine herausragende Bedeutung hat, wurden Frühwarnsysteme zu Früherkennungssystemen weiterentwickelt. Systeme, die über die Früherkennung hinaus auch die Sicherung der Planung
und die Realisation von Reaktionsstrategien oder Gegenmaßnahmen ermöglichen, werden
oft auch als **Frühaufklärungssysteme** bezeichnet.[192] Hinsichtlich der Entwicklung werden
vier Generationen von (betrieblichen) Frühaufklärungssystemen unterschieden, nämlich

- kennzahlen- und hochrechnungsorientierte Frühaufklärungssysteme,

- indikatororientierte Frühaufklärungssysteme,

- Frühaufklärungssysteme auf der Basis schwacher Signale und

- ganzheitlich vernetzte Frühaufklärungssysteme.[193]

Das als klassisches Informations- und Steuerungsinstrument verwendete traditionelle Rechnungswesen ermöglichte nur eine retrospektive, also vergangenheitsbezogene Betrachtung
und war daher für Frühwarnzwecke wenig geeignet. Im Zuge der sich mit EDV-Unterstützung fortentwickelnden Unternehmensplanung wurde der periodische Plan-/Ist-
Vergleich mit dazugehöriger Abweichungs- und Ursachenanalyse um einen zukunfts-
gerichteten Vergleich zwischen Plan(Soll) und prognostiziertem (hochgerechnetem) Ist
(Wird) zu den ersten **hochrechnungsorientierten Frühaufklärungssystemen** erweitert.
Während Soll-Ist-Vergleiche nur Aufschlüsse über bereits abgelaufene Ereignisse bzw.
deren Ergebnisse liefern, bieten Hochrechnungen der Ist-Zahlen auf das Perioden- oder
Projektende mittels quantitativer Prognoseverfahren (Zeitreihenanalysen, kausale
Methoden) schon frühzeitig Erkenntnisse über sich abzeichnende Abweichungen (Wird-
Zahlen), die sonst erst später (z.B. am Perioden- oder Projektende) in Soll-Ist-Vergleichen
deutlich würden.[194] Es erfolgt also ein Vergleich zwischen verabschiedetem und auf Basis
realisierter Zwischenergebnisse aktualisiertem Plan, wobei die erzielten Vorkoppelungs-
informationen als Frühwarnungen interpretiert werden.

Grundsätzlich stellen Hochrechnungen und die Verdeutlichung der Entwicklung von
Kennzahlen über mehrere Planungsperioden ein probates Mittel der Frühwarnung (z.B.
frühzeitige Signalisierung von Budgetüberschreitungen) im kurz- bis mittelfristigen Bereich
dar. Controllingkonzeptionen haben diese Form der Frühwarnung in ihre Plan- und Be-
richtssysteme integriert.[195] Ihre Aussagefähigkeit im Hinblick auf die Generierung von
Frühwarninformationen hängt jedoch stark vom Umfang des zugrunde liegenden Daten-

---

[192] Vgl. Krystek, U./Müller, M.: Frühaufklärungssysteme, 1999, S. 178.

[193] Zu den einzelnen Entwicklungsstufen vgl. Krystek, U./Müller-Stewens, G.: Frühaufklärung, 1993,
S. 19-21; Loew, H.-C.: Entwicklungsgeschichte, 1999, S. 24-31; Müller, A.: Gewinnung, 2001, S. 212-
222.

[194] Vgl. Hahn, D./Krystek, U.: Früherkennungssysteme und KonTraG, 2000, S. 81; Krystek, U./Müller,
M.: Frühaufklärungssysteme, 1999, S. 178.

[195] Vgl. bezüglich konkreter Ausgestaltungen z.B. Schön, D./Diederichs, M./Busch, V.: Projektgeschäft,
2001, S. 379-387.

materials, dem verwendeten Prognoseinstrumentarium und der EDV-Unterstützung ab.[196] Daher bedarf es zur Generierung der internen Informationen eines prozess-, bereichs-, stellen- und segmentorientierten Management-Rechnungswesens. Wichtig ist, dass nicht nur monetäre Größen, sondern auch andere Größen, wie Mengen, Zeiten, Qualitätsangaben u.ä., erfasst werden, da diese Daten oft frühzeitig wesentliche Risikohinweise erwarten lassen. Des Weiteren sind risikorelevante externe Daten in das System einzubringen, wie beispielsweise Wirtschaftsindikatoren, Verbandsstatistiken oder Marktbeobachtungen.

Vor dem Hintergrund zunehmender ökonomischer Krisenerscheinungen wurden ab Anfang der 70er Jahre theoretisch fundierte Konzepte auf Basis von **Indikatoren mit Frühaufklärungseigenschaften** (Leading Indicators) entwickelt.[197] Indikatororientierte Frühaufklärungssysteme zeichnen sich durch eine konsequente und gerichtete Suche und Beobachtung von relevanten Erscheinungen/Entwicklungen innerhalb und außerhalb des Unternehmens aus, die Einflüsse auf den Erfolg haben. Die zum Einsatz kommenden Indikatoren, die als Erfolgsfaktoren bzw. -parameter zu verstehen sind, können sowohl quantitativer als auch qualitativer Art sein und sollen mit zeitlichem Vorlauf über potenzielle bzw. latent vorhandene Risiken/Chancen aus dem jeweiligen Beobachtungsbereich informieren.[198]

Im Gegensatz zu den eher kurzfristig-operativ ausgelegten Methoden der ersten beiden Generationen ist die dritte Generation von Frühaufklärungssystemen auf die frühzeitige Wahrnehmung bzw. Signalisierung langfristig-strategischer Aspekte ausgerichtet. Diese strategischen Frühwarnsysteme sind maßgeblich durch das in den 70er Jahren entwickelte **Konzept der Schwachen Signale** (Weak Signals) sowie durch Erkenntnisse der Diffusionstheorie geprägt. Der Grundgedanke ist die Annahme, dass Trendbrüche (Diskontinuitäten) im technologischen, ökonomischen, sozialen und politischen Bereich stets von Menschen initiiert werden und von daher nicht unvorhergesehen eintreten, sondern sich lange vorher durch so genannte schwache Signale ankündigen.[199] Dabei treten Diskontinuitäten in Form einer „dritten Variablen" als Störgröße invarianter Kausalbeziehungen auf, wodurch die Invarianz bricht und die (vorher) kontinuierliche Entwicklung gestört wird.[200] Der rechtzeitige Empfang und die richtige Deutung schwacher Signale ermöglichen der Unternehmensführung die frühzeitige Einleitung von (abgestuften) Reaktionen im Rahmen der strategischen Planung, um nicht durch die Missachtung der schwachen Signale bezüglich sich anbahnender Risiken/Bedrohungen („Ignoranzfalle") die Manövrierfähigkeit des Unternehmens zu stark einzuengen.[201] Letztlich hat der Ansatz der schwachen Signale die übrigen Früherkennungsverfahren nicht verdrängen können, da die konkrete Anwendung einerseits sehr aufwendig und andererseits auch nur höchst subjektiv durchgeführt werden kann.[202]

---

[196] Vgl. Lachnit, L.: Umsatzprognose, 1992, S. 160-167.
[197] Vgl. Müller, A.: Gewinnung, 2001, S. 215-216.
[198] Vgl. Bea, F. X./Haas, J.: Strategisches Management, 1995, S. 274.
[199] Zum Konzept der „schwachen Signale" vgl. Ansoff, H. I.: Weak Signals, 1976, S. 129-152.
[200] Vgl. Krystek, U./Müller-Stewens, G.: Strategische Frühaufklärung, 1997, S. 914.
[201] Vgl. Marr, R.: Betrieb und Umwelt, 1989, S. 101-103.
[202] Vgl. Müller, A.: Gewinnung, 2001, S. 216.

Bei der vierten Generation von Frühaufklärungssystemen steht die **vernetzte ganzheitliche Betrachtung des Innen- und Umsystems des Unternehmens** im Mittelpunkt.[203] Dies wird seit Beginn der 90er Jahre unterstützt zum einen durch methodische Erweiterungen, wie z.B. durch den Einsatz von künstlicher Intelligenz oder der Trendforschung[204], und zum anderen seit 1998 um die organisatorische und inhaltliche Ausgestaltung als Teil des Risikomanagementsystems nach KonTraG, ohne jedoch bisher ein verbindliches, unternehmensübergreifend einsetzbares Risikomanagementsystem zu ergeben. Dies bedeutet für das Management-Rechnungswesen, dass das Frühwarnsystem aus verschiedenen Verfahren und Methoden zusammengesetzt werden muss. Als allgemeiner Orientierungsrahmen kann dafür eine Typologisierung der zentralen Gestaltungsmerkmale vorgenommen werden.[205] Da diese Generationen als Weiterentwicklungen gesehen werden können, die die Erkenntnisse der jeweils vorherigen Generation nicht verdrängen, sondern lediglich ergänzen, kommen demnach konzeptionell indikator-, modell-, analyse-, informationsquellen- und netzwerkorientierte Ansätze nebeneinander in Betracht.

2.5 Umsatz-, Kosten- und Erfolgsplanung als Bestandteile des Erfolgscontrollings

Die in der Absatz- und Umsatzprognose generierten Informationen sind in ein **systematisches Planungsgefüge** umzusetzen, wobei Prognosedaten durch den erklärten Willen der Unternehmensleitung, diese Werte zu erreichen, in Plandaten gewandelt werden, die als Zielgrößen der nächsten Planperiode gelten sollen.[206] Dabei sind die Ausgestaltung von Umsatzplanung und Kostenplanung als Teilplanungen der Erfolgsplanung zu verstehen, die ihrerseits in die Erfolgslenkung als Teilsystem der Unternehmensführung eingeht.

2.5.1 Umsatzplanung

Grundlage für eine fundierte Planung des Umsatzes ist eine Absatz- bzw. Umsatzprognose. Die **Umsatzplanung** ist wesentlicher Bestandteil der Unternehmensplanung und bedarf der Abstimmung mit anderen betrieblichen Teilplänen. Besondere Zusammenhänge bestehen mit der Absatzplanung, die der Umsatzplanung das Mengengerüst liefert, aber auch mit der Kostenplanung. Eine fundierte Umsatzplanung setzt Informationen über den Markt, die Umwelt und umsatzrelevante Sachverhalte voraus.[207] Die Umsatzplanung richtet sich dabei zum einen auf das Zielausmaß Umsatz, zum anderen auf die zur Zielerreichung infrage kommenden Maßnahmen. Es müssen **Informationen über Umsatzeinflüsse** sowie

[203] Vgl. Müller, A.: Gewinnung, 2001, S. 216-218.
[204] Vgl. Liebl, F.: Frühaufklärung, 1996, S. 21-27.
[205] Vgl. Loew, H.-C.: Entwicklungsgeschichte, 1999, S. 25-36.
[206] Vgl. Hahn, D./Hungenberg, H.: Controllingkonzepte, 2001, S. 359.
[207] Vgl. Reichmann, T.: Controlling mit Kennzahlen, 2011, S. 119-120.

mögliche Maßnahmen und deren **Wirkungen** auf den zukünftigen Umsatz vorhanden sein, um über die geeigneten Aktionsparameter zu entscheiden. Im Einzelnen können die benötigten Informationen z. B. in Indikatoren des ökonomischen Umfeldes, branchen- und produktspezifische Indikatoren sowie variable Elemente der spezifischen Unternehmenspolitik unterteilt werden, wobei Interdependenzen zu berücksichtigen sind.

Bei entscheidungsorientierter Betrachtung ist die Umsatzplanung aber nicht nur Umsatzprognose, sondern auch ein Gestaltungsinstrument für den Umsatz, das durch die Auswahl von Maßnahmen auf die Erreichung zukünftiger Umsätze einwirkt. Wegen der zunehmenden Abkehr von produktorientierter Haltung und Hinwendung zur **Marktorientierung**, die ihre Ursachen u. a. in der Sättigung von Teilmärkten, dem schärferen Wettbewerb und enger gewordenen Spielräumen auf der Kostenseite hat, gewinnt eine detaillierte Erlösplanung an Bedeutung. In Analogie zur Kostenrechnung sollte sie sich auf eine Erlösarten-, Erlösträger- und Erlösstellenplanung mit den dazugehörigen Analysen und Vergleichen erstrecken.

Da der Umsatz eine sehr wesentliche **Erfolgskomponente** darstellt, nimmt die Umsatzplanung eine dominante Stellung ein. Eine effektive Unternehmensführung erfordert eine Aufschlüsselung der Planumsätze auf Bezugsgrößen. So sind etwa Produkt(gruppen)umsätze und Kundenumsätze zu ermitteln, ebenso wie Planumsätze einzelner Absatzsegmente oder ganzer Unternehmenseinheiten oder auch bestimmter Marketing-Aktivitäten.[208]

Mit der Umsatzplanung wird auch das konkrete Produktionsprogramm festgelegt,[209] wobei zu beachten ist, dass bei Vorhandensein von Erzeugnislägern die Umsatzplanung zu erweitern ist um die Planung der Gesamtleistung.

2.5.2   Kostenplanung

Ausgehend von der Umsatz- und Leistungs- bzw. die Gesamtleistungsplanung wird in Abstimmung mit den Unternehmenszielen und -strategien sowie den innerbetrieblichen **Verbrauchsfunktionen und Kostenrelationen** die **Kostenplanung** durchgeführt, die in die Betriebsergebnisplanung mündet. Hierbei ist darauf zu achten, dass die verwendeten Kostenrelationen einerseits frei von zufälligen Schwankungen und Sondereinflüssen sind, was eine vergangenheitsorientiert angelegte Erfolgsspaltung notwendig macht, und andererseits an die zukünftig zu erwartenden Relationen angepasst werden, was ein spezifisches Berücksichtigen von Einflüssen des Planungszeitraumes bedingt. Dabei wird eine flexible Kombination von Methoden und Informationen praktiziert, indem die Kostendaten auf der Basis betriebswirtschaftlichen Erfahrungs- und Zusammenhangswissens unter Berücksichtigung aktueller Informationen, z.B. über Branchenkonjunktur, Lohn- und Preissteigerungsgeschehen, Devisenkurse usw., planerisch flexibel fortentwickelt werden.[210] Im

---

[208] Vgl. Rese, M.: Erlösplanung, 2002, Sp. 454.
[209] Vgl. Hahn, D./Hungenberg, H.: Controllingkonzepte, 2001, S. 375.
[210] Vgl. Lachnit, L.: Bilanzanalyse, 2004, S. 259.

Zentrum Kostenplanung steht mithin die Planung der entscheidungsrelevanten Kosten unter Beachtung unterschiedlicher **Kostenbestimmungsfaktoren**,[211] wie z. B.

- Beschäftigung,

- Kapazität,

- fertigungstechnische Verfahren,

- Organisationsmethoden oder

- Faktorqualität und Faktorpreise.

Eine **entscheidungsorientierte Kostenrechnung** hat vielfältige Funktionen im Hinblick auf die Darstellung, Ermittlung, Planung, Vorgabe und Kontrolle kostenrechnerisch relevanter Informationen zu erfüllen. Dies bedingt eingehende Kenntnis der betrieblichen Kostenstrukturen und -abhängigkeiten sowie des Planungsrahmens, z.B. in Bezug auf

- Planungszeitraum,

- Leistungsplanung,

- Unterteilung in Kostenträger und -arten,

- Bestimmung von Kostenstellen und

- Festlegung der Kostenbezugsgrößen.

Durch den Ansatz von Planpreisen und -mengen werden **detaillierte Kostenplanungen** ermöglicht, deren Ergebnis Sollkosten, Plankalkulationssätze und relevante Plankosten sind.[212]

Eine umfassende Kostenplanung muss einerseits in der betrieblichen Gesamtplanung den Aufbau eines integrierten Kostenplans gewährleisten und andererseits so flexibel gestaltet sein, dass die vielfältigen Entscheidungsprobleme informatorisch fundiert werden können. Dazu sind aus der Vielzahl der Kostenrechnungsinstrumente diejenigen auszuwählen, die eine zielgerichtete integrierte Erfolgsplanung und -kontrolle ermöglichen, wobei die Auswahl insbesondere davon abhängt, ob eine träger- oder stellenbezogene Erfolgsrechnung durchgeführt werden soll.

Bei den Kostenplanungen sind träger-, bereiche- und stellenbezogene Kriterien zu berücksichtigen.[213] Vergleichsweise gesichert ist dabei die Planung derjenigen Kosten, die einer betrieblichen Leistung direkt zugerechnet werden können. Diese **Einzelkosten** werden ohne Einschaltung der Kostenstellenrechnung geplant. Als wesentliche Einzelkostenarten sind Material- und Lohneinzelkosten zu nennen. Darüber hinaus können Sondereinzelkosten der Fertigung und des Vertriebes in Abhängigkeit von der Branche Bedeutung er-

---

[211] Vgl. Küpper, H.-U.: Controlling, 2005, S. 372-374; Schweitzer, M./Küpper, H.-U.: Kosten- und Erlösrechnung, 2011, S. 391.
[212] Vgl. Kilger, W./Pampel, J./Vikas, K.: Plankostenrechnung, 2007, S. 283.
[213] Vgl. Hahn, D./Hungenberg, H.: Controllingkonzepte, 2001, S. 505.

halten. Die Ausrichtung auf Kostenträger kann die Gefahr in sich bergen, dass z. B. auf eine kostenstellenweise Kontrolle der Einzelmaterialkosten verzichtet wird. Dabei wird übersehen, dass auch bei Einzelmaterialkosten Verbräuche von Arbeitskräften in den Kostenstellen beeinflusst werden können. Bei der **Einzelkostenplanung** wird in der Regel eine Kombination folgender **Verfahren** angewendet:

■ Festlegung durch Berechnungen aufgrund der Fertigungsunterlagen;

■ Ermittlung aufgrund von Probeläufen und Musteranfertigungen;

■ Festlegung aufgrund von Schätzungen der Kostenplaner, Meister oder Abteilungsleiter;

■ Ableitung aus statistischen Vergangenheitswerten;

■ Ableitung aus externen Richtzahlen.

Im Gegensatz zu den Einzelkosten ist die Höhe der **Gemeinkosten** nicht direkt aus der Leistungsplanung ableitbar, denn diese Kosten werden oftmals von einer Vielzahl von Leistungsarten gemeinsam verursacht. Ein effektives Gemeinkostenmanagement erfordert die Planung dieser Kosten unter Berücksichtigung unterschiedlicher Betriebsbereitschaftsstufen in den Kostenstellen und der Gesamtunternehmung. Es setzt eine Einteilung der Gemeinkosten in einen sich mit der Leistungserstellung verändernden (variablen) Teil und einen beschäftigungsunabhängigen, jedoch durch gesonderte Entscheidungen beeinflussbaren Teil, voraus. Im Mittelpunkt der **Gemeinkostenplanung** stehen demzufolge die **Kostenstellen**, die als eigenständige Verantwortungsbereiche so abgegrenzt sein sollten, dass in einer Kostenstelle nur Maschinen und Arbeitsplätze zusammengefasst werden, deren Kostenverursachung keine wesentlichen Unterschiede aufweist. Liegt diese Einteilung fest, so besteht die nächste Aufgabe darin, für die Kostenstellen Bezugsgrößen als Maßgrößen der Kostenverursachung zu bestimmen. Bei dieser Bezugsgrößenwahl lassen sich statistische und analytische Verfahren unterscheiden.[214] Bei den **statistischen Verfahren** werden aus den Istkosten vergangener Abrechnungsperioden diejenigen Kosten ermittelt, die bezogen auf Beschäftigungsschwankungen proportional oder fix waren. Bei den **analytischen Verfahren** werden nach wissenschaftlichen Methoden für zukünftige Planungszeiträume auf Basis von Kostenbestimmungsfaktoren für vorgegebene Beschäftigungsgrade fixe und variable Kosten ermittelt.

Die gesamtbetrieblichen Zielsetzungen bilden die Grundlage für bereichebezogene Planungen von Kosten und Leistungen, in denen diese Zielvorstellungen aufgelöst und hinsichtlich der konkreten Realisierbarkeit durch die Bereicheverantwortlichen bewertet werden.[215] Für die Durchführung der **bereichebezogenen Planungen** ergeben sich zwei miteinander verbundene Aufgaben: Planung der relevanten Sach- und Formalziele in den Bereichen unter Berücksichtigung der generellen Ziele des Unternehmens sowie Planung der zur optimalen Zielerreichung der Bereiche erforderlichen Maßnahmen.

---

[214] Vgl. Freidank, C.-C.: Kostenrechnung, 2008, S. 253-254.
[215] Vgl. Kilger, W./Pampel, J./Vikas, K.: Plankostenrechnung, 2007, S. 349.

Die **Abbildung 2.30** soll mögliche Teilplanungen als Konkretisierung in Bezug auf die nötige Gesamtplanung des Unternehmens überblicksartig darstellen und ihre Einbindung in das **Planungssystem des Unternehmens** verdeutlichen.

Abbildung 2.30   Struktur der Unternehmensplanung

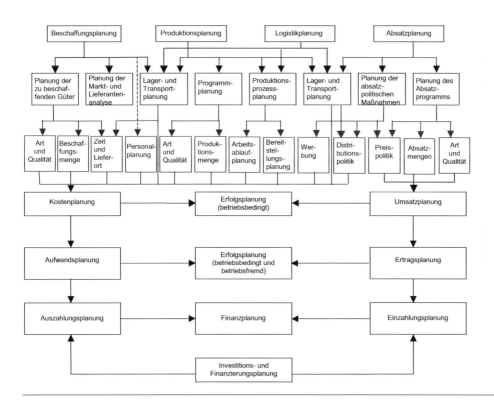

Im **Planungsprozess** werden die im jeweiligen Bereich anzustrebenden Einzelziele aus den Oberzielen des Unternehmens abgeleitet und im operativen Ziel- und Maßnahmenplan des Bereichs festgehalten. Die operationalen Ziele werden dann nach dem Gegenstromverfahren zusammengefasst und mit den Unternehmensgesamtzielen abgestimmt. Dieser **Rückkoppelungs- und Abstimmungsprozess** wird in der Regel zu einer Korrektur der Ziele in der einen oder anderen Richtung führen. Er wird solange fortgesetzt, bis die Bereicheziele untereinander und mit den Gesamtunternehmenszielen in Einklang stehen.[216]

---

[216]   Vgl. Küpper, H.-U.: Controlling, 2005, S. 333-338.

2.5.3   Erfolgsplanung

Die Umsatz- und Kostenplanungen fließen im System der **Erfolgsplanung und -kontrolle**
zusammen, wo sie hinsichtlich ihrer Auswirkungen auf Kostenträger und -stellen sowie auf
das Betriebsergebnis untersucht und durch den Vergleich mit den jeweiligen Ist-Werten
kontrolliert werden, wobei die Kontrolle den Soll-Ist-Vergleich und die Abweichungsanalyse beinhaltet. Die Rechnungen werden durch dispositiv nutzbare Instrumente der
Kosten- und Leistungsrechnung unterstützt, wie sie z. B. in

- Umsatzprognosen,

- Deckungsbeitragsrechnungen,

- Fixkostendeckungsrechnungen,

- Kennzahlen- und Kennzahlensystemen,

- Break-Even-Analysen und

- Systeme der Budgetierung

zur Verfügung stehen.

Die **Betriebsergebnisplanung** stellt sich als ein Teilsystem der an erfolgs- und finanzwirtschaftlichen Zielen orientierten Unternehmensführung dar, deren wesentliche Instrumente
die Erfolgs-, Finanz- und Bilanzplanung sind. Sie ist sowohl eigenständiger Planungs-
bereich als auch integraler Bestandteil des gesamten Planungssystems und grenzt sich von
anderen Planungsbereichen durch die Zielsetzung und die verwendeten Wertkategorien
ab. Ihre wesentlichen Informationen bezieht sie aus der Kosten- und Leistungsrechnung
mit den Teilbereichen Kostenarten-, Kostenstellen- und Kostenträgerrechnung sowie
Leistungs- und Erlösrechnung.

Die in den Teilbereichen der Kosten- und Leistungsrechnung angewendeten Instrumente
werden zur **betrieblichen Erfolgslenkung** genutzt und im Hinblick auf eine Ent-
scheidungsorientierung erweitert. Ausgehend von den betrieblichen Teilplanungen und
den Informationen aus der Kosten- und Leistungsrechnung werden mit Hilfe von

- trägerbezogenen Umsatzplanungen sowie

- träger- und stellenbezogenen Kostenplanungen

wichtige Rahmenparameter für

- die Programmplanung,

- die Gestaltung des betrieblichen Leistungsprozesses und

- die Budgetierung der als Verantwortungsbereiche definierten Stellen

vorgegeben.

Bei der konkreten Gestaltung der Erfolgsplanung und -kontrolle sind die Gegebenheiten des betrieblichen Rechnungswesens und die Interdependenzen der betrieblichen Planungsbereiche zu berücksichtigen. Die Informationen aus den Rechenbereichen müssen in einem dispositiv nutzbaren, in Richtung Erfolg und Liquidität zielenden **Informations- und Dispositionssystem** aufbereitet werden. Ein solches System hat eine Reihe von Anforderungen zu erfüllen, die sowohl zeitlicher, inhaltlicher als auch organisatorischer Art sein können. Neben der Berücksichtigung der strategischen und operativen Planungsdimension sind ausgehend von den gesamtunternehmensbezogenen Zielsetzungen deren Realisierungsmöglichkeiten in den unternehmerischen Teilfeldern aufzuzeigen und zu unterstützen. Diese Teilplanungen sind im Wege des **Gegenstromverfahrens** zielorientiert zeitlich und inhaltlich mit anderen Teilplanungen und der Gesamtplanung abzustimmen. Neben z.B. Produktions-, Absatz- und Lagerplanungen ist insbesondere die Kostenplanung in Abhängigkeit von der Planbeschäftigung und weiterer Kostendeterminanten von Relevanz.

Die Erfolgsplanung auf der Basis der Daten aus der Kosten- und Leistungsplanung mit dem kalkulatorischen Betriebsergebnis als Resultat reicht jedoch als Unternehmensführungsinstrument nicht aus, da die **Erfolgslage des Gesamtunternehmens** nicht nur durch das (kalkulatorische) Betriebsergebnis, sondern auch noch durch weitere Elemente, wie z.B. Finanzergebnis oder unregelmäßiges Ergebnis, bestimmt wird. Die Erfolgsplanung muss daher über die Umsatz-, Kosten- und Betriebsergebnisplanung hinaus bis zur Planung des bilanziellen Ergebnisses gemäß Gewinn- und Verlustrechnung reichen. Nötig sind dazu folgende Schritte:

- Überführung der Kosten und Leistungen in Aufwendungen und Erträge;

- Ergänzung um Finanzaufwendungen und -erträge;

- Ergänzung um planbare unregelmäßige Aufwendungen und Erträge;

- Ergänzung um steuerliche Elemente, wie z.B. Gewinnsteuern.

Auf diese Weise können die Ergebnisse der betrieblichen, finanziellen und unregelmäßigen bzw. außerordentlichen Geschehnisse zusammengestellt und für die Planung und Kontrolle des Gesamterfolges der Unternehmung genutzt werden. **Abbildung 2.31** verdeutlicht die Basiselemente der **Gesamtunternehmens-Erfolgsplanung**.

Abbildung 2.31   Basiselemente der Erfolgsplanung

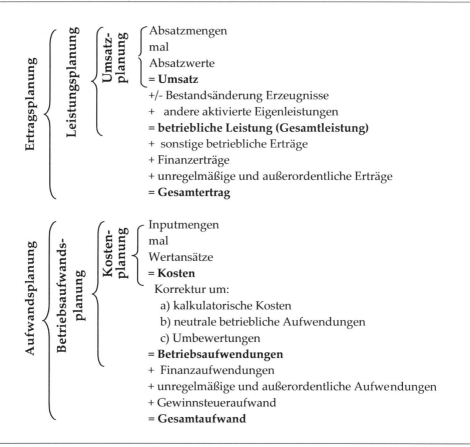

Zusammenfassend muss die Erfolgsplanung die zu erwartenden Auswirkungen von Planungs- und Handlungsalternativen auf die **quantifizierbaren Zielkomponenten** aufzeigen. Dabei sind Kriterien der Aktualität und Flexibilität zu berücksichtigen, d. h. Veränderungen in externen und internen Erwartungsparametern müssen flexibel und zeitnah in ihren Auswirkungen auf die gesamtbetrieblichen Planziele und die damit zusammenhängenden Teilplanungen antizipierbar bzw. ermittelbar sein. Die Nutzung im Rahmen der Unternehmensführung erfordert entscheidungs- und handlungsorientierte Modelle, in denen der Heterogenität der betrieblichen Gegebenheiten ebenso Rechnung getragen wird wie der Dynamik der inner- und außerbetrieblichen Einflussfaktoren. So sind zwar bestehende Abhängigkeiten rechentechnisch zu vernetzen, dies bedeutet jedoch nicht, dass ausschließlich eine deterministische Gestaltung infrage kommt, vielmehr müssen Handlungsspielräume über Parameteranpassung und Durchtestung von **Planungsalternativen** berücksichtigt werden.

Der Prozess der Umsatz-, Kosten- und Ergebnisplanung soll an einem **mittelständischen Unternehmen** verdeutlicht werden. Da in den Unternehmen keine Anders- und Zusatzkosten verrechnet werden, dienen als Ausgangsbasis die Daten aus der Finanzbuchhaltung (**Tabelle 2.25**) der letzten fünf Jahre (Ij-4 bis IP1), wobei zur Planungsunterstützung ein Durchschnittswert (Ds.) ermittelt wird und ein Ausweis in Mio. € erfolgt.

Tabelle 2.25   Datenhintergrund für die Ergebnisplanung (in Mio. €)

GuV	Ij-4	Ij-3	Ij-2	Ij-1	Ij0	Ds.
Umsatzerlöse	10,10	10,30	11,30	12,60	13,80	11,62
Bestandsänderung Erzeugnisse	0,00	0,10	0,20	0,40	0,20	0,23
aktivierte Eigenleistungen	0,00	0,00	0,00	0,00	0,00	0,00
Gesamtleistung	**10,10**	**10,40**	**11,50**	**13,00**	**14,00**	**11,80**
Sonstige betriebliche Erträge	0,85	0,85	0,85	1,00	1,20	0,95
Materialaufwand	5,60	5,60	6,30	7,50	8,30	6,66
Rohergebnis	**5,35**	**5,65**	**6,05**	**6,50**	**6,90**	**6,09**
Personalaufwand	2,50	2,60	2,80	3,00	3,20	2,82
Abschreibungen (aus ASP)	0,40	0,40	0,40	0,50	0,50	0,44
Sonstige betriebliche Aufwendungen	1,35	1,45	1,90	2,00	2,00	1,74
Sonstige Steuern	0,00	0,00	0,00	0,00	0,00	0,00
Betriebsergebnis	**1,10**	**1,20**	**1,20**	**1,20**	**1,30**	**1,20**

Da das Unternehmen den primären Engpass im Absatz sieht, wird mit der Position der **Umsatzplanung (Tabelle 2.26)** begonnen. Obwohl in den letzten fünf Jahren ein durchschnittliches Umsatzwachstum von 8% erzielt werden konnte, hat die Umsatzprognose für das Planjahr eine noch deutlicher steigende Nachfrage signalisiert, die auf den Marktrückzug eines Mitbewerbers zurückzuführen ist. Die Unternehmensleitung hat vor, die frei gewordenen Marktanteile durch eigene Angebotsausweitung zu übernehmen, damit nicht ein neuer Wettbewerber in den Markt eindringt. Eine auf Basis von Markt-, Nachfrage- und Preisbeobachtung entstandene Umsatzprognose lässt eine Ausweitung des Umsatzes um etwa 30% erwarten. Die Unternehmensleitung hat sich daraufhin, auch mit Blick auf den nötigen Aufbau der Kapazitäten, dazu entschlossen, für das Planjahr Pj1 eine Umsatzausweitung von 25% auf 17,3 Mio. € Umsatz zu planen. In diesem soll das in den Vorjahren kontinuierlich aufgebaute Erzeugnislager, bis auf einen für die Liefersicherung unbedingt nötigen Teil, abgebaut werden, was zu Bestandsminderungen von 0,3 Mio. € führt. Eigenleistungen sollen wie auch in den Vorjahren nicht erstellt werden, so dass für das Planjahr Pj1 eine Gesamtleistung von 17,0 Mio. € geplant wird.

Tabelle 2.26   Planung der Gesamtleistung (Ausschnitt)

lj-4	lj-3	lj-2	lj-1	lj0	Ds.		Pj1
10,00	10,30	11,30	12,60	13,80	11,60	Umsatzplanwert	17,30
10,00	10,30	11,30	12,60	13,80	11,60	*Umsatz – Planvorgabe	17,30
3,00	3,10	3,20	3,20	3,30	3,16	*Menge – Planvorgabe	0,00
	3,33	3,23	0,00	3,12	2,42	*prozentuale Mengenänderung	0,00
3,33	3,32	3,53	3,94	4,18	3.66	*Preis – Planvorgabe	0,00
	-0,32	6,28	11,50	6,20	5,92	*prozentuale Preisänderung	0,00
	3,00	9,71	11,50	9,52	8,43	prozentuale Veränderung	25,36
0,10	0,10	0,20	0,40	0,20	0,20	*Bestandsänd. Erzeugnisse	-0,30
0,00	0,00	0,00	0,00	0,00	0,00	aktivierte Eigenleistungen	0,00
10,10	10,40	11,50	13,00	14,00	11,80	Gesamtleistung	17,00
	2,97	10,58	13,04	7,69	8,57	prozentuale Veränderung	21,43

Um diese Leistung erbringen zu können, muss die Produktion ausgeweitet werden, was zunächst den **Materialaufwand (Tabelle 2.27)** betrifft. Dabei plant die Unternehmensleitung die selbst erstellte Produktion um 15% zu steigern, was eine Mengenzunahme beim Materialaufwand von 15% bedingt, und des Weiteren für 1,7 Mio. € fremde Leistungen zu beziehen, um die für die Gesamtleistung nötige Menge produzieren zu können. Da nach einer Preisspitze für die am häufigsten benötigten Rohstoffe im letzten Jahr eine Korrektur erwartet wird, wird von eine 5%igen Preissenkung beim Material ausgegangen. Auch die übrigen Roh-, Hilfs- und Betriebsstoffe sollen der Planung zufolge eher konstant gehalten werden, so dass letztlich der Materialaufwand insgesamt bei 60% der Gesamtleistung gehalten werden kann und somit nur geringfügig im Vergleich zum Vorjahr steigt.

Tabelle 2.27   Planung des Materialaufwandes (Ausschnitt)

lj-4	lj-3	lj-2	lj-1	lj0	Ds.		Pj1
5,60	5,60	6,30	7,50	8,30	6,66	**Materialaufwand**	**10,20**
5,60	5,60	6,30	7,50	8,30	6,66	**Aufwendungen f. RHB-Stoffe**	**8,50**
55,4%	53,8%	54,8%	57,7%	59,3%	56,2%	* in % der Gesamtleistung	50,00
3,19	3,25	3,72	4,36	5,18	3,94	* Zellstoffe Recycling	5,66
5,70	5,70	5,90	6,70	7,00	6,20	* Menge	8,05
	0%	3%	12%	4%	5%	* Mengenänderung	15%
0,56	0,57	0,63	0,65	0,74	0,63	* Preise	0,70
	2%	10%	3%	12%	7%	* Preisänderung	-5%
1,00	0,95	0,90	0,95	0,90	0,94	* Zellstoffe Neuware	0,85
0,30	0,35	0,35	0,38	0,36	0,35	* uebrige Stoffkosten	0,30
0,50	0,45	0,50	0,48	0,49	0,48	* Verpackungsstoffe	0,50
0,14	0,10	0,11	0,20	0,15	0,14	* Reparaturmaterial u. -teile	0,15
0,10	0,10	0,20	0,25	0,10	0,15	* Masch.bespannung/Betriebsmat.	0,10
0,37	0,40	0,52	0,89	1,12	0,66	* Energie	0,94
0,00	0,00	0,00	0,00	0,00	0,00	**Aufw. f. bezog. Leistungen**	**1,70**
0,00	0,00	0,00	0,00	0,00	0,00	* in % der Gesamtleistung	10,00

Außerdem erfordert die Erweiterung von Produktion und Umsatz 30 neue Mitarbeiter. Zusammen mit einer 3,2%igen Lohn- und Gehaltssteigerung steigen die **Personalkosten** (**Tabelle 2.28**) auf 4,02 Mio. € bzw. 23,7% der Gesamtleistung, nachdem diese in den vergangenen Jahren kontinuierlich bis auf 22,9% abgenommen hatten. **Tabelle 2.28** verdeutlicht die Planung der Personalaufwendungen.

Tabelle 2.28   Planung des Personalaufwandes

	Ist-Mitarbeiteranzahl	Zunahme Mitarbeiteranzahl in Prozent	Plan-Mitarbeiteranzahl	Ist-Durchschnittslohn in €	Lohn-Steigerung in Prozent	Plan-Durchschnittslohn in €	Planlohn je Gruppe in €
Lohngruppe 1	40	25,0%	50	7.150,00	3,2%	7.378,80	368.940,00
Lohngruppe 2	38	50,0%	57	20.000,00	3,2%	20.640,00	1.176.480,00
Lohngruppe 3	25	20,0%	30	30.000,00	3,2%	30.960,00	928.800,00
Lohngruppe 4	25	-20,0%	20	42.000,00	3,2%	43.344,00	866.880,00
Lohngruppe 5	10	10,0%	11	60.000,00	3,2%	61.920,00	681.120,00
Gesamt	138		168				
					Lohnaufwand gesamt:		4.022.220,00

Die Ausweitung der Produktion macht auch Erweiterungsinvestitionen notwendig, so dass der Aufwand aus **Abschreibungen**, der aus der Anlagespiegelplanung entnommen werden kann, auf 0,85 Mio. € oder 5% der Gesamtleistung steigen wird. Zudem werden auch **sonstigen betrieblichen Aufwendungen** mit 2,60 Mio. € oder 15,3% der Gesamtleistung höher geplant als im Vorjahr. Dies wird jedoch zum Teil kompensiert durch einen erhöhten

Planwert der **sonstigen betrieblichen Erträge**, wobei ein Buchgewinn aus dem Abverkauf einer zu klein dimensionierten Maschine mit 0,3 Mio. € eingeplant ist. Nach Abzug der sonstigen Steuern von 0,10 Mio. € ergibt sich ein geplantes Betriebsergebnis von 0,43 Mio. €, was trotz massivem Umsatzanstieg deutlich unter dem des Vorjahres liegt. **Tabelle 2.29** fasst die Betriebsergebnisplanung zusammen.

Tabelle 2.29   Umsatz-, Kosten- und Betriebsergebnisplanung

lj-4	lj-3	lj-2	lj-1	lj0	Ds.	GuV	Pj1
10,10	10,30	11,30	12,60	13,80	11,62	Umsatzerlöse	17,30
0,00	0,10	0,20	0,40	0,20	0,23	Bestandsänderung Erzeugnisse	-0,30
0,00	0,00	0,00	0,00	0,00	0,00	aktivierte Eigenleistungen	0,00
10,10	**10,40**	**11,50**	**13,00**	**14,00**	**11,80**	**Gesamtleistung**	**17,00**
0,85	0,85	0,85	1,00	1,20	0,95	Sonstige betriebliche Erträge	1,70
5,60	5,60	6,30	7,50	8,30	6,66	Materialaufwand	10,20
5,35	**5,65**	**6,05**	**6,50**	**6,90**	**6,09**	**Rohergebnis**	**8,50**
2,50	2,60	2,80	3,00	3,20	2,82	Personalaufwand	4,02
0,40	0,40	0,40	0,50	0,50	0,44	Abschreibungen (aus ASP)	0,85
1,35	1,45	1,90	2,00	2,00	1,74	Sonstige betriebliche Aufwendungen	2,60
0,00	0,00	0,00	0,00	0,00	0,00	Sonstige Steuern	0,10
1,10	**1,20**	**1,20**	**1,20**	**1,30**	**1,20**		**0,43**

Für die innerbetriebliche Lenkung ist diese **globale Betriebsergebnisplanung** aufzulösen. Die Werte sind über das System der Kostenartenrechnung in die Kostenstellenrechnung als Budgets und dann in die Kostenträgerstückrechnung in die Kalkulation der einzelnen Produkte zu übernehmen, d.h. diese globalen Planwerte sind interdependent mit dem Kostenrechnungssystem auf Planzahlenbasis. Das Erfolgscontrolling benutzt zur Auflösung dieser globalen Leistungs- und Kostengrößen das Instrumentarium der Budgetierung, um so die Koordination, Steuerung und Kontrolle der Unternehmensteilbereiche zu erreichen.

2.6   Budgetierung als Bestandteil des Erfolgscontrollings

Die **Budgetierung** ist ein Subsystem der Unternehmungsplanung, in welchem am (zeitlichen) Ende des Planungsprozesses die Planung in quantitative, umsetzungskonkrete Größen transformiert wird.[217] Die Budgetierung umfasst den gesamten **Prozess** der Erstellung, Verabschiedung, Kontrolle sowie der zugehörigen Soll-Ist-Abweichungsanalyse von **Budgets**.[218] Diese können als ein formalzielorientierter, in absolute oder relative Wert-

---

[217] Vgl. Lachnit, L./Dey, G.: Lenkung, 1992, S. 88.
[218] Vgl. Horváth, P.: Controlling, 2011, S. 201-206.

größen formulierter Plan angesehen werden, wobei Ergänzungen um Mengenangaben sowie Sachzielbedingungen die Abgestimmtheit von Budgets und Unternehmensgesamtzielen absichern[219] und in Abhängigkeit der für die Führung generierbaren Informationen und dem Dezentralisierungsgrad zu sehen sind. Die Budgets werden den Ausführungsträgern (Bereiche, Stellen etc.) für eine bestimmte Periode mit einem bestimmten Verbindlichkeitsgrad vorgegeben und sind insbesondere zur Verhaltenssteuerung des Mitarbeiterverhaltens geeignet.[220] Das Budget ist somit ein

- quantifizierter,

- sachzielergänzter,

- periodisierter,

- konkretisierter,

- formalisierter und

- verbindlicher

Plan für eine bestimmte, für die Ausführung zuständige Organisationseinheit. In Abhängigkeit von dem **Führungsstil** können diese Budgets dann auch als Zielvereinbarungen oder Verträge verstanden werden.[221]

Im Prinzip können Budgets für alle Planungsstufen und für alle Planungsfristigkeiten erstellt werden. Bedeutung und Detaillierungsgrad der Budgets nehmen aber von der Strategiestufe zur operativen Stufe zu. Budgets können anhand folgender Merkmale differenziert werden:

- Entscheidungseinheit (Stelle, Center, Bereich, Segment),

- Geltungsdauer (Monat, Quartal, Jahr, mehrere Jahre),

- Wertdimension (Leistungen, Kosten, Einnahmen, Ausgaben, Deckungsbeiträge),

- Sachzieldimension (Mengen, Zeiten, Qualitäten) und

- Verbindlichkeitsgrad (starre oder flexible Budgets).[222]

Der Zweck der Budgetierung liegt in der **gesamtzielbezogenen Lenkung der organisatorischen Unternehmensteile**. Aufgabe der Budgetierung ist es daher, mittels Budgets die Entscheidungsträger der Unternehmensteilbereiche zu einem Verhalten zu führen, bei dem die Einzelentscheidungen auf die Gesamtzielsetzung des Unternehmens ausgerichtet sind. Mittels der Budgets soll also das Unternehmensgeschehen planmäßig (und nicht zufällig), genehmigt (und nicht willkürlich), wechselseitig abgestimmt (und

---

[219] Vgl. Lachnit, L./Dey, G.: Lenkung, 1992, S. 88.
[220] Vgl. Horváth, P.: Controlling, 2011, S. 215; Roehl-Anderson, J. M./Bragg, S. M.: Controller's Function, 2000, S. 119-121.
[221] Vgl. Serven, L. B. M.: Value Planning, 2001, S. 60-65.
[222] Vgl. Lachnit, L./Dey, G.: Lenkung, 1992, S. 88.

somit unter Berücksichtigung betrieblicher Interdependenzen) sowie ordnungsgemäß bzw. rational (und somit den Unternehmenszielen folgend) abgewickelt werden. Dies bedeutet, dass die Budgetierung als betriebswirtschaftliches Führungsinstrument im Wesentlichen die Planungsfunktion-, (horizontale) Koordinations-, (vertikale) Integrations-, Informations-, Motivations- und Kontrollfunktion übernimmt.[223]

Die **Planungsfunktion** ist bei der Budgetierung als Subsystem des Planungssystems obligatorisch. Die gesamtzielbezogene Lenkung der organisatorischen Unternehmenseinheiten beinhaltet sowohl eine **horizontale Koordinationsfunktion** als auch eine **vertikale Integrationsfunktion**. Die horizontale Koordinationsfunktion stellt darauf ab, mit Hilfe von Budgets die Aktivitäten sowohl zwischen den Teilbereichen als auch innerhalb der Bereiche aufeinander abzustimmen und im Sinne der obersten Unternehmensziele zu lenken. Die vertikale Integrationsfunktion hat die Abstimmung der jeweiligen Teilbereichsziele und -aktivitäten mit den Zielen der übergeordneten Organisationseinheit und den gesamtunternehmensbezogenen Zielen zum Inhalt.

Informations- und **Motivationsfunktion**[224] sind eng miteinander verzahnt. Die Handlungs- und Entscheidungsträger in den betrieblichen Bereichen können die ihnen übertragenen Aufgaben nur dann wirkungsvoll erfüllen, wenn sie über die Einbindung ihres Teilbereiches in den unternehmerischen Gesamtprozess ausreichend informiert sind. Die motivierende Unterrichtung der Entscheidungsträger über die allgemeinen Rahmensetzungen und die konkret vorgegebenen Teilziele ist wesentlicher Inhalt der Informationsfunktion eines Budgets. Die Einhaltung der Budgets wird für die Entscheidungsträger zum Ziel, die Einzelkomponenten des Budgets können für sie als **Leistungsmaßstäbe** angesehen werden.[225] Insbesondere bei global agierenden Unternehmen ist die Berücksichtigung der empirisch belegten kulturspezifischen Unterschiede der verschiedenen Länder notwendig, was zu Problemen der einheitlichen Ausgestaltung bzw. aufwendigeren Implementierung der Budgetierung führt.[226]

Die **Kontrollfunktion** ist obligatorisch, denn ebenso wie die Planung generell ohne nachfolgende Kontrolle der Zielerreichung kaum wirkungsvoll ist, bleiben Budgets ohne eine anschließende Feststellung möglicher Abweichungen zwischen Vorgabe- und Istdaten unvollendet.

Das **Budgetierungssystem** als Subsystem des Planungs- und Kontrollsystems beinhaltet die Gesamtheit der Elemente der Budgetierung, mit der die Entscheidungseinheiten auf die Gesamtziele des Unternehmens bezogen koordiniert und gelenkt werden.[227] Als Budgetsystem wird die geordnete Gesamtheit, unter Berücksichtigung der technischen und

---

[223] Vgl. Lachnit, L.: Unternehmensführung, 1989, S. 41-42; Serfling, K.: Controlling, 1992, S. 252.
[224] Vgl. Perridon, L./Steiner, M./Rathgeber, A.: Finanzwirtschaft, 2009, S. 632-636. Über die Motivationsfunktion wird die Budgetierung auch zu einem Instrument der Personalführung (vgl. Küpper, H.-U.: Controlling, 2005, S. 358).
[225] Vgl. Lachnit, L./Dey, G.: Lenkung, 1992, S. 89.
[226] Vgl. Gray, S. J./Salter, S. B./Radebaugh, L. H.: Global Accounting, 2001, S. 56-59.
[227] Vgl. Ossadnik, W.: Controlling, 1998, S. 218; Weber, J./Schäffer, U.: Controlling, 2011, S. 284-285.

organisatorischen Beziehungen, abgestimmter Einzelbudgets eines Unternehmens bezeichnet.[228] Bei isolierter Betrachtung von Einzelbudgets lassen sich keine Interdependenzen zwischen diesen oder Widersprüche in der Planung erkennen. Durch das Budgetsystem werden vertikal und horizontal konsistente Planungen unter Beachtung der Interdependenzen zwischen den Einzelbudgets sowie eine Gesamtsicht über Ergebnisse und Wirkungen der durch die einzelnen Entscheidungsträger durchzuführenden Aktivitäten ermöglicht. Voraussetzung für eine wirkungsvolle Budgetierung ist einerseits die organisatorisch optimierte Ausgestaltung des **Budgetierungsprozesses** und andererseits eine sachgemäße Auswahl der eingesetzten **Budgetierungstechniken**.

2.6.1 Budgetierungsprozess

Gemäß der ablauforganisatorischen Vorgehensweise zur Budgeterstellung lassen sich grundsätzlich die retrograde (top-down), die progressive (bottom-up) und die rekursive Methode (Gegenstromverfahren) unterscheiden.

Beim **Top-down-Verfahren** bilden die von der Unternehmensführung geplanten Ziele und Sollgrößen die Ausgangsbasis. Die Budgets der untergeordneten Bereiche werden so lange top-down angepasst, bis die Ausgangsgrößen erreichbar erscheinen.[229] Als Vorteil dieses Verfahrens ist die unmittelbare Ausrichtung des Budgetierungsprozesses auf die Unternehmensziele anzusehen. Als nachteilig wird angesehen, dass Informationspotenziale und Detailkenntnisse der nachgeordneten Entscheidungseinheiten nicht ausgeschöpft werden, da diese in den Budgeterstellungsprozess nicht eingebunden sind, was auch zu mangelnder Budgetakzeptanz und geringer Motivationswirkung führen kann.

Beim **Bottom-up-Verfahren** werden die in den einzelnen Entscheidungsbereichen des mittleren und unteren Managements erarbeiteten Teilbudgets sukzessive **bottom-up** zu einem Gesamtbudget des Unternehmens zusammengefasst. Als Vorteile dieser Methode werden der Einbezug der Detail- und Fachkenntnisse und die verbesserte Motivation der hierarchischen Ebenen angesehen. Als nachteilig erweist sich der höhere Koordinationsbedarf und die Gefahr von Fehlinformationen durch Bereichsegoismen.

Beim **Gegenstromverfahren** sollen die Nachteile der progressiven und retrograden Budgeterstellung vermieden und deren Vorteile synergetisch zusammengeführt werden. Dieses Verfahren bedeutet ein Nebeneinander von Top-down- und Bottom-up-Vorgehen. Während die Budgetvorstellungen vom oberen Management als Rahmenwerte vorgegeben werden (Top-down), fließen die Erfahrungen und Detailkenntnisse des unteren Managements, d.h. der Produkt- oder Bereichsverantwortlichen, in die Planung und Budgetierung mit ein (Bottom-up).[230] Zeigt die Zusammenführung der Einzelbudgets, dass die Vorgaben der Unternehmensleitung nicht zu erreichen sind, werden die Einzelbudgets revidiert, so dass das Gegenstromverfahren als iterativer Prozess bezeichnet werden kann.

---

[228] Vgl. Horváth, P.: Controlling, 2011, S. 206.
[229] Vgl. Steinle, C./Bruch, H. (Hrsg.): Controlling, 1998, S. 328.
[230] Vgl. Weber, J./Schäffer, U.: Controlling, 2011, S. 286.

Der Abstimmungsprozess, welcher kommunikative, koordinierende und integrative Planungsaufgaben beinhaltet, ist aufwendig und zeitintensiv. Ist eine Übereinstimmung erreicht, kann aus der Sicht des Unternehmens und der am Budgeterstellungsprozess beteiligten Mitarbeiter von vereinbarten Zielen gesprochen werden. Aus verhaltensorientierter Sicht besteht dabei das Problem, dass die Budgets für spätere Abweichungsanalysen zu unterteilen sind in direkt beeinflussbare und von außen determinierte Sachverhalte. Die Eliminierung letzterer, wie etwa Währungskurse, können über flexible Budgets erreicht werden.[231] Die in diesem Prozess entstandenen Budgetwerte stellen somit die Grundlage für eine Führung durch Zielvereinbarung im Sinne des **Management by Objectives** dar.

Sind die Budgets sowohl vertikal als auch horizontal aufeinander abgestimmt und vereinbart, erfolgt die formelle Genehmigung und Verabschiedung der Budgets durch die Unternehmensleitung. Die Budgets sind sodann für die jeweiligen Entscheidungseinheiten im Verlauf der Budgetperiode verbindlich. In der Unternehmenspraxis erfolgen in der Regel Budgetkontrollen sowohl am zeitlichen Ende der Budgetperiode als auch unterjährig im Verlauf der Budgetperiode. Die Budgetkontrolle kann grundsätzlich konzipiert werden als vergangenheitsorientierte oder zukunftsorientierte Budgetkontrolle.

Im Rahmen der **vergangenheitsorientierten Budgetkontrolle** werden die budgetierten und realisierten Größen gegenübergestellt (**Soll-Ist-Vergleich**). Eine auf das Ist gerichtete Kontrolle dient der Sicherstellung der Budgeterreichung und ist daher vergangenheitsorientiert. Generell ist zu beachten, dass die Soll-Ist-Gegenüberstellung nicht unmittelbar in der Lage ist, die Gründe für die aufgetretenen Abweichungen aufzuzeigen. Abweichungsanalysen werden auch mit dem Ziel durchgeführt, Informationen über die zugrunde liegenden Ursachen mit ihren jeweiligen Abweichungsanteilen (sog. Ergebniswertigkeit) sowie Korrekturvorschläge zu erhalten,[232] und geben damit auch gewichtige Anstöße für die persönliche Weiterentwicklung (lernende Organisation).[233] Es ist zu entscheiden, ob generell oder nur in definierten Fällen eine Abweichungsanalyse durchzuführen ist. Im letzteren Fall sind Schwellenwerte festzulegen, die eine Abweichungsanalyse auslösen. In der Praxis werden in der Regel

- prozentuale oder absolute Abweichungshöhe,

- Vorzeichen der Abweichung oder

- die Anzahl der Abweichungen innerhalb einer Kontrollperiode

als Auslöser für eine Abweichungsanalyse verwendet. Aus den festgestellten Abweichungsursachen sind geeignete Gegenmaßnahmen oder ggf. auch Planrevisionen abzuleiten.[234]

---

[231]   Vgl. Gray, S. J./Salter, S. B./Radebaugh, L. H.: Global Accounting, 2001, 75-79.
[232]   Vgl. Horvath, P.: Controlling, 2011, S. 215.
[233]   Vgl. Serven, L. B. M.: Value Planning, 2001, S. 69.
[234]   Vgl. Horngren, C. T./Foster, G./Datar, S. M./et al.: Cost Accounting, 2009, S. 251.

Im Rahmen der **zukunftsorientierten Budgetkontrolle** geht es darum, Informationen über Störgrößen innerhalb und außerhalb des Unternehmens (beispielsweise geänderte Rahmenbedingungen) zu erfassen und für die künftigen Soll-Werte als Korrektur-erwartung im Sinne eines Forecast nutzbar zu machen. Ziel der zukunftsorientierten Budgetkontrolle ist es, Störgrößen zu antizipieren und potentielle Soll-Ist-Abweichungen festzustellen. Das festgestellte Ist wird dabei in die Zukunft fortgeschrieben, wobei saisonale, konjunkturelle und weitere abschätzbare Einwirkungen und Entwicklungen berücksichtigt werden. Die der Soll-Größe gegenübergestellte Größe ist keine realisierte Ist-Größe, sondern eine absehbar-erwartete Wird-Größe, so dass es sich um einen **Soll-Wird-Vergleich** (Erwartungsrechnung) handelt.

Sowohl die vergangenheitsorientierte als auch die zukunftsorientierte Budgetkontrolle wird nicht als Selbstzweck durchgeführt, sondern trägt dazu bei, dass Fehlentwicklungen frühzeitig erkannt und rechtzeitig Gegenmaßnahmen eingeleitet werden können. Für die **Anpassung** gibt es grundsätzlich drei **Vorgehensweisen**:

- die geplanten Aktionen werden beibehalten und das ursprüngliche Budget wird revidiert,

- das Budget bleibt verbindlich und die ursprüngliche Aktionsplanung wird revidiert oder

- es wird eine Kombination beider Möglichkeiten beschlossen.

Die Beibehaltung der geplanten Aktionen bei gleichzeitiger **Budgetrevision** (erste Variante) ist insoweit ratsam, da ein starres Festhalten an Budgets in Situationen unzweckmäßig ist, in denen die zugrunde liegenden Prämissen nicht bzw. unvorhergesehene Ereignisse ein-getroffen sind. Das Budget würde in diesen Fällen zum Selbstzweck mit der Konsequenz, dass Fehlsteuerungen und Dysfunktionalitäten zu erwarten sind. Allerdings können generelle Budgetrevisionen dazu führen, dass sowohl die Budgeterstellung als auch die Budgeterreichung nicht mit der erforderlichen Sorgfalt und Intensität betrieben werden. Im Extremfall könnte die generelle Budgetrevision bewirken, dass ein Budgetverantwortlicher seine Vorgaben bewusst über- oder unterschreitet, um ein neues Budget zu erhalten. Aus den Wirkungen der generellen Budgetrevision und dem generellen Festhalten an Budgets lässt sich ableiten, dass ein pauschales Vorgehen nicht empfehlenswert ist, da ansonsten die Führungswirkung der Budgets konterkariert wird. Es ist ratsam, Budgetrevisionen situationsbedingt vorzunehmen. Beispielsweise sollten Budgets in den Fällen revidiert werden, in denen die Prämissenänderungen oder unvorhergesehene Ereignisse derart gravierend sind, dass die Erreichung der Unternehmensziele gefährdet ist. Auch sollten Budgetrevisionen in jenen Situationen zur Diskussion stehen, in denen Abweichungen maßgeblich auf Ursachen zurückzuführen sind, die nicht beeinflussbar sind.

Inwieweit das Budget weiterhin bestehen bleibt und die ursprüngliche **Aktionsplanung revidiert** wird (zweite Variante), ist vor allem von der Bedeutung des Budgets im Gesamt-unternehmen und vom Grad der Verflechtung der Teilbudgets abhängig. So haben z.B. Budgetabweichungen in Verwaltungsbereichen kaum Auswirkungen auf andere Teil-budgets, während beispielsweise Einkaufs- und Produktionsbudgets eng miteinander ver-

flochten sind. Da aufgrund einer Budgetrevision der Koordinations- und Abstimmungs-
mechanismus erneut gestartet werden muss, sollte unter Wirtschaftlichkeitsaspekten das
Budget weiterhin bestehen, wenn der Grad der Verflechtung hoch bzw. die Bedeutung des
Einzelbudgets im Gesamtzusammenhang gering ist.

Unter institutionellen Aspekten kann bei der Budgetkontrolle grundsätzlich zwischen
Eigen- und Fremdkontrolle unterschieden werden. Eine **Eigenkontrolle** ist dann gegeben,
wenn der Mitarbeiter sich selbst kontrolliert. Dies bedeutet, dass der Budgetverantwortliche die Soll-Ist-Abweichung bzw. Plan-Ist-Abweichung selbst ermittelt, die Abweichungsanalyse eigenständig durchführt und keinen Informationspflichten gegenüber
Dritten unterliegt. Diese Situation ist gegeben, wenn es sich um Feinsteuerungsvorgänge
innerhalb der Toleranzgrenzen handelt. Die **Fremdkontrolle** ist dadurch gekennzeichnet,
dass eine Trennung zwischen Ausführung und Kontrolle vorliegt. Der Budgetverantwortliche wird von einer anderen Organisationseinheit kontrolliert, wobei er über die erhaltenen Ergebnisse i. d. R. mittels Analysebericht informiert wird.[235]

Ein Vorteil der **eigenkontrollorientierten Organisationsformen** liegt darin, dass ein
Budgetverantwortlicher die Ursachen für aufgetretene Abweichungen i. d. R. kennt bzw.
schnell lokalisieren kann.[236] Wenn der Budgetverantwortliche Fehlerkorrekturen selbständig veranlasst und auch die Abweichungsanalyse selbständig vornimmt, wird der
Vorgesetzte entlastet, indem dieser nur noch die Ausführungen der Budgetverantwortlichen auf Plausibilität hin zu überprüfen hat bzw. im Sinne des Management by Exception
nur noch in Exception-Fällen, d.h. bei Abweichungen jenseits der Toleranzgrenzen, eingreifen muss.

Bei **fremdkontrollorientierten Organisationsformen** sind Kontrollträger und der
Kontrollierte nicht identisch, der Kontrollierte erhält jedoch eine Rückkoppelung über seine
Budgeteinhaltung oder wird in den Kontrollprozess integriert. Dies geschieht i. d. R.
dadurch, dass er um Stellungnahmen bei aufgetretenen Abweichungen gebeten wird.
Waren die Budgetverantwortlichen nicht an der Budgeterstellung beteiligt, so ist für sie
eine Abweichungsanalyse schwieriger durchzuführen, da sie mit den Prämissen und den
Ermittlungsmethoden der zugrunde liegenden Budgetwerte ungenügend vertraut sind.

2.6.2   Budgetierungstechniken

Die bei der Budgetaufstellung anwendbaren **Budgetierungstechniken** richten sich nach
den eingesetzten **Planungsmethoden.** Auf der Grundlage von quantitativen Plangrößen
lassen sich die Budgets umso leichter bestimmen, je besser die Planungsprobleme in einem
Unternehmen strukturiert werden können. Eine zuverlässige Planung bzw. Budgetaufstellung erfordert die Kenntnis über die Beziehungen zwischen den Handlungsvariablen oder
sonstigen Einflussgrößen. Daher ist die Kenntnis des Innen- und des Umsystems der Unter-

---

[235]   Vgl. Hoffjan, A.: Controlling-Konzeption, 1997, S. 262-263.
[236]   Vgl. Weber, J./Schäffer, U.: Controlling, 2011, S. 323.

nehmung mit den jeweils geltenden Produktions-, Kosten- und Leistungsfunktionen für die Anwendbarkeit bestimmter Budgetierungstechniken bedeutsam. Die Verschiedenartigkeit der Prozesse, seien es Produktions- oder Verwaltungsprozesse, führen zu unterschiedlichen Techniken der Budgeterstellung, wobei grundsätzlich zwischen problemorientierten und verfahrensorientierten Budgetierungstechniken differenziert werden kann. [237]

Bei den **problemorientierten Techniken** kann direkt von den zu planenden Handlungsproblemen ausgegangen werden, da aufgrund der Kenntnis über Input-Output-Beziehungen Produktionsfunktionen gebildet werden können, auf deren Grundlage mittels verschiedener exakter Planungsverfahren optimale Planwerte bzw. Budgetgrößen ermittelt werden können. Die problemorientierten, d.h. unmittelbar objekt- bzw. produktbezogenen Budgetierungstechniken eignen sich daher vor allem bei materiellen Produktionsprozessen sowie einfachen Dienstleistungs- und Verwaltungsprozessen mit hoher Standardisierbarkeit.

Bei schwer oder nicht standardisierbaren Prozessen lassen sich keine Input-Output-Beziehungen ableiten, so dass sich bei diesen Prozessen klassische quantitative Verfahren der Kosten- und Leistungsplanung kaum nutzen lassen. Der Bezug derartiger Prozesse zum Produktionsprogramm ist deutlich geringer als bei produktbezogenen standardisierbaren Prozessen. Da bei der Planung und Budgetaufstellung dieser Prozesse nicht direkt von den Handlungsproblemen ausgegangen werden kann, sind indirekte, **verfahrensorientierte Budgetierungstechniken** entwickelt worden. Diese sind nicht durch die Art der Input- oder Output-Planung gekennzeichnet, sondern durch die jeweilige Verfahrensweise bei der Aufstellung der Budgetgrößen. Die verfahrensorientierten Budgetierungstechniken bestehen aus Regeln für den Prozess der Budgetaufstellung. Soweit die exakten problemorientierten Budgetierungstechniken nicht einsetzbar sind, ist auf die verfahrensorientierten Budgetierungstechniken zurückzugreifen.

Für eine **problemorientierte Budgetbestimmung** sind im Rahmen des betrieblichen Rechnungswesens oder des Operations Research Planungsverfahren entwickelt worden, bei denen das Produktionsprogramm in der Regel die Grundlage bildet. Die Bestimmung von Absatz-, Fertigungs- oder Beschaffungsbudgets geht von der Entscheidung über Absatz- und Fertigungsmengen aus und ist somit outputorientiert. Am weitesten ausgebaut ist die problemorientierte Budgeterstellung in der Kosten- und Erlösrechnung. Bei der Budgetaufstellung mit Ansätzen der Kostenplanung kann auf die Systeme der Grenzplan-, Betriebsplanerfolgs- oder Prozesskostenrechnung zurückgegriffen werden, in denen Verfahren entwickelt worden sind, mit denen sich die Gemeinkosten von Kostenstellen in Fertigung, Absatz und Beschaffung planen lassen.

Im Rahmen der **Kostenplanung** werden auf der Basis analytischer Erkenntnisse, physikalisch-technischer Zusammenhänge oder statistischer Regressionsanalysen **Kostenfunktionen** aufgestellt.[238] Über die Kostenfunktionen werden die Kosten geplant und gehen in Kostenstellenpläne ein. Diese zeigen beispielsweise die Zusammensetzung der

---

[237] Vgl. Küpper, H.-U.: Controlling, 2005, S. 336-359.
[238] Vgl. Demski, J. S./Feltham, G. A.: Cost Determination, 1976, S. 89-123.

Gemeinkosten einer Kostenstelle, Planverbrauchsmengen und –preise sowie die Aufteilung in fixe und variable Kostenanteile. Durch die Aufteilung in fixe und variable Kosten lassen sich die Plankosten am Periodenende in Soll-Kosten umrechnen, wodurch die Kosten an die tatsächliche Ausprägung der Bezugsgröße angepasst werden.

Die Budgetaufstellung mit Ansätzen der **Leistungs- bzw. Erlösplanung** wird vor allem für Produktions- und Vertriebsstellen vorgenommen. Während die Leistungskomponente in Fertigungsstellen über die Planbeschäftigung einbezogen wird, können in den Vertriebs-stellen die Erlöse unmittelbar beeinflusst werden. Zu deren Planung lassen sich – analog zum Vorgehen auf der Kostenseite – **Erlösfunktionen** ableiten, welche die Bestimmungs-größen der Absatzmengen und -preise als unabhängige Variable enthalten.

Soweit die relativ exakten problemorientierten Techniken nicht anwendbar sind, kommen die verfahrensorientierten Techniken zur Anwendung; dieses ist insbesondere bei Ver-waltungsprozessen der Fall. Gegenstand **verfahrensorientierter Budgetierungstechniken** sind Regeln und Empfehlungen für den Prozess der Budgetfestlegung. Bei der Erstellung des Budgets kann entweder vom angestrebten Ergebnis oder vom vorgesehenen Güterein-satz ausgegangen werden. Nach dieser Ableitungsrichtung lassen sich output- und inputorientierte Budgetierungstechniken unterscheiden.[239]

Bei den **inputorientierten Verfahren** werden die zu erbringenden Leistungen als weit-gehend gegeben angesehen. Die Budgets werden für die Inputseite und deren Kosten, Aus-gaben bzw. Auszahlungen formuliert. Die einfachste Form zur Budgeterstellung ist die **Fortschreibungsbudgetierung.** Dabei kann man entweder den jeweils letzten Istwert, einen aus durchschnittlichen Istwerten berechneten Normalwert oder einen Vorgabewert der Vorperiode zugrunde legen. Ferner lässt sich dieser Wert durch die Berücksichtigung von Einflussgrößen (wie Inflationsrate oder Konjunktur) durch Zuschläge oder Abschläge an-passen. Dieses Vorgehen ist vor allem aus dem öffentlichen Haushaltswesen bekannt. Als besondere Form der Fortschreibebudgetierung kann das **Kaizen-Budgeting** angesehen werden, bei dem durch kontinuierliche Abschläge bereits zukünftige Verbesserungen der Leistungserstellung berücksichtigt werden.[240]

Bei der **wertanalytischen Gemeinkostenbudgetierung** erfolgt die Budgetierung von Ge-meinkosten auf der Grundlage von wertanalytischen Verfahren. Das wertanalytische Grundkonzept besteht darin, die Funktionen der Produkte und Prozesse sowie deren Kosten zu ermitteln, um die Aktivitäten mit den größten Rationalisierungspotenzialen zu erkunden. Die Besonderheiten der wertanalytischen Gemeinkostenbudgetierung sind darin zu sehen, dass die Aktivitäten der Bereiche auf die Angemessenheit ihrer Kosten und Effizienzsteigerungspotenziale hin untersucht werden.

Bei den **outputorientierten Systemen** der Budgeterstellung bilden die zu erbringenden Leistungen die Basis der Analyse. Deren Realisierbarkeit sowie Kosten stehen im Zentrum

---

239 Vgl. Küpper, H.-U.: Controlling, 2005, S. 348-357.
240 Vgl. Horngren, C. T./Foster, G./Datar, S. M./et al.: Cost Accounting, 2009, S. 221-223.

der Betrachtung und werden als grundsätzlich veränderbar angesehen,[241] was nur über Integration der Prozesssichtweise zu erreichen ist. Dieses **Activity-Based-Budgeting** schafft damit erheblich bessere Ansatzpunkte bezüglich der Steuerung des Ressourcenverbrauchs sowie der Kontrolle und Leistungsbeurteilung.[242] Bei der **periodischen Programm-budgetierung** werden die einzelnen Leistungen aus ein- oder mehrperiodischen Rahmen-vorstellungen abgeleitet. In Bezug auf den angestrebten Output werden die einzelnen Programme durch Leistungsmerkmale beschrieben, während der Input wertmäßig als Kosten bzw. Ausgaben anzugeben ist.

Eine abgewandelte Konzeption der Programmbudgetierung findet sich im **Zero Base Budgeting (ZBB)** [243] Kernidee ist die Vorstellung, dass alle Aktivitäten der Verwaltungs-bzw. Gemeinkostenbereiche einer Unternehmung von einer Neubeginn-(Zero-) Basis aus-gehend geplant werden. Die bisherigen Lösungen werden in Frage gestellt und nur der strategische Grundzweck des Unternehmens dient als Orientierungsmarke, wobei dann gefragt wird, wie die Aufgabenerfüllung bei völligem neuen Start aussehen und mit welchen Kosten ermöglicht werden könnte. Dieser radikale Ansatz ist jedoch nur bei aus-gewählten Teilproblemen, nicht aber für die Gesamtheit der laufenden Leistungsprozesse und -strukturen gangbar, da er sehr zeitaufwendig ist.

Insbesondere dynamische Umweltbedingungen, die Zeitaufwendigkeit und Kostenintensiv-tät, die Vernachlässigung strategischer Ziele und nicht-finanzieller Steuerungsgrößen haben die Budgetierung in jüngster Vergangenheit in die Kritik gebracht. Unter Schlag-worten wie „Better Budgeting" oder „Beyond Budgeting" wurden Weiterentwicklungen diskutiert,[244] Die verschiedenen Vorschläge zum **Better** oder auch **Advanced Budgeting** zielen auf eine Entfeinerung der Budgetierung und eine stärkere Einbringung von Markt-orientierung.[245] Dabei wird sich auf zentrale Planungsinhalte konzentriert und der Prozess insgesamt optimiert etwa wie folgt vorgeschlagen:[246]

■ Reduzierung der Budgets auf erfolgskritische Prozesse;

■ Verzicht auf Planungsstufen und Vereinfachung des Systems;

■ Stärkere Orientierung an Marktentwicklungen;

■ Ermöglichung von ad hoc Vorausschauinformationen;

■ Umstellung auf Meilensteinbudgetierungen statt reiner Kalenderjahrsicht;

■ Verstärkung der analytischen Neuplanungskomponente mit Bezug zur strategischen Planung;

---

[241] Vgl. Steinle, C./Bruch, H. (Hrsg.): Controlling, 1998, S. 326.
[242] Vgl. Pfohl, M.: Prozessorientierte Budgetierung, 2000, S. 279.
[243] Vgl. Beinhauer, M.: Controlling, 1996, S. 37-39; Graumann, M.: Controlling, 2011, S. 415; Shim, J. K./Siegel, J. G.: Cost Management, 2000, S. 200-204; Steinle, C./Bruch, H. (Hrsg.): Controlling, 1998, S. 326-327; Weber, J./Schäffer, U.: Controlling, 2011, S. 316-319.
[244] Vgl. Horváth, P.: Controlling, 2011, S. 219.
[245] Vgl. Weber, J./Schäffer, U.: Controlling, 2011, S. 294.
[246] Vgl. Horváth, P.: Controlling, 2011, S. 220.

■ Fokussierung auf das Reporting und Reduktion der Häufigkeit von Budgetkontrollen;

■ Stärkung der Top-down-Komponente zur Aufwandsreduktion;

■ Entschlackung des Budgetvereinbarungs- und Budgetverabschiedungsprozesses sowie

■ Dezentralisation der operativen Planung.

Demgegenüber fordert das Konzept des **Beyond Budgeting**, eine komplette Abkehr von der Budgetierung.[247] Stattdessen übernehmen andere Instrumente und Techniken die Funktion der Budgetierung, d.h. beispielsweise die Balanced Scorecard, die Delegation von Ressourcenverantwortung, die Selbstabstimmung und die Schaffung interner Märkte mit klarer Trennung von Prognose und Motivation. Allerdings benötigt auch dieses Konzept (implizite) Prämissen über das Unternehmen und dessen Umfeld. Somit können sowohl das Better Budgeting als auch das Beyond Budgeting für bestimmte Unternehmen sehr gut geeignet sein; andere Unternehmen, die etwa niedrigere Dynamik und höher Komplexität aufweisen, sollten aber weiter auf die klassische Budgetierung setzen. „Auch bei der Budgetierung gibt es kein >one size fits all<-Konzept" [248], so dass sich Unternehmen wie auch bereits bei der Ausgestaltung der Kosten- und Leistungsrechnung individuell um die für sie zweckmäßigste Lösung bemühen müssen. Aufgabe des Controllings ist es, diesen Prozess zu begleiten, mit entsprechenden Vorschlägen auszugestalten sowie immer wieder vor dem Hintergrund der Rationalitätssicherung zu hinterfragen.

---

[247]   Vgl. Hope, J./Fraser, R.: Beyond Budgeting, 2003.
[248]   Weber, J./Schäffer, U.: Controlling, 2011, S. 296.

3   Finanzcontrolling

3.1   Grundsachverhalte des Finanzcontrollings

Die Finanzlage ist von existenzieller Bedeutung für Unternehmen; Illiquidität als Extrem zieht Insolvenz und Konkurs nach sich. Daher muss im Finanzbereich statt Improvisation und Reaktion informatorisch gut unterlegtes und geplantes Handeln vorherrschen.[249] Die **finanzielle Führung** von Unternehmen ist eine komplexe Gesamtaufgabe und umfasst folgende **Teilaufgaben**:[250]

- Aktuelle (laufende, situative) Liquiditätssicherung

  Durch Abstimmung der zu erwartenden Ein- und Auszahlungen hinsichtlich Höhe und Termin unter Berücksichtigung verfügbarer Anfangsbestände an Liquidität und ggf. erforderlicher Abdeckungen von Liquiditätsfehlbeträgen soll die **jederzeitige Zahlungsfähigkeit** des Unternehmens gewährleistet werden. Wegen der erforderlichen Genauigkeit der Angaben umfasst die aktuelle Liquiditätssicherung einen Zeithorizont bis zu etwa einem Jahr, wobei gestaffelte Unterplanungen mit größerer Feinheit die Liquiditätsplanung in Annäherung an die Gegenwart konkretisieren.

- Strukturelle (längerfristige) Liquiditätssicherung

  Ab einer gewissen Planungsreichweite verlagert sich die Betrachtung wegen mangelnder Erfassungsgenauigkeit von Zahlungsströmen zu Kapitalbewegungen. Die strukturelle Liquiditätssicherung beruht auf Analyse und Abstimmung von **Kapitalbedarf** und **Kapitalbereitstellung**. Hochverdichtet kommen diese Sachverhalte in der Bilanz zum Ausdruck. Durch Vergleich mit Normvorstellungen in Gestalt von Bilanz(Finanz-)regeln werden daraus Rückschlüsse auf strukturelle Liquiditätsbelastungen oder -potenziale gezogen.

- Bemessung der Liquiditätsreserve

  Die Höhe der **Liquiditätsreserve** wird bestimmt vom Bedarf an Transaktionskasse, von der mit der Finanzplanung verbundenen Unsicherheit und den Opportunitätskosten der Liquiditätshaltung. Die Aufgabe der Finanzplanung besteht darin, aus diesen Rahmendaten des Unternehmens heraus die angemessene Liquiditätsreserve abzuleiten.

- Optimierung der Erfolgswirkung finanzwirtschaftlicher Entscheidungen

  Die Finanzführung hat neben der Liquiditäts- auch die **Erfolgswirkung der finanzwirtschaftlichen Entscheidungen** zu optimieren. Als wesentliche Teilaufgaben sind dabei zu nennen:

---

[249] Vgl. Hahn, D./Hungenberg, H.: Controllingkonzepte, 2001, S. 616.
[250] Vgl. Hahn, D./Hungenberg, H.: Controllingkonzepte, 2001, S. 616-646; Lachnit, L.: Finanzplanung, 2001, Sp. 887-889; Perridon, L./Steiner, M./Rathgeber, A.: Finanzwirtschaft, 2009, S. 562-676.

- Minimierung der Finanzierungskosten;
- Renditeoptimierung der Geld- und Kapitalanlagen;
- Schaffung finanzieller Flexibilität, z.B. zur Wahrnehmung ertragreicher leistungs-
  wirtschaftlicher Investitionsmöglichkeiten.

■ Finanzkontrolle

Die Finanzplanung wird durch die **Finanzkontrolle** abgeschlossen. Im Lichte der
Realisierungserfahrungen werden die Begründetheit der Plangrößen und die Notwendigkeit der Istgrößen überprüft. Die Häufigkeit der Kontrolle hängt von der zeitlichen Reichweite der zugrunde liegenden Pläne ab und variiert von jahresweiser bis zu
ggf. täglicher Kontrolle.

Das **Finanzcontrolling** hat die konzeptionelle, instrumentelle und informatorische Absicherung zu bieten, damit die Unternehmensführung diese Aufgaben rational bewältigen
kann. Zwei zentrale Problemfelder, für welche in diesem Zusammenhang methodische
Lösungen erarbeitet werden müssen, sind

■ die Analyse der Finanzlage und

■ die integrierte Erfolgs-, Bilanz- und Finanzplanung

des Unternehmens.

Eine **Analyse der Finanzlage** zielt darauf, die Fähigkeit des Unternehmens zur finanz-
wirtschaftlichen Aufgabenerfüllung zu beurteilen. Zur Analyse der Finanzlage werden
zum einen aus den Bilanzbeständen abgeleitete Informationen über die Kapitalverwendung
(Vermögensanalyse, Investitionsanalyse), Kapitalbeschaffung (Kapitalanalyse,
Finanzierungsanalyse) und über die Deckungsverhältnisse von Vermögen und Kapital
herangezogen, zum anderen werden unmittelbar Finanzströme analysiert, indem man
Cashflow-Kennzahlen, Cashflow-Verwendungsrechnungen und Cashflow-Statements
(Kapitalflussrechnungen) betrachtet.[251] Die Analyse der Finanzlage ist zum einen eine Aufgabe der Unternehmensführung im Rahmen der Corporate Governance-Verantwortung,
wobei das Controlling wesentliche methodenmäßige und inhaltliche Zuarbeit leistet. Zum
anderen besteht die Notwendigkeit, die Finanzlage aus der Sicht externer Kapitalgeber zu
analysieren. Für diese ist die wahrgenommene Finanzlage regelmäßig entscheidend für
Investitions-, Kreditvergabe- und Zinshöhenentscheidungen, was dann je nach An-
gespanntheit der Finanzsituation eher früher als später auch auf die reale Finanzlage des
Unternehmens zurückschlägt. Dabei ist das Instrumentarium zunächst sehr ähnlich, so dass
dieses im Folgenden zunächst dargestellt wird. Unterschiede ergeben sich jedoch aus der
externen Perspektive und anderen Vergleichsmöglichkeiten in Ratingsystemen, auf die im
Anschluss eingegangen wird.

---

[251] Vgl. Lachnit, L.: Bilanzanalyse, 2004, S. 267-268; Perridon, L./Steiner, M./Rathgeber, A.: Finanzwirtschaft, 2009, S. 564.

Die finanzielle Seite von Unternehmen konkretisiert sich zum einen in Vermögen und Kapital, zum anderen in Einnahmen und Ausgaben. Während somit die **beständebezogene Betrachtung** den finanziellen Zustand von Kapitalverwendung und -beschaffung als betriebswirtschaftlich sachgemäß bewertetes Stichtagsbild zeigt, macht die **stromgrößenbezogene Betrachtung** das Finanzgeschehen und die Finanzpolitik des Unternehmens in der betreffenden Periode deutlich. **Abbildung 3.1** zeigt die Systemstruktur der Analyse der Finanzlage im Überblick.[252]

Abbildung 3.1 Module zur Analyse der Finanzlage

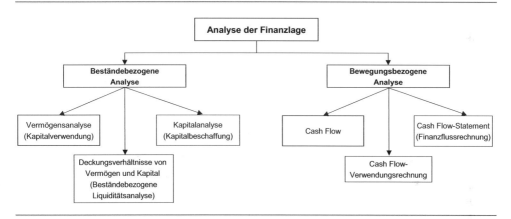

Eine abgerundete Finanzführung kann nur als Kombination von bestände- und bewegungsbezogenem Ansatz erfolgen, um Ausgleichswirkungen bzw. sich verschärfende Einseitigkeiten im Zusammenwirken von beiden Aspekten sichtbar zu machen. Zudem ist für die finanzielle Führung nicht nur die retrospektive Analyse dieser Sachverhalte nötig, sondern auch die prospektive Festlegung, indem diese Rechnungen für Zwecke der Finanzplanung mit zukünftigen Werten beschickt werden. Als Gesamtheit ergibt sich eine **integrierte Erfolgs-, Bilanz- und Finanzplanung**, die in funktionaler Verbindung Planbilanzen, Planerfolgsrechnungen sowie Plan-Finanzflussrechnungen mit unterschiedlicher zeitlicher Reichweite umfasst. Diese Planungsrechnungen werden mit bestände- und bewegungsbezogenen Finanzkennzahlen ergänzt, so dass komprimierte prospektive Informationen über die Finanzlage entstehen.

---

[252] Vgl. Lachnit, L.: Bilanzanalyse, 2004, S. 268.

3.2   Statische Kalküle des Finanzcontrollings

3.2.1   Vermögensanalyse

Untersuchungsgegenstand der **Vermögensanalyse** sind Art und Zusammensetzung des Vermögens sowie die Dauer der Vermögensbindung und die hinter der Vermögenszusammensetzung liegenden Geschehnisse im Bereich der Investitionstätigkeit.[253] Die Vermögensstruktur ist unter dem Gesichtspunkt der Bindungsdauer ein Indiz für die eingegangenen finanziellen Bindungsrisiken, für die Liquidierbarkeit der Positionen und für die Anpassungsflexibilität bei sich verändernden Absatzgegebenheiten. Die Vermögensausstattung ist von Bedeutung für die betriebliche Leistungsfähigkeit, Rentierlichkeit und finanzielle Stabilität des Unternehmens. Die Auswirkungen auf die Finanzlage hängen aber auch von der Nutzungs- und Investitionsintensität im Vermögensbereich ab.

3.2.1.1   Vermögensstruktur

Zur Analyse der **Vermögensstruktur** werden Kennzahlen über den Aufbau des Vermögens herangezogen.[254] Sie geben Hinweise auf das relative Liquiditätspotenzial, die betriebliche Dispositionselastizität und die Fristigkeit der Vermögensbindung. Als Einstieg sind vor allem folgende Gliederungszahlen bedeutsam:

$$\text{Anlageintensität} \quad = \quad \frac{\text{Anlagevermögen}}{\text{Gesamtvermögen}}$$

$$\text{Sachanlageintensität} \quad = \quad \frac{\text{Sachanlagen}}{\text{Gesamtvermögen}}$$

$$\text{Vorräteintensität} \quad = \quad \frac{\text{Vorräte}}{\text{Gesamtvermögen}}$$

$$\text{Forderungsintensität} \quad = \quad \frac{\text{Forderungen}}{\text{Gesamtvermögen}}$$

$$\text{Liquide Mittel-Intensität} \quad = \quad \frac{\text{Liquide Mittel}}{\text{Gesamtvermögen}}$$

---

[253] Vgl. Lachnit, L.: Bilanzanalyse, 2004, S. 269.
[254] Vgl. z.B. Küting, K./Weber, C.-P.: Bilanzanalyse, 2001, S. 89-101; Lachnit, L.: Bilanzanalyse, 2004, S. 269-270; Perridon, L./Steiner, M./Rathgeber, A.: Finanzwirtschaft, 2009, S. 564-565.

Zur betriebswirtschaftlichen Beurteilung werden diese Kennzahlen im **zeitlichen Vergleich** hinsichtlich ihrer Veränderung und im **überbetrieblichen Vergleich** z.B. mit Branchendurchschnittswerten verglichen, um Auffälligkeiten in Vermögensbindung und Vermögensstruktur des Unternehmens festzustellen. Für die finanzielle Analyse sind daraus Hinweise auf

- Investitionsschwerpunkte,
- Liquidierbarkeit,
- Bindungsrisiken und
- finanzielle Dispositionselastizität

des Vermögens zu entnehmen.

Problematisch ist, dass die überbetrieblichen Vergleichswerte verformt sein können durch

- Ansatz- und Bewertungswahlrechte handels- und (soweit diese nicht im Übergang auf das BilMoG aufgelöst wurden) steuerrechtlicher Art;
- unvermeidliche Einschätzungsspielräume, z.B. wegen Zukunftsungewissheit;
- gesetzliche Bewertungsobergrenzen, so dass u.U. stille Reserven wegen über den Anschaffungswert hinaus gestiegener Zeitwerte vorhanden sein können.

Daher sind vor der internen Verwendung dieser extern ausgerichteten Größen ggf. Bereinigungen vorzunehmen, um die Größen betriebswirtschaftlich sachgemäß zu bemessen. Für viele Rechenzwecke erscheint z.B. die Bewertung zum Marktzeitwert statt zu (fortgeführten) Anschaffungskosten angebracht, wobei jedoch die Problematik der Bestimmung der Marktzeitwerte nicht zu vernachlässigen ist. Kann – wie in vielen Fällen spezieller Vermögensgegenstände zu erwarten – kein Zeitwert von aktiven Märkten abgeleitet werden, so sind Modelle heranzuziehen, die jedoch wieder mit Prämissen beschickt werden müssen. Für das Controlling besteht hier die Aufgabe, die Rationalität der konkret eingesetzten Bewertungsmodelle zu überwachen bzw. sinnvolle Verfahren vorzuschlagen.

Des Weiteren ist in den letzten Jahren eine starke Änderung der Vermögensstrukturen zu konstatieren. Zum Teil ist dies Folge geänderter Investitionspolitik der Unternehmen, wie z.B. verstärkter Investition in Finanz- statt in Sachvermögen, zum Teil Folge von betrieblichen Verbesserungen etwa in der Logistik, was z.B. zu geringerer Vorräteintensität führt. Zu bedenken sind auch Änderungen der Vermögensstruktur durch Finanzierungsformen, wie z. B. Leasing. Je nach Ausgestaltung der Leasingverträge führt das zu verzerrten Vermögensrelationen, da betriebsnotwendiges Vermögen im Falle eines operativen Leasingvertrags in der Bilanz nach HGB sowie derzeit noch auch nach IFRS nicht ausgewiesen wird. Schließlich muss als weitere Problematik bei der Berechnung der Intensitäten die implizite Wahlmöglichkeit angesehen werden, ein mit Pensionsverpflichtungen korrespondierendes Vermögen entweder nicht als solches zu qualifizieren und damit in der Bilanz zu belassen oder aber in Fonds außerhalb der Bilanz auszulagern bzw. als solches zu qualifizieren, was dann nach § 246 Abs. 2 HGB eine Pflicht zur Saldierung mit den Pensionsverpflichtungen auslöst.

3.2.1.2   Vermögensumschlag

Da der Einfluss des Vermögens auf die Finanzlage eines Unternehmens aber nicht nur von der Vermögensstruktur abhängt, sondern auch von der Intensität, mit der das Vermögen genutzt wird, sind im Rahmen der Vermögensanalyse weitere Kennzahlen bezüglich der **Umschlagsgegebenheiten** zu berechnen.[255] Bei der betriebswirtschaftlichen Interpretation der Umschlagskennzahlen kann grundsätzlich von folgender Annahme ausgegangen werden: Je höher die Umschlagshäufigkeit der Vermögensbestände ist, umso weniger Vermögens- und Kapitalbindung ist zur Bewältigung eines vorgegebenen Leistungsrahmens nötig, bzw. je länger die Bindungsdauern sind, umso mehr Vermögen muss zur Bewältigung desselben Leistungs- und Umsatzvolumens bereitgestellt und finanziert werden. Die Analyse des Vermögensumschlags kann daher entweder mittels Umschlagshäufigkeiten oder mittels Umschlagsdauern bzw. Bestandsreichweiten geschehen.

Für die **Analyse des Vermögensumschlags** wird oft folgende Kennzahl vorgeschlagen:

$$\text{Umschlagshäufigkeit des Gesamtvermögens} \quad = \quad \frac{\text{Umsatz}}{\text{Gesamtvermögen}}$$

Diese Umschlagskennzahl ist äußerst problematisch. Zum einen enthält das Gesamtvermögen oft in erheblichem Umfang Finanzvermögen, welches nicht durch den Umsatzprozess umgeschlagen wird. Zum anderen ist der Umsatz bei Unternehmen mit beträchtlicher schubweiser Fakturierung, wie z.B. bei Einzelfertigung, kein repräsentatives Maß der Leistungstätigkeit. Die sachgemäß zutreffendere Umschlagskennzahl ist daher:

$$\text{Umschlagshäufigkeit des Betriebsvermögens} \quad = \quad \frac{\text{Gesamtleistung}}{\text{Betriebsvermögen}}$$

Die Umschlagshäufigkeit des Betriebsvermögens ist aber oft auch noch vergleichsweise heterogen. Eine aussagefähige Analyse verlangt daher die Auflösung dieser Zahl in Umschlagsgegebenheiten für einzelne Vermögenskategorien. Zur vertieften Analyse der Umschlagsgegebenheiten sind wegen der kurzfristigen Gestaltbarkeit insbesondere auf das Umlaufvermögen bezogene Zahlen nutzbringend, so z.B.:

$$\text{Bindungsdauer der Lieferforderungen} \quad = \quad \frac{\text{Lieferforderungen}}{\text{Umsatz}} \times 360 \text{ Tage}$$

$$\text{Reichweite der Erzeugnisbestände} \quad = \quad \frac{\text{Erzeugnisbestand}}{\text{Umsatz}} \times 360 \text{ Tage}$$

$$\text{Reichweite der RHB-Bestände} \quad = \quad \frac{\text{RHB-Bestand}}{\text{Materialaufwand}} \times 360 \text{ Tage}$$

---

[255] Vgl. Lachnit, L.: Bilanzanalyse, 2004, S. 271.

Weiteres Aussagegewicht bekommen diese Kennzahlen durch überbetriebliche Vergleiche, wodurch betriebliche Schwachstellen in Vorratshaltung und Logistik durch eine weniger intensive Nutzung des Vermögens als in anderen Unternehmen deutlich werden. Die **statistischen Daten** aus **Tabelle 3.1** können dafür z.B. herangezogen werden.[256]

Tabelle 3.1 Ausgewählte Vermögensumschlagszahlen deutscher Unternehmen nach Branchen

Angaben in %		Umschlags-häufigkeit des Gesamtvermögens	Bindungsdauer Forderungen	Reichweite Vorräte
Gesamt	2003	1,7	72,2 Tage	42,5 Tage
	2006	1,8	71,2 Tage	37,0 Tage
	2009	1,6	75,3 Tage	42,3 Tage
Verarb. Gewerbe	2003	1,3	90,7 Tage	45,6 Tage
	2006	1,4	89,7 Tage	44,1 Tage
	2009	1,2	97,8 Tage	49,4 Tage
Bau	2003	1,4	76,7 Tage	102,6 Tage
	2006	1,7	74,3 Tage	60,0 Tage
	2009	1,5	67,7 Tage	100,1 Tage
Handel und	2003	2,7	38,5 Tage	48,7 Tage
Reparatur von KFZ	2006	2,9	39,9 Tage	41,5 Tage
	2009	2,9	36,9 Tage	41,4 Tage
Großhandel und	2003	3,2	50,6 Tage	27,8 Tage
Handelsvermittlungen	2006	3,5	48,1 Tage	25,3 Tage
	2009	3,2	52,2 Tage	28,1 Tage
Einzelhandel	2003	2,7	36,4 Tage	47,6 Tage
	2006	2,8	37,7 Tage	40,8 Tage
	2009	2,5	37,6 Tage	41,2 Tage
Verkehr	2003	1,5	77,0 Tage	5,0 Tage
(ohne Eisenbahn)	2006	1,6	71,4 Tage	5,4 Tage
	2009	1,4	74,6 Tage	5,9 Tage
Dienstleistungen	2003	1,6	96,0 Tage	28,3 Tage
(unternehmensnah)	2006	1,6	95,1 Tage	22,0 Tage
	2009	1,5	103,3 Tage	28,6 Tage

Es werden selbst bei dieser aggregierten Betrachtung schon die enormen branchenmäßigen Unterschiede deutlich, wobei es insgesamt zu einer kontinuierlichen Verlängerung der Forderungsbindungsdauer gekommen ist. Dagegen entwickelt sich die Umschlagshäufigkeit, hier aufgrund des statistischen Materials nur bezogen auf das Gesamtvermögen, in

---

[256] Vgl. Deutsche Bundesbank (Hrsg.): Ertragslage, 2011.

den einzelnen Branchen unterschiedlich, wobei sich insgesamt der wirtschaftliche Einbruch infolge der Finanzmarktkrise im Jahr 2009 bemerkbar macht.

3.2.1.3   Investitionstätigkeit

Durch die Analyse der Investitionstätigkeit sollen zur Beurteilung von Substanz und Wachstum des Unternehmens Informationen gewonnen werden über die Abgeschriebenheit des Anlagevermögens sowie über die Aufteilung der Investitionen auf Ersatz- und Erweiterungsinvestitionen.[257] Die Auswertung der Kennzahlen erfolgt durch zeitlichen Vergleich und im Vergleich mit branchendurchschnittlichen Werten.

Zur Beurteilung der Investitionstätigkeit sind vor allem folgende Kennzahlen gebräuchlich:[258]

$$\text{Gesamtabschreibungsquote} \quad = \quad \frac{\text{Summe der kumulierten Abschreibungen}}{\text{Anfangsbestand (zu Anschaffungskosten)}}$$

$$\text{Jahresabschreibungsquote} \quad = \quad \frac{\text{Summe der kumulierten Abschreibungen}}{\text{Anfangsbestand (zu Anschaffungskosten)}}$$

$$\text{Reinvestitionsquote} \quad = \quad \frac{\text{Nettoinvestitionen des Geschäftsjahres}}{\text{Abschreibungen des Geschäftsjahres}}$$

Die **Gesamtabschreibungsquote** verdeutlicht den Anlagenabnutzungsgrad, wobei gilt: je höher der Abnutzungsgrad ist, umso höher ist das durchschnittliche Alter des Vermögens und umso höher wird die Notwendigkeit sein, in Zukunft Ersatzinvestitionen vorzunehmen und zu finanzieren. Die **Jahresabschreibungsquote** lässt Rückschlüsse auf die Nutzungsdauer des Vermögens zu. Hohe Jahresabschreibungsquoten sind ein Hinweis auf kurze Nutzungsdauern und somit auf schnellen Mittelrückfluss sowie auf eine schnelle Erneuerung des Vermögens, so dass das Unternehmen am technischen Fortschritt partizipieren kann.[259] Die **Reinvestitionsquote** drückt schließlich aus, inwieweit es sich bei den Investitionen lediglich um Ersatzinvestitionen handelt (Werte unter 1) oder ob über die Ersatzinvestitionen hinaus weiteres Wachstum durch Erweiterungsinvestitionen stattgefunden hat (Werte über 1). Der Wert von 1 stellt dabei lediglich eine Nominalwertbetrachtung dar. Sind Preissteigerungseffekte vorhanden, reicht dieser Wert nicht aus, was entsprechend der durchschnittlichen Nutzungsdauer zusätzlich zu berücksichtigen ist.

Die Aussagefähigkeit dieser Kennzahlen wird erweitert, wenn als Divisor jeweils nicht das gesamte Anlagevermögen, sondern die **einzelnen Positionsgruppen** eingesetzt werden, da immaterielles Anlagevermögen und Finanzanlagevermögen die Ergebnisse in Bezug auf das Sachanlagevermögen deutlich verzerren können.

---

[257] Vgl. z.B. Lachnit, L.: Bilanzanalyse, 2004, S. 274.
[258] Vgl. z.B. Coenenberg, A.G /Haller, A./Schultze, W.: Jahresabschlussanalyse, 2009, S. 1053.
[259] Vgl. z.B. Küting, K./Weber, C.-P.: Bilanzanalyse, 2001, S. 91-95.

3.2.2 Kapitalanalyse

Die Kapitalanalyse umfasst zum einen die Eigenkapitalbereinigung, zum anderen werden nähere Informationen über Kapitalstruktur und Kapitalrückflusszeiten erarbeitet. Da in den Bilanzbeständen von Vermögen und Kapital u. U. zwischen Buchwerten und betriebswirtschaftlich als tatsächlich anzusehenden Werten beträchtliche Differenzen bestehen können, ist zunächst zur Beurteilung der Kapitalausstattung des Unternehmens die Ermittlung des tatsächlich vorhandenen Eigenkapitals im Wege einer Eigenkapitalbereinigung vorzunehmen. Die Analyse der Kapitalstruktur soll sodann über Quellen und Zusammensetzung des Kapitals nach Art, Sicherheit und Fristigkeit zum Zwecke der Abschätzung von Finanzierungsrisiken Auskunft geben. Die Analyse der Kapitalrückflusszeiten bietet schließlich eine dynamische Sicht von Finanzierungsrisiken, indem durch Gegenüberstellung von z.B. Cashflow und Fremdkapitalbeträgen Informationen über die Fristen gewonnen werden, die zur Abtragung der Fremdkapitalien aus dem Cashflow notwendig sind.

3.2.2.1 Bereinigtes Eigenkapital

Da in den Bilanzbeständen von Vermögen und Kapital **stille Reserven** oder **stille Lasten** enthalten sein können, sind diese zunächst zu eliminieren. Zur Beurteilung der Vermögens- und Kapitalausstattung des Unternehmens ist eine Ermittlung der tatsächlich vorhandenen Vermögens- und Kapitalbestände vorzunehmen, wobei sich im bereinigten Eigenkapital alle **Bereinigungen der Vermögens- und Fremdkapitalpositionen** widerspiegeln.[260] Grundsätzlich ist somit bei der Finanzanalyse eine kritische Betrachtung und ggf. Bereinigung im Jahresabschluss ausgewiesener Werte notwendig, damit betriebswirtschaftlich tatsachengemäße Informationen gewonnen werden. Dies gilt nicht zuletzt für das Eigenkapital eines Unternehmens, dem bei der Kapitalanalyse ein zentraler Stellenwert zukommt, da es ein wesentliches Kriterium für Sicherheit, Bonität, Unabhängigkeit und Entwicklungskraft des Unternehmens darstellt.

Für das Controlling stellt sich das Problem, dass die Daten des externen Rechnungswesens durch die Verwendung unterschiedlicher Rechnungslegungsvorschriften sehr unterschiedlich sein können. Daher ist z.B. in Deutschland mindestens ein Schema anzuwenden, welches es erlaubt, sowohl von HGB als auch von IFRS zum bereinigten Jahresergebnis zu gelangen. In Konsequenz gerät ein derartiges Schema recht umfangreich, da es je nach Anwendungsfall viele Leerstellen enthält. So ist nach IFRS eine steuerrechtliche Verzerrung ausgeschlossen, nach HGB können jedoch noch solcher Verzerrungen aus der Zeit vor dem BilMoG im Jahresabschluss enthalten sein. Im Sinne einer konvergenten Rechnungswesenkonzeption muss das Bereinigungsschema zunächst von den externen Gegebenheiten ausgehen, d.h. von dem Rechnungslegungssystem, das im Unternehmen Anwendung findet. Kommt es zu Parallelanwendungen, wie etwa im Einzelabschluss HGB und im Konzernabschluss IFRS, sind beide je nach tatsachengemäßer Vorziehenswürdigkeit zu verarbeiten.

---

[260] Vgl. z.B. Lachnit, L.: Schätzung stiller Reserven, 2000, S. 769-811.

Gleichzeitig kann das Controlling aber auch Vorschläge für die Ausgestaltung der Wahlrechte unterbreiten, um so auch aus dem Blickwinkel der Steuerung des Unternehmens
und der dabei gebotenen Transparenz eine möglichst zutreffende Abbildung auch der
externen Daten zu generieren. Damit können die notwendigen internen Anpassungen
minimiert werden.

Zur **Eigenkapitalbereinigung** werden zweckmäßigerweise folgende aus der Jahresabschlussanalyse abgeleitete Bereinigungsschritte durchgeführt:

■ Bereinigung um im Übergang auf das BilMoG nicht aufgelöste steuerliche Wahlrechtseinflüsse;

■ Bereinigung um quantifiziert ausgewiesene HGB- sowie IFRS- Wahlrechtseinflüsse;

■ Bereinigung um stille Reserven/Lasten-Wirkungen.

Abbildung 3.2 zeigt die Recheneinzelheiten, wobei aufgrund der Übergangsvorschriften
bei dem ab dem Geschäftsjahr 2010 anwendungspflichtigen BilMoG einige Wahlrechte
zwar inzwischen ausgelaufen sind, die Folgewirkungen aber teilweise noch jahrelang das
ausgewiesene Eigenkapital verzerren können.[261] Auf diese ausgelaufenen Wahlrechte wird
durch den Hinweis „aF" für „alte Fassung" hingewiesen.

---

[261] Modifiziert entnommen aus Lachnit, L.: Bilanzanalyse, 2004, S. 277. Zu den Übergangsvorschriften
BiMoG vgl. z.B. Kreipl, M./Müller, S., Haufe HGB-Kommentar, 2012, Kommentierung zu Art. 66
und 67 EGHGB.

Abbildung 3.2   Berechnungsschema für das bereinigte Eigenkapital

  0 Bilanzielles Eigenkapital (ohne kumuliertes Other Comprehensive Income)
     +/- kumuliertes Other Comprehensive Income
  1 Bilanzielles Eigenkapital (incl. kumuliertes Other Comprehensive Income)
  2 + Sonderposten mit Rücklageanteil (§§ 273, 281 (2) HGB aF)
  3 + Aktivisch vorgenommene steuerliche Abschr. d. GJ (§ 281 (2) HGB aF)
  4 + Aus steuerlichen Gründen unterlassene Zuschreibungen (§ 280 (3) HGB aF)
  5 +/- Latente Steuern (Summe Pos. 2 bis 4 mal Steuersatz)
  6 = Ber. Eigenkapital I (nach Bereinigung um steuerliche Wahlrechtseinflüsse)
  7 + UV- Abschreibungen des Geschäftsjahres auf den
     niedrigeren Zukunftswert (§§ 277 (3) und 253 (3) 2 HGB aF)
  8 - Vorjahresbetrag der UV-Abschreibungen des
     Geschäftsjahres auf den niedrigeren Zukunftswert (§§ 277 (3) und 253 (3) 2 HGB aF)
  9 + Stille Reserven durch Bewertungsvereinfachung bei Vorräten (§ 284 (2) 4 HGB)
 10 + Aufwandsrückstellungen (§ 249 (2) HGB aF)
 11 - Deckungslücke bei Pensionsrückstellungen (Art. 28 (2), 67 (1) EGHGB)
 12 - Aktivierte Aufwendungen für Ingangsetzung und Erweiterung (§ 269 HGB aF)
 13 +/- Latente Steuern (Summe Pos. 7 bis 12 mal Steuersatz)
 14 = Ber. Eigenkapital II (nach zusätzlicher Bereinigung um
     quantifiziert ausgewiesene handelsrechtliche Wahlrechtseinflüsse)
 15 +/- Vermögenswirkung bei vollständiger GFW-Aktivierung und
     planmäßiger Abschreibung über 10 Jahre
 16 +/- Stille Reserven/Lasten in Grundstücken und Gebäuden (Investment Properties)
 17 +/- Stille Reserven/Lasten in technischen Anlagen und Maschinen
 18 +/- Stille Reserven/Lasten in anderen Anlagen u. Betriebs- und Geschäfteausstattung
 19 +/- Stille Reserven/Lasten im Finanzanlagevermögen
 20 +/- Weitere stille Reserven/Lasten im Anlagevermögen
 21 +/- Stille Reserven/Lasten in Erzeugnissen
 22 +/- Stille Reserven/Lasten in Wertpapieren des Umlaufvermögen
 23 +/- Weitere stille Reserven/Lasten im Umlaufvermögen
 24 +/- Stille Reserven/Lasten in Pensionsrückstellungen
 25 +/- Stille Reserven-Wirkung durch Dotierung sonstiger Rückstellungen
 26 +/- Stille Reserven/Lasten aus Aktienoptionsplänen
 27 +/- Weitere stille Reserven/Lasten (z.B. aus Verbindlichkeiten)
 28 +/- Latente Steuern (Summe Pos. 15 bis 27 mal Steuersatz)
 29 = Ber. Eigenkapital III (nach Einbezug aller stillen Reserven-/Lasten-Wirkungen)

Problematisch ist, dass auch ein in derartiger Detaillierung ermitteltes bereinigtes Eigenkapital nur eine **näherungsweise Antwort** geben kann, weil insbesondere ab der Position
15 die Informationen im Unternehmen nicht genuin vorhanden und oft auch nicht
wirtschaftlich akzeptabel zu generieren sind, sondern über **Schätzverfahren** bestimmt
werden müssen. Ein zentrales Problem ist dabei die Behandlung eines Geschäfts- oder
Firmenwertes (GFW), da nur der derivative, nicht aber der originäre Wert in der externen
Rechnung zwangsläufig enthalten ist. Hier sind zusätzlich zu der notwendigen Bereinigung der extern möglichen Behandlungsalternativen intern die vorhandenen
originären Geschäfts- oder Firmenwerte mit einzubeziehen. Dies bedingt eine intensive
Betrachtung **immaterieller Vermögensgegenstände** des Unternehmens, die als aus den
Erfolgsfaktoren des Unternehmens stammende Erfolgspotenziale verstanden werden
können und über wertorientierte Verfahren einzuschätzen sind.[262] Außerdem sind einige
Angaben, wie z.B. der in Position 3 genannte Betrag aktivischer steuerlicher Mehrabschreibungen gem. § 281 Abs. 2 HGB, lediglich für die betreffende Periode vor 2010 im
Jahresabschluss zu nennen, weshalb hier die **internen Abschreibungspläne** mit den als
betriebswirtschaftlich zutreffend eingeschätzten Nutzungsdauern und Abschreibungs-
methoden zur Anwendung kommen müssen.

Trotz dieser Restriktionen bietet die Kapitalanalyse mit dem bereinigten Eigenkapital ausgehend vom Eigenkapital des externen Rechnungslegungssystems eine Kennzahl, die für
die Beurteilung von Finanzstruktur und Finanzstabilität des Unternehmens von großer
Bedeutung ist. Da sie auch eine zentrale Kennzahl für das **Rating** von Unternehmen im
Rahmen der Kreditvergabe darstellt, ist das Wissen um die Abweichungen der internen
Sicht von der externen Darstellung des Eigenkapitals für Unternehmen zunehmend
wichtiger.[263] Bei **Kreditverhandlungen** sind daher entsprechende Informationen unerlässlich, soll es nicht unnötigerweise zu einem überhöhten Zinssatz oder sogar zur Kreditver-
sagung seitens der Kreditinstitute kommen.[264]

Die in der Eigenkapitalbereinigung vorgenommenen Bereinigungen sind auch bei den
einzelnen Bilanzpositionen vorzunehmen, so dass eine bereinigte Vermögens- und Kapital-
abbildung als **interne Bestandsrechnung** entsteht, auf deren Basis dann ergänzend weitere
Schritte bereinigter Finanzanalyse erfolgen können.

3.2.2.2   Kapitalstruktur

Im Mittelpunkt der Analyse der Kapitalstruktur steht die Feststellung der **Eigenkapitalquote** nach der Formel:

$$\text{Eigenkapitalquote} = \frac{\text{Eigenkapital}}{\text{Gesamtkapital}}$$

262   Vgl. Müller, S.: Management-Rechnungswesen, 2003, S. 326-349 sowie Kapitel 8.
263   Vgl. Lachnit, L./Müller, S.: Ratingsysteme, 2005, S. 223-224.
264   Vgl. Müller, S./Brackschulze, K./Mayer-Fiedrich, D.: Basel III, 2011.

Zusätzliche Informationen über die Kapitalstruktur werden gewonnen mit folgenden Kennzahlen:

$$\text{Langfristkapitalanteil} = \frac{\text{Langfristkapital (Eigen- + langfristiges Fremdkapital)}}{\text{Gesamtkapital}}$$

$$\text{Anteil der Kurzfristverbindlichkeiten} = \frac{\text{kurzfristige Verbindlichkeiten}}{\text{Gesamtkapital}}$$

$$\text{Anteil des Kurzfristfremdkapitals} = \frac{\text{kurzfristiges Fremdkapital}}{\text{Gesamtkapital}}$$

$$\text{Rückstellungenanteil} = \frac{\text{Rückstellungen}}{\text{Gesamtkapital}}$$

Die Kennzahlen zur Kapitalstruktur bieten Aussagen über Fristigkeit und Rechtsnatur der Kapitalbeschaffung, über die Aufwands- und Rentabilitätswirkung der Kapitalseite sowie über die finanzielle Elastizität des Unternehmens bei erforderlichen Kapitalanpassungen.[265] Zur Beurteilung des Eigenkapitalanteils sind insbesondere die mit dem **Leverage Effekt** verbundenen Zusammenhänge zu berücksichtigen, da Risiko und Rendite mit dem Verschuldungsgrad unmittelbar zusammenhängen.[266] Die Fremdfinanzierung von Investitionen ermöglicht beträchtliches Unternehmenswachstum und erhöht die Eigenkapitalrendite, sofern die Investitionsrendite über den Fremdkapitalzinsen liegt. Bei Rückgang der Investitionsrendite entsteht aus fremdfinanzierten Investitionen allerdings eine sich potenzierende Gefahr für das Eigenkapital, so dass mit steigendem Fremdfinanzierungsanteil sowohl die Risiken wie auch die Chancen für das Eigenkapital zunehmen.

Weitere zentrale Größen zur Analyse der Kapitalstruktur sind der Langfristkapitalanteil und der Anteil kurzfristiger Verbindlichkeiten am Gesamtkapital. Der **Anteil des Langfristkapitals** am Gesamtkapital verdeutlicht, in welchem Umfange für langfristige Mittelverwendungen fristenkongruente Bereitstellungen durch Eigenkapital, Pensionsrückstellungen und langfristige Verbindlichkeiten ermöglicht worden sind. Der **Anteil der kurzfristigen Verbindlichkeiten** am Gesamtkapital zeigt, in welchem Umfange die Kapitalstruktur durch unmittelbare Rückzahlungsverpflichtungen belastet ist. Kapitalstrukturzahlen werden zweckmäßigerweise durch zeitliche Vergleiche und Vergleiche mit Branchendurchschnittswerten hinsichtlich ihrer Angemessenheit beurteilt. Dabei sind allerdings auch manche Punkte kritisch zu hinterfragen, wie z.B. die Einordnung von erhaltenen Anzahlungen oder sonstigen Rückstellungen als kurzfristiges Fremdkapital.

---

[265] Vgl. z.B. Perridon, L./Steiner, M./Rathgeber, A.: Finanzwirtschaft, 2009, S. 565-566.
[266] Vgl. Lachnit, L.: Bilanzanalyse, 2004, S. 281-282; Schierenbeck, H./Lister, M.: Value Controlling, 2001, S. 186-188.

Auf Basis der Bundesbank-Statistik ergeben sich die in **Tabelle 3.2** dargestellten Werte für diese Kapitalstrukturkennzahlen.[267]

Tabelle 3.2   Ausgewählte Kapitalstrukturkennzahlen deutscher Unternehmen nach Branchen

Angaben in %		Eigenkapital-quote	Langfrist-kapitalanteil	Kurzfrist-kapitalanteil	Rückstel-lungsanteil
Gesamt	2003	21,6	43,9	56,1	8,0
	2006	24,3	44,5	55,5	7,7
	2009	25,2	45,9	54,1	7,6
Verarb. Gewerbe	2003	26,6	49,3	50,7	10,8
	2006	27,5	48,2	51,8	10,3
	2009	28,4	50,6	49,4	10,3
Bau	2003	6,1	24,0	76,0	2,8
	2006	10,6	28,3	71,7	2,8
	2009	10,9	24,9	75,1	2,3
Handel und	2003	9,9	32,4	67,6	1,7
Reparatur von KFZ	2006	13,3	32,4	67,6	1,7
	2009	16,2	34,1	65,9	1,6
Großhandel und	2003	21,1	37,8	62,2	4,1
Handelsvermittlungen	2006	24,5	38,1	61,9	3,6
	2009	27,7	39,6	60,4	3,3
Einzelhandel	2003	14,1	38,7	61,3	3,1
	2006	18,6	40,0	60,0	2,4
	2009	18,6	39,7	60,3	1,9
Verkehr	2003	13,6	46,6	53,4	5,7
(ohne Eisenbahn)	2006	20,5	51,4	48,6	5,2
	2009	19,8	54,0	46,0	5,6
Dienstleistungen	2003	15,4	38,4	61,6	5,7
(unternehmensnah)	2006	20,6	40,6	59,4	6,6
	2009	22,3	41,4	58,6	6,2

Auffällig ist, dass die Eigenkapitalquote zwar in allen Branchen gestiegen ist, aber insbesondere im Bau sowie bei Handel und Reparatur von Kraftfahrzeugen immer noch auf einem niedrigen Niveau liegt. Gleichwohl ist die Quote in diesen Branchen weiter erheblich gestiegen (1997 lag sie im Bau bei nur 2,2% und im KFZ-Handel bei 4,1%), was nicht zuletzt auf die risikobewusstere Kreditvergabe der Banken zurückgeführt werden kann, die ver-

---

[267]   Vgl. Deutsche Bundesbank (Hrsg.): Ertragslage, 2011.

stärkt auf eine höhere Eigenkapitalquote achten und davon auch ihre Kreditvergabeentscheidungen abhängig machen.[268]

3.2.2.3   Kapitalrückflusszeiten

Die Kapitalsituation eines Unternehmens findet außer in der Kapitalstruktur auch in Kapitalumschlagszahlen und Kapitalrückflusszeiten ihren Ausdruck. Mit Kapitalumschlagshäufigkeiten wird die Nutzungsintensität des Kapitals ausgedrückt, mit Kapitalrückflusszeiten, auch als dynamische Verschuldungsgrade bezeichnet, wird näher untersucht, in welcher Zeit bestimmte Fremdkapitalpositionen zurückgezahlt werden (könnten). Diese Betrachtung findet sich z.B. in folgender Gestalt:

$$\text{Lieferantenzielnutzung (in Tagen)} = \frac{\text{Lieferverbindlichkeiten}}{\text{Material-, Wareneinsatz}} \times 365$$

$$\text{Fremdkapitaltilgungszeit (in Jahren)} = \frac{\text{Fremdkapital}}{\text{Cashflow}}$$

$$\text{Tilgungszeit für Kurzfristschulden (in Jahren)} = \frac{\text{Kurzfristschulden}}{\text{Cashflow}}$$

Die Interpretation dieser Kennzahlen ist nicht eindeutig vorzunehmen. So kann beispielsweise ein langes Lieferantenziel einerseits auf eine angespannte Liquiditätssituation hinweisen, aber andererseits auch als bewusste Nutzung dieser Kredite bei Nichtskonto-Usancen erklärbar sein. Bei den errechneten Tilgungszeiten ist zu beachten, dass es sich um sehr theoretische Tilgungen handelt, da auf Grund der Cashflow-Definition dann z.B. keinerlei Ausgaben für Ersatzinvestitionen möglich wären. Ebenso ist zu prüfen, ob nicht durch erhaltene Anzahlungen und sonstige Rückstellungen falsche Eindrücke von den Kapitalrückfluss-Gegebenheiten entstehen. Umschlags- und Rückflusszeiten hängen auch vom Wirtschaftszweig ab und werden daher zur Auswertung zweckmäßigerweise mit Branchendurchschnittswerten verglichen.

3.2.3   Deckungsverhältnisse von Vermögen und Kapital

Die isolierte Betrachtung allein der Vermögens- bzw. der Kapitalseite reicht nicht, um die Auswirkungen von Vermögen und Kapital auf die Liquiditätssituation eines Unternehmens zu verdeutlichen.[269] Erst aus der Gegenüberstellung von Vermögen als Mittelverwendung und Kapital als Mittelbeschaffung wird es möglich, die Fristenentsprechung

---

[268]   Vgl. KPMG (Hrsg.): Finanzierung, 2005.
[269]   Vgl. z.B. Coenenberg, A.G./Haller, A./Schultze, W.: Jahresabschlussanalyse, 2009, S. 1054-1062; Lachnit, L.: Bilanzanalyse, 2004, S. 286; Perridon, L./Steiner, M.: Finanzwirtschaft, 2003, S. 550.

beider Seiten im Hinblick auf ihre Liquiditätskonsequenzen beurteilen zu können. Die Betrachtung der Deckungsverhältnisse von Vermögen und Kapital kann aus dem Blickwinkel der langfristigen oder der kurzfristigen Positionen erfolgen. Bei Betrachtung der langfristigen Deckungsverhältnisse ergeben sich Aussagen zur sogenannten Anlagendeckung, bei Betrachtung der kurzfristigen Deckungsverhältnisse werden die sogenannten Liquiditätsrelationen abgeleitet.[270]

3.2.3.1   Langfristige Deckungsrelationen

Die Langfrist-Deckungsrelationen (**Anlagedeckungen**) lassen erkennen, in welchem Umfang das Anlagevermögen bzw. die langfristigen Mittelverwendungen im Vermögen durch entsprechend langfristig beschaffte Kapitalbeträge finanziert worden sind. Sie liefern Aussagen über die Fristenentsprechung der Investitionsfinanzierung und über die strukturellen Liquiditätseinflüsse, soweit sie in den langfristigen Beständen von Vermögen und Kapital verkörpert sind. Als langfristige Deckungsgrade (Kennzahlen der Anlagedeckung) werden vor allem ermittelt:

$$\text{Eigenkapitaldeckung} \quad = \quad \frac{\text{Eigenkapital}}{\text{Anlagevermögen}}$$

$$\text{Langfristdeckung} \quad = \quad \frac{\text{langfristiges Kapital}}{\text{Anlagevermögen}}$$

Langfristige Deckungskennzahlen verdeutlichen, ob zwischen langfristiger Mittelverwendung und Mittelbeschaffung im Nettoeffekt der Bilanzbestände strukturelle Liquiditätsungleichgewichte vorliegen, die nachhaltig als finanzielle Belastung drohen. Die langfristigen Deckungsrelationen sind ein Ausdruck für die finanzielle Risikolage auf lange Sicht; sie verdeutlichen, inwieweit neben den ohnehin vorhandenen Markt-, Kosten- und technischen Risiken auch noch Prolongationsrisiken und Fristenrisiken seitens der Finanzierung bestehen, die die langfristige finanzielle Stabilität belasten.

Die Aussagegewinnung geschieht zweckmäßiger Weise durch **überbetrieblichen Vergleich**, indem man z.B. die durchschnittlichen Gegebenheiten in der jeweiligen Branche heranzieht. In **Tabelle 3.3** sind die Eigenkapital- und die Langfristdeckung für einige ausgewählte Branchen wiedergegeben.[271]

---

[270]   Vgl. Lachnit, L.: Bilanzanalyse, 2004, S. 286-291.
[271]   Vgl. Deutsche Bundesbank (Hrsg.): Ertragslage, 2011.

Tabelle 3.3 Ausgewählte langfristige Deckungsverhältnisse deutscher Unternehmen nach Branchen

Angaben in %		Eigenkapital-deckung	Langfrist-deckung
Gesamt	2003	54,1	110,1
	2006	62,8	114,7
	2009	62,9	114,3
Verarb. Gewerbe	2003	58,1	107,7
	2006	63,2	110,8
	2009	63,0	112,1
Bau	2003	26,8	106,3
	2006	43,0	114,8
	2009	48,9	111,4
Handel und	2003	32,0	104,9
Reparatur von KFZ	2006	45,1	109,4
	2009	51,6	108,5
Großhandel und	2003	85,9	153,9
Handelsvermittlungen	2006	108,3	168,2
	2009	120,9	173,0
Einzelhandel	2003	46,6	128,1
	2006	59,6	127,9
	2009	51,5	109,7
Verkehr	2003	22,8	78,4
(ohne Eisenbahn)	2006	35,0	87,5
	2009	31,7	86,5
Dienstleistungen	2003	44,5	111,1
(unternehmensnah)	2006	61,2	120,6
	2009	64,2	119,4

3.2.3.2 Kurzfristige Deckungsrelationen

Die Betrachtung der Deckungsverhältnisse von kurzfristigen Vermögens- und Kapital-positionen (**Liquiditätskoeffizienten**) lenkt den Blick umgekehrt auf den Aspekt, inwieweit kurzfristig zu Liquidität werdendes Vermögen die kurzfristig in Beständen verkörperten Auszahlungspflichten deckt. Die Klärung ist z.B. mit folgenden Kennzahlen möglich:

$$\text{Liquiditätskoeffizient 1} \quad = \quad \frac{\text{monetäres Umlaufvermögen}}{\text{kurzfristige Verbindlichkeiten}}$$

$$\text{Liquiditätskoeffizient 2} \quad = \quad \frac{\text{Umlaufvermögen}}{\text{kurzfristige Verbindlichkeiten}}$$

$$\text{Working Capital} \quad = \quad \text{Umlaufvermögen ./. kurzfristige Verbindlichkeiten}$$

Mit Hilfe dieser auf die **kurzfristigen Vermögens- und Kapitalpositionen** bezogenen Betrachtung soll die Fähigkeit des Unternehmens, aus kurzfristig verfügbaren Vermögensteilen die kurzfristig abzudeckenden Verbindlichkeiten begleichen zu können, zum Ausdruck gebracht werden. Gegen diese Urteilsbildung über die kurzfristige Zahlungsfähigkeit mit Hilfe von Beständezahlen sind erhebliche Einwände vorzubringen. Die jederzeitige Zahlungsfähigkeit eines Unternehmens hängt zunächst von den finanziellen Stromgrößen ab, d.h. von der höhenmäßigen und terminlichen Ausgeglichenheit von Einnahmen und Ausgaben; die kurzfristigen Bestände der Bilanz treten lediglich ergänzend neben diese Grunddeterminanten der Zahlungsfähigkeit. Des Weiteren liegt die Bilanz meist erst längere Zeit nach dem Abschlussstichtag vor, so dass die kurzfristigen Vermögens- und Kapitalpositionen in aller Regel inzwischen beträchtliche Änderungen erfahren haben werden.

Auf Basis von empirischem Material aus der Bundesbank-Statistik ergeben sich die in **Tabelle 3.4** aufgeführten Werte für die obigen kurzfristigen Deckungsrelationen.[272]

Eine sachgemäße Betrachtung der aktuellen Liquidität im Sinne von jederzeitiger Zahlungsfähigkeit erfordert jedoch auch eine bewegungsbezogene Betrachtung, die unmittelbar von den Einnahmen und Ausgaben als primären Determinanten der Zahlungsfähigkeit ausgeht, wobei die finanziellen Auswirkungen der kurzfristigen Bilanzpositionen zur Abrundung des Liquiditätsbildes ergänzend mit einbezogen werden. Im Mittelpunkt der bewegungsbezogenen Analyse der Finanzlage stehen der Cashflow, die Cashflow-Verwendungsrechnung, Cashflow-Kennzahlen sowie die umfassende Finanzflussrechnung (Cashflow-Statement). Diese Instrumente werden als dynamische Kalküle des Finanzcontrollings in Kapitel 3.3 eingehend dargestellt.

---

[272] Vgl. Deutsche Bundesbank (Hrsg.): Ertragslage, 2011.

Tabelle 3.4   Ausgewählte kurzfristige Deckungsverhältnisse deutscher Unternehmen
nach Branchen

Angaben in %		Liquiditäts-koeffizient 1	Liquiditäts-koeffizient 2
Gesamt	2003	87,8	132,4
	2006	96,1	138,5
	2009	95,0	139,1
Verarb. Gewerbe	2003	97,1	140,0
	2006	100,8	143,7
	2009	104,5	148,7
Bau	2003	55,3	112,9
	2006	73,5	120,6
	2009	55,0	114,9
Handel und	2003	53,5	112,1
Reparatur von KFZ	2006	61,0	115,3
	2009	60,2	116,9
Großhandel und	2003	92,6	137,6
Handelsvermittlungen	2006	98,2	143,2
	2009	100,5	147,3
Einzelhandel	2003	61,1	126,6
	2006	70,5	130,0
	2009	65,3	119,4
Verkehr	2003	87,5	92,6
(ohne Eisenbahn)	2006	100,3	106,7
	2009	98,2	104,8
Dienstleistungen	2003	111,8	138,3
(unternehmensnah)	2006	125,0	147,7
	2009	117,0	142,3

3.2.4   Prospektive beständebezogene Finanzanalyse

Hauptanliegen einer prospektiven Analyse der Finanzlage[273] ist die Vorausschau auf die
weitere Liquiditätsentwicklung insbesondere im Hinblick auf die Früherkennung von
Unternehmenskrisen und Insolvenzgefahren sowie für Zwecke der Kreditwürdigkeits-
beurteilung. Dazu werden vielfach retrospektive Kennzahlen über Vermögen, Kapital und
Erfolg in die Zukunft verlängert.[274] Diese Vorgehensweise reicht jedoch für eine betriebswirtschaftlich aussagefähige prospektive Analyse nicht aus. Erforderlich ist vielmehr der

---

[273] Vgl. z.B. Lachnit, L.: Früherkennung, 1986, S. 26-29; Lachnit, L.: Finanzlage-Analyse, 1993, S. 226-227.
[274] Vgl. z.B. Perridon, L./Steiner, M./Rathgeber, A.: Finanzwirtschaft, 2009, S. 638.

Einsatz differenzierter Liquiditätsprognosen, die in folgender Form durchgeführt werden können:[275]

■ Liquiditätsprognose als Zustandsprognose mit Hilfe von Diskriminanzanalysen;

■ Liquiditätsprognose als Einnahmen- und Ausgabenschätzung durch Kombination von Prognose-GuV und Bilanzeffekten.

Die **Liquiditätsprognose mit Hilfe von Diskriminanzrechnungen** prognostiziert die Insolvenz als Ja/Nein-Phänomen. Es werden zu diesem Zweck auf empirischer Basis prognosetaugliche Kennzahlen ermittelt und zu Kennzahlenauswahlen für die Liquiditätsprognose zusammengestellt.

Obwohl auf Basis **multivariater Diskriminanzanalysen** Klassifikationsgenauigkeiten von 95 % ein Jahr vor Insolvenzeintritt und 83 % zwei Jahre vor Insolvenzeintritt erreicht werden, sind die empirischen Resultate über Kennzahlenkollektionen für Zwecke der Liquiditätsprognose zu relativieren, weil sich in verschiedenen Untersuchungen unterschiedliche Kennzahlenzusammenstellungen und Prognosemethoden als prognoseoptimal erwiesen haben.[276] Des Weiteren fehlt es bislang an extern nutzbaren nach Branchen, Rechtsformen und Betriebsgrößenklassen differenzierten empirischen Datenbanken, so dass derzeit eine Benutzung von Diskriminanzanalysen für eine prognostische Liquiditätsanalyse vor allem für institutionelle Benutzer, wie z.B. Kreditinstitute, infrage kommt.[277] Als Problem verbleibt aber auch dann noch, dass Liquiditätsprognosen auf dieser Grundlage nur in Zeiten relativ stabiler Verhältnisse gute Ergebnisse zeigen, während in den Situationen, in denen Prognosen besonders benötigt werden, nämlich in Zeiten unsteter wirtschaftlicher Entwicklung oder bei Trendänderungen, hinreichend zuverlässige Voraussagen über die kurzfristige finanzielle Entwicklung auf dieser Grundlage kaum zu leisten sind.

Vor diesem Hintergrund ergibt sich die Notwendigkeit einer anderen, flexibler den jeweiligen Verhältnissen folgenden finanziellen Prognosemethodik. Als Möglichkeit bietet sich an, eine differenziert-flexible **Prognose der Gewinn- und Verlustrechnung** anzuwenden und die so absehbaren Aufwendungen und Erträge zu Schätzungen über die aus dem betrieblichen Erfolgsprozess sich ergebenden **Liquiditätswirkungen** zu verarbeiten.[278] Die Liquiditätsinformationen aus dem Erfolgsprozess müssen dabei mit den aus der Bilanz erhältlichen Informationen über **Vermögen, Kapital** sowie stille Reserven/Lasten verknüpft werden. Im Falle einer nennenswerten, z.B. durch massiven Umsatzrückgang verursachten Liquiditätsverschlechterung ist zu klären, inwieweit eine finanzielle Abdeckung beispielsweise eines negativen Cashflows aus liquidem, liquiditätsnahem oder liquidierbarem Vermögen geleistet werden kann. Ebenso sind Überlegungen hinsichtlich der Abdeckung durch Kreditaufnahme anzuschließen, die z.B. durch Rückschlüsse aus den gegebenen

---

[275] Vgl. Lachnit, L.: Bilanzanalyse, 2004, S. 307.
[276] Vgl. zur Gegenüberstellung verschiedener Untersuchungen z.B. Perridon, L./Steiner, M./ Rathgeber, A.: Finanzwirtschaft, 2009, S. 641-657.
[277] Vgl. Lachnit, L./Müller, S.: Ratingsysteme, 2005, S. 224.
[278] Vgl. z.B. Lachnit, L.: Betriebliche Früherkennung auf Prognosebasis, 1986, S. 28-29; Lachnit, L.: Bilanzanalyse, 2004, S. 308.

Finanzstrukturen im Vergleich zu branchendurchschnittlichen Verhältnissen gezogen werden können. Diese Liquiditätsprognose-Rechnung bedeutet den Übergang zu bewegungsbezogenen Finanzrechnungen, die im Kapitel 3.3 näher behandelt werden.

3.2.5 Liquiditätsstatusrechnungen

In ganz kurzfristiger Ausprägung dient die Finanzplanung zur Erfassung und Gestaltung der aktuellen Liquidität.[279] Zu diesem Zweck wird ein **Liquiditätsstatus (Abbildung 3.3)** erstellt, in welchem der Liquiditäts-Anfangsbestand in seiner kontenmäßigen Zusammensetzung vorgetragen und durch die absehbaren Zu- und Abgänge des Tages oder der Woche auf diesen Konten zum Liquiditäts-Endbestand fortgeführt wird.[280]

Abbildung 3.3 Liquiditätsstatusrechnung

Pos.		Bezeichnung	Mo.	Di.	Mi.	Do.	Fr.
1		Anfangsbestand liquide Mittel					
2	+	Forderungen (mit Zeithorizont bis zu einer Woche)					
3	./.	Verbindlichkeiten (mit Zeithorizont bis zu einer Woche)					
4	=	Eigene liquide Mittel					
5	+	Offene Kreditlinien					
6	=	Liquide Mittel gemäß Liquiditätsstatus					

Durch eine Liquiditätsstatusrechnung wird erkennbar, ob die Zahlungskraft zur Deckung der Zahlungsverpflichtungen in diesem aktuellen Zeithorizont ausreicht und inwieweit zwischen den Geldkonten **Ungleichgewichte** auftreten. Der Liquiditätsstatus dient zur tagesweisen bzw. wöchentlichen Liquiditätssicherung und Gelddisposition. Die Rechnung wird i. d. R. zur weiteren Absicherung der Zahlungsfähigkeit für etwa 14 Folgetage als tagesgenaue Liquiditätsplanung fortgeführt. Das setzt allerdings voraus, dass die Planung in wesentlichen Teilen auf bereits festliegende Vorgänge zurückgreifen kann, denn nur dann lassen sich Höhe und Termin der Zahlungen tagesgenau fixieren.

3.3 Dynamische Kalküle des Finanzcontrollings

Die finanzielle Unternehmensführung hat zum einen beständebezogene Sachverhalte, nämlich Vermögen und Kapital, und zum anderen bewegungsbezogene Sachverhalte, nämlich Einnahmen und Ausgaben, zum Inhalt. Die **dynamischen Kalküle des Finanzcontrolling** operieren mit den Stromgrößen Einnahmen und Ausgaben. Zur Erfassung werden Ein-

---

[279] Vgl. z.B. Lachnit, L.: Finanzplanung, 2001, Sp. 893; Reichmann, T.: Controlling, 2011, S. 198-199.
[280] Vgl. z.B. Perridon, L./Steiner, M./Rathgeber, A.: Finanzwirtschaft, 2009, S. 664.

nahmen-Ausgaben-Rechnungen in unterschiedlicher Gestalt und Ableitung benutzt. Die Zusammenstellung der Einnahmen und Ausgaben kann retrospektiv erfolgen, was eine Analyse der Mittelbeschaffungs- und Mittelverwendungspolitik des Unternehmens in der Periode vor allem nach Art und Fristigkeit der Zahlungen erlaubt. Für Zwecke der Unternehmensführung sind aber auch Daten mit Zukunftsorientierung notwendig, und daher werden die dynamischen Kalküle des Finanzcontrollings des Weiteren zukunftsorientiert als Teil der Finanzplanung eingesetzt. Die Ableitung der dafür nötigen zukünftigen Einnahmen und Ausgaben geschieht in der Finanzplanung.

3.3.1   Finanzplanungsprozess

Die Erstellung einer Finanzplanung ist ein komplexer Prozess, in dessen Verlauf neben der Zukunftsantizipation auch vielfältige organisatorische Probleme gelöst werden müssen, da der Finanzplan mit zentralem Stellenwert in das Gesamtsystem der betrieblichen Planung eingebunden ist.[281] Der **Finanzplanungsprozess** umfasst vor allem folgende **Phasen**:

■ Finanzprognose und Finanzplanung

  – Informationsbeschaffung aus betrieblichen Vorplänen und dem Rechnungswesen;
  – Transformation dieser Daten in Finanzgrößen;
  – Prognose der zukünftigen Finanzströme und -bestände;
  – Aufstellen eines vorläufigen Finanzplans

■ Plananpassung und Finanzplanoptimierung

  – Finanzplanoptimierung durch leistungs- und finanzwirtschaftliche Anpassungsüberlegungen;
  – Planfeststellung und ggf. Finanzplanvorgabe durch Budgetierung;

■ Plankontrolle und ggf. -änderung.

3.3.1.1   Finanzprognose und Finanzplanung

Die in Finanzplänen ausgewiesenen zukünftigen Finanzströme und -bestände müssen mit Hilfe von Prognoseverfahren aus den Rahmendaten des Rechnungswesens und der Vorpläne abgeleitet werden. Grundsätzlich stehen folgende Prognoseverfahren für die **Finanzprognose** zur Verfügung:[282]

■ pragmatische (subjektive, qualitative, intuitive, heuristische) Verfahren;

■ extrapolierende (zeitreihenverlängernde) Verfahren;

■ kausale (sachbegründende) Verfahren.

---

[281] Vgl. z.B. Hahn, D./Hungenberg, H.: Controllingkonzepte, 2001, S. 616-617; Lachnit, L.: Finanzplanung, 2001, Sp. 897-899; Perridon, L./Steiner, M./Rathgeber, A.: Finanzwirtschaft, 2009, S. 632-634.
[282] Vgl. z.B. Perridon, L./Steiner, M./Rathgeber, A.: Finanzwirtschaft, 2009, S. 641.

Pragmatische **Prognosetechniken** beruhen auf der Abgabe von Expertenurteilen, indem Sachkenntnis, Intuition und Gewichtungsvermögen der Fachpersonen über einen systematisierten Weg zu einer Prognoseaussage geführt werden. Bei extrapolierender Prognose wird von der Entwicklung der Plangröße in der Vergangenheit auf deren Weiterentwicklung in der Zukunft geschlossen, wobei die untersuchte Größe ausschließlich zeitabhängig gesehen wird. Im Gegensatz dazu erklären kausale Prognoseverfahren die zu prognostizierende Größe in Abhängigkeit von (einer oder mehreren) sachlichen Einflussgrößen auf Basis von Funktionszusammenhängen zwischen Einflussgröße(n) und Prognosegegenstand.

3.3.1.2 Plananpassung und Finanzplan-Optimierung

Der Finanzplan, der sich aus der Zusammenführung der Vorpläne und deren finanzprognostischer Auswertung ergibt, wird in aller Regel nicht den finanziellen Zielvorstellungen der Unternehmensführung entsprechen. Zum einen dürften im ersten Planungsanlauf die Liquiditätsbestände nicht die (sicherheits- oder renditemäßig) richtige Höhe erreichen, zum anderen wird die Struktur der Zahlungsströme, z.B. nach Arten, Kosten oder Fristen, nicht unternehmenspolitisch ideal erscheinen. Es sind daher über **Alternativplanungen** finanz- und leistungswirtschaftliche Anpassungsmaßnahmen zur Optimierung der Finanzplanung durchzutesten, bis ein den Unternehmenszielen entsprechender, verabschiedbarer Finanzplan vorliegt.[283]

3.3.1.3 Finanzkontrolle

Die Lenkungsfunktion der Finanzplanung wird erst durch Ergänzung um die Finanzkontrolle voll wirksam. Die **Finanzkontrolle** umfasst die Erfassung der Istwerte, den Vergleich von Ist- und Planwerten sowie die Feststellung und Analyse der Abweichungen. Sie hat vor allem drei Aufgaben:[284]

- Feststellung von Prognose- und Planungsfehlern;

- Feststellung von Realisationsmängeln;

- Informationsbereitstellung für Plankorrekturen, Anpassungsmaßnahmen und verbesserte Neuplanungen.

Im Falle der Vorschau-Finanzplanung zielt die **Abweichungsanalyse** insbesondere darauf, Verbesserungen der zukünftigen Finanzplanung zu erreichen. Bilden die Finanzplanwerte budgetierte Vorgaben, spielt bei der Abweichungsanalyse neben der Ursachenklärung die Verantwortlichkeit für die Abweichungen eine große Rolle.[285]

Voraussetzung für eine effiziente Finanzkontrolle ist **Kompatibilität von Plan- und Istdaten** hinsichtlich Inhalt und Periode. Bei den von Jahresabschlüssen ausgehenden, de-

---

283 Vgl. z.B Perridon, L./Steiner, M./Rathgeber, A.: Finanzwirtschaft, 2009, S. 654-656.
284 Vgl. Hahn, D./Hungenberg, H.: Controllingkonzepte, 2001, S. 45-60.
285 Vgl. z.B. Graumann, M.: Controlling, 2011, S. 339.

rivativen Finanzplänen auf Jahres- und Mehrjahresbasis ist durch die Ist-Jahresabschlüsse und die daraus (ggf. automatisch in EDV-Programmen) abgeleitete Ist-Finanzflussrechnung die Datengrundlage für die Finanzkontrolle gesichert. Anders stellt sich die Sachlage im unterjährigen Bereich bei der Liquiditätskontrolle dar, denn das kaufmännische Rechnungswesen liefert üblicherweise keine regelmäßige, systematisch nach Zahlungsarten unterteilte Einzahlungen-Auszahlungen-Übersicht für Kurzfristperioden. Um die gerade in angespannter finanzieller Lage besonders wichtige kurzfristige Liquiditätskontrolle durch Vergleich von geplanten und tatsächlichen Zahlungen durchführen zu können, müssen entsprechende Kontenauswertungen zur Bereitstellung der Ist-Zahlungen, z.B. im Wege von EDV-gestützter Sortierung der Konteninhalte auf den Zahlungskonten, eingerichtet werden.

3.3.2   Originäre und derivative Einnahmen-Ausgaben-Rechnung

Die Finanzplanung steht am Ende eines umfangreichen Planungsprozesses, in dessen Verlauf die leistungswirtschaftlichen Vorpläne, wie z.B.

- Absatz-,
- Produktions-,
- Beschaffungs-,
- Investitions- oder
- Personalplan
- mit zusätzlichen Teilplanungen, z.B. zur Entwicklung von Eigen- und Fremdkapital oder Finanzvermögen und Finanzergebnis,

zusammengeführt werden. Bei leistungsfähig ausgebautem **Planungs- und Kontrollsystem** des Unternehmens liegen diese Planungen als detaillierte Vorpläne sowie zusammengefasst als Plan-Jahresabschluss (Plan-Bilanz und Plan-GuV) vor.[286] Für die Ableitung der Finanzplandaten eröffnen sich damit zwei Wege, die zu den Grundtypen originär bzw. derivativ erstellter Finanzplanung führen:[287]

- Originär erstellte Finanzplanung

    Die zukünftigen Zahlungsströme werden hierbei unmittelbar aus den Detailangaben der Vorpläne ermittelt, was die Möglichkeit bietet, eine tief nach Zahlungsarten gegliederte, weitgehend betrags- und termingenaue Übersicht aufzubauen. Die Rechnung dient zur Absicherung der kurzfristigen Liquiditäts- und Finanzführung. Die Erstellung ist jedoch sehr arbeitsaufwendig und stößt mit zunehmender Planungsreichweite bald auf das Problem, dass die Daten nicht mehr in der geforderten Genauigkeit zu beschaffen sind. Im Übrigen fehlt i.d.R. die systematische Anbindung an gewohnte

---

[286] Vgl. z.B. Reichmann, T.: Controlling, 2011, S. 214-215.
[287] Vgl. z.B. Hahn, D./Hungenberg, H.: Controllingkonzepte, 2001, S. 45-60; Lachnit, L.: Finanzplanung, 2001, Sp. 890-891.

Rechnungswesen-Module, wie z.B. Bilanz oder GuV. Ausnahme wäre, wenn die Kontenpläne der Buchhaltung so ausdifferenziert werden, dass die Zahlungsströme direkt in den (Unter-)Konten ersichtlich sind. Bei Großkonzernen wird dieser sehr aufwendige Weg zunehmend beschritten, um die Qualität der Finanzstromrechnungen im Konzern zu erhöhen. Nötig ist dafür eine „Vollverspiegelung" der Bilanz, d.h. wie im Anlagespiegel müssen für jede Position die Zu- und Abgänge differenziert nach Zahlungsflüssen als eigene Unterkonten angelegt und bebucht werden. Dies ist zwar mit moderner Datenverarbeitung zu leisten, bedarf aber eines hohen Aufwands bei der (Plan-) Buchung.

- Derivativ erstellte Finanzplanung

Die Zahlungsströme werden hierbei aus Jahresabschlussangaben ermittelt, indem Bilanzbestände-Änderungen sowie Aufwendungen und Erträge als Finanzströme interpretiert werden. Umfasst die derivative Finanzplanung lediglich Beständeänderungen der Bilanz, entsteht eine Plan-Bewegungsbilanz. Durch systematische Kombination von Bewegungsbilanz und GuV lässt sich eine Finanz(Kapital-)flussrechnung erstellen.

Mit zunehmender Planungsreichweite nimmt die Genauigkeit der Kenntnisse über Zahlungsströme und -bestände ab; die Liquidität ist nur noch global im Durchschnitt der Beträge und Perioden beurteilbar. Dieser Situation wird durch Finanzplanungskonzepte mit unterschiedlicher zeitlicher Reichweite Rechnung getragen. Wesentliche Grundzusammenhänge lassen sich mit der **Unterteilung in kurz-, mittel- und langfristige Finanzplanung** darstellen (Kapitel 3.3.2.1 bis 3.3.2.4).[288]

3.3.2.1 Kurzfristige Finanzplanung

- Liquiditätsstatus und tagesgenaue Liquiditätsplanung

- Es handelt sich hierbei um extrem kurzfristige, detaillierte Zusammenstellungen von Ein- und Auszahlungen sowie Liquiditätsbeständen. Ihr Zweck liegt in Gelddisposition, Cash-Management und aktueller Liquiditätsoptimierung.

- Planungszeitraum: ein Tag bis maximal ein Monat;

- Planungseinheit: Tag, Woche.

3.3.2.2 Unterjährige Finanzplanung

- Unterjährige Finanzpläne dienen als Instrument der Liquiditätssicherung und Optimierung der Finanzvorgänge im operativen Zeithorizont. Spätestens ab mehrmonatiger Vorschaudistanz müssen die Angaben durch Prognosen begründet werden, so dass neben der zweckgemäßen Tiefengliederung der Rechnung die Frage nach den anzuwendenden Prognoseverfahren große Bedeutung erlangt.

---

[288] Vgl. z.B. Perridon, L./Steiner, M./Rathgeber, A.: Finanzwirtschaft, 2009, S. 634-640; Lachnit, L.: Finanzplanung, 2001, Sp. 889-890.

- Es handelt sich um prospektive Ein- und Auszahlungsübersichten für Perioden unterhalb des Jahreszeitraumes, deren Termin- und Artenstruktur aber stärker aggregiert ist als bei tagesgenauer Darstellung. Derartige Rechnungen dienen zur operativen planerischen Liquiditätssicherung, zur Klärung von Arten- und Höhenzusammensetzung der voraussichtlichen Finanzbewegungen und zur Entscheidung über Anpassungsmaßnahmen.

- Die Rechnungen können originär aus den betrieblichen Vorplänen oder derivativ aus Plan-Jahresabschlüssen abgeleitet werden;

- Planungszeitraum: ein bis zwölf Einzelmonate;

- Planungseinheit: Woche, Dekade, Monat, Quartal.

3.3.2.3   Mittelfristige Finanzplanung

Bei mittelfristiger Finanzplanung werden die **auf Jahressicht** zu erwartenden Zahlungen zusammengestellt. Es sind zwei Varianten zu unterscheiden:[289]

- Jahresfinanzplan als **rollierender 12-Monate-Finanzplan** mit Angabe der Jahressumme
  - – Planungszeitraum: ein Jahr, kalenderunabhängig;
  - – Planungseinheit: Monat;
  - – Erstellung durch die originäre Zahlungsableitung;
  - – Anbindung an die kurzfristige Liquiditätsplanung.

- **Jahresfinanzplan** als kalenderjahrbezogener Finanzplan (Jahresfinanzplan i.e.S.)
  - – Planungszeitraum: ein bis zwei Jahre, kalendergleich;
  - – Planungseinheit: Kalenderjahr;
  - – Erstellung der Rechnung auf derivativem Weg, ausgehend von Plan-Veränderungsbilanz und Plan-GuV oder auf originärem Weg durch unmittelbare Ableitung der Zahlungen aus den betrieblichen Vorplänen;
  - – Herstellung des Übergangs zur mehrjährigen Finanzplanung.

Da die Unternehmensführung eine **sachlich wie zeitlich integrierte Sicht** der Finanzzusammenhänge benötigt, spricht viel dafür, den Jahresfinanzplan als derivative, auf das Kalenderjahr bezogene Rechnung zu erstellen, da so die Verbindung von der langfristigen Finanz- und Kapitalplanung zur kurzfristigen Liquiditätsplanung ebenso abgedeckt werden kann wie der Zusammenhang der Finanzbewegungen zu Bilanz und GuV. Der Jahresfinanzplan ist als Zahlungenübersicht ausgelegt, wodurch Jahresfinanzplan und unterjährige (Monats- oder Quartals-)Finanzpläne einander formal entsprechen. Dadurch ist gewährleistet, dass beide Finanzplanarten systematisch ineinander überführt werden können, was nötig ist, um die Jahresbeträge der Zahlungen und Liquiditätsbestände in monatliche Feinplanungen aufzulösen und so deren kurzfristige Realisierbarkeit zu über-

---

[289] Vgl. z.B. Hahn, D./Hungenberg, H.: Controllingkonzepte, 2001, S. 103-107; Lachnit, L.: Finanzplanung, 2001, Sp. 894.

prüfen, bzw. wodurch ermöglicht wird, die Jahresgesamtwirkung originär erstellter Monatsfinanzpläne einzuschätzen.

Der Jahresfinanzplan ist ein zentrales Instrument der Unternehmensführung. Sein Aufgabenspektrum umfasst z.B.:

■ Prüfung und Sicherung der Periodenliquidität;

■ Verdeutlichung des finanzwirtschaftlichen Jahresgeschehens;

■ Konkretisierung, Überprüfung und Sicherung der Finanz- und Unternehmenspolitik;

■ Koordination von kurz- und langfristigem Finanzgeschehen.

3.3.2.4 Langfristige Finanzplanung

Die langfristige Finanzplanung ist als **Mehrjahresfinanzplan** angelegt. Der Planungszeitraum beträgt zwei und mehr Jahre und die Planungseinheit ist das Kalenderjahr. Es handelt sich um eine aus der Planung der Bestände an Vermögen und Kapital abgeleitete Kapitalbedarfs- und Kapitaldeckungsrechnung, die in Kombination mit der GuV des Unternehmens zu einer Finanzflussplanung ausgebaut werden kann, die nachfolgend erörtert wird.

3.3.3 Kapitalflussrechnung (Cashflow-Statement)

Eine zentrale Aufgabe der Finanzplanung besteht darin, Finanzstruktur und -geschehen des Unternehmens, ausgehend von prognostizierten leistungs- und finanzwirtschaftlichen Rahmensetzungen, planerisch zu erfassen und so der zielorientierten Gestaltung zugänglich zu machen. Konkrete Teilaufgaben sind dabei:

■ Ermittlung des Kapitalbedarfs für Investitionen, Schuldentilgung und Gewinnentnahme;

■ Abschätzung der Finanzierungsmöglichkeiten und Auswirkungen auf Vermögen, Kapital und Finanzstruktur des Unternehmens;

■ Sicherung von Liquidität und Kreditwürdigkeit durch Abstimmung von Kapitalbedarf und -beschaffung, in dynamischer Hinsicht über Finanzströme, in statischer Hinsicht über Vermögens- und Kapitalrelationen, unter Berücksichtigung finanzwirtschaftlicher Normvorstellungen;

■ Optimierung des Erfolgs-, Sicherheits- und Flexibilitätsbeitrags der Finanzpolitik;

■ Überprüfung der Unternehmenspolitik unter dem Aspekt der finanziellen Realisierbarkeit.

Zur Erfüllung dieser Aufgaben sind mittel- und langfristige Finanzpläne als Plan-Bewegungsbilanz oder als Planfinanzflussrechnung möglich.[290] **Planbewegungsbilanzen**

---

[290] Vgl. z.B. Hahn, D./Hungenberg, H.: Controllingkonzepte, 2001, S. 651; Lachnit, L.: Finanzplanung,

erfassen die Investitions- und Finanzierungsgeschehnisse mittels der Beständeänderungen bei Vermögen und Kapital. Eine solche über mehrere Jahre gespannte Bewegungsbilanz verdeutlicht das Finanzgeschehen eines längeren Zukunftszeitraums durch Hervorheben der verbleibenden, strukturell relevanten Finanzeffekte und nachhaltigen Änderungen in der Bilanzstruktur des Unternehmens.[291] Dieser Akzent setzenden Fähigkeit steht allerdings der Nachteil gegenüber, dass die Finanzvorgänge der dazwischen liegenden einzelnen Jahre nicht zu erkennen sind, obwohl die Unternehmensführung über diese Vorgänge unterrichtet sein muss, denn in den Finanzströmen dieser Jahre liegen die Ansatzpunkte für zielorientierte langfristige Finanzmaßnahmen.

Ausgangspunkt der **Kapital- oder Finanzflussrechnung** ist eine nach finanziellen Zusammenhängen gegliederte Zusammenstellung der Bilanzbeständeänderungen zu einer sogenannten Bewegungsbilanz.[292] Zu diesem Zweck werden die Bilanzbeständeänderungen entsprechend ihrem finanzwirtschaftlichen Gehalt nach Mittelherkunft (Passivmehrungen, Aktivminderungen) bzw. Mittelverwendung (Passivminderungen, Aktivmehrungen) gegliedert, wobei der Informationsgehalt der Rechnung sehr stark von der Untergliederung der Herkünfte und Verwendungen abhängt. Möglich ist z.B. eine Aufteilung in Anlehnung an die in der Bilanz gegebenen Gruppen Anlagevermögen, Umlaufvermögen sowie Eigen- und Fremdkapital.

Der Aussagewert der Rechnung wird weiter erhöht, indem soweit möglich **Beständeänderungen durch Bruttobewegungen ersetzt** werden, was insbesondere beim Anlagevermögen und beim Eigenkapital möglich ist. Beim Anlagevermögen werden mit Hilfe der Angaben aus dem Anlagespiegel statt der Nettoänderung des Anlagevermögens die Bruttozugänge, Zuschreibungen, Abschreibungen, Abgänge und Umbuchungen wiedergegeben, und beim Eigenkapital können statt der Größe Gewinn bzw. Verlust alle Aufwendungen und Erträge der GuV in die Rechnung aufgenommen werden. In diesem Falle entstehen kompensatorische Effekte zwischen GuV-Positionen und Beständeänderungsangaben in der Bilanz, da sich die im Betrachtungszeitraum nicht mit Zahlungen verbundenen Vorgänge, wie z.B. Abschreibungen, Rückstellungszuführungen, Erträge aus Zuschreibungen oder Erträge aus Bestandserhöhung der Erzeugnisse, zwischen der Beständedarstellung in der Bilanz und der Aufwands-Ertrags-Darstellung in der GuV kompensieren.[293]

Die **Vernetzungen zwischen Erfolgs-, Bilanz- und Kapitalflussrechnung** sind im Überblick aus **Abbildung 3.4** ersichtlich.

2001, Sp. 892-893; Perridon, L./Steiner, M./Rathgeber, A.: Finanzwirtschaft, 2009, S. 658.

[291]   Vgl. Amen, M.: Kapitalflußrechnungen, 1998, S. 4; Coenenberg, A. G./Haller, A./Schultze, W.: Jahresabschlussanalyse, 2009, S. 775-795; Reichmann, T.: Controlling, 2011, S. 221-227.

[292]   Vgl. z.B. Lachnit, L.: Finanzplanung, 2001, Sp. 895; Lachnit, L.: Bilanzanalyse, 2004, S. 299.

[293]   Vgl. Lachnit, L.: Unternehmensführung, 1989, S. 132.

Abbildung 3.4   Vernetzungen von Erfolgsrechnung, Bilanz und Kapitalflussrechnung

Vorgang	Erfolgsrechnung Aufwand Ertrag	Veränderungsbilanz + A/-P + P/-A	Kapitalflussrechnung Auszahlung Einzahlung
I. Erfolgszahlungen			
Erfolgseinzahlungen			
Erfolgsauszahlungen			
nicht zahlungsbegleitete Erträge			
nicht zahlungsbegleitete Aufwendungen			
Erhöhung Working Capital			
Vermind. Working Capital			
II. Investitionszahlungen			
Investitionsauszahlungen			
Desinvestitionseinzahlungen			
III. Finanzierungszahlungen			
Kreditrückzahlungen			
Krediteinzahlungen			
Eigenkapitaleinzahlungen			
IV. Erfolgssaldo			
V. Liquiditätssaldo			

Nach den Saldierungen zwischen Erfolgsrechnung und Veränderungsbilanz bleibt aus dem Beständeänderungsbild eine Übersicht der erfolgsneutralen Investitions- und Finanzierungszahlungen und aus dem Erfolgsbild eine Darstellung der Erfolgseinnahmen und Erfolgsausgaben der Periode. Als Gesamtwirkung dieser Finanzvorgänge ergibt sich die Mehrung oder Minderung des Bestandes an Finanzmitteln.[294] Um die Darstellung in Bezug auf ihre Finanzaussage eingängig zu gestalten, empfiehlt sich ein Finanzmittelbegriff im Sinne von Geld oder Geld und geldnahen Mitteln.

Die Berichtigung der Daten aus Bilanz und Erfolgsrechnung um zahlungsunwirksame Positionen kann sowohl direkt als auch indirekt geschehen.

Bei der direkten Methode werden zur Ermittlung des Cashflow aus laufender Geschäftstätigkeit sämtliche Aufwendungen und Erträge, die beim Entstehen keinen Finanzmittelfluss bewirkt haben, eliminiert. Es werden demnach ausschließlich Erfolgsein- und Erfolgsauszahlungen erfasst. **Abbildung 3.5** zeigt exemplarisch die Struktur einer Kapitalflussrechnung bei direkter Ermittlungsmethode des Cashflow aus laufender Geschäftstätigkeit.

Bei der indirekten Methode werden ausgehend von einer Gewinngröße (z.B. Jahresüberschuss) die zahlungsunwirksamen Aufwendungen, wie insbesondere Abschreibungen und Rückstellungszuführungen, addiert und die zahlungsunwirksamen Erträge, wie z.B.

---

[294] Vgl. Lachnit, L.: Modell zur integrierten Erfolgs- und Finanzlenkung (ERFI), 1992, S. 60-65.

Erträge aus Rückstellungsauflösungen, Zuschreibungen oder nicht zahlungsbegleitete außerordentliche Erträge, subtrahiert. Diese indirekte Methode stellt die übliche Vorgehensweise dar, hat aber gegenüber der direkten Ermittlung eine eingeschränkte finanzielle Aussagekraft. **Abbildung 3.6** zeigt exemplarisch die Struktur einer Kapitalflussrechnung bei indirekter Darstellung des Cashflow aus laufender Geschäftstätigkeit.

Probleme bereiten bei der derivativen Ableitung der Kapitalflussrechnung sowohl in direkter als auch in indirekter Darstellung zunehmend Änderungen der Bewertungsregeln der Rechnungslegungssysteme. So führt etwa die Fair Value-Bewertung von bestimmten Wertpapierkategorien nach IFRS zu Problemen, da nicht zwischen zahlungsbegleiteten Investitionen und zahlungsneutralen Aufwertungen unterschieden werden kann, solange es keine gesonderte Erfassung der Zuschreibungen gibt. Überdies erfolgen diese Aufwertungen teilweise auch erfolgsneutral direkt im Eigenkapital und sind mit Effekten aus latenten Steuern vermengt. Auch nach dem HGB ergeben sich derartige Probleme, etwa bei der Währungsumrechnung im Konzernabschluss oder bei der Ermittlung von Geldflüssen aus Pensionsverpflichtungen, da diese ggf. mit Buchgewinnen aus dem Planvermögen saldiert und daher ohne Zusatzkonto nicht identifizierbar sind.

Bei entsprechender Ausgestaltung ist mit einer **Kapitalflussrechnung** dennoch ein systematischer und tiefgehender Einblick in die Finanzvorgänge und die Finanzpolitik der Betrachtungsperiode zu erhalten. Im Einzelnen werden für den Betrachtungszeitraum insbesondere erkennbar:

- die selbst erwirtschafteten Finanzmittel (Cashflow aus laufender Geschäftstätigkeit),

- die zur Schuldentilgung und Ausschüttung verfügbaren Mittel (Free Cashflow),

- langfristige Investitions- und Finanzierungsvorgänge sowie

- Höhe und Ursachen der Veränderung der Liquiditätsposition.

Abbildung 3.5 Kapitalflussrechnung bei direkter Darstellung des Cashflow aus laufender Geschäftstätigkeit

A. Erfolgszahlungen

Betriebliche Erfolgseinzahlungen

\- Betriebliche Erfolgsauszahlungen

= *Cashflow aus betrieblichen Erfolgsvorgängen (a)*

Finanzielle Erfolgseinzahlungen

\- Finanzielle Erfolgsauszahlungen

= *Cashflow aus finanziellen Erfolgsvorgängen (b)*

= *Cashflow aus gewöhnlicher Geschäftstätigkeit (a+b)*

+/- Ein- und Auszahlungen aus außerordentlichen Vorgängen

\- Ertragsteuerzahlungen

= Cashflow aus laufender Geschäftstätigkeit (1)

B. Erfolgsneutrale Investitions- und Finanzierungszahlungen

Einzahlungen aus Desinvestitionen

\- Auszahlungen für Investitionen

= Cashflow aus Investitionstätigkeit (2)

Einzahlungen im Eigenkapitalbereich

\- Auszahlungen im Eigenkapitalbereich

+ Einzahlungen im Fremdkapitalbereich

\- Auszahlungen im Fremdkapitalbereich

= Cashflow aus Finanzierungstätigkeit (3)

C. Liquiditätsposition

Anfangsbestand an liquiden Mitteln

+/- Liquiditätswirkung der Ein- und Auszahlungen der Periode (1 + 2 + 3)

= Endbestand an liquiden Mitteln

Abbildung 3.6 Kapitalflussrechnung bei indirekter Darstellung des Cashflow aus laufender Geschäftstätigkeit

A. Erfolgszahlungen

    Jahresergebnis nach Steuern

+/- Abschreibungen/Zuschreibungen

+/- Zunahme/Abnahme der Rückstellungen

+/- Sonstige nicht zahlungsbegleitete Aufwendungen/Erträge

+/- Abnahme/Zunahme des Working Capital

+/- Nicht zahlungsbegleitete außerordentliche Vorgänge

=   Cashflow aus laufender Geschäftstätigkeit (1)

B. Erfolgsneutrale Investitions- und Finanzierungszahlungen

    Einzahlungen aus Desinvestitionen

-   Auszahlungen für Investitionen

=   Cashflow aus Investitionstätigkeit (2)

    Einzahlungen im Eigenkapitalbereich

-   Auszahlungen im Eigenkapitalbereich

+   Einzahlungen im Fremdkapitalbereich

-   Auszahlungen im Fremdkapitalbereich

=   Cashflow aus Finanzierungstätigkeit (3)

C. Liquiditätsposition

    Anfangsbestand an liquiden Mitteln

+/- Liquiditätswirkung der Ein- und Auszahlungen der Periode (1 + 2 + 3)

=   Endbestand an liquiden Mitteln

Die Analyse einer Kapitalflussrechnung macht Schwerpunkte des finanziellen Unternehmensgeschehens sichtbar und bietet für eine prognostische Verlängerung zur Beurteilung der zukünftigen Liquiditätslage wertvolle Ansatzpunkte. Eine zentrale Größe ist dabei der **Cashflow**, der als Erfolgs- und Finanzindikator verstanden werden kann.[295] Der Cashflow als **Erfolgsindikator** verkörpert den aus Erfolgsvorgängen der Periode stammenden finanziellen Überschuss, d.h. die operativen Nettoeinnahmen aus Erfolgstätigkeit. Dennoch ist der Cashflow kein „richtigerer Gewinn", da alle in der Periode nicht mit Auszahlungen verbundenen, gleichwohl betriebswirtschaftlich begründeten Aufwendungen noch nicht abgezogen sind. Der Cashflow ist vor allem ein Indikator für die **Finanzkraft** des Unternehmens, da er zum Ausdruck bringt, inwieweit die notwendigen finanziellen Mittel zur Bestreitung zentraler unternehmerischer Aufgaben, wie Investition, Schuldentilgung oder Gewinnausschüttung, ohne Rückgriff auf dritte Geldgeber, d.h. aus eigener Kraft (Innenfinanzierungskraft), bereitgestellt werden konnten. Insoweit ist der Cashflow ein Ausdruck der Finanzautonomie, Investitionskraft, Schuldentilgungskraft und Gewinnausschüttungskraft des Unternehmens.[296] Schließlich spiegelt diese Zahl auch wieder, inwieweit das Unternehmen eine Stärkung der Liquiditätsposition aus dem Erfolgsgeschehen heraus bewirken konnte.

Während die absolute Höhe des Cashflows im zeitlichen Vergleich Schlüsse auf Entwicklungen der finanzwirtschaftlichen Lage von Unternehmen zulässt, erfordert eine sachliche Interpretation im Hinblick auf das Ausmaß der mit dem Cashflow ermöglichten finanziellen Aufgabenerfüllung eine **Cashflow-Verwendungsrechnung**.[297] Das gedankliche Konzept einer solchen Rechnung besteht darin, vom Cashflow ausgehend finanzielle Verwendungen entsprechend einer Dringlichkeitsfolge abzuziehen, um zu verdeutlichen, in welchem Ausmaß das Unternehmen seine finanziellen Verpflichtungen aus den selbst erwirtschafteten Mitteln zu bestreiten vermag. Die finanzielle Lage des Unternehmens ist umso stabiler, je weiter der Cashflow im Rahmen dieser Verwendungsrechnung reicht.[298] Um die Aussagefähigkeit für die Unternehmensanalyse weiter zu erhöhen, werden die Ergebnisse der Cashflow-Verwendungsrechnung im Zeitvergleich oder im zwischenbetrieblichen Vergleich ausgewertet.

Eine leistungsfähige langfristige Finanzplanung erfordert zudem eine mehrjährige, nach Jahren untergliederte **Finanzflussrechnung** in zahlungsorientierter Gestaltung. Die Daten werden bei dieser Rechnung nicht originär aus den betrieblichen Vorplänen abgeleitet, sondern derivativ aus Plan-Jahresabschlüssen. Dieses Vorgehen entbindet nicht von den Prognoseproblemen, die mit der Erstellung von mehrjährigen Plan-Bilanzen und Plan-Erfolgsrechnungen verbunden sind, das gilt aber ebenso bei ausschließlicher Benutzung von Plan-Bewegungsbilanzen. Der Vorteil einer langfristigen Finanzplanung in Gestalt von mehrjährigen, derivativen Plan-Finanzflussrechnungen besteht darin, dass für die langfristige finanzielle Unternehmensführung **Erfolgs-, Bilanz- und Finanzflussplanung in einen systematischen Gesamtzusammenhang** gestellt werden. Die Finanzflussrechnung entsteht bei einem solchen Konzept aufgrund buchhalterisch festliegender Zusammenhänge zwangsläufig aus der GuV- und Bilanzplanung der zukünftigen Jahre. **Abbildung 3.7** verdeutlicht diese Zusammenhänge.

---

[295] Vgl. Lachnit, L.: Cash Flow, 1975, S. 221-223; Lachnit, L.: Bilanzanalyse, 2004, S. 253-254.
[296] Vgl. Lachnit, L.: R/L-Kennzahlensystem, 1998, S. 33; Lachnit, L.: Bilanzanalyse, 2004, S. 254.
[297] Vgl. Lachnit, L.: Bilanzanalyse, 2004, S. 297-298.
[298] Vgl. Lachnit, L.: R/L-Kennzahlensystem, 1998, S. 33; Lachnit, L.: Bilanzanalyse, 2004, S. 298.

Abbildung 3.7   Struktur einer integrierten Kapitalflussrechnung

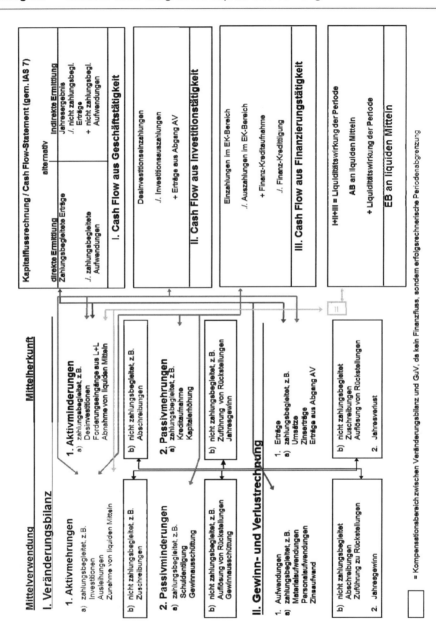

Die Ableitung der Kapitalflussrechnung soll an dem in **Abbildung 3.8** dargestellten verein-fachten Beispiel verdeutlicht werden. Gegeben sind die zwei folgenden Bilanzen sowie die Gewinn- und Verlustrechnung des zu betrachtenden Jahres t1.

Abbildung 3.8   Bilanz der Jahre t0 und t1 sowie GuV des Jahres t1

A	Bilanz 31.12.t0		P
Sachanlagen	80	Eigenkapital	100
Finanzanlagen	40	Jahresergebnis	10
Vorräte	20	Rückstellungen	30
Forderungen	60	Verbindlichkeiten aus L.+L.	40
Liquide Mittel	10	Bank-Verbindlichkeiten	30
	210		210

A	Bilanz 31.12.t1		P
Sachanlagen	70	Eigenkapital	110
Finanzanlagen	50	Jahresergebnis	15
Vorräte	20	Rückstellungen	30
Forderungen	80	Verbindlichkeiten aus L.+L.	30
Liquide Mittel	15	Bank-Verbindlichkeiten	50
	235		235

A	GuV 1.1.- 31.12.t1		P
Materialaufwand	80	Umsatzerlöse	150
Personalaufwand	40	sonst. betr. Erträge	10
Abschreibungen	10	(Ertrag Abgang AV)	
sonst. betr. Aufwand	15		
Gewinn	15		
	160		160

Zur Ermittlung der Kapitalflussrechnung ist zunächst die **Beständeänderungsbilanz** (**Abbildung 3.9**) zu erstellen. Hierfür werden die Vorjahreswerte von den aktuellen Werten der Bilanz abgezogen und dabei sortiert in die Kategorien Aktivminderung (A-) und Passivmehrung (P+) als Mittelherkunft (MH) sowie Aktivmehrung (A+) und Passiv-minderung (P-) als Mittelverwendung (MV).

Abbildung 3.9   Beständeänderungsbilanz (netto)

	t1	t0	MV A+ / P-	MH A- / P+
Sachanlagen	70	80		10
Finanzanlagen	50	40	10	
Vorräte	20	20		
Forderungen	80	60	20	
Liquide Mittel	15	10	5	
Eigenkapital	110	100		10
Jahresergebnis	15	10		5
Rückstellungen	30	30		
Verbindlichkeiten aus L.+L.	30	40	10	
Bank-Verbindlichkeiten	50	30		20

Diese Differenzenbilanz ist jedoch sehr grob und sagt noch nicht viel über die dahinter liegenden Geldflüsse aus. Zudem ist die Veränderung des Eigenkapitals genauer zu prüfen. Die 10 GE Jahresergebnis von t0 sind thesauriert worden und haben zur Erhöhung des Eigenkapitals geführt. Die Änderung von insgesamt 15 GE resultiert somit allein aus dem Jahresergebnis von t1. Wenn statt diesem Betrag die gesamte GuV in die Rechnung integriert wird, ergibt sich das in **Abbildung 3.10** dargestellte Bild.

Abbildung 3.10   Beständeänderungsbilanz (teilbrutto incl. GuV)

	t1	t0	MV A+ / P-	MH A- / P+
Sachanlagen	70	80		10
Finanzanlagen	50	40	10	
Vorräte	20	20		
Forderungen	80	60	20	
Liquide Mittel	15	10	5	
Eigenkapital	110	110		
Rückstellungen	30	30		
Verbindlichkeiten aus L.+L.	30	40	10	
Bank-Verbindlichkeiten	50	30		20
Materialaufwand	80		80	
Personalaufwand	40		40	
Abschreibungen	10		10	
Sonst. betr. Aufwand	15		15	
Umsatzerlöse	150			150
Sonst. betr. Ertrag (Ertrag Abgang AV)	10			10

Auf dieser Basis können zunächst die sich entsprechenden Beträge, die keinen Finanzfluss darstellen, eliminiert werden. Dies betrifft die Abschreibungen und die Verringerung des Sachanlagevermögens, die fälschlich zunächst als Mittelverwendung bzw. als Mittelherkunft interpretiert worden sind. Tatsächlich handelt es sich jedoch um eine Abgrenzungsrechnung, die zur periodengerechten Gewinnermittlung die investierte Summe auf die Perioden der Nutzungsdauer verteilt. Auch bei anderen Positionen muss nicht immer eine Zahlungsentsprechung gegeben sein. So konnten die Umsatzerlöse von 150 GE nicht komplett in der Periode auch als Einzahlungen realisiert werden, da die Forderungen um 20 GE gestiegen sind. Dies ist bei der Berechnung der Ein- und Auszahlungen zu berücksichtigen. Die weiteren notwendigen Änderungen können der in **Abbildung 3.11** wiedergegebenen Kapitalflussrechnung für das Jahr t1 entnommen werden.

Abbildung 3.11 Derivativ abgeleitete Kapitalflussrechnung bei direkter Darstellung des
Cashflow aus laufender Geschäftstätigkeit

Kapitalflussrechnung 1.1. - 31.12.t1

Umsatzerlöse	150
+ Abnahme/-Zunahme Forderungen	-20
= Umsatzeinzahlungen	130
+ zbgl. sonstige betr. Erträge	10
- Materialaufwand	-80
- Abnahme/+Zunahme Verb. L+L	-10
- Personalaufwand	-40
- zbgl. sonstige betr. Aufw.	-15
Cashflow aus operativer Tätigkeit	-5

- Investitionen in Sachanlagen	0
+ Desinvestitionen von Sachanlagen	0
- Investitionen in Finanzanlagen	-10
+ Desinvestitionen von Finanzanlagen	0
Cashflow aus Investitionstätigkeit	-10

+ Kreditaufnahme	20
- Kredittilgung	0
+ Erhöhung Eigenkapital	0
- Verminderung Eigenkapital	0
Cashflow aus Finanzierungstätigkeit	20

Anfangsbestand liquide Mittel	10
+ Liquiditätswirkung der Periode	5
= Endbestand liquide Mittel	15

Die **Unterteilung in die Kategorien Erfolgstätigkeit, Investitionstätigkeit und Finanzierungstätigkeit** ist nicht immer trennscharf und bedarf häufig einiger Annahmen.[299] Wichtig ist, dass die Liquiditätswirkung der Periode, die über die Kapitalflussrechnung auf deren Ursachen zurückgeführt ermittelt wird, mit dem Ausweis in der Beständeänderungsbilanz übereinstimmt. Die für die Finanzlenkung des Unternehmens wichtigste Größe neben der Liquidität ist der Cashflow aus der Erfolgstätigkeit, da dieser die Innenfinanzierungskraft des Unternehmens zum Ausdruck bringt. In der Kapitalflussrechnung kann diese Größe neben der hier dargestellten direkten Ermittlung auch über ein indirektes Verfahren, ausgehend von Jahresergebnis und korrigiert um die hierin verrechneten nicht zahlungsbegleiteten Größen, bestimmt werden, wobei beide Verfahren stets zum selben Ergebnis kommen müssen.

Zu beachten ist, dass die Kapitalflussrechnung keinerlei qualitative und nichtperiodisierte Daten sowie auch keine schwebenden Risiken und Chancen enthält. Rückstellungen als abgebildete Risiken des Unternehmens im Jahresabschluss werden eliminiert; nur die Risiken, die zu Auszahlungen geführt haben, werden ausgewiesen. Ebenso sind die Anlagenabnutzung sowie (positive wie negative) Marktwertänderungen nicht erfasst, solange sie nicht realisiert sind.

Durch EDV-Umsetzung dieser Zusammenhänge zwischen Erfolgsrechnung, Veränderungsbilanz und Finanzflussrechnung entsteht ein **System zur integrierten Finanz- und Erfolgsführung**, welches eine langfristige, mehrjährige Rahmensetzung mit den unterjährigen kurzfristigen Erfolgs- und Finanzplänen verbindet und so insgesamt die bisher eher isoliert benutzten Insellösungen der Finanzplanung zu einem synergetischen Gesamtgefüge vernetzt, welches der finanziellen Unternehmensführung im kurz-, mittel- und langfristigen Zeithorizont wertvolle Hilfestellung geben kann.[300] Eine derartige integrierte Erfolgs-, Bilanz- und Zahlungsrechnung ermöglicht die gedankliche Durchdringung der zukünftigen Finanz- und Erfolgsentwicklung. Zentrale Problempunkte der Finanzplanung sind damit zu überwinden, wie z.B. die unvollständige Planung durch Insellösungen, die fehlende sachliche Abstimmung zwischen Erfolgs- und Finanzentwicklung, die fehlende längerfristige Rahmenplanung und die fehlende zeitliche Verzahnung zwischen kurzfristiger und langfristiger Erfolgs- und Finanzentwicklung.

Durch die sachliche Integration von Finanz- und Erfolgsebene sowie die zeitliche Integration strategischer und operativer Planungen werden im System der integrierten Finanz- und Erfolgsplanung Widersprüche zwischen den verschiedenen Teilzielen des Unternehmens sowie Planungsbrüche und -lücken vermieden. Weiterhin können kritische Entwicklungen und Bedrohungen frühwarnend aufgezeigt, betriebliche Anpassungsmöglichkeiten durchgespielt und Restriktionen, aber auch Chancen offengelegt werden.[301] Durch das 1998 in Kraft getretene Gesetz zur Kontrolle und Transparenz im Unter-

---

[299] Vgl. Müller, S.: Management-Rechnungswesen, 2003, S. 178.
[300] Vgl. Lachnit, L.: Modell zur integrierten Erfolgs- und Finanzlenkung (ERFI), 1992, S. 60-65.
[301] Vgl. Lachnit, L./Müller, S.: Risikocontrolling, 2003, S. 573 und S. 579-581; Müller, S. Management-Rechnungswesen, 2003, S. 359-360.

nehmensbereich (KonTraG) wurde die Bedeutung von solchen Frühwarnsystemen für die Unternehmensführung auch gesetzlich hervorgehoben. So schreibt der durch das KonTraG geänderte § 91 AktG für börsennotierte Aktiengesellschaften die Einrichtung von Frühwarnsystemen vor, mit denen den Fortbestand des Unternehmens gefährdende Entwicklungen, insbesondere Risiken mit wesentlichem Einfluss auf die Vermögens-, Finanz- und Ertragslage, frühzeitig erkannt werden können.

3.4   Kreditwürdigkeitsuntersuchung

Die **Kreditvergabebereitschaft** der Fremdkapitalgeber ist für die Solvenz von Unternehmen von zentraler Bedeutung. Als Kommunikationsinstrument zwischen Unternehmen und Fremdkapitalgebern sowie für die Fremdkapitalgeber als Krisenindikator spielt der **Jahresabschluss** – und hierbei insbesondere die Finanzanalyse – eine entscheidende Rolle. Dabei ist die Stellung des Jahresabschlusses durch die Veränderungen der gesetzlichen Rahmenbedingungen der Kreditvergabe – Stichwort Basel II – in den letzten Jahren weiter stark gestiegen und wird auch zukünftig – Stichwort Basel III – weiter steigen. Controller müssen daher das Management intensiver auf Kreditverhandlungen vorbereiten, wofür die Kenntnis der Regeln der Kreditvergabe und der Wahrnehmung des eigenen Unternehmens aus Sicht eines Kreditinstitutes notwendig ist, was letztlich einem kontinuierlichen Selbstratingprozess entspricht.

3.4.1   Regeln der Kreditvergabe

Banken müssen die von ihnen vergebenen Kredite zur Sicherstellung ihrer Zahlungsfähigkeit bei unvorhergesehenen Kreditausfällen mit Eigenkapital unterlegen. Während das zunächst einheitlich 8 % waren, erfolgt mit den **Eigenkapitalunterlegungsregeln** nach Basel II eine Spreizung in Abhängigkeit vom Risiko des Kreditnehmers. So erhalten Unternehmen mit einem geringen Ausfallrisiko einen Gewichtungsfaktor, der unterhalb von 100 % liegt, während Unternehmen mit hohem Risiko mit einem Gewichtungsfaktor von über 100 % belegt werden, wobei weiterhin von 8 % Eigenkapitalunterlegung als nominale Bezugsbasis ausgegangen wird. Im letzten Quartal 2010 wurde vom Baseler Ausschuss die nunmehr dritte Version der Baseler Eigenkapitalvereinbarung endgültig beschlossen und am 16. Dezember 2010 publiziert,[302] in der eine Erhöhung dieser Unterlegung schrittweise bis 2019 auf mindestens 10,5 % ggf. sogar auf 13 % festgeschrieben wird. Bei den weiteren bis zu 2,5 % handelt es sich um ein antizyklisches Kapitalpolster, dessen Höhe im Ermessen der Bankenaufsicht bzw. der Politik liegt. Zudem kommt bei als systemrelevant eingestuften Banken noch ein Zuschlag von weiteren 1,0 % bis 2,5 % hinzu. Da Eigenkapital einen höheren Verzinsungsanspruch hat als eine Refinanzierung mit Fremdkapital, bedeutet dies, dass die Kreditzinsen für Kredite mit hohem Unterlegungsfaktor allein aus

---

[302] Ausführliche Referenzen zu Basel III und die offiziellen Dokumente finden sich unter http://www.bis.org/bcbs/basel3_de.htm (22.11.11).

diesem Grund teurer sein werden als Kredite mit geringerem Unterlegungsfaktor. Zudem werden mit den Regeln nach Basel III zukünftig an das Eigenkapital von Kreditinstituten noch strengere Anforderungen gestellt, so dass bestimmte Ergänzungskapitalbestandteile nicht mehr akzeptiert werden sollen.

Die derzeitigen Regelungen, die auch nach Basel III im Grundsatz erhalten bleiben, sehen zwei verschiedene **Ansätze der Risikomessung** vor: Im **Standardansatz** werden zur Bestimmung des Risikos eines Unternehmens ausschließlich externe Ratings von akkreditierten Ratinggesellschaften (z.B. Standard&Poor's oder Moody's) anerkannt. In Abhängigkeit von dieser Einstufung wird einer von vier Gewichtungsfaktoren zwischen 20 % und 150 % vergeben. Im **Internen Ratingansatz** (IRB-Ansatz) erstellt die Kredit gewährende Bank das Rating selbst. Dieses Rating bildet die Grundlage für die Bestimmung des Gewichtungsfaktors, der über entsprechende Formeln berechnet wird. Bei hohem Risiko können im IRB-Ansatz Gewichtungsfaktoren von über 200 % zur Anwendung kommen. Da auch die Eigenkapitalunterlegungskosten seit den Bestimmungen von Basel II auf dem Risiko des Unternehmens aufbauen, ergibt sich eine Abhängigkeit der Kreditzinsen vom Ratingergebnis. Somit haben risikoreiche Kreditnehmer tendenziell einen höheren Zinssatz für Kredite zu entrichten, während für Unternehmen mit einem geringen Risiko der Zinssatz deutlich geringer ausfällt. Umgerechnet bedeutet dieses: Wenn ein Unternehmen respektive der Kreditnehmer durch ein externes Rating mit 20 % klassifiziert wird, hat das kreditnehmende Institut hierfür unter den derzeit geltenden Regeln von Basel II nur 1,6 % Eigenkapital und im Zuge der vollständigen Umsetzung von Basel III 2,6 % Eigenkapital zu hinterlegen. Findet eine Klassifikation bei 100 % statt, sind nach wie vor 8 % Eigenkapital und in Folge von Basel III maximal 13 % als Hinterlegung notwendig.

Um die Folgen vor allem für kleinere, d. h. eventuell risikoreichere Unternehmen abzumildern, sieht der IRB-Ansatz so genannte Mittelstandserleichterungen vor. Unternehmen unter 50 Millionen Euro Jahresumsatz erhalten im IRB-Ansatz Abschläge auf die Gewichtungsfaktoren. Für „Retailkredite" an Unternehmen mit einer Kreditlinie unter 1 Million Euro, also Kredite, die bankintern wie Privatkundenkredite behandelt werden, sieht sowohl der IRB-Ansatz als auch der Standardansatz nochmals reduzierte Gewichtungsfaktoren vor.

Darüber hinaus sind in Deutschland mit weiteren gesetzlichen Anpassungen die Grundlagen für die Anwendung der Basel II-Regeln geschaffen worden, in denen insbesondere Vorschriften zum organisatorischen **Aufbau einer Bank** – speziell des Kreditgeschäftes – sowie Vorschriften über die Verantwortung der Geschäftsleitung, insbesondere bei der Identifizierung, Steuerung und Überwachung der Risiken im Kreditgeschäft, zu finden sind. Sie gelten zwar nur für Banken, durch den Umbau der Bankorganisation ergeben sich jedoch so einschneidende Veränderungen beim Ablauf des Kreditvergabeprozesses, dass auch Unternehmen die Auswirkungen zu spüren bekommen und selbst Veränderungen in ihrem Verhalten bei der Beantragung von Krediten umsetzen müssen.

Zum einen ist eine klare **Trennung der Bankorganisation** in die Bereiche „Markt" (= „Bereiche, die Geschäfte initiieren und bei den Kreditentscheidungen über ein Votum verfügen") und „Marktfolge" (= „Bereiche, die bei den Kreditentscheidungen über ein weiteres vom ‚Markt' unabhängiges Votum verfügen") vorzusehen.[303] Hiermit soll vor allem die Möglichkeit von Manipulationen bei der Kreditvergabeentscheidung ausgeschlossen werden. Eine Kreditentscheidung erfordert somit eine Zustimmung vom Bereich „Markt" und vom Bereich „Marktfolge", wobei der Bereich „Marktfolge" nicht überstimmt werden kann. Bei voneinander abweichenden Voten kann ein Geschäftsleiter die beiden Bereiche überstimmen und den Kredit trotzdem genehmigen.

Ebenso wichtig wie diese organisatorische Änderung ist für Unternehmen die **Kreditrisikostrategie** einer Bank. So muss der Vorstand jeder Bank eine solche Kreditrisikostrategie entwerfen, an die sich die Bank in der Folge halten muss. Inhalt dieser Strategie ist das Kreditvergabeverhalten hinsichtlich Branchenschwerpunkten, geographischer Streuung, Kreditarten und Verteilung der Engagements in Risiko- und Größenklassen. Die Geschäftsleitung gibt somit genau Branche, Größe und Risiko der Schuldner vor, an die sie Kredite vergeben möchte. Unternehmen, die nicht in die von der Geschäftsleitung beschlossene Kreditrisikostrategie passen, sind im Regelfall von der Kreditvergabe ausgeschlossen. Zusammengenommen gestaltet sich der **Kreditvergabeprozess** demnach wie in **Abbildung 3.12** dargestellt.

Um **risikoorientiert Kredite** vergeben zu können, müssen die Kreditinstitute zunächst das Risiko eines Kreditnehmers bestimmen. Hierzu nutzen sie i.d.R. interne Ratingsysteme. Das Rating wird somit zum zentralen Kriterium der Finanzierung, was insbesondere für mittelständische Unternehmen eine spürbare Änderung bedeutet. Konkret ergeben sich folgende Auswirkungen:

- Das Rating beeinflusst entscheidend die Kreditverfügbarkeit und die Höhe der Kreditzinsen.

- Die Informationsanforderungen des Ratingprozesses sind hoch und müssen von Unternehmensseite optimal erfüllt werden, damit keine zu hohe Risikoeinstufung erfolgt.

- Die Hausbankbeziehung kann leiden, da die Regeln u.U. firmenspezifische Inflexibilitäten erzwingen.

---

[303] Vgl. Bundesanstalt für Finanzdienstleistungsaufsicht (Hrsg.), MaRisk, BTO 1. abrufbar unter: http://www.bundesbank.de/download/bankenaufsicht/pdf/marisk/ 071030_rs.pdf (22.11.11).

Abbildung 3.12   Vorgeschriebener Prozess bei Kreditvergaben von Kreditinstituten

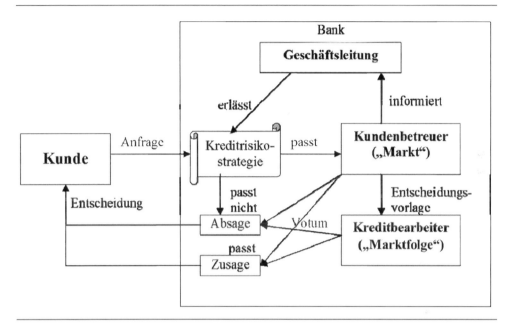

Mögliche **Anpassungsstrategien** liegen in einer besseren Kommunikation mit der Bank, einer Anpassung der Finanzierungsstruktur, einer Verbesserung der Risikoposition des Unternehmens sowie einer Optimierung des Jahresabschlusses.[304] Die Rechnungslegung ist in die Kommunikation mit dem Kreditgeber eng eingebunden, verdeutlicht die Finanzierungsstruktur und gibt Hinweise auf die Risikosituation, weshalb sie im Mittelpunkt der Betrachtung stehen sollte. Eine bilanzpolitische Aufbereitung des Jahresabschlusses kann zumindest kurzfristig die Darstellung des Unternehmens und damit die Chancen auf eine günstige Kreditgewährung verbessern.[305] Darüber hinaus sind jedoch auch nachhaltige Verbesserungen zu erwägen. Um überhaupt aktiv und zielgerichtet agieren zu können, bedarf es aber der Kenntnis über das Zustandekommen eines Ratings.

3.4.2   Rating

Das **Rating** mündet in eine Kenngröße, die das Insolvenzrisiko eines Unternehmens ausdrückt. Dabei wird als Zeitraum ein Jahr unterstellt. Eine A-Einstufung drückt z.B. eine Ausfallwahrscheinlichkeit von ca. 0,07 %, BB+ von 0,67 % und B von 6,08 % aus.[306] Der

---

[304] Vgl. Müller, S./Brackschulze, K./Mayer-Fiedrich, M. D.: Finanzierung, 2011, S. 21-27.
[305] Vgl. Müller, S.: in Federmann/Kußmaul/Müller (Hrsg.). HdB, 1960ff., Beitrag „Bilanzpolitik in der Krise".
[306] Vgl. Deutsche Bundesbank (Hrsg.): Monatsheft 9/2004, S. 78-90.

Prozess der Erstellung eines Ratings nutzt grundsätzlich vielfältige Kriterien quantitativer und qualitativer Natur, so dass es viele Stellschrauben zur Ratingverbesserung gibt. Dies liegt darin begründet, dass es **keine allgemeingültige Formel** für die Messung des Insolvenzrisikos gibt. Ratingsysteme, die häufig über Diskriminanzfunktionen eine Auswahl und Gewichtung von Risikoindikatoren vornehmen, haben stets das Problem, von der Vergangenheit auf die Zukunft schließen zu müssen. Damit ist die Güte der Systeme davon abhängig, inwieweit dies gelingt. Gerade in sich wechselnden Umfeldern kann es auch zu Verschiebungen der Kennzahlen kommen, zumal selbst bei hohen Insolvenzquoten die statistische Basis die notwendigen größen-, branchen- und risikoabhängigen Auswertungen eigentlich gar nicht zulassen. Daher müssen die Kreditinstitute ihre Systeme auch ständig überprüfen und ggf. anpassen.

Daraus resultiert für Unternehmen das Problem, dass es unterschiedliche Ratingsysteme gibt. Alle haben das Ziel, das Risiko zu messen, unterschiedlich sind jedoch die Wege. So gibt es Systeme, die einzig auf der **Auswertung des Jahresabschlusses** aufbauen, wie etwa Moody´s KMV RiskCalc. Dabei gilt es zu beachten, dass neben dem eigentlichen Jahresabschluss auch die Branche allgemein und der relative Vergleich der Unternehmensdaten zu Branchendurchschnittswerten häufig in die Betrachtung mit einbezogen werden. Aus diesem Grund ist es sinnvoll, die (richtige) Branchenzuordnung zu prüfen und ggf. bei Kreditverhandlungen auf Abweichungen und unternehmensindividuelle Sonderfaktoren hinzuweisen.

Deutsche Kreditinstitute ergänzen diese rein quantitative Analyse des Jahresabschlusses häufig um **andere quantitative Analysen**, etwa der Daten der Kontoführung, sowie **qualitative Elemente**, z. B. zur Qualität des Managements. Dabei sind viele dieser Kriterien, deren Zusammensetzung und Rolle bei der Risikoklassifikation die Kreditinstitute nicht preisgeben, auch für Eigenkapitalgeber und Management von Interesse. Insgesamt stellt das Rating eine umfangreiche Analyse des Unternehmens dar. Daher dient die Beschäftigung mit dem Ratingprozess nicht nur zur konkreten Vorbereitung auf Kreditverhandlungen, sondern auch der langfristigen Sicherung von Stabilität und Rentabilität des Unternehmens. Sinnvoll ist es daher, ein Selbstratingsystem in die Managementkennzahlen, wie z.B. in die Balanced Scorecard, zu integrieren und so eine permanente Überwachung zu gewährleisten. Mit den im Führungssystem vorgenommenen Verknüpfungen monetärer und qualitativer Steuerungselemente über Kausalketten und ihre Ausrichtung auf eine übergeordnete Zielgröße kann die Solvenz des Unternehmens gezielt gesteuert werden. Somit können sich Unternehmen das Finanzierungspotenzial der Fremdkapitalgeber sowie deren Kooperationsbereitschaft erhalten und damit ihre eigene Solvenz auch zukünftig sichern.[307]

---

[307] Vgl. Müller, S./Wobbe, C.: Bonitätsmanagementsystem, 2007, S. 1491-1497.

3.4.3 Selbstrating

3.4.3.1 Ziel und Aufbau

Ziel eines Selbstratingsystems ist es, ein **Urteil über das Insolvenzrisiko** des eigenen Unternehmens simulativ aus Sicht eines Kreditinstituts zu erlangen. Gleichzeitig soll das System aufzeigen, in welchen kritischen Unternehmensbereichen Schwachpunkte bestehen. Die systematische Beschäftigung mit diesen Schwächen und deren Abbau sollten einen positiven Einfluss auf das Rating haben und allgemein helfen, das eigene Unternehmen für Kapitalgeber jeder Art attraktiver zu gestalten. Nicht zuletzt kann mit Hilfe des Systems der Ablauf eines bankinternen Ratings besser nachvollzogen werden, so dass vor Kreditverhandlungen entsprechende Verbesserungen umgesetzt und Unterlagen erstellt werden können.

Die generelle Vorgehensweise soll am Beispiel eines **entwickelten Selbstratingsystems**[308] dargestellt werden.[309] Dieses System nutzt die in Ratingsystemen von Kreditinstituten am häufigsten verwendeten Kennzahlen, greift aber zur Bewertung nicht auf deren Datenbanken zurück, sondern verbindet die Kennzahlen mit allgemeinen betriebswirtschaftlichen Erkenntnissen. Dies ermöglicht einen Einblick in das Unternehmen unabhängig von dem Ratingsystem eines einzelnen Kreditinstituts. Allerdings wird im Ergebnis auch keine konkrete Ausfallwahrscheinlichkeit angegeben, sondern lediglich eine **Tendenzaussage über die Insolvenzgefahr** getroffen, was aber aufgrund der nicht zu erreichenden Allgemeingültigkeit der Risikomessung letztlich sachgemäß ist.

Die Auswahl der **Kennzahlen** wurde so getroffen, dass die Bewertung der Ausprägung dieser Kennzahlen für ein Unternehmen logisch nachvollzogen werden kann, ohne dass jedoch der Bezug zu den in Banksystemen genutzten Kennzahlen verloren geht. Zudem wird eine nachvollziehbare Aufbereitung des Datenmaterials des Abschlusses vorgenommen, so dass damit einerseits die Grenzen der Bilanzpolitik aufgezeigt werden und andererseits auf Sachverhalte hingewiesen wird, die ggf. in dem Jahresabschluss unvollkommen dargestellt sind. Das gesamte System hat das in **Abbildung 3.13** dargestellte Aussehen.

Die **Bewertung** der einzelnen Kennzahlen und Fragestellungen erfolgt anhand von sechs verschiedenen Risikoeinstufungen analog zum Schulnotensystem. Eine Einstufung „1" („sehr gut") impliziert eine sehr gute Ausprägung der Kennzahl bzw. des gefragten Sachverhaltes und damit ein zu vernachlässigendes Risiko, das keinen wesentlichen Einfluss auf die Unternehmensentwicklung hat. Die Einstufung „6" („stark insolvenzgefährdet") dagegen wird vergeben, wenn ein Unternehmen bei einer Kennzahl bzw. Frage so schlecht abschneidet, dass aus diesem Indikator eine hohe Gefährdung des Fortbestandes des

---

[308] Das Modell wurde im Rahmen eines von der Stiftung Industrieforschung finanzierten Drittmittelprojektes von Dr. Kai Brackschulze, Dr. Bernhard Becker und Prof. Dr. Stefan Müller an der Universität Oldenburg entwickelt.

[309] Unterschiedliche Excel-Dateien sind verfügbar in Müller, S./Brackschulze, K./Mayer-Fiedrich, M. D.: Finanzierung, 2011 sowie in Müller, S.: in Federmann/Kußmaul/Müller (Hrsg.). HdB., 1960ff., Beitrag „Rating und Jahresabschluss".

Unternehmens anzunehmen ist. Dazwischen gibt es die dem Schulnotensystem entsprechenden Abstufungen. Durch die Darstellung im Schulnotensystem bekommt der Anwender des Selbstratingsystems einen einfachen Überblick über die Ergebnisse der Analyse und kann Schwachstellen unmittelbar aufspüren. Auch Zwischenergebnisse einzelner Teile sowie das Gesamtergebnis werden auf der Schulnotenskala angegeben. Hierbei kann der Anwender direkt ablesen, ob das bewertete Unternehmen eine tendenziell hohe oder eine eher geringe Insolvenzgefahr hat und somit ein gutes oder schlechtes Rating erwarten darf.

Abbildung 3.13   Aufbau des Selbstratingsystems

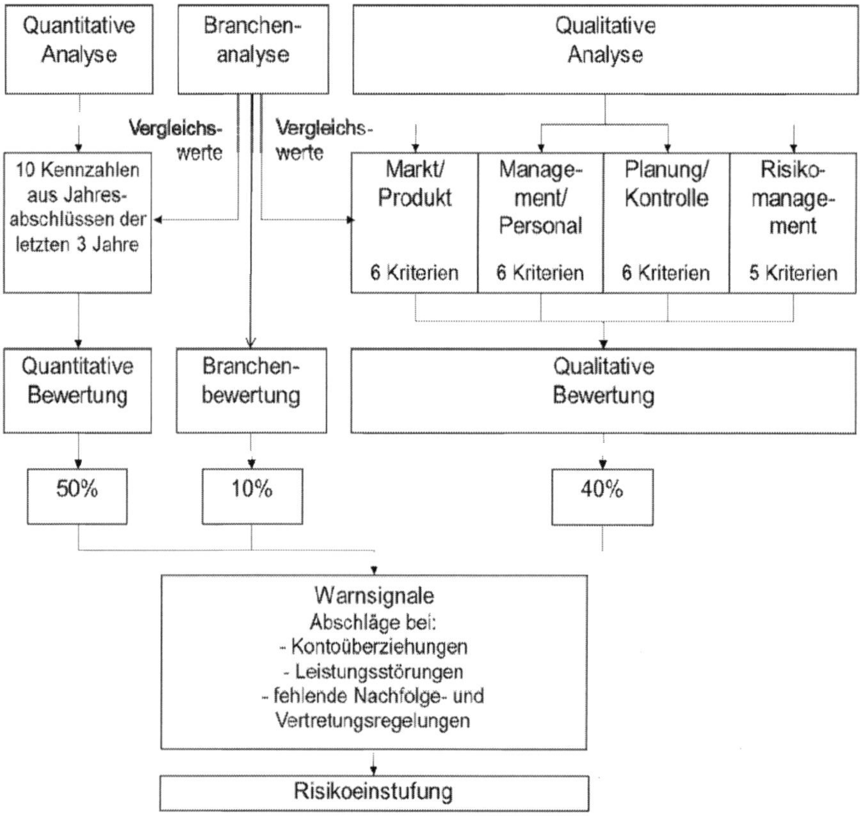

3.4.3.2   Branchenanalyse

Die Branchenanalyse beinhaltet zwei verschiedene Arbeitsschritte: Zum einen sind **Branchenvergleichszahlen** für die im Rahmen der quantitativen Analyse zu berechnenden Kennzahlen zu generieren. Faktisch alle deutschen Kreditinstitute nutzen hierzu ihren eigenen Datenbestand an Jahresabschlüssen ihrer Kunden sowie entsprechende Branchenanalysen und nehmen eine tiefgehende Unterteilung der Branchen vor. Da Unternehmen i. d. R. keinen Zugang zu diesen Daten haben, können sie entsprechende Vergleichswerte nur aus öffentlich zugänglichen Quellen entnehmen, also z. B. aus statistischen Datenbanken der Bundesbank oder des Statistischen Bundesamtes, über die Branchenverbände, aus entgeltlich erworbenen Branchenberichten nationaler oder internationaler Agenturen oder aus anderen publizierten Quellen. Eventuell zeigt sich auch die eigene Hausbank kooperationsbereit und stellt Werte zur Verfügung. Problematisch ist bei allen Vergleichswerten, dass die konkrete Berechnung sehr unterschiedlich sein kann und somit die Vergleichbarkeit erheblich eingeschränkt ist.

Zum anderen besteht die Branchenanalyse in der **Analyse der Unternehmensumwelt**, insbesondere den Marktgegebenheiten, den politischen, rechtlichen und gesellschaftlichen Rahmenbedingungen, der Konjunktur und technologischer Entwicklungen. Dieses Vorgehen entspricht weitestgehend der Umweltanalyse, wie sie im Rahmen der strategischen und langfristigen Unternehmensplanung durchgeführt wird. Diese Untersuchung bildet im Unternehmen die Grundlage für die operative Planung und somit für den Einsatz von Unternehmensressourcen. In der Analyse ist lediglich auf das Risiko im engeren Sinne (also die Möglichkeit einer negativen Zielverfehlung) einzugehen. Sich verändernde Umfeldbedingungen stellen zwar auch stets eine Chance für das Unternehmen dar, sich durch eine bessere Anpassung an die Veränderungen von den Konkurrenten abzuheben und damit die Erwartungen zu übertreffen, doch wird im Rahmen des Ratings nur nach den Risiken gefragt. Die konkreten Kriterien lassen sich in die Bereiche politische/rechtliche Rahmenbedingungen, Konjunktur, Gesellschaftliche Einflüsse, Markt und Technologie einordnen[310] und sind im Rahmen des Selbstratings über kurze Fragekataloge mit einer Scoringsystembewertung umgesetzt. Letztlich stellt diese Branchenanalyse eine Risikoidentifikation im Rahmen eines Risikomanagementsystems dar.

3.4.3.3   Quantitative Analyse

Die quantitative Komponente steht häufig im Mittelpunkt der Ratingsysteme. Untersuchungen zeigen, dass die Güte der Insolvenzvorhersage über das **Datenmaterial des Jahresabschlusses** i. d. R. höher ist als die Verwendung von qualitativen Faktoren. Der Grund dafür wird in der höheren Subjektivität bei der Bewertung gesehen. Da Kreditinstitute i. d. R. keinen Einblick in interne Dokumente haben bzw. diese für wenig verlässlich halten, wird der Jahresabschluss - ggf. ergänzt durch weitere Informationen - zur quantitativen Bewertung des Insolvenzrisikos herangezogen. Auch das Selbstrating ist daher auf Grundlage der Jahresabschlüsse vorzunehmen.

Als Analysemethoden stehen insbesondere drei Möglichkeiten zur Verfügung: Die **Norm-Ist-Analyse** vergleicht die Kennzahlen des betrachteten Unternehmens an einer absoluten Skala. Der Vergleich mit exogen vorgegebenen Normen als überbetrieblich gesetzte Sollwerte fundiert die Bewertung der Unternehmenslage. Die von der Theorie erarbeiteten Normwerte, z. B. über Vermögens- und Finanzstrukturen, sind jedoch nur in sehr be-

---

310   Vgl. z.B. Müller, S./Brackschulze, B./Mayer-Fiedrich, M.-D.: Finanzierung, 2011, S. 46-55.

grenztem Umfang in ihrer Relevanz für betriebswirtschaftliche Entscheidungen gesichert. Gleichwohl sind bilanzanalytische Normen in der praktischen Arbeit und in ihrer Bedeutung nicht zu unterschätzen, da sie im Sinne von Konventionen insbesondere bei der Kreditwürdigkeitsprüfung eine beträchtliche Rolle spielen. Es zeigt sich jedoch, dass diese Normen der Kreditgeber in aller Regel ihre Begründung aus Vorstellungen über übliche Branchenverhältnisse herleiten und somit auf einen Vergleich mit Durchschnittswerten hinauslaufen. Anders ist die Situation bei rechtlichen Normvorgaben, die sich entweder aus allgemeinen Rechtsvorschriften, wie der Fixierung von Untergrenzen für das gezeichnete Kapital bei Unternehmen in der Rechtsform der AG oder GmbH sowie branchenbezogen, insbesondere bei Banken und Versicherungen für bestimmte Eigenkapitalrelationen, oder aus vertraglichen Vereinbarungen, beispielsweise im Zuge von Emissionsbedingungen für die Ausgabe von Schuldverschreibungen, ergeben.[311] Ebenso kommt empirisch-statistisch abgeleiteten Normen, wie sie sich z. B. als kritische Kennzahlen-Schwellenwerte bei der Insolvenzgefährdungsdiagnose mit Hilfe von Diskriminanzanalysen ergeben, große bilanzanalytische Bedeutung zu. Die Norm-Ist-Analyse stellt somit aus Sicht der Bank einen Vergleich zwischen allen Kredit suchenden Unternehmen dar, und eine Bank wird bemüht sein, Kredite vorrangig an Unternehmen zu vergeben, deren Ist-Werte nah an den Normwerten für stabile Unternehmen oder sogar besser liegen.

Die **Branchenanalyse** stellt eine Relation zwischen dem betrachteten Unternehmen und anderen Unternehmen derselben Branche her. Der Vergleich mit Branchendurchschnitten erlaubt eine Absoluteinordnung des betrachteten Unternehmens gemessen an durchschnittlichen, als Normalfall anzusehenden Verhältnissen der betreffenden Branche. Ein in dieser Weise durchgeführter überbetrieblicher Vergleich gibt z. B. Hinweise auf die relative Stellung des Unternehmens im Rahmen der Konkurrenzunternehmen. Man erkennt Schwachstellen und Stärken des betrachteten Unternehmens. In diesem Sinne liefert der Vergleich mit Durchschnittswerten Maßstäbe für eine absolute Einordnung und ökonomische Beurteilung des analysierten Unternehmens. Liegen die Kennzahlen des betrachteten Unternehmens oberhalb des Branchendurchschnitts, deutet dies auf einen Vorsprung gegenüber den Konkurrenten hin. Dies wiederum kann ein schlechtes Abschneiden bei einem Norm-Ist-Vergleich (etwa weil die Branche in einer Krise steckt) teilweise wieder ausgleichen, weil es dem betrachteten Unternehmen besser gelungen ist, sich an die Gegebenheiten der Branche anzupassen.

Ein **Zeitvergleich** gibt Aufschluss über die dynamische Entwicklung des Unternehmens. Es werden dabei Veränderungen des betrachteten Sachverhaltes im Zeitverlauf deutlich. Dies betont Entwicklungstendenzen, die eventuell prognostisch in die Zukunft verlängert werden können. Die Problematik des zeitlichen Vergleichs liegt darin, dass nicht deutlich wird, inwieweit die betrachtete Position absolut gesehen gut, schlecht oder durchschnittlich zu beurteilen ist. Über einen Zeitvergleich in einem Ratingsystem kann berücksichtigt werden, ob eine Kennzahl über die letzten Bilanzierungsperioden eine stetige Verbesserung erkennen lässt, was auf eine erfolgreiche Arbeit an der Verbesserung der Unternehmens-

---

[311] Vgl. Coenenberg, A. G. /Haller, A./Schultze, W.: Jahresabschlussanalyse, 2009, S. 1065.

situation hindeutet. Eine sich kontinuierliche verschlechternde Kennzahl weist dagegen auf ein Risiko hin, das die Unternehmensführung nicht erkannt hat oder nicht in den Griff bekommt. Dies bedingt eine Abstufung beim Rating.

Im Selbstratingsystem sollten alle drei Möglichkeiten der Auswertung zur Anwendung kommen. Anhand des Normen-Ist-Vergleichs wird eine grundsätzliche Einstufung in sechs verschiedene Risikostufen vorgenommen. Im anschließend durchzuführenden Branchen-vergleich kann das Unternehmen durch eine über bzw. unter Branchendurchschnitt liegende Entwicklung die Einstufung verbessern bzw. verschlechtern. Hierfür werden Zu- bzw. Abschläge von der Risikostufe vorgenommen. Dieselbe Vorgehensweise wird beim Zeitvergleich angewandt: Hat sich eine Kennzahl in den letzten drei Bilanzierungsperioden besonders verbessert oder stark verschlechtert, wird die Risikostufe entsprechend an-gepasst.

Die im System vorgesehenen **Kennzahlen** sind aufgeteilt in finanzwirtschaftliche Kenn-zahlen (Vermögensstruktur, Kapitalstruktur, Liquidität) und erfolgswirtschaftliche Kenn-zahlen (Rentabilitäten, Umschlags- und Bindungszahlen). Somit erfolgt die Darstellung im Folgenden nach der problembezogenen Wichtigkeit der Bilanzpositionen. Als relevante Faktoren können gelten

- Eigenkapitalquote

- Cashflow-Rate (Cashflow-Umsatzrentabilität)

- Gesamtkapitalrentabilität

- Forderungsbindungsdauer

- Anlagendeckungsgrad (Langfristdeckungsgrad)

- Reinvestitionsquote

- Gesamtabschreibungsquote

- Lieferantenziel (Verbindlichkeitslaufzeit)

- Dynamischer Verschuldungsgrad

- (betriebliche) Umschlagshäufigkeit

In der Praxis finden sich noch weitere Kennzahlen, wie etwa die **Zinsdeckung**, in der das Ergebnis vor Zinsen und Steuern ins Verhältnis zu den Zinszahlungen gesetzt wird. In enger Verbindung zur oben dargestellten Systematik des Bonitätsrisikos gibt sie Aufschluss darüber, wie stark der Bruttogewinn der Unternehmung die zu zahlenden Zinsen überragt, bzw. welche Schwankungsbreite des operativen Ergebnisses, ohne eine Beeinträchtigung des Schuldendienstes tragbar ist. Insofern sollte das Unternehmen das System durch Er-fahrungen im Ratingprozess stets erweitern. Zur Ermittlung eines abschließenden Ergeb-nisses der quantitativen Analyse sind die einzelnen Risikoeinstufungen für die Kennzahlen zu einer einzigen Risikoeinstufung zu aggregieren. Die Gewichtung der einzelnen Kenn-zahlen wird von den Banken jedoch nicht veröffentlicht und ist in der Regel auch den

Kundenbetreuern nicht bekannt, so dass nur allgemeine Aussagen zur Wichtigkeit der einzelnen Kennzahlen im Ratingprozess gemacht werden können.

Eine Gleichgewichtung der Kennzahlen würde nicht dem Umstand Rechnung tragen, dass viele Banken einigen der betrachteten Kennzahlen eine höhere Bedeutung beimessen als anderen. In der Regel wird die **Eigenkapitalausstattung** sehr stark gewichtet, ebenso wie die Cashflow-Rate und die Gesamtkapitalverzinsung. Auch das Kreditorenziel spielt eine übergeordnete Rolle. Für die anderen Kriterien ist keine spezielle Gewichtung zu ermitteln, so dass hier von einer Gleichgewichtung ausgegangen werden soll. Im vorgestellten Selbstratingsystem erhält somit die Eigenkapitalquote aufgrund einer subjektiven Einschätzung, die nur zum Teil auf empirischen Erkenntnissen basiert,[312] die höchste Gewichtung von 30 %, gefolgt von der Cash-Flow-Rate mit 20 % sowie Gesamtkapitalrentabilität und Kundenziel mit jeweils 10 %. Die restlichen Kennzahlen gehen mit jeweils 5 % in das Ergebnis der quantitativen Analyse ein.

3.4.3.4   Qualitative Analyse

Die qualitative Komponente des Selbstratingsystems dient der Bewertung der Stärken und Schwächen bzw. der Potenziale und Risiken des Unternehmens. Das Vorgehen ähnelt dem Prozess des Chancen- und Risikomanagements im Unternehmen, wobei auch die Bewertung der Unternehmensführung selbst mit einbezogen wird. Es geht insgesamt darum, aus den Stärken und Schwächen Aussagen über die mögliche zukünftige Entwicklung des Unternehmens abzuleiten und damit die vergangenheitsbezogene quantitative Analyse zu ergänzen. So kann z.B. ein gutes Management zusammen mit adäquaten Planungsinstrumenten im Unternehmen ein stabilisierendes Element für die zukünftige Entwicklung bedeuten, selbst wenn im Rahmen der quantitativen Analyse ein hohes Risiko festgestellt worden ist. Auf der anderen Seite birgt eine fehlende Regelung zur Unternehmensnachfolge oder eine Abhängigkeit von wenigen Lieferanten die Gefahr einer negativen Entwicklung in der Zukunft, selbst wenn die quantitative Analyse ein sehr gutes Ergebnis aufweist. In diesem Falle sollte sich die höhere Gefahr in einer schlechteren Bewertung niederschlagen.

Aufgabe des Controllings ist es, das eigene Unternehmen stetig nach **Risiken und Potenzialen** zu durchleuchten, nicht nur im Zuge eines bevorstehenden Ratingverfahrens. Letztlich bedeutet dies, die bestehenden oder potenziellen Erfolgsfaktoren des Unternehmens sowie die auf sie einwirkenden Sachverhalte zu kennen, was aber in Theorie und Praxis bisher erst ansatzweise gelungen ist. Daher bietet sich als erste Orientierung für einen solchen Prozess die qualitative Analyse an, die an interne Ratingverfahren deutscher Kreditinstitute angelehnt ist. Diese Analyse deckt die grundlegenden Bereiche ab, in denen Insolvenzrisiken auftreten können. Für die Bestimmung einer Ausfallwahrscheinlichkeit für das Unternehmen ist dieses Vorgehen ausreichend. Aus der Sicht der Unternehmensplanung und -steuerung ist es aber notwendig, eine gründliche Analyse speziell der Bereiche folgen zu lassen, in denen sich besondere Risiken oder auch Potenziale manifestiert haben.

---

[312] Vgl. die Untersuchung von Fleischhacker, E./Kirchberger, T.: Basel II, 2007 S. 17-27.

Das Selbstratingsystem orientiert sich an den **Themenkomplexen** „Markt/Produkt", „Management/Personal", „Planung/Kontrolle" und „Risikomanagement". Zu jedem dieser Themenbereiche gibt es mehrer Einzelfragen, die durch Auswertung von Unterlagen der Unternehmensplanung, des Rechnungswesens oder externer Unterlagen zu beantworten sind.

3.4.3.5 Warnsignale und Gesamtergebnis

Mit der Überprüfung von **Warnsignalen** sollen Sachverhalte im Unternehmen aufgedeckt werden, die auf eine besondere Insolvenzgefahr hinweisen. Sie haben so gravierende Konsequenzen für die Solvenz des Unternehmens, dass ihr Auftreten die anderen Rating-informationen in den Hintergrund treten lässt und die bisherige Bewertung überschreibt.

Kreditinstitute nutzen hierfür unter anderem die **Kontodaten** des Kreditnehmers, also die Bewegungen auf den Girokonten und das Verhalten des Kundens hinsichtlich mit der Bank getroffener Absprachen. Hierbei ist allerdings zu bedenken, dass diese Daten nur dann eine Aussagekraft besitzen, wenn das betrachtete Unternehmen den Hauptteil der Konto-bewegungen über diese Bank abwickelt. Daneben haben jedoch auch einige qualitative Faktoren einen so erheblichen Einfluss auf die Risikolage des Unternehmens, dass sie eben-falls zu einer Abwertung des Ratings führen. Hier sind insbesondere Kontendatenanalyse und Nachfolge- bzw. Vertretungsregelungen zu nennen.

Die Aggregation zur **Gesamteinschätzung des Risikos** des betrachteten Unternehmens vollzieht sich im hier dargestellten Selbstrating-System gemäß der folgenden Ge-wichtungen: Zunächst werden quantitative, qualitative und Branchenanalyse mit 50%, 40% bzw. 10% gewichtet. Die Summe daraus bildet ein Zwischenergebnis vor den Warn-signalen. Für jedes auftretende Warnsignal sind zum Zwischenergebnis die entsprechenden Zuschläge zu addieren, was schließlich zum Gesamtergebnis des Selbstratingprozesses für das betrachtete Unternehmen führt. Das so ermittelte Ergebnis ist ein Indikator für die Risikolage im eigenen Unternehmen. Es spiegelt in begrenztem Maße eine mögliche Ein-schätzung durch ein Kreditinstitut im Zuge eines internen Ratings wider. Zusätzlich können einzelne Kennzahlen und Fragen des Selbstratingsystems wichtige Hinweise auf strategische Lücken oder Verbesserungen bei der Darstellung im Jahresabschluss auf-zeigen.

3.4.4 Implikationen der Bilanzpolitik

Das Rating von Kreditinstituten unter Beachtung der bankenaufsichtsrechtlichen Vorgaben garantiert zwar ein objektives Verfahren, doch letztlich lassen sich keine objektiven Aus-sagen über die Bonität eines Unternehmens treffen, da es sich hierbei um eine Zu-kunftseinschätzung handelt, die lediglich aus bestimmten Indikatoren ableitbar ist. Diese Erkenntnis führt dazu, dass kreditnachfragende Unternehmen zur Erreichung eines besseren Ratings auch lediglich die Werte der Indikatoren positiv zu beeinflussen ver-suchen. Zentraler Ansatzpunkt ist dabei der **Jahresabschluss**, der i. d. R. im Zentrum der quantitativen Ratingauswertung steht, und hierbei insbesondere die Kennzahlen Eigenkapital, Gesamtkapital, Cashflow, Ergebnis und Umsatz. Über bilanzpolitische Maßnahmen lassen sich diese Eckwerte des Unternehmens mehr oder weniger stark beeinflussen. Dabei kann zunächst ohne Änderung der betrieblichen Realität der Weg der **Darstellungs-gestaltung** beschritten werden, der vom jeweiligen Rechnungslegungssystem determiniert wird. So stehen auch nach dem BilMoG derzeit im HGB noch einige explizite Wahlrechte zur Verfügung, die durch Einschätzungsentscheidungen (implizite Wahlrechte) erheblich erweitert sind.[313] Es gibt auch die Möglichkeit, über den § 315a bzw. 325 Abs. 2a HGB auf das Rechungslegungssystem der IFRS mit dem Konzern- und/oder dem Einzelabschluss zu wechseln, was die Abbildung der Bilanzstrukturen ggf. zwar nicht immer deutlich ver-bessert,[314] aber allein durch die Signalwirkung eines transparenzorientierten Unternehmens für ein besseres Ansehen führen kann. Generell führt diese Darstellungsgestaltung i. d. R. nur zu temporären Verschiebungen in der Erfassung von Aufwendungen, Erträgen, Ver-mögensgegenständen und Schulden. So führt etwa eine zu optimistisch geschätzte Rück-stellung in dem Jahr des Schadeneintritts zu einer höheren Ergebnisbelastung. Aus diesem Grund sind die Maßnahmen nur von kurzfristiger Dauer, und da Kreditinstitute stets mehrere Jahre analysieren, ist dies zumindest ex post auch zu erkennen.

Wesentlich effektiver als die Darstellungsgestaltung ist die **Sachverhaltegestaltung**.[315] Hierbei werden bereits auf der Realebene die Sachverhalte so gestaltet, dass bei der späteren Abbildung eine hohe Bonität vermutet wird, ohne dass diese jedoch zwangsläufig geschaffen worden wäre. Aufgrund der Vertragsfreiheit und der Kenntnis der Abbildungs-regeln reichen die Möglichkeiten hier von Verschieben von Investitionen und Rohstoff-käufen über das Auslagern von Vermögen und Schulden mit Leasinggeschäften sowie den geschickten Einsatz von derivativen Finanzinstrumenten bis hin zur Generierung von Um-satz, Ergebnis und Cashflow durch Partnerunternehmen. Diese Maßnahmen sind aber deutlich zu trennen von echten Verbesserungsbemühungen der Bonität, etwa über be-stimmte Branchenausrichtungen, Rechtsformgestaltungen o. ä.

Es ist zudem anzumerken, dass eine Veränderung der Bilanzpolitik letztlich lediglich ein **Spiel zwischen Intelligenz und Gegenintelligenz** auslöst.[316] Wird nur die Abbildung und nicht die dahinterliegende Realität, d. h. die Bonität, verbessert, so werden die Kredit-institute diese Maßnahmen mit der Zeit immer weiter auch in den Ratingsystemen zu be-rücksichtigen wissen. Nicht zuletzt die Reaktion auf die großen Bilanzierungsskandale hat zudem deutlich gemacht, was ein Vertrauensverlust in die Rechnungslegung von Unter-nehmen für negative Konsequenzen hat. Insbesondere das Aufdecken der sachverhaltegestaltenden Maßnahmen, die zwar legal, aber doch mit dem Ziel einer ge-wissen Fehlabbildung durchgeführt wurden, wird daher zu einer großen Belastung des Verhältnisses zum Kreditgeber nach sich ziehen. Vorteilhaft ist diese Strategie somit nur für einen permanenten Vorreiter bei der „verbesserten" Abbildung, wobei langfristig die

---

[313] Vgl. Müller, S.: in Federmann/Kußmaul/Müller (Hrsg.). HdB, 1960ff., Beitrag „Bilanzpolitik in der Krise"

[314] Vgl. Müller, S.: IFRS: Grundlagen und Erstanwendung, 2007.

[315] Vgl. Lachnit, L.: Bilanzanalyse, 2004, S. 70.

[316] Vgl. Lachnit, L.: Bilanzanalyse, 2004, S. 62.

Bandbreiten der Möglichkeiten nicht nur durch die absehbaren Änderungen der Abbildungssysteme immer kleiner werden. Basel II hat somit letztlich auch für die Verbesserung der Rechnungslegung große Bedeutung, wobei die Unternehmen vermehrt statt extrem konservative oder progressive zunehmend dem Ratingsystem konforme Darstellungen wählen werden, was aber Kenntnis der unterschiedlichen Ratingsysteme voraussetzt, die aus Erfahrung mit Kreditanfragen und Selbstratingsystemen zu ziehen sind.

3.5 Integriertes Erfolgs-, Bilanz- und Finanzplanungssystem

3.5.1 Planungs- und Kontrollsystem der Unternehmung

Die systematische gedankliche Vorwegnahme zukünftiger Sachverhalte und die Beschlussfassung über zukünftige Ziele, Potenziale, Programme und Aktivitäten der gesamten Organisation unter Berücksichtigung alternativer Situationen wird als **Planung** bezeichnet.[317] Der Planungsbegriff impliziert im Gegensatz zum Prognosebegriff ein aktives Eingreifen bei der Ausgestaltung der Zukunft. Das Planungssystem ist in der systemtheoretischen Sichtweise ein Teilsystem der Unternehmensführung. Das als Gesamtheit aller Instrumente, Regeln, Prozesse und Institutionen zur Erfüllung von Führungsaufgaben definierte **Unternehmensführungssystem** umfasst die **Teilsysteme**

- Zielsystem,
- Planungs- und Kontrollsystem,
- Informationssystem,
- Organisationssystem und
- Personalführungssystem.

Das Controlling hat als **Unternehmensführungs-Servicefunktion** die Aufgabe, durch die Koordination dieser Teilsysteme und durch die Funktionssicherung des Planungs- und Kontrollsystems sowie des betrieblichen Informationssystems die Unternehmensführung bei der Entscheidungsbildung und -durchsetzung zu unterstützen.[318] Die konkrete Beschickung des Informationssystems und des Planungs- und Kontrollsystems mit Daten hat das Management-Rechnungswesen zu übernehmen.

Das **Planungssystem** wird zunächst zeitlich-perspektivisch in die Ebenen der strategischen und operativen Planung gegliedert.[319]

---

[317] Vgl. z.B. Hammer, R. M.: Unternehmensplanung, 1995, S. 45-47; Horvàth, P.: Controlling, 2011, S. 146; Lachnit, L.: Unternehmensführung, 1989, S. 11; Weber, J./Schäffer, U.: Controlling, 2011, S. 251.
[318] Vgl. z.B. Küpper, H.-U.: Controlling, 2005, S. 30-31; Lachnit, L.: Controlling, 1992, S. 230.
[319] Vgl. z.B. Bleicher, K.: Management, 1999, S. 73-79; Weber, J./Schäffer, U.: Controlling, 2011, S. 253-254.

Die **strategische Planung** ist gekennzeichnet durch

- eine Planung mit längerfristigem Planungshorizont,
- mit oft qualitativen Zielgrößen,
- hohem Abstraktionsniveau bei geringem Planungsumfang,
- geringer Detailliertheit und Vollständigkeit
- sowie der Ausrichtung auf das gesamte Unternehmen oder Segmente (langfristige Rahmenplanung).

Die **operative Planung** beinhaltet dagegen

- eine kurzfristige Planung mit einem Horizont von bis zu etwa 24 Monaten,
- die mit hoher Detailliertheit durchgeführt wird
- und in welcher für einzelne Teilbereiche
- konkrete Prozesse und Richtwerte

festgelegt werden.

Bei der Planung ist sicherzustellen, dass die wesentlichen Interdependenzen beachtet werden. Die **Verzahnung der Teilpläne** mit dem Gesamtplan ist dabei auf der sachlichen Ebene durch Verknüpfung der Erfolgs-, Finanz- und Risikozusammenhänge, auf zeitlicher Ebene durch Anbindung der operativen an die strategische Planung und organisatorisch im Arbeitsteilungs- und Hierarchiegefüge des Unternehmens z.B. nach Funktionalbereichen oder Funktionsebenen zu realisieren.[320]

Im Zusammenspiel mit Planung und Realisation spielt die **Kontrolle** eine wichtige Rolle. Ein System zur Kontrolle enthält folgende Teile:

- termingerechte und flächendeckende Erfassung der benötigten Istwerte in allen Unternehmensbereichen,
- Gegenüberstellung von Soll- und Istwerten,
- Abweichungsanalysen sowie
- Informationen für Anpassungen bzw. Korrekturen.

Analog zur Einheit von Planung und Kontrolle kann ein Planungssystem nur in Verbindung mit einem **Kontrollsystem** seine Funktionsfähigkeit entfalten. Das Kontrollsystem ist im Aufbau parallel zum Planungssystem gestaltet, damit die formale Entsprechung zwischen den zu vergleichenden Größen gesichert ist. **Abbildung 3.14** zeigt die **Struktur eines Planungs- und Kontrollsystems**.[321]

---

[320] Vgl. z.B. Hahn, D./Hungenberg, H.: Controllingkonzepte, S. 3-77; Lachnit, L.: RL-Kennzahlensystem, 1998, S. 23-42; Lachnit, L.: Modell zur integrierten Erfolgslenkung, 1992, S. 39-49; Serfling, K.: Controlling, 1992, S. 14.
[321] Vgl. z.B. Lachnit, L.: RL-Kennzahlensystem, 1998, S. 23.

Abbildung 3.14 Planungs- und Kontrollsystem der Unternehmung

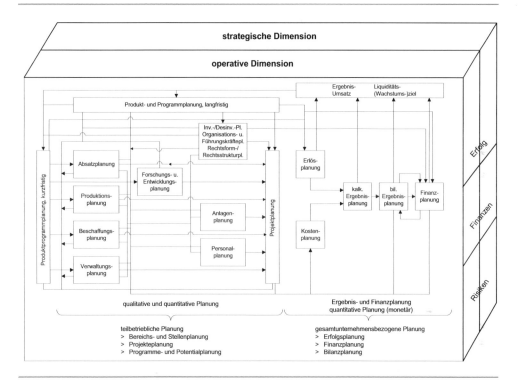

3.5.1.1 Strategische Ausgestaltung des Planungs- und Kontrollsystems

Die **strategische Ausrichtung** des Planungs- und Kontrollsystems erfolgt im Hinblick auf die zieloptimierte Steuerung von Erfolgs- und Finanzpotenzialen sowie Risikogegebenheiten. Die Aufgabe der **strategischen Unternehmensführung** ist es, die Erfolgs- und Finanzpotenziale unter Berücksichtigung bestehender Chancen und Risiken aufzubauen, zu verteidigen und auszubauen.[322]

In der integrierten Produktprogramm- und Potenzialplanung sind simultan

- die Produktarten,
- die Produktprogramme und
- die für die Realisierung notwendigen Ressourcen

zu bestimmen.

---

[322] Vgl. z.B. Hans, L./Warschburger, V.: Controlling, 1999, S. 54; Reichmann, T.: Controlling, 2011, S. 511-562; Weber, J./Schäffer, U.: Controlling, 2011, S. 373-375.

Ausgangspunkt der Planung sollte der optimierte Einsatz der **strategischen Vorteile** des Unternehmens und damit die Erfolgsfaktorenanalyse sein, die im Rahmen der strategischen Geschäftsfeldplanung auf die Unternehmensteilbereich- bzw. Geschäftsfeldebene heruntergebrochen wird. Zentrale Gegenstände sind dabei

- Merger- und Akquisition-Vorhaben,

- Investitions- und Desinvestitionsentscheidungen sowie

- Personaleinstellungs- und Personalabbaumaßnahmen,

wobei diese Teilplanungen wieder zu einer **Unternehmens- oder Konzerngesamtplanung** integriert werden müssen.

Die **Potenzialstrukturplanung** hat Fragen der

- Organisation,

- Rechtsform und

- Konzerngestaltung

zum Inhalt, die insbesondere nach größeren Wachstums-, Schrumpfungs- oder Umstrukturierungsprozessen Gegenstand intensiver Betrachtungen sein sollten. Dabei ist eine integrative Verknüpfung mit der Produktionsprogramm- und Potenzialplanung sowie zur führungspotenzialorientierten Planung sicherzustellen. Letztere umfasst sowohl die personelle Orientierung auf die Führungskräfte und deren Motivationsmöglichkeiten, z.B. über Managementanreizsysteme, als auch die sachliche Ausgestaltung der Führungsunterstützung, z.B. mit der Führungsinformations-Systemplanung, welche auch die Einbindung von Controlling sowie Management-Rechnungswesen beinhaltet.[323]

3.5.1.2   Operative Ausgestaltung des Planungs- und Kontrollsystems

Operative Planungen zielen auf den unternehmenszielgemäß optimierten Einsatz der gegebenen Ressourcen. Dazu sind integrierte Produktprogramm- und funktionsbereichsbezogene Aktionsplanungen nötig, die soweit zu operationalisieren sind, dass die Ergebnisse als konkrete Vorgaben in das Ausführungssystem gegeben werden können.[324] Die detaillierte operative Planung mündet in die aggregierten Gesamtunternehmenskalküle

- Erfolgsplan,

- Bilanzplan und

- Finanzplan.

Die Durchführung der operativen Planung obliegt im Prinzip der gesamten Unternehmensorganisation, wird aber tendenziell aufgrund des hohen Detaillierungsgrades

---

[323] Vgl. Hahn, D./Hungenberg, H.: Controllingkonzepte, 2001, S. 459-460.
[324] Vgl. Hahn, D./Hungenberg, H.: Controllingkonzepte, 2001, S. 97-103.

vor allem von den Unternehmensteilbereichen mit Unterstützung durch das Controlling getragen. Dabei muss die **Funktionsbereicheplanung,** etwa mit den Teilplänen Absatz, Produktion, Beschaffung, Forschung und Entwicklung sowie Verwaltung, simultan und abgestimmt durchgeführt werden. Es entstehen kostenstellenbezogene Planungen, aus denen gleichzeitig Steuerungsinformationen, wie z.B. Budgetvorgaben, zu generieren sind, die in späteren Perioden Grundlage für Kontrollen und Abweichungsanalysen sein müssen. Zur Integration der operativen und der strategischen sowie der Teil- und der Gesamtplanungen bietet sich die Ausrichtung an den zentralen Unternehmenszielen an, die in der Wertorientierung oder allgemeiner in Erfolgs- und Finanzoptimierungen gesehen werden können. Eine Erfolgs- und Finanzlenkung ist daher als Technik für die Integration der Planung sowie letztlich der Steuerung des Unternehmens von zentraler Bedeutung.[325]

3.5.2 Erfolgs- und Finanzlenkung als integrativer Faktor des Planungs- und Kontrollsystems

Betriebsgrößenunabhängig stehen die Ziele

- Erfolg und
- Liquidität

im Mittelpunkt des Planungs- und Kontrollsystems. Die **Liquidität** ist einerseits eine Voraussetzung des **Erfolges,** da die für die Leistungserstellung benötigten Einsatzfaktoren bezahlt werden müssen. Andererseits lässt sich der Erfolg als Vorsteuergröße der Liquidität auffassen, da die Werteentstehung in vielen Fällen dem daraus resultierenden Liquiditätsfluss vorausgeht. Aufgrund dieser Zusammenhänge sollten Erfolgslenkung und Finanzlenkung nicht isoliert erfolgen, notwendig ist vielmehr, die **Erfolgs- und Finanzlenkung** als ganzheitliches Steuerungskonzept aufzufassen.[326]

Die Erfolgs- und Finanzlenkung

- ist eine gesamtunternehmensbezogene Lenkung, da die Kalküle ein monetäres Abbild des gesamten Unternehmens verlangen;
- ermöglicht die bereicheübergreifende Steuerung der Aktivitäten der verschiedenen Unternehmensteile auf Basis der von der Erfolgs- und Finanzlenkung verwendeten Wertgrößen (Einnahmen/Ausgaben, Ertrag/Aufwand bzw. Leistung/Kosten sowie Vermögen/Kapital);
- ist geeignet, Probleme bei der Integration betrieblicher Teilpläne einzudämmen und eine Lenkung aller betrieblichen Teilbereiche im Hinblick auf die Erfolgs- und Liquiditätsziele der Unternehmung zu realisieren.

---

[325] Vgl. z.B. Müller, S.: Management-Rechnungswesen, 2003, S. 361.
[326] Vgl. Gälweiler, A.: Determinanten, 1990, S. 211; Lachnit, L.: Controlling, 1992, S. 42-43.

Die **integrierte Erfolgs- und Finanzplanung** führt zu einer vollständigen Verknüpfung der betrieblichen Teilpläne im Hinblick auf die Erfolgs- und Liquiditätsziele des Unternehmens, wobei sich grundsätzlich zwei Integrations-Vorgehensweisen unterscheiden lassen.[327] Zum einen kann eine integrierte Erfolgs- und Finanzplanung originär aufgebaut werden, indem die Erfolgs- und Finanzplanung aus der

■ Produktprogrammplanung,

■ den Funktionsbereicheplanungen sowie

■ der Investitions- und Finanzierungsplanung

abgeleitet wird. Diese Form der integrierten Erfolgs- und Finanzplanung basiert auf mit Preisen bewerteten Mengen- und Zeitengerüsten des Input, des Output und der betrieblichen Prozesse unter Berücksichtigung von Bestandsänderungen sowie erfolgsunwirksamen Zahlungsströmen.

Zum anderen lässt sich eine integrierte Erfolgs- und Finanzplanung aufbauen, indem die Finanzplanung **derivativ aus der Erfolgs- und der Bilanzplanung** abgeleitet wird. In diesem Fall stützt sich die integrierte Erfolgs- und Finanzplanung auf einen Teil der im Unternehmens-Gesamtplanungssystem enthaltenen Planungsmodule und verwendet eine Plan-Gewinn- und Verlustrechnung sowie Planbilanzen zur Ermittlung des Plan-Cashflow-Statements.

Es besteht eine **zwingende Verknüpfung** von Erfolgs-, Bilanz- und Finanzplanung, durch die zentrale Determinanten von Erfolgs-, Vermögens-, Kapital- und Zahlungssphäre veranschaulicht werden und bei der Planung Berücksichtigung finden.[328] Gleichzeitig müssen jedoch auch die Determinanten im Umsystem der Unternehmen bei der Planung berücksichtigt werden, wie beispielsweise konjunkturelle Wirkungen, Währungskursveränderungen, Zahlungsverhalten oder Entwicklung des Zinsniveaus.[329]

Abbildung 3.15 verdeutlicht exemplarisch die **modulare Struktur eines integrierten Erfolgs-, Bilanz- und Finanzplanungssystems.**[330]

---

[327] Vgl. z.B. Chmielewicz, K.: Integrierte Finanz-, Bilanz- und Erfolgsplanung, 1993, S. 50-65; Lachnit, L.: Modell ERFI, 1992, S. 39-74.
[328] Vgl. Hahn, D./Hungenberg, H.: Controllingkonzepte, 2001, S. 341.
[329] Vgl. Hahn, D./Hungenberg, H.: Controllingkonzepte, 2001, S. 620-621.
[330] Vgl. z.B. Lachnit, L.: Unternehmensführung, 1989, S. 154; Lachnit, L./Müller, S.: Integrierte Erfolgs-, Bilanz- und Finanzlenkung, 2003, S. 569-573.

Abbildung 3.15 Integriertes Erfolgs-, Bilanz- und Finanzplanungssystem

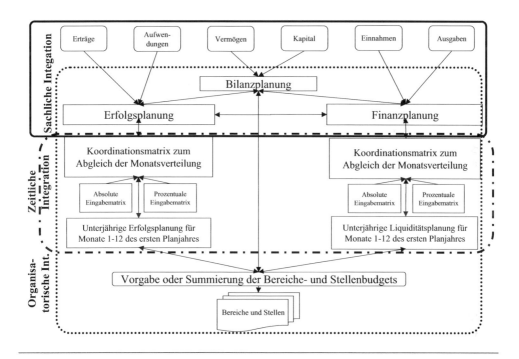

3.5.3   Sachliche Integration von Erfolgs-, Bilanz- und Finanzgrößen

Um die **sachliche Integration** von Erfolgsrechnung, Bilanz und Finanzrechnung zu verwirklichen, müssen die Zusammenhänge zwischen Aufwand, Ertrag, Vermögen, Kapital, Einnahmen und Ausgaben im System berücksichtigt werden.[331] Dies geschieht, indem aus zwei aufeinanderfolgenden Bilanzen eine Bewegungsbilanz erstellt wird, die ihrerseits gemeinsam mit der Gewinn- und Verlustrechnung die Basis bildet, um eine Finanz(fluss)rechnung (Cashflow-Statement) abzuleiten.[332] Diese drei Teilrechnungen verkörpern die sachliche Integration in einem ganzheitlichen Planungs- und Kontrollsystem. Die **Finanzflussrechnung** ergibt sich automatisch aus Veränderungsbilanz und Gewinn- und Verlustrechnung. Als Gesamtbild werden die Erfolgszahlungen der Gewinn- und Verlustrechnung mit den erfolgsneutralen Zahlungen aus Investition, Desinvestition, Kreditaufnahme und -tilgung, Eigenkapitaleinlage und -entnahme sowie Gewinnaus-

---

331 Vgl. Lachnit, L.: Unternehmensführung, 1989, S. 94-95.
332 Vgl. z.B. Lachnit, L.: Unternehmensführung, 1989, S. 44-45; Perridon, L./Steiner, M./Rathgeber, A.: Finanzwirtschaft, 2009, S. 609-610.

schüttung zusammengeführt, so dass insgesamt eine Übersicht über Erfolgszahlungen durch Geschäftstätigkeit und erfolgsneutrale Zahlungen durch Investierungs- und Finanzierungsaktivitäten sowie die Veränderung des Liquiditätsfonds entsteht.

3.5.4   Zeitliche Integration von Erfolgs-, Bilanz- und Finanzgrößen

Die **zeitliche Integration** im in **Abbildung 3.15** dargestellten System zielt auf eine Verzahnung von

■ langfristigen (strategischen) Planungen mit einem Planungshorizont von 1 bis zu 5 Jahren und

■ kurzfristigen (operativen) Planungen mit einem Planungshorizont von 12 Monaten.

Die **Verknüpfung der beiden Planungsdimensionen** erfolgt durch das erste Planjahr. Es ist einerseits Bestandteil der mehrjährigen strategischen Rahmenplanung, andererseits bilden Gewinn- und Verlustrechnung, Bilanz sowie Finanzrechnung des ersten Planjahres die Anknüpfungspunkte für die unterjährige, kurzfristige Steuerung von Erfolg, Bilanzstruktur und Liquidität, indem die Jahresbeträge auf die Monate heruntergebrochen werden.[333] Dies geschieht mit Hilfe von Verteilungsfaktoren, die für jeden Monat den Betrag z.B. einer bestimmten GuV-Position in Prozent des jeweiligen Jahreswertes angeben, und stochastischen Geldwerdungsfaktoren, in denen das Zahlungsverhalten zum Ausdruck kommt. Durch den formal symmetrischen Aufbau der unterjährigen sowie der mehrjährigen Planungsmodule bereitet die Zusammenführung beider Planungsdimensionen keine Schwierigkeiten. Änderungen im Bereich der Jahressummen werden automatisch auf die unterjährige Planung verrechnet. Kumulierte Abweichungen in den Monaten bieten wiederum Anlass, gegebenenfalls die Jahressumme in der Planung neu zu überdenken. Sollte sich unternehmenstypbedingt der unterjährige Bereich als Ausgangspunkt der Planung des ersten Planjahres anbieten, beispielsweise bei Unternehmen mit fest terminierten Lieferungsverträgen, so unterstützt das System diesen Weg durch die Möglichkeit der unterjährigen Planung mit absoluten Eingaben. Aus der Matrix der Verteilungsfaktoren wird dann eine Koordinationsmatrix zum Abgleich der geplanten Monatswerte mit dem Wert des ersten Planjahres.

3.5.5   Organisatorische Integration von Erfolgs-, Bilanz- und Finanzgrößen

Die organisatorische Integration der Erfolgs- und Finanzlenkung erfordert den Einbezug der bereiche- und stellenbezogenen Budgetierung in die Erfolgs-, Bilanz- und Finanzpläne.[334] In diesen Budgets kommt der Erfolgs-, Bilanz- und Finanzbeitrag der jeweiligen

---

[333] Vgl. z.B. Lachnit, L./Ammann, H./Becker, B.: Erfolgs- und Finanzlenkung, 1993, S. 5-18.
[334] Vgl. Dey, G.: Modell zur Lenkung betrieblicher Bereiche und Stellen, 1992, S. 97-114; Lachnit, L.: Modell ERFI, 1992, S. 44.

Bereiche und Stellen zur Zielerreichung des Gesamtunternehmens zum Ausdruck, wobei jedoch die handelsrechtlichen Betrachtungsgegenstände Aufwand und Ertrag durch den Einbezug von Anders- und Zusatzkosten möglichst mit den Kostenrechnungsgrößen Kosten und Leistungen abgestimmt werden sollten. Aufgrund der Komplexität der Budgetplanung sollte diese nach dem Gegenstromverfahren erfolgen, so dass sich die unter- und überjährigen Kalküle Erfolgs-, Bilanz- und Liquiditätsplanung entweder aus den aufsummierten **Stellen- und Bereichebudgets** ergeben oder die Kalküle selber den Ausgangspunkt für eine Verteilung der Budgets darstellen.

Die integrierte Erfolgs- und Finanzlenkung kann als ein **umfassendes Konzept** verstanden werden, welches[335]

■ eine konkrete Ausrichtung des Planungs- und Kontrollsystems sowie letztlich des gesamten Führungssystems auf die Unternehmensziele Erfolg und Liquidität bewirkt;

■ als gemeinsame Sprache aller Teilplanungen fungiert, unter Berücksichtigung anderer Sach- und Sozialziele als monetarisierte Nebenbedingungen;

■ qualitative Sachverhalte adäquat als Nebenfunktionen beschreibt;

■ zur weiteren Führungsunterstützung durch ein Kennzahlensystem ergänzt werden kann;

■ für die Budgetierung einsetzbar und in das Risikomanagement zu integrieren ist.

Die Erfolgs- und Finanzlenkung ist in der existenzentscheidenden Dimension letztendlich eine **gesamtunternehmensbezogene Lenkung,** so dass die Kalküle zur endgültigen Beurteilung ein monetäres Abbild des gesamten Unternehmens bieten müssen. Aufgrund der generell gegebenen erfolgs- und/oder finanzwirksamen Auswirkungen von Risiken aller Unternehmensaktivitäten muss es möglich sein, auf Basis der zur Erfolgs- und Finanzlenkung verwendeten Wertgrößen auch die Risikodimension der verschiedenen Unternehmensteile bereichsspezifisch und bereicheübergreifend abzubilden und zu steuern.

---

[335] Vgl. Lachnit, L./Müller, S.: Integrierte Erfolgs-, Bilanz- und Finanzrechnung, S. 579-581; Lachnit, L./Müller, S.: Risikomanagementsystem, 2001, S. 386.

4 Risikocontrolling

4.1 Grundsachverhalte des Risikocontrollings

Unternehmen sehen sich seit Jahren einer wachsenden Dynamik in den Rahmenbedingungen ihres Handelns ausgesetzt. Neue Technologien lassen ganze Branchen und neuartige Märkte entstehen und führen zum Verschwinden wiederum anderer Leistungsfelder. Durch die stärkere Einbindung der ehemaligen Ostblockländer sowie von Schwellenländern in die Weltwirtschaft ergeben sich eine Vielzahl neuer potenzieller Kunden und Lieferanten, aber auch Konkurrenten. Staaten verlieren vielfach ihre Position als (krisenausgleichende) Nachfrager, da die Schuldenkrise deren Handlungsmöglichkeiten stark einschränkt. Zudem ändern sich durch supranationale Organisationen viele rechtliche Grundlagen sowie (global-)gesellschaftliche Normen, einhergehend mit einer kulturell und internetunterstützt gestiegenen Macht der öffentlichen Meinung. Gleichzeitig führen extrem volatile und z.T. von hohen Spekulationsvolumina geprägte Kapitalmärkte zu starken Schwankungen von Devisenkursen, Unternehmenswerten, Zinsen und auch Warenpreisen. Und schließlich sieht sich jedes Unternehmen wirtschaftsprozesstypischen Unwägbarkeiten, wie Absatzeinbrüchen, Wettbewerberaktivitäten, technischen Fortschrittsschüben, Rechtsänderungen, Kostenschüben, Produzentenhaftung, Schadensfällen usw., ausgesetzt, da jeder unternehmerischen Tätigkeit Risiken immanent sind.[336] Bei Risiken handelt es sich im weiteren Sinn zunächst allgemein um Zielverfehlungen als „Streuung des Zukunftserfolgs wirtschaftlicher Aktivitäten"[337], wobei sowohl positive, i. d. R. als **Chancen** bezeichnete, als auch negative, als **Risiken** im engeren Sinne bezeichnete, Abweichungen auftreten können.

Veranlasst durch hohe Insolvenzhäufigkeit und Schlagzeilen machende Unternehmenskrisen deutscher Unternehmen hat der Gesetzgeber die Sorgfaltspflicht der Vorstände von Aktiengesellschaften im KonTraG[338] 1998 dahingehend präzisiert, dass zur **Erkennung bestandsgefährdender Risiken** ein Risikoerkennungssystem eingerichtet werden muss. Die Sorgfaltspflicht des § 93 Abs. 2 AktG gebietet, dieses reine Erkennungssystem zu einem Risikomanagementsystem zu erweitern, da dies zur Sorgfalt eines ordentlichen und gewissenhaften Geschäftsführers gehört. Geschäftsführer einer GmbH sowie das Management anderer Unternehmen haben durch direkten gesetzlichen Verweis oder durch Rechtsprechung vergleichbare Sorgfaltspflichten, so dass ein **Risikomanagementsystem** – jeweils spezifisch ausgestaltet – in allen Rechtsformen und Unternehmensgrößen notwendig ist. Überdies müssen die durch das Überwachungssystem gewonnenen Informationen über die Risikolage im Unternehmen auch, soweit die Definition erfüllt ist, im Jahresabschluss als Rückstellung oder Eventualverbindlichkeit berücksichtigt werden.

---

336 Vgl. z.B. Lachnit, L./Müller, S.: Risikocontrolling, 2003, S. 565.
337 Kromschröder, B./Lück , W.: Unternehmensüberwachung, 1998, S. 1573.
338 Gesetz zur Kontrolle und Transparenz im Unternehmensbereich, Bundesgesetzblatt 1998/I. S. 786-794.

Gemäß § 289 Abs. 2 Nr. 1 HGB ist zudem der Lagebericht um einen Risikobericht zu erweitern, der auch auf die voraussichtliche Entwicklung der (mindestens mittelgroßen) Kapitalgesellschaft einzugehen hat.

Geht man davon aus, dass ein leistungsfähiges System zur Erfolgs- und Finanzlenkung im Unternehmen vorhanden ist, dafür ausgereifte Erfassungskonzepte existieren und die Planung, Steuerung und Kontrolle konzeptionell und instrumentell abgesichert ist, z.B. durch Analysetechniken, Prognosesysteme, Frühwarnsysteme, DV-gestützte Planungsmodelle oder Führungs-Informationssysteme und entsprechende Informationstechnologie, so sind die abgebildeten wirtschaftlichen Sachverhalte dennoch aufgrund der **Zukunftsbezogenheit** weder sicher noch einwertig. Grundsätzlich ist zu unterscheiden zwischen **Abbildungsrisiko**, welches aus der Abweichung des betriebswirtschaftlich tatsächlichen vom abgebildeten Wert resultiert, und **Zukunftsrisiko**, welches die Veränderung der betriebswirtschaftlich tatsachengemäßen Abbildung durch Zukunftsereignisse zu erfassen versucht. Beim Abbildungsrisiko besteht insbesondere das Problem der Integration nichtmonetärer, qualitativer Aspekte,[339] während das Zukunftsrisiko die verbesserte Integration von Prognostik bedingt.

Aufgrund unvollständiger Kenntnis der Gegenwart und wegen ungewisser Zukunft sind Risiken immanenter Bestandteil jeder Unternehmensführung, wobei Risiken häufig nur unbewusst bzw. ungenau über die Verwendung bestimmter Prämissen berücksichtigt werden. Eine anzustrebende **bewusste Berücksichtigung von Risiken** führt i. d. R. zu mehrwertigen Abbildungen, was die Interpretation des als Spannbreite angegebenen Ergebnisses erfordert, oder zu einer einwertigen Abbildung, die dann mit einer bestimmten Eintrittswahrscheinlichkeit zu versehen ist. Außerdem wandelt sich durch die bewusste Integration des Risikos die Abbildungskonzeption weg vom (primären) Vergangenheitsbezug hin zur Zukunftsorientierung, weil die abzubildende Risikolage untrennbar mit der zukünftigen Entwicklung verbunden ist. Da ein Unternehmen vielfältigen Risiken ausgesetzt ist, kommt neben der Identifikation, Erfassung und Einzelbewertung auch der Aggregation dieser Einzelrisiken, der Risikogesamtbewertung für das Unternehmen sowie der Risikosteuerung große Bedeutung zu. Dabei wird das Risikomanagement zu einer zentralen Komponente der Corporate Governance[340], ist aber auch eng mit der internen Revision[341] verbunden.

4.2 Module des Risikocontrollings

Die Unternehmensführung benötigt eine tatsachengemäße Darstellung der Erfolgs-, Bilanz- und Finanzlage sowie der Risikolage des Unternehmens. In diesem Kontext obliegt dem **Risikocontrolling** die Aufgabe der Bereitstellung, Ausgestaltung, Pflege und Durch-

---

[339] Vgl. Kap. 6.
[340] Vgl. z.B. Cromme, G. (Hrsg.): Corporate Governance Report, 2005; Freidank, C.-C. (Hrsg.): Reform, 2004.
[341] Vgl. z.B. Füss, R.: Interne Revision, 2005.

führungsbegleitung des Risikomanagementsystems, worunter die Gesamtheit aller Instrumente und Maßnahmen zur Erkennung, Analyse, Bewertung, Kommunikation und Überwachung von Risiken sowie zur Risikohandhabung subsumiert werden kann.[342] Das **Risikomanagementsystem** muss integraler Bestandteil des Managementsystems des Unternehmens sein und umfasst aus betriebswirtschaftlicher Sicht ein Risikofrühwarnsystem, Risikoüberwachungssystem und Risikobewältigungssystem.[343] Ein **Risikofrühwarnsystem** beinhaltet zunächst Identifikation, Analyse und Bewertung von Risiken, die im nächsten Schritt zu aggregieren sind.[344] Parallel dazu verlaufen Information und Kommunikation über die jeweilige Risikosituation im Unternehmen, sinnvollerweise über das vorhandene Informationssystem. Zum Risikomanagementsystem gehört weiterhin ein **Risikoüberwachungssystem**, welches die Aufgabe hat, die Einhaltung der getroffenen Maßnahmen zu gewährleisten.[345] Den Abschluss des Regelkreislaufs des Risikomanagementsystems bildet die **Risikobewältigung**[346], die Handhabung und Steuerung der Risiken beinhaltet und die zur Gefahrenabwehr mindestens so nötig ist wie Risikoerkennung und Systemüberwachung.

Da es sich bei Unternehmen um sozioökonomische Systeme handelt, ist auch das Risikomanagementsystem weniger als ein greifbares Gebilde, sondern eher als Gesamtheit von formalen Strukturen und konkreten Durchführungsausgestaltungen zu verstehen. Ein formalisiertes Ablaufschema stellt somit lediglich eine notwendige, nicht aber hinreichende Voraussetzung für ein Risikomanagementsystem dar. Daher müssen insbesondere die Unternehmensführung und die Mitarbeiter für das Risiko ihres Handelns sensibilisiert werden, so dass sie dieses erkennen und bewerten sowie den Umgang mit Risiken beherrschen. Risikomanagement ist mithin ein kontinuierlicher Risikoerkennungs- und Risikobewertungsprozess, der stets mit entsprechenden Risikobewältigungsentscheidungen verbunden werden muss. Dies verdeutlicht auch, dass das **Risikomanagementsystem** nicht im Sinne einer jährlich zu erstellenden Bilanz zu verstehen ist, sondern einen permanenten **Prozess** darstellt, der lediglich ausschnittweise und situativ im Risikobericht abgebildet werden kann. Zudem hat eine Verknüpfung des Risikomanagementsystems mit anderen Controllingsystemen zu erfolgen, um eine integrierte Steuerung des Gesamtunternehmens zu ermöglichen.

4.2.1   Grundkonzept eines Risikomanagementsystems

Bei der Konzeption des Risikomanagementsystems müssen zwei unterschiedliche Ausgestaltungserfordernisse berücksichtigt werden. Für die externe Rechnungslegung sind diese durch das KonTraG relevant geworden, da einerseits ein Risikomanagementsystem

[342] Vgl. Kromschröder, B.: Risikomanagement, 1998, S. 687; Lachnit, L./Müller, S.: Risikocontrolling, 2003, S. 567; Lück, W.: Überwachungssystem, 1998, S. 84; Sauerwein, E./Thurner, M.: Risikomanagement-Prozeß, 1998, S. 23.
[343] Vgl. Eggemann, G./Konradt, T.: Risikomanagement, 2000, S. 506; Lachnit, L./Müller, S.: Risikocontrolling, 2003, S. 567
[344] Vgl. z.B. IDW (Hrsg.): PS 340, 1999, S. 658, Tz. 4.
[345] Vgl. Lück, W.: Betriebswirtschaftliche Aspekte, 1999, S. 153.
[346] Vgl. Eggemann, G./Konradt, T.: Risikomanagement, 2000, S. 506.

pflichtgemäß zu implementieren ist und andererseits ein Risikobericht im Lagebericht für Kapitalgesellschaften nach § 289 HGB bzw. für Konzerne nach § 315 HGB zu geben ist. Der Akzent liegt bei diesem Risikomanagementsystem primär auf dem **negativen Abweichungstyp**, d.h. Betrachtungsgegenstand sind Risiken im engeren Sinne, nicht aber Chancen.

Für die interne Nutzung ist das Risikomanagementsystem deutlich zu erweitern. So sind zunächst auch die Chancen gleichwertig zu berücksichtigen. Verlustmöglichkeiten werden immer nur dann hingenommen, wenn auch entsprechende Gewinnmöglichkeiten (Chancen) existieren.[347] **Jedem Risiko steht i.d.R. eine Chance gegenüber**. Um eine endgültige Aussage über die Risikolage eines Unternehmens treffen zu können, muss eine Gegenüberstellung von Risiken und Chancen erfolgen.[348] Zudem bleibt der konkrete Umgang mit den jeweiligen Risiken, d.h. inwieweit z.B. Risiken vermieden, kompensiert oder aufgrund bestehender Chancen toleriert werden, der Unternehmensführung überlassen,[349] erfordert aber einen Informationsaustausch, der über die Risikofrühwarnung gemäß KonTraG hinausgeht, und setzt des Weiteren eine umfassende Risikokommunikation voraus. Daher muss eine differenzierte Betrachtung sowohl der Risiken i.e.S., um dem KonTraG gerecht zu werden, als auch der Risiken i.w.S., d.h. der entsprechenden Chancen erfolgen, um eine bestmögliche Führungsunterstützung zu gewährleisten.[350] Das dazu nötige mehrdimensionale Risikomanagementsystem kann wie in **Abbildung 4.1** dargestellt umrissen werden.[351]

Das Risikomanagement-Gesamtsystem setzt sich zusammen aus dem

- Risikofrüherkennungssystem, welches Risikoidentifikation, Einzelrisikobewertung, Risikokommunikation, Risikoaggregation und Risikobericht umfasst,

  und dem

- Risikosteuerungssystem, in welchem die Entscheidungen bezüglich der Risikobewältigung getroffen werden.

---

[347] Vgl. Kromschröder, B./Lück W.: Unternehmensüberwachung, 1998, S. 1574.
[348] Vgl. z.B. Dowd, K.: Value-at-Risk, 1998, S. 163.
[349] Vgl. z.B. Bitz, H.: Risikomanagement, 2000, S. 19-22.
[350] Vgl. Freidank, C.-C.: Risikomanagementsystem, 2001, S. 4-5.
[351] Vgl. Lachnit, L./Müller, S.: Risikomanagementsystem, 2001, S. 369.

Abbildung 4.1   Grundkonzept eines Risikomanagement-Gesamtsystems

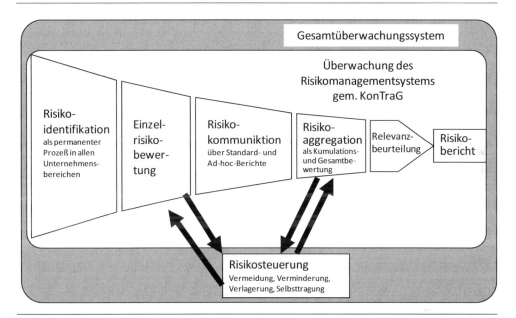

Bei der intern orientierten Ausgestaltung eines Risikomanagementsystems ist das Risiko stets im weiteren Sinne zu verstehen, so dass zusätzlich zur extern orientierten negativen Risikodarstellung auch die Chancen mit einbezogen werden. Für eine **existenzsichernde Risikopolitik** des Unternehmens reicht die Risikofrüherkennung nicht, sondern es sind auch entsprechende Risikobewältigungsmaßnahmen erforderlich. Ein leistungsfähiges Risikomanagementsystem muss daher **Risikofrüherkennung** und **Risikosteuerung** beinhalten.[352] Risikomanagement ist mithin ein kontinuierlicher Risikodiagnose- und Risikobewertungsprozess, der stets mit entsprechenden Risikobewältigungsentscheidungen verbunden werden muss. In Wissenschaft und Praxis[353] sind zahlreiche Ansätze und Instrumente für die einzelnen Teilkomponenten des Risikomanagementsystems entwickelt worden, die als Bestandteile des **Risikocontrollings** verstanden werden können. Nachfolgend werden die Grundfunktionen eines Risikomanagementsystems hinsichtlich Inhalt und Ausgestaltung näher betrachtet.[354]

---

[352] Vgl. Schierenbeck, H./Lister, M.: Value Controlling, 2001, S. 328-329.
[353] Vgl. zu Umsetzungsbeispielen z.B. Horváth, P.: Controlling, 2011, S. 721-729.
[354] Vgl. hierzu z.B. Lachnit, L./Müller, S.: Risikomanagementsystem, 2001, S. 368-383; Lachnit, L./ Müller, S.: Risikocontrolling, 2003, S. 571-576.

4.2.2 Risikoidentifikation

Ein wirkungsvolles Risikomanagement setzt voraus, dass alle aktuellen, zukünftigen und potenziellen Risiken und Chancen für das Unternehmen systematisch und kontinuierlich identifiziert werden. Es muss demnach eine umfassende Bestandsaufnahme der Risiken und Chancen vorgenommen werden, was auch als **Risiken- und Chanceninventur** angesehen werden kann.[355] Ausgangspunkt für die Identifikation ist eine artliche Erfassung der Risiken und Chancen, d.h. eine Bestandsaufnahme nach betriebswirtschaftlicher Erscheinungsform in allen Bereichen des Unternehmens. Dementsprechend haben sich die Maßnahmen auf die Untersuchung sämtlicher betrieblicher Prozesse und Funktionsbereiche auf allen Hierarchiestufen des Unternehmens zu erstrecken, d.h. jeder Unternehmensbereich hat eine eigene Risikoinventur vorzunehmen, was eine vorherige Festlegung der risikorelevanten Bereiche in einem Unternehmen und somit eine gewisse Systematik denkbarer Risikoerscheinungsformen erfordert. Ergänzend ist eine Systematisierung nach Art der Größenordnung der Abweichung sowie nach Beeinflussbarkeit der Risiken und Chancen hilfreich.

Als **Methoden zur Risiken- und Chancenerkennung** kommen beispielsweise Prüflisten (Checklisten), Risikomanagement-Fragebögen, Dokumenten- und Organisationsanalysen, Besichtigungen, Befragungen, Beobachtungen, Schadensstatistiken oder Risiken-Chancen-Workshops in Betracht.[356] Im Gegensatz zu einer Fragebogenaktion bzw. zu Interviews lassen sich bei einem Workshop Risiken bezüglich ihrer Ursache, Bedeutung und Handhabungen diskutieren. Deshalb hat sich in der Praxis die Durchführung von sogenannten Risiko-Workshops bewährt, wobei diese Workshops möglichst abteilungsübergreifend gebildet werden sollten.

Ein methodisches Zentralproblem der Risiken- und Chancenidentifikation liegt in der Vollständigkeit der Erfassung, da unerkannte Risiken weder bekämpft noch bewusst in Kauf genommen werden. Neben dem Vollständigkeitsaspekt ist der Zeitaspekt relevant. Je früher Risiken und Chancen erkannt werden, desto mehr Handlungsalternativen stehen offen.[357] Voraussetzung ist, dass Früherkennungsinformationen zur Verfügung stehen. Die Betriebswirtschaftslehre hat zur Generierung dieser Informationen die bereits im Kapitel 2.4.5 kurz beschriebenen **Frühwarnsysteme** entwickelt. Da bei sich verändernden Märkten und Umfeldgegebenheiten neben der rechtzeitigen Ortung von Bedrohungen für eine erfolgreiche Unternehmensführung auch das Erkennen von Chancen eine herausragende Bedeutung hat, sind Frühwarnsysteme zu **Früherkennungs- bzw. Frühaufklärungssystemen** weiterentwickelt worden.[358]

Interner Ausgangspunkt für die Frühaufklärungssysteme ist das Rechnungswesen. Um jedoch Zukunftseinschätzungen zu ermöglichen, muss das vergangenheitsorientierte

---

[355] Vgl. z.B. Lück, W.: Betriebswirtschaftliche Aspekte, 1999, S. 147.

[356] Vgl. Dowd, K.: Value-at-Risk, 1998, S. 38-138; Freidank, C.-C.: Risikomanagementsystem, 2001, S. 16-18; Schenk, A.: Risikoidentifikation, 1998, S. 44.

[357] Vgl. Lachnit, L.: Früherkennung, 1986, S. 6.

[358] Vgl. Krystek, U./Müller, M.: Frühaufklärungssysteme, 1999, S. 178.

Zahlenmaterial über die Unternehmensplanung fortgeführt werden, was periodische Plan-Ist-Vergleiche mit dazugehörigen Abweichungs- und Ursachenanalysen erlaubt. Grundsätzlich stellen diese Hochrechnungen und die Verdeutlichung der Entwicklung von Kennzahlen über mehrere Planungsperioden ein probates Mittel der Frühwarnung im kurz- bis mittelfristigen Bereich dar. Der rechtzeitige Empfang und die richtige Deutung schwacher Signale ermöglichen der Unternehmensführung dagegen insbesondere die frühzeitige Einleitung von (abgestuften) Reaktionsstrategien im Rahmen der strategischen Planung. So ist z.B. Anliegen der Diffusionstheorie als einem Teilgebiet der Kommunikationsforschung die Erkundung von Ausbreitungswegen neuer Erkenntnisse, Meinungen und Verhaltensweisen im Hinblick auf die Analyse einzelner Etappen ihrer Ausbreitung im Sinne einer „sozialpsychologischen Infektion". Die zugrunde liegende Hypothese besagt, dass von einem Träger neuer Erkenntnisse Ansteckungswirkungen ausgehen mit der Folge, dass diese Erkenntnisse auf eine beständig größer werdende Zahl von Personen und Institutionen übergreifen. Diffusionen neuer Erkenntnisse können mittels Diffusionsfunktionen abgebildet und mithilfe von Trendlinien und –sprüngen verdeutlicht werden.[359] Beide Bereiche zu verbinden ist das Ziel der umfassend angelegten Frühaufklärungssysteme, die daher die vernetzte **ganzheitliche Betrachtung des Innen- und Umsystems des Unternehmens** im Mittelpunkt stellt. Dies wird seit Beginn der 90er Jahre unterstützt zum einen durch methodische Erweiterungen, wie z.B. durch den Einsatz von sog. künstlicher Intelligenz oder der Trendforschung, und zum anderen um die organisatorische und inhaltliche Ausgestaltung als Teil des Risikomanagementsystems.

Grundsätzlich sind beim Einsatz betrieblicher Frühwarnkonzepte zur Informationsgenerierung für das Risikomanagementsystem unternehmensexterne Beobachtungsbereiche, wie etwa technisches, soziokulturelles, politisches und wirtschaftliches Umfeld einschließlich der unternehmensrelevanten Märkte, und interne Beobachtungsbereiche, wie z.B. Erfolgs- und Finanzdaten oder Daten der Funktionalbereiche, von Belang.

Je nach **Zeithorizont** muss das methodische Vorgehen variieren.[360]

- **Strategische Frühwarnsysteme** sollen tief greifende Veränderungen in den langfristigen Rahmengegebenheiten der Unternehmenstätigkeit aufdecken. Portfolio-Konzepte, Szenarios oder langfristige Stärken-Schwächen-Analysen sind typische Ansätze, um die wegen zeitlicher Ferne erst schwachen Signale in greifbare Frühwarninformationen umzusetzen.[361]

- **Operative Frühwarnsysteme** müssen dagegen wegen der zeitlichen Nähe und der Dringlichkeit von Maßnahmen sehr deutliche Signale geben. Im Idealfall sind das konkrete numerische Prognosen über Frühwarngegenstände, etwa Umsatz, Kosten oder Liquidität. Als Prognosemethoden für die operative Frühwarnung eignen sich auch mathematisch-statistische Verfahren, wie Zeitreihenverfahren und kausale Verfahren, aber auch Diskriminanzanalysen, Simulationsmodelle oder heuristische Verfahren.

---

[359] Vgl. zur Diffusionstheorie Hahn, D./Krystek, U.: Früherkennungssysteme u. KonTraG, 2000, S. 88.
[360] Vgl. z.B. Lachnit, L./Müller, S.: Risikomanagementsystem, 2001, S. 370-371.
[361] Vgl. Lehner, U./Schmidt, M.: Risikomanagement, 2000, S. 264.

Unter dem Einfluss des technologischen Fortschritts im EDV-Bereich ist eine allgemeine Tendenz zu computergestützten Frühwarnsystemen festzustellen, so dass z.B. durch den Einsatz von Datenbanksystemen und Internet zunehmend auch auf große unternehmens- interne und -externe Datenbasen zurückgegriffen, komplexe Sachverhalte für Frühwarnzwecke erschlossen und Frühwarninformationen flexibler und schneller ab- geleitet werden können.[362] Für eine optimierte Führungsunterstützung sind die Frühwarn- systeme auch auf die Identifikation von Chancen zu richten, wobei diese sozusagen als „Nebenprodukt" des Risikoidentifikationsprozesses anfallen.

Konkret kann ein **Risikomanagementprozess** etwa wie in folgendem **Beispiel eines Metall verarbeitenden Unternehmens** verlaufen. Ausgehen muss die Analyse von den Erfolgs- faktoren des Unternehmens. Kommt es hier zu Veränderungen, so stellen diese i.d.R. die zentralen Risiken bzw. Chancen des Unternehmens dar. Als Erfolgsfaktor ist insbesondere die Gesamtnachfrage nach den Produkten anzusehen, wobei hier die Produkte des Unter- nehmens im Vergleich mit anderen Mitbewerbern kaum Unterschiede aufweisen. Durch den kapitalintensiven Bearbeitungsprozess und die aufeinander abgestimmten Kapazitäten sind Anpassungen des Angebots kurzfristig nicht möglich. Durch die Homogenität der Produkte kommt der Liefertreue und dem Preis eine besondere Bedeutung zu. Letzterer ist besonders abhängig von den benötigten Rohstoffen, die in US-Dollar gehandelt werden. Der Absatz ist jedoch primär auf Deutschland beschränkt, weshalb das Unternehmen ein beträchtliches Währungsrisiko trägt.[363]

Auf Basis dieser Vorüberlegungen können nun die Risiken identifiziert werden, wofür entweder die Untersuchung nach vorgegebenen Risikoklassen erfolgt, wie z.B.

■ externe Risiken, wie gesetzliche oder technologische Änderungen;

■ leistungswirtschaftliche Risiken, wie Beschaffung, Logistik, Produktion, Absatz;

■ finanzwirtschaftliche Risiken, wie Überschuldung, Liquidität, Bonität;

■ Risiken aus Management und Organisation, wie Managementqualität, Organisations- struktur, Personal.

Alternativ kann auch direkt an den Prozessen des Unternehmens begonnen werden und die Identifizierung von Risiken in den Kernprozessen Entwicklung, Beschaffung, Produktion und Vertrieb sowie an den Unterstützungsprozessen wie Führung, Ver- waltung, Finanzen u.ä. erfolgen. Da Risiken sich nicht trennscharf in die einzelnen Kate- gorien einordnen lassen, haben beide Verfahren ihre Berechtigung.

Ausgehend von den **Kernprozessen** kann eine tiefere Analyse z.B. der Beschaffung erfolgen, wo neben dem Währungsrisiko auch Preisrisiken, Lagerrisiken, wie z.B. Kapital- bindung, Schwund oder Vernichtung, Risiken aus der Abhängigkeit von einem großen Zulieferer, Qualitätsrisiken und weitere bestehen. Es wird deutlich, dass vielen dieser

---

362 Vgl. Lachnit, L./Müller, S.: Risikomanagement, 2001, S. 371.
363 Vgl. Scharpf, P./Lutz, G.: Risikomanagement, 2000, S. 109-118.

Risiken auch Chancen innewohnen. So kann es auch zu Währungs- und Preischancen auf dem Beschaffungsmarkt kommen. Gleichzeitig wird aber deutlich, dass isoliert betrachtet oft nicht endgültig feststeht, ob Risiken oder Chancen vorliegen, da es letztlich davon abhängt, wie die Änderungen am Beschaffungsmarkt z.B. auf den Absatzmarkt weitergegeben werden können. Zudem helfen Vorstellungen über die Risikoarten allein wenig weiter, vielmehr ist für die Beurteilung und Steuerung auch eine Quantifizierung unerlässlich.

4.2.3   Bewertung der Einzelrisiken

Zur **Bewertung der Einzelrisiken** sind Kriterien für eine Risikoklassifikation nach Gefahrenpotenzial sowie Methoden zur Quantifizierung der Risiken nötig. Zunächst wird festgelegt, welche Risiken als Schwerpunktrisiken einzustufen sind und welche Risiken in der Sache vernachlässigt werden können, um auf dieser Grundlage ein **Risikoportfolio des Unternehmens abzubilden.**[364] Nötig ist dazu insbesondere,

- Art und Ansatzpunkt des jeweiligen Risikos aufzuzeigen,

- den Wirkungszeitpunkt zu bestimmen,

- die Schwere des Risikos zu kategorisieren,

- die Interdependenz-Auswirkungen des Risikos aufzuzeigen sowie

- das Ausmaß des Risikos zu quantifizieren,

um mit Bezug auf die Erfolgs- und Finanzwirkung für das Gesamtunternehmen abgestimmt Risiken steuern zu können.

Auch „weiche" Risiken, wie z.B. Mitarbeiter- und Kundenzufriedenheit, sowie strategische Risiken, die aufgrund fehlender Erfahrungswerte über zukünftige Entwicklungen nur schwer einschätzbar sind, müssen über Skalierungsverfahren in quantitative Konkretheit überführt werden.[365]

Zur **Bewertung der Risiken** wird zunächst der Schadenserwartungswert (bewertetes Risiko) ermittelt. Dieser wird als Produkt aus der Höhe des drohenden Vermögensverlustes (Quantitätsdimension) und der Wahrscheinlichkeit des Verlustes (Intensitätsdimension) ermittelt.[366] Da existenzbedrohende Risiken trotz geringer Eintrittswahrscheinlichkeit eine andere Behandlung erfahren müssen als geringe Risiken mit höherer Eintrittswahrscheinlichkeit, müssen je Risiko auch der Höchstschadenswert und die Bandbreite der Eintrittswahrscheinlichkeiten betrachtet und in Abhängigkeit von der übergeordneten Risikostrategie des Unternehmens behandelt werden.[367]

---

[364] Vgl. z.B. Emmerich, G.: Risikomanagement, 1999, S. 1082.
[365] Vgl. z.B. Bitz, H.: Risikomanagement, 2000, S. 45; Wolf, K./Runzheimer, B.: Risikomanagement, 2000, S. 33.
[366] Vgl. Lück, W./Hunecke, J.: Überlebensfähigkeit von Unternehmen, 1998, S. 516.
[367] Vgl. z.B. Lehner U./Schmidt M.: Risikomanagement, 2000, S. 264; Lück, W.: Unternehmerische Risiken, 1998, S. 1927.

In **Fortsetzung dieser Überlegung** soll angenommen werden, dass im Rahmen der Risikoidentifikation bei einem Metall verarbeitenden Unternehmen ein mittlerer Schaden durch den Totalausfall einer ganzen Maschine, der z.B. nur alle 2 Jahre auftritt und eine potenzielle Schadenshöhe von 2 Mio. € besitzt, entdeckt wurde. Darüber hinaus sind Kleinstschäden, die wöchentlich als Ausschuss bei der Endkontrolle auftreten und eine Schadenshöhe von 5.000 € besitzen sowie ein Höchstschaden von 100 Mio. € bei einem durch eine Änderung der gesetzlichen Regelung erforderlichen Umzug des Unternehmens identifiziert worden, wobei letzterem nur eine Eintrittswahrscheinlichkeit von 1% zugemessen wird.

Da die einzelnen Schäden (Höchstschaden, mittlerer Schaden und Kleinstschaden) unabhängig voneinander eintreten können, lässt sich ein annualisierter **Risiko-Gesamterwartungswert** rechnerisch wie folgt bestimmen:

	annualisierter Kleinstschaden	260.000 €	(5.000,- € p. Woche x 52 Wochen)
+	annualisierter mittlerer Schaden	1.000.000 €	(2 Mio. € alle 2 Jahre)
+	annualisierter Höchstschaden	1.000.000 €	(100 Mio. € x 1% Wahrscheinlichkeit)
=	annualisierter Gesamterwartungswert	2.260.000 €	

Die Risikobewertung sollte in den Fachabteilungen vorgenommen werden, da dort die Entscheidungsträger über die nötige Kenntnis der Fachzusammenhänge verfügen. Die Resultate der Risikoanalyse können in einer „**risk map**" erfasst und beschrieben werden.[368]

In die „risk map" können auch Vorschläge für Risikoabwehrmaßnahmen, die bereits eingeleiteten Maßnahmen sowie die jeweiligen Zuständigkeiten aufgenommen werden. **Abbildung 4.2** verdeutlicht eine „risk map" mit den Risiken A bis H und den Wirkungen der eingeleiteten Maßnahmen.

Ein **Problem der Risikobewertung** besteht darin, dass Risiken nicht allein über die negative Abweichung des Ist vom Plan beurteilt werden können. Verlustmöglichkeiten werden immer nur dann hingenommen, wenn auch entsprechende Gewinnmöglichkeiten (Chancen) existieren. Um Risiken endgültig bewerten zu können, müssen diese den Chancen gegenübergestellt werden, was im Rahmen der Unternehmensplanung meist auch geschieht. Zusätzlich bieten sich risikoadjustierte Kennzahlen zum Ausdruck von Erfolgs- und Finanzlagen unter Berücksichtigung eines bestimmten Risikomaßes an.

---

[368] Vgl. Eggemann, G./Konradt, T.: Risikomanagement, 2000, S. 508; Emmerich, G.: Risikomanagement, 1999, S. 1083; Hornung, K./Reichmann, T./Diederichs, M.: Risikomanagement, 1999, S. 321.

Abbildung 4.2   „Risk map" mit berücksichtigten Anpassungsmaßnahmen[369]

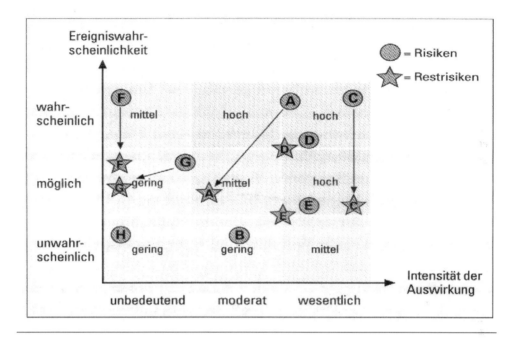

4.2.4   Risikokommunikation

Nach der Identifikation und Einzelbewertung der Risiken ist die **Kommunikation zwischen den Risikoverantwortlichen** entscheidend für die Funktionsfähigkeit eines Risikomanagementsystems. Es muss sichergestellt sein, dass die bewerteten Risiken in nachweisbarer Form an die zuständigen Entscheidungsträger weitergeleitet werden. Die Schaffung von Risikobewusstsein und entsprechender Kommunikationskultur bei den Mitarbeitern sind dafür Voraussetzung.[370] Dies bedingt, dass auch eine entsprechende **Fehlerumgangskultur** im Unternehmen vorhanden ist, was hohe Anforderungen an die Personalführung stellt. So ist sicherzustellen, dass Fehler nicht solange verborgen werden, bis das daraus resultierende Risiko kaum mehr zu verhindern ist. Zudem führt ein zu lockerer Umgang mit Fehlern auch zu Unwirtschaftlichkeiten und ist daher negativ zu sanktionieren. Insgesamt liegt hier ein Optimierungsproblem, welches die Unternehmensführung zu lösen hat.

Die zeitlichen Abstände der Informationserhebung über Risiken sind unter Berücksichtigung der Reaktionszeiten und der Risikoart zu wählen. Ziel ist hier eine Verkürzung

369   Entnommen aus: KPMG (Hrsg.): Integriertes Risikomanagement, 3. Aufl., 1999, S. 25.
370   Vgl. z.B. Holst, J.: Risikomanagement, 1998, S. 9-10.

der Kommunikationswege bis hin zur Ermöglichung einer Ad-hoc-Berichterstattung.[371] Dies bedingt einerseits die Verwendung einer schlüssigen EDV-gestützten Konzeption des **Berichtswesens**.[372] Andererseits ist es notwendig, damit es zu einer effizienten Risiko-kommunikation kommen kann, den Mitarbeitern die Unternehmensziele, die Risiko-strategie sowie die jeweiligen Ansprechpartner z.B. in Form einer schriftlichen Risiko-management-Richtlinie zu vermitteln (top-down), um eine regelmäßige schriftliche Be-richterstattung (reporting) über die wesentlichen Risiken zu ermöglichen (bottom-up). Dem Reporting an die Geschäftsführung kommt eine hohe Bedeutung zu, bildet sie doch die Grundlage für die Anordnung weiterer Risikomaßnahmen und muss daher integraler Be-standteil des Management-Informationssystems sein.

Letztlich ist es notwendig, die kommunizierten Risiken in einem Führungsinstrument, welches mindestens die Integration der Kalküle Erfolg und Liquidität ermöglicht, monetär abzubilden. Dies erfordert jedoch eine Risikoaggregation und Risikogesamtbewertung in monetären Kategorien.

4.2.5   Risikoaggregation und Risikogesamtbewertung

Da sich Einzelrisiken gegenseitig verstärken können, es zwischen ihnen zu Kom-pensationseffekten kommen kann oder ein Risiko durchaus Ursache eines anderen Risikos sein kann, sind derartige **Risikointerdependenzen** zu klären und bei der Risikoerfassung und –verarbeitung zu berücksichtigen.[373] Eine Kette von sich verstärkenden Risiken ist z.B. bei Risiken in der Produktion wie folgt vorstellbar:

Ein längerer Ausfall einer wichtigen Maschine bedingt

- sinkende Absatzmenge wegen Lieferunfähigkeit,

- eventuelle Konventionalstrafen im Beschaffungs- und Absatzbereich,

- Minderauslastung in der übrigen Produktion,

- erhöhte Lagerkosten für Zwischenprodukte,

- Preisrisiken bei der Beschaffung wegen Unterschreiten bestimmter Abnahmemengen.

Die Notwendigkeit, eine **aggregierte Risikobewertung** vornehmen zu müssen, bedeutet für Mutterunternehmen, das Risikomanagementsystem auch auf den Gesamtkonzern aus-zuweiten. Die Erfassung solcher Risiken ist durch das Konzern-Controlling zu unter-stützen.[374] So schlägt das IDW in dem Prüfungsstandard 340 ein Beteiligungscontrolling zur Unterstützung der Risikoerfassung und -kommunikation vor,[375] denn auch im Konzern sind die Informationen über Einzelrisiken aus den verschiedenen zwar rechtlich selb-

---

371 Vgl. IDW (Hrsg.): PS 340, 1999, S. 659, Tz. 12.
372 Vgl. Fröhling, O.: KonTraG, 2000, S. 129-176.
373 Vgl. z.B. Holst, J.: Risikomanagement, 1998, S. 10.
374 Vgl. Brebeck, F./Hermann, D.: Konzernabschlussprüfung, 1997, S. 386.
375 Vgl. IDW (Hrsg.): PS 340, 1999, S. 662, Tz. 36.

ständigen, aber wirtschaftlich abhängigen Unternehmen zusammenzufassen, um das genaue Ausmaß bzw. die Wirkungskette von Risiken beurteilen zu können.

Die Erfassung sämtlicher Interdependenzen zwischen den verschiedenen Risiken gestaltet sich aufgrund des hohen Arbeitsaufwands in der Praxis sehr schwierig.[376] Hier gilt es, einen **Kompromiss** zwischen der notwendigen genauen Abschätzung von Risiken und dem Wirtschaftlichkeitsaspekt zu finden, was letztlich nur gelingen kann, indem alle Einzelrisiken an eine zentrale Stelle kommuniziert werden, wo dann zum einen unter Nutzung von quantitativen Instrumenten, wie Datenbank-, Simulations- und Planungssystemen, und zum anderen aufgrund eines möglichst großen Erfahrungsschatzes ergänzend mit qualitativen Instrumenten die zusammengefassten Risiken bewertet werden.

Die **Bestandsgefährdung** steht im Risikomanagementsystem im Vordergrund der Betrachtungen. Da sie sowohl durch Verschlechterung der **Liquiditätslage** wie auch der **Erfolgslage** eintreten kann, muss die Risikobewertung gezielt mit Blick auf diese beiden zentralen Sachverhalte geschehen. Dabei ist

- neben den Höchstschadenswerten

- über die Berücksichtigung der Eintrittswahrscheinlichkeiten

- auch der Schadenserwartungswert für die zusammengefassten Risiken

zu bestimmen. Diese Informationen können zudem zur **Klassifizierung der Risiken** herangezogen werden, indem für jedes Risiko das Wertepaar (Höchstschadenssumme/Schadenserwartungswert) in einem Koordinatensystem abgetragen wird. So werden insbesondere Hinweise für die Dringlichkeit von Risikosteuerungsmaßnahmen aufgezeigt. Darüber hinaus sind die Informationen des Risikoportfolios in regelmäßigen Zeitabständen systematisch in einer **Risikoübersicht** (risk map) darzustellen, um einen umfassenden Überblick über die bestehenden und potentiellen Risiken zu bekommen.[377] Dieser Informationspool muss zum einen ständig aktualisiert, überwacht und analysiert werden. Zum anderen sollten die Schadenserwartungswerte für Erfolg und Liquidität in den integrierten Unternehmensplanungsprozess einbezogen werden. Dies bedingt, dass die zur Führungsunterstützung eingesetzten Controllingdaten **die Unsicherheiten der Zukunftseinschätzung mit ausdrücken** müssen, was zu der Überlegung führt, statt der eindimensionalen Risikodarstellung durch das Einführen von Bandbreiten mehrdimensionale Abbildungen vorzuhalten. In ökonomischen Modellen sind durch die Berücksichtigung von Wahrscheinlichkeitshöhen, -verläufen und -streubreiten hierzu umfassende und relativ exakte Abbildungen möglich, wie z.B. Value-at-Risk-Konzepte.[378] Denkbar sind auch Szenarioanalysen, die durch Annahmen ungünstige, wahrscheinliche oder günstige Zukunftsentwicklungen aufzeigen können. Die Aggregation und Bewertung der Risiken ist – sofern vorhanden – auch auf eine Konzernstruktur auszuweiten.

---

[376] Vgl. Brebeck, F./Hermann, D.: Konzernabschlussprüfung, 1997, S. 384; Dowd, K.: Value at Risk, 1998, S. 198.
[377] Vgl. Lück, W./Hunecke, J.: Überlebensfähigkeit von Unternehmen, 1998, S. 513.
[378] Vgl. z.B. Dowd, K.: Beyond Value at Risk, 1998.

4.2.6   Risikobericht

Der **Risikobericht** muss die relevanten Risiken des Unternehmens aggregiert und unter
Angabe des angenommenen Risikoszenarios (best case/worst case) enthalten. Bei interner
Ausgestaltung enthält der Risikobericht auch die entsprechende **Chancenbetrachtung**. Die
Dokumentation als Bericht dient dabei zur Sicherung der Maßnahmen im Zeitablauf, zur
Rechenschaftslegung durch die Unternehmensführung sowie als Basis für die interne und
externe Überprüfbarkeit der Risikopolitik des Unternehmens. Neben der Einrichtung eines
Risikofrühwarnsystems ist durch das KonTraG die Erweiterung der externen Rechnungs-
legung um einen Risikobericht eingeführt worden. Sowohl im Lagebericht für Einzel-
kapitalgesellschaften nach § 289 HGB Abs. 1 als auch im Konzernlagebericht nach § 315
Abs. 1 HGB ist auf die Risiken der zukünftigen Entwicklung einzugehen.[379] Bemerkenswert
ist, dass der Gesetzgeber dabei nicht nur auf bestandsgefährdende Risiken abstellt[380], und
überdies mit weiteren Gesetzesänderungen den Risikobericht inzwischen auch um die
Darstellung von Chancen erweitert hat und auch eine Aufnahme weiterer Risiken in den
Anhang verlangt.[381]

Des Weiteren ist durch gesetzliche Vorgaben auch die Kommunikation zwischen Vorstand
und Aufsichtsrat bzw. vom Wirtschaftsprüfer zum Aufsichtsrat konkretisiert worden, so
dass die Risikoübersicht oder zumindest die relevanten Risiken auch dem Aufsichtsrat
mitzuteilen sind. Im Interesse des Unternehmens und der Prüfungsökonomie ist eine
Dokumentation der getroffenen Maßnahmen erforderlich. Zwar wird eine umfassende
Dokumentation des Risikomanagements gesetzlich nicht vorgeschrieben, aber im Interesse
der geforderten Transparenz und Rechenschaftslegung ist eine solche Dokumentation inzwischen unerlässlich. Die Dokumentation dient dabei zur Sicherung der Maßnahmen im
Zeitablauf, zur Rechenschaftslegung durch die Unternehmensführung[382] sowie als Basis für
die interne und externe Überprüfbarkeit der Risikopolitik des Unternehmens. Formal
bieten sich die Erstellung eines Risikohandbuches[383] für die Belegung der organisatorischen
Maßnahmen und fortgeführte „risk maps" für die inhaltliche Ausgestaltung an, die dann
auch Gegenstand der Prüfung durch den Wirtschaftsprüfer sind.

4.2.7   Risikosteuerung

Integraler Bestandteil eines Risikomanagementsystems sind auch Handhabung und
Steuerung der Risiken. Mit Hilfe der Risikosteuerung sollen die Risiken im Sinne einer
zieloptimalen Risikopolitik beherrscht werden. Im Prinzip kann auf erkannte Risiken mit
folgenden **Maßnahmen** geantwortet werden:[384]

---

[379] Dieser Formulierung nach genügt nach h. M. eine verbale Beschreibung der Risken; vgl. Küting,
        K./Hütten, C.: Lagebericht, 2000, S. 416.
[380] Vgl. Böcking, H.-J./Orth, C.: Risikomanagement, 2000, S. 246.
[381] Vgl. Wulf, I. in: Baetge/Kirsch/Thiele: Bilanzrecht, Kommentierung § 285, Rz. 341-360.
[382] Vgl. Lück, W.: Risikomanagement-System, 1998, S. 91.
[383] Vgl. Horváth, P.: Controlling, 2011, S. 710-712.
[384] Vgl. Füser, K./Gleißner, W.: Risikomanagement, 1999, S. 757.

- Risikovermeidung, d.h. das Unternehmen verzichtet auf risikobehaftete Geschäfte;

- Risikoverminderung, d.h. Verringerung der Wahrscheinlichkeit und/oder Höhe eines Vermögensverlustes durch Maßnahmen zur Risikoverminderung, wie z.B. Richtlinien und Limitierungen;

- Risikoüberwälzung z.B. durch Versichern des Risikos oder Übertragen auf andere Wirtschaftspartner;

- Risikokompensation, indem das Unternehmen das Risiko selbst übernimmt, jedoch ein zum Risiko gegenläufiges Geschäft abschließt;

- Risikoübernahme, d.h. das Unternehmen trägt das Risiko selbst, indem es trotz Risikokenntnis keine Absicherung vornimmt. Das Risiko wird evtl. aber dadurch kompensiert, dass dem Risiko anderweitige Chancen im Unternehmen gegenüberstehen.

Die Risikosteuerung ist letztlich Aufgabe der Unternehmensführung, welche die zentralen Entscheidungen bezüglich der Risikoübernahme zu treffen hat.[385] Grundsätzlich gilt, dass das Unternehmen die Risiken, die direkt mit seinen **Kernkompetenzen** verbunden sind, tragen sollte, da es dafür am Markt kaum einen geeigneteren Risikoträger geben kann. Dagegen sind Risiken außerhalb dieses Bereiches auf Verlagerungsmöglichkeiten hin zu untersuchen.

4.2.8   Risikoüberwachung

Die Funktionsfähigkeit der Module zur Risikoerkennung und -kommunikation sowie der aus betrieblicher Sicht darüber hinaus nötigen Module zur Risikosteuerung ist durch ein **Überwachungssystem** sicherzustellen. Nach § 107 Abs. 3 AktG hat sich der Aufsichtsrat entweder selber oder über einen Prüfungsausschuss zu befassen mit der Überwachung des Rechnungslegungsprozesses, der Wirksamkeit (!) des internen Kontrollsystems, des Risikomanagementsystems und des internen Revisionssystems sowie der Abschlussprüfung, hier insbesondere der Unabhängigkeit des Abschlussprüfers und der vom Abschlussprüfer zusätzlich erbrachten Leistungen. Voraussetzung für diese Risikoüberwachung ist ein **Internes Kontrollsystem (IKS)**, welches alle Strukturen und Abläufe eines Unternehmens überlagert, wobei der Überwachungsträger in den Arbeitsablauf integriert und sowohl für das Ergebnis des überwachten Prozesses als auch für das Ergebnis der Überwachung verantwortlich ist.[386] Als weiterer Bestandteil des Überwachungssystems ist die **Interne Revision** anzusehen. Die Interne Revision prüft und beurteilt die Strukturen und Aktivitäten innerhalb eines Unternehmens, wobei sie zwar ein von den betrieblichen Prozessen unabhängiges Organ im Unternehmen darstellt, aber gegenüber der Unternehmensleitung weisungsgebunden ist. Im Sinne der Corporate Governance hat der Aufsichtsrat die Wirksamkeit dieser Systeme zu überwachen, was die bislang höchste An-

---

[385] Vgl. Becker, B./Janker, B./Müller, S.: Optimierung, 2004, S. 1584.
[386] Vgl. Lück, W.: Betriebswirtschaftliche Aspekte, 1999, S. 154.

forderung in diesem Kontext ist. Letztlich kann nur das Controlling mit Maßnahmen und Instrumenten diese Erwartungen des Gesetzgebers zu erfüllen helfen, indem es rationalitätssichernd die Systeme unternehmenskontextbezogen ausgestaltet und kontinuierlich überwacht.

Die Risikoüberwachung gewährleistet mit dem **Berichtswesen**, dass die vorgesehene Risikolage des Unternehmens mit der tatsächlichen abgeglichen wird. Der Abgleich erfolgt durch Soll-Ist-Vergleich, z.B. hinsichtlich der Einhaltung von Meldepflichten, Wertlimits und Terminvorgaben.[387] Wesentliche Limitüberschreitungen müssen unverzüglich dem Management berichtet werden und entsprechende Anpassungen hinsichtlich der Steuerungsmaßnahmen zur Folge haben.[388]

Die **Kontrolle der Zielerreichung** durch diese Abweichungsanalysen soll den reibungslosen Ablauf und die Funktionstüchtigkeit des Risikomanagements und des Unternehmensprozesses gewährleisten.[389] Auf der Stufe der Risikoüberwachung werden die Elemente der Risikofrüherkennung (Risikoerkennung und -identifikation, Risikoanalyse und -bewertung) in zeitlicher und sachlicher Hinsicht koordiniert. Ziel ist die Gewährleistung einer permanenten umfassenden Überwachung der Risikosituation des Unternehmens. Die zeitliche Koordination betrifft die Ausgestaltung der Risikodiagnose zu einem konsistenten dauerhaften Überwachungsprozess. Die sachliche Koordination dient der systematischen Zusammenfassung der erkannten und erfassten Einzelrisiken.

Eine weitere Überwachungsaufgabe ist die **Erfassung von Risikoveränderungen**. Die Risikoverläufe müssen kontinuierlich ausgewertet und kommuniziert werden sowie entsprechende Steuerungsmaßnahmen auslösen. Die permanente Kontrolle soll die Reaktionsgeschwindigkeit des Unternehmens auf riskante Entwicklungen erhöhen und damit zur Schadensbegrenzung beitragen. Im Mittelpunkt der Risikoüberwachung steht dann die Kontrolle der Erkennungsschnelligkeit und -klarheit sowie der Wirksamkeit der Risikosteuerung und Risikohandhabung.

Mit der Änderung des § 317 Abs. 2 und 4 HGB muss zudem der Wirtschaftsprüfer prüfen, ob die im Lagebericht aufgeführten Risiken der Kapitalgesellschaft zutreffend und vollständig dargestellt sind. Hierzu muss sich der Prüfer selbst mit den Risiken des Unternehmens beschäftigen, um die Angemessenheit der Maßnahmen zur Risikoerkennung und -bewertung beurteilen zu können. Gefährden Risiken nach Prüfersicht den Fortbestand des Unternehmens, sind sie im Prüfungsbericht gesondert zu vermerken (§ 322 Abs. 2 HGB).[390]

Kritisch bezüglich der Prüfung der Systeme und Ergebnisse des Risikomanagements durch den Wirtschaftsprüfer ist jedoch anzumerken, dass dem Wirtschaftsprüfer als Außenstehendem die konkreten Verhältnisse im Unternehmen weniger genau bekannt sind als der Unternehmensführung und er deshalb zu abweichenden Einschätzungen kommen

---

387 Vgl. Bitz, H.: Risikomanagement, 2000, S. 61.
388 Vgl. Weber, J./Weißenberger, B./Liekweg, A.: Ausgestaltung, 1999, S. 1715.
389 Vgl. KPMG (Hrsg.): Risikomanagement, 1998, S. 25.
390 Vgl. Bertram, K.: Kommentierung zu § 322 HGB, in Haufe HGB-Kommentar, 2010, Rz. 107-111.

kann. In der Folge können Unternehmen implizit gezwungen werden, Risiken anders darzustellen, als es ihrer Wahrnehmung entspricht, um der Einschätzung des Wirtschaftsprüfers näher zu kommen und so einen uneingeschränkten Bestätigungsvermerk zu erlangen.

4.3 Implikationen der Finanzkrise für die Ausgestaltung von Risikomanagementsystemen

4.3.1 Entstehung und Wirkungen der Finanzkrise

Die Ursachen des weltweiten Wirtschaftsabschwungs, der im Jahr 2008 begann und aufgrund seines Ursprungs im Finanz- und Immobiliensektor als „Finanzkrise" bezeichnet wird, liegen zu einem großen Teil im Vertrauensverlust vieler Marktteilnehmer.[391] Da die Staaten vielfach Kreditinstitute retteten und damit ihre Schulden weiter erhöhten, ist in Folge die Krise inzwischen zu einer Staatsschuldenkrise mit ungewissem Ausgang geworden. Die Deutlichkeit des Abschwungs der Weltwirtschaft war so nicht erwartet worden und betrifft die Unternehmen in direkter und indirekter Weise.

Sehr schnell trafen die Unternehmen die **direkten Wirkungen** der Krise auf dem Kapitalmarkt. Als Folge des Vertrauensverlusts der Kreditinstitute untereinander war der Interbankenhandel fast zum Erliegen gekommen, so dass Banken keine kurzfristigen Kredite zur Sicherung ihrer Liquidität mehr erhalten konnten. Diese angespannte Liquiditätslage und das geschrumpfte Eigenkapital reduzieren ihre Möglichkeiten, neue Kreditgeschäfte abzuschließen. Hinzu kommt, dass Kreditgeber nach ihren Erfahrungen aus der Finanzkrise kritischer bei der Risikoeinschätzung geworden sind.[392] In der Folge klagen viele Unternehmen über verschlechterten Zugang zu Krediten,[393] was Staaten und Notenbanken veranlasste, hohe Liquidität bereitzustellen und Garantien zu geben. Gleichzeitig wurde dieser Effekt jedoch mit verschärften Regeln für die Kreditinstitute (Basel III) im Vorgriff auf spätere Krisen verstärkt. Das fehlende Vertrauen der Investoren nimmt zudem über stark gestiegene Risikoprämien auf den Kapitalmärkten auch direkten Einfluss auf sämtliche Kapitalmarkttransaktionen der Unternehmen, was durch die staatlichen Maßnahmen nur kurzfristig gebremst werden konnte. Im Endeffekt steigen die Kosten für die Finanzierung oder finanzwirtschaftliche Absicherung von Risiken für die Unternehmen, entweder weil Kapitalgeber bzw. Kontraktpartner höhere Zinsen oder Risikoprämien ver-

---

[391] Vgl. zur genaueren Darstellung des Ablaufs der Krise z.B. Brackschulze, K./Müller, S.: Prozyklisch Effekte, 2011, S. 2391-2392 sowie zu den weiteren Ausführungen dieses Unterkapitels 4.3 S. 2392-2396.

[392] Vgl. Deutsche Bundesbank (Hrsg.): Bank Lending Survey des Eurosystems – Ergebnisse für Deutschland Januar 2010, S. 2-3; Online-Quelle: http://www.bundesbank.de/download/ volkswirtschaft/publikationen/ vo_bank_lending_survey_nettosaldo.pdf (08.04.2010).

[393] Vgl. KfW (Hrsg.): Unternehmensbefragung 2009, S. 7-15; Online-Quelle: http://www.kfw.de/ DE_Home/Service/Download_Center/Allgemeine_Publikationen/Research/PDF-Dokumente Unternehmensbefragung/Ubef2009_22-05_internet.pdf (08.04.2010).

langen, oder weil eine Finanzierung bzw. Absicherung gar nicht mehr zustande kommt, da sich keine Gegenpartei findet, so dass das Unternehmen auf Investitionen verzichten bzw. Risiken selbst tragen muss.

Die **indirekten Auswirkungen** resultieren im Wesentlichen aus einem Wegbrechen der Nachfrage. Hierfür gibt es verschiedene Gründe: Zunächst verhindert der erschwerte Zugang zu Kapital Investitionsprojekte und kreditfinanzierten Konsum. Wichtiger für den Rückgang der gesamtwirtschaftlichen Nachfrage sind jedoch die mit einer möglichen Rezession einhergehende Angst vor Arbeitsplatzverlust, der die Konsumenten ihr Geld bevorzugt sparen lässt. Zusätzlich fehlen auf den Märkten auch die vormals hohen Bankerträge und Spekulationsgewinne aus Immobilien, Finanzinvestitionen und steigenden Rohstoffpreisen als Nachfrage generierendes Kapital. Die gesunkene Nachfrage führt zu Einschnitten bei Produktionszahlen, Gewinnen und Arbeitsplätzen. Die mit jeder Krise entstehenden Ängste vor einem persönlichen Wohlstandsverlust fallen jedoch zusammen mit dem generellen Vertrauensverlust in das Finanz- und Wirtschaftssystem. Konsumenten halten ihr Vermögen stärker als Liquidität, anstatt es auszugeben, bevorzugt in sicheren Anlagen, um nicht weiteren Verlustgefahren ausgesetzt zu sein. In der Folge ergibt sich eine erheblich gesunkene Nachfrage nach Produkten/Dienstleistungen, aber auch nach risikoreicheren Anlagen in Unternehmen, was dort zu Kapitalmangel führt. Als Anpassung mussten viele Unternehmen die Leistungstätigkeit reduzieren, ggf. Arbeitsplätze abbauen und durch hohe Kostenbelastungen und Preisrückgänge im Absatz Gewinneinbrüche hinnehmen.

Dass die Krise in Deutschland vergleichsweise glimpflich verlief, ist nicht zuletzt dem Umstand geschuldet, dass sich die Wettbewerbsfähigkeit in den letzten Jahren gegenüber fast allen EU-Ländern deutlich verbessert hat und dies sich durch den Euro und die Probleme einiger Mitgliedstaaten der Währungsunion nicht im Wechselkurs des EURO niedergeschlagen hat.

4.3.2   Risikomanagement im Entstehen der Finanzkrise

Anspruch eines jeden Risikomanagementsystems muss es sein, Risiken möglichst frühzeitig zu erkennen und gleichzeitig Höhe und Wahrscheinlichkeit der Auswirkungen möglichst genau zu bestimmen. An diesem Anspruch müssen sich auch die Risikomanagementsysteme in deutschen Unternehmen messen lassen, gerade im Lichte der Finanzkrise mit ihren historisch bislang einzigartigen Auslösern und Folgen. In so fern bietet die Finanzkrise einen guten Ansatzpunkt zur Analyse der Reaktionen und Ergebnisse von Risikomanagementprozessen. Allerdings ist anzumerken, dass die im Nachhinein bekannt gewordenen Ursachen, Folgen und Signale der Krise im Vorfeld weniger deutlich waren und auch unter optimalen Bedingungen von Risikomanagementsystemen mit vertretbarem Aufwand kaum aufzuspüren waren.

Die ersten Anzeichen für die Krise lassen sich bereits relativ früh lokalisieren. Der starke Anstieg der Immobilienpreise insbesondere im angloamerikanischen Raum bis zum Jahr 2006 einerseits und der sehr volatile Ölpreis ab demselben Jahr andererseits weisen auf erste ernstzunehmende Veränderungen auf diesen Märkten hin. Der dann einsetzende Vertrauensverlust von Wirtschaft, Banken und Bevölkerung dagegen kam relativ plötzlich und unerwartet.

Ursprünglicher Auslöser der Krise waren die **Verbriefungs- und Spekulationsaktivitäten im Zusammenhang mit Immobilien in den USA**. Die zunächst starke Steigerung der Hauspreise, die 2006 zum Erliegen gekommen ist, und die nachlassende Konjunktur in den USA waren anhand entsprechender Daten ebenso zu beobachten wie die hohen, teilweise kreditfinanzierten Konsumausgaben amerikanischer Verbraucher. Ein ideales Früherkennungssystem sollte aus diesen Signalen den Schluss gezogen haben, dass für deutsche Unternehmen die Gefahr einer nachlassenden Exportnachfrage aus den USA und einer Abschwächung des Wachstums in der exportorientierten deutschen Wirtschaft besteht. Dieses Risiko hätten Unternehmen spätestens ab Mitte 2006, als die Hauspreise in den USA stagnierten, in ihre strategischen Überlegungen einbeziehen müssen.

Viele Unternehmen wiesen in ihren Geschäftsberichten bereits Ende 2006 auf die nachlassende Dynamik der U.S.-Konjunktur hin, wenngleich nicht alle Unternehmen dies mit dem auslaufenden Immobilienboom in den USA in Verbindung bringen. Zu den Folgen der Entwicklung der Hauspreise in den USA gehören auch die hohen Abschreibungen und Verluste der Finanzinvestoren. Diese Wirkungen wurden ein eigenständiger, wegen ihrer Unerwartetheit starker zusätzlicher Krisenauslöser. Selbst Finanzmarktexperten haben die aus den Spekulations- und Verbriefungsaktivitäten entstehenden Risiken unterschätzt, so dass diese Zusammenhänge auch für Unternehmen nicht frühzeitig ersichtlich waren.[394] Mögliche Schäden am Finanzsystem waren erst zu erahnen, als die ersten Hypothekenfinanzierer Gewinnwarnungen herausgaben. Selbst bei Kenntnis dieser Zusammenhänge wäre eine Ableitung der Folgen im Vorfeld unmöglich gewesen, weil u.a. bis heute die Menge der umlaufenden Verbriefungspapiere nicht bekannt ist. Zudem liegen auch keine historischen Daten oder Erfahrungen aus ähnlichen Krisen vor.

Daher finden sich bis April 2007 auch keinerlei Hinweise auf die Hypothekenprobleme in den USA in Lageberichten von Unternehmen. Erst nach den Schwierigkeiten mehrerer Hypothekenfinanzierer bringen vereinzelt Unternehmen die sich abschwächende Konjunktur mit dem schwachen Immobilienmarkt in Verbindung, und in den jeweiligen Berichten vom Juni 2007 taucht auch erstmals das Wort „Immobilienkrise" oder „subprime-Krise" auf.

Erste Anzeichen für **Spekulationsaktivitäten auf dem Rohölmarkt zeigt** die Periode stark schwankender Rohölpreise zwischen Sommer 2005 und Ende 2006, wo Preise innerhalb von ein bis zwei Monaten um ca. 40% stiegen, um anschließend zwei Monate später wieder auf das Ursprungsniveau zurückzukehren. Spätestens mit den ab 2007 stetig steigenden Preisen wurde deutlich, dass ein solch hoher Rohölpreis durch die Fundamentaldaten nicht mehr gerechtfertigt und durch Spekulation verursacht war. Ähnliche Aussagen gelten für andere Rohstoffe. Die Folgen einer Spekulationsblase bei den Rohstoffen ist zweigeteilt: Als

---

[394] Vgl. *Stulz, R. M.*: Six Ways Companies Mismanage Risk, Harvard Business Review 3/2009, S. 90-92.

direkte Auswirkungen rasant steigender Rohstoffpreise ergeben sich verschlechterte
Kostenpositionen von Unternehmen sowie sinkendes Einkommen und damit sinkende
Nachfrage der Kunden, die ebenfalls mehr für Rohstoffe aufwenden müssen. Das Risikomanagement muss die Folgen des Platzens einer solchen Spekulationsblase berücksichtigen: Ein solcher Vorgang führt stets zu starker Verunsicherung und Zurückhaltung
von Investoren und Kunden, was bereits beim Platzen der New Economy-Blase 2000 zu
beobachten war.

Die Entwicklung der Energiepreise ist für viele Unternehmen aufgrund des hohen Einflusses auf die Kosten ein wichtiger Teil des Risikomanagements. Steigende Energiepreise
sind zudem stetig Thema in den Medien. In den analysierten Geschäftsberichten zeigt sich,
dass gerade Unternehmen der Luftfahrtindustrie die Ölpreisentwicklung in ihren Geschäftsberichten detailliert verfolgen und ausführlich über Absicherungsmethoden berichten. So finden sich durchgehend Hinweise auf das Rekordpreisniveau und die gestiegene Volatilität der Ölpreise.

Auch wenn Unternehmen in ihren Geschäftsberichten Anleger nicht durch Spekulationen
über Marktentwicklungen verunsichern wollen, ist es überraschend, dass Spekulationsaktivitäten am Rohstoffmarkt kaum mehr als eine bloße Nennung des Wortes
„Spekulation" erhalten, selbst zu einem Zeitpunkt, als die Blase geplatzt war und die Preise
in kürzester Zeit auf ein Bruchteil gefallen waren. Dies zeugt davon, dass sich die Unternehmen unsicher waren über die Gründe und das Ausmaß der Rohstoffpreisblase.
Allerdings ist auch hier ein Lernprozess zu beobachten. Nachdem die genauen Ursachen
der Krise bekannt waren, finden sich auch genauere Hinweise über Spekulationsaktivitäten
an Finanzmärkten und ihre Folgen für die Geschäftsentwicklung in den Geschäftsberichten,
so z.B. bei den Airlines ab Mitte 2009, als der Ölpreis wieder stark anstieg.[395]

Während die **Immobilienblase** und die **Rohstoffpreisblase** für sich alleine bereits be-
deutende Risiken für faktisch alle Unternehmen darstellten, hat die Kombination der
Folgen der beiden Blasen insbesondere mit dem markanten **Übergreifen auf die Finanzmärkte** erst zum Vertrauensverlust und den heftigen Auswirkungen der Krise geführt.
Zwar sollen Risikomanagementsysteme stets auch Kombinationen aus mehreren Risiken
betrachten, jedoch war der weitreichende Vertrauensverlust nicht absehbar. Grundsätzlich
mussten die Unternehmen damit rechnen, dass die beiden Blasen früher oder später
platzen würden, der genaue Zeitpunkt war jedoch nicht vorherzusehen und damit auch
nicht, dass die zeitliche Überschneidung und das Überspringen auf die Finanzmärkte die
Folgen derart verstärken würden. Auch die typischerweise zur Risikoerkennung eingesetzten Systeme konnten den tatsächlich eingetretenen Vertrauensverlust im Vorfeld
nicht identifizieren: Befragungsmethoden sind daran gescheitert, dass selbst Finanzmarktexperten das Ausmaß der Spekulationen nicht erkannt haben, für Simulationsverfahren
fehlten vergleichbarer Vorfälle in der Vergangenheit, während Unternehmens- und Um-

---

[395] Die Lufthansa AG z.B. vermerkt, dass „allein Spekulationen auf eine einsetzende wirtschaftliche
Erholung zu unmittelbaren und überzogenen Preissprüngen im Ölpreis führen können." Lufthansa AG (Hrsg.), Zwischenbericht Jan-Sep 2009, S. 32.

feldanalysen aufgrund des weiterhin positiv erachteten Konsum- und Wachstumsklimas keine Anhaltspunkte für eine Vertrauenskrise gebracht haben. Daher konnten Unternehmen die Vertrauenskrise weder erkennen noch in ihre strategischen Überlegungen einbeziehen.

Zur Risikobewertung werden Daten über die Wahrscheinlichkeiten und Eintrittshöhen von Schäden benötigt, die die Anforderungen Genauigkeit, Zukunftsbezug, empirische Belegbarkeit, Wirtschaftlichkeit und Nachvollziehbarkeit erfüllen. Letzteres Kriterium ist besonders wichtig, da der Wirtschaftsprüfer die Systeme und die Ergebnisse des Risikomanagements zu überprüfen hat.

Wollen Unternehmen keine eigene Prognose über den weiteren Konjunkturverlauf erstellen, können sie auf die **Konjunkturprognosen der Wirtschaftsforschungsinstitute** zurückgreifen. Diese ermitteln regelmäßig das zu erwartende Wachstum der Gesamtwirtschaft wichtiger Länder. Erstellt das Unternehmen selbst eine Prognose über den weiteren Konjunkturverlauf, benötigt es zukunftsgerichtete Daten über wichtige Einflussfaktoren der Nachfrage. Ein solcher Faktor ist der Auftragseingang der Unternehmen in Deutschland. Neben realen Daten wie dem Auftragseingang bieten auch Unternehmensbefragungen Anhaltspunkte über die zukünftige Konjunkturentwicklung. Verschiedene Forschungsinstitute, Handelskammern oder Verbände führen diese regelmäßig durch. Die Indices des Ifo-Instituts haben auf nationaler Ebene weite Verbreitung gefunden. Sie geben u.a. die aktuelle Geschäftsentwicklung, die Geschäftserwartungen oder aggregiert das Geschäftsklima wieder. Da die Risikomanagementsysteme von Aufsichtsrat und Wirtschaftsprüfern zu prüfen sind, kommt diesen Indikatoren ein besonderes Gewicht zu. Da die Prüfungs- und Berichterstattungspflicht letztlich zu einer Angleichung der Systeme führt, haben diese Daten für die Prognose der Wirtschafts- und Konjunkturentwicklung und damit für die voraussichtliche Nachfrage nach den Produkten oder Dienstleistungen große Bedeutung. Somit haben Unternehmen die Prognosen und Indikatoren auch im Vorfeld der Krise dazu genutzt, Aussagen über die zukünftige Entwicklung der Wirtschaft und der Nachfrage abzuleiten und damit das Ausmaß von Krisenfolgen zu bewerten.

Dabei fällt auf, dass sowohl die Wachstumsschätzungen als auch die Konjunkturindikatoren seit Mitte 2007 größtenteils leicht fallend waren als Reaktion auf das sich abschwächende Wachstum in den USA. Eine drastische Abwärtsbewegung in den Indikatoren ergibt sich erst ab Mitte 2008 – einem Zeitpunkt, als die Finanzkrise schon öffentlich diskutiert wurde und der von den Finanzmarktproblemen extrem verstärkte Vertrauensverlust erkennbar war. Dies zeigt jedoch auch, dass die Nutzung dieser Daten in den Systemen zur Risikobewertung dazu geführt hat, dass Unternehmen die Auswirkungen der Krise anfänglich unterschätzt haben. Trendanalysen konnten den Einbruch der Nachfrage bis Mitte 2008 nicht vorhersagen, da die Daten nur auf ein leicht fallendes Wachstum und leicht fallende Erwartungen der Unternehmen hindeuteten. Ein starker Abwärtstrend ließ sich erst danach erkennen. Auch die Szenariotechnik musste an den veröffentlichten Wachstumsprognosen scheitern. Angesichts des Datenlage war einem Szenario, das eine Schrumpfung der Wirtschaft im Jahr 2009 um fast 5 % beinhaltet, noch bis Sommer 2008 eine so niedrige Wahrscheinlichkeit zuzuweisen, dass es bei den strategischen Überlegungen der Unternehmen faktisch ignoriert wurde. Dieselbe Aussage gilt auch für Sensitivitätsanalysen, da eine starke Schrumpfung des Wirtschaftswachstums so weit jenseits der kritischen Werte für bestimmte Bereiche lag, dass ein solches Szenario als unrealistisch verworfen werden musste. Hinzu kommt, dass Bewertungssysteme, die extreme Szenarien explizit in die Betrachtung einbeziehen, den Erfahrungen und Einschätzungen des Wirtschaftsprüfers entgegenlaufen, so dass hier die Gefahr bestanden hätte, dass ein uneingeschränkter Bestätigungsvermerk nicht erteilt worden wäre.

4.3.3   Risikomanagement während der Finanzkrise

Da die Unternehmen mit ihren Risikomanagementsystemen die Krise in ihrem tatsächlichen Ausmaß nicht vorhergesehen haben, wurden sie teilweise von den Folgen überrascht und mussten schnell reagieren. Auch während einer Krise müssen Unternehmen Risiken, aber gerade auch Chancen im Blick behalten. Damit stellt sich die Frage, wie Risikomanagementsysteme reagiert haben, als die Folgen der Krise unmittelbar spürbar wurden.

Weiterhin müssen die Unternehmen die gesetzlichen Auflagen erfüllen, d.h. die Risiken explizit in ihren Berichten kommunizieren. Dies bedingt, die Risikobetrachtung weiterhin losgelöst von den damit verbundenen Chancen und mit nachvollziehbaren Methoden und Daten durchzuführen. Damit kommen letztlich dieselben Daten zur Anwendung, die bereits vor der Krise genutzt wurden. Auch an der grundsätzlichen Methodik ändert sich nichts – es stehen Szenariotechniken, Trend- oder Sensitivitätsanalysen oder finanzwirtschaftliche Modelle zur Verfügung.

Haben die Unternehmen die Ergebnisse z.B. der Trendanalyse genutzt, mussten sie bis August 2008 zu dem Schluss gelangen, dass die Immobilienkrise keine gravierenden Auswirkungen haben wird, da die Auftragseingänge bis Juli 2008 zwar leicht gesunken, dann aber wieder kurzfristig leicht angestiegen waren. Dies entspricht der Beobachtung, dass die Unternehmen vom Ausmaß der Krise überrascht worden sind. Die starke Abwärtsbewegung, die sich aus der Trendlinie ab Oktober 2008 ergibt, hat die Risiko(früh)erkennungssysteme jedoch Alarm schlagen und die Unternehmen ihre Aktivitäten auf die geringere Nachfrage und eine Rezession einstellen lassen. Der sprunghafte Nachfragerückgang und die Rezession sind dann auch eingetreten. Bereits im März 2009 deutete die Trendentwicklung auf ein Ende des Auftragsrückgangs hin, was sich in den folgenden Monaten zu einem steigenden Trend entwickelte. Der Ifo-Index zur Geschäftserwartung hatte sogar schon zwei Monate früher den Tiefpunkt erreicht, zeigt sonst aber ein ähnliches Bild. Unternehmen, die diese Indikatoren beobachten und in ihren Risiko und Chancenmanagementsystemen nutzen, mussten auf diese Trendumkehr reagieren und neben weiteren Konsolidierungsanstrengungen ab Mitte 2009 auch wieder für die wirtschaftliche Erholung planen, um nicht Marktchancen zu verpassen.

Auch hier zeigt sich anhand der Reaktionen der Unternehmen und Investoren, dass diese Trendindikatoren von hoher Bedeutung waren. Die Entwicklung der Aktienkurse zeigt ebenfalls einen starken Zusammenhang zwischen den analysierten Indikatoren und der

Entwicklung des DAX: Vom Tiefststand knapp unter 3.700 Punkten im Februar 2009 stieg er auf 6.000 Punkte zum Jahresende 2009. Unternehmen und Finanzinvestoren haben somit ihre eigenen Erwartungen und Handlungen an der sich in den Indikatoren abzeichnenden Erholung ausgerichtet.

4.3.4 Prozyklische Wirkung der Risikomanagementsysteme

Die Analyse hat gezeigt, dass die Risikomanagementsysteme die Unternehmen im Vorfeld der Krise nicht adäquat auf die Veränderungen sowie deren Ausmaß und Folgen vorbereitet haben. Hinsichtlich der genutzten Daten fällt die hohe Gewichtung von Konjunktur- und Wachstumsindikatoren bei der Prognose zukünftiger Nachfrage auf. In Kombination mit der Unzulänglichkeiten der Risikoerkennungssysteme, die zwar die Immobilien- und Rohstoffpreisblasen wahrgenommen haben, daraus aber nicht die richtigen Schlüsse ziehen konnten, musste ein Ausmaß der Krise, wie es sich später tatsächlich realisierte, in den Szenario-, Sensitivitäts- oder Prognoseverfahren zu einem so unwahrscheinlichen Szenario werden, dass die Unternehmen hierfür keine Vorkehrungen getroffen hatten.

Als die Krise schließlich in Folge der Lehman-Insolvenz offen ausgebrochen war, mussten die Unternehmen feststellen, dass sie unvorbereitet waren und schnell Anpassungen vorzunehmen hatten. Gerade in dieser Situation eines sich rasch und stark verändernden Marktes ist ein effizientes und schnelles Risikomanagementsystem gefordert, da die Unternehmensführung dringend Daten und Prognosen für Entscheidungen benötigt. Allerdings haben sich die Risikobewertungssysteme auch in dieser Situation als Problem erwiesen: Mangels fehlender Daten und historischer Beispiele konnten die Unternehmen nur auf Trendaussagen zurückgreifen. In einem durch den Vertrauensverlust zunehmend pessimistischen Umfeld gab es für die Unternehmen keinen Anlass, sich nicht abermals nach den stetig nach unten korrigierten Konjunktur- und Wachstumsindikatoren zu richten. Folglich sind die Unternehmen diesem Abwärtstrend der Indikatoren gefolgt. Sie haben ihr Nachfrage- und Angebotsverhalten an den Ergebnissen ihrer Risikomanagementsysteme ausgerichtet und so selbst zum Auftragsrückgang beigetragen.

Es ergab sich also ein Verstärkungseffekt, der letztlich dazu geführt hat, dass sich die aus dem Trendverlauf abgeleitete Prognose selbst erfüllt hat. Es kommt hinzu, dass die Unternehmen entsprechende Ergebnisse in ihren Risikoberichten publizieren mussten und so die Investoren verunsichert haben. Gerade in der Situation, wo der Kapitalmarkt durch die Spekulations- und Vertrauenskrise ohnehin geschwächt war, hat dies zu weiterer Verunsicherung und Abwertungstendenzen beigetragen. Die Chancen, die sich aus der Krise oder anderen Umständen ergeben haben, blieben aufgrund des Fokus des Risikomanagements auf das Risiko im engeren Sinn (negative Abweichung vom Plan) bei der Risikobewertung unberücksichtigt. Auch so wurde eine pessimistischere Sichtweise gefördert, als nötig gewesen wäre. Dies spiegelt sich nicht zuletzt auch in den Medien und damit der Gesamtbevölkerung wieder. Dass die Rezession in der tatsächlich eingetretenen Stärke nicht den gesamtwirtschaftlichen Rahmenbedingungen entspricht, zeigt die Entwicklung sowohl der Frühindikatoren, des DAX und der Rohstoffpreise in der zweiten Hälfte des Jahres 2009. So befand sich z.B. der Rohölpreis wieder auf den Stand von Anfang 2007 – vor dem spekulationsbedingten hohen Ausschlag nach oben und dem durch die Krise ausgelösten starken Einbruch.

Der überzogenen negativen Reaktion folgte eine überzogene positive Reaktion. Diese ist zwar teilweise bedingt durch den Korrektureffekt der Überreaktion während des Abschwungs, jedoch führt die Ausrichtung der Unternehmensaktivitäten an den im Risikomanagement genutzten Frühindikatoren auch hier zu einer (positiven) Überreaktion. Dies lässt sich zum einen am schwankenden Auftragseingang im letzten Quartal 2009 ablesen. Ein wichtigeres Merkmal ist andererseits, dass nach dem Einbruch von 2008 der Ifo-Index für die Geschäftserwartungen permanent über dem Indikator für das tatsächliche Geschäft liegt. Es hat den Anschein, dass die zu pessimistische Stimmung in eine zu optimistische umschlug, die von den realen Wirtschaftsdaten nicht unbedingt erfüllt wurde. Somit verstärkt die von den Indikatoren gemessene zu positive Stimmung die Erholung nach der Krise und birgt die Gefahr, dass sich eine neue Blase bildet.

Die derzeit benutzten Risikomanagementsysteme in Unternehmen haben verschiedene Schwachstellen, die sich durch die Finanzkrise offenbart und verschärfend auf die Krise gewirkt haben. Die genutzten Methoden zur Risikoidentifizierung und -bewertung haben aufgrund des Mangels an historischen Daten und fehlender Warnhinweise von Finanzmarktexperten dazu geführt, dass Unternehmen die Anzeichen der Krise nicht rechtzeitig erkannt oder unterschätzt haben. Gleichzeitig haben sich auch die Anforderungen des KonTraG als nicht ideal erwiesen. Auch ohne konkrete Vorgaben zur Ausgestaltung von Risikomanagementsystemen führt die Notwendigkeit einer Bestätigung der Systeme und erkannten Risiken durch den Wirtschaftsprüfer sowie deren Veröffentlichung tendenziell dazu, dass sich die genutzten Systeme und Daten bei den Unternehmen angleichen, da diese sonst Gefahr laufen, aufgrund stark abweichender Risikoeinschätzungen keinen uneingeschränkten Bestätigungsvermerk zu erhalten oder die Anleger zu verunsichern. Identische Risikoeinschätzungen können eine Krise jedoch verstärken, wenn die Unternehmen kollektiv falsch reagieren – wie im Falle der Finanzkrise. Es lässt sich somit feststellen, dass die aktuell genutzten Risikomanagementsysteme auf die Finanzkrise prozyklisch gewirkt haben.

Um diese Prozyklizität abzumildern, gibt es verschiedene Ansatzpunkte: Ein kritischer Umgang mit den genutzten Daten in den Risikomanagementsystemen unterstützt die Risikobewertung. Ebenso sollten verstärkt Risikoidentifizierungsmethoden genutzt werden, die auch unwahrscheinliche oder bisher nicht aufgetretene Risiken identifizieren können. Abschließend ist zu empfehlen, in wirtschaftlich guten Zeiten Maßnahmen für die Bewältigung zukünftiger Krisen zu treffen und zusätzliche Puffer anzulegen. Nicht zuletzt dürfen Unternehmen nicht davor zurückschrecken, im Lagebericht gegenüber Aktionären oder Wirtschaftsprüfern auch über unwahrscheinliche Risiken zu berichten. Hier bietet sich eine enge Verzahnung mit dem Chancenmanagement des Unternehmens an, um von der engen Risikodefinition des KonTraG loszukommen, denn Krisen bieten gut vorbereiteten Unternehmen auch Chancen, sich von Konkurrenten abzusetzen. Dadurch wird ein Risikomanagementsystem zu einem verbesserten Instrument der Corporate Governance.

4.4 Integriertes Erfolgs-, Finanz- und Risikomanagementsystem

4.4.1 Grundkonzept eines integrierten Erfolgs-, Finanz- und Risikomanagementsystems

Die Erfolgs- und Finanzlenkung ist in der existenzentscheidenden Dimension eine **gesamt-unternehmensbezogene Lenkung,** so dass die Risiken zur endgültigen Beurteilung ihrer **bestandsgefährdenden Wirkung** in das monetäre Abbild des gesamten Unternehmens eingebunden werden müssen. Aufgrund der generell gegebenen erfolgs- und/oder finanz-wirksamen Auswirkungen von Risiken ist es möglich, auf Basis der zur Erfolgs- und Finanzlenkung verwendeten Wertgrößen Einnahmen/Ausgaben, Erträge/Aufwendungen, Leistungen/Kosten sowie Vermögen/Kapital, die Risikodimension der verschiedenen Unternehmensbereiche bereichespezifisch und bereicheübergreifend abzubilden und zu steuern. Die Erfolgs- und Finanzlenkung ist daher geeignet, die im Unternehmen be-stehenden Risiken in quantitativer Form zu berücksichtigen, deren Gefahr für den Bestand des Unternehmens unter Einbezug der Chancen einzuschätzen sowie deren Steuerung zu ermöglichen. In der **Abbildung 4.3** ist die Konzeption eines derartigen **Risikomanagementsystems** schematisch dargestellt.[396] Das System umfasst im Einzelnen folgende **Module:**

- **Risikobestandsaufnahme**, wo die Risikofrüherkennung und Risikoeinzelbewertung bereiche-, stellen-, produkt-, segment- und prozessorientiert erfolgt;

- **Erfolgs- und Finanztransformation der Risiken**, wo die Einzelrisiken unter Beachtung der vorhandenen Interdependenzen zusammengefasst, bewertet und in die Kalküle der Erfolgs- und Liquiditätsbetrachtung überführt werden;

- **integrierte Erfolgs- und Finanzrechnung**, wo die bewerteten Risiken aufgenommen und in ihrer Gesamtwirkung auf Erfolg, Bilanzstruktur und Liquidität des Unter-nehmens verdeutlicht werden;

- **Risikobericht**, in dem relevante Risiken intern und extern kommuniziert werden;

- **Überwachung** des Gesamtsystems, wo die organisatorischen Anweisungen z.B. in einem Risikohandbuch beschrieben, die vorgenommenen Maßnahmen und deren An-wendung dokumentiert und fortlaufend erfasst sowie die jeweiligen Verantwortungs-bereiche unter Benennung der jeweiligen Verantwortungsträger aufgeführt werden;

- **Risikosteuerung** sowohl der Einzelrisiken als auch der zusammengefassten Risiken, permanent in den Prozess eingebaut, um eine existenzbedrohende Risikolage durch ge-eignete Maßnahmen vom Unternehmen abzuwenden.

---

[396] Vgl. Lachnit, L./Müller, S.: Risikomanagementsystem, 2001, S. 363.

Abbildung 4.3   Modularer Aufbau eines integrierten Risikomanagementsystems

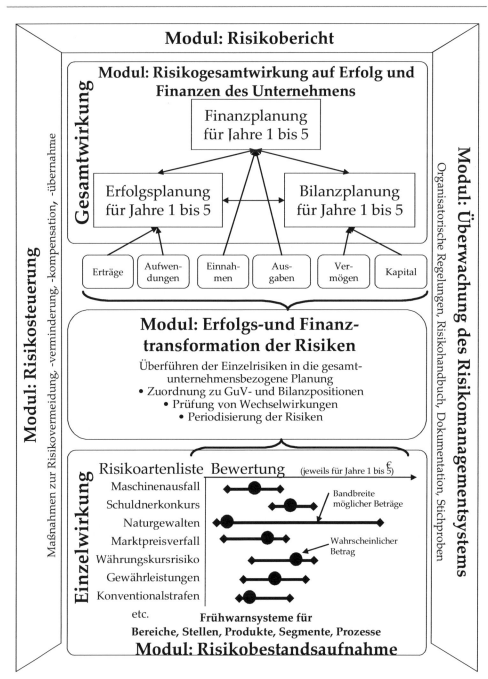

Die Zusammenhänge zwischen dem Risikomanagementsystem und der Erfolgs- und Finanzlenkung verdeutlicht **Abbildung 4.4**.[397]

Abbildung 4.4   Integrationsnotwendigkeiten eines Erfolgs-, Finanz- und Risikomanagementsystems

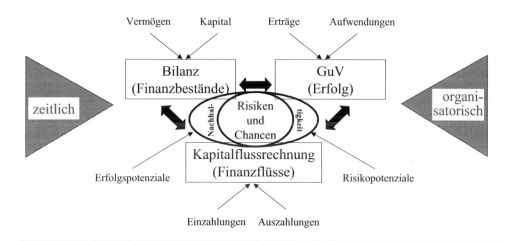

4.4.2   Erfolgs- und Finanztransformation der Risiken

Die auf verschiedenen Stufen und Teilbereichen des Unternehmens einzeln erkannten und bewerteten Risiken müssen in ihrer Erfolgs- und Finanzwirkung ausgedrückt und in die Kalkülkategorien der Erfolgs-, Bilanz- und Finanzrechnung transformiert werden. **Abbildung 4.5** zeigt den **Prozess der Transformation** von der Einzelbewertung der Risiken zur konkreten Benennung von Erträgen und Aufwendungen, Vermögens- und Schulden-änderungen sowie Einnahmen und Ausgaben.[398]

---

[397] Müller, S.: Management-Rechnungswesen, 2003, S. 436.
[398] Vgl. Lachnit, L./Müller, S.: Risikocontrolling, 2003, S. 578.

Abbildung 4.5   Ablauf der Erfolgs- und Finanztransformation der Risiken

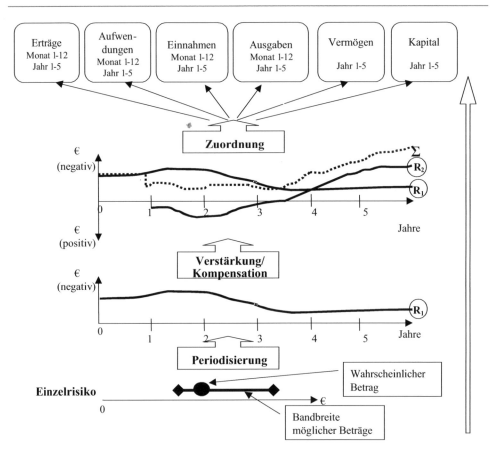

Die **Transformation** geschieht in folgenden Schritten:

- Identifikation und Bewertung der Einzelrisiken;

- Periodisierung der Risiken; hier im Beispiel das Risiko 1 (R_1);

- Aggregation und Gesamtbewertung der Risiken. Hierbei können sowohl Verstärkungen der Einzelrisiken, z.B. in einer Risikokette, oder auch Kompensationseffekte, z.B. durch wertmäßige Gegeneffekte, auftreten; hier im Beispiel durch das Zusammenspiel von Risiko 1 (R_1)und Risiko 2 (R_2) dargestellt;

- Transformation von Erwartungs- oder Höchstwerten für Schadensfälle in konkrete periodenbezogene Erträge und Aufwendungen, Vermögens- und Schuldenänderungen sowie Einnahmen und Ausgaben. So muss z.B. das Ausmaß des Risikos „Währungskursanstieg" übertragen werden in höhere Materialaufwendungen für bezogene Rohstoffe, höhere RHB-Bestände, höhere Umsatzerlöse und höhere Forderungen für die betrachtete Planungsperiode.

Erst nach dieser Transformation können die Risikoinformationen in die Kalküle der Erfolgs- und Finanzlenkung eingebracht, hinsichtlich der insgesamt bestandsgefährdenden Wirkung untersucht und gegebenenfalls Gegensteuerungsmaßnahmen ergriffen werden.

4.4.3 Gesamtunternehmensmodule eines integrierten Erfolgs-, Finanz- und Risikomanagementsystems

Um die Wirkung der Risiken auf die Erfolgs- und Liquiditätslage des Unternehmens aufzuzeigen, ist zunächst eine **systematische Verknüpfung von Erfolgs- und Finanzrechnung** erforderlich. Eine die **Risiken integrierende Erfolgs- und Finanzrechnung** kann als ein erweitertes Konzept zur Führungsunterstützung verstanden werden. Das System stellt einerseits ein monetäres Abbild des Gesamtunternehmens dar, in dem die risikoadjustierten Erfolgs- und Finanzvorgänge anhand der Kalküle GuV sowie Bilanz geplant und die Auswirkungen hinsichtlich ihrer betrieblichen Interdependenzen auf Erfolg und Liquidität bestimmt werden können. Andererseits ist es zugleich ein System für Früherkennung, Überwachung und Steuerung von Risiken in Bezug auf ihre Wirkungen im Erfolgs-, Finanz- und Bilanzbereich des Unternehmens, indem Risiken z.B. über Simulationsläufe im integrierten System in ihrer Wirkung auf Eigenkapital (Überschuldungsgefahr), Liquidität (Insolvenzgefahr) und Bilanzstruktur (Bonitätsverlust im Rating) überprüft werden.

Durch die systematische sachlich, zeitlich und organisatorisch abgestimmte Planung und Kontrolle von **Erfolg, Finanzstruktur und Liquidität**, unterstützt durch systematische Auswertungen sowie Simulationsmöglichkeiten, stellt das System somit ein mächtiges Instrument zur Unterstützung der Unternehmensführung mit Auswirkungen z.B. in Richtung betrieblicher Leistungssteigerung sowie erhöhter Insolvenzvorsorge und Existenzsicherung in operativer und strategischer Hinsicht dar.

Das System zur integrierten Erfolgs-, Finanz- und Risikolenkung besteht im Wesentlichen aus den Elementen, die bereits bei der integrierten Erfolgs- und Finanzlenkung vorgestellt wurden. Jedoch liegen hinter den Datenstellen der GuV sowie Bilanz konkretisierende Submodule, z.B. zur Herleitung der Aufwands- und Ertrags- oder Vermögens- und Kapitalposten unter expliziter Berücksichtigung der Risiken. Diese stellen somit die Schnittstellen dar, um **Risiken aus der Risikobestandsaufnahme in das System zur Erfolgs-, Bilanz- und Liquiditätsführung zu übertragen**. Erst durch diese Einbeziehung entsteht eine integrierte Erfolgs-, Finanz- und Risikorechnung, mit deren Hilfe die bestandsgefährdende Wirkung von Risiken erkannt, berichtet und überprüft sowie mit gezielten Gegenmaßnahmen beantwortet werden kann.

Die Leistungsfähigkeit des Systems zur integrierten Erfolgs-, Finanz- und Risikolenkung im Hinblick auf die Einschätzung der Risikolage des Unternehmens zeigt sich insbesondere in:[399]

---

[399] Vgl. Lachnit, L.: Modell ERFI, 1992, S. 71.

- der integrierten Gesamtdarstellung von Erfolgslage, Finanzstruktur und Liquidi-tätssituation unter Berücksichtigung der Risiken des Unternehmens;

- der Entscheidungsunterstützung bei der langfristigen Gestaltung der Vermögens-, Kapital-, Ertrags-, und Aufwandsstruktur des Unternehmens;

- der Entscheidungsunterstützung bei der kurz- und langfristigen Gestaltung der Ein-nahme- und Ausgabeprozesse und der daraus resultierenden Liquiditätshaltung;

- der systematisch sachlich und zeitlich integrierten Planung und Kontrolle von Erfolg, Finanzstruktur und Liquidität unter Rückbezug auf die darunterliegenden betrieblichen Grundsachverhalte und deren Risikogestalt;

- dem Verdeutlichen betrieblicher Stärken und Potenziale sowie den Frühwar-nungseigenschaften hinsichtlich Schwächen und Fehlentwicklungen in Erfolg, Bilanz und Finanzen des Unternehmens;

- der Klärung der betrieblichen Gestaltungsmöglichkeiten und Anpassungsstrategien;

- der Unterstützung der Unternehmensführung bei Auswahl der zielentsprechenden Unternehmenspolitik zur Sicherung von Erfolg, Bilanzstruktur, Finanzen und Liquidität im kurz- und langfristigen Zusammenhang sowie

- der Simulationsfunktion zur Antizipation zukünftiger Entwicklungen, die es ermög-licht, Veränderungen externer Parameter ebenso wie unternehmerische Anpassungs-maßnahmen hinsichtlich ihrer Auswirkungen zu untersuchen.

Ein derartiges integriertes Erfolgs-, Finanz- und Risikoführungssystem, in welchem das Risikomanagement komplett in die Erfolgs- und Finanzführung integriert ist, erfüllt nicht nur die gesetzlichen Anforderungen in Bezug auf Risikofrüherkennung und -darstellung, sondern führt auch zu der erwünschten qualitativen Verbesserung der Unternehmens-führung in Bezug auf die Risikolage des Unternehmens.

5 Erfolgspotenzial-Controlling

5.1 Grundsachverhalte des Erfolgspotenzial-Controllings

Viele Faktoren im In- und Umsystem der Unternehmung, wie z.B. Mitarbeitermotivation oder Kundenzufriedenheit, stellen **Erfolgspotenziale** dar. Erfolgspotenziale sind für das Unternehmen von hoher strategischer Bedeutung, da sie dem Unternehmen ermöglichen, auch in Zukunft Erfolge zu erzielen. Sie beeinflussen die Unternehmensleistung langfristig,[400] entziehen sich jedoch zunächst der quantitativen Erfassung. Eine **Herausforderung für das Controlling** besteht daher darin, über Erfolgspotenziale eine geeignete Datenbasis als Ausgangspunkt für Informationen zur Führungsunterstützung zu schaffen. Zu diesem Zweck sind die **Abbildungskonzeptionen für das zukunftsorientierte Controlling zu erweitern**; führungsrelevante qualitative Größen sind zu identifizieren, zu erfassen und zu kommunizieren, um in die Unternehmenssteuerung einbezogen werden zu können.

Im Gegensatz zu Investitionen in Sachanlagen, die im Rechnungswesen als Vermögensposten erfasst werden und in der Erfolgsrechnung über die Perioden ihrer Nutzung in Form von Abschreibungen Berücksichtigung finden, werden Investitionen in Erfolgspotenziale häufig sofort vollständig als Aufwands- bzw. Kostenfaktor betrachtet. Bspw. werden das Know-how der Mitarbeiter oder selbst erbrachte Forschungsleistungen[401] i.d.R. wegen der Abgrenzungs- und Bewertungsprobleme nicht als Vermögensposten erfasst; ihr Erfolgsbeitrag drückt sich lediglich undifferenziert über (zukünftige) Umsatzerlöse oder Kosteneinsparungen aus. Zum Teil werden diese sog. investiven Aufwendungen im Rahmen der Kosten- und Leistungsrechnung gesondert behandelt, z.B. durch Lifecycle Costing oder spezifische Kostenträgerverfahren. Allerdings ist eine umfassende Einbeziehung der Erfolgspotenziale in die Instrumente des Controllings geboten, da Führungsentscheidungen im Falle einer unvollständigen Datenbasis zwangsläufig nicht optimal sein können.[402]

Da es sich bei Erfolgspotenzialen letztlich um partielle Erklärungen für die zukünftigen Erfolgsbeiträge handelt, reicht eine statische bzw. vergangenheitsorientierte Betrachtung nicht aus. Vielmehr bedarf es zur umfassenden Berücksichtigung der Erfolgspotenziale der **Anwendung von investitionstheoretischen Ansätzen**. Auf diese Weise wird ihnen der Wertbeitrag beigemessen, den diese in der Zukunft wahrscheinlich generieren werden. Für Unternehmensführungszwecke ist die alleinige Kenntnis über den Wert der Erfolgs-

---

[400] Vgl. Fischer, T. M.: Erfolgsfaktoren, 1993, S. 16.
[401] Dagegen können seit dem BilMoG eigene Entwicklungskosten auch in Abschlüssen nach HGB berücksichtigt werden, soweit die Entwicklung nach dem 1.1.2010 begann.
[402] Vgl. Müller, S.: Management-Rechnungswesen, 2003, S. 333-335.

potenziale nur unzureichend; zusätzlich sind Informationen über **Ursache-Wirkungs-Zusammenhänge** zwischen den Erfolgspotenzialen und dem Unternehmenserfolg unentbehrlich. Hierzu ist die Kenntnis der relevanten Erfolgsfaktoren sowie der entsprechenden Indikatoren, die als qualitativer Maßstab eine Hilfe für die Bewertung von immateriellen Sachverhalten bieten können, von großer Bedeutung.

Vor diesem Hintergrund sind die Instrumente des Controllings im Hinblick auf eine umfassende Berücksichtigung von Erfolgspotenzialen zu erweitern. Die Probleme vieler Abbildungskonzeptionen im Controlling, die in der Vernachlässigung von qualitativen Faktoren zu sehen sind, stellen Herausforderungen hinsichtlich Identifizierung und Bewertbarkeit dar. Diese können aus theoretischer Sicht zur Erreichung einer unternehmensführungsorientierten Abbildung über zwei Wege gelöst werden:[403]

- Erfassung ausgehend vom **Marktwert des Unternehmens** mittels Rückrechnung und Verteilung des Differenzbetrages zwischen Buchwerten und Marktwerten auf die einzelnen Vermögensgegenwerte und Schulden unter Einbezug der Erfolgspotenziale (Top-Down-Ansatz), oder

- Erfassung durch Quantifizierung der einzelnen Vermögenswerte und Schulden einschließlich der direkten **Identifizierung und Messung der Erfolgsfaktoren** (Bottom-Up-Ansatz).

Im Folgenden sollen beide Möglichkeiten behandelt werden, wobei zu beachten ist, dass die Ergebnisse stets wieder zu einem Gesamtbild aggregiert werden müssen. Bezogen auf den Unternehmensgesamtwert, der entweder direkt aus dem Börsenkurs des Unternehmens abgeleitet oder unter Akzeptanz einer Vielzahl von Prämissen im Wege der Unternehmensbewertung bestimmt werden kann, zeigt der Differenzbetrag zum ausgewiesenen Eigenkapital beim **Top-Down-Ansatz** den gesamten nicht bilanzierten Mehrwert des Unternehmens, bewertet zum Marktzeitwert. Dieser Aspekt bildet die Grundlage für die wertorientierten Instrumente der Unternehmensführung und wird nachfolgend als **wertorientiertes Controlling** näher behandelt.

Die im Rahmen der Finanzkrise zunehmend als problematisch wahrgenommen Verzerrungen von Märkten durch spekulative Blasen (sowohl bezüglich einer Über- als auch einer Untertreibung) haben verdeutlicht, dass auch Marktzeitwerte nicht einfach unkritisch zu übernehmen sind. Der Marktwert bildet im Idealfall die Einschätzungen der Marktteilnehmer ab. Doch kann bei weitem nicht immer von einem vollkommenen Markt ausgegangen werden. So gibt es immer wieder Phasen, in denen innere und äußere Mechanismen eine vernünftige Preisfindung am Markt verhindern. So kommt es auch dann zu einem Absturz von Aktienkursen, wenn aufgrund von Verlusten in bestimmten anderen Anlageklassen z.B. Kreditinstitute ihre Aktiva schnell verringern müssen, um Buchgewinne zu realisieren und Eigenkapitalmindestausstattungen einzuhalten. In diesen Phasen fehlt die notwendige Nachfrage, um die eigentlich positive Meinung für bestimmte Aktien auch in deren Kursen auszudrücken. Allerdings besteht bei der Verwendung intrinsischer Werte

---

403   Vgl. z.B. Haller, A./Diedrich, R.: Intellectual Captial, 2001, S. 1049.

das Problem, dass durch die eigene Wahl der Prämissen eine Überschätzung erfolgt. Grundsätzlich ist zumindest auf mittlere und längere Sicht eine höhere eigene Einschätzung letztlich wertlos, da im Umsystem die anderen Marktteilnehmer dieser Einschätzung nicht vertrauen bzw. nicht die Mittel haben, um dieses Einschätzung auch zu unterstützen. So wird beispielsweise trotz einer sehr guten Situation des Unternehmens ein Kredit verwehrt, weil die Bank durch gesetzliche Vorgaben die Mindesteigenkapitalanforderungen zu beachten hat und das Geschäft derzeit nicht ausbauen kann.

Daher ist in aller Regel eine exakte monetäre Quantifizierung nur unter sehr stringenten Prämissen möglich. Da zudem für eine Führungsunterstützung ein alleiniges Abzielen auf den ermittelten Unternehmenswert unbefriedigend ist, werden in der Praxis zusätzlich auf der Basis des **Bottom-Up-Ansatzes** für die relevanten Erfolgspotenziale die dahinterliegenden Erfolgsfaktoren und -indikatoren herangezogen.[404] Während es sich bei **Erfolgsfaktoren**[405] um jene Variablen, Determinanten, Elemente oder Bedingungen handelt, die direkt den Unternehmenserfolg langfristig maßgeblich beeinflussen,[406] gelten **Indikatoren** als Messgrößen mit nicht-finanziellem Inhalt, die eine quantitative oder qualitative Beurteilung zulassen.[407] Dementsprechend werden im Folgenden unter der Überschrift Immaterial-Controlling zunächst die instrumentellen Möglichkeiten zur direkten Bestimmung der Erfolgspotenziale dargestellt, bevor unter dem Titel Erfolgsfaktoren-Controlling die eigentliche Identifizierung und Messung von Erfolgsfaktoren thematisiert wird.

Letztlich bedarf es einer konkreten **Anbindung** der den Erfolgspotenzialen zugrunde liegenden Werte und der relevanten Erfolgsfaktoren samt Indikatoren **an die Instrumente des strategischen Controllings**. Daher werden die Instrumente und Techniken des strategischen Controllings dargestellt und im Anschluss daran adäquate Ansätze zur Anbindung der Erfolgspotenziale und –faktoren an das strategische Controlling skizziert.

5.2 Wertorientiertes Controlling

Die Instrumente der **wertorientierten Unternehmensführung** können unterteilt werden in einperiodische ex post Betrachtungen der Performance und mehrperiodische ex ante Betrachtung des Unternehmenswertes. Letztere lassen sich weiter aufteilen in Methoden zur Ermittlung des Eigenkapitalwertes (**Equity-Approach**) und in Methoden zur Bestimmung des Gesamtwertes (**Entity-Approach**). Bei Unternehmenswertermittlungen wird entweder vom Datenmaterial des Jahresabschlusses ganz abstrahiert oder dieses nur nach umfangreichen Bereinigungsschritten verwendet. Die Konzepte sind zukunftsorientiert ausge-

---

[404] Vgl. Müller, S./Brackschulze, K./Mayer-Fiedrich, D: Basel III, 2011, S. 175-179.
[405] In der Literatur wird auch von strategischen Erfolgsfaktoren, kritischen Erfolgsfaktoren oder Exzellenzfaktoren, gesprochen.
[406] Vgl. Grünig, R./Heckner, F./Zeuss, A.: Strategische Erfolgsfaktoren, 1996, S. 4-5; Haedrich, G./Jenner, G.: Strategische Erfolgsfaktoren, 1996, S. 16.
[407] Vgl. Labhart, P.A.: Value Reporting, 1999, S. 32.

richtet, entstammen zumeist der dynamischen Investitionsrechnung und sind im Prinzip seit langem bekannt.[408] Kernaussage ist, dass im Gegensatz zu einer vergangenheits-orientierten Betrachtung der Wert einer Investition den zukünftig erwarteten Erfolgen entspricht. Zudem sind die Instrumente i.d.R. als Contribution Modelle ausgelegt, so dass sie auf die Übergewinne abstellen, die nach den Ansprüchen der Eigenkapitalgeber verbleiben. Die dazu anzusetzenden Kapitalkosten sind daher als vom Kapitalgeber vorgegebene Cut-Off- oder Hurdle-Rate anzusehen, die mindestens erwirtschaftet werden muss, um den Erwartungen der Investoren gerecht zu werden.

Zentrale Beispiele aus der Vielzahl der entwickelten wertorientierten Instrumente sind der maßgeblich von Stern Stewart & Co. entwickelte Economic Value Added© (EVA©),[409] und der maßgeblich von der Boston Consulting Group (BCG) entwickelte Cash Value Added (CVA)[410] als periodenbezogene Darstellungen, während die dazugehörigen mehr-periodischen Unternehmenswertdarstellungen über den Market Value Added (MVA) und den Discounted Cashflow (DCF) erfolgen können.[411]

5.2.1   Economic Value Added©-Konzept

Der **EVA©** misst retrospektiv den einperiodischen zeitraumbezogenen betrieblichen Über-gewinn eines Unternehmens. Die Bestimmung des EVA© kann alternativ als

- Capital Charge-Formel: EVA© = NOPAT – CE x WACC oder

- Value Spread-Formel: EVA© = (ROCE - WACC) x CE

erfolgen. Zur Ermittlung des EVA© werden als Komponenten der Net Operating Profit After Taxes (NOPAT) als ökonomisch zutreffender Gewinn, das Capital Employed (CE) als ökonomisch relevante Kapitalgröße, die Weighted Average Cost of Capital (WACC) als Gesamtkapitalkostensatz sowie der Return on Capital Employed (ROCE) benötigt, wobei sich letzterer als Quotient aus NOPAT und CE ergibt.

Bei der Nennergröße des ROCE, dem **Capital Employed**, handelt es sich um das stichtags-bezogene betriebsnotwendige Nettokapital, dessen tatsächlicher Wert ausgehend von den Buchwerten der Bilanz im Zuge der Aufbereitung der Jahresabschlussdaten über be-stimmte Korrekturen bestimmt wird.[412] Dabei werden vier Arten von Korrekturen vor-genommen: Operating Conversion, Funding Conversion, Comparability Conversion und Shareholder Conversion.[413] Konkret werden dabei zunächst die Aktiva um die Buchwerte der nicht betriebsnotwendigen Vermögensgegenstände bereinigt, wie z. B. um das Finanz-umlaufvermögen. Des Weiteren werden nicht aktivierte Miet- und Leasingobjekte mit

---

[408] Vgl. insbesondere Miller, M. H./Modigliani, F.: Valuation, 1961, S. 411-433.
[409] Vgl. grundlegend Stewart, G.B.: Quest for Value, 1999, Ehrbar, A.: EVA©, 1998.
[410] Vgl. grundlegend Lewis, T.G.: Steigerung, 1995; Hostettler, S.: EVA, 1998, S. 67-75.
[411] Vgl. Rappaport, A.: Shareholder Value, 1994.
[412] Vgl. z.B. Lachnit, L.: Bilanzanalyse, 2004, S. 239-240.
[413] Vgl. z.B. Eidel, U.: Verfahren, 2000, S. 229-235.

ihrem jeweiligen Barwert einbezogen. Weiterhin erfolgt eine Korrektur zum Zwecke der Konsistenz des Steueraufwands sowie abschließend eine Berücksichtigung von stillen Reserven zum Zwecke der vollständigen Erfassung des Eigenkapitals. Ziel ist die Ermittlung der um bilanzrechtliche Verzerrungen korrigierten Kapitalbasis, wobei es zu Differenzen zwischen der internen Wertermittlung und der Sichtweise des Marktes kommen kann.[414] Zudem wird empfohlen, vom CE die nicht explizit Zins tragenden kurzfristigen Fremdkapitalien (Abzugskapital) abzuziehen. Dies ist aber immer nur dann zutreffend, wenn die impliziten Zinsen nicht aus der Erfolgsrechnung korrigiert werden können, wie etwa bei den Verbindlichkeiten aus Lieferungen und Leistungen die in den Einkaufspreisen enthaltenen Zinsbeträge. Rückstellungen sind aufgrund bestehender Risiken aus Gewinnen gebildet worden, die den Eigenkapitalgebern und der Besteuerung vorenthalten wurden. Sie sollten nicht in das Abzugskapital einbezogen werden, wenn die Zinseffekte aus der Erfolgsrechnung korrigiert werden können.[415]

Die Zählergröße des ROCE, der **NOPAT**, stellt die zum CE korrespondierende Gewinngröße dar. Den Ausgangspunkt der Ermittlung bildet der Operating Profit, verstanden als Betriebsergebnis laut Erfolgsrechnung, wobei analog zur Ermittlung des CE Korrekturen um den Betrag der periodischen Wirkung der vorzunehmenden Conversions erfolgen.[416] Dieser Bruttobetrag wird im Rahmen der Tax Conversion um dem Operating Profit anteilig zurechenbare adjustierte Steuern vermindert.

Der über das WACC-Modell ermittelte **Kapitalkostensatz**, der als Mindestrendite (Hurdle Rate) benutzt wird, soll aus Kapitalmarktsicht dem nominalen Zinssatz entsprechen, den sowohl Eigen- als auch Fremdkapitalgeber gemäß des Opportunitätskostenprinzips für alternative Investments von vergleichbarer Dauer und Risikobehaftung mindestens erzielen könnten.[417] Die Eigenkapitalkosten werden nach dem Capital Asset Pricing Modell ermittelt.[418]

Beim EVA© handelt es sich um einen periodisierten Erfolgsmaßstab. Die Diskontierung der zukünftigen, zu prognostizierenden EVA©-Reihe ergibt den Market Value Added (MVA), der als originärer Firmenwert verstanden werden kann. Alternativ wird er aus dem Saldo zwischen Aktienkurs und ökonomischem Buchwert des Eigenkapitals errechnet. Der **Gesamtunternehmenswert** lässt sich durch Addition des Economic Book Value und des

---

[414] Vgl. z.B. Gebhardt, G./Mansch, H. (Hrsg.)/AK „Finanzierungsrechnung": Wertorientierte Unternehmenssteuerung, 2005, S. 96-102.

[415] Vgl. Müller, S.: Management-Rechnungswesen, 2003, S. 279-281.

[416] Vgl. z.B. Hahn, D.: Kardinale Führungsgrößen, 2002, S. 130; Lorson, P.: Shareholder Value-Ansätze, 1999, S. 1333.

[417] Vgl. zu aktuellen Ausprägungen etwa Gebhardt, G./Mansch, H. (Hrsg.)/AK „Finanzierungsrechnung": Wertorientierte Unternehmenssteuerung, 2005, S. 60-80 sowie AK „Internes Rechnungswesen" (Hrsg.): Praxiskonzepte, 2010, S. 797-820.

[418] Die Formel lautet: Zinssatz $_{Ekap.}$= Zinssatz $_{risikofrei}$ +ß * (Zinssatz $_{Ekap.-Markt}$ − Zinssatz$_{risikofrei}$); vgl. z.B. Betsch, O./Groh, A./Lohmann, L.: Corporate Finance, 2000, S. 94-111; Copeland, T./Koller, T./Murrin, J.: Unternehmenswert, 1998, S. 277-284. Zur grundlegenden Kritik am CAPM vgl. z.B. Trautwein, F.: Unternehmensakquisitionen, 1989, S. 537-539 oder Ballwieser, W.: Shareholder-Value, 1994, S. 1394-1399.

Marktwertes des nicht betriebsnotwendigen Vermögens ermitteln. Durch Subtraktion des Marktwertes des Fremdkapitals errechnet sich der **Shareholder Value**.

Mit dem EVA©-Ansatz wird auch der Versuch unternommen, den Jahresabschluss sowohl für eine wertorientierte interne Steuerung als auch für eine wertorientierte externe Erfolgslagedarstellung nutzbar zu machen. Des Weiteren wird in dem EVA©-Konzept eine Möglichkeit der Verbindung vorwärtsgerichteter Strategiebeurteilungen und rückwärtsgerichteter Erfolgsmessung gesehen.[419] Der Ansatz kann aufgrund der Jahresabschlussbasiertheit auch von Unternehmensexternen durchgeführt werden, setzt aufgrund der nötigen Bereinigungen der Daten des Rechnungswesens aber sehr gute Kenntnisse der Bilanzierungsvorschriften voraus und kann zunächst nur in Form einer Ex-Post-Beurteilung erfolgen; denn eine Einschätzung des Unternehmenswertes erfordert Planbilanzen und Plan-Erfolgsrechnungen.

5.2.2   Cash Value Added-Konzept

Der **CVA** ist die Residualgewinngröße gemäß dem von Lewis entwickelten Cashflow Return on Investment-Konzept.[420] Als einperiodische, vergangenheitsorientierte Absolutgröße ist er vergleichbar mit dem EVA©. Der CVA beruht nicht auf der Erfolgsrechnung (erfolgsorientierte Größe), sondern auf dem Cashflow (zahlungsstromorientierte Größe).[421] Die Berechnung des CVA basiert auf den Komponenten Brutto-Investitionsbasis (BIB), Brutto-Cashflow (BCF), ökonomische Abschreibung (ÖkAb), WACC als Kapitalkostensatz sowie Cashflow Return on Investment (CFROI), der sich hier als Relation des BCF abzüglich ÖkAb als Erfolgsgröße und BIB als Vermögensgröße bestimmt.[422]

Konkret kann die Berechnung des CVA auf zwei unterschiedlichen Wegen geschehen:

- Capital Charge-Formel: CVA = BCF – ÖkAb – BIB x WACC$_r$ oder

- Value Spread-Formel: CVA = (CFROI – WACC$_r$) x BIB

Die **Brutto-Investitionsbasis (BIB)** umfasst das in das Gesamtunternehmen investierte Kapital. Für die Herleitung der BIB sind Modifikationen bei der Bewertung der Vermögenswerte erforderlich.[423] Zur Ermittlung der historischen Anschaffungskosten des zu verzinsenden Investments werden zunächst die ausgewiesenen Buchwerte der abnutzbaren Sachanlagen um die kumulierten Abschreibungen korrigiert. Damit eine geldwertmäßige Konvergenz zwischen in der Vergangenheit getätigten Investitionen und heutigem Cashflow geschaffen wird, erfolgt unabhängig von der tatsächlichen Nutzungsdauer über den Zeitraum der durchschnittlichen Nutzung, die sich unter der Prämisse linearer Abschreibungen als Quotient aus historischen Anschaffungs- und Herstellungskosten und

---

[419]   Vgl. Ballwieser, W.: Shareholder-Value 1994, S. 1378-1405
[420]   Vgl. Lewis, T.G.: Steigerung, 1995.
[421]   Vgl. Eidel, U.: Verfahren, 2000, S. 74-75.
[422]   Vgl. Gebhardt, G./Mansch, H. (Hrsg.)/AK „Finanzierungsrechnung": Wertorientierte Unternehmenssteuerung, 2005, S. 30-31.
[423]   Vgl. Lachnit, L.: Bilanzanalyse, 2004, S. 235.

jährlichen Abschreibungen ergibt, eine Inflationsanpassung. Des Weiteren werden Miet- und Leasingaufwendungen mit ihrem Barwert aktiviert. Schließlich werden die explizit nicht-zinstragenden Fremdkapitalien abgezogen, zu denen z.B. auch die Rückstellungen gezählt werden, da diese laut Theorie keine Kapitalkosten verursachen.

Der **Brutto-Cashflow (BCF)** repräsentiert den zeitraumbezogenen Rückfluss an finanziellen Mitteln auf die eingesetzte BIB, der zur Bedienung des Eigen- und Fremdkapitals sowie zu Investitionszwecken verfügbar ist. Er entspricht somit konzeptionell zunächst dem Cash-flow aus laufender Geschäftstätigkeit, der sowohl nach der direkten als auch nach der in-direkten Methode ermittelt werden kann. Zumeist geht man gemäß der indirekten Methode vom um aperiodische und außerordentliche Erfolgsgrößen in Analogie etwa zum nach Deutschen Vereinigung für Finanzanalyse/Schmalenbachgesellschaft (DVFA/SG) bereinigten Jahresüberschuss aus.[424] Diese Ergebniszahlen werden anschließend um plan-mäßige Abschreibungen, Zinsaufwendungen, Miet- und Leasingaufwendungen, erfolgte Fifo- und Lifo-Anpassungen sowie um Inflationsgewinne bzw. –verluste auf die Netto-liquidität korrigiert.

5.2.3   Cashflow Return on Investment-Konzept

Der mehrperiodische Ansatz des **CFRoI** ist vergleichbar mit der Methode des internen Zinsfußes, wobei das Unternehmen als Aggregation von Einzelinvestitionen betrachtet wird.[425] Zugleich ist er, wie bereits aus der Value Spread-Formel des CVA deutlich wurde, eng mit diesem auf Zahlungen basierenden Konzept verbunden. Eine Investition ist als wertschaffend einzustufen, wenn der aus ihr resultierende interne Zins über den Kapital-kosten liegt.[426] Berechnungsmodalitäten der Kapitalkosten weichen von der MVA-Berechnung insoweit ab, als mit realen risikoadäquaten Gesamtkapitalkosten gerechnet wird, wobei jedoch keine Aussage dahingehend erfolgt, ob die Gewichtung des Eigen- und Fremdkapitals auf der Basis von Buch- oder Marktwerten vorzunehmen ist. Des Weiteren wird der Eigenkapitalkostensatz, da die Verwendung des CAPM abgelehnt wird, empirisch aus dem Kapitalmarkt über den Vergleich mit einem Portfolio vergleichbarer Unternehmen abgeleitet, wobei weitere etwaige Risikoanpassungen anhand qualitativer Kriterien nach einem Kriterienraster erfolgen.

Der CFRoI ist definiert als **Netto-Cashflow**, den ein Geschäft relativ zu dem dafür ein-gesetzten Kapital innerhalb einer Periode erwirtschaftet. Die Kritik an dem Konzept des CFRoI setzt bei der Ermittlung des Cashflows an, dem lediglich ein einziger Jahres-abschluss zugrunde liegt. Atypische Entwicklungen des betreffenden Jahres verzerren so das Ergebnis. Verschärfend wirkt dabei, dass der so ermittelte Cashflow als konstant für die folgenden Perioden angenommen wird.[427]

---

[424]   Vgl. Busse v. Colbe, W. u.a. (Hrsg.): Ergebnis nach DVFA/SG, 2000.
[425]   Vgl. Ballwieser, W.: Wertorientierte Unternehmensführung, 2000, S. 161; Küting, K./Weber, C.-P.: Bilanzanalyse, 2001, S. 492.
[426]   Gebhardt, G./Mansch, H. (Hrsg.)/AK „Finanzierungsrechnung": Wertorientierte Unternehmens-steuerung, 2005, S. 30.
[427]   Vgl. Copeland, T./Koller, T./Murrin, M.: Unternehmenswert, 1998, S. 13.

5.2.4 Discounted Cashflow-Konzept

Für die Bestimmung des Unternehmenswertes wird häufig das **Discounted Cashflow-Verfahren** benutzt. Aufgrund der eingeschränkten Aussagekraft der buchhalterischen Erfolgsgrößen postuliert Rappaport den Shareholder Value als grundlegende Zielgröße des Unternehmens.[428] Dieser wird beim Entity-Ansatz der Discounted Cashflow–Methode nach Abzug des Fremdkapitals als rechnerischer Marktwert des Eigenkapitals ermittelt. Der Ansatz basiert auf der Kapitalwertmethode, wobei der Zeitwert des Geldes und die Risikoausprägung des Betrachtungsgegenstandes in die Berechnung einfließen. Betrachtungsgegenstand ist ein Konzern als Ganzes oder auch einzelne Segmente oder Geschäftsfelder. Im Rahmen der Prognose der zukünftigen Cashflows stellt das Konzept dabei aus praktischen Gründen auf sog. **Werttreiber** (Value Drivers) ab, die den Cashflow entscheidend beeinflussen.[429] So werden etwa das Umsatzwachstum, die Umsatzüberschussrate, die Erweiterungsinvestitionsrate für Anlagevermögen und Working Capital sowie der Cashflow-Steuersatz genannt.[430]

Ausgegangen wird von dem **Free Cashflow**, der als Überschuss der betrieblichen Einzahlungen über die betrieblichen Auszahlungen nach Ersatz- und Erweiterungsinvestitionen und nach Steuern definiert ist, so dass der verbleibende Cashflow zur Verteilung an die Fremd- und Eigenkapitalgeber zur Verfügung steht.[431] Der freie Cashflow einer bestimmten Periode lässt sich wie folgt berechnen:[432]

$$CF_t = (U_{t-1} \times (1 + w_u) \times r_u \times (1 - s_{cf})) - (U_{t-1} \times w_u \times (q_{av} + q_{wc}))$$

FCF_t = Freier Cashflow der Periode t

U_{t-1} = Umsatzerlöse des Vorjahres

w_u = Konstante Wachstumsrate des Unternehmens

r_u = Betriebliche Gewinnmarge (Umsatzüberschussrate)

s_{cf} = Auf den Cashflow bezogene Ertragsteuern

q_{av} = Erweiterungsinvestitionsquote für das Anlagevermögen

q_{wc} = Erweiterungsinvestitionsquote für das Working Capital

Die **Prognose** erfolgt damit nur über die Bestimmung von Einflussfaktoren und der Konstantsetzung für den Betrachtungszeitraum, was angesichts dynamischer Wirtschaftsentwicklungen ein problematisches Vorgehen darstellt. Der Wert des Betrachtungsgegenstandes ergibt sich aus der Abzinsung der zukünftigen Cashflow-Ströme auf den heutigen

---

[428] Vgl. Rappaport, A.: :Shareholder Value, 1995.
[429] Vgl. Gebhardt, G./Mansch, H. (Hrsg.)/AK „Finanzierungsrechnung": Wertorientierte Unternehmenssteuerung, 2005, S. 51-60.
[430] Vgl. Betsch, O./Groh, A./Lohmann, L.: Corporate Finance, 2000, S. 237; Rappaport, A.: Shareholder Value, 1995, S. 53-58.
[431] Vgl. z.B. Baetge, J./Niemeyer, K./Kümmel, J.: Discounted-Cashflow-Verfahren, 2001.
[432] Vgl. z.B. Schierenbeck, H./Lister, M.: Value Controlling, 2001, S. 91.

Zeitpunkt.[433] Dabei werden in Abhängigkeit davon, ob der gesamte Unternehmenswert oder nur der Shareholder Value errechnet werden soll, der WACC oder die Eigenkapitalzinsen als Diskontierungssatz herangezogen. Da diese Rechnung für einen bestimmten Prognosezeitraum durchgeführt wird, entsteht ein **Residualwert**, der in die Betrachtung einbezogen werden muss. Ziel ist die Maximierung des Marktwertes des eingesetzten Eigentümerkapitals, wobei die reine Shareholder Value-Orientierung beeinflusst durch das deutsche Konsensmodell in der Praxis i. d. R. in einen **Stakeholder Ansatz** abgemildert wurde. Auf dieser Basis kann somit der gesamte Wert des Unternehmens aus der Sicht der Eigen- und Fremdkapitalgeber wie folgt beschrieben werden:[434]

$$SHV_t + FK_t = \sum_{n=1}^{\infty}(1 + WACC_r)^{-n} \times E_t[FCF_{t+nl}]$$

SHV_t = Marktwert des Eigenkapitals zum Zeitpunkt t

FK_t = Marktwert des Fremdkapitals zum Zeitpunkt t

$E_t[\ ]$ = Erwartungswertoperator auf Basis des Informationsstandes in t

Stärker auf die Kalküle der integrierten Erfolgs- und Finanzlenkung abgestimmt und somit stärker in das traditionelle Controllingsystem eingebunden, ist die Ableitung des Free Cashflow aus **Planbilanzen und Plan-Gewinn- und Verlustrechnungen**. Ausgangspunkt dieser Betrachtung ist die Ermittlung des Free Cashflow aus der Unternehmensplanung für einen relevanten Planungs- bzw. Analysezeitraum (**Abbildung 5.2**), wobei die in **Abbildung 5.1** dargestellten Bestandteile zu beachten sind.[435]

Der Fortführungs- oder Restverkaufswert am Ende des Betrachtungszeitraums wird mit dem entsprechenden Kapitalkostensatz abgezinst. Im Rechenvorgehen zur **Ermittlung der Shareholder Value** sind zwei Wege denkbar, nämlich der Entity- und der Equity-Ansatz.[436]

---

[433] Vgl. Hahn, D./Hungenberg, H.: Controllingkonzepte, 2001, S. 178.

[434] Vgl. Gebhardt, G./Mansch, H. (Hrsg.)/AK „Finanzierungsrechnung": Wertorientierte Unternehmenssteuerung, 2005, S. 6-7.

[435] Vgl. Lachnit, L.: Bilanzanalyse, 2004, S. 241.

[436] Vgl. Gebhardt, G./Mansch, H. (Hrsg.)/AK „Finanzierungsrechnung": Wertorientierte Unternehmenssteuerung, 2005, S. 86-88; Lachnit, L.: Bilanzanalyse, 2004, S. 242.

Abbildung 5.1   Bestandteile des Free Cashflow

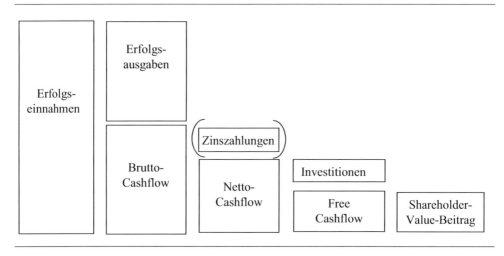

Abbildung 5.2   Ermittlung des Free Cashflow

> operatives Ergebnis vor Zinsen und Steuern
> - Steuern auf das operative Ergebnis
> (- Zinsaufwand)
> + Abschreibungen
> + Erhöhung /- Minderung der Pensionsrückstellungen
> - Investitionen in das Anlagevermögen
> - Erhöhung /+ Minderung des Working Capital
> = Free Cashflow

Beim **Entity-Ansatz** wird zunächst der Unternehmensgesamtwert ermittelt, indem die FCF-Ströme vor Abzug des Zinsaufwandes und der Fortführungswert am Ende des Betrachtungszeitraums mit dem Gesamtkapitalkostenansatz (WACC) diskontiert werden. Da dieser Unternehmensgesamtwert z.T. den Fremdkapitalgebern gehört, wird davon der Gegenwartswert des Fremdkapitals abgezogen. Der verbleibende Betrag ist der den Eigentümern gehörende Unternehmenswert, der sog. Shareholder Value (SHV). **Abbildung 5.3** zeigt diese Ermittlung.

Abbildung 5.3   Ermittlung des Shareholder Value nach dem Entity-Ansatz

Barwert der Free Cashflows
(vor Zinsaufwand) im Planungszeitraum   abgezinst
+   diskontierter Fortführungswert am   mit WACC
Ende des Planungszeitraums
-     Fremdkapital zum Gegenwartswert
=   Shareholder Value

Dagegen wird beim **Equity-Ansatz** der den Eigentümern gehörende Teil des Unternehmensgesamtwertes unmittelbar errechnet, indem die FCF-Ströme nach Abzug des Zinsaufwandes und der Fortführungswert am Ende des Betrachtungszeitraumes mit dem Eigenkapitalkostensatz diskontiert werden. Es ergibt sich das in **Abbildung 5.4** veranschaulichte Rechenvorgehen.

Abbildung 5.4   Ermittlung des Shareholder Value nach dem Equity-Ansatz

Barwert der Free Cashflows
(nach Zinsaufwand) im Planungszeitraum   abgezinst
+   diskontierter Fortführungswert am Ende   mit EK-Kostensatz
des Planungszeitraums
=   Shareholder Value

Als entscheidender Maßstab zur Beurteilung der Erfolgswirkung von unternehmerischen Entscheidungen oder externen Einflüssen wird die periodische oder fallweise Veränderung des Shareholder Value herangezogen.

5.2.5   Möglichkeiten und Grenzen wertorientierter Konzepte

Insgesamt treten bei den hier vorgestellten Konzeptionen große theoretische und anwendungsorientierte Probleme auf.[437] So bestehen bei der Prognose die grundsätzlichen Schwierigkeiten der **Prognostizierbarkeit** von Ergebnissen sozioökonomischer Systeme, die Wahl der Prognosemethodik sowie des Prognosehorizontes mit dem Zusatzproblem der Endwertbetrachtung und die Behandlung von Reinvestitionen. In der Theorie werden für die Berechnung des Endwertes entweder die (zu prognostizierenden) einzelnen Rest-

---

[437]   Vgl. Schneider, D: EVA, 2001, S. 2509-2514.

werte herangezogen, oder es wird eine ewige Rente auf Basis eines Schluss-Durchschnittserfolges kapitalisiert. Dabei ist zu berücksichtigen, dass die Variation von Annahmen, z.B. bezüglich Abzinsungssatz oder Endwert, erhebliche Auswirkungen auf den Unternehmenswert hat.

Aufgrund der Komplexität der Bereinigungen und der i. d. R. nicht erfüllbaren Prämissen bei den Prognosen kommt es in der Praxis zu Vereinfachungen bei der Berechnung mit Hilfe der wertorientierten Instrumente.[438] Daraus resultieren oft erhebliche Einschränkungen der Aussagekraft, z. T. geht diese durch konzeptionelle Fehler vollständig verloren. Außerdem führt die interne Anwendung von Prognosen oft zu dem **Zirkelproblem der Selbstprognose**. Wenn die Prognose von demjenigen durchgeführt wird, der die Zukunft in diesem Bereich beeinflussen kann, wie dies insbesondere bei der Unternehmensführung der Fall ist, prognostiziert er letztlich sein eigenes Handeln. Die Zukunft ergibt sich aus Sicht des Managements nicht aus unkontrollierbaren Faktoren, sondern wird letztlich selber kreiert.[439] Wenn die Prognose einen für die Kapitalgeber ungenügenden Wert ergibt, so ist es Aufgabe der Unternehmensführung, durch geeignete Maßnahmen die angestrebten Wertsteigerungen zu erzielen. Da diese dann die Zukunft wieder verändern, muss eine neue Prognose durchgeführt werden, die dann letztlich als Wert nur die von den Kapitalgebern gesetzte Mindestrentabilität widerspiegeln kann. Die Unternehmensführung würde stets in der Zukunft dafür sorgen, dass Investitionen nur getätigt werden, wenn diese Benchmark mindestens erfüllt wird. Somit ist das Ergebnis eines intern ermittelten Unternehmenswertes letztlich wesentlich abhängig von den eigenen Zielen. Nur temporär würden externe Einflüsse, wie z.B. Absatzkrisen, diese Prognosewerte beeinflussen können. Der Erfolg einer Periode würde sich in diesem Konzept einzig aus den tatsächlichen bzw. erwarteten Änderungen zwischen den Annahmen zu Beginn der Periode und den aktuellen Annahmen am Periodenende ergeben, was immer dann zu Problemen führt, wenn keine Unterscheidung zwischen Prognosefehlern und Unternehmenserfolgen möglich ist. Diese Trennung erscheint aber kaum praktikabel zu sein.[440]

Insbesondere bei Verwendung von Cashflow-basierten Bewertungsverfahren ist zudem auf eine **Periodenabgrenzung** zu achten, die konzeptionell ausschließlich über die Zahlungsströme erfolgt. Bei Berücksichtigung von Investitionszahlungen können aber Investitionszyklen erheblichen Einfluss bekommen,[441] so dass reine Ersatzinvestitionen, vereinfachend über die jährlichen Abschreibungen bestimmbar, sinnvoller wären. Das vereinfachte Beispiel aus **Abbildung 5.5** verdeutlicht die entstehenden Unterschiede bei Verwendung der geplanten Investitionszahlungen und der geplanten kalkulatorischen Abschreibungen. Durch die unterschiedlichen Periodenzuordnungen wird aus dem Shareholder Value von gut 13,5 Mio. € bei Berechnung auf Basis der tatsächlichen Investitionen

[438] Vgl. z.B. AK „Internes Rechnungswesen" (Hrsg.): Praxiskonzepte, 2010, S. 797-820; Lachnit, L./Müller, S.: Performancedarstellung, 2002, S. 2553-2559.
[439] Vgl. Serven, L. B. M.: Value Planning, 2001, S. 13.
[440] Vgl. Müller, S.: Management-Rechnungswesen, 2003, S. 231.
[441] Vgl. Helbling, C.: Unternehmensbewertung, 1998, S. 354-355.

mit 5,6 Mio. € ein deutlich geringerer Wert bei Verwendung der Abschreibungen mit der Prämisse, in dieser Höhe würden Ersatzinvestitionen vorgenommen. Für die Berechnung der ewigen Rente wurde jeweils das Ergebnis des Jahrs t5 konstant fortgeschrieben.

Abbildung 5.5   Unterschied bei der Ermittlung des Unternehmenswertes bei alternativer Verwendung von Investitionen oder Abschreibungen

---

Bruttoinvestitionen	Rechenzinsfuß (WACC)	6%					
	Konzern	**t1**	**t2**	**t3**	**t4**	**t5**	**t6 …**
	Cashflow nach EE-Steuern	3,58	5,13	0,95	-1,46	1,08	
	+ Zinszahlungen	1,04	0,87	0,84	0,97	1,06	
	+ Desinvestitionen AV	1,10	0,00	0,20	0,00	0,00	
	- Investitionen AV	-1,70	-0,60	-0,70	-0,90	-0,50	Ewige Rente
	Free Cashflow	4,02	5,40	1,29	-1,39	1,64	27,33
	Heutige Einzelbarwerte	3,79	4,81	1,08	-1,10	1,23	19,27
	Unternehmenswert (t0)	29,07					
	Fremdkapital (t0)	15,50					
	Shareholder Value (t0)	13,57					
	Info: Eigenkapital t0	10,82					

Ersatzinvestitionen	Rechenzinsfuß (WACC)	6%					
	Konzern	**t1**	**t2**	**t3**	**t4**	**t5**	**t6 …**
	Cashflow nach EE-Steuern	3,58	5,13	0,95	-1,46	1,08	
	+ Zinszahlungen	1,04	0,87	0,84	0,97	1,06	
	- Abschreibungen AV	-1,06	-1,28	-0,92	-1,02	-1,02	Ewige Rente
	Free Cashflow	3,56	4,72	0,87	-1,51	1,12	18,67
	Heutige Einzelbarwerte	3,36	4,20	0,73	-1,20	0,84	13,16
	Unternehmenswert (t0)	21,09					
	Fremdkapital (t0)	15,50					
	Shareholder Value (t0)	5,59					
	Info: Eigenkapital t0	10,82					

Ebenso sollte auf evtl. nur temporäre Veränderungen des Working-Capital geachtet werden. Zudem ist die **Kausalität zwischen Ergebnissen und Investitionsbasis** zu beachten. Wenn die Zukunftswerte z.B. über Wachstumszuschläge erhöht werden, so müssen auch in der Investitionsbasis alle Investitionen berücksichtigt werden. Wird dagegen mit konstanten Cashflows bzw. ohne Kapazitätserweiterungen oder Rationalisierungserfolgen gerechnet, ist die aktuelle Investitionsbasis ausreichend. Ein weiteres Abgrenzungsproblem stellen die in Rückstellungen erfassten Risiken dar, die bei Cashflow-basierten Verfahren gesondert zu betrachten sind, da unter Auszahlungsgesichtspunkten die Risiken nicht bei ihrer Entstehung, sondern erst bei der Zahlung berücksichtigt werden. Diese Perioden-verschiebungseffekte sind dann problematisch, wenn die erwarteten Cashflows nicht aus einer integrierten Gesamtplanung abgeleitet werden, sondern über Zeitreihenverfahren fortgeschrieben werden.

Gleichwohl bieten die wertorientierten Größen durch ihre Zukunftsorientierung und die mögliche Berücksichtigung der Interessen der Anteilseigner sowie die der übrigen Stake-holder als Nebenbedingungen eine geeignete Basis zur Quantifizierung von Unter-nehmenszielen.[442] Dies ist umso relevanter, als darauf zu achten ist, dass die vorgegebene Zielgröße das angestrebte Ziel auch zutreffend abzubilden vermag. Die generell möglichen Sach- und Leistungs-, Wert- und monetären- sowie Sozial- und Humanziele können im Steuerungsprozess nur dann sinnvoll berücksichtigt werden, wenn eine quantitative **Ziel-formulierung** gelingt. Das Controlling kann dann die Zielerreichung messen, Ent-scheidungsalternativen sinnvoll abwägen und Instrumente wie Soll-Ist-Vergleiche und Abweichungsanalysen zielorientiert und rationalitätssichernd einsetzen. Zudem kann an diesen Größen auch eine **erfolgsabhängige Vergütung** angehängt werden. Die scheinbare Fokussierung auf die Eigenkapitalgeber durch Ausrichtung am Wert des Eigenkapitals (Shareholder Value) als Barwert zukünftiger Ein- und Auszahlungen, abgeleitet über zu diskontierende Free-Cashflows, wird durch die Integration von Zielen der Stakeholder relativiert.[443]

Den Bedürfnissen des Managements ist mit der Ermittlung des Shareholder Value und des Unternehmenswertes jedoch nicht vollständig Rechnung getragen. Größen wie der absolute Betrag des Unternehmenswertes stellen wichtige **Spitzenkennzahlen** einer wertorientierten Unternehmensführung dar. Das Management benötigt daneben aber auch Kennzahlen, die eine **periodische Messung der Zielerreichung** ermöglichen, wie den CVA oder den EVA©.[444] Um Fehlsteuerungen zu vermeiden, müssen diese sowohl auf absoluter als auch auf relativer Basis als Kapitalrenditen angegeben werden.

Problematisch ist, dass es sich bei den wertorientierten Größen stets um aggregierte Größen handelt, die konsequent über alle Unternehmensebenen herunterzubrechen und in den jeweiligen Managementebenen ggf. für deren Steuerungszwecke anzupassen wären.[445] Doch kann ein durch Subtraktion der **Werte der Vermögensgegenstände** von dem auf diese Weise ermittelter **Unternehmensgesamtwert** (Entity-Verfahren) zu ermittelnder **Mehrwert** zwei unterschiedliche Ursachen haben:

---

[442] Vgl. Müller, S.: Management-Rechnungswesen, 2003, S. 355.
[443] Vgl. Zimmermann, G./Wortmann, A.: Institution, 2001, S. 294.
[444] Vgl. Hahn, D.: Führungsgrößen, 2002, S. 129.
[445] Vgl. Riegler, C.: Anreizsysteme, 2000, S. 157; o.V.: Unternehmenssteuerung, 1998, S. 258.

- Einerseits kann es sich bei dem Mehrwert um abschlusspolitisch motivierte oder rechnungslegungssystembedingte stille Ansatz- und Bewertungsreserven bzw. -lasten[446] handeln, die durch eine vom Controller durchzuführende Bereinigung zu bestimmen sind.

- Andererseits kann es sich aber auch um nichtansatzfähige Vermögensgegenstände handeln, die i. d. R. einen immateriellen Charakter haben, als Intellectual-Capital bezeichnet werden können und bisher im Rechnungswesen nur in Teilen, z.B. als periodisierte Forschungs- und Entwicklungskosten im Rahmen des Lifecycle Costing bzw. ggf. als selbst geschaffene immaterielle Vermögenswerte, erfasst sind.

Somit bereitet die für eine optimale Führungsunterstützung notwendige Aufspaltung des Mehrbetrages auf die einzelnen Positionen und Unternehmensbereiche beträchtliche Probleme, da es hier zu vielfältigen Überschneidungen kommt; gleichwohl kann man die Probleme z. T. aufhellen, z.B. durch ein systematisches Controlling der immateriellen Vermögenswerte des Unternehmens.

5.3   Immaterial-Controlling

Im Gegensatz zum Top-Down-Ansatz des wertorientierten Controllings kann auch mit einem Bottom-Up-Ansatz der Versuch unternommen werden, die Erfolgspotenziale des Unternehmens zu identifizieren und zu quantifizieren. Der auf diese Weise ermittelte Wert müsste theoretisch der Differenz zwischen dem Unternehmenswert und dem bilanziellen Eigenkapital entsprechen. Der Differenzbetrag wird jedoch zum einen zusätzlich beeinflusst von im Unternehmen vorhandenen stillen Reserven bzw. Lasten; zum anderen ist i. d. R. das Ganze mehr wert als die Summe seiner einzelnen Teile,[447] so dass i. d. R. ein nicht erklärbarer (Rest-)Geschäfts- oder Firmenwert verbleibt, der häufig als Synergien-Goodwill bezeichnet wird.[448]

Die bilanzpositionsbezogene Eliminierung von stillen Reserven bzw. Lasten kann unter Verwendung von Schätzungsmethoden oder kostenrechnerischen Daten der internen Bestandsrechnung erfolgen, wobei sich die Frage nach der für den jeweiligen Kontext tatsachengemäßen Bewertungskonzeption stellt. Aus theoretischer Sicht ist eine zukunftsorientierte Darstellung zu präferieren, die die **Bewertung der Vermögensgegenstände** aus den diskontierten zukünftigen Erfolgsströmen ableitet, was zu einer kompletten Berücksichtigung der erwarteten Zukunft in den aktuellen Daten zu Marktzeitwerten führt.[449] Somit kommt es zur Anwendung des DCF-Verfahrens auf einzelne Vermögensgegenstände, wie es etwa auch in der externen Rechnungslegung nach den IFRS für Wert-

---

[446] Vgl. z.B. Lachnit, L.: True and Fair View, 1993, S. 194.
[447] Vgl. Haller, A./Dietrich, R.: Intellectual Capital Bericht, 2001, S. 1050; Lachnit, L./Wulf, I.: Immaterielle Potenziale, 2009, S. 529-533.
[448] Vgl. Hachmeister, D./Kunatz, O.: Geschäfts- oder Firmenwert, 2005, S. 65.
[449] Vgl. Schneider, D.: Investition, 1992, S. 10.

haltigkeitstest nach IAS 36 notwendig ist.[450] Ist eine Ermittlung der zukünftigen Erfolgs-potenziale für einen einzelnen Vermögensgegenstand nicht möglich, so sollte eine Be-trachtung auf der Ebene der Cash Generating Units, welche ggf. mehrere Vermögenswerte bis hin zu ganzen Unternehmenssparten umfassen kann, erfolgen.[451] Aus pragmatischer Sicht erscheint dieses hochkomplexe und gleichzeitig auf vielen Prämissen und Einschät-zungen beruhende Bewertungssystem sehr problematisch, so dass vereinfachend mit den Marktzeitwerten der Vermögenswerte gerechnet werden kann, soweit keine Hinweise auf spekulative Blasen vorliegen. Dies führt auch zu einem stärkeren Ausschluss interner subjektiver Einflüsse auf die Bewertung.

5.3.1   Identifizierung von Immaterialvermögen

Nach Bestimmung der gemäß klassischem Rechnungswesen einzeln ansatzfähigen Ver-mögensgegenstände verbleiben im Wesentlichen die Positionen des **Intellectual Capital**,[452] die als immaterielle Werte anzusehen sind und nicht separat aktiviert werden dürfen. Hilfsweise könnte, abgeleitet aus der Logik der periodengerechten Gewinnermittlung, eine Untersuchung der Aufwendungen bzw. Kosten dahingehend erfolgen, ob mit denen aus dynamischer Bilanzsicht ein Potenzial für zukünftige Einzahlungen geschaffen wurde und dementsprechend als Vermögen zu erfassen wäre. **Abbildung 5.6** verdeutlicht dies exemplarisch an ausgewählten Beispielen.[453]

Abbildung 5.6   Zusammenhang von Aufwendungen und immateriellen Werten

Aufwendungen für...		Immaterielle Werte
Weiterbildung	→	Human Capital (z.B. Know-how)
Werbung	→	Customer Capital (z.B. Marken)
Erwerb von Importquoten	→	Supplier Capital (z.B. Importquellen)
Rating -Durchführung	→	Investor Capital (z.B. FK-Standing)
Aufbau des Vertriebsnetzes	→	Process Capital (z.B. Vertriebsnetz)
Aufbau für Infrastruktur	→	Location Capital (z.B. Infrastruktur)
Verfahrensentwicklung	→	Innovation Capital (z.B. Patent)

Konkrete weitere investive Aufwendungen wären z. B. Forschungs- und Entwicklungs-kosten, die als Immaterialwert im Sinne eines Know-hows des Unternehmens identifiziert

---

[450] Vgl. Ammann, H./Müller, S.: IFRS, 2006, S. 111.
[451] Vgl. Klingels, B.: cash generating unit, 2005.
[452] Vgl. z.B. Arbeitskreis „Immaterielle Werte im Rechnungswesen" der Schmalenbach-Gesellschaft e.V. (Hrsg.): Immaterielle Werte, 2001, S. 990-991.
[453] Vgl. Arbeitskreis „Immaterielle Werte im Rechnungswesen" der Schmalenbach-Gesellschaft e.V. (Hrsg.): Immaterielle Werte, 2001, S. 991.

werden können. Liegen Kenntnisse über die konkret erwarteten zukünftigen Einzahlungs-
potenziale für einzelne Bereiche vor, so könnte auch eine zukunftsorientierte Bewertung
durchgeführt werden.

5.3.2   Bewertung von Immaterialvermögen

In Teilbereichen existieren zudem bereits Methoden zur monetären **Quantifizierung von
immateriellen Vermögensgegenständen**. So haben sowohl die Standardsetter der IFRS
und auch der deutsche Gesetzgeber als auch die kostenrechnerische Theorie und Praxis zur
Bestimmung des Vermögenswerts von Entwicklungs- und Explorationskosten sowie von
bestimmten Rechten Methoden entwickelt, die jedoch zumeist kostenseitig ansetzen. Gegen
die Ermittlung der Vermögenswerte über die Kosten spricht neben dem fehlenden Ver-
wertungsnutzen auch, dass nur ein Teil der immateriellen Vermögenswerte direkt durch
explizite Anstrengungen aufgebaut wird.[454] Daher sind Modelle zur Marktzeitwertein-
schätzung notwendig,[455] wie sie z.B. auf **Markennamen** bezogen vorliegen.[456] Hierbei wird
z.B. über die Parameter

- **prognostizierter Markenumsatz** abzüglich aller erwarteten Kosten,

- **Rolle des Markennamens** beim Umsatz, ermittelt über die Identifikation und Gewichtung des Namens als Kaufanreiz für die Kunden,

- **Risiko des Markennamens**, ermittelt über die Indikatoren Market, Stability, Leader-
  ship, Support, Trend, Geography und Protection,

eine **Markenwertkalkulation** durchgeführt, in der aus den vorstehenden Parametern der
Wert der Marke als abgezinster Net-Present-Value ermittelt wird.[457]

Eine nach diesem Verfahren durchgeführte Untersuchung kam z.B. zu dem Ergebnis, dass
der Markenname „Coca-Cola" mit 71,9 Mrd. $ im Jahr 2011 der wertvollste der Welt war
und alleine etwa 65 % des Börsenkurses der Coca-Cola Inc. erklären konnte,[458] während das
ausgewiesene Eigenkapital dies mit nicht einmal 16 % vermochte. So berechnet ist der
Markenname „Mercedes" als wertvollste deutsche Marke mit 27 Mrd. $ festzustellen, was
aber einen Zuschlag von 9 % im Vergleich zu 2010 bedeutet, den Interbrand insbesondere
mit der Technologieinitiative in ökologische Antriebe erklärt.[459]

Vergleichbare Verfahren sind auch für **Patente und ähnliche Rechte**, aber letztlich auch für
alle weiteren immateriellen Vermögensgegenstände bis hin zu **Mitarbeiterverträgen** denk-

---

[454]   Vgl. Itami, H.: Invisible Assets, 1994, S. 31.
[455]   Vgl. z.B. Lachnit, L./Wulf, I.: Immaterielle Potenziale, 2009, S. 529-533; Schirmeister, R./Reimsbach,
        D.: Bewertung immateriellen Vermögens, 2010, S. 269-289.
[456]   Vgl. zu Markenbewertungsmethoden z.B. Esch, F.-R.: Markenwertmessung, 1999, S. 979-1023;
        Günther, G./Kriegbaum, C.: Markenbewertung, 2001, S. 129-137; Gerpot, T.J./Thomas, S.E.:
        Markenbewertungsverfahren, 2004, S. 394-400.
[457]   Vgl. Interbrand (Hrsg.): Most Valueable Brands, 2011, S. 2-3.
[458]   Vgl. Interbrand (Hrsg.): Most Valueable Brands, 2011, S. 17. Börsenbewertung vom 30.11.2011.
[459]   Vgl. Interbrand (Hrsg.): Most Valueable Brands, 2011, S. 21.

bar, wobei zur Konkretisierung als Erfolgspotenzial immer eine Identifikation des immateriellen Vermögenswertes und eine Zurechnung von Ein- und Auszahlungen Voraussetzung ist. Damit ist es möglich und auch bereits für die externe Rechnungslegung teilweise notwendig, z.B. den Werbe- oder Spielvertrag mit einem Sportidol für die Laufzeit des Vertrages und unter Beachtung möglicher Ausstiegsklauseln mit der Wertschaffung, der vor Abschluss des Vertrages ja bereits zu ermitteln war, zu aktivieren und abzuschreiben.[460] Ähnliches könnte theoretisch auch für alle Vorstände und Mitarbeiter geschehen,[461] wobei dann jedoch die Zuordnungsproblematik zu beachten ist, dass z.B. jede Entscheidung, die der Manager trifft, bereits mit dem Wertbeitrag bei der betreffenden Investition erfasst wurde und nicht noch zusätzlich bei der Vertragsaktivierung berücksichtigt werden darf. Dennoch zählen gerade Menschen zu den Trägern vieler zentraler immaterieller Werte.[462] Zur Zuordnung dieser immateriellen Werte muss das Controlling auf die Fachkompetenz der übrigen Abteilungen und deren Berechnungen zurückgreifen. So werden z.B. im Marketing für die Entscheidung der Verteilung des Werbekostenvolumens auf die Marken bereits bestimmte Werthaltigkeitsvorstellungen vorliegen ebenso wie in der Personalabteilung in Bezug auf Mitarbeiterverträge und im Management von Forschungs- und Entwicklungsprozessen bezogen auf Entwicklungsprojekte. Diese Informationen sind im **Informationssystem** der Unternehmung zu erfassen, wobei zuvor die unternehmerische Denkdimension der Wertschaffung den betreffenden Mitarbeitern und Entscheidungsträgern vermittelt worden sein sollte.

Darüber hinaus wird aber aus der Erkenntnis, dass das Ganze mehr ist als die Summe der einzelnen Vermögenswerte, i. d. R. ein weiterer, nicht erklärbarer Rest, der sog. Geschäfts- oder Firmenwert verbleiben, der z.B. anhand von Untersuchungen bestehender Werte über das **Bottom-Up-Verfahren** oder im Wege der **Top-Down-Bestimmung** als Differenz ermittelt werden kann. Zudem ist nach dieser Identifikation der immateriellen Vermögenswerte das Problem der zutreffenden weiteren Abbildung zu lösen, was zu Nutzungsdauerschätzungen und Abschreibungsbestimmungen führt. Um die Hintergründe besser zu erhellen, sind daher Identifizierung und Messung der Erfolgsfaktoren ergänzend notwendig, was ein systematisches Erfolgsfaktoren-Controlling und eine Beschäftigung mit den Instrumenten und Techniken des strategischen Controllings bedingt.

5.4   Erfolgsfaktoren-Controlling

Eine Vervollständigung der Abbildung des Unternehmens um qualitative Aspekte ist ohne die Bestimmung der ursächlichen **Erfolgsfaktoren** kaum möglich. Die aktuellen oder zukünftigen Erfolgsfaktoren können dabei als Parameter verstanden werden, die die Wertbildung der Vermögens- und Erfolgsgrößen beeinflussen. Sie sind als Vorsteuergrößen

---

[460]   Vgl. z.B. Eschweiler, M./Vieth, M.: Preisdeterminanten, 2004, S. 671-692.
[461]   Vgl. Drucker, P. F.: Kunst des Managements, 2000, S. 141.
[462]   Vgl. z.B. Itami, H.: Invisible Assets, 1994, S. 13; Müller, A.: Controlling, 1996, S. 87.

anzusehen, die aktuelle oder spätere Werthöhen erklären können.[463] Aus Konvergenzsicht sind insbesondere diese Faktoren für die interne Steuerung, aber auch für das externe Reporting von hoher Relevanz.[464] Werden Erfolgsfaktoren nicht oder falsch erfasst, ist die Qualität langfristiger Rahmenentscheidungen stark eingeschränkt. Die in erster Linie qualitativ auftretenden Erfolgsfaktoren sind daher hinsichtlich der Möglichkeit der unternehmerischen Beeinflussung zu identifizieren und zu klassifizieren, um dann über Messverfahren erfass- und steuerbar gemacht zu werden. Diese Quantifizierung kann mit Hilfe der Methoden der empirischen Sozialforschung erfolgen, die unter dem Begriff des skalaren Rechnungswesens zusammengefasst werden können.[465]

5.4.1   Identifizierung von Erfolgsfaktoren

Die Identifikation von Erfolgsfaktoren setzt die Kenntnis von Innen- und Umsystem des Unternehmens voraus.[466] Die **Erfolgsfaktoren** sind diejenigen Stellschrauben, die den Erfolg und damit die Kalküle Erträge/Leistungen und Aufwendungen/Kosten, Vermögen und Kapital sowie Ein- und Auszahlungen ursächlich beeinflussen, wobei die Unternehmensführung teilweise keinen oder nur einen begrenzten Einfluss auf diese Größen hat, da sie z. T. extern determiniert sind. Sie können daher auch als **Key Value Drivers** bezeichnet werden.[467] Da in einigen Fällen ein deutlicher zeitlicher Nachlauf der Kalküle auf die Veränderung eines Erfolgsfaktors gegeben ist, können auch die Chancen und Risiken umfassenden Analysen mit in die Betrachtung einbezogen werden, was zu einer Integration strategischer und operativer Betrachtungen führt.

Die konkrete **Erfassung von Innen- und Umsystem der Unternehmung** kann auf analytischem Wege, z.B. über planmäßige Auflösungsverfahren oder Netzplantechniken, oder über den Einsatz von Kreativitätstechniken, gedankliche Stärken-Schwächen-Analysen oder Unternehmensspielen,[468] erfolgen, durch statistisch-empirische Verfahren wie insbesondere Korrelations- oder Kausalanalysen[469] unterstützt und z.B. über **Modellierungsmethoden**[470] beschrieben werden. Angesichts der wachsenden Komplexität der Unternehmensumwelt ist die Identifikation isolierter Erfolgsfaktoren nur begrenzt sinnvoll.[471] Vielmehr ist mit einer hochgradigen Vernetzung mit engen „Wechselwirkungen ökologischer, klimatologischer, ökonomischer, politischer und sogar ideologischer Variablen"[472] zu rechnen, was im Gegensatz zu dem bisherigen Ursache-Wirkungs-Denken ein vernetztes

---

[463] Vgl. Müller, A.: Controlling, 1996, S. 87.
[464] Vgl. Müller, S.: Management-Rechnungswesen, 2003, S. 336.
[465] Vgl. z.B. Diekmann, A.: Empirische Sozialforschung, 2001; Herrmann, A./Homburg, C. (Hrsg.): Marktforschung, 1999.
[466] Vgl. Wohlgemuth, A. C.: Erfolgsfaktoren, 1989, S. 91.
[467] Vgl. Serven, L. B. M.: Value Planning, 2001, S. 36-37.
[468] Vgl. Brown, M. G.: Kennzahlen, 1997, S. 175-177; Müller, S.: Marktforschung, 1999, S. 127-157; Turnheim, G.: Chaos, 1993, S. 3-24.
[469] Vgl. Homburg, C./Pflesser, C.: Kausalanalyse, 1999, S. 633-659.
[470] Vgl. z.B. Scheer, A.-W.: Modellierungsmethoden, 1998.
[471] Vgl. Serven, L. B. M.: Value Planning, 2001, S. 38.
[472] Dörner, D.: Komplexität, 1993, S. 128.

Denken in Kreisläufen erfordert.[473] Ein solches Verfahren sei exemplarisch für die Interdependenzen zwischen Umweltschutzzielen und anderen Unternehmenssystemen in der
Netzwerkdarstellung von **Abbildung 5.7** aufgezeigt.

Abbildung 5.7   *Umweltschutzziele und deren Auswirkungen auf andere Ziele und Maßnahmen im Netzwerk*[474]

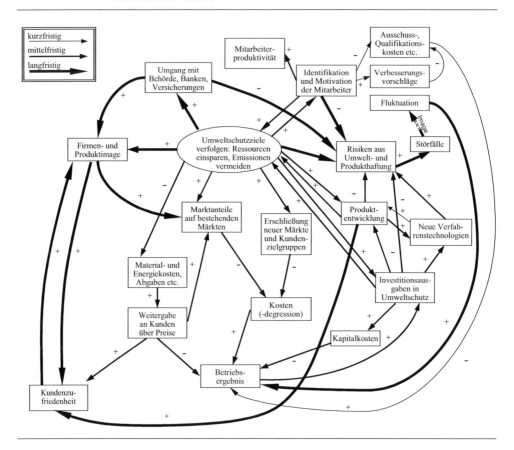

Um sich ein modellhaftes Bild von dem Innen- und Umsystem des Unternehmens zu machen, kann ausgehend von konkret beobachtbaren Resultaten, wie etwa dem Gewinn oder
dem Unternehmenswert, eine schrittweise **Rückauflösung der aggregierten Größe in die
Einzelvariablen** erfolgen.[475]

---

[473]   Vgl. Gomez, P.: Führen, 1995, S. 187; Müller, A.: Gewinnung, 2001, S. 216.
[474]   Entnommen aus: Müller, A.: Controlling, 1996, S. 309.
[475]   Vgl. Müller, S.: Management-Rechnungswesen, 2003, S. 338.

- So können etwa im ersten Schritt die Zusammenhänge im System GuV oder Bilanz untersucht werden.

- Im zweiten Auflösungsschritt werden die Zusammenhänge im monetären Abbildungssystem deutlich, was bereits den Prototyp eines integrierten Erfolgs- und Finanzlenkungsmodells darstellt.

- Spätestens ab dem dritten Schritt kann eine Mehrdimensionalität erwartet werden, da diese aggregierten Daten in verschiedene Beobachtungsrichtungen aufgelöst werden können. So kann die weitere Untersuchung über die Ebenen der Kosten- und Erlösarten, der Kosten- und Erlösstellen oder der Kosten- und Erlösträger fortgesetzt werden.

- Der vierte Auflösungsschritt dürfte bereits Kosten- und Erlöseinflussgrößen auf nichtmonetärer, aber noch quantitativer Basis aufzeigen, wie Mengen und Zeiten. Bis zu diesem Punkt der Betrachtung sind die Daten noch aus dem quantitativen Rechnungswesensystem ableitbar, was für die folgenden, rasch an Komplexität zunehmenden und unternehmensexterne Daten einbeziehenden Auflösungsschritte nur noch bedingt der Fall sein dürfte.

- Zur Komplexitätsreduktion sind auf der fünften Ebene die Zwischeneinflussfaktoren sinnvoll zusammenzufassen. So kann etwa erwartet werden, dass die vielen für Preis- und Mengenerklärungen untersuchten Märkte zumindest teilweise identische Einflussfaktoren, wie etwa Konsumentenverhalten und Ressourcenverfügbarkeiten, aufweisen. Zudem kann die Mehrdimensionalität eventuell in Teilbereichen durch die Zusammenfassung wieder rückgängig gemacht werden.

- Der sechste Schritt, bei dem diese Zwischengrößen weiter in Einflussfaktoren aufgelöst werden, könnte bereits zu globalen makroökonomischen Kalkülen führen, die gemäß einer makroökonomischen Modellbildung sinnvoll verknüpft werden müssen.

- Im letzten Schritt sind die Faktoren der natürlichen Umwelt als Einflussgrößen zu reflektieren.

Neben der **analytischen Betrachtung der Einflussgrößen**, die auf eigenen oder Gruppen-Einschätzungen, auf Befragungsergebnissen von anderen Experten[476] oder auf dem direkten oder indirekten Abgleich mit anderen Unternehmen, z.B. über Potenzialanalysen,[477] beruhen kann, lassen sich auch **statistisch-empirische Verfahren** einsetzen. So ist bei genügend großem Datenbestand der Einsatz von **Korrelations- oder Regressionsanalysen**[478] denkbar, bei denen ein Zusammenhang zwischen einer als unabhängig klassifizierten Einflussgröße (Erfolgsfaktor) und der beobachteten Größe als abhängige Variable (z.B. Jahresergebnis) untersucht wird.[479] Neben der mathematisch errechneten Korrelation muss auch eine wirtschaftlich logische Kausalität zwischen den betrachteten Größen existieren. Korrelations- und Regressionsanalysen sind außerdem mit eindeutigen Aus-

---

[476] Vgl. z.B. Reichmann, T.: Controlling mit Kennzahlen, 2011, S. 523.
[477] Vgl. Mann, R.: Praxis, 1989, S. 56-70.
[478] Vgl. Albers, S./Skiera, B.: Regressionsanalyse, 1999, S. 203-236.
[479] Vgl. Reichmann, T.: Controlling mit Kennzahlen, 2011, S. 120-121.

sagen über die Güte der Ergebnisse zu versehen, wobei insbesondere die Vorzeichen des Regressionskoeffizienten (Wirkungsrichtung der unabhängigen Variablen), die Größe des Regressionskoeffizienten (Stärke des Wirkungszusammenhanges), das Standardfehlermaß sowie das über den t-Test zu ermittelnde Vertrauensintervall des Regressionskoeffizienten zu benennen sind.[480]

Da anzunehmen ist, dass die unternehmerische Beeinflussbarkeit der Erfolgsfaktoren unterschiedlich ist, sollte eine Klassifikation dahingehend erfolgen, ob die Erfolgsfaktoren für Steuerungs- oder Frühwarnzwecke eingesetzt werden können. Direkt oder indirekt beeinflussbare Erfolgsfaktoren sind demnach für die Unternehmenssteuerung sinnvoll einsetzbar, während die übrigen eher den Charakter von Frühwarnindikatoren haben und daher in einem um Chancen erweiterten Risikomanagementsystem zum Einsatz kommen sollten. Diese analytisch hergeleiteten Ergebnisse können verglichen werden mit den Ergebnissen der **empirischen Erfolgsfaktorenforschung**, wobei insbesondere die **PIMS-Studie** heranzuziehen ist.[481] Während einige der hierbei ermittelten Schlüsselfaktoren, wie etwa die Investitions- oder Kapitalintensität und die Auftragsgröße, häufig stark durch die Branche des Unternehmens determiniert sind und die Marktwachstumsrate sich der unternehmerischen Beeinflussung weitgehend entzieht, bleiben die Produktivität, der Marktanteil, die vertikale Integration und die Produktqualität als zentrale Schlüsselfaktoren für die Rentabilität des Unternehmens, wobei sich diese aber in dem Rentabilitätssystem stark gegenseitig beeinflussen. Diese identifizierten Schlüsselfaktoren scheinen aber noch zu global zu sein, so dass die konkreten Erfolgsfaktoren erst durch weitere Auflösungen zu finden sind. Zudem bleiben immer noch gut 20% der Faktoren für Rentabilitätsunterschiede zwischen Unternehmen unentdeckt.[482]

Bei der Suche nach Erfolgsfaktoren ist eine kontroverse Diskussion darüber festzustellen, ob diese überhaupt zu messen sind[483] und ob die Eigenheiten und Besonderheiten des Unternehmens relevant sind oder nur die Umfeldbedingungen die Erfolgsfaktoren determinieren. Geht man von der Möglichkeit zur Identifikation von Erfolgsfaktoren innerhalb des Unternehmens aus, so ist nach der **ressourcenorientierten Sichtweise** das Unternehmen selbst Ausgangspunkt der Wettbewerbsvorteile und kann somit die Erfolgsfaktoren direkt beeinflussen. So könnten etwa Erfolgsfaktoren im Technologie-, Marktbeziehungs- und Humanpotenzial des Unternehmens begründet sein,[484] die z.B. durch Stärken-Schwächen-Analysen zu identifizieren wären. Dagegen wird von der **industrieökonomischen Sichtweise** eingewendet, dass eine auf Ressourcen der Unternehmen abstellende Betrachtung eine asymmetrische Ressourcenallokation zwischen den Unternehmen und damit unvollkommene Märkte impliziert. Somit werden Erfolgsfaktoren gesehen in der Branchenstruktur und den Umweltfaktoren.[485] Jeder Versuch des Unter-

---

[480] Vgl. Albers, S./Skiera, B.: Regressionsanalyse, 1999, S. 216-218; Lange, B.: Erfolgsfaktoren, 1982, S. 37.

[481] Zu weiteren Möglichkeiten vgl. Albers, S./Hildebrandt, L.: Erfolgsfaktorenforschung, 2006, S. 2-33.

[482] Vgl. Eschenbach, R./Kunesch, H.: Strategische Konzepte, 1996, S. 26.

[483] Vgl. Nicolai, A./Kieser, A.: Erfolgsfaktorenforschung, 2002, S. 579-596.

[484] Vgl. Bleicher, K.: Integriertes Management, 1999, S. 466-472.

[485] Vgl. Reichmann, T.: Controlling mit Kennzahlen, 2011, S. 523-524.

nehmens, z.B. die Qualität der Erzeugnisse zu erhöhen, wird von den übrigen Anbietern ebenfalls mit einer Steigerung der Qualität beantwortet, was schließlich wieder zu einem ausgeglichenen Qualitätsniveau führt.

Letztlich hat sich bisher keine der beiden Sichtweisen durchsetzen können, was nicht zuletzt daran liegt, dass auch aus industrieökonomischer Sicht die Notwendigkeit für die Unternehmen besteht, die Unternehmensressourcen zu optimieren, um die (temporären) Rentabilitätsunterschiede zwischen Konkurrenten auszugleichen. Man kommt zu dem Ergebnis, dass Unternehmen einen nachhaltigen Vorsprung nur halten können, wenn sie durch **ständige Dynamik** auf den relevanten Märkten agieren, wobei als wesentliche Erfolgsfaktoren die Kosten, die Zeit, das Know-how, die finanzielle Stärke und der Aufbau von Hochburgen gelten.[486] Die Kosten können dabei noch weiter aufgespalten werden nach **Kosteneinflussgrößen**, welche üblicherweise in der Betriebsgröße, der Beschäftigung und dem Produktionsprogramm sowie direkt in den Faktormengen, -qualitäten und -preisen, sowie dem Produktionsablauf, der Komplexität, der Qualität und den Verbundbeziehungen zu sehen sind. Die Diskussion um Kernkompetenzen hat Mitte der neunziger Jahre wieder zu einer Stärkung der ressourcenorientierten Sichtweise geführt.[487]

Da es zur Unterstützung der Unternehmensführung im Bereich der strategischen Erfolgsfaktorenforschung keine einheitliche Antwort gibt, muss sich das Controlling der Instrumente und Verfahren beider Denkrichtungen bedienen,[488] um eine bestmögliche Abbildung zu erreichen. Die Auswahl der **Instrumente und Verfahren** kann dabei in Abhängigkeit von der Dynamik und der Komplexität des Umsystems gesehen werden.[489] In einem relativ stabilen Umfeld mit niedriger Komplexität eignet sich primär der Ansatz, der auf die Anpassung an die Branchenstruktur und die anzustrebende Kostenführerschaft setzt. Bei einem Umfeld hoher Komplexität und hoher Dynamik liegen die Erfolgsfaktoren primär in der Innovations- und Anpassungsfähigkeit des Unternehmens selber. Hier sind eher das Management von Netzwerkeffekten und die Strategie des wiederholten Pioniers relevant.[490]

Daher sind in **Abbildung 5.8** exemplarisch sowohl **interne** als auch **externe Erfolgsfaktoren** aufgeführt, die zu **Intellectual-Capital-Kategorien** zusammengefasst werden und über geeignete Kennzahlen abzubilden sind. Zu beachten sind dabei die Interdependenzen der Erfolgsfaktoren, da die Benennung und Darstellung einzelner Elemente eines Systems nur auf einer gedanklichen Separierung beruht.[491] Zudem kann quasi als Meta-Erfolgsfaktor die in der Unternehmensführung vorhandene Strategiekompetenz angesehen werden, die es erst ermöglicht, diese Einzelfaktoren auch im Rahmen des Unternehmensführungsprozesses adäquat umzusetzen.

---

[486] Vgl. D´Aveni, R.: Hyperwettbewerb, 1995, S. 375.

[487] Vgl. Itami, H.: Invisible Assets, 1994.

[488] Ihre Berechtigung wurde jeweils über breite empirische Studien nachgewiesen, vgl. z.B. Knyphausen, D. zu: Firms, 1993, S. 774.

[489] Vgl. Zahn, E./Foschiani, S.: Wettbewerb, 2001, S. 414-415.

[490] Vgl. Buchner, H./Weigand, A.: Planung, 2001, S. 420-422.

[491] Vgl. Serven, L. B. M.: Value Planning, 2001, S. 38.

Abbildung 5.8   Exemplarische Darstellung von internen und externen Erfolgsfaktoren und Zusammenfassung zu Intellectual-Capital-Kategorien[492]

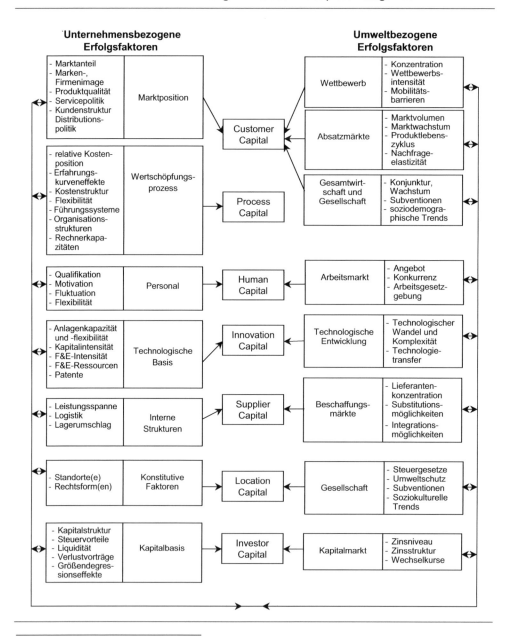

[492] In Anlehnung an Breid, V.: Erfolgspotenziallenkung, 1994, S. 37; Schmidtbauer, R.: Beteiligungs-controlling, 1998, S. 89.

Das Controlling hat diese möglichen Erfolgsfaktoren auf ihre Relevanz für das Unternehmen zu überprüfen, in beeinflussbare Faktoren und in unbeeinflussbare Frühwarnindikatoren zu unterteilen und in die Abbildung des Unternehmens zu integrieren. Die bisherige vergangenheitsorientierte Analyse zur **Identifikation von Erfolgsfaktoren** ist zudem zu **dynamisieren**, da davon auszugehen ist, dass die Erfolgsfaktoren einem zeitlichen Wandel unterliegen.[493] Einerseits können sie durch extern gesetzte Standards, die alle Wettbewerber beachten müssen, z.B. gesetzlich bestimmte Umweltauflagen, oder durch einen Angleichungsprozess der Wettbewerber an Relevanz verlieren, andererseits können neue Erfolgsfaktoren in der Zukunft aufgrund der dynamischen Entwicklung oder durch die unternehmerische Entscheidung, neue Märkte zu erschließen, relevant werden. Hier helfen analytische Verfahren nur beschränkt bei der Identifikation der Erfolgsfaktoren, weshalb diese Überlegungen primär durch Kreativitätstechniken unterstützt werden sollten, wobei insbesondere in einem unbekannten oder einem sehr dynamischen Umfeld neben der analytischen Informationsbeschaffung spieltheoretische Ansätze ergänzend eingesetzt werden sollten, um eventuell zunächst abwegig erscheinende Zusammenhänge zu eruieren.[494]

5.4.2   Messung von Erfolgsfaktoren

Die Kenntnis der Erfolgsfaktoren ist für die Unterstützung der Unternehmensführung alleine nicht ausreichend, vielmehr sind sie **in monetäre Werte zu überführen**, um bei der Steuerung bzw. beim Reporting adäquat berücksichtigt werden zu können. Geschieht dies nicht, entsteht neben der monetären Abbildung, die Erfolgsfaktoren nur teilweise berücksichtigt, eine problematische zweite, deutlich ungenauere Abbildung auf der Basis vermuteter qualitativer Erfolgseinflüsse, Synergien und strategischer Vorteile. Qualitative Sachverhalte können über Verfahren der empirischen Sozialforschung gemessen werden, wobei direkt über **Befragungen** (subjektiv) und indirekt über **Indikatoren** (objektiv) Messungen erfolgen können.[495] Eine **direkte Messung** ist nur möglich, wenn Menschen befragt werden und diese dabei den qualitativen Sachverhalt i. d. R. auf Basis von Nominal- (Nummerierung) oder Ordinalskalen (Rangfolge) einschätzen. Diese Einschätzung ist stets subjektiv beeinflusst, wobei auch die Fragestellung einen Einfluss auf die Ergebnisse haben kann.[496] Die Befragungsergebnisse werden umso genauer sein, je mehr die qualitativen Sachverhalte direkt von der befragten Person einschätzbar sind, wie z.B. die Erhebung der Kundenzufriedenheit direkt über eine Kundenbefragung.[497] Eine Einschätzung von globaleren Sachverhalten, wie etwa erwartete wirtschaftliche Entwicklung oder Kundenzufriedenheit aus Sicht der Verkäufer, wird dagegen deutlich schlechtere Ergebnisse liefern. Als besonderes Problem stellt sich die Skalierung von

---

[493] Vgl. Hamel, G./Prahal, C.: Zukunft, 1995, S. 40.

[494] Vgl. Turnheim, G.: Chaos, 1993, S. 4.

[495] Vgl. Benkenstein, M.: Dienstleistungsqualität, 1993, S. 1100; Bruhn, M.: Wirtschaftlichkeit, 1998, S. 61; Stauss, B./Hentschel, B.: Dienstleistungsqualität, 1991, S. 240.

[496] Vgl. Brown, M. G.: Kennzahlen, 1997, S. 68-69.

[497] Vgl. zu Kundenwertanalysen z.B. Töpfer, A.: Management, 2001, S. 185-195.

qualitativen Sachverhalten auch durch die oft diffuse Ausprägung dar.[498] So ist bei Befragungen zunächst der Sachverhalt genau zu definieren. Am Beispiel der **Einschätzung der Qualität von Produkten**, die als ein zentraler Erfolgsfaktor anzusehen ist, soll dies im Folgenden verdeutlicht werden,[499] wobei die Aussagen auf Mitarbeiter- und Lieferantenzufriedenheit ebenso zu übertragen sind wie auf die Messung von Lernerfolgen und Innovationen.[500]

Für die Bestimmung des **Qualitätsbegriffes** ist der **kundenorientierte Ansatz** als Erfolgsfaktor zu präferieren, da letztlich der Kunde derjenige ist, der durch seine Kaufentscheidung den Erfolg des Unternehmens sichert.[501] Für den Herstellungsprozess können aus den Kundenwünschen produkt- und herstellungsorientierte Vorgaben abgeleitet werden. Dabei ist aber zu beachten, dass das Unternehmen das subjektive Qualitätsempfinden des Kunden neben der tatsächlichen qualitativen Verbesserung des Produktes auch über gezielte Marketingmaßnahmen steigern kann. Außerdem ist festzustellen, dass die Qualität verschiedenste Attribute besitzt, die jedoch bei dieser Sichtweise nicht additiv verknüpfbar sind und vom Kunden daher auch nicht gleich bewertet werden.[502]

Zur Einschätzung kommen daher insbesondere multiattributive sowie ereignisorientierte Messverfahren in Betracht. Bei **multiattributiven Verfahren** wird unterstellt, dass sich die gesamte Qualitätsbeurteilung aus den individuellen Einschätzungen der verschiedenen Qualitätsmerkmale zusammensetzt.[503] So kann z.B. die Einschätzung von Wichtigkeit einerseits und Erfüllungsqualität andererseits an vorgegebene Qualitätsmerkmale anhand zweier Ratingskalen von „äußerst wichtig" bis „unwichtig" sowie von „sehr gut erfüllt" bis „sehr schlecht erfüllt" erfolgen,[504] die zum Customer-Satisfaction-Index zusammengeführt werden können.[505] Während bei multiattributiven Verfahren die Qualitätsattribute für die Befragung vorgegeben sind, steht bei **ereignisorientierten Methoden** die unstrukturierte Schilderung bestimmter Erlebnisse im Vordergrund.[506] Sie dienen zur Aufdeckung und Analyse so genannter kritischer Vorfälle, worunter diejenigen Geschehnisse zu verstehen sind, die ein Kunde als äußerst befriedigend oder unbefriedigend erlebt hat.

Die Analyse der Befunde aus der Kundenbefragung können als Einzelauswertungen für den jeweiligen Geschäftsbereich erfolgen und ergänzend komparativ im Vergleich mit anderen Geschäftseinheiten oder Konkurrenten betrachtet werden. Letzteres ist z.B. durch die Erstellung von **Qualitätsprofilen** zu unterstützen. Neben grafischen Qualitätsprofilen ist die Portfolioanalyse ein weiteres Instrument, um die Stärken und Schwächen eines Ge-

---

[498]   Vgl. Wall, F.: Balanced-Scorecard, 2001, S. 72.
[499]   Vgl. Lachnit, L.: Qualitätscontrolling, 2000, S. 29-41.
[500]   Vgl. Brown, M. G.: Kennzahlen, 1997, S. 61-148.
[501]   Vgl. z.B. Bruhn, M.: Wirtschaftlichkeit, 1998, S. 22-23; Haller, S.: Beurteilung, 1998, S. 8-16; Shim, J. K./Siegel, J. G.: Cost Management, 2000, S. 309-310.
[502]   Vgl. Henn, H.: Customer Value, 1999, S. 50.
[503]   Vgl. z.B. Bruhn, M.: Wirtschaftlichkeit, 1998, S. 27; Haller, S.: Beurteilung, 1998, S. 94.
[504]   Vgl. Lachnit, L.: Qualitätscontrolling, 2000, S. 34.
[505]   Vgl. Töpfer, A.: Management, 2001, S. 187.
[506]   Vgl. z.B. Haller, S.: Beurteilung, 1998, S. 117-121; Benkenstein, M.: Dienstleistungsqualität, 1993, S. 1104.

schäftsbereichs hinsichtlich der Qualitätsmerkmale aus Kundensicht aufzuzeigen,[507] wobei im Idealfall sich Wichtigkeit und Ausprägungshöhe der Qualitätsmerkmale in etwa entsprechen sollten.[508]

Neben dieser grafischen Betrachtung kann der Versuch unternommen werden, **Qualitäts-einschätzungen in monetäre Aussagen zu überführen**, was beispielsweise beim wertorientierten Qualitätsmessungsansatz durchgeführt wird. Die Fragestellung lautet dann, wie viel Geld ein Kunde für bestimmte Qualitätsniveaus zu bezahlen bereit ist, was über zwei Wege ermittelt werden kann:

■ Einerseits kann dies direkt über Befragungen eruiert werden, wobei jedoch damit zu rechnen ist, dass die Befragungsergebnisse sehr ungenau werden. So werden etwa Kunden aus taktischen Überlegungen bewusst falsche Angaben machen, um das Produkt günstiger zu erwerben. Außerdem wird oft eine Kluft zwischen den Äußerungen der Kunden und dem tatsächlichen Verhalten zu konstatieren sein, was insbesondere bei Nahrungsmitteln oder sicherheitsrelevanten Merkmalen zu beobachten ist.

■ Andererseits könnten durch die Nutzung von statistischen Korrelationsverfahren Beziehungen zwischen bestimmten Qualitätsniveaus und Umsatz- bzw. Gewinnhöhen festgestellt werden, was in Abhängigkeit der Quantität und Qualität des vorhandenen Datenmaterials zumindest zu **näherungsweisen monetären Einschätzungen von Qualitätsniveaus** führen kann. So kann etwa aus der Funktion, die die Beziehung von Qualität zu Umsatz ausdrückt, eine weitere Funktion abgeleitet werden, die eine Beziehung des Qualitätsniveaus zum Gewinn ausdrückt. So werden konkrete monetäre Aussagen über den Wert des Qualitätsniveaus möglich.

Der zentralen Bedeutung der **Kundenbefragung** für das Feststellen einer anforderungsgerechten Qualität stehen allerdings die hohen Aufwendungen ihrer Durchführung entgegen. Da die Rücklaufquoten bei schriftlichen Kundenbefragungen u.U. relativ gering ausfallen, muss in der Regel eine große Anzahl von Kunden angeschrieben werden, um die Repräsentativität bzw. die definierte Güte der Ergebnisse sicherzustellen. Zudem sind nicht alle Erfolgsfaktoren des Unternehmens zeitgerecht über Befragungen abbildbar. Daher können ersatzweise **messbare Indikatoren** für einen qualitativen Sachverhalt gesucht werden, die dann stattdessen bzw. ergänzend in die Betrachtung eingehen.[509] So lässt etwa der Krankenstand Rückschlüsse auf die Mitarbeiterzufriedenheit, die Reklamationsquote auf die Qualität, die Kundentreue auf die Kundenzufriedenheit u.s.w. zu. Bei diesen **objektiven Messmethoden** wird anhand von objektiv messbaren Kriterien eine Einschätzung von qualitativen Sachverhalten vorgenommen, wobei die Subjektivität über die Wahl und die zu unterstellende Wirkungsintensität des Indikators in das Verfahren einfließt. Zur Generierung relevanter Informationen kann das Controlling auf strategische Instrumente und Techniken zurückgreifen, die im Folgenden beschrieben werden.

---

[507] Vgl. Hans, L./Warschburger, V.: Controlling, 1999, S. 62-67.
[508] Vgl. Lachnit, L.: Qualitätscontrolling, 2000, S. 37-38.
[509] Vgl. Günther, G./Kriegbaum, C.: Markenbewertung, 2001, S. 133.

5.5 Strategisches Controlling

5.5.1 Instrumente und Techniken des strategischen Controllings

Strategisch relevante Input-Informationen sind meist weit weniger scharf umrissene, schwächer strukturierte und interpretationsbedürftige Signale, wodurch Probleme im Hinblick auf die objektive Überprüfbarkeit entstehen. So sind **schwache Signale** zumeist nur Informationsrudimente, die auf strategische Diskontinuitäten (Trendveränderungen/ -brüche) hindeuten, sich im Zeitablauf verstärken und sich u.a. folgendermaßen ausdrücken:[510]

- plötzliche Häufung gleichartiger Ereignisse mit strategischer Relevanz für das betreffende Unternehmen;

- Verbreitung neuartiger Meinungen und Ideen (z.B. in den Medien);

- geänderte Meinungen und Stellungnahmen von Organisationen oder Verbänden sowie von Schlüsselpersonen des öffentlichen Lebens;

- Initiativen zur Veränderung/Neugestaltung von gesetzlichen Rahmengebungen sowie sich wandelnde Tendenzen der Rechtsprechung.

Unter der Einschränkung der vergleichsweise geringen Formalisierung und Strukturierung[511] umfassen die bekannten Ansätze zur **Erstellung einer strategischen Vorhersage** übereinstimmend folgende Elemente:[512]

- Erfassung von Signalen über Veränderungen und neuartige Erscheinungen aus der Unternehmens-Umwelt;

- Analyse der möglichen Ursachen und Zusammenhänge;

- Prognose der langfristigen Entwicklung der beobachteten Phänomene und der Auswirkungen auf das Unternehmen;

- Suche nach und Bewertung von möglichen Reaktionsstrategien im Rahmen der strategischen Planung.

Um möglichst frühzeitig auf Signale bzgl. neuartiger Ereignisse und Entwicklungen aufmerksam zu werden, die in ihrer Kumulation im Zeitablauf auf latente Veränderung schließen lassen, wird nach dem Prinzip eines 360-Grad-Radars rundherum, d.h. im Prinzip überall und zu jeder Zeit nach schwachen Signalen gesucht. Dieses Abtasten und Rastern des Umfeldes der Unternehmen, das sog. **Scanning** dient zum Ausfiltern von schwachen Signalen. Der Grad der Unbestimmtheit der Informationen ist dabei in Abhängigkeit von

---

[510] Vgl. Hahn, D./Krystek, U.: Früherkennungssysteme u. KonTraG, 2000, S. 86.
[511] Vgl. Horváth, P.: Controlling, 2011, S. 185-187.
[512] Vgl. Hahn, D./Krystek, U.: Früherkennungssysteme u. KonTraG, 2000, S. 93.

der Komplexität und Dynamik des Unternehmensumfeldes zu sehen. Allerdings muss beachtet werden, dass eine zu starke Eingrenzung des Untersuchungsbereiches auch Chancen unerkannt lassen kann. So spricht z.B. viel dafür, dass mindestens die Hälfte aller in den letzten fünfzig Jahren neu entwickelten Technologien ihren Ursprung außerhalb des eigenen Industriezweiges hatte.[513]

Die in einem zweiten Schritt auf die Ortung schwacher Signale aufbauende, vertiefende, gerichtete und dauerhafte Beobachtung der identifizierten relevanten Einflüsse ist Inhalt des **Monitoring.** Scanning und Monitoring[514] können in zwei Dimensionen weiter differenziert werden. Zum einen ist in eine formale und informale Suche. zu unterscheiden Während bei der formalen Suche bereits der Fokus auf einen bestimmten Themenbereich (z.B. Markttrends) liegt, ist dies bei der informalen Suche nicht der Fall. Zweitens kann zwischen einer gerichteten und ungerichteten Suche unterschieden werden, wobei sich die gerichtete Suche auf das jeweilige Unternehmen beschränkt, wohingegen die ungerichtete Suche außerhalb des Unternehmens erfolgt.

Als denkbare Quellen schwacher Signale sind in erster Linie Medien, wie (Fach-)Zeitschriften und Zeitungen, Berichte von Zukunftsforschungsinstituten und Scanningdiensten sowie persönliche Informationsquellen (z.B. Kundengespräche) oder das Internet zu nennen. Zur besseren **Nutzung von Quellen schwacher Signale** werden folgende Maßnahmen vorgeschlagen:[515]

- Rekonstruktion des gegenwärtigen Informationsverhaltens und -spektrums;

- Benennung der regelmäßig auszuwertenden Quellen;

- Untersuchung der Meldesequenz und -frequenz ausgewählter Quellen und Suche nach möglichen Vorläuferquellen;

- Schulung der Fähigkeit zum kreativen und unkonventionellen Denken einschließlich der Schaffung einer dazugehörigen Motivation.

Die **Erfassung und Dokumentation** schwacher Signale sollte arbeitsteilig und – soweit möglich – in standardisierter Form von so genannten „Scanner-Teams" erfolgen, wobei es sich um mittlere bis obere Führungskräfte (z.B. Vertriebsleiter) mit einem breiten Spektrum an Wissen und Erfahrung handeln sollte, die Zugang zu möglichst vielfältigen Informationsquellen haben und unvoreingenommen gegenüber Neuerungen sind sowie die Bereitschaft zu weit reichenden Paradigmenwechseln zeigen.[516] Aus Praktikabilitätsüberlegungen erscheint eine Grundvorstellung über die strategischen Ziele des Unternehmens und deren Einbindung in das Unternehmensumsystem notwendig zu sein, damit die **Scananalysen** zielgerichtet durchgeführt werden können. So ist bei international

---

[513] Vgl. Drucker, P. F.: Kunst des Managements, 2000, S. 141.
[514] Vgl. z.B. Hahn, D./Krystek, U.: Früherkennungssysteme u. KonTraG, 2000, S. 88-89; Krystek, U./Müller-Stewens, G.: Strategische Frühaufklärung, 1997, S. 921-923.
[515] Vgl. Hahn, D./Krystek, U.: Früherkennungssysteme u. KonTraG, 2000, S. 90.
[516] Zur Erfassung und Dokumentation schwacher Signale vgl. Krystek, U./Müller-Stewens, G.: Strategische Frühaufklärung, 1997, S. 925-929.

operierenden Unternehmen die Beobachtung der ausländischen Absatzmärkte von enormer Bedeutung, die je nach Art und Umfang der dortigen unternehmerischen Betätigung existenziellen Charakter haben kann. Zusätzlich zu den rein inländischen Absatzmärkten sind auf Auslandsmärkten aktive Anbieter spezifischen Einflussfaktoren ausgesetzt, die neben sozio-kulturellen Einflüssen (z.B. Sprache, kulturelle Traditionen), juristischen Unterschieden oder technologischen Fortschritte, insbesondere in Form von Währungs- und Länderrisiken gesehen werden können.

Die Ergebnisse dieser strategischen Scananalysen werden mittels systematischer EDV-gestützter Trendmeldungen abgelegt. Durch Aggregation thematisch verbundener Trendmeldungen können diese durch Trendlandschaften abgebildet werden. Anschließend sind die vorstrukturierten, zu Trendlandschaften verdichteten Meldungen durch subjektive Bewertung einer Relevanzbeurteilung zuzuführen. Methodisch kann die **Interpretation von Trendlandschaften** vor allem durch den Einsatz der Delphi-Methode, Szenario-Technik, Gap-Analyse, Kausalanalyse und Inhaltsanalyse, unterstützt werden.[517]

Nach der methodischen Relevanzbeurteilung erfolgt die Formulierung und Implementierung von **Reaktionsstrategien**. Hiermit verbunden ist die Einbettung in den Risikomanagement-Prozess sowie die Verknüpfung mit der strategischen Unternehmensplanung. Wegen der Verschmelzung von strategischem Frühaufklärungssystem und strategischer Planung werden identische **strategische Analyseverfahren** verwendet.[518]

Trotz inhaltlicher und zeitlicher Unterschiedlichkeit in der Ausgestaltung ergeben sich eine Reihe von Punkten, die auf eine Integrationsnotwendigkeit von operativer und strategischer Vorhersage hindeuten, wie insbesondere die gemeinsame Ausrichtung an potenziellen und latenten Risiken und Chancen, der fließende Übergang von (unscharfen) schwachen Signalen hin zu quantifizierbaren Indikatoren sowie die nahezu deckungsgleiche Vorgehensweise beim Prozess der indikatororientierten und strategischen Vorhersage.[519] Daher ist der Einsatz vielfältiger **Instrumente zur Unterstützung der strategischen Unternehmensführung** denkbar. Grundsätzlich können dabei folgende Kategorien gebildet werden:

■ Instrumente zur Erlangung von **Basiswissen** zur Beurteilung **der strategischen Position** eines Unternehmens, z.B.:

   – strategische Erfolgsfaktorenanalyse, in der versucht wird, die Erfolgsfaktoren zu identifizieren und diese messbar zu machen;[520]
   – Erfahrungskurvenkonzepte, die die Erkenntnis aufgreifen, dass Lerneffekte langfristig betrachtet zu Kostensenkungen führen;[521]

---

517 Vgl. Hans, L./Warschburger, V.: Controlling, 1999, S. 52-82.
518 Vgl. Shim, J. K./Siegel, J. G.: Cost Management, 2000, S. 283-286.
519 Vgl. Hahn, D./Krystek, U.: Früherkennungssysteme u. KonTraG, 2000, S. 93.
520 Vgl. Küpper, H.-U.: Controlling, 2005, S. 390; sowie das folgende Unterkapitel 5.3.
521 Vgl. Kilger, W./Pampel, J./Vikas, K.: Flexible Plankostenrechnung, 2002, S. 197-199.

- Produktlebenszyklen, die die unterschiedlichen Phasen des Produktlebens betrachten und aus empirischen Daten die weitere Entwicklung prognostizieren;[522]
- Wertketten-Analysen, die Aussagen über die Gewinnerzielung der einzelnen Phasen der Wertkette zulassen[523] und entweder auf das eigene Unternehmen oder auch ausgeweitet auf die gesamte Lieferkette angewandt werden können;[524]

■ Instrumente zur ganzheitlichen strategischen Positionierung eines Unternehmens, z.B.:

- Stärken-Schwächen-Analyse/Potenzialanalyse, die die eigene Position des Unternehmens in jeder Dimension in Bezug auf unterschiedliche Merkmale an der Konkurrenz misst;[525]
- Portfolio-Analyse, die das gesamte Tätigkeitsfeld der Unternehmung als ein Portfolio einzelner Geschäftseinheiten versteht, die es zu optimieren gilt;[526]
- PIMS-Datenbank,[527] die aus einer umfangreichen empirischen Basis für die betriebliche Rentabilität (bROI) z.B. aufdecken konnte,[528] dass die Marktwachstumsrate, die Produktqualität aus Kundensicht und die Marktanteilshöhe positiven Einfluss auf die Rentabilität, Auftragsgröße und Investment- oder Kapitalintensität dagegen einen negativen Einfluss haben. Die vertikale Integration korreliert sowohl bei geringer als auch bei hoher Ausprägung positiv mit dem betrieblichen ROI, jedoch ergibt sich für eine durchschnittliche Ausprägung ein negativer Einfluss;
- Szenario-Analyse, die die zukünftige Entwicklung eines Prognosegegenstandes bei alternativen Rahmenbedingungen beschreibt;[529]
- Umfeld- und Unternehmensanalyse, die eine systematische Untersuchung und Beurteilung von beeinflussbaren und nicht beeinflussbaren Variablen im Kontext zur Unternehmensentwicklung darstellt;[530]
- Balanced Scorecard, in der neben der Finanzperspektive auch andere Perspektivfelder betrachtet werden und die eine Verbindung von den Visionen über die Strategien hin zu operativen Größen ermöglicht;[531]
- schwache Signale;
- wertorientierte Analyseverfahren.

---

[522] Vgl. Hahn, D./Hungenberg, H.: Controllingkonzepte, 2001, S. 376-380.
[523] Vgl. Schierenbeck, H./Lister, M.: Value Controlling, 2001, S. 86-87.
[524] Vgl. z.B. Seuring, S./Müller, M./Goldbach, M./Schneidewind, U. (Hrsg.): Supply Chains, 2003.
[525] Vgl. z.B. Küpper, H.-U.: Controlling, 2005, S. 442-443.
[526] Vgl. z.B. Reichmann, T.: Controlling, 2011, S. 528-533.
[527] Vgl. Buzzell, G./Gale, B.T.: PIMS-Programm, 1989, S. 48-142.
[528] Vgl. Eschenbach, R./Kunesch, H.: Strategische Konzepte, 1996, S. 331-332. Diese Ergebnisse, die für strategische Geschäftseinheiten von Unternehmen aller Größenklassen gelten, wurden in weiteren Studien, wie z.B. auch für mittelständische Unternehmen mit unter 100 Mio. $ Jahresumsatz, ausdrücklich bestätigt. Vgl. Barilitis, M.: PIMS-Erkenntnisse, 1996.
[529] Vgl. Schierenbeck, H./Lister, M.: Value Controlling, 2002, S. 347-350.
[530] Vgl. Hahn, D./Hungenberg, H.: Controllingkonzepte, 2001, S. 319-323.
[531] Vgl. Kapitel 6.

■ Instrumente zur **strategischen Beurteilung** einzelner unternehmerischer **Teilbereiche**, z.B.:

- Benchmarking, was durch einen Vergleich mit den Besten Optimierungsmöglichkeiten des Unternehmens aufzeigt,[532]
- strategischer Soll-Ist-Vergleich, in welchem bezogen auf Teilbereiche Informationen der Umfeld- und Unternehmensanalyse als Beurteilungsmaß genommen und mit Istdaten verglichen werden, um Fakten oder Abweichungsursachen festzustellen;[533]
- Systemanalyse, mit der die Teilsysteme des Unternehmensführungssystems analysiert und auf ihre Sachgemäßheit hin überprüft werden;[534]
- strategisches Budget;
- Projektmanagement, was die integrierte Betrachtung längerfristiger Leistungserstellungsprozesse erlaubt;[535]
- die jeweils teilbereichsorientierte Anwendung von Target Costing, Life-Cycle-Accounting, Portfolioanalyse und wertorientierter Analyse

Aufgabe des Controllings im Bereich der Unterstützung der strategischen Unternehmensführung sind daher der durch geeignete Instrumente und Techniken ermöglichte Aufbau und die Fortentwicklung eines **umfassenden Unternehmensmodells**, die Beobachtung der als relevant identifizierten internen und externen Parameter und ggf. noch der Vorschlag von Reaktionshandlungen über Prognosemodelle. Die Transformation von Prognose- in Planinformationen erfolgt in dem Zeitpunkt, wo der Entscheidungsträger Planzahlen verabschiedet.[536] Diese werden dann im vom Controlling einzurichtenden und zu pflegenden Informationssystem, welches in technischer Hinsicht von der elektronischen Datenverarbeitung unterstützt wird, weiterverarbeitet.

5.5.2   Integration qualitativer und strategischer Informationen in Controllingkalküle

Um eine Ankopplung der qualitativen und strategischen Informationen über Erfolgsfaktoren, d.h. über langfristige **Chancen und Risikozusammenhänge** an die Instrumente des strategischen Controllings zu erreichen, werden zunächst die relevanten Indikatoren benötigt. Die **Indikatoren** können dabei sowohl als indirekt ermittelte, messbare Größen als auch als direkt durch Befragungen eruierte skalierte Größen vorliegen.[537] Aufgabe des Controllings ist es, die Unternehmensführung bei Aufbau und Erhalt von Erfolgspotenzialen zu unterstützen. Ausgehend von der Überlegung, dass der Wettbewerb zwischen den Unternehmen zu einer ständigen Erhöhung der Ausprägung der Erfolgsparameter führt, kann ein Unternehmen sein Erfolgspotenzial demnach nur halten, wenn es

---

[532] Vgl. auch Kapitel 2.2.5.
[533] Vgl. Hahn, D./Hungenberg, H.: Controllingkonzepte, 2001, S. 321.
[534] Vgl. Horváth, P.: Controlling, 2011, S. 110-117.
[535] Vgl. Lachnit, L.: Controllingkonzeption, 1994.
[536] Vgl. Hahn, D./Hungenberg, H.: Controllingkonzepte, 2001, S. 59.
[537] Vgl. Brown, M. G.: Kennzahlen, 1997, S. 176.

ständig die Ausprägung der Parameter steigert, um den relativen Abstand zur Konkurrenz zu behalten.[538] Es geht daher einerseits um die Einschätzung des Vorsprunges gegenüber der Konkurrenz und andererseits um dessen monetäre Bewertung, wobei zu beachten ist, dass ggf. bereits Teile dieser Werte im Rechnungswesen erfasst sein können. **Abbildung 5.9** verdeutlicht die **Zusammenhänge von Erfolgsfaktoren, -indikatoren, -parametern und -potenzialen.**

Die Ermittlung eines Vorsprunges impliziert zunächst eine **metrisch skalierte Messung,** die auf vergleichbare Weise zustande gekommen sein muss. Letzteres bedeutet, dass Informationen über die Konkurrentendurchschnittswerte beschafft werden müssen, was teilweise auf große Schwierigkeiten stoßen dürfte. Darüber hinaus ist die Messbarkeit zunächst entweder nur bei bestimmten Indikatoren oder bei Befragungen auf metrischen Skalen (z.B. Um wie viel Prozent schätzen Sie die Qualität des Produktes X gegenüber Produkt Y als besser oder schlechter ein?) vorstellbar. Ansonsten müsste eine Uminterpretation von rangskalierten Befragungsergebnissen in metrische Werte vorgenommen werden. Ist ein Abstand gemessen worden, so ist dieser noch zu bewerten.

Als **Bewertungsmethode** sollte auf eine **zukunftsorientierte Konzeption** abgestellt werden, die nach dem Barwert der zukünftigen Ergebnisteile fragt, die aus dem Vorsprung bei dem Erfolgsfaktor generiert werden können. Da diese Ermittlung i.d.R. nur für globalere Betrachtungsgrößen möglich erscheint, sind die Einzelindikatoren der unteren Ebene zunächst sinnvoll zusammenzufassen, wofür sich die **Intellectual-Capital-Kategorien** Customer-, Process-, Human-, Innovation-, Supplier-, Location- und Investor-Capital anbieten. Die Einzelindikatoren gehen dabei auf gewichteter Basis in einen zusammenfassenden Erfolgsparameter ein, der als Indexwert zu verstehen ist. Die Gewichtung kann dabei unterstützt werden durch statistische Verfahren, Kausalitätsüberlegungen oder Erfahrungen. Bei metrisch skaliertem Index kann eine Abstandsmessung vorgenommen werden, wobei sowohl ein positives wie auch ein negatives Potenzial möglich ist. Höheres Know-how im Bereich der Forschung kann dann z.B. monetarisiert werden, indem die temporären Mehrerträge durch eine frühere Marktpräsenz der Produkte gemessen werden. Dabei ist zu beachten, dass der Vorsprung nicht statisch in die Zukunft fortgeschrieben werden kann, da sich auch die Konkurrenz weiterentwickelt.

Die ermittelten **Werte der Erfolgspotenziale** sind im Weiteren additiv zu verbinden und als Market-Value-Added zu verstehen, der sich auch aus der Diskontierung der gesamten zukünftigen Residualgewinne herleiten lassen muss. Treten hierbei Differenzen auf, so können diese in nicht einbezogenen Erfolgsfaktoren, in methodischen Zuordnungs- sowie in Bewertungsfehlern begründet sein.

---

[538] Vgl. D´Aveni, R.: Hyperwettbewerb, 1995, S. 364. Gleichwohl sind Bereiche vorstellbar, in denen dieser Sachverhalt so nicht gilt. So können etwa bestimmte Wissensvorsprünge durchaus sehr dauerhaft von Unternehmen gehalten werden, vgl. Schneider, M.: „Strategische Komplementaritäten", 2001, S. 589-602.

Abbildung 5.9   Einbeziehung von qualitativen und strategischen Erfolgsfaktor-Informa-
tionen in die Abbildungskonzeption des Unternehmens

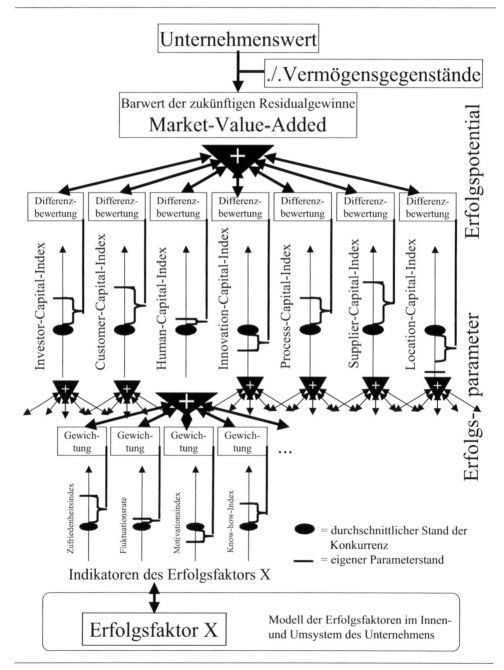

Das zentrale Problem, welches im Controlling bisher nur ansatzweise gelöst ist, ist in der **monetären Einordnung** und somit in der Bewertung des Vorsprunges oder des Nachholbedarfes bei einem bestimmten Erfolgsfaktor im Vergleich zur Ausprägung bei den Konkurrenten zu sehen. Hierbei muss neben dem Problem der Übersetzung von Indexpunkten in Geldeinheiten bedacht werden, dass einerseits **Interdependenzen zu anderen Erfolgsfaktoren** bestehen, die es zur Vermeidung von Doppelerfassungen zu berücksichtigen gilt, und andererseits, dass die Vorsprünge eventuell nur über permanent höhere laufende Zahlungen als in der Branche üblich erhalten werden können. Da der Vorsprung zukunftsorientiert zu messen ist, müssen auch die zukünftigen Mehrauszahlungen mindernd berücksichtigt werden. Erst nach diesen Schritten ist eine Berücksichtigung der Erfolgspotenziale auf monetarisierter Basis in der Unternehmensabbildung möglich, wobei sich als verallgemeinerbare Abbildungskalküle die Intellectual-Capital-Kategorien anbieten. **Abbildung 5.10** verdeutlicht die Erfassung der Erfolgspotenziale schematisch.[539]

Abbildung 5.10   Schematische Darstellung der Erfassung von Erfolgspotenzialen

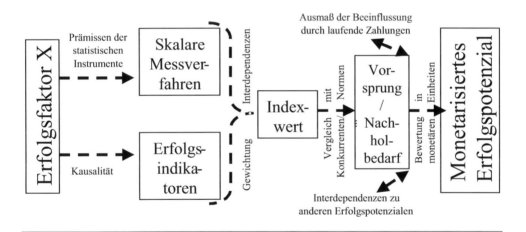

Aufgrund dieser Komplexität der im Innen- und Umsystem des Unternehmens liegenden, z.T. interdependent wirkenden Erfolgsfaktoren sowie deren Bewertungsproblematik sollte das Controlling neben den monetarisierten Werten auch die direkten Ausprägungen der Indikatoren und Befragungsergebnisse anzeigen und somit die Aggregation und Bewertung für die Unternehmensführung transparenter gestalten. Exemplarisch soll dies an folgendem **Herleitungsbeispiel** zur Einschätzung der Produktqualität als Teil des Customer-Capital verdeutlicht werden.

In dem Beispiel wird die Produktqualität, wie in **Abbildung 5.10** gezeigt, zunächst über verschiedene Indikatoren gemessen. Um die in verschiedenen Ausprägungen vorliegenden

---

539   Entnommen aus: Müller, S.: Management-Rechnungswesen, 2003, S. 434.

Ergebnisse aggregieren zu können, wird eine Skalierung und Gewichtung vorgenommen, so dass sich ein Vorsprung gegenüber den Branchenwerten von 0,4 Indexpunkten ergibt, aus der unter Beachtung der getroffenen, eventuell von statistischen Verfahren erhärteten Annahmen ein Erfolgspotenzial von 33,3 Mio. € abgeleitet werden kann. Allerdings werden keine Interdependenzen zu anderen Erfolgspotenzialen berücksichtigt. Eine genauere Betrachtung der Befragungsergebnisse und der drei zusätzlichen, eher fundamental ausgerichteten Indikatoren (**Tabelle 5.1**) lässt diesbezüglich aber Zweifel aufkommen. Fundamental erscheint eine Qualitätseinschätzung nur mit einem Wert von 2,5 Indexpunkten gerechtfertigt zu sein.[540] Es existieren demnach noch zusätzliche Faktoren, die von den Kunden besser eingeschätzt werden, wie eventuell Markennamen o.ä., oder die vorgenommene Gewichtung ist falsch. Insbesondere im Bereich des strategischen Controllings wird das Management häufig mit derartigen Ungenauigkeiten und Widersprüchen konfrontiert sein, so dass die Bestimmtheit der Informationen deutlich abnimmt.

Tabelle 5.1 Erfassung von Erfolgspotenzialen (dargestellt am Beispiel eines Ausschnittes der Customer-Capital-Ermittlung)

Indikator für Qualität	Ausprägung	Index-wert	Branchenwert Auspräg.	Index	Gewich-tung
Kundenbefragung	2,1 (1-7)	2,1	2,9	2,9	50%
Reklamationsquote	1,5%	3,1	0,9%	2,0	20%
Lieferzeit	26,8 Std.	1,3	56,2 Std.	3,3	10%
Sonstige (kumuliert)	2,5	2,5	2,6	2,6	20%
Gesamtindexwert	-	**2,3**	-	**2,7**	**100%**

Vorsprung (Indexpunkte):	**0,4**
Bewertungsannahme: Je 0,1 = 2,0% höhere Preise	
Zusatzzahlung: 4,0% vom Umsatz	
Umsatz (netto): 50 Mio. €	
Zusatzerfolg p.a.: 2 Mio. € (netto)	
Kapitalisierung: Zinssatz 6%	
Erfolgspotenzial Qualität (Teil des *Customer Capital*)	**33,3 Mio. €**

Auch wenn die Erfassungsstruktur aufgezeigt werden konnte, so sind die notwendigen Einschätzungen und Ermittlungsprobleme erheblich, was daher noch weiterer theoretischer und praktischer Ausarbeitungen bedarf. Eine **Berücksichtigung der qualitativen Erfolgs-**

---

[540] Der fundamentale Wert von 2,5 ergibt sich über die Formel Reklamationsquote (3,1) x Gewichtung (40%) + Lieferzeit (1,3) x Gewichtung (20%) + Sonstige (2,5) x Gewichtung (40%).

faktoren im Controlling ist jedoch unbedingt **notwendig,** da sie einerseits i. d. R. zu große Erfolgspotenziale verkörpern, um außer Acht gelassen zu werden, und andererseits eine Verknüpfung strategischer und operativer Sachverhalte erlauben, was erhebliche führungsunterstützende Wirkung besitzt.[541] Dies bedingt die Weiterentwicklung vom exakten, aber oft auf realitätsfernen Prämissen basierenden betrieblichen Rechnungswesen hin zu einem umfassenderen Management-Rechnungswesen, bei dem die Durchdringung der dynamischen und komplexen Unternehmensumwelt besser als bisher gelingt.[542] Somit wird eine verbesserte entscheidungs- und verhaltensorientierte Führung des Unternehmens unterstützt, wobei der Schwerpunkt nicht auf der Exaktheit der Informationen liegt, sondern auf deren betriebswirtschaftlicher Führungsrelevanz.

Den konzeptionellen Rahmen einer um qualitative Aspekte ergänzten und konvergent ausgestalteten Unternehmenssteuerung verdeutlicht die **Abbildung 5.11** exemplarisch.[543]

Abbildung 5.11   Konvergenz der Rechnungsweseninstrumente (SVA= Shareholder Value, DCF= Discounted Cashflow)

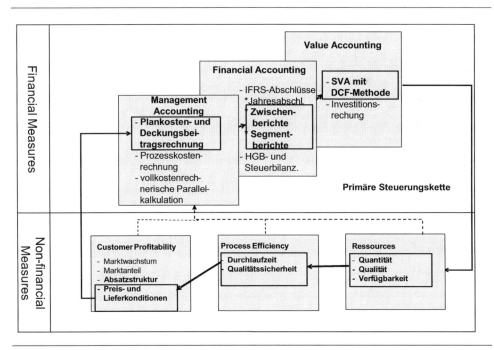

---

541 Vgl. Serven, L. B. M.: Value Planning, 2001, S. 137.
542 Vgl. Müller, A.: Controlling, 1996, S. 254.
543 In Anlehnung an Müller, S./Ordemann, T./Pampel, J.: Handlungsempfehlungen, 2005, S. 2125.

Aufgrund der Problematik der Bewertung der Erfolgsfaktoren und der dabei anwendungs-
nötigen Prämissen ist es sinnvoll, neben den konvergenten Abbildungen, die die Erfolgsfaktoren auf monetärer Basis enthalten, auch die Indikatoren in nicht-monetärer Form zu
kommunizieren. Hierfür bieten sich verschiedene Instrumente an, wie etwa das Business-
Excellence-Modell der European Foundation for Quality Management (EFQM),[544] in
welchem mit einer bestimmten Gewichtung neben den monetären Daten auch (quantifizierte) qualitative Informationen berücksichtigt werden, oder die als zentrales Instrument
für diese Darstellung anzusehende Balanced-Scorecard, die im folgenden Kapitel dargestellt werden soll.

---

[544] Vgl. www.EFQM.org. Ein umfangreicher Katalog für Kennzahlen für qualitative Aspekte findet
sich z.B. unter www.cranfield.ac.co.uk

6 Controlling-Kennzahlensysteme

6.1 Notwendigkeit von Controlling-Kennzahlensystemen

Die Wirkungskraft des Controllingsystems der Unternehmung hängt nicht unwesentlich davon ab, dass die führungsrelevanten Sachverhalte hinreichend klar erfasst, geplant, vorgegeben und kontrolliert werden. Dies setzt eine zahlenmäßige Konkretisierung voraus. Als Zahlenmaterial stehen zunächst die Angaben aus dem betrieblichen Rechnungswesen zur Verfügung. Diese Angaben sind jedoch nur zu einem geringen Teil als Führungsinformationen geeignet, da sie wegen vielfältiger Detaillierungsanforderungen und umfangreichen Dokumentationspflichten nicht den nötigen Überblick zulassen. Daher ist es erforderlich, für die Unternehmensleitung ein gesondertes Informationssystem, sozusagen ein **Management-Armaturenbrett,** einzurichten, welches in konzentrierter Form über die für die Unternehmensführung wichtige Sachverhalte, wie z.B. Rentabilität, Liquidität, Erfolgsquellen oder Unternehmensstruktur, berichtet.

Wegen der nötigen komprimierten und akzentsetzenden Aussage eignen sich für ein solches Informationssystem in besonderer Weise betriebswirtschaftliche **Kennzahlen.** Es handelt sich dabei um Verhältniszahlen und absolute Zahlen, die in konzentrierter Form über quantifizierbare betriebswirtschaftlich interessierende Sachverhalte einer gewissen Mindestbedeutung informieren.[545] Das Spezifische an Kennzahlen ist die konzentrierte und präzise Berichterstattung. Die Darstellung eines Sachverhaltes in einer einzigen Zahl entspricht wohl dem Erfordernis gezielter, selten aber dem ausgewogener Informationen. Um eine ausgewogene und zugleich konzentrierte Information zu gewährleisten, muss statt isolierter Einzelkennzahlen ein **Kennzahlensystem** benutzt werden, in welchem die einzelnen Kennzahlen in einer sachlich sinnvollen Beziehung zueinander stehen, einander ergänzen oder erklären und insgesamt auf den gemeinsamen übergeordneten Sachverhalt ausgerichtet sind.[546]

Die Zusammenstellung der Kennzahlen muss entscheidungsorientiert erfolgen, wobei die Auswahl der Zahlen und die Strukturierung des Zahlenwerks sich im Einzelnen nach dem Zweck richten, dem das System dienen soll. Zur Erfolgsführung eignet sich zunächst ein **Rentabilitäts-Kennzahlensystem,**[547] in welchem ausgehend von der Spitzenkennzahl ROI (Return on Investment) in systematischer Auflösung wesentliche Determinanten der Erfolgslage des Unternehmens dargestellt werden. In Anbetracht der Tatsache, dass neben der Erfolgs- auch die Liquiditätslage des Unternehmens gezielte Führung erfordert, liegt es nahe,

---

[545] Vgl. z.B. Küting, K./Weber, C.-P.: Bilanzanalyse, 2009, S. 24-26; Lachnit, L.: Bilanzanalyse, 2004, S. 39-42; Lachnit, L.: Jahresabschlußanalyse, 1979, S. 15-18; Reichmann, T.: Controlling mit Kennzahlen, 2011, S. 23-26.
[546] Vgl. z.B. Lachnit, L.: Bilanzanalyse, 2004, S. 42-50.
[547] Vgl. z.B. Lachnit, L.: Bilanzanalyse, 2004, S. 214-227.

das ROI-System zu einem integrierten **Rentabilitäts-Liquiditäts-(RL-)Kennzahlensystem**[548] auszubauen, in welchem flankierend auch Nachhaltigkeits-, Risiko- und wertorientierte Kennzahlen enthalten sind. Einen weiteren Schritt in der Entwicklung von Kennzahlensystemen stellt schließlich die **Balanced Scorecard** dar, die neben der finanzwirtschaftlichen Lenkung mittels Erfolgs- und Finanzkennzahlen auch Kennzahlen aus weiteren Bereichen, wie z.B. Absatzmarkt, Betriebsprozesse oder Mitarbeiterpotenzial und zum Teil auch in Gestalt von Indikatoren für qualitative Sachverhalte, benutzt und dieses Kennzahlengebäude in strategisch-operativer Verzahnung ausgestaltet.

6.2   Return on Investment (ROI)-Kennzahlensystem

Das **ROI-System** ist als mathematisch verknüpfte Kennzahlenpyramide gebaut. Die Kennzahlen-Pyramide beginnt mit der in oberster Ebene befindlichen Spitzenkennzahl Return on Investment (ROI). Die Kennzahl ROI gibt die Investivrendite des Unternehmens oder von Geschäftsbereichen an und stellt so eine typische Globalkennzahl zur Beurteilung der Erfolgslage von gesamten Unternehmen oder Segmenten dar.[549] Sie errechnet sich aus zwei weiteren Kennzahlen, der Kapital (Vermögens-)umschlagshäufigkeit multipliziert mit der Umsatzrentabilität. Die **Umschlagshäufigkeit** entsteht als Quotient aus den auf einer tieferen Ebene befindlichen beiden Kennzahlen Umsatz und Kapital bzw. Vermögen, die **Umsatzrentabilität** aus Gewinn und Umsatz. Bei diesem Ansatz wird die Rentabilität des Gesamtunternehmens als oberstes Unternehmensziel angesehen.

Insgesamt ergibt sich die in **Abbildung 6.1** wiedergegebene Grundstruktur eines ROI-Systems, welches vom Jahresergebnis nach Einkommen- und Ertragsteuern (Jahresergebnis n. EE-Steuern) ausgeht.[550]

Durch Erweiterung des **Gesamtkapital-ROI** mit dem Umsatz erhält man die Kennzahlen[551]

■ Umsatzrentabilität (Jahresergebnis : Umsatz)

    und

■ Kapitalumschlagshäufigkeit (Umsatz : Gesamtkapital).

---

[548] Vgl. z.B. Lachnit, L.: RL-Kennzahlensystem, 1998, S. 24-40.
[549] Vgl. z.B. Küting, K./Weber, C.-P.: Bilanzanalyse, 2009, S. 33; Lachnit, L.: Bilanzanalyse, 2004, S. 215-217; Reichmann, T.: Controlling, 2011, S. 92.
[550] Vgl. Lachnit, L.: Bilanzanalyse, 2004, S. 46.
[551] Vgl. z.B. Gräfer, H.: Bilanzanalyse, 2005, S. 96-100; Küting, K./Weber, C.-P.: Bilanzanalyse, 2001, S. 298-304.; Lachnit, L.: Bilanzanalyse, 2004, S. 217.

Abbildung 6.1   Grundstruktur eines ROI-Kennzahlensystems

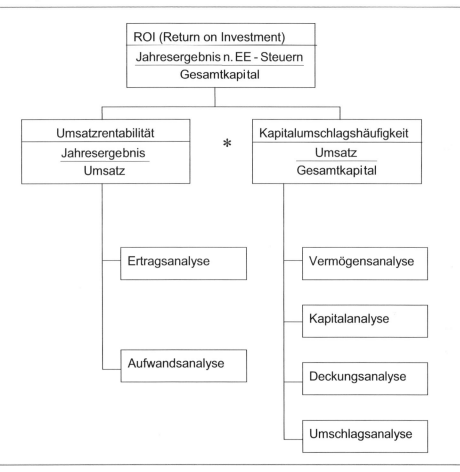

Die beiden Kennzahlen Umsatzrentabilität und Kapitalumschlagshäufigkeit werden recht häufig benutzt, sind aber in der obigen undifferenzierten Form höchst problematisch.[552] Zum einen enthält das Jahresergebnis nach Steuern eine Reihe von Komponenten, die nicht mit dem Umsatz zusammenhängen, wie z.B. Finanzergebnis, unregelmäßiges und außerordentliches Ergebnis, und wird außerdem durch die gewinnabhängigen Steuern verzerrt, so dass die Relation von Jahresergebnis zu Umsatz keine sinnvolle Funktionalität abbildet. Zum anderen wird bei der Ermittlung der Kapitalumschlagshäufigkeit das Gesamtkapital (Gesamtvermögen) zum Umsatz in Beziehung gesetzt, was problematisch ist, denn im Gesamtvermögen ist auch das Finanzvermögen enthalten, welches nicht durch den Umsatz umgeschlagen wird und insoweit also je nach Höhe dieses Vermögensteils die Kapitalumschlagshäufigkeit verfälscht.

---

[552]   Vgl. Lachnit, L.: Bilanzanalyse, 2004, S. 219-221.

Um die Rentabilitätszusammenhänge des Unternehmens mit einem ROI-Kennzahlensystem sachgemäß planen, steuern und kontrollieren zu können, sind etliche **Ausdifferenzierungen bezüglich Inhalt der Kennzahlen und Baustruktur des Systems** nötig. Zu nennen sind vor allem folgende Punkte:[553]

- Benutzung eines Ergebnisses vor Abzug von Gewinnsteuern, um Verzerrungen der Ergebnisgröße durch Steuersystemunterschiede oder Verlustvorträge zu vermeiden, da diese Sachverhalte nicht Ausdruck der investiven Effizienz des Unternehmens sind.

- Benutzung des ordentlichen Ergebnisses, d.h. Ausschluss von unregelmäßigen, periodenfremden, bilanzpolitischen und außerordentlichen Ergebniskomponenten, da diese Sachverhalte nicht erwirtschaftete Rendite, d.h. ebenfalls nicht Ausdruck der investiven Effizienz des Unternehmens sind.

- Die Kennzahl Umsatzrentabilität darf im Zähler nicht das gesamte ordentliche Jahresergebnis, sondern nur das ordentliche Betriebsergebnis enthalten, denn nur dieses Ergebnis stammt aus dem Umsatz- bzw. Leistungsprozess.

- Im Nenner der Kennzahl Umsatzrentabilität muss statt des Umsatzes gegebenenfalls die Gesamt- oder Betriebsleistung stehen, wenn große Bestandsänderungen bei unfertigen und fertigen Erzeugnissen und nicht abgerechneten Leistungen vorliegen, denn in diesem Fall liefert der Umsatz kein sinnvolles Bezugsmaß.

- Die Kennzahl Umschlagshäufigkeit darf nicht mit Bezug auf Gesamtkapital bzw. Gesamtvermögen ermittelt werden, sondern nur mit Bezug auf das Betriebsvermögen. In Gesamtvermögen bzw. Gesamtkapital ist auch das Finanzvermögen enthalten, welches sich im Leistungsprozess nicht umschlägt.

- Die Wertansätze für Vermögen bzw. Kapital sind in einem Controllingsystem für Zwecke der Rentabilitätsführung nicht zwingend identisch mit denen in der handelsrechtlichen Bilanz. Zur Beurteilung der wirtschaftlichen Effizienz des Werteeinsatzes sind zeitnahe und vollständige Werteabbildungen nötig. So stellt sich z.B. die Frage der Berücksichtigung von stillen Reserven oder der Nachaktivierung von Vermögen, welches handelsrechtlich nicht angesetzt werden darf, wie z.B. originäres immaterielles Anlagevermögen, oder nicht angesetzt worden ist, wie z.B. derivative Geschäfts- oder Firmenwerte aus früheren Unternehmenskäufen bei neutraler Verrechnung mit den Rücklagen.

- Aufspaltung des ROI-Kennzahlensystems in zwei Teilsysteme, nämlich Betriebsvermögens-ROI-System und Finanzvermögens-ROI-System. Die Einzelheiten werden im Kapitel 6.3.2.1 dargestellt.

---

[553] Vgl. Lachnit, L.: Bilanzanalyse, 2004, S. 220-221.

6.3   Rentabilitäts-Liquiditäts-(RL-) Kennzahlensystem

Die **nachhaltige Sicherung von Erfolg und Finanzen** zählt zu den zentralen Aufgaben einer jeden Unternehmensführung. Ein Konzept zur Unterstützung der Unternehmensführung bei der Lenkung des Gesamtunternehmens mit Hilfe eines Kennzahlensystems muss daher auf diese beiden zentralen Führungsgrößen ausgerichtet sein, wobei aufgrund der Problematik der monetären Abbildung und der getroffenen Annahmen über die Zukunft auch das Risiko aufgezeigt werden muss.[554] Nachfolgend wird ein **Rentabilitäts-Liquiditäts-Kennzahlensystem** in Grundstruktur und Ausdifferenzierungen näher beschrieben, welches den methodischen Rahmen für ein quantitatives Führungsinformationssystem bietet. Durch systematischen Zusammenbau aller Komponenten des RL-Systems entsteht eine Struktur, die gleichsam als Unternehmensmodell eine gezielte quantitativ-methodische Unterstützung des Managementkonzepts der Unternehmung bietet und dadurch die Effizienz der Unternehmensführung erhöht.[555]

6.3.1   Das Grundkonzept des Rentabilitäts-Liquiditäts-Kennzahlensystems

Ausgangspunkt des Rentabilitäts-Liquiditäts-Kennzahlensystems (RL-Kennzahlensystems) ist die Tatsache, dass **Erfolg und Liquidität** zwei für die Existenz von Unternehmen zentrale Sachverhalte sind. Das Zahlenwerk muss also diese beiden Sachverhalte in ihren wesentlichen Zusammenhängen erfassen, wobei der Systembau des RL-Systems teils nach mathematischer Rechenlogik, teils nach sachlicher Zugehörigkeitslogik geschehen ist. Durch diese Kombination von mathematischem und heuristischem Strukturierungsvorgehen wird erreicht, dass mathematische Stringenz und sachliche Vollständigkeit zusammenwirken, was Aussagekraft und Flexibilität des Kennzahlensystems erhöht.

Bei Benutzung des RL-Kennzahlensystems als **Lenkungsinstrument** wird von der Existenz einer Unternehmensplanung ausgegangen. Die Kennzahlen werden

- als Plangrößen ermittelt,

- als Vorgabegrößen fixiert,

- im Wege des Soll-Ist-Vergleichs mitlaufend zur Steuerung herangezogen und

- nach Abschluss der Planperiode zur Analyse der Abweichungsursachen sowie

- als Informationshilfe für die neue Planung

verwendet.

---

[554] Vgl. Lachnit, L./Müller, S.: Risikocontrolling, 2003, S. 578-580.
[555] Vgl. Lachnit, L.: RL-Kennzahlensystem, 1998, S. 29; Reichmann, T.: Controlling, 2011, S. 73-74; Reichmann, T./Lachnit, L.: Planung, Steuerung und Kontrolle, 1976, S. 711-723.

Die Umsetzung der Lenkungsanforderungen des Unternehmens im RL-Kennzahlensystem orientiert sich an folgenden Überlegungen:[556]

■ Der für die laufende **Erfolgslenkung** maßgebliche Erfolg ist das ordentliche Periodenergebnis. Es setzt sich aus dem ordentlichen Betriebsergebnis, stammend aus der betrieblichen Leistungserstellung und -verwertung, und dem ordentlichen Finanzergebnis, stammend aus Beteiligungs-, Verbund- und Zinsaktivitäten, zusammen. Die Einbeziehung des Finanzergebnisses ist nötig, da es bei manchen Unternehmen bzw. in manchen Branchen erheblichen Anteil am Gesamtergebnis hat. Die Erfolgsbetrachtung bleibt aber nicht beim ordentlichen Ergebnis stehen, sondern baut das Kennzahlengefüge zu einer umfangreichen Rentabilitätsanalyse aus.

■ Als zentrale Orientierungsgröße für die laufende **Liquiditätslenkung** ist der Bestand an liquiden Mitteln geeignet. Diese Größe zeigt, in welchem Maß nach dem detaillierten Abgleich der Einzahlungen und Auszahlungen hinsichtlich Höhe und Termin das Liquiditätsziel erreicht wird. Allerdings muss die Sicht auf den Bestand an liquiden Mitteln durch weitere liquiditätsrelevante Kennzahlen zur Planung, Steuerung und Kontrolle der Liquidität erweitert werden.

Das RL-Kennzahlensystem umfasst zur Umsetzung dieser Überlegungen[557]

■ einen **allgemeinen** Teil, der branchen- und unternehmenstypunabhängig angelegt ist. Er enthält die gesamtunternehmensbezogenen Kennzahlen zu Erfolg und Liquidität als Rentabilitäts- und Liquiditätsteil des Systems, sowie

■ **Sonderteile**, in denen unternehmensspezifisch auszugestaltende Felder der Rentabilitäts- und Liquiditätslenkung erfasst werden. Es handelt sich hierbei um die teilbetrieblichen Lenkungsfelder, die insbesondere als produkt(gruppen)-bezogene und als auf organisatorische Einheiten bezogene Planung, Steuerung und Kontrolle zur Führungsaufgabe werden. Im ersten Fall werden vertiefende Kennzahlen zu Produkten, Produktgruppen oder strategischen Geschäftseinheiten benötigt, im zweiten Fall vertiefende Kennzahlen zur Lenkung von z.B. Niederlassungen, Funktionalbereichen oder Kostenstellen. Zusätzlich ist eine branchen- oder firmentypspezifische weitere Vertiefung durch Kennzahlen fallweise möglich.

Insgesamt entsteht die in **Abbildung 6.2** wiedergegebene, sachlich und institutionell ausdifferenzierte **Grundstruktur des RL-Kennzahlensystems** mit angedeutetem wertorientiertem Zusammenhang von Rentabilitäts- und Liquiditätsteil über den Cashflow Return on Investment (CFROI).[558]

Das RL-Kennzahlensystem ist als Lenkungskonzept in der zeitlichen Dimension zudem vergangenheitsorientiert sowie planerisch operativ und strategisch auszudifferenzieren.

---

[556] Vgl. Lachnit, L.: RL-Kennzahlensystem, 1998, S. 24-26; Reichmann, T./Lachnit, L.: Planung, Steuerung und Kontrolle, 1976, S. 711-714.

[557] Vgl. Lachnit, L.: RL-Kennzahlensystem, 1998, S. 24-26.

[558] Vgl. Lachnit, L.: RL-Kennzahlensystem, 1998, S. 25.

Abbildung 6.2   Grundstruktur des RL-Kennzahlensystems

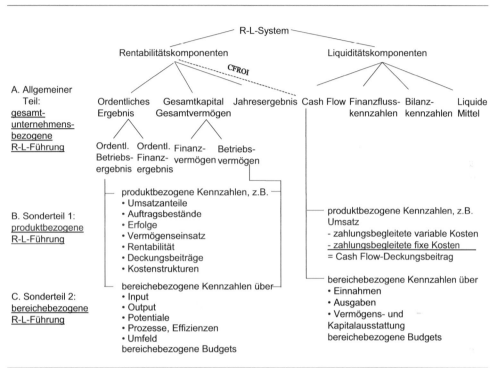

6.3.2   Der allgemeine Teil des Rentabilitäts-Liquiditäts-Kennzahlensystems

Der **allgemeine Teil des RL-Systems** umfasst die gesamtunternehmensbezogenen Kennzahlen zur Erfolgs- und Finanzlenkung, die unabhängig vom Unternehmenstyp als Führungsinformationen benutzt werden können. Nachfolgend werden der allgemeine Erfolgskennzahlenteil und der allgemeine Liquiditätskennzahlenteil des RL-Systems als Kernbestandteile dieses Controllinginstrumentes hinsichtlich Aufbau und Nutzung näher dargestellt.

6.3.2.1   Der Rentabilitätsteil des RL-Systems

Die zentralen Größen im **Rentabilitätsteil** des RL-Systems sind das ordentliche Ergebnis und die daraus ableitbaren Rentabilitäten von Gesamtkapital, Betriebsvermögen und Finanzvermögen. Das **ordentliche Ergebnis** verkörpert im Prinzip den nachhaltigen, mit gewisser Regelmäßigkeit anfallenden Erfolg aus den Betriebs- und Finanzaktivitäten des Unternehmens. Es stellt somit das Kernstück des Unternehmenserfolges dar. In Relation zum eingesetzten Kapital bzw. Vermögen ergibt sich der **ROI**, die Investivrendite des

Unternehmens. Diese Größe lässt sich zerlegen in die **Rentabilität des Betriebs- und des Finanzvermögens**, wodurch die ökonomische Effizienz dieser Teilvermögen deutlich wird. Wegen ihrer existentiellen Bedeutung sind diese Größen, vor allem die Komponenten der Betriebsvermögensrentabilität, für Führungszwecke sowohl kurzfristig, z.B. monatlich, quartalsweise und jährlich, wie auch langfristig, z.B. mehrjährig oder sogar langfristig-strategisch, zu planen, als Zielgrößen vorzugeben und zu kontrollieren.

Eine rentabilitätsorientierte Unternehmensführung darf aber, z.B. wegen der Zusammenhänge mit Jahresabschluss und Kapitalmarkt oder wegen der langfristig durchaus relevanten Auswirkungen unregelmäßiger bzw. außerordentlicher Sachverhalte auf die Rentabilität des Unternehmens, nicht nur die Rentabilität aus ordentlichem Ergebnis (Return on Investment) beachten, sondern muss auch

■ Eigenkapitalrentabilität und

■ Gesamtkapitalrentabilität

auf Basis des gesamten Jahresergebnisses in die Überlegungen einbeziehen. In **Abbildung 6.3** findet sich diese umfassende Rentabilitätenstruktur mit ihren Kennzahlenzusammenhängen wiedergegeben.[559]

Die **Gesamtkapitalrentabilität** wird ermittelt, indem der Gesamtkapitalerfolg zum gesamten eingesetzten Kapital in Beziehung gesetzt wird. Der Gesamtkapitalerfolg ist die Summe von Gewinn und Fremdkapitalzinsen. Die Gesamtkapitalrentabilität verdeutlicht die Erfolgskraft der Unternehmung losgelöst von der Kapitalzusammensetzung. Diese Kennzahl gibt an, welche Rendite für die Kapitalgeber insgesamt erwirtschaftet worden ist.[560]

Die **Eigenkapitalrentabilität** ergibt sich aus der Relation von Jahresergebnis und eingesetztem Eigenkapital. Diese Kennzahl verdeutlicht, wie erfolgreich das Unternehmen zugunsten der Eigentümer gewirtschaftet hat. Die Maximierung dieser Größe entspricht im Prinzip der Gewinnmaximierung. Beide Größen sind sinnvollerweise nur jährlich oder längerfristig zu betrachten, da zum einen in den Größen Gesamtkapital bzw. Eigenkapital alle Bewertungsvorgänge abgeschlossen und nachhaltig repräsentative Beträge angesetzt werden müssen, und zum anderen im Jahresergebnis nach Gewinnsteuern neben den ordentlichen Ergebniskomponenten auch alle unregelmäßigen und außerordentlichen Einflüsse sowie die verzerrenden Einflüsse der Gewinnbesteuerung samt allen Wirkungen aus Verlustvorträgen und Gewinnausschüttungspolitik zur Geltung kommen.[561]

---

[559] Vgl. Lachnit, L.: RL-Kennzahlensystem, 1998, S. 27.
[560] Vgl. z.B. Lachnit, L.: RL-Kennzahlensystem, 1998, S. 28.
[561] Vgl. z.B. Lachnit, L.: Bilanzanalyse, 2004, S. 215-216.

Abbildung 6.3   RL-Kennzahlensystem: Allgemeiner Teil -
Gesamtunternehmensbezogene Erfolgskennzahlen

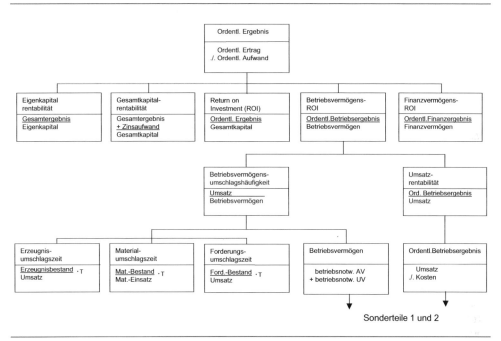

Das **ordentliche Ergebnis** als Zentralstück der Rentabilitätsberechnung setzt sich aus dem ordentlichen Betriebsergebnis und dem ordentlichen Finanzergebnis zusammen. Aus der **Fehler! Verweisquelle konnte nicht gefunden werden.** ist die Ermittlung dieser beiden Ergebnisse nach Gesamtkosten- und nach Umsatzkostenverfahren zu entnehmen. Für Zwecke der innerbetrieblichen Planung, Steuerung und Kontrolle können manche Positionen der Erfolgsrechnung in Anlehnung an die tatsächlichen Verhältnisse durch Werte der Kosten- und Leistungsrechnung ersetzt werden, z.B. durch Ausschalten rein steuerlicher Bewertungen oder bilanzpolitischer Verzerrungen.

Das ordentliche Ergebnis als Absolutbetrag gibt keine hinreichende Auskunft über die Erfolgskraft des Unternehmens, vielmehr muss der Absolutbetrag in Relation zu dem damit verbundenen **Kapital- bzw. Vermögenseinsatz** gesehen werden. Erst diese relativierten Erfolgszahlen in Gestalt von Rentabilitätsgrößen verdeutlichen, wie erfolgreich das eingesetzte Kapital bzw. Vermögen genutzt worden ist.

Ausgangspunkt der auf die nachhaltige Rentabilität abstellenden Betrachtung ist die **Rentabilität des Gesamtkapitals bzw. Gesamtvermögens** aus ordentlichem Ergebnis. Diese Investitionsrendite (vor Gewinnsteuern) entspringt in der Regel aus zwei Quellen, nämlich **aus Betriebs- und aus Finanzvermögen**.[562] Da das Ausmaß finanzieller Engagements bei Unternehmen eine immer größere Bedeutung erlangt, ist die Trennung dieser beiden Renditefelder für eine zielorientierte Unternehmensführung von großer Bedeutung. Dabei ergeben sich allerdings gewisse Abgrenzungsprobleme, die exemplarisch an einigen Punkten verdeutlicht werden können:

- Der Bestand an liquiden Mitteln kann z.B. teilweise nicht Transaktionskasse, sondern renditebringende Geldanlage verkörpern, d.h. zum Teil zum Finanzvermögen gehören.

- Ebenso ist z.B. denkbar, dass Beteiligungen z.T. aus dem Finanzvermögen zum betriebsnotwendigen Vermögen umgegliedert werden müssen, da sie nicht Finanzinvestments, sondern Investitionen mit betrieblicher Rolle darstellen.

- Zinsen und ähnliche Aufwendungen sind aufzuspalten danach, wie viel auf betriebsnotwendiges Vermögen und wie viel auf Finanzvermögen entfällt.

- Beteiligungserträge können z. T. aus betriebsnotwendigen Beteiligungen stammen.

- Schließlich ist eine Aufspaltung der Zinserträge denkbar in betriebsnotwendige und finanziell begründete Teile.

Unter Berücksichtigung dieser Sachverhalte ergibt sich das in **Abbildung 6.4** dargestellte Rechenschema.[563]

---

[562] Vgl. Lachnit, L./Ammann, H.: Finanzergebnis, 1995, S. 1281-1288.
[563] Entnommen aus: Lachnit, L.: Bilanzanalyse, 2004, S. 223.

Abbildung 6.4   Ausdifferenzierte Rentabilitätszusammenhänge

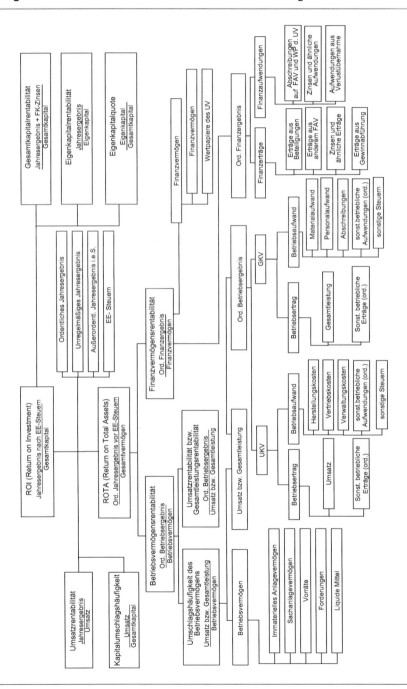

Erst wenn die Trennung zwischen **ROI des Betriebsvermögens** (ROI aus ordentlichem Betriebsergebnis) und **ROI des Finanzvermögens** (ROI aus ordentlichem Finanzergebnis) durchgeführt worden ist, kann eine sinnvolle tiefergehende Rentabilitätslenkung beim **ROI aus Betriebsergebnis**, d.h. bei der Rentabilität des betriebsnotwendigen Vermögens ansetzen, indem die Umschlagshäufigkeit des betriebsnotwendigen Vermögens und die Umsatzrentabilität aus Betriebsergebnis getrennt betrachtet werden. Diese beiden Größen verdeutlichen zentrale Einflüsse auf die Unternehmensrentabilität und machen wesentliche Aufgabenfelder der Unternehmensführung sichtbar.[564]

- Die **Umsatzrentabilität aus Betriebsergebnis** zeigt, wie viel Gewinn je Einheit Umsatz erzielt wird. Diese Kennzahl ist ein Indikator für die Markt- und Kosteneffizienz des Unternehmens, denn sie bringt zum Ausdruck, wie gut das Unternehmen seine Leistungen im Markt verwerten und wie kostengünstig es sie erstellen konnte. Je höher die Umsatzrentabilität ausfällt, umso mehr Widerstandskraft besitzt das Unternehmen, um Preisrückgänge und Kostensteigerungen abzufangen.

- Die **Umschlagshäufigkeit des betriebsnotwendigen Vermögens** bringt zum Ausdruck, wie oft das betriebsnotwendige Vermögen durch den Umsatz im Betriebsprozess umgeschlagen worden ist. Diese Kennzahl macht die Nutzungsintensität des betrieblichen Vermögens sichtbar. Die Bedeutung dieses Einflusses auf die Rentabilität des Unternehmens sollte nicht unterschätzt werden, denn Umsatzrentabilität des Betriebsergebnisses und Umschlagshäufigkeit des betriebsnotwendigen Vermögens wirken gleichgewichtig auf die Rentabilität des betriebsnotwendigen Vermögens.

Insoweit ist es naheliegend, Sachverhalte, in denen kurzfristig relativ schnell Fehlentwicklungen der Umschlagsverhältnisse eintreten können, über Kennzahlen führungsmäßig abzusichern. Zu diesem Zweck werden insbesondere die Kennzahlen

- Erzeugnisumschlagszeit, als ein Indiz für die Qualität der Absatzlogistik,

- Materialumschlagszeit, als ein Indiz für die Effizienz der Materialwirtschaft, und

- Forderungsumschlagszeit, die verdeutlicht, welche Bindungsdauer die Forderungen erreichen, d.h. welches Zahlungsziel eingeräumt wird und wie wirkungsvoll Fakturierung sowie Mahnwesen organisiert sind,

im Rentabilitätsteil des RL-Systems zur Führungsunterstützung herangezogen.[565]

Zu den Kennzahlen im allgemeinen Teil des Rentabilitätssystems gehören schließlich die beiden Absolutzahlen

- Betriebsvermögen und

- Betriebsergebnis.

Diese beiden Größen sind zum einen für Planung und Kontrolle und damit für eine Unternehmensführung im Wege des Soll-Ist-Vergleichs von Bedeutung. Zum anderen dienen sie

---

[564] Vgl. Lachnit, L.: RL-Kennzahlensystem, 1998, S. 31.
[565] Vgl. Lachnit, L.: RL-Kennzahlensystem, 1998, S. 31.

als Orientierung im zeitlichen Vergleich. Im Rahmen des Rentabilitätsteils verkörpern sie des Weiteren die beiden zentralen Kopplungsstellen, an denen anschließend die Sonderteile zur vertieften Führung und Analyse der betrieblichen Rentabilität ansetzen. Diese Sachverhalte werden bei der Behandlung des Sonderteils des RL-Systems wieder aufgegriffen.[566]

6.3.2.2 Der Liquiditätsteil des RL-Systems

Die Existenz der Unternehmung hängt davon ab, dass die **Liquidität** im Sinne der jederzeitigen Zahlungsfähigkeit gesichert ist. Die Zahlungsfähigkeit wird bestimmt durch Höhe und Zeitpunkt der anfallenden Einnahmen und Ausgaben, wobei Informationen dazu auf bewegungsbezogener und auf beständebezogener Basis gewonnen werden.[567]

Zum Zwecke der Liquiditätslenkung werden diese Kennzahlen aus der Gesamtplanung des Unternehmens abgeleitet und je nach Zeithorizont der Teilpläne in monatlichen oder jährlichen Abständen kontrolliert. So lange diese Indikatoren keine wesentlichen Abweichungen von den geplanten Werten aufweisen, kann die Unternehmensleitung davon ausgehen, dass sich die Liquidität plangemäß bewegt und zu keiner Gefährdung der Unternehmensziele führt.

Als Spitzenkennzahl ist im RL-System für die Steuerung der Liquidität der **Bestand an liquiden Mitteln** vorgesehen. Diese Größe hat im laufenden Liquiditätsgeschehen große Bedeutung, denn durch dieses „Ausgleichsbecken" laufen alle Einnahmen und Ausgaben des Unternehmens. Der geplante Bestand an liquiden Mitteln gibt den Betrag an Geld und geldadäquaten Vermögenswerten an, den die Unternehmung aufgrund ihrer Gesamtplanung zur Abwicklung und Sicherung der wirtschaftlichen Vorgänge benötigt. Der Bestand an liquiden Mitteln hat eine Signalfunktion. Bei wesentlicher Abweichung des Istbestands vom geplanten Bestand muss die Unternehmensführung eingreifen, um das weitere Unternehmensgeschehen liquiditätsseitig abzusichern.[568]

Weitet man den Blick über den Bestand an liquiden Mitteln hinaus auf die dahinterliegenden Liquiditätszusammenhänge aus, so sind

■ bewegungsbezogene und

■ beständebezogene

Determinanten zu unterscheiden und in Kennzahlen auszudrücken.

Abbildung 6.5 verdeutlicht Struktur und Inhalt des Liquiditätsteils im RL-Kennzahlensystem.[569]

---

566 Vgl. Lachnit, L.: RL-Kennzahlensystem, 1998, S. 32.
567 Vgl. Kapitel 3.
568 Vgl. Lachnit, L.: RL-Kennzahlensystem, 1998, S. 32; Reichmann, T.: Controlling, 2011, S. 96-98.
569 Vgl. Lachnit, L.: RL-Kennzahlensystem, 1998, S. 27.

Abbildung 6.5   RL-Kennzahlensystem: Allgemeiner Teil - Gesamtunternehmensbezogene Liquiditätskennzahlen

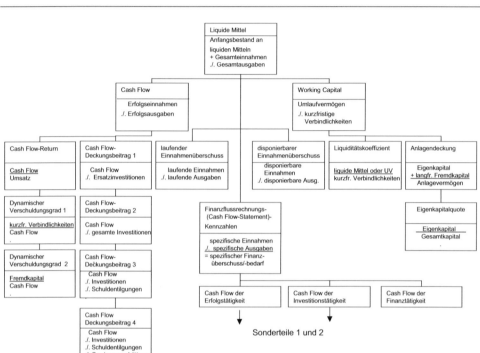

Bei **bewegungsbezogener Sicht** werden unmittelbar Zahlungsströme betrachtet und strukturiert, bei **beständebezogener Sicht** werden die aus den Vermögens- und Kapital-beständen resultierenden Zahlungswirkungen herangezogen.[570] Eine zentrale Liquiditäts-kennzahl ist bei bewegungsbezogener Sicht der **Cashflow**. Diese Größe verdeutlicht, in welchem Umfang das Unternehmen im betrachteten Zeitraum durch Ertragsvorgänge finanzielle Mittel erwirtschaftet. Der Cashflow ist

- ein wichtiger Finanz- und Erfolgsindikator;

- ein Maß für die finanzielle Autonomie des Unternehmens: die Zahl drückt aus, wie viel finanzielle Mittel aus eigener Kraft, d.h. ohne Rückgriff auf Dritte, beschafft werden.

Da die unmittelbar auszahlungsfälligen Aufwendungen bei der Cashflow-Ermittlung bereits abgezogen sind, verkörpert der Cashflow diejenigen Finanzmittel, die für

---

[570] Vgl. Kapitel 3.

- Investitionen,
- Schuldentilgung,
- Gewinnausschüttung und
- Aufstockung der Liquiditätsbestände

verwendet werden können.[571]

Um die aus dem Cashflow resultierenden Liquiditätskonsequenzen klarer zu erkennen, werden im Liquiditätsteil des RL-Systems ausgewählte **Cashflow-Kennzahlen** ermittelt, wie z.B.:[572]

- Cashflow-Return: Die Relation Cashflow zu Umsatz verdeutlicht die Liquiditätskraft des Umsatzes und ist z.B. ein Indiz für die finanzielle Widerstandsfähigkeit des Unternehmens bei Preisrückgang am Absatzmarkt oder bei Kostenanstieg der Einsatzgüter;
- dynamische Verschuldungsgrade, welche verdeutlichen, in welcher Zeit die betreffenden Fremdkapitalbeträge aus dem Cashflow, d.h. aus selbst erwirtschafteter Liquidität, getilgt werden könnten.

Zum anderen werden zur vertieften Cashflow-Betrachtung Cashflow-Deckungsbeiträge ermittelt, indem im Rahmen einer **Cashflow-Verwendungsrechnung** in einer bestimmten Prioritätenfolge der Cashflow mit daraus zu bedienenden Mittelverwendungen konfrontiert wird. Aus den Cashflow-Deckungsbeiträgen ist zu erkennen, welche Teile der für die zukünftige Entwicklung des Unternehmens relevanten finanziellen Anforderungen, wie z.B. Ersatzinvestitionen zwecks Substanzerhaltung, Investitionen für Rationalisierung und Erweiterung, Schuldentilgungen oder Ausbau der Liquiditätsposition, aus eigener Kraft bestritten werden können, was Hinweise auf die Reichweite der Liquidität und damit Signale für die Beurteilung der Liquiditätslage des Unternehmens bietet.

Für eine umfassende bewegungsbezogene Liquiditätsbetrachtung genügt es jedoch nicht, nur den Cashflow im Sinne des finanziellen Überschusses aus Erfolgsprozessen zu betrachten und auszuwerten, vielmehr müssen systematisch alle Einnahmen und Ausgaben des Unternehmens einbezogen werden. Zu diesem Zweck wird eine **vollständige Finanzflussrechnung** (Cashflow-Statement) zugrunde gelegt,[573] aus der Finanzflusskennzahlen als führungsrelevante Eckdaten herausgezogen werden. Aus einer derartigen Gesamtschau der Zahlungen können außer dem schon erwähnten Bestand an liquiden Mitteln als Kennzahlen zur Verdeutlichung der Liquiditätslage z.B.

- der Liquiditätseffekt der Erfolgszahlungen (Cashflow aus Erfolgstätigkeit),
- der Liquiditätseffekt der Investitionszahlungen (Cashflow aus Investitionstätigkeit) sowie
- der Liquiditätseffekt der Finanzzahlungen (Cashflow aus Finanztätigkeit)

benutzt werden.

---

571 Vgl. Lachnit, L.: RL-Kennzahlensystem, 1998, S. 33.
572 Vgl. Lachnit, L.: Bilanzanalyse, 2004, S. 296.
573 Vgl. Kapitel 3.

Eine andere Gliederung der Zahlungen entsteht, indem man nach Beeinflussbarkeit zwischen laufenden und disponierbaren Zahlungen unterscheidet. Bei dieser Sichtweise wird verdeutlicht, wie sich die Gesamteinnahmen und Gesamtausgaben aufteilen in Zahlungen,

■ die durch vertragliche Bindungen und aufgrund der laufenden betrieblichen Erfordernisse nicht zur Disposition stehen (laufender Einnahmeüberschuss), und solchen,

■ die nötigenfalls abweichend von der Basisplanung durch die Firmenleitung vorgezogen bzw. aufgeschoben werden können (disponierbarer Einnahmeüberschuss).

Erkennt die Unternehmensleitung, dass aus dem Bereich der nicht disponierbaren Zahlungen Ungleichgewichte entstehen, sieht sie aufgrund dieser Relationen, in welchem Umfang sie im Bereich der disponierbaren Einnahmen und Ausgaben **Ausgleichsmöglichkeiten** hat. Insoweit stellen die disponierbaren Zahlungen die finanzielle Manövriermasse der Unternehmensleitung dar. Sind diese Ausgleichsmöglichkeiten erschöpft, kann die Unternehmensleitung zugleich überschauen, in welchem Umfange sie zusätzliche Kreditaufnahmen vorsehen muss.[574]

Außer den bewegungsbezogenen Liquiditätskennzahlen benötigt die Unternehmensführung aber auch **beständebezogene Liquiditätskennzahlen**.[575]

■ Es handelt sich zum einen um bestimmte kurzfristig sich aus den Beständen ergebende Liquiditätseffekte, die ergänzend zu den Zahlungsströmen hinzutreten.

■ Zum anderen sind beständebezogene Liquiditätskennzahlen im langfristigen Bereich Indikatoren für die strukturelle Liquidität, d.h. für die sich langfristig aus den Beständen ergebenden Liquiditätsbelastungen bzw. Liquiditätsbegünstigungen des Zahlungsgeschehens.

Für die kurzfristige Liquiditätslenkung sind als Kennzahlen vor allem relevant:

■ **Working Capital**, das als Differenz von Umlaufvermögen und kurzfristigen Verbindlichkeiten ermittelt wird. Diese Größe sollte in der Regel positiv sein; nur wenn das Unternehmen über erhebliche offene Kreditlinien verfügt, kann davon abgewichen werden. Ein positives Working Capital besagt, dass die kurzfristigen Verbindlichkeiten durch Vermögensteile abgedeckt sind, die in ungefähr gleicher Zeit zu Geld werden.

■ **Liquiditätskoeffizienten**, z.B. ermittelt als Relation der liquiden Mittel zu den kurzfristigen Verbindlichkeiten. In dieser Kennzahl werden die unmittelbaren, sehr kurzfristigen Abdeckungsverhältnisse von Verbindlichkeiten durch unmittelbar gehaltene liquide Mittel ausgedrückt.

Die beständebezogene Liquiditätsbetrachtung mit Hilfe von Kennzahlen ist nicht nur auf die kurzfristige, aktuelle Liquidität gerichtet, sondern eignet sich auch für die Planung,

---

[574] Vgl. Lachnit, L.: RL-Kennzahlensystem, 1998, S. 35.
[575] Vgl. Lachnit, L.: Bilanzanalyse, 2004, S. 286-291.

Steuerung und Kontrolle der langfristigen, strukturellen Liquiditätsentwicklung. In diesem Zusammenhang sind vor allem als Kennzahlen zu nennen:

- **Anlagendeckung.** In der Kennzahl der Anlagendeckung wird das langfristig verfügbare Kapital zum Anlagevermögen in Beziehung gesetzt. Dadurch wird verdeutlicht, in welchem Umfang das Anlagevermögen durch langfristiges Kapital finanziert und somit das Prinzip fristenkongruenter Investitionsfinanzierung eingehalten worden ist. Eine Unterdeckung bedeutet eine permanente Liquiditätsbedrohung, da Teile des Anlagevermögens durch kurzfristige Fremdkapitalien finanziert sind. Das setzt die Unternehmung der Gefahr aus, dass durch unerwartete Nichtprolongation der Kredite Rückzahlungen erforderlich werden, die die Unternehmung nicht aus dem normalen Betriebsprozess bestreiten kann. Unter Umständen würde das Unternehmen gezwungen, Investitionen aufzulösen, wobei ein nicht geplantes Liquidieren von Anlagevermögen in der Regel nur mit erheblichen Verlusten möglich sein dürfte.

- **Eigenkapitalquote.** Die Eigenkapitalquote ist eine wichtige Information in Bezug auf die Ausgewogenheit der Kapitalstruktur, Indiz für die Fähigkeit des Unternehmens, Risiken abzufangen, ein Indikator für die finanzielle Stabilität, insgesamt eine wesentliche Größe zur Beurteilung der finanziellen Struktur und der Bonität des Unternehmens.[576]

6.3.3 Der Sonderteil des Rentabilitäts-Liquiditäts-Kennzahlensystems

Der **Sonderteil des RL-Systems** dient zur firmenspezifischen Ergänzung und konkretisierten Umsetzung der Rentabilitäts- und Liquiditätsdaten[577], die im allgemeinen Teil auf gesamtunternehmensbezogener Ebene vorliegen. Im Sonderteil werden Zahlenangaben zusammengestellt, die in hohem Maß unternehmensindividuell geprägt sind, z.B. in Abhängigkeit von

- Branche,

- Unternehmensstruktur oder

- Unternehmensgröße.

Unter Beachtung dieser Besonderheiten ist es zur zielorientierten Führung des Unternehmens in aller Regel notwendig, die gesamtunternehmensbezogenen Kennzahlen zu Rentabilität und Liquidität nach Produkten bzw. Produktgruppen sowie nach institutionell gegebenen Organisationseinheiten aufzugliedern.

---

[576] Vgl. z.B. Müller, S./Brackschulze, K./Mayer-Fiedrich, M. D.: Basel III, 2011, S. 63-72.
[577] Vgl. Lachnit, L.: RL-Kennzahlensystem, 1998, S. 32.

6.3.3.1   Produktbezogener Sonderteil des RL-Systems

Zentrale Größen im allgemeinen Teil des RL-Systems sind **ordentliches Betriebsergebnis und betriebsnotwendiges Vermögen**.[578] Für eine zielorientierte Führung des Unternehmens reicht es nicht, diese beiden Größen nur summarisch auf das Gesamtunternehmen bezogen zu planen und zu kontrollieren, vielmehr ist eine **Auflösung nach den dahinterliegenden Produkten bzw. Produktgruppen** unumgänglich. Diese Auflösung kann je nach Wesentlichkeit auf

- einzelne Produkte,

- artlich zusammengefasste Produktgruppen,

- nach Produktgruppen gemäß ABC-Analyse oder

- in organisatorischer Verankerung z.B. nach Profitcentern oder Umsatzsegmenten

geschehen. Letzteres kann auch als Übergang zum organisationsbezogenen Sonderteil gesehen werden.

In **Abbildung 6.6** wird eine exemplarisch Zusammenstellung der Kennzahlen des produktbezogenen Sonderteils des RL-Systems wiedergegeben. Zur Ermittlung der Rentabilität nach Produktfeldern benötigt man die Produktergebnisse und die zu den Produkten gehörenden Werte an investiertem Betriebsvermögen. Um diese Informationen ableiten zu können, muss das Rechnungswesen des Unternehmens entsprechend gestaltet sein, sei es durch Ausbau der Kosten- und Leistungsrechnung im internen Rechnungswesen oder als Segment-Rechnungslegung für den externen Jahresabschluss. Anhand der **produktbezogenen Rentabilitäten** sind Aufschlüsse über Rentabilitätsentstehung, Unternehmenswerteinflüsse und Shareholder Value-Wirkungen zu erhalten. Als Folge werden damit weitreichende Entscheidungen über Förderung oder Abbau von Tätigkeitsfeldern begründet.

Neben der Renditewirkung interessieren aber auch die **Umsatzbedeutung und -entwicklung der Produkte**. So ist z.B. für eine gezielte Umsatzpolitik Voraussetzung, dass die relative Stellung der einzelnen Produkte im Sortiment und im Gesamtumsatz bekannt ist. Diese Informationen bieten Kennzahlen über den Anteil der Produkte am Gesamtumsatz. In gleicher Weise gilt das für Auftragsbestand und Auftragseingang. Ist die Zahl der Produkte groß, empfiehlt sich, diese Kennzahlen nach dem Konzept der **ABC-Analyse** getrennt für A-, B- und C-Produkte auszuweisen.

---

[578]   Vgl. Lachnit, L.: RL-Kennzahlensystem, 1998, S. 37.

Abbildung 6.6 RL-Kennzahlensystem: Sonderteil - Produktbezogene Kennzahlen[579]

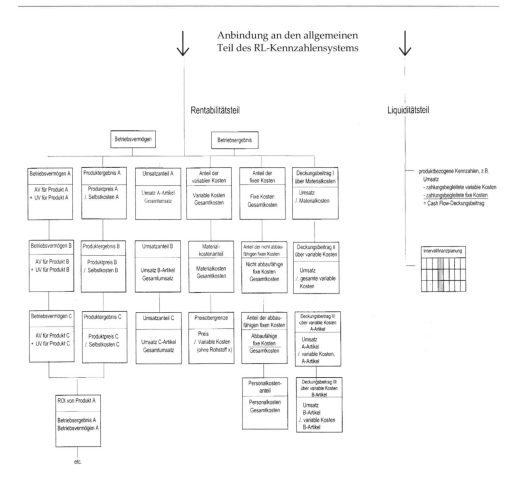

Außer Umsatz, Ergebnis und investiertem Vermögen sind auch die **Kostenstrukturen** und Abhängigkeiten der Produkte bzw. Produktgruppen für eine Rentabilitätslenkung von Belang. Unter dem Aspekt der Abhängigkeit vom Beschäftigungsgrad empfiehlt sich eine Untergliederung der Kosten in variable und fixe Kosten:[580]

- **Variable Kosten.** Der Anteil der variablen Kosten zeigt, wie sich die Kosten der Produkte bzw. der Produktgruppe ändern, wenn rückläufiger oder steigender Absatz eintreten. Ist der Anteil der Materialkosten an den Kosten der Produkte bzw. Produktgruppe groß, empfiehlt es sich, diesen in einer gesonderten Kennzahl auszuweisen. Unterliegen die Materialkosten erheblichen Preisschwankungen, sollten für die

579 Lachnit, L.: RL-Kennzahlensystem, 1998, S. 38.
580 Vgl. Lachnit, L.: RL-Kennzahlensystem, 1998, S. 39.

wichtigsten Materialien außerdem Preisobergrenzen festgestellt werden. Zeichnet sich ein Überschreiten einer solchen Obergrenze ab, wird die Unternehmensführung veranlasst, nach Substitutionsrohstoffen Ausschau zu halten oder alternative Fertigungsverfahren ohne Verwendung dieses Rohstoffes zu finden.

■ **Fixe Kosten.** Die gesonderte Erfassung des Anteils der fixen Kosten ist notwendig, weil sich diese nicht automatisch mit der Beschäftigungssituation bei den Produkten verändern, d.h. auch dann anfallen, wenn die betrieblichen Kapazitäten dieser Produktionen nur teilweise genutzt werden. Sie sind jedoch nur kurzfristig unbeeinflussbar, mittelfristig sind sie zumindest teilweise einer Gestaltung zugänglich. Deshalb ist es sinnvoll, die fixen Kosten nach Produkten und Produktgruppen weiter zu untergliedern und den Anteil der abbaufähigen fixen Kosten gesondert auszuweisen. Wegen der spezifischen Bedeutung der Personalkosten im Rahmen der Gesamtkosten empfiehlt es sich bei vielen Unternehmen, den Personalkostenanteil als gesonderte Kennzahl zu erfassen, wobei eine weitere Strukturierung z.B. unter dem Aspekt der Abbaubarkeitsmöglichkeiten sinnvoll sein kann.

Diese Sicht kann erweitert werden, indem z.B. im Sinne der **Prozesskostenrechnung** zwischen

■ leistungsmengeninduzierten und

■ leistungsmengenneutralen Kosten

unterschieden wird.

Die bei der Renditeanalyse der Produkte bzw. Produktgruppen benutzten Ergebniszahlen sind als Vollkostenergebnisse ermittelt. Eine Erfolgsbeurteilung auf Basis von Vollkosten kann jedoch, aufgrund des kurzfristigen Zeithorizonts, zu falschen Resultaten führen, wenn in erheblichem Umfang fixe Kosten vorhanden sind. Um dieses Problem abzufangen, empfiehlt sich zusätzlich die **Ermittlung von Deckungsbeiträgen** über die ganzen bzw. Teile der variablen Kosten der betreffenden Produkte und Produktgruppen.

Für eine wirkungsvolle Liquiditätsführung des Unternehmens ist es erforderlich, neben den gesamtunternehmensbezogenen Liquiditätskennzahlen des allgemeinen Teils auch die **Liquiditätsauswirkungen der Produkte bzw. Produktgruppen** nach Richtung, Höhe und Termin in Kennzahlen zu erfassen. Dazu dient die Kennzahl Cashflow-Deckungsbeitrag, in welcher die Zahlungswirkung der Produkte bzw. Produktgruppen verdeutlicht wird. Zur überschlägigen Berechnung werden vom Umsatz (bei größeren Verwerfungen in den damit verbundenen Lieferforderungen und erhaltenen Anzahlungen nach entsprechender Geldeingangskorrektur) die zahlungsbegleiteten variablen und fixen Kosten der jeweiligen Produkte bzw. Produktgruppen abgezogen. Der verbleibende Saldo zeigt, in welchem Maß die betreffenden Produkte Liquidität generieren oder verzehren. Zur ausgewogenen Interpretation ist die Kennzahl Cashflow-Deckungsbeitrag sowohl

■ kurzfristig, z.B. auf Quartalsbasis oder als Ganzjahresangabe für das aktuelle Jahr sowie

■ langfristig, z.B. als Abfolge der Jahresbeträge mehrerer Jahre oder für die gesamte Lebensdauer des Produktes,

zu betrachten.

6.3.3.2   Organisationsbezogener Sonderteil des RL-Systems

Die Ergänzung der Kennzahlen des allgemeinen Teils durch Rentabilitäts- und Liquiditätskennzahlen für die **organisationsbezogene Substruktur** des Unternehmens ist in hohem Maße unternehmensspezifisch geprägt, z.B. in Abhängigkeit von der Unternehmensgröße oder der Aufbauorganisation des Unternehmens.[581] Im Grundsatz ist eine **organisatorisch aufgespaltene Erfassung der Erfolgs- und Finanzkomponenten** gegliedert beispielsweise nach

- Funktionalbereichen,

- Abteilungen und Kostenstellen,

- Standorten, wie z.B. Teilwerken, sowie

- Profitcentern

möglich, wobei letzterer Ansatz mit der produktbezogenen Logik zusammentrifft.

Die organisationsbezogene Aufspaltung von Rentabilität und Liquidität in Kennzahlen ist wegen der starken firmenspezifischen Prägung hier nur noch im konzeptionellen Ansatz beschreibbar. Die Kennzahlen zu Rentabilität und Liquidität der Organisationseinheiten beinhalten Konkretisierungen der Arbeitsgegebenheiten dieser Unternehmensteile, wobei im Prinzip Angaben zu

- Input,

- Output,

- Potenzialen,

- Prozessen,

- Effizienz sowie

- Markt und Umfeld

herangezogen werden können.

6.3.3.3   Fallweiser Sonderteil des RL-Systems

Im Rahmen der Erfolgs- und Finanzführung des Unternehmens können unerwartete Sachverhalte und ungewöhnliche Entwicklungen eintreten, die mit den Basisstrukturen des RL-Systems im allgemeinem Teil und in den Sonderteilen nicht abgedeckt werden.[582] Hier muss das System fallweise um situativ-problemspezifische Module ergänzt werden. Ein denkbarer Fall ist z.B., dass durch große Forderungsausfälle oder massive Währungskursverschlechterungen wesentliche Teile des Umsatzerlöses ausbleiben und damit der Bestand an liquiden Mitteln gefährlich abnimmt. Eine solche Liquiditätsbedrohung verlangt eine

---

581   Vgl. Lachnit, L.: RL-Kennzahlensystem, 1998, S. 40.
582   Vgl. Lachnit, L.: RL-Kennzahlensystem, 1998, S. 40.

sofortige Neuplanung und lückenlose Überwachung des finanziellen Geschehens anstelle ausgewählter Liquiditätskennzahlen. Eine solche detaillierte Intervallfinanzplanung schließt die Informationslücken, die zwangsläufig in einem System auf Basis ausgewählter Kennzahlen bestehen müssen, solange wie die akute Liquiditätsproblematik besteht.

6.3.4 Erweiterungen des RL-Kennzahlensystems um Wertorientierungs-, Nachhaltigkeits- und Risikoaspekte

Für das Controlling besteht die Notwendigkeit, zusätzlich zu den unmittelbaren Erfolgs- und Finanzkennzahlen auch die als Vorsteuergrößen verstandenen und die monetären Größen ergänzenden Informationen über qualitative und strategische Aspekte managementgemäß zusammengefasst zu übermitteln.[583] Dabei besteht die Gefahr, dass es neben der monetären Erfolgs- und Finanzabbildung zu einer weiteren, unverbunden und zusätzlichen Abbildung mit qualitativen Größen kommt, was unbedingt zu vermeiden ist. Daher müssen die zunächst nur qualitativ vorhandenen Größen, wie in Kapitel 5 beschrieben, möglichst quantifiziert werden und dann in die monetäre Abbildung einfließen. Allerdings ist zu beachten, dass die Verlässlichkeit der Informationen durch die vielen dabei zu treffenden Annahmen deutlich reduziert wird. Daher ist das **Führungs- Kennzahlensystem zu erweitern**, indem unterschiedliche Kennzahlenansätze, die von Rentabilitäts- und Liquiditätszahlen über Shareholder-Value-Maße bis hin zu Nachhaltigkeits- und Risikokennzahlen reichen, sinnvoll kombiniert werden. **Abbildung 6.7** zeigt die **Systematik dieser erweiterten Kennzahlensystem-Konzeption** und verdeutlicht die zentralen, vom Controlling generierbaren Informationen.[584]

---

583 Vgl. Schredelseker, K.: Sozialbilanz, 1994, S. 575.
584 Vgl. Müller, S.: Management-Rechnungswesen, 2003, S. 398.

Abbildung 6.7 Grundkonzept eines erweiterten RL-Kennzahlensystems

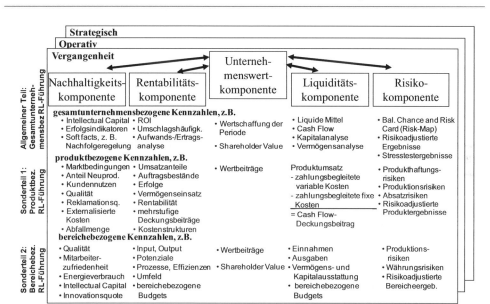

Eine zentrale Erweiterung ist die aus der Rentabilitäts- und/oder Liquiditätsbetrachtung abgeleitete Berechnung einer wertorientierten Steuerungsgröße, wodurch im Konzept die Erfolgs- und Finanzlage unter Berücksichtigung der Chancen und Risiken integriert werden kann. Zu bestimmen sind der **Shareholder Value** sowie die daraus abgeleitete Wertveränderung z.B. in Form von EVA- oder CVA-Ansätzen. Durch die Integration der Unternehmensplanung erfolgt eine zukunftsbezogene Darstellung des Unternehmens, die global oder auch auf die Teilbereiche bezogen als Zielgröße dienen kann. Die Generierung relevanterer Informationen durch eine streng zukunftsorientierte Ausrichtung des Abbildungsmodells scheitert allerdings oft an der mangelnden Zuverlässigkeit der Informationen.[585] So sind bei de Berechnung vielfältige Annahmen zu treffen, was letztlich nur zu einer scheinbar genauen Darstellung führt, die lediglich auf der Basis der verwandten Prämissen erfolgen konnte. Es bedarf daher des **parallelen Ausweises von klassischen Ergebnis- und Liquiditätskennzahlen**[586] **und von wertorientierten Kennzahlen.**[587]

Wertorientierte Größen ergänzen das RL-System lediglich und können es nicht ersetzen. Konkret sind insbesondere Shareholder Value-Bestimmungen z.B. mittels Discounted Cash-flow-Rechnung vorzunehmen, wobei die zu diskontierenden Größen aus einer integrierten

---

[585] Vgl. z.B. Baetge, J./Zülch, H.: Fair Value, 2001, S. 560.
[586] Denen sind bei höherer Ermittlungszuverlässigkeit aber deutliche Defizite im Bereich der Relevanz inhärent.
[587] Vgl. Müller, S./Brackschulze, K./Mayer-Fiedrich, M. D.: Basel III, 2011, S. 156-163.

Erfolg- und Finanzplanung unter Berücksichtigung des Risikos abzuleiten sind. Durch die Verbindung von Erfolg und Liquidität ist letztlich die Entscheidung, ob eine Erfolgs- oder Finanzgröße zugrunde gelegt wird, unerheblich.[588]

Hinsichtlich des für die Diskontierung zu verwendenden Zinssatzes ist auf die Rendite-forderung der Eigenkapitalgeber abzustellen, wobei darauf zu achten ist, ob eine Berück-sichtigung des Risikos bereits in der Unternehmensplanung erfolgte, was eine zusätzliche Berücksichtigung im Zinssatz entbehrlich werden lässt.[589] Der **Abzinsungssatz** sollte durch die Verwendung von Equity-Ansätzen zur Shareholder-Value-Bestimmung somit der Mindestrentabilitätsforderung der Eigenkapitalgeber entsprechen. Die Fremdkapitalzinsen sollten mit den tatsächlich geplanten Zahlungen angesetzt werden. Des Weiteren sind, obwohl in der externen Abschlussanalyse aus Gründen der Vergleichbarkeit zumeist der Gewinn vor Steuern herangezogen wird, die gezahlten und latenten Steuerwirkungen ab-zuziehen,[590] da diese Beträge dem Unternehmen definitiv nicht mehr zur Verfügung stehen. Die zu kapitalisierenden Ergebnisse oder Cashflows sind somit nach Zins- und Steuer-abzug in die Berechnung zu übernehmen.[591]

Für die **Ermittlung des Restwertes** könnten zunächst die Ergebnisse der Vermögens- und Kapitalplanung des letzten Planjahres auf bereinigter Basis herangezogen werden. Gegen dieses Vorgehen spricht, dass oft die notwendige Detailliertheit dieser Planung nicht sichergestellt ist und die Beträge trotz Bereinigung tendenziell vergangenheitsorientiert abgebildet sind. Deshalb ist ein zukunftsorientiert abgeleiteter Fortführungswert aus einer abzuzinsenden Ergebnis- oder Cashflow-Größe zu bestimmen, die als ewige Rente nach dem Detailprognosehorizont in die Zukunft fortgeschrieben wird.[592] Dieser Wert sollte in Abhängigkeit von Konjunktur-, Markt- und internen Zyklen als Durchschnittswert eines relevanten Zyklusses ermittelt werden, wobei insbesondere bei der Ableitung des freien Cashflows auf mögliche verzerrende Einflüsse von investitionspolitischen Entscheidungen zu achten ist. Des Weiteren ist für diesen Wert eine Trenderwartung zu bestimmen. Ein konstantes Fortschreiben impliziert keinerlei Änderungen des Innen- und Umsystems des Unternehmens und ist spätestens dann als problematisch anzusehen, wenn über den Ab-zinsungssatz Inflationserwartungen korrigierend berücksichtigt werden. Dann ist zu-mindest ein Inflationstrend, auch bei der Zahlenreihe der abzuzinsenden Ergebnisse, an-zuwenden. Darüber hinaus ist die Berücksichtigung weiterer, aus der erwarteten Ent-wicklung der Erfolgsfaktoren begründeter Erfolgstrends oder der Einbezug der Erkennt-nisse des Konzeptes der Erfahrungskurve möglich.

---

[588]   Vgl. Müller, S.: Führungskennzahlensystem, 2004, S. 273-300.
[589]   Vgl. Helbling, C.: Unternehmensbewertung, 1998, S. 438-439; Kruschwitz, L.: Unternehmens-
        bewertung, 2001, S. 2413.
[590]   Vgl. z.B. Baldenius, T./Fuhrmann, G./Reichelstein, S.: EVA, 1999, S. 64.
[591]   Vgl. Müller, S.: Management-Rechnungswesen, 2003, S. 399.
[592]   Zu bedenken ist, dass der Restwert bei einem Prognosehorizont von fünf Jahren bei unterstellten
        konstanten Ergebnissen bei einem Abzinsungssatz von 6% knapp Dreiviertel, bei 10% knapp 60%
        und erst bei 13,5% unter 50% des Gesamtwertes der Berechnung verkörpert.

Neben diesen pauschalisierten Annahmen erscheint eine **detailliertere Betrachtung** nötig, die z.B. über die **einzelnen Produkte** und deren Positionierung im Lebenszyklus erfolgen kann. Hier besteht das Problem aber in den zutreffenden Annahmen bezüglich der Neu- bzw. Ersatzprodukte. Letztlich ist keines dieser Verfahren alleine geeignet, einen objektiven Restwert zu bestimmen, so dass aus den angebotenen Möglichkeiten ein unterneh- mensindividuelles Modell geschaffen werden muss, in dem dann eine Bestimmung eines modellprämissenabhängigen Wertes möglich ist. Aufgabe des Controllings ist es dabei wiederum, neben der Informationsunterstützung die Modellprämissen zu kommunizieren.

6.3.4.1   Erweiterungen des allgemeinen Teils des RL-Kennzahlensystems

Aufgrund der Problematik der monetären Abbildungen, die auch durch die wertorientierte Betrachtung nicht zu beseitigen ist, sind die dargestellten Ergebnisse zu flankieren mit **Nachhaltigkeits- und Risikokennzahlen**. Während Risikokennzahlen bereits konkrete, aber im Zahlenwerk bisher noch nicht ausweispflichtige Risiken aufzeigen bzw. die bei der monetären Abbildung verwandten Risikoprämissen verdeutlichen, weisen Nachhal- tigkeitskennzahlen bereits frühzeitig auf Chancen und Risiken hin, die z.B. aus dem gesell- schaftlichen Wertewandel resultieren können. Somit handelt es sich hierbei um Erfolgs- potenziale, die nur auf der Basis verschiedenster Annahmen als Indikatorwerte oder monetär ausgewiesen werden können.

Bezüglich der **Risikolage** sind Faktoren zu benennen, die für die Einschätzung der wirtschaftlichen Lage von Unternehmen neben den monetären Größen von Erfolg- und Liquidität notwendig sind. Dazu gehören zunächst die pflichtgemäß im Lagebericht zu berichtenden Informationen. Nur Teile der bestehenden Risiken sind im Jahresabschluss unter den Rückstellungen berücksichtigt. Unwahrscheinliche und gering-wahrscheinliche Gefährdungen, die dennoch hohe Schadensvolumina aufweisen können, sowie nicht in der Periode verursachte Verpflichtungen gegen Dritte dürfen beispielsweise nicht angesetzt werden. Dennoch sind diese bei Wesentlichkeit im Risikobericht zu benennen und hinsicht- lich Gefährdungsvolumen und Eintrittswahrscheinlichkeit einzuschätzen.

Als Kennzahl bietet sich bei gegebener Quantifizierbarkeit ein einwertiges oder als Band- breite ausgedrücktes **Risikopotenzial** an,[593] welches als Produkt aus kumuliertem Schadensvolumen und Eintrittswahrscheinlichkeit gebildet wird. Zur Erzielung einer relativen Einordnung und Vergleichbarkeit kann dieses auf das Eigenkapital bezogen werden, um einen Eindruck über die bestehende Risikodeckung zu erlangen. Sollte eine Quantifizierung aufgrund der unzulänglichen Informationen nicht möglich sein, so können Scoring-Modelle zur Überführung der verbalen in quantitative Informationen eingesetzt werden, die bei standardisierter Anwendung einen überbetrieblich und zeitlich vergleich- baren Risikoindex ergeben, wie er etwa im Rahmen von Ratings Verwendung findet.[594]

---

593   Vgl. Pellens, B./Fülbier, R. U./Gassen, J.: Unternehmenspublizität, 1998, S. 66-67.
594   Vgl. Betsch, O./Groh, A./Lohmann, L.: Corporate Finance, 2000, S. 254-277.

Darüber hinaus bieten sich auch **risikoadjustierte Performancemaße** zur Kommunikation der Risikolage an, wie z.B.

$$\text{Risk Adjusted Return on Capital (RAROC)} = \frac{\text{Netto-Ergebnis nach EK-Kosten}}{\text{Gesamtkapital}}$$

$$\text{Return on Risk Adjusted Capital (RORAC)} = \frac{\text{Netto-Ergebnis vor EK-Kosten}}{\text{Risikokapital}}$$

$$\text{Risk Adjusted Return on Risk Adjusted Capital} = \frac{\text{Netto-Ergebnis nach EK-Kosten}}{\text{Risikokapital}}$$

RisikoadjustierteKennzahlen entstehen aus der Synthese von Erfolgs- und Risikogrößen.[595] Sie basieren auf dem **Value-at-Risk-Konzept**.[596] Ausgedrückt wird ein absoluter Betrag, der den maximalen potentiellen Verlust, verstanden als entgangener Cashflow, kennzeichnet, der mit einer bestimmten Wahrscheinlichkeit, hier Konfidenzniveau genannt, innerhalb eines Betrachtungszeitraumes nicht überschritten wird. Betrachtet werden somit nur Risiken i.e.S. und keine Chancen. Anwendungsvoraussetzung ist die Kenntnis eines Erwartungswertes (EW), der zudem im Standardmodell normalverteilt sein muss, und der zugehörigen Standardabweichung (σ).[597] Im nächsten Schritt ist dann der Wert zu ermitteln, der nur mit einer bestimmten Wahrscheinlichkeit (α) unterschritten wird.[598] Es interessiert somit nur die Fehlerwahrscheinlichkeit, die z.B. bei unterstellter Normalverteilung für $\alpha = 5\%$ ein Quantil (τ_α) von 1,6449 ergibt. Unter diesen Annahmen kann der Mindest-Cashflow wie folgt ermittelt werden:

$$\text{Mindest-Cashflow} = \left| \text{Erwartungswert} - \tau_\alpha \times \sigma \right|$$

Der Value-at-Risk für die angenommene Wahrscheinlichkeitsgrenze ist dann der Erwartungswert verringert um den Mindest-Cashflow, oder mathematisch vereinfacht:

$$\text{Value-at-Risk}_{1-\alpha} = \left| -\tau_\alpha \times \sigma \right|$$

Diese absoluten Beträge sind für jeden Wert der Zahlungsreihe zu ermitteln und dann analog zur Kapitalwertermittlung der Erwartungswerte abzuzinsen zu einem Discounted-

---

[595] Vgl. Gebhardt, G./Mansch, H. (Hrsg.)/AK „Finanzierungsrechnung": Wertorientierte Unternehmenssteuerung, 2005, S. 46.

[596] Vgl. Dowd, K.: Value-at-Risk, 1999, S. 38-60.

[597] Anzumerken ist, dass die Ermittlung der Standardabweichung die Kenntnis der verschiedenen zukünftigen Umweltzustände voraussetzt, die zudem bezüglich der Eintrittswahrscheinlichkeit gleichgewichtet werden. Zu weiteren Kritikpunkten vgl. z.B. Gürtler, M.: Performancemessung, 2001, S. 530-541.

[598] Vgl. Betsch, O./Groh, A./Lohmann, L.: Corporate Finance, 2000, S. 67.

Value-at-Risk.[599] Dieser drückt dann für das gewählte Konfidenzniveau die maximal nicht realisierbare Wertsteigerung als Abweichung zwischen dem erwarteten Kapitalwert und dem Mindest-Kapitalwert aus und kann damit auch als Shareholder-Risk bezeichnet werden. So können mit diesen Konzepten Einzelinvestitionen, Portfolios, Segmente und Gesamtunternehmen mit dem mehrperiodischen Kapitalwertverfahren auf erwarteter Basis und mit ihrem Discounted-Value-at-Risk abgebildet werden. Problematisch bleiben aber die **extrem hohen Anwendungsvoraussetzungen**. So wird zur Herleitung der Daten auf historische Simulationen, Varianz-Kovarianz-Ansätze, die Monte-Carlo-Simulation und das Stress-Testing verwiesen.[600]

Darüber hinaus können mit Ressourcenverbräuchen, Ausbildungsständen der Mitarbeiter, Forschungsaufwendungen, Marktanteilen, Patentrestlaufzeiten oder nutzenstiftenden Maßnahmen Kennzahlen über die **Nachhaltigkeit des unternehmerischen Handelns** bzw. das bestehende Intellectual-Capital gebildet werden. Je nach Relevanz für die Unternehmung können dabei soziale oder ökologische Aspekte näher untersucht und über Kennzahlen abgebildet werden. Nachhaltigkeits- oder Intellectual-Capital-Berichte können hierbei verstanden werden als erweiterte Risikodarstellung, da einerseits auch Chancen mit in die Betrachtung einfließen und andererseits bereits zukünftige Risikopotenziale ableitbar sind.[601] Sie sind notwendig, da die angestrebte konvergente Darstellung durch den Jahresabschluss aufgrund der Einschränkungen der monetären Abbildungen nur mit großen Schwierigkeiten zu erreichen ist.

Qualitative Informationen müssen ergänzend hinzutreten, um die Darstellung der wirtschaftlichen Lage des Unternehmens in Richtung einer betriebswirtschaftlich tatsachengemäßen Abbildung zu verbessern. Aufgrund der noch fehlenden einheitlichen Regelungen für die Angaben in Intellectual-Capital-, Nachhaltigkeits-, Sozial- oder Umweltberichten[602] dürften hierbei nur Analysen auf der Basis von unternehmensbezogenen Zeitvergleichen in Betracht kommen. Selbst technische Wertangaben, wie beispielsweise durchschnittliche Treibstoffverbräuche der hergestellten Autopalette oder CO_2 Ausstoß je Sitzplatzkilometer bei Fluggesellschaften, sind aufgrund unterschiedlicher Mess- und Berechnungsverfahren oft nicht überbetrieblich vergleichbar. Allerdings gibt es, wie etwa mit der Global Reporting Initiative, Bestrebungen, den Ausweis ökonomischer, ökologischer und sozialer Aspekte der unternehmerischen Tätigkeit zu regeln.[603] Dennoch sind auch hier über Scoring-Systeme unter Akzeptanz gewisser subjektiver Einschätzungsspielräume **Nachhaltigkeitsratings** möglich, die ein umfassenderes Bild der wirtschaftlichen Lage des Unternehmens ermöglichen. Die besondere Problematik der Abbildungs-

---

[599] $$DVaR = \sum_{t=1}^{T} \frac{VaR_t}{(1+i)^t} \quad \text{mit dem } VaR_t = \left| -\tau_\alpha \times \sigma_t \right|$$

[600] Vgl. Betsch, O./Groh, A./Lohmann, L.: Corporate Finance, 2000, S. 69; Dowd, K.: Value-at-Risk, 1999, S. 61-138.

[601] Vgl. Reichmann, T.: Controlling, 2011, S. 595-596.

[602] Vgl. Haller, A./Dietrich, R.: Intellectual Capital, 2001, S. 1049.

[603] Vgl. www.globalreporting.org. Als Anwendungsbeispiel vgl. z.B. Bayer AG (Hrsg.): Nachhaltigkeitsbericht 2010,, http://www.bayer.de/de/nachhaltigkeitsberichte.aspx.

verzerrung der Rechnungslegungssysteme ist insbesondere im Bereich der selbst ge-schaffenen immateriellen Vermögensgegenstände zu konstatieren, wo beispielsweise In-vestitionen oft fälschlicherweise als Sofortaufwand der Periode verbucht und die nutzen-stiftenden Folgewirkungen nicht betrachtet werden.[604]

Der Versuch, einen **Kompromiss zwischen Zuverlässigkeit und Relevanz** von Informatio-nen zu finden, kann intersubjektiv nachprüfbar nicht gelingen, so dass die Resultate nur als Annäherung unter jeweils gesetzten Prämissen angesehen werden können. Allerdings kann die Bandbreite der Ergebnisse um den optimalen Punkt durch die zieladäquate Aus-gestaltung der zukunfts- und vergangenheitsorientierten Abbildung zumindest deutlich eingegrenzt werden. So ist einerseits darauf zu achten, dass ein betriebswirtschaftlich sinn-volles Modell mit praxisrelevanten Prämissen und plausiblen Prognosen und Planungen im Zusammenhang mit der zukunftsorientierten Wertermittlung eingesetzt wird. Andererseits ist die vergangenheitsorientierte Darstellung etwa durch die verstärkte Einbeziehung von Verkehrswerten sowie durch Bereinigungs- und Erfolgsspaltungsmaßnahmen zweckent-sprechend auszugestalten. Die Ergebnisse dieser beiden Sichtweisen sind der Unter-nehmensführung mit den zugrunde liegenden Prämissen zu offerieren, wobei diese letzt-lich über deren Verwendung zu entscheiden hat.[605] Liegen später Erfahrungen mit der Führungsnutzung der Informationen vor, so sollte das Informationssystem, z.B. durch Unterdrückung von kaum genutzten Kennzahlen, evolutionsgemäß fortentwickelt werden.

6.3.4.2   Erweiterungen des Sonderteils

Da insbesondere die Produkte Träger von **Risiken,** aber auch **Chancen** sind, müssen die monetären Kennzahlen erweitert werden um quantifizierte qualitative Informationen über zentrale Erfolgsfaktoren. Für die **produktbezogene Sicht** bieten sich dabei insbesondere Kennzahlen an über

- die Marktbedingungen, wie z.B. Marktwachstum, Marktanteilsverteilungen oder Preis- und Mengenelastizitäten,

- die Positionierung im Lebenszyklus,

- den generellen Anteil an Neuprodukten,

- den Kundennutzen und die Qualität der Produkte, z.B. gemessen über Befragungen oder Indikatoren (z.B. Reklamationsquote), sowie

- die externalisierten Kosten,[606] wie z.B. Abfallmengen.

Letzteres kann auch schon als Risikokennzahl für das Risikomanagementsystem inter-pretiert werden, wobei auch Informationen zu Produkthaftungs-, Produktions-, Absatz-und ggf. Währungsrisiken ausgewiesen werden müssen. Diese Informationen sollten darüber hinaus noch auf monetarisierter Basis für die Ermittlung von risikoadjustierten Produktergebnissen herangezogen werden, welche z.B. für die Berechnung der wert-orientierten Kennzahlen notwendig sind.

---

[604] Vgl. Kapitel 5.
[605] Vgl. Serven, L. B. M.: Value Planning, 2001, S. 26.
[606] Vgl. Bauer, H. H./Huber, F.: Nutzenorientierte Produktgestaltung, 1999, S. 713-716.

Insbesondere für die einzelnen organisatorischen Untereinheiten ist die Erweiterung der monetären Betrachtung um **Nachhaltigkeitskennzahlen** einerseits und um **Risikokennzahlen** andererseits notwendig.[607] So können etwa Nachhaltigkeitskennzahlen wie

- Qualität,

- Mitarbeiterzufriedenheit,

- Innovationsquote und

- Ressourcenverbrauch

einzeln oder zusammengefasst als Intellectual-Capital bzw. Key-Value-Driver unmittelbar auf der untersten Hierarchiestufe gesteuert werden.[608] Als Risikokennzahlen kommen neben den den Bereichen zurechenbaren produktbezogenen Risiken weitere Währungs-, Standort- und Mitarbeiterrisiken in Betracht, die auch zu einem risikoadjustierten Bereicheergebnis zusammengeführt werden sollten. Als zusätzliche intern zu betrachtende Ausprägung von Kennzahlen können insbesondere bei global agierenden Unternehmen sowie bei Konzernen in Post-Merger-Integrations-Prozessen auch **Wertvorstellungen der Mitarbeiter** kommuniziert werden, um eine einheitliche Ausrichtung des Unternehmens etwa auf ein bestimmtes Leitbild sicherzustellen. So könnten etwa Risikobereitschaft, Leistungsorientierung, Offenheit oder Treue der handelnden Akteure abgebildet werden.[609] Die Darstellung nicht-monetärer Kennzahlen kann über das Konzept einer mehrteiligen Balanced Scorecard erfolgen.[610]

6.4 Balanced Scorecard

Die als Konzept für ganzheitlich-integrierte Unternehmensführung und Performance-Measurement entwickelte **Balanced Scorecard (BSC)** ist ein Instrument zur Herunterbrechung der langfristigen Vision eines Unternehmens und daraus abgeleiteter strategischer Ziele in operative Zielgrößen der kritischen Erfolgsfaktoren („Key Value Drivers") unter Beachtung der für die Unternehmenstätigkeit zentralen Perspektiven (**Abbildung 6.8**).[611] Die Grundidee besteht in einer integrierten Sichtweise über:

- Finanzen,

- Kunden,

- Prozesse und

- Mitarbeiter,

---

607   Vgl. Drucker, P. F.: Kunst des Managements, 2000, S. 139-141.
608   Vgl. Serven, L. B. M.: Value Planning, 2001, S. 195.
609   Vgl. Hirsch, B.: Controlleraufgabe, 2001, S. 497-502.
610   Vgl. Hahn, D.: Führungsgrößen, 2002, S. 138-139.
611   Vgl. Kaplan, R. S./Norton, D. P.: Balanced Scorecard, 1997; S. 7-8; Klingebiel, N.: Externe Berichterstattung, 2000, S. 175-179; Zimmermann, G./Jöhnk, T.: Balanced Scorecard, 2000, S. 601-606; Zimmermann, G./Jöhnk, T.: Instrument, 2000, S. 629-652.

wobei diesbezügliche Ziele und Mittel in Kennzahlengestalt über „Key Performance Indicators" ausgedrückt werden. Die Perspektiven können im jeweiligen Unternehmenskontext Veränderungen erfahren. Konzeptionell wichtig ist die Vorstellung, dass mit dem Zugrundeliegen von mehreren für die Unternehmensführung maßgeblichen Zusammenhängen (Perspektiven) eine ausgewogene (Balance) Führungsorientierung entsteht.

Der in der Optimierung des **Free Cashflow** bzw. der Schaffung von Wettbewerbsvorteilen bestehende zukünftige Erfolg eines Unternehmens wird zudem als Gleichgewicht (Balance) der miteinander verketteten Dimensionen, nämlich zwischen

- kurz- und langfristigen Zielen,

- Ergebnisgrößen (Lag-Indicators) und

- Frühindikatoren (Lead-Indicators)

betrachtet. Die vergangenheitsbezogenen finanziellen Größen, denen früher oftmals alleine das Interesse galt, stehen somit neben den nicht-monetären qualitativen Sachverhalten, die zukunftsweisenden Charakter besitzen.[612]

Hinsichtlich der unternehmensindividuellen Ableitung der BSC sind die Prinzipien

- der Kausalverkettung bzw. -vernetzung der Erfolgsfaktoren über komplexe Ursache-Wirkungsbeziehungen,

- der Verknüpfung zu finanziellen Größen und

- der Berücksichtigung von Ergebnisgrößen und Leistungstreibern

zu beachten.[613] Die Bestimmung der **Kausalverkettung** kann dabei auch über die aus der Ermittlung wertorientierter Kennzahlen stammende Betrachtung der Werttreiber erfolgen.[614]

---

[612] Vgl. Kaplan, R. S./Norton, D. P.: Balanced Scorecard, 1997, S. 7-8; Kemper, O./Sachse, D.: Balanced Scorecard, 1999, S. 58-59; Pollanz, M.: Wertorientierte Unternehmensführung, 1999, S. 1279; Horváth, P./Gleich, R.: Controlling und Risikomanagement, 2000, S. 115.

[613] Vgl. Wall, F.: Balanced Scorecard, 2001, S. 65-74; Zimmermann, G./Jöhnk, T.: Instrument, 2000, S. 640.

[614] Vgl. Gebhardt, G./Mansch, H. (Hrsg.)/AK „Finanzierungsrechnung": Wertorientierte Unternehmenssteuerung, 2005, S. 51-60.

Abbildung 6.8   Grundstruktur einer Balanced Scorecard

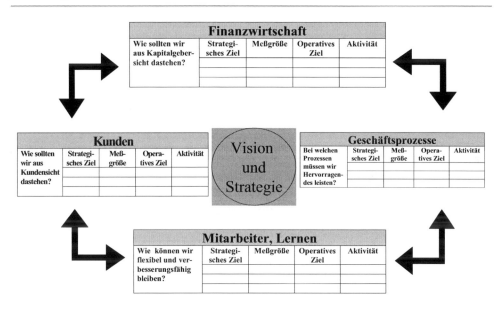

Aus der **Unternehmensvision** wird zunächst ein konkretes Ziel mit zur Zielerreichung verfolgter Strategie abgeleitet, wobei dafür die modellhafte Kenntnis der Erfolgsfaktoren oder Stellschrauben zur Erreichung dieses Zieles notwendig ist.[615] Hier benutzt der BSC-Ansatz das Instrumentarium der strategischen Planung, wobei das Denken in Ursache-Wirkungs-Beziehungen zu erweitern ist um möglichst viele bestehende Interdependenzen und somit letztlich zum vernetzten Denken führt. Anschließend werden diese strategischen Erfolgsfaktoren durch konkrete operative Maßnahmen zu beeinflussen versucht, wobei wiederum die Benennung von Zielmarken für die messbaren Indikatoren Voraussetzung für zielgerichtete Aktivitäten ist.[616]

Die organisatorische Ausgestaltung erfolgt dann i.d.R. nach dem Top-Down-Ansatz, so dass aus der BSC auf Gesamtunternehmensebene verschiedene bereichsbezogene BSCs abgeleitet werden, um den Handlungsbedarf in den jeweiligen Abteilungen zu dokumentieren und die Strategie für alle greifbar zu machen.[617] Die BSC ist besonders geeignet,

- strategische und operative Informationen miteinander zu verknüpfen.

- als Bindeglied zum langfristigen Planungs- und Steuerungssystem unter Integration von Risiken zu wirken sowie

---

[615] Vgl. Müller, A.: Gewinnung, 2001, S. 218-220.
[616] Vgl. Serven, L. B. M.: Value Planning, 2001, S. 191-198
[617] Vgl. Haas, D.: Risikomanagement, 2000, S. 601; Michel, U.: Wertmanagement, 1999, S. 375.

■ als Reporting-Tool zur konkreten Veranschaulichung von Kennzahlen, Frühwarnindikatoren oder schwachen Signalen zu dienen.

Zweckmäßigerweise sollte eine Modifikation der BSC um eine Risikokomponente mit den
während des Frühwarnprozesses identifizierten Indikatoren zu einer **Balanced Chance and
Risk-Card** erfolgen,[618] wobei die BSC als Instrument von operativer und strategischer
Frühwarnung Verwendung finden kann.[619]

Die nebeneinander dargestellten Perspektivfelder der BSC sind für die Unternehmensführung wieder zu aggregieren in eine **ganzheitliche Erfolgs- und Finanzlenkung,** was nicht einfach ist, da die BSC das große Problem verursacht, dass sie Sachverhalte nur auf der Basis von subjektiven Einschätzungen nebeneinander darstellt, die aber in
Bezug auf die Wirkung für die Unternehmensentwicklung höchst unterschiedlich wirken
können. Letztlich ersetzt die BSC die komplexe Herleitung einer einzigen monetären Abbildung durch verschiedenste Kausalketten. Die BSC ist eine Ansammlung verschiedener
Unternehmensabbildungen, ohne dass eine Wertung vorgenommen wird. Die Unternehmensführung muss die Abwägung zwischen den einzelnen Perspektiven zwecks Entscheidungsbildung vornehmen. **Abbildung 6.9** verdeutlicht die Stellung der BSC zwischen
Strategieerarbeitung und integrierter Erfolgs- und Finanzplanung (ERFI).[620]

Über die BSC gelangt somit die Unternehmensstrategie in die Erfolgs- und Finanzplanung
des Unternehmens, wobei in den zusätzlichen Perspektivfeldern durch die benannten
Kennzahlen sowohl Steuerungs- als auch Kontrollinformationen generiert werden, die die
monetäre Planung ergänzen. Diese Ergänzung ist insbesondere deshalb wichtig, weil bei
den quantifizierten Erfolgsfaktoren häufig ein zeitlicher Vorlauf vor den monetären Kennzahlen zu konstatieren ist,[621] den die Unternehmensführung für verbesserte, weil früh-
zeitiger mögliche, Steuerungsaktionen nutzen kann. Außerdem erlauben die disag-
gregierten Erfolgsfaktoren oft eine gezieltere Führung.

---

[618] Vgl. Horváth, P./Gleich, R.: Controlling und Risikomanagement, 2000, S. 116; Reichmann, T.:
Controlling, 2011, S. 589-594.
[619] Vgl. Zündorf, H./Burger, K. M.: Risikomanagement, 2000, S. 738.
[620] Entnommen aus Müller, S.: Management-Rechnungswesen, 2003, S. 351.
[621] Vgl. Müller, A.: Gewinnung, 2001, S. 215-216.

Abbildung 6.9   Integration des BSC-Ansatzes in die Erfolgs- und Finanzlenkung von
                      Unternehmen

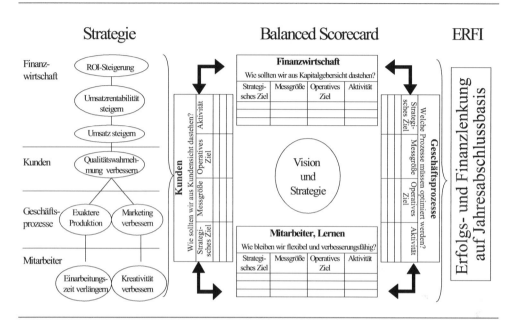

Auf der Grundlage dieser umfassenden, neben den monetären Daten auch auf weiteren quantitativen und quantifizierten qualitativen Daten basierenden Abbildung des Unternehmens kann der Unternehmensführungsprozess durch das Controlling optimiert unterstützt werden. Dabei ist auf die sachliche, zeitliche und hierarchische **Integrationsnotwendigkeit der Datenbasis** zu achten, so dass es nicht zu einem unverbundenen Nebeneinander von qualitativen und monetären Daten kommt. Vielmehr müssen die integrierten Daten in aufspaltbarer und disaggregierbarer Form vorgehalten werden, um daraus über die verschiedenen Controllinginstrumente zweckgemäß periodisch wiederkehrend oder fallweise Informationen zur Unterstützung der Unternehmensführung generieren zu können. Auf diese Weise entfaltet das Controlling seine effektivierende Wirkung für die Qualität der Führungsentscheidungen, wodurch es selbst zu einem zentralen Erfolgsfaktor für die Unternehmung wird.

6.5   Fallstudie

In den vorangegangenen Kapiteln sind konzeptionelle Grundstrukturen für Controlling-Kennzahlensysteme dargestellt worden. Die endgültige Entscheidung über Art, Umfang und Ausgestaltung eines Führungs-Kennzahlensystems muss firmenspezifisch getroffen werden, z.B. dahingehend, inwieweit man über quantitativ fundierte Kennzahlen auf operativer Basis hinaus auch strategische oder qualitative Aspekte in das Kennzahlen-Armaturenbrett aufnehmen will. Im ersten Fall müsste das Kennzahlensystem z.B. um Erfolgsfaktorenaspekte erweitert werden, im zweiten Fall wären z.B. Balanced Scorecard-Strukturen zu verwirklichen. Die dazu erforderlichen Rechnungswesen-Datenergänzungen und zusätzlich entstehenden Controllingmöglichkeiten werden in Kapitel 6.5.2 beahndelt. Unabhängig von diesen Erweiterungen bieten jedoch auch **Kennzahlensysteme auf konventioneller Basis**, z.B. mit den klassischen Komponenten der Erfolgs- und Finanzlenkung, wertvolle Führungsunterstützung. Mit dem nachfolgenden **Fallbeispiel** in Kapitel 6.5.1 sollen diese Möglichkeiten verdeutlicht werden.

6.5.1   Controlling mit konventionellen Jahresabschlussdaten

Kennzahlensysteme auf Basis konventioneller, originär-quantitativer Daten aus Jahresabschluss und Rechnungswesen sind ein Zentralbestandteil des Controllinginstrumentariums. Nachfolgend sollen an einem Praxisbeispiel (Ausgangsdaten laut den Tabellen 6.1-6.3) die damit gegebenen Erkenntnis- und Gestaltungsmöglichkeiten aufgezeigt werden. Bei dem Beispielunternehmen handelt es sich um ein Unternehmen der Metall verarbeitenden Industrie, in welchem Stanzteile für unterschiedliche Abnehmer, wie z.B. Automobilindustrie, Maschinenbau oder Flugzeugbau, hergestellt werden. Es handelt sich um ein mittelständisches Unternehmen. Die Bilanzen und Erfolgsrechnungen des Unternehmens sind nachstehend für die letzten vier Jahre wiedergegeben, wobei J1 jeweils das aktuellste Istjahr darstellt.

Tabelle 6.1 Fallstudie: Ausgangsdaten Aktiva (Angaben in T€)

Bilanz Aktiva	J4 22.800	J3 24.700	J2 27.150	J1 26.250
A. Anlagevermögen	**9.500**	**10.400**	**11.600**	**13.550**
I. Immaterielle Vermögensgegenstände	0	0	0	400
1. Selbst geschaffene gewerbliche Schutzrechte und ähnliche Rechte und Werte	0	0	0	0
2. Entgeltlich erworbene Konzessionen, gew. Schutzrechte und ähnliche Rechte und Werte	0	0	0	200
3. Geschäfts- oder Firmenwert	0	0	0	200
4. Geleistete Anzahlungen	0	0	0	0
II. Sachanlagen	5.800	6.300	7.300	7.650
1. Grundstücke, grundstücksgleiche Rechte und Bauten einschl. der Bauten auf fremden Grundstücken	4.200	5.000	5.600	5.900
2. Technische Anlagen und Maschinen	1.400	1.200	1.000	1.050
3. Andere Anlagen, Betriebs- und Geschäftsausstattung	200	100	500	700
4. Geleistete Anzahlungen und Anlagen im Bau	0	0	200	0
III. Finanzanlagen	3.700	4.100	4.300	5.500
1. Anteile an verbundenen Unternehmen	500	500	500	700
2. Ausleihungen an verbundene Unternehmen	0	0	0	200
3. sonstige Beteiligungen	3.200	3.600	3.800	3.900
4. Ausleihungen an Unternehmen, mit denen ein Beteiligungsverhältnis besteht	0	0	0	200
5. Wertpapiere des Anlagevermögens	0	0	0	500
6. Sonstige Ausleihungen	0	0	0	0
B. Umlaufvermögen	**13.300**	**14.300**	**15.550**	**12.700**
I. Vorräte	6.400	7.300	7.900	7.200
1. Roh-, Hilfs- und Betriebsstoffe	2.800	3.100	3.300	3.300
2. Unfertige Erzeugnisse, unfertige Leistungen	0	0	0	0
3. Fertige Erzeugnisse und Waren	3.500	4.000	4.300	3.800
4. Geleistete Anzahlungen	100	200	300	100
II. Forderungen und sonstige Vermögensgegenstände	4.600	4.800	5.650	4.790
1. Forderungen aus Lieferungen und Leistungen	3.000	3.100	2.900	3.240
2. Forderungen gegen verbundene Unternehmen	0	0	0	0
3. Forderungen gegen Unternehmen, mit denen ein Beteiligungsverhältnis besteht	0	0	350	350
4. Sonstige Vermögensgegenstände	1.600	1.700	2.400	1.200
III. Wertpapiere	0	0	0	0
1. Anteile an verbundenen Unternehmen	0	0	0	0
2. Sonstige Wertpapiere	0	0	0	0
IV. Schecks, Kassenbestand, Bundesbank- und Postgiroguthaben, Guthaben bei Kreditinstituten	2.300	2.200	2.000	710
C. Rechnungsabgrenzungsposten	0	0	0	0
D. Aktive latente Steuern	0	0	0	0
E. Aktiver UB aus der Vermögensverrechnung	0	0	0	0

Tabelle 6.2　Fallstudie: Ausgangsdaten Passiva (Angaben in T€)

Bilanz / Passiva	J4	J3	J2	J1
Passiva	22.800	24.700	27.150	26.250
A. Eigenkapital	7.050	7.750	7.950	8.760
I. Gezeichnetes Kapital	5.500	5.800	5.900	6.400
II. Kapitalrücklage	0	0	0	0
III. Gewinnrücklagen	1.250	1.450	1.950	2.260
1. Gesetzliche Gewinnrücklage	0	0	0	0
2. Gewinnrücklage für eigene Anteile	0	0	0	0
3. Satzungsmässige Gewinnrücklage	0	0	0	0
4. Andere Gewinnrücklagen	1.250	1.450	1.950	2.260
IV. Gewinnvortrag/Ve rlustvortrag	0	0	0	0
V. Bilanzgewinn/Bilanzverlust	300	500	100	100
VI. Jahresüberschuss/Jahresfehlbetrag	0	0	0	0
B. Rückstellungen	5.850	6.550	6.950	7.550
1. Rückstellungen für Pensionen und ähnliche Verpflichtungen	3.000	3.400	3.700	4.100
2. Steuerrückstellungen	250	350	350	350
3. Sonstige Rückstellungen	2.600	2.800	2.900	3.100
C. Verbindlichkeiten	9.900	10.400	12.250	9.940
1. Anleihen,	0	0	0	0
- davon fällig vor Ablauf eines Jahres	0	0	0	0
2. Verbindlichkeiten gegenüber Kreditinstituten,	7.500	8.100	8.900	7.000
- davon fällig vor Ablauf eines Jahres	4.700	5.300	6.100	4.500
- davon mit einer RLZ von mwehr als 5 Jahren	2.800	2.800	2.800	2.500
3. Erhaltene Anzahlungen auf Bestellungen,	0	0	350	0
- davon fällig vor Ablauf eines Jahres	0	0	350	0
4. Verbindlichkeiten aus Lieferungen und Leistungen,	1.900	1.800	2.000	1.740
- davon fällig vor Ablauf eines Jahres	0	0	0	1.740
5. Verbindlichkeiten aus der Annahme, gezogener Wechsel und der Ausstell ung eigener Wechsel,	0	0	200	200
- davon fällig vor Ablauf eines Jahres	0	0	200	200
6. Verbindlichkeiten gegenüber verb. Unternehmen,	400	400	400	700
- davon fällig vor Ablauf eines Jahres	400	400	400	700
7. Verbindlichkeiten gegenüber Unternehmen, mit denen ein Beteiligungsverhältnis besteht,	0	0	300	20	0
- davon fällig vor Ablauf eines Jahres	0	0	300	200
8. Sonstige Verbindlichkeiten,	100	100	100	100
- davon aus Steuern	0	0	0	0
- davon fällig vor A blauf eines Jahres	100	100	100	100
D. Rechnungsabgrenzungsposten	0	0	0	0
E. Passive latente Steuern	0	0	0	0

Tabelle 6.3   Fallstudie: Ausgangsdaten Gewinn- und Verlustrechnung (Angabe in T€)

GuV (Gesamtkostenverfahren)	J4	J3	J2	J1
1. Umsatzerlöse	11.300	12.600	13.800	17.300
2. Erhöhung oder Verminderung des Bestandes an fertigen und unfertigen Erzeugnissen	200	400	200	-300
3. Andere aktivierte Eigenleistungen	0	0	0	0
4. Sonstige betriebliche Erträge,	850	1.000	2.000	1.500
- davon Versicherungsentschädigung	0	0	0	1.000
5. Materialaufwand	6.300	7.100	9.100	10.200
5a Aufwendungen für Roh-, Hilfs- und Betriebsstoffe für bezogene Waren	6.300	7.000	8.300	8.500
5b Aufwendungen für bezogene Leistungen	0	100	800	1.700
6. Personalaufwand	2.800	3.000	3.200	4.020
6a Löhne und Gehälter	2.800	3.000	3.200	4.020
6b Soziale Abgaben und Aufwendungen für Altersversorgung und für Unterstützung,	0	0	0	0
- davon für Altersversorgung	0	0	0	0
7. Abschreibungen	400	500	500	850
7a auf immaterielle Vermögensgegenstände des Anlagevermögens und Sachanlagen sowie auf aktivierte Aufwendungen für die Ingangsetzung und Erweiterung des Geschäftsbetriebes	400	500	500	850
7b auf Vermögensgegenstände des Umlaufvermögens, soweit diese die in der Kapitalgesellschaft üblichen Abschreibungen überschreiten	0	0	0	0
8. Sonstige betriebliche Aufwendungen,	1.900	2.000	1.800	2.400
- davon Brandschaden-Beseitigung	0	0	0	500
9. Erträge aus Beteiligungen	0	0	0	300
- davon aus verbundenen Unternehmen	0	0	0	300
10. Erträge aus anderen Wertpapieren und Ausleihungen des Finanzanlagevermögens,	0	0	0	100
- davon aus verbundenen Unternehmen	0	0	0	0
10a Erträge aus Gewinngemeinschaften, Gewinnabführungs- und Teilgewinnabführungsverträgen	0	0	0	100
11. Sonstige Zinsen und ähnliche Erträge,	100	100	100	110
- davon aus verbundenen Unternehmen	0	0	0	0
12. Abschreibungen auf Finanzanlagen und auf Wertpapiere des Umlaufvermögens	0	0	0	400
12a Aufwendungen aus Verlustübernahme	0	0	0	0
13. Zinsen und ähnliche Aufwendungen	100	200	300	530
- davon aus verbundenen Unternehmen	0	0	0	0
14. Ergebnis der gewöhnlichen Geschäftstätigkeit	950	1.300	1.200	710

GuV (Gesamtkostenverfahren)	J4	J3	J2	J1
15. Außerordentliche Erträge	250	0	0	700
16. Außerordentliche Aufwendungen	300	0	0	500
17. Außerordentliches Ergebnis	-50	0	0	200
18. Steuern vom Einkommen und vom Ertrag	400	600	500	400
- Latente Steueraufwendungen	0	0	0	0
- Latente Steuererträge	0	0	0	0
19. Sonstige Steuern	0	100	100	100
20. Jahresergebnis nach EE-Steuern (JÜ/JF)	500	600	600	410
20a Erträge aus Verlustübernahme	0	0	0	0
20b Abführungen wegen Gewinngemeinschaft	0	0	0	0
21. Gewinnvortrag/Verlustvortrag aus dem Vorjahr	0	0	0	0
22. Entnahmen aus der Kapitalrücklage	0	0	0	0
22a Einstellung in die Kapitalrücklage nach den Vorschriften				
über die vereinfachte Kapitalherabsetzung	0	0	0	0
23. Entnahmen aus Gewinnrücklagen	0	0	0	0
24. Einstellungen in Gewinnrücklagen	200	100	500	310
25. Bilanzgewinn/Bilanzverlust	300	500	100	100

Die Bilanzstrukturen erscheinen ausgewogen. Bei einer Bilanzsumme von 26,25 Mio. € im letzten Istjahr J1 machen Anlagevermögen und Umlaufvermögen in etwa je die Hälfte der Bilanzsumme aus. Der Eigenkapitalanteil beträgt bei Berechnung mit den Bilanzwerten 33,3 %, was als auskömmlich gelten kann. Rückstellungen von 28,8 % und Verbindlichkeiten von 37,9 % in J1 wirken ebenfalls nicht problematisch.

Die GuV ist gekennzeichnet durch ein starkes Umsatzwachstum, allein im Jahr J1 von 25,4 %. Dem stehen im gleichen Jahr Zunahmen des Materialaufwandes um 12,1 % und des Personalaufwandes um 25,6 % gegenüber. Das Jahr J1 wird allerdings durch das Sonderereignis eines Betriebsbrandes verzerrt, welches zum einen eine Versicherungszahlung aus der Betriebsunterbrechungsversicherung in Höhe von 1,0 Mio. € (im sonstigen betrieblichen Ertrag) sowie zusätzliche sonstige betriebliche Aufwendungen zur Abraumbeseitigung durch ein Spezialunternehmen in Höhe von 0,50 Mio. € erfordert.

Trotz der beachtlichen Zunahme des Umsatzes in J1 sinkt allerdings das Ergebnis der gewöhnlichen Geschäftätigkeit von 1,20 Mio. € im Vorjahr J2 auf 0,71 Mio. € in J1, und das Jahresergebnis sinkt von 0,60 Mio. € in J2 auf 0,41 Mio. € in J1 – dem niedrigsten Wert im Betrachtungszeitraum!

Eine sachgemäße Interpretation von GuV-Zahlen erfordert aber, dass bilanzpolitische, periodenfremde und unregelmäßige Sondereinflüsse aus den Daten eliminiert werden, um ein Bild von der ordentlichen, nachhaltigen Erfolgssituation des Unternehmens zu erhalten. **Tabelle 6.4** gibt die **Erfolgsspaltung** für das Beispielunternehmen wieder.

Tabelle 6.4   Fallstudie: Erfolgsspaltung (Angaben in T€)

Ordentliches Betriebsergebnis (OBE)		J4	J3	J2	J1
1	Umsatzerlöse	11.300	12.600	13.800	17.300
+/- 2	Bestandsveränderung Erzeugnisse	200	400	200	-300
+ 3	Andere aktivierte Eigenleistungen	0	0	0	0
=	Gesamtleistung	11.500	13.000	14.000	17.000
+ aus 4	Ordentliche sonstige betriebliche Erträge	600	700	400	500
=	Betriebsertrag	12.100	13.700	14.400	17.500
- 5a	Aufw. für RHB-Stoffe und bez. Waren	6.300	7.000	8.300	8.500
- 5b	Aufw. für bezogene Leistungen	0	100	800	1.700
=	Rohertrag	5.800	6.600	5.300	7.300
- 6a	Löhne und Gehälter	2.800	3.000	3.200	4.020
- 6b	Soziale Aufwendungen	0	0	0	0
- aus 7	Planmäßige Abschreibungen auf AV	400	500	500	850
- aus 8	Ordentliche sonstige betriebliche Aufwendungen	1.400	1.500	1.600	1.900
- 19	Sonstige Steuern	0	100	100	100
+	Korrektur um funktional verteilte Kosten apl., periodenfremder oder bewertungspolit. Natur	0	0	0	0
=	Ordentliches Betriebsergebnis (OBE)	1.200	1.500	-100	430

Ordentliches Finanzergebnis (OFE)		J4	J3	J2	J1
9	Erträge aus sonstigen Beteiligungen	0	0	0	300
	(davon aus verbundenen Unternehmen)	0	0	0	300
+ 10	Erträge aus anderen Wertpapieren und Ausleihungen des Finanzanlagevermögen	0	0	0	100
	(davon aus verbundenen Unternehmen)	0	0	0	0
+ 10a	Erträge aus Gewinngem., Gewinnabführung	0	0	0	100
+ 11	sonstige Zinsen und ähnliche Erträge	100	100	100	110
	(davon aus verbundene Unternehmen)	0	0	0	0
=	Finanzerträge	100	100	100	610
12	planmäßige Abs. FAV und WPUV	0	0	0	0
+ 12a	Aufw. aus Verlustübernahme	0	0	0	0
+ 13	Zinsen und ähnl. Aufwendungen	100	200	300	530
	(davon aus verbundenen Unternehmen)	0	0	0	0
=	Finanzaufwendungen	100	200	300	530
	Finanzerträge	100	100	100	610
-	Finanzaufwendungen	100	200	300	530
=	Ordentliches Finanzergebnis (OFE)	0	-100	-200	80

Ordentliches Jahresergebnis (OJE)	J4	J3	J2	J1
Ordentliches Betriebsergebnis	1.200	1.500	-100	430
+ Ordentliches Finanzergebnis	0	-100	-200	80
= Ordentliches Jahresergebnis (OJE)	1.200	1.400	-300	510

Unregelmäßiges Jahresergebnis (UJE)	J4	J3	J2	J1
aus 4 Unregelm. sonstiger betrieblicher Erträge	250	300	1.600	1.000
- aus 8 Unregelm. sonst. betriebl. Aufwendungen	500	500	200	500
- außerplanmäßige Abschreibungen UV	0	0	0	0
- außerplanmäßige Abschreibungen AV	0	0	0	400
- weitere unregelmäßige Komponenten, die in OBE und OFE nicht enthalten sind	0	0	0	0
= Unregelmäßiges Jahresergebnis (UJE)	-250	-200	1.400	100
Außerordentliches Ergebnis im engeren Sinne (gem. GuV)	-50	0	0	200

Ergebnis der gewöhnlichen Geschäftstätigkeit (EGGT)	J4	J3	J2	J1
Ordentliches Jahresergebnis	1.200	1.400	-300	510
+ Unregelmässiges Jahresergebnis	-250	-200	1.400	100
= Ergebnis der gewöhnlichen Geschäftstätigkeit (EGGT)	950	1.200	1.100	610

Ergebnis vor EE-Steuern	J4	J3	J2	J1
Ordentliches Jahresergebnis	1.200	1.400	-300	510
+ Außerordentliches Ergebnis incl. UJE	-300	-200	1.400	300
= Ergebnis vor EE-Steuern	900	1.200	1.100	810

Ergebnis nach EE-Steuern	J4	J3	J2	J1
Ergebnis vor EE-Steuern	900	1.200	1.100	810
- EE-Steuern	400	600	500	400
= Ergebnis nach EE-Steuern (Jahresüberschuss/-fehlbetrag)	500	600	600	410

Im vorliegenden Fall ergibt die Erfolgsspaltung, dass das ordentliche Jahresergebnis von J2 zu J1 einen deutlichen turn-around vollzieht, von –0,3 Mio. € in J2 auf 0,51 Mio. € in J1. Das unregelmäßige Jahresergebnis mit den bilanzpolitischen und den zufallsbedingten Einflüssen nimmt dagegen von 1,4 Mio. € in J2 auf 0,1 Mio. € in J1 ab, was belegt, dass das Jahresergebnis nicht mehr durch Sonderfaktoren im Nettoeffekt gestützt wird (werden muss). Im Lichte der Erfolgsspaltung ist also nicht das letzte Jahr J1, sondern das Vorjahr J2 das erfolgsmäßige Problemjahr, da dort das ordentliche Jahresergebnis hoch negativ ausgefallen ist, während in J1 bereits eine markante Verbesserung eintritt.

Zur Abrundung der Erfolgslagebeurteilung dient eine Betrachtung des Cashflows. Beim Cashflow handelt es sich um die aus Erfolgsprozessen selbst erwirtschaftete Liquidität, die als Maß für die Zukunftskraft des Unternehmens gelten kann. Bei überschlägiger Ermittlung steigt der Cashflow im Jahr J1 auf einen Höchstwert im Betrachtungszeitraum von 2,26 Mio. €. Eine genaue Ermittlung des Cashflow unter Einschluss der Cashflow-relevanten Bilanzbeständeänderungen ergibt sogar eine Höhe von 3,21 Mio. €. Aus dem Cashflow-Blickwinkel ist demnach das Jahr J1 äußerst erfolgsstark. **Tabelle 6.5** gibt die **Cashflow-Ermittlung** für das Beispielunternehmen wieder.

Tabelle 6.5   Cashflow-Ermittlung (Angaben in T€)

Cashflow (überschlägig - Kurzformel)	J3	J2	J1
Jahresergebnis nach Steuern	600	600	410
+ Abschreibungen (AV,UV)	500	500	1.250
+ Erhöhung der Rückstellungen	700	400	600
= Cashflow (überschlägig)	1.800	1.500	2.260

Cashflow (genau - indirekte Ermittlung)	J3	J2	J1
Jahresergebnis nach Steuern	600	600	410
+ Abschreibung auf AV (iAV SAV FAV)	500	500	1.250
+ Abschreibung auf UV	0	0	0
+ weitere nicht zahlungsbegl. Aufwendungen	0	0	0
- weitere nicht zahlungsbegleitete Erträge	0	0	0
- andere aktivierte Eigenleistungen	0	0	0
+/- nicht zahlungsbegl. Anteil AO-Ergebnis	0	0	0
= indirekt ermittelter Cashflow vor Cashflow-relevanten Beständeänderungen mit Zahlungswirkung	1.100	1.100	1.660
+/- Beständeänderungen mit Cashflow-Relevanz	-500	-200	1.550
= indirekt ermittelter Cashflow nach Beständeänderungen mit Cashflow-Relevanz	600	900	3.210

Beständeänderungen	J3	J2	J1
- Zunahme / + Abnahme RHB-Bestände	-300	-200	0
- Zunahme / + Abnahme Erzeugnis-- und Warenbestände	-500	-300	500
- Zunahme / + Abnahme der geleisteten Anzahlungen	-100	-100	200
- Zunahme / + Abnahme Forderungen und sonstige Vermögens-gegenstände			
Forderungen aus Lieferungen+Leistungen (L+L)	-100	200	-340
Forderungen gegen verbundene Unt., Beteiligungen sowie sonstige Vermögensgegenstände (jew. aus L+L)	-100	-1.050	1.200
+ Zunahme / - Abnahme der Rückstellungen	700	400	600
+ Zunahme / - Abnahme der Verbindlichkeiten			
Verbindlichkeiten aus Lieferungen+Leistungen	-100	200	-260
Verbindlichkeiten gegen verbundene Unt., Beteiligungen sowie sonstige Verbindlichkeiten (jeweils aus L+L)	0	300	0
+ Zunahme / - Abnahme der erhaltenen Anzahlungen	0	350	-350
Summe Beständeänderungswirkungen auf Cashflow (Working Capital-Effekt)	**-500**	**-200**	**1.550**

Fasst man die Resultate auf Basis der **zeitlich-vergleichenden Betrachtung** der Daten zusammen, kommt man zu einem widersprüchlichen Erkenntnisstand. Auf Basis der ausgewiesenen Erfolgszahlen der GuV ist das Jahr J1 das schlechteste Jahr mit einem Jahresergebnis von 0,41 Mio. €. Aufgrund eine Erfolgsspaltung kommt man zu dem Eindruck, dass das Vorjahr J2 das problematischste Jahr ist, da dort der absolute Tiefpunkt des ordentlichen Jahresergebnisses mit –0,3 Mio. € zu verzeichnen ist, während im Folgejahr J1 bereits ein massiver turn-around des ordentlichen Jahresergebnisses auf 0,51 Mio. € vorliegt. Diesen positiven Eindruck vom Jahr J1 bestätigt auch der Cashflow, der in J1 beeindruckende Maximalhöhen für die Betrachtungsperioden erreicht.

Die vorstehenden Resultate zur Erfolgslage des Unternehmens leiden aber unter dem Problem, dass sie zwar im zeitlichen Vergleich Entwicklungen verdeutlichen, wie z.B. Verbesserungen im ordentlichen Jahresergebnis und im Cashflow, jedoch die Frage offen lassen, inwieweit die Erfolgslage des Unternehmens absolut gesehen gut oder schlecht beurteilt werden muss. Diese Antwort ist erst durch einen **überbetrieblichen Vergleich** zu erhalten, in welchem im Sinne des Benchmarking die Daten des Unternehmens mit Branchendurchschnitten verglichen oder an Bestwerten aus vergleichbaren Unternehmen gemessen werden.

Nachfolgend soll dieser Erkenntnisprozess am Vergleich mit Branchendurchschnittswerten verdeutlicht werden. Um die Unternehmensdaten überbetrieblich beurteilbar zu machen, müssen sie als Relativzahlen formuliert werden, z.B. als Kapitalrentabilitäten, Umsatzrenditen, Umschlagshäufigkeiten oder Bilanzstrukturen, denn nur auf dieser Basis können die Zahlen – unabhängig von der Unternehmensgröße – verglichen werden. Nachfolgend geschieht eine Gegenüberstellung der Daten des betrachteten Unternehmens für das Jahr J1 mit ausgewählten Branchendurchschnittswerten des Sektors Metallwirtschaft. **Tabelle 6.6** gibt die entsprechenden Daten zu Rentabilitäten, Umsatzrentabilität und Umschlags-häufigkeit wieder, wobei für das Jahr J1 zum überbetrieblichen Vergleich entsprechende Branchendurchschnittswerte (DSJ1) mit ausgewiesen werden. Für die Berechnungen sind jedoch Bilanzwerte nicht immer unverändert zu übernehmen. Es gibt aufgrund von Aus-weiswahlrechten und betriebswirtschaftlichen Erwägungen die Notwendigkeit, bestimmte **Aufbereitungen** vorzunehmen.[622] Hier wird insbesondere der zur Ausschüttung an-stehende Bilanzgewinn aus dem Eigenkapital in das kurzfristige Fremdkapital um-gegliedert. Der Betrag steht nicht mehr als Haftungsbasis zur Verfügung, da er zum Zeit-punkt der Analyse bereits ausgeschüttet sein dürfte. Daher wird im Folgenden mit einem Eigekapital im Jahr J1 von 8.660 statt wie in der Bilanz ausgewiesen mit 8.760 T€ sowie einem entsprechend um 100 T€ erhöhten Fremdkapital gerechnet.

Tabelle 6.6   Fallstudie: Rentabilitätsanalyse

1.	Rentabilitäts-Analyse						
1.1	**Kapitalrentabilitäten**				**J1**	**DS J1**	**J3**	**J2**

					J1	DS J1	J3	J2
EK-Rentabilität	=	$\dfrac{\text{Jahresergebnis nach EE-St.}}{\text{Eigenkapital}}$	=	$\dfrac{410}{8.660}$ =	4,73%	9,20%	8,28%	7,64%
GK-Rentabilität	=	$\dfrac{\text{JE n. EE-ST. + FK-Aufwand}}{\text{Gesamtkapital}}$	=	$\dfrac{940}{26.250}$ =	3,58%		3,24%	3,31%
ROI	=	$\dfrac{\text{Jahresergebnis nach EE-St.}}{\text{Gesamtkapital}}$	=	$\dfrac{410}{26.250}$ =	1,56%	3,40%	2,43%	2,21%
Ordentl. JE-Rent.	=	$\dfrac{\text{Ordentl. JE v. EE-St.}}{\text{Gesamtkapital}}$	=	$\dfrac{510}{26.250}$ =	1,94%		5,67%	-1,10%
Betriebsergeb.Rent.	=	$\dfrac{\text{Betriebsergebnis v. EE-St.}}{\text{Betriebsnotw. Vermögen}}$	=	$\dfrac{430}{20.750}$ =	2,07%		7,28%	-0,44%
Finanzergeb.Rent.	=	$\dfrac{\text{Finanzergebnis v. EE-St.}}{\text{Finanzvermögen}}$	=	$\dfrac{80}{5.500}$ =	1,45%		-2,44%	-4,65%

1.2	**Umsatzrentabilitäten**				**J1**	**DS J1**	**J3**	**J2**
Umsatzrentabilität	=	$\dfrac{\text{Jahresergebnis n. EE-St.}}{\text{Umsatz}}$	=	$\dfrac{410}{17.300}$ =	2,37%	2,00%	4,76%	4,35%
Umsatzrentabilität der Betriebstätigkeit	=	$\dfrac{\text{Betriebsergebnis v. EE-St}}{\text{Umsatz}}$	=	$\dfrac{430}{17.300}$ =	2,49%	2,50%	11,90%	0,72%

1.3	**Kapitalumschlagshäufigkeiten**				**J1**	**DS J1**	**J3**	**J2**
Kapitalumschlagshäufigkeit	=	$\dfrac{\text{Umsatz}}{\text{betriebsnotwendiges Vermögen}}$	=	$\dfrac{17.300}{20.750}$ =	0,83 mal	1,90 mal	0,61 mal	0,60 mal

---

[622] Vgl. Lachnit, L.: Bilanzanalyse, 2004, S. 15-25.

Ein Vergleich der Eigenkapitalrentabilität in J1 zeigt, dass das Beispielunternehmen nur rund die Hälfte der branchenüblichen Rentabilität erzielt. Eine Betrachtung des ROI bestätigt diese Rentabilitätsschwäche des Beispielunternehmens. Eine tiefergehende **Rentabilitätsanalyse** muss prinzipiell auf die beiden Teilaspekte Umsatzrentabilität – als Ausdruck für Markterfolg und Kosteneffizienz des Unternehmens – und Kapital- bzw. Vermögensumschlagshäufigkeit – als Ausdruck für die Nutzungsintensität des Vermögens und die Prozessketteneffizienz – eingehen. Im vorliegenden Beispielfall ergibt sich eine **Umsatzrentabilität** in Höhe des branchendurchschnittlichen Wertes von rund 2,4 %, d.h. die Umsatzrentabilität des Unternehmens ist offenbar nicht der Grund für die Kapitalrenditeschwäche des Beispielunternehmens. Dies deckt sich auch mit der Tatsache des massiven Umsatzwachstums, welches belegt, dass die Marktakzeptanz der Produkte des Unternehmens hoch ist. Das schließt allerdings im Einzelnen nicht aus, dass in einer tiefergehenden produktgruppen- oder segmentbezogenen Betrachtung Teilschwächen angetroffen werden, aber zunächst ist – over all – im Beispielunternehmen hier nicht weiter zu vertiefen.

Wenn die Umsatzrentabilität nicht das ursächliche Problem für die Kapital- bzw. Vermögensrenditeschwäche ist, verbleibt als Grund nur die zweite Komponente – die **Umschlagshäufigkeit** von Vermögen bzw. Kapital, d.h. die Logistik- und Prozesskett_eneffizienz des Unternehmens. Im Beispielfall beträgt die Umschlagshäufigkeit des Betriebsvermögens 0,83 mal pro Jahr gegenüber einem Branchendurchschnittswert von 1,90 mal, was eine deutliche Schwachstelle markiert. Bei branchendurchschnittlichen Gegebenheiten müsste das Beispielunternehmen entweder mit dem vorhandenen Vermögen mehr als doppelt so viel, d.h. rund 39,0 Mio. € statt 17,3 Mio. € Umsatz erwirtschaften oder den erreichten Umsatz von 17,3 Mio. € mit weniger als der Hälfte des jetzt gegebenen Vermögens von 26,25 Mio. € erzielen. Offenbar existiert im Beispielunternehmen ein beträchtliches ökonomisch ineffizientes Vermögen, in einer Größenordnung von über 10 Mio. €, welches die Rentabilität erheblich belastet und unnötig Kosten und Risiken verursacht.

Bei einer Diagnose dahingehend, dass es Vermögensineffizienzen gibt, muss eine Betrachtung der **Vermögensstruktur** anschließen, um die ineffizienten Vermögensteile zu lokalisieren. Eine Analyse der Vermögensstruktur des Beispielunternehmens zeigt, dass im Vergleich zum Branchendurchschnitt die Anlagevermögens-Intensität rund 15 % höher liegt, d.h. bei einer Bilanzsumme von 96,25 Mio. € rund 4,0 Mio. € Anlagevermögen mehr als im Branchendurchschnitt üblich gehalten werden. Falls dies z.B. erhöhte Anlageintensitäten zur Effizienzsteigerung wären, z.B. technologisch höherwertige Arbeitsplatzausstattungen, müsste sich das in einer entsprechend höheren Umsatzrentabilität auswirken, was allerdings im vorliegenden Beispiel nicht der Fall ist. Damit verbleibt Ineffizienz als Diagnose. Nicht minder interessant ist die Diagnose der **Forderungsintensität**. Die Quote liegt im Beispielunternehmen rund 10 % unter den durchschnittlichen Gegebenheiten. Dieser zunächst eventuell positive Eindruck wird problematisch, sobald man die Ausstattung mit liquiden Mitteln einbezieht. Die liquide Mittel-Intensität beträgt im Beispielunternehmen 2,7 % (liquide Mittel 0,31 Mio. € zu Bilanzsumme 26,25 Mio. €), während im Branchendurchschnitt rund 9 % Liquiditätsquote üblich sind. Zusammengefasst beträgt die Ausstattung des Beispielunternehmens mit liquiden Mitteln und liquiditätsnahen Lieferforderungen rund 21 %, während im Branchendurchschnitt hierfür rund 37 % die Regel sind. Dies bedeutet eine Liquiditätsunterversorgung des Beispielunternehmens in der Bilanzstruktur von rund 16 % der Bilanzsumme von 26,25 Mio. €, d.h. von rund 4,2 Mio. €. Der im Anlagevermögen überinvestierte Betrag fehlt offenbar in der Liquiditätsausstattung des Unternehmens, ohne dass diese Schieflage in der Vermögensstruktur in der Rentabilität des Unternehmens – sozusagen als Risikokompensation – vergolten würde. Hier muss die Unternehmensführung korrigierend eingreifen. Die **Tabelle 6.7** zeigt die vorstehend behandelten sowie weitere anschließend betrachtete Kennzahlen zur beständebezogenen Finanzanalyse auf.

Bei Mängeln in der **Umschlagshäufigkeit des Vermögens** und in der Prozessketteneffizienz liegen oft Fehlentwicklungen im Umlaufvermögen, insbesondere in den Vorräten und in den Lieferforderungen, vor. Daher ist eine Überprüfung dieser Positionen unerlässlich. Im vorliegenden Beispielfall ist für die Bestände an RHB-Stoffen und Erzeugnissen zusammengenommen mit Bezug auf den Umsatz eine Beständereichweite von 148 Tagen festzustellen (Vorräte 7,1 Mio. € zu Umsatz 17,3 Mio. € mal 360 Tage). Die entsprechende Vorrätereichweite beträgt im Branchendurchschnitt nur 51 Tage. Dies besagt, dass im Beispielunternehmen massive Fehlentwicklungen in der Vorrätewirtschaft eingerissen sind, da man rund dreimal soviel Vorräte als im Branchendurchschnitt üblich hält. Von den 7,1 Mio. € Vorrätebestand sind rund 5,0 Mio. € wahrscheinlich unnötig, d.h. abbaufällig. Eine Begründung für diese höheren Vorräte dahingehend, sie würden Erfolgsfaktoren sein, z.B. durch Sicherung erhöhter Lieferbereitschaft und Kundenbedienung, ist obsolet, denn dann müsste eine höhere als nur die durchschnittliche Umsatzrentabilität erzielt werden.

Ergänzend zur Vermögensanalyse ist eine **Betrachtung der Kapitalseite** des Unternehmens vorzunehmen, um zu klären, ob auch auf der Kapitalseite Problemfelder zu verorten sind. Im vorliegenden Beispielfall belegen die Daten allerdings eine große Übereinstimmung mit branchendurchschnittlichen Kapitalstrukturgegebenheiten, z.B. testweise überprüfbar in der Eigenkapitalquote oder dem kurzfristigen Fremdkapital-Anteil. Als Fazit bleibt festzuhalten, dass im Beispielunternehmen – trotz großer Problemfelder auf der Vermögensseite – die Kapitalseite erstaunlich branchennormal und unauffällig strukturiert ist. Dies gilt in abgeschwächtem Umfang auch für die lang- und kurzfristigen Deckungsrelationen.

Das Beispielunternehmen hat offenbar, trotz ausgewiesener positiver Gewinne, deutliche Renditeprobleme. Zur Abrundung der Betrachtung empfiehlt sich eine **wertorientierte Analyse**, z.B. mit Hilfe des Economic Value Added©-Ansatzes. **Tabelle 6.8** verdeutlicht die entsprechenden Hintergrunddaten.

Tabelle 6.7   Fallstudie: Beständebezogene Finanzanalyse

2.   Beständebezogene Finanzanalyse

2.1   Investitionsanalyse

2.1.1 Kennzahlen zur Vermögensstruktur				J1	DS J1	J3	J2
Anlagevermögens-intensität	$=$ $\dfrac{\text{Anlagevermögen}}{\text{Gesamtvermögen}}$	$=$ $\dfrac{13.550}{26.250}$	$=$	51,62%	37,00%	42,11%	42,73%
Finanzanlagevermögens-intensität	$=$ $\dfrac{\text{Finanzanlagevermögen}}{\text{Gesamtvermögen}}$	$=$ $\dfrac{5.500}{26.250}$	$=$	20,95%	15,10%	16,60%	15,84%
Vorräte-Intensität	$=$ $\dfrac{\text{Vorräte}}{\text{Gesamtvermögen}}$	$=$ $\dfrac{7.200}{26.250}$	$=$	27,43%	20,00%	29,55%	29,10%
Forderungen-Intensität	$=$ $\dfrac{\text{Forderungen}}{\text{Gesamtvermögen}}$	$=$ $\dfrac{4.790}{26.250}$	$=$	18,25%	28,20%	19,43%	20,81%

2.1.2 Kennzahlen zu den Vermögens-Umschlagsgegebenheiten (Umschlagshäufigkeit bzw. Bindungsdauer [UH/BD])				J1	DS J1	J3	J2
Vorräte-BD	$=$ $\dfrac{\text{RHB-Stoffe und Erzeugnisse}}{\text{Umsatz}}$	$=$ $\dfrac{7.100}{17.300}$	$=$	148 Tage	51 Tage	203 Tage	198 Tage
Lieferforderungs-BD	$=$ $\dfrac{\text{Lieferforderungen}}{\text{Umsatz}}$	$=$ $\dfrac{3.240}{17.300}$	$=$	67 Tage	60 Tage	89 Tage	76 Tage

2.2   Finanzierungsanalyse

2.2.1 Eigenkapitalanalyse				J1	DS J1	J3	J2
EK-Anteil	$=$ $\dfrac{\text{Eigenkapital}}{\text{Gesamtkapital}}$	$=$ $\dfrac{8.660}{26.250}$	$=$	32,99%	33,10%	29,35%	28,91%

2.2.2 Fremdkapitalanalyse				J1	DS J1	J3	J2
Langfr. FK-Anteil	$=$ $\dfrac{\text{Langfr. Fremdkapital}}{\text{Gesamtkapital}}$	$=$ $\dfrac{6.600}{26.250}$	$=$	25,14%		25,10%	23,94%
Mittelfr. FK-Anteil	$=$ $\dfrac{\text{Mittelfr. Fremdkapital}}{\text{Gesamtkapital}}$	$=$ $\dfrac{350}{26.250}$	$=$	1,33%		8,70%	8,66%
Kurzfr. FK-Anteil	$=$ $\dfrac{\text{Kurzfr. Fremdkapital}}{\text{Gesamtkapital}}$	$=$ $\dfrac{10.640}{26.250}$	$=$	40,53%	41,00%	36,84%	38,49%

2.2.3 Weitere Kennzahlen zur Kapitalanalyse				J1	DS J1	J3	J2
Langfr. Kapital-Anteil	$=$ $\dfrac{\text{Langfr. Kapital}}{\text{Gesamtkapital}}$	$=$ $\dfrac{15.260}{26.250}$	$=$	58,13%		54,45%	52,85%

2.3   Beständebezogene Liquiditätsanalyse / Deckungsrelationen

2.3.1 Lang- und mittelfristige Deckungsrelationen				J1	DS J1	J3	J2
Deckungsgrad B	$=$ $\dfrac{\text{Langfr. Kapital}}{\text{Anlagevermögen}}$	$=$ $\dfrac{15.260}{13.550}$	$=$	112,62%	149,20%	129,33%	123,71%

2.3.2 Kurzfristige Deckungsrelationen				J1	DS J1	J3	J2
Working Capital	$=$	Umlaufvermögen - kurzfr. Fremdkapital	12.700 -10.640 $=$	2.060 T€		5.200 T€	5.100 T€
Liquid. 3. Grades	$=$ $\dfrac{\text{Umlaufvermögen}}{\text{Kurzfr. Fremdkapital}}$	$=$ $\dfrac{12.700}{10.640}$	$=$	119,36%	159,00%	157,14%	148,80%

Tabelle 6.8   Fallstudie: Wertorientierte Analyse

Wertorientierte Analyse	J3	J2	J1	
Ordentliches JE (vor Zinsaufwand)	1.600	0	1.040	ord. JE
Gesamtvermögen	24.700	27.150	26.250	
	6,48%	0,00%	3,96%	GESV
				+
Unregelmäßiges JE plus AOE	-200	1.400	300	UJE + AOE
Gesamtvermögen	24.700	27.150	26.250	
	-0,81%	5,16%	1,14%	GESV
				=
EBIT	1.400	1.400	1.340	EBIT
Gesamtvermögen	24.700	27.150	26.250	
	5,67%	5,16%	5,10%	GESV
				./.
Kapitalkosten	1.166	1.350	1.707	
- davon Fremdkapital	200	300	530	Kapital-
- davon Eigenkapital (14%)	966	1.050	1.177	kosten
Gesamtvermögen	24.700	27.150	26.250	
	4,72%	4,97%	6,50%	GESV
				./.
EE-Steuern	600	500	400	EE-Steuern
Gesamtvermögen	24.700	27.150	26.250	
	2,43%	1,84%	1,52%	GESV
				=
Economic Value Added (EVA)	-366	-450	-767	EVA
Gesamtvermögen	24.700	27.150	26.250	
	-1,48%	-1,66%	-2,92%	GESV

Wesentlich ist beim EVA©-Vorgehen, das auch die Eigenkapitalkosten vom Ergebnis abgezogen werden. Erst die danach verbleibende Größe kann als Wertschaffung nach Kostenbedienung aller Produktivfaktoren gesehen werden. Im vorliegenden Beispielfall zeigt sich eine negative Wertwirkung in allen drei betrachteten Jahren, mit sich vergrößernder negativer Wirkung bis auf eine Höhe von –0,76 Mio. € im Jahr J1.

In einem Controlling-Kennzahlensystem zur Lenkung der Erfolgs- und Finanzlage von Unternehmen ist auch eine Betrachtung von **Finanzflusskennzahlen** nötig. Im Beispielunternehmen hat der Cashflow im Jahr J1 einen im Betrachtungszeitraum absoluten Höchststand von 3,21 Mio. € erreicht. Dennoch sinkt der Liquiditätsbestand in der Bilanz auf ein kritisch niedriges Niveau von 0,71 Mio. €. Die Erklärung für diese Entwicklung findet sich z.B. in der nachstehend wiedergegebenen Cashflow-Verwendungsrechnung (**Tabelle 6.9**).

Tabelle 6.9   Fallstudie: Bewegungsbezogene Finanzanalyse (Angaben in T€)

Cashflow - Verwendungsrechnung	J1

Cashflow-Überschlägig - Verwendungsrechnung

Cashflow-ü	2.260
- Ersatzinvestitionen	1.250
= Cashflow-Deckungsbeitrag I	1.010
- Erweiterungs- u. Rationalisierungsinvestitionen	2.750
= Cashflow-Deckungsbeitrag II	-1.740
- Schuldentilgung	2.310
= Cashflow-Deckungsbeitrag III	-4.050
- Gewinnausschüttung	100
= Cashflow-Deckungsbeitrag IV	-4.150

Cashflow-Genau - Verwendungsrechnung

Cashflow-g	3.210
- Ersatzinvestitionen	1.250
= Cashflow-Deckungsbeitrag I	1.960
- Erweiterungs- u. Rationalisierungsinvestitionen	2.750
= Cashflow-Deckungsbeitrag II	-790
- Schuldentilgung	2.310
= Cashflow-Deckungsbeitrag III	-3.100
- Gewinnausschüttung	100
= Cashflow-Deckungsbeitrag IV	-3.200

Die Cashflow-Verwendungsrechnung zeigt, dass im Beispielunternehmen – wahrscheinlich nicht zuletzt veranlasst durch das Umsatzwachstum der Vergangenheit – eine massive Investitionskampagne gefahren wird. Bei einem Cashflow von 3,21 Mio. €, in welchem schon ein Cashflow-erhöhender Working Capital-Effekt von 1,55 Mio. € enthalten ist, werden Bruttoinvestitionen von 4,0 Mio. € durchgeführt. Zusätzlich werden Schulden-tilgungen von insgesamt 2,31 Mio. € vorgenommen, die wesentlich durch eine Reduktion der Bankverbindlichkeiten in Höhe von 1,9 Mio. € bestimmt sind. Letztendlich ist selbst bei genauer Rechnung zunächst noch eine Cashflow-Verwendungslücke von 3,2 Mio. € zu verzeichnen, die u.a. durch drastischen Abbau des Liquiditätsbestandes geschlossen werden muss.

Eine detaillierte Gegenüberstellung aller Einnahmen und Ausgaben der Periode J1 bietet die vollständige Finanzflussrechnung, wie in **Tabelle 6.10** für das Fallbeispiel dargestellt.

Tabelle 6.10   Fallstudie: Finanzflussrechnung/Cashflow-Statement
(Angaben in Mio. €)

Finanzflussrechnung/Cash Flow-Statement	J1
Erfolgstätigkeitsbereich	
Umsatzeinnahmen	16,61
+ Sonstige betr. Ertragseinnahmen	2,70
= Betriebliche Erfolgseinnahmen (1)	19,31
Material- u. Warenausgaben	10,06
+ Personalausgaben	3,62
+ Sonstige betriebliche Aufwandsausgaben	2,20
+ Sonstige Steuern	0,10
= Betriebliche Erfolgsausgaben (2)	15,98
= **Cash Flow aus betrieblichen Erfolgsvorgängen (1-2)**	**3,33**
Erträge aus Beteiligungen	0,30
+ Erträge aus anderen WP und Ausleihungen	0,10
+ Sonstige Zinsen und ähnliche Erträge	0,11
+ Erträge aus Verlustübernahme	0,00
+ Erträge aus Gewinngemeinsch. u.a.	0,10
= Finanzielle Erfolgseinnahmen (3)	0,61
Zinsen und ähnliche Aufwendungen	0,53
+ Aufwendungen aus Verlustübernahme	0,00
+ Aufwendungen aus Gewinngemeinschaften u.a.	0,00
= Finanzielle Erfolgsausgaben (4)	0,53
= **Cash Flow aus finanziellen Erfolgsvorgängen (3-4)**	**0,08**
Cash Flow aus betrieblichen Erfolgsvorgängen	3,33
+ Cash Flow aus finanziellen Erfolgsvorgängen	0,08
= **Cash Flow aus gewöhnlicher Geschäftstätigkeit**	**3,41**
Ausserordentliche Erfolgseinnahmen	0,70
+ Ausserordentliche Erfolgsausgaben	0,50
= **Cash Flow aus außerordentlichen Vorgängen**	**0,20**
Cash Flow aus gewöhnlicher Geschäftstätigkeit	3,41
+ Cash Flow aus a.o.-Vorgängen	0,20
= **Cash Flow vor EE-Steuern**	**3,61**
Cash Flow vor EE-Steuern	3,61
- EE-Steuern	0,40
= **Cash Flow nach EE-Steuern**	**3,21**

Investitionsbereich	J1
Desinvestitionseinnahmen durch Verkauf von:	
immateriellem Anlagevermögen	0,00
+ Sachanlagen	0,60
+ Finanzanlagen	0,20
= Desinvestitionseinnahmen (1)	0,80
Investitionsausgaben durch Kauf von:	
immateriellem Anlagevermögen	0,50
+ Sachanlagen	1,70
+ Finanzanlagen	1,80
= Investitionsausgaben (2)	4,00
= **Nettozahlungswirkung Investitionsbereich (1-2)**	**-3,20**

Finanzierungsbereich	J1
Erhöhung gezeichnetes Kapital	0,00
+ Erhöhung Kapitalrücklage	0,00
+ Eigenkapitaleinlage	0,50
+ Erhöhung Investitionszuschuss-RL	0,00
= Einnahmen im EK-Bereich (1)	0,50
Gewinnausschüttung, Bilanzgewinn des Vorjahres	0,10
+ Eigenkapitalentnahmen	0,00
+ Abnahme Investitionszuschuss-RL	0,00
= Ausgaben im EK-Bereich (2)	0,10
= **Nettozahlungswirkung Eigenkapital-Bereich (1-2)**	**0,40**
Einnahmen im FK-Bereich durch Erhöhung von:	
Anleihen	0,00
+ Verbindlichkeiten gegen Kreditinstituten	0,00
+ Verbindlichkeiten gegen verb. Unternehmen (ohne L+L)	0,30
+ Verbindlichkeiten gegen Beteiligungen (ohne L+L)	0,00
= Einnahmen im FK-Bereich (1)	0,30
Ausgaben im FK-Bereich durch Abnahme von:	
Anleihen	0,00
+ Verbindlichkeiten gegen Kreditinstituten	1,90
+ Verbindlichkeiten gegen verb. Unternehmen (ohne L+L)	0,00
+ Verbindlichkeiten gegen Beteiligungen (ohne L+L)	0,10
= Ausgaben im FK-Bereich (2)	2,00
= **Nettozahlungswirkung Fremdkapital-Bereich (1-2)**	**-1,70**

	Nettozahlungswirkung Eigenkapital-Bereich	0,40
+	Nettozahlungswirkung Fremdkapital-Bereich	-1,70
=	**Nettozahlungswirkung Finanzierungsbereich**	**-1,30**

Liquiditätswirkung (gesamt)		**J1**
	Cash Flow nach EE-Steuern	3,21
	Nettozahlungswirkung Investitionsbereich	-3,20
+	Nettozahlungswirkung Finanzierungsbereich	-1,30
=	**Liquiditätswirkung der Zahlungen der Periode**	**-1,29**
Liquiditätsposition		**J1**
	Anfangsbestand an liquiden Mitteln	2,00
+/-	Liquiditätswirkung der Zahlungen der Periode	-1,29
=	**Endbestand an liquiden Mitteln**	**0,71**

Gemäß der Datenlage hat das Beispielunternehmen in J1 sowohl eine **Erfolgs-** wie auch eine sich verschärfende **Liquiditätsproblematik**. Die auf massives Wachstum ausgerichtete Investitionstätigkeit ist finanziell nicht mehr durchzuhalten; es muss eine Konsolidierung auf dem jetzigen Niveau vorgenommen werden.

Zur Renditesteigerung und Finanzlageverbesserung bieten sich aufgrund der Kennzahlenresultate vor allem zwei Punkte an: erstens Reduktion der Vorräte um rund 4 bis 5 Mio. € auf eine branchenübliche Vorratshaltung und zweitens Abbau von Finanzanlagevermögen um rund 4 Mio. € (bei Beteiligungen von 3,9 Mio. € und Wertpapieren des Anlagevermögens von 0,5 Mio. €), da diese Investitionen gemäß der Finanzvermögensrentabilität eher belasten denn positiv beitragen. Bei einer Verringerung dieser beiden Vermögensposten würde beträchtliche Liquidität freigesetzt, die z.B. zur Aufstockung des Liquiditätsbestandes und zum weiteren Abbau von Bankverbindlichkeiten verwendet werden könnte. Allein aufgrund der um rund ein Drittel reduzierten Vermögensbasis würden die Vermögens- und Kapitalrenditen entsprechend gesteigert, die ersparten Zinsaufwendungen würden das Ergebnis obendrein erhöhen, so dass dadurch die gesamte Rentabilitäts- und EVA©-Lage des Unternehmens markant verbessert werden kann.

Die vorstehenden Ausführungen zeigen, wie weitreichend die Erkenntnismöglichkeiten von Controlling-Kennzahlensystemen sind und wie dieses Instrumentarium als Führungs-Armaturenbrett eingesetzt werden kann. Bei der konzeptionellen Gestaltung des Kennzahlensystems kann zunächst auf generelle Grundstrukturen zurückgegriffen werden, die in einem nächsten Schritt unternehmensspezifisch ausgeformt und ausgeweitet werden können. In jedem Fall aber helfen Controlling-Kennzahlensysteme, Führungsentscheidungen gezielt und begründet zu setzen.

6.5.2   Controlling mit erweiterten Jahresabschlussdaten

Die Datenbasis für die Unterstützung von Führungsentscheidungen mit Hilfe von Controlling-Kennzahlensystemen ist über den konventionellen Jahresabschluss hinaus in verschiedener Richtung erweiterungsfähig bzw. –nötig. So sind Erweiterungen zu erwähnen, die zur Vertiefung der gesamtunternehmensbezogenen Jahresabschlussdaten auf teilbetriebliche Daten zurückgreifen, wie etwa Daten nach Organisationseinheiten, z.B. Segmenten oder Unternehmensteilstandorten, oder auf Daten aus dem innerbetrieblichen Rechnungswesen, wie etwa der Kosten- und Leistungsrechnung oder betrieblichen Statistik. Des Weiteren sind auch Erweiterungen von Führungs-Kennzahlensystemen in Richtung der Balanced Scorecard denkbar. Dazu werden die klassischen Kennzahlen aus der Perspektive von Erfolg und Finanzen um Kennzahlen zu den gleichermaßen für die Zukunft des Unternehmens relevanten Perspektiven wie z.B. Absatzmärkte/Produkte, Mitarbeiterschaft und Betriebsprozesse ergänzt.

6.5.2.1   Grundsachverhalte einer Mehrspalten-Darstellung

Neben den oben genannten sehr flexibel und betriebsindividuell zu gestaltenden Ergänzungen von Controlling-Kennzahlensystemen geht ein allgemeiner anwendbarer Vorschlag dahin, das Datenmaterial des konventionellen Jahresabschlusses im Sinne einer Mehrspalten-Bilanzierung zu erweitern. Grundsätzlich ist es so z.B. möglich, folgende Daten nebeneinander zu zeigen und als Controllinginformation zu nutzen:

1. Einzahlungen, Auszahlungen und Liquidität des Unternehmens zur Überwachung einerseits der Zahlungsströme und andererseits des Unternehmenserfolgs ohne ggf. verzerrende Bewertungseffekte;

2. Vermögens- und Kapitalpositionen sowie Aufwendungen, Erträge und Ergebnis bei Annahme von vorsichtigem Ansatz- und Bewertungsvorgehen;

3. Vermögens- und Kapitalpositionen sowie Aufwendungen, Erträge und Ergebnis gemäß tatsächlicher Rechnungslegung des Unternehmens sowie

4. Vermögens- und Kapitalpotenziale sowie Risiken, Chancen und Erfolgspotenziale gemäß interner Abbildung des Unternehmens.

Zum Einsatz können dabei bereits in der Vergangenheit mehrfach diskutierte und jüngst auch vom International Accounting Standards Board (IASB) aufgegriffene Darstellungen kommen,[623] die mit vertretbarem Aufwand mehr Transparenz für externe und auch interne Abschlussadressaten bringen.

---

[623] Vgl. z.B. IASB (2008): Discussion Paper, Preliminary Views on Financial Statement Presentation, Oktober 2008 sowie das Vorgängerkonzept: Reporting Comprehensive Income sowie die theoretischen Überlegungen von Ballwieser, W.: Informationsorientierte Jahresabschlussverbesserungen, 1982, S. 772-793 oder Moxter, A.: Unsichere Erwartungen, 1962, S. 607-632 und praktische Vorschläge vom ICV Facharbeitskreis „Controlling und IFRS": Impulspapier, 2011.

Grundidee[624] ist, den gesetzlich geforderten Jahresabschluss in den Kontext der operativen und strategischen Unternehmensziele zu stellen und das Führungsunterstützungspotenzial durch die Ergänzung interner Daten weiter zu verbessern. In operativer Hinsicht streben Unternehmen nach Liquiditätserhaltung und Periodenerfolg. In strategischer Hinsicht verdrängt das Ziel der Schaffung und Erhaltung von Erfolgspotenzialen die Orientierung am Periodenerfolg. Hieraus resultieren zunächst drei voneinander zu trennende Rechnungszwecke: (1) operative Liquidität (darzustellen in Spalte 1), (2) operativer bilanzieller Periodenerfolg (darzustellen in den Spalten 2 und 3 und (3) strategisches Erfolgspotenzial (Spalte 4).

Der Jahresabschluss verfolgt nach dem Willen des Gesetzgebers nicht nur das Ziel der Ermittlung des unbedenklich ausschüttungsfähigen Periodenerfolgs. Spätestens mit In-krafttreten des Bilanzrechtsmodernisierungsgesetzes (BilMoG) soll der handelsrechtliche Jahresabschluss auch das Informationsziel stärker gewichten. Dabei löst der Gesetzgeber bestehende Zielkonflikte zwischen Ausschüttungs- und Informationsziel durch das Institut der Ausschüttungssperre. Diese Information findet sich aber nur im Anhang, so dass der Jahresabschlussadressat nicht zwischen diesen Jahresabschlusszwecken differenzieren kann. Um diese Transparenz herzustellen, soll einerseits der bilanzielle Periodenerfolg in zwei Schritten in separaten Spalten – einer Ausschüttungs- und einer Informationsspalte – ermittelt werden. Andererseits sind intern von den gesetzlichen Regelungen abweichende Betrachtungen notwendig, für die eine weitere Spalte vorzuhalten ist. Bei den Spalten 1 bis 3 geht es somit primär um eine andere, besser strukturierte Darstellung von ganz über-wiegend bereits jetzt verpflichtend anzugebenden Informationen. Dies unterscheidet sie von der Spalte 4, die für den internen Gebrauch direkt an die im Unternehen vorhandenen Controllingdaten anknüpft und diese in den Zusammenhang mit den Liquiditäts- und externen Betrachtungen bringt.

In der Geschäftsberichterstattung ist in der allgemeinen Tendenz eine restriktive Informationspolitik vorherrschend. Folglich ist eine breite Akzeptanz für eine freiwillige Erweiterung der externen Berichterstattung um sensible Informationen nicht zu erwarten. Deshalb beschränken sich die folgenden Ausführungen auf die ersten drei Spalten (Liquiditäts-, Ausschüttungs- und Informationsbilanz) und mithin auf die Rechnungs-zwecke operative Liquidität und operativer bilanzieller Periodenerfolg.

---

[624] Die folgenden Ausführungen sind eng angelehnt an ICV Facharbeitskreis „Controlling und IFRS"
(Hrsg.), Impulspapier, 2011, zu dessen Autoren einer der Verfasser zählt.

Abbildung 6.10 Konzept einer Mehrspalten-Darstellung des Jahresabschlusses[625]

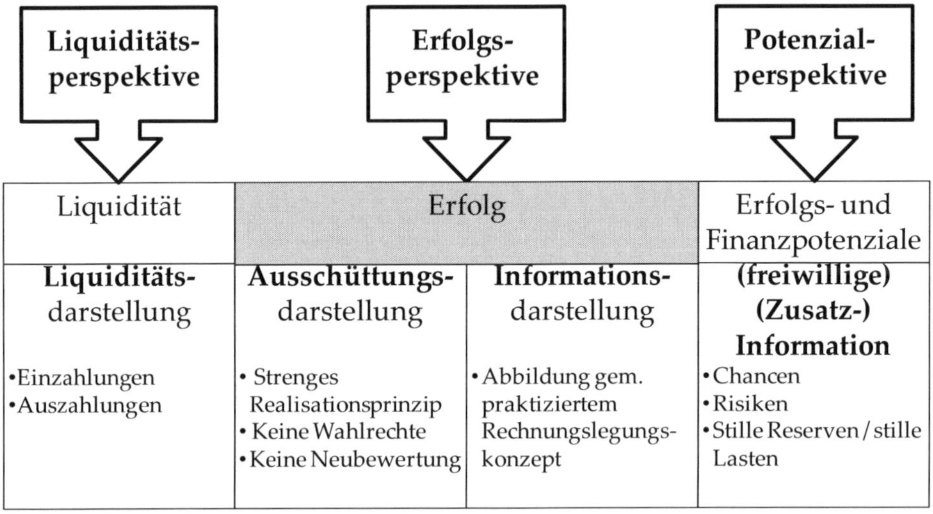

Liquiditäts-perspektive	Erfolgs-perspektive		Potenzial-perspektive
Liquidität	Erfolg		Erfolgs- und Finanzpotenziale
Liquiditäts-darstellung	**Ausschüttungs-darstellung**	**Informations-darstellung**	**(freiwillige) (Zusatz-) Information**
•Einzahlungen •Auszahlungen	• Strenges Realisationsprinzip • Keine Wahlrechte • Keine Neubewertung	• Abbildung gem. praktiziertem Rechnungslegungs-konzept	•Chancen •Risiken •Stille Reserven / stille Lasten

Das Grundkonzept der Mehrspalten-Darstellung besteht in der Schaffung von Transparenz in Bezug auf die operative Cashflow- und Erfolgserzielung. In formeller Hinsicht können plakativ die Spalten mit Liquidität, Ausschüttung und Information überschrieben werden. Der Liquiditätsdarstellung dient die Spalte 1. Die Ausschüttungsspalte (Spalte 2) kann mehr oder weniger konservativ ausgestaltet werden. Die Informationsspalte (Spalte 3) beinhaltet die zu veröffentlichende Bilanz und die zugehörige Erfolgsrechnung (z.B. nach HGB oder nach IFRS). Der Inhalt der Spalte 2 und damit die Unterschiede zwischen einer Informationsbilanz und einer Ausschüttungsbilanz auf Basis des HGB sind hingegen von der Definition des ausschüttungsfähigen Periodenerfolgs abhängig:

■ Bei strenger Orientierung am bilanzrechtlichen Status Quo würde eine Spalte 2 jene Bilanzposten bzw. Bewertungen nicht enthalten, für die der Gesetzgeber eine explizite Ausschüttungssperre fordert. Die Unterschiede zwischen Spalte 2 und 3 können auf gesetzliche Vorschriften (z.B. Pflicht zur Zeitwertbewertung des Deckungsvermögens) oder auf Wahlrechtsausübungen durch den Bilanzierenden (z.B. Aktivierung von Entwicklungskosten) zurückzuführen sein. In diesem Fall wird die Mehrspalten-Darstellung nur zur Transparenzschaffung genutzt.

■ Bei Orientierung an einer anderen Vorstellung von ausschüttungsfähigem Periodenerfolg könnte die Spalte 2 weitergehend von allen Bilanzposten und Bewertungen freigehalten werden, die von zweifelhaftem Gehalt oder stark ermessensbedingt bzw. noch unrealisiert sind. Die Unterschiede zwischen Spalte 2 und 3 könnten dann z.B. von dem Geschäfts- oder Firmenwert, der nach dem Wortlaut des Gesetzes nur als abnutzbarer

---

625 In Anlehnung an ICV Facharbeitskreis „Controlling und IFRS" (Hrsg.), Impulspapier, 2011, S. 53.

Vermögensgegenstand gilt, oder von Verluste kompensierenden Zeitwertbewertungen im Rahmen von antizipativen Bewertungseinheiten herrühren, die noch unrealisiert sind. In diesem Fall wäre indes das gesetzliche Ausschüttungspotenzial aus der Mehrspalten-Darstellung nicht ersichtlich.

Insofern kann auch die Informationsspalte in Abhängigkeit von aktuellen Rechnungslegungssystemen bzw. weiterentwickelten Konzeptionen mehr oder minder informativ ausfallen. Das Grundkonzept der Mehrspalten-Abbildung zeigt die **Abbildung 6.11**.

Abbildung 6.11   Grundkonzept der Mehrspalten-Darstellung (Idealbild, prinzipienorientierte Darstellung) [626]

Externes Rechnungslegungssystem			Interne Abbildungen
Spalte 1	Spalte 2	Spalte 3	Spalte 4
<u>Liquidität</u>	<u>Vorsichtige Darstellung (z.B.)</u>	<u>Externe Information</u> (z.B. BilMoG)	<u>Interne Information</u>
• Einzahlungen	• Strenges Realisationsprinzip	• Goodwillaktivierung und planmäßige Goodwillabschreibungen	• **Vermögen ohne Beachtung von Anschaffungskostenobergrenzen und Ansatzverboten**
• Auszahlungen	• Keine Wahlrechte	• Wahlrechte, wie Bilanzierung von Entwicklungskosten	• **Aufwands- undErfolgsabgrenzung auch auf kalkulatorischer Basis**
	• Keine Neubewertung	• Deckungsvermögen zu Zeitwerten	• ...
Ausschüttung gemäß dem niedrigeren Betrag von kumuliert erwirtschafteter Liquidität (Spalte 1) und kumuliert erwirtschaftetem Periodenerfolg (Spalte 2)		• Bewertungseinheiten	
		• Aktive latente Steuern	
		• ...	

In einer **ersten Spalte (Liquidität)** ist jeweils der originäre Finanzfluss im Sinne von Einzahlungen und Auszahlungen und daraus sich ergebender Änderung der liquiden Mittel dargestellt. Resultat ist zum einen in der Bilanz eine Darstellung der tatsächlich geschehenen Ein- und Auszahlungen bei den Aktiva und auf der Passivseite der tatsächlich hinter den Positionen liegenden (Netto-)Einzahlungen. Zum anderen werden in der Gewinn- und Verlustrechnung die Aufwands- und Ertragspositionen in ihrer Zahlungswirkung erfasst und ergeben insgesamt den operativen Cashflow; durch Ergänzung um Investitions- und Finanzierungszahlungen wird die informative umfassende Kapitalflussrechnung erstellt.

---

[626]   In Anlehnung an ICV Facharbeitskreis „Controlling und IFRS" (Hrsg.), Impulspapier, 2011, S. 54.

Die Darstellung der Bilanz mit den kumulierten Auszahlungen des Anlagevermögens und den erhaltenen Einzahlungen im Kapital betont hier aus Sicht des Controllings den Anspruch, dass sich die Rentabilitätserwartungen und die Investitionsrechnung zunächst auf die Darstellung der ursprünglichen Zahlungen zu beziehen haben.

In der **zweiten Spalte (vorsichtige Darstellung)** stehen dann die Werte der Erfolgsdarstellung. Dabei soll die vorsichtige Darstellung zur Absicherung der Substanzerhaltung in der Form der Begrenzung der Ausschüttung dienen. Bei der Darstellung der Ausschüttungsbemessung sind die notwendigen Abgrenzungsrechnungen für eine periodengerechte Erfolgsermittlung zu berücksichtigen. Diese Darstellung fußt auf dem HGB unter strenger Beachtung des Vorsichtsprinzips. Konkret wäre aus prinzipienorientierter Betrachtung als Idealbild eine Ausschüttung aus dem niedrigerem Betrag von kumuliert erwirtschafteter Liquidität (Spalte 1) und kumuliert erwirtschaftetem Periodenerfolg (Spalte 2) plausibel, da nur so ein Substanzverzehr durch Ausschüttung ausgeschlossen wäre. Die kumulierte erwirtschaftete Liquidität wäre in diesem Fall der kumulierte operative Cashflow, der mit den kumulierten unter Beachtung der strengen Normen der Spalte 2 zustande gekommenen Jahresergebnissen zu vergleichen wäre. Auf Basis der jährlichen Betrachtung wäre ein Vergleich von operativem Cashflow und Jahresergebnis vorzunehmen. Auf Basis der aktuellen handelsrechtlichen Gesetzeslage wären allerdings einzig die kumulierten Jahresergebnisse der Spalte Ausschüttung relevant, wobei die Spalte 2 dann den Jahresabschluss ohne die ausschüttungsgesperrten Posten zeigen würde.

Zur Erfüllung der **externen Informationsansprüche** enthält die **dritte Spalte** zusätzliche oder abweichend bewertete Vermögenswerte und Schulden sowie die korrespondierenden Aufwendungen und Erträge, die keine Ausschüttungsrelevanz entfalten sollen. Nach aktueller Gesetzeslage würde in dieser Spalte die Darstellung der Bilanz und der GuV unter Beachtung des HGB nach BilMoG oder bei Anwendung der IFRS unter Beachtung der jeweils anwendungspflichtigen Normen aus der EU-Verordnung erfolgen. Hier wäre auch der Bereich, in der der Gesetzgeber zukünftig ggf. weitere Angaben bezüglich der Informationsbereitstellung fordern bzw. freiwillig zulassen könnte, die aber das Ausschüttungspotenzial nicht verändern sollen. Bislang behilft sich der Gesetzgeber hier teilweise mit einer Ausschüttungssperre für bestimmte Sachverhalte sowie mit Zusatzinformationen im Anhang, die letztlich dem Zweck der Trennung der Abschlusszwecke zwar gerecht wird, aber doch wenig transparent ist. Um die Einflüsse der Bilanzierenden hinsichtlich des Ermessens besser einschätzen zu können, könnte hier eine Unterteilung der verpflichtenden Informationsdarstellung in ein „wohl begründetes (geringes) Ermessen" und in „weitere gesetzlich erlaubte Informationsbilanzierung" vorgenommen werden.

Da der extern darzustellende Jahresabschluss nicht alle internen Informationsbedürfnisse zu decken vermag, kann intern bzw. auf freiwilliger Veröffentlichungsbasis eine **vierte Spalte** in Richtung der **Abbildung von Potenzialen**, auch verstanden als Chancen und Risiken, im Rahmen z.B. einer wertorientierten Betrachtung oder eines Intellectual Capital Berichts ergänzt werden. Wie im Kapitel 5 dargestellt, weisen die internen Konzepte zur Abbildung von Erfolgspotenzialen eine große Bandbreite auf. Sie reichen von einer Quantifizierung des Erfolgspotenzials bis hin zu einer systematisierten Sammlung von

Informationen, die außerhalb von Bilanz und GuV (z.B. im Lagebericht) gemacht werden müssen oder können und sich somit nicht an der Gliederung von Bilanz- und Erfolgsrechnung orientieren müssen. Ebenso vielfältig sind die bestehenden Alternativen zur „Quantifizierung" des Erfolgspotenzials. Sie reichen von outputorientierten (Gesamtbewertungs-)Ansätzen, wie der Angabe eines Unternehmenswerts nach einem Discounted Cashflow-Verfahren – ggf. differenziert nach Strategischen Geschäftseinheiten –, bis hin zu inputorientierten (Einzelbewertungs-)Ansätzen, die die immateriellen – den langfristigen Geschäftswert bildenden - Inputfaktoren (Ressourcen) bewerten. Hierbei kommen entweder diskontierte Rückflüsse oder (z.B. über die Totalperiode oder über fünf Jahre) kumulierte Ausgabenzahlungen zur Schaffung und Erhaltung der langfristigen immateriellen Vermögenswerte in Betracht. Diese Intellectual Capital-Komponenten könnten in Human Capital, Customer Capital, Supplier Capital, Investor Capital, Process Capital, Location Capital und Innovation Capital unterteilt werden. Die Spalte 4 bietet somit grundsätzlich Raum, um auf freiwilliger Basis einen unternehmensindividuellen Quantifizierungsversuch von nicht-finanziellen Leistungsindikatoren vorzunehmen und insoweit das bilanzielle Bild der Vermögens-, Finanz- und Ertragslage um einen Einblick in das Intellectual Capital zu vervollständigen. Eine solche Erweiterung der gesetzlichen Konzeption eröffnet zwar einen erheblichen Ermessensspielraum, lässt sich aber mit der Steuerungsrelevanz der Zusatzinformationen begründen.

6.5.2.2   Umsetzung

Das bereits im Kapitel 6.5.1 vorgestellte Unternehmen setzt die Mehrspalten-Darstellung in deren integrierter Erfolgs- und Finanzplanung[627] für den Einzelabschluss ein, wobei die bisherige Kennzahlenauswertung nach dem vorsichtigen Bewertungsmodell der Spalte 2 erfolgte und die dritte Spalte dem (geplanten) Bild des Jahresabschlusses nach HGB entspricht. Das Planungsmodell ist an den handelsrechtlichen Gliederungsvorgaben der §§ 266 und 275 HGB ausgerichtet, wobei das Gesamtkostenverfahren verwendet wird und nach den Möglichkeiten von § 265 Abs. 5 HGB insbesondere in der Gewinn- und Verlustrechnung zur besseren Führungsunterstützung Zwischenzeilen zur Erfolgsspaltung in ordentliche, unregelmäßige und außerordentliche Ergebnisse bzw. Betriebs- und Finanzergebnisse eingezogen sind. Da einige theoretisch denkbare Positionen mit Pflichtgliederungsausweis derzeit nicht vom Unternehmen genutzt werden, ergeben sich in dem Excel-Tool Leerzeilen, die nicht beseitigt wurden. Planeinheit ist Mio. €.

Erstes Anwendungsjahr war das Geschäftsjahr J1, wobei zur Ermittlung der Werte der Liquiditätsspalte noch mindestens das Vorjahr benötigt wird, worauf im Bereich Liquiditätsdarstellung noch eingegangen wird. Die im Folgenden dargestellten Jahre J1 und P1 sind Teil der Fünfjahresplanung, die das Unternehmen durchführt. An Entscheidungen im Zusammenhang mit dem BilMoG wurde die Nutzung der Übergangswahlrechte des Art. 67 EGHGB in der Form genutzt, dass die niedrigeren Wertansätze durch die steuerlichen Mehrabschreibungen beibehalten werden. Zudem werden in der Planung nun jährlich seit

---

[627]   Vgl. Kapitel 3.4.

J1 0,5 Mio. € an Entwicklungskosten als selbst geschaffene immaterielle Vermögensgegenstände das Anlagevermögens in der Informationsspalte aktiviert, die Abschreibung erfolgt
linear über 5 Jahre. Die Buchgewinne aus Planvermögen im Zusammenhang mit Pensionsverpflichtungen werden ebenfalls seit Anwendung des BilMoG im Geschäftsjahr J1 in der
Informationsspalte berücksichtigt. Des Weiteren werden latente Steuern in der
Informationsspalte aktiviert, wobei in der Planung vereinfacht ein Steuersatz von 50%
angenommen wird. Dies hat insbesondere Auswirkung durch die hohen Verlustvorträge
im Planjahr P1.

Um die Darstellung der vier Spalten über mehrere Jahre zu ermöglichen, wurde die
folgende Darstellung gewählt· In der jeweils ersten Wertespalte sind die Ein- und Auszahlungen, in der zweiten die für die Bestimmung der Ausschüttung notwendigen Werte,
in der dritten Spalte die Werte des Jahresabschlusses nach HGB in der Fassung des BilMoG
und in der vierten Spalte die Werte nach internen Normen dargestellt (**Tabelle 6.11**).

Tabelle 6.11   Kurzdarstellung der Bilanz und des Eigenkapitalspiegels in vier Spalten
                    für die Jahre J1 und P1

BILANZ-Kurzdarstellung	J1 (Istjahr)				P1 (Planjahr)			
	Liqui-dität	Vor-sicht	Info-Extern	Info-Intern	Liqui-dität	Vor-sicht	Info-Extern	Info-Intern
Aufw. f. Ingangs.u. Erweit.GB.	0,00	0,00	0,00	0,00	0,00	0,00	0,00	0,00
Anlagevermögen (ASP)	16,70	13,55	14,05	17,10	15,25	11,05	11,95	15,90
Immaterielle Vermögensgegenst.	0,50	0,40	0,90	1,20	0,50	0,20	1,10	1,60
Sachanlagen	10,30	7,65	7,65	9,90	10,90	7,30	7,30	10,30
Finanzanlagen	5,90	5,50	5,50	6,00	3,85	3,55	3,55	4,00
Umlaufvermögen	5,92	12,70	12,70	15,90	5,86	15,56	15,56	18,06
Vorräte	4,86	7,20	7,20	8,40	5,30	7,80	7,80	8,30
Forderungen und sonst. VG	0,35	4,79	4,79	6,79	0,20	7,40	7,40	9,40
Wertpapiere UV	0,00	0,00	0,00	0,00	0,00	0,00	0,00	0,00
Liquide Mittel	0,71	0,71	0,71	0,71	0,36	0,36	0,36	0,36
Rechnungsabgrenzungsposten	0,00	0,00	0,00	0,00	0,00	0,00	0,00	0,00
Nicht durch EK gedeckt. Fehlb.	0,00	0,00	0,00	0,00	0,00	0,00	0,00	0,00
Aktive latente Steuern	0,00	0,00	0,00	0,00	0,00	0,00	1,35	1,35
Bilanzsumme (Aktiva)	**22,62**	**26,25**	**26,75**	**33,00**	**21,11**	**26,61**	**28,86**	**35,31**
Eigenkapital (aus EK-Planung)	15,02	8,76	9,06	11,01	11,41	6,06	8,06	11,06
Rückstellungen	0,00	7,55	7,45	9,80	0,00	8,35	8,15	8,40
Verbindlichkeiten (aus VSP)	7,60	9,94	9,94	9,94	9,70	12,20	12,20	12,20
Anleihen	0,00	0,00	0,00	0,00	0,00	0,00	0,00	0,00
Verb. gg. Kreditinstitute	7,00	7,00	7,00	7,00	8,90	8,90	8,90	8,90
Erhaltene Anzahlungen	0,00	0,00	0,00	0,00	0,10	0,10	0,10	0,10
Verb. aus L. + L.	0,00	2,04	2,04	2,04	0,00	2,30	2,30	2,30
Verb. Annahme/Ausst. Wechsel	0,00	0,20	0,20	0,20	0,00	0,10	0,10	0,10
Verb. gg. verbundene Untern.	0,40	0,40	0,40	0,40	0,40	0,40	0,40	0,40
Verb. gg. beteil. Untern.	0,20	0,20	0,20	0,20	0,30	0,30	0,30	0,30
Sonstige Verbindlichkeiten	0,00	0,10	0,10	0,10	0,00	0,10	0,10	0,10
Rechnungsabgrenzungsposten	0,00	0,00	0,00	0,00	0,00	0,00	0,00	0,00
Passive latente Steuern	0,00	0,00	0,30	2,25	0,00	0,00	0,55	3,65
Bilanzsumme (Passiva)	**22,62**	**26,25**	**26,75**	**33,00**	**21,11**	**26,61**	**28,86**	**35,31**

EK-Kurzdarstellung	J1 (Istjahr)				P1 (Planjahr)			
	Liqui- dität	Vor- sicht	Info- Extern	Info- Intern	Liqui- dität	Vor- sicht	Info- Extern	Info- Intern
Gezeichnetes Kapital	2,70	2,70	2,70	2,70	2,70	2,70	2,70	2,70
Kapitalrücklage	1,21	1,21	1,21	1,21	1,21	1,21	1,21	1,21
Gewinnrücklagen	11,11	4,85	5,15	7,10	7,50	2,15	4,05	7,15
Bilanzgewinn	0,00	0,00	0,00	0,00	0,00	0,00	0,00	0,00
Gewinnvortrag/Verlustvortrag	0,00	0,00	0,00	0,00	0,00	0,00	0,00	0,00
Jahresüberschuss/-fehlbetrag	0,00	0,00	0,00	0,00	0,00	0,00	0,00	0,00
Anteile anderer Gesellschafter	0,00	0,00	0,00	0,00	0,00	0,00	0,00	0,00

Die GuV in der Form des Gesamtkostenverfahrens bzw. die Kapitalflussrechnung in der direkten Darstellungsform haben in dieser Darstellungsweise das in **Tabelle 6.12** dargestellte Aussehen.

Tabelle 6.12   Kurzdarstellung der GuV und der Kapitalflussrechnung in vier Spalten
für die Jahre J1 und P1

GuV-KURZINFORMATION	J1 (Istjahr)				P1 (Planjahr)			
	Liqui -dität	Vor- sicht	Info- Extern	Info- Intern	Liqui- dität	Vor- sicht	Info- Extern	Info- Intern
Umsatzeinz. /-erlöse /-potenziale[628]	16,61	17,30	17,30	17,30	19,44	21,60	21,60	21,60
* Bestandsänd. Erzeugnisse	0,00	-0,30	-0,30	-0,20	0,00	0,30	0,30	-0,40
aktivierte Eigenleistungen	0,00	0,00	0,00	0,00	0,00	0,00	0,00	0,00
Gesamtleistung	16,61	17,00	17,00	17,10	19,44	21,90	21,90	21,20
Sonstige betriebl. Ein- zahlungen/Erträge/Potenziale	2,40	1,50	1,50	1,20	0,60	1,10	1,10	2,10
Materialauszahlungen /-aufwand	9,76	10,20	10,20	10,20	16,57	16,43	16,43	16,43
Rohergebnis	9,25	8,30	8,30	8,10	3,48	6,58	6,58	6,88
Personalauszahlung /-aufwand	3,62	4,02	4,02	4,02	4,51	4,81	4,81	4,81
Abschreibungen (aus ASP)	0,00	0,85	0,85	2,05	0,00	1,15	1,25	1,30
Sonstige betriebl. Auszahl./ Auf- wendungen	2,20	2,40	1,80	2,30	2,65	3,15	2,55	0,45
Sonstige Steuern	0,10	0,10	0,10	0,10	0,00	0,00	0,00	0,00
ORDENTL. BETRIEBSERGEBNIS	2,33	0,43	0,93	0,33	-4,13	-2,48	-2,08	-0,68
UNREGELM. BETRIEBSERGEBNIS	1,00	0,50	0,60	-0,60	0,45	-0,05	0,05	1,00
GESAMTES BETRIEBSERGEBNIS	**3,33**	**0,93**	**1,53**	**-0,27**	**-3,68**	**-2,53**	**-2,03**	**0,32**
Einzahlungen / Erträge aus Be- teiligungen	0,30	0,30	0,30	-1,20	0,00	0,00	0,00	-0,05
Einz. / Ertr. Wertp. u. Ausleih. FAV	0,10	0,10	0,10	0,10	0,00	0,00	0,00	0,00
Sonst. Zinsen u.ähnl. Einzahlungen / Erträge	0,11	0,11	0,11	0,11	0,20	0,20	0,20	0,20
Abschreibungen FAV u. Wertp. UV	0,00	0,40	0,40	0,40	0,00	0,00	0,00	0,00
Zinsen u. ähnl. Auszahlungen / Aufw.	0,53	0,53	0,53	0,53	0,32	0,32	0,32	0,32
ORDENTL. FINANZERGEBNIS	0,48	0,08	-0,32	-0,32	-0,12	-0,12	-0,12	-0,12
UNREGELM. FINANZERGEBNIS	-0,40	-0,40	0,00	-1,50	0,00	0,00	0,00	-0,05
GESAMTES FINANZERGEBNIS	**0,08**	**-0,32**	**-0,32**	**-1,82**	**-0,12**	**-0,12**	**-0,12**	**-0,17**
davon Verbundergebnis	0,25	0,25	0,35	0,35	0,00	0,00	0,00	0,00
ORDENTL. JAHRESERGEBNIS	2,81	0,51	0,61	0,01	-4,25	-2,60	-2,20	-0,80
UNREGELM. JAHRESERGEBNIS	0,60	0,10	0,60	-2,10	0,45	-0,05	0,05	0,95
ERG. GEW. GESCH.TÄTIGK.	**3,41**	**0,61**	**1,21**	**-2,09**	**-3,80**	**-2,65**	**-2,15**	**0,15**
AO. ERGEBNIS	0,20	0,20	0,20	0,20	-0,05	-0,05	-0,05	-0,05
ERGEBNIS VOR EE-STEUERN	3,61	0,81	1,41	-1,89	-3,85	-2,70	-2,20	0,10
EE-Steuern	0,40	0,40	0,70	-0,95	0,00	0,00	-1,10	0,05
davon aus latenten Steuern	*0,00*	*0,00*	*0,30*	*-1,65*	*0,00*	*0,00*	*-1,10*	*0,05*

---

[628] Je nach Sachinhalt der jeweiligen Spalte sind die entsprechenden inhaltlichen Bezeichnungen zuzu- ordnen

GuV-KURZINFORMATION	J1 (Istjahr)				P1 (Planjahr)			
	Liqui-dität	Vor-sicht	Info-Extern	Info-Intern	Liqui-dität	Vor-sicht	Info-Extern	Info-Intern
CASH FLOW / JAHRESERGEBNIS	3,21	0,41	0,70	-0,95	-3,85	-2,70	-1,10	0,05
Summe Desinvestitionseinn.	0,80				2,55			
Summe Investitionsausgaben	4,00				1,20			
Zahlungswirkung Investitionsbereich	**-3,20**				**1,35**			
Summe Einzahlungen im EK-Bereich	0,41				0,00			
Summe Auszahlungen im EK-Bereich	0,40				0,00			
Zahlungswirkung EK - Bereich	0,01				0,00			
Summe Einzahlungen im FK-Bereich	0,30				2,15			
Summe Auszahlungen im FK-Bereich	1,60				0,00			
Zahlungswirkung FK - Bereich	-1,30				2,15			
Zahlungswirkung Finanzbereich	**-1,29**				**2,15**			
Zahlungen der Periode	**-1,28**				**-0,35**			
Endbestand an liquiden Mitteln	**0,71**				**0,36**			

6.5.2.3   Erkenntnisse durch die transparentere Darstellung des Jahresabschlusses in drei Spalten

Zunächst sollen nur die drei ersten Spalten diskutiert werden, um einen direkten Vergleich zur Fallstudie mit konventionellen Jahresabschlussdaten zu ermöglichen. Die GuV ist gekennzeichnet durch ein **starkes Umsatzerlöswachstum** im Jahr J1 von 25,4 %, und im Jahr P1 steigen die Umsatzerlöse um ein weiteres Viertel. Für das Folgejahr wird dann allerdings ein deutlich rückläufiger Umsatz (Ausschüttung) geplant, da die in der Vergangenheit akquirierten Aufträge wenig gewinnträchtig waren. So stiegen Materialaufwand und Personalaufwand stark an. Überdies ist das Jahr J1 durch das Sonderereignis eines Betriebsbrandes verzerrt, welches zum einen eine Versicherungszahlung aus der Betriebsunterbrechungsversicherung in Höhe von 1,0 Mio. € (im sonstigen betrieblichen Ertrag) sowie zusätzliche sonstige betriebliche Aufwendungen zur Entsorgung des Schutts der Brandstelle durch ein Spezialunternehmen in Höhe von 0,50 Mio. € erfordert, die jedoch noch nicht im Jahr J1 geleistet wurden. Diese **unregelmäßigen Aufwendungen und Erträge** werden in dem Schema getrennt von den ordentlichen (nachhaltig wiederkehrenden) Ergebnisbestandteilen gesondert in der Erfolgsrechnung ausgewiesen. Trotz der beachtlichen Zunahme des Umsatzes sinkt das in der Informationsspalte dargestellte Ergebnis der gewöhnlichen Geschäftstätigkeit auf 0,70 Mio. € im Jahr J1 und wird zu einem bedrohlichen Verlust im Jahr P1 von 1,10 Mio. €, der nur durch die Aktivierung latenter Steuern auf die Verlustvorträge so gering ausfällt. So zeigt die Liquiditätsspalte nach einem noch erfreulich hohen **Cashflow** von 3,21 Mio. € in J1 einen negativen Cashflow von 3,85

Mio. € in P1, der nur durch Einzahlungen im Finanzbereich teilweise ausgeglichen werden kann, und die Vorsichtsspalte, die ohne die aktiven latenten Steuern ermittelt wird, ein Ergebnis von -2,70 Mio. €. Die Planung ist bereits das Ergebnis des Gegensteuerns des Managements, da im Jahr P1 das Expansionsprogramm aufgrund des scharfen Ergebnisrückgangs in P1 und der negativen Aussichten für P1 gestoppt wurde und zur Liquiditätsgenerierung bereits eine Beteiligung verkauft wurde. Ohne diese Maßnahme wäre die schon jetzt mit einem Kassenstand von nur noch 0,36 Mio. € bedrohliche Liquiditätslage wohlmöglich existenzbedrohend geworden.

Diese jahresbezogene komprimierte Sicht auf die in Liquiditäts- sowie in strenge Bewertungs- und Informationsdarstellung unterteilte Erfolgswirkung ermöglicht es der Unternehmensführung wie auch externen Interessenten am Jahresabschluss deutlich besser als bei isolierten Darstellungen diese Zusammenhänge zu erkennen. Es ist trotz der nur dargestellten zwei Jahre gut ersichtlich, wie die **Jahresergebnisse** durch die periodengerechte Gewinnermittlung deutlich **weniger schwanken** als der Cashflow, der die Ein- und Auszahlungen aus operativer Tätigkeit des Jahres darstellt. Bezüglich des Jahresergebnisses aus den Blickwinkeln der Ausschüttungsbemessung und der Information können keine klaren Aussagen getroffen werden. Einerseits kommt es durch die aktiven wie passiven latenten Steuern zu einem stärkeren Ausgleich zwischen den Perioden, da etwa der hohe Verlust im Jahr P1 durch die Aktivierung des Werts des Verlustvortrags abgeschwächt wird. Andererseits sorgt die J1 beginnende Aktivierung der selbst geschaffenen immateriellen Vermögensgegenstände des Anlagevermögens zunächst für eine Kompensation der Aufwendungen, bis dann später mit den zunehmenden Abschreibungen auch ein ausgleichender Effekt auf die konkreten Entwicklungszyklen auftritt.

6.5.2.4   Besonderheiten der Spalte „Liquidität"

In der **Liquiditätsspalte der Bilanz** werden auch die für die Vermögensgegenstände und Eigen- und Fremdkapitalbeträge erfolgten Ein- und Auszahlungen ausgewiesen. Wie generell bei der Generierung von Liquiditätszahlen sind zwei Ermittlungsvarianten denkbar.[629] Einerseits kann eine originäre Herleitung in der Form erfolgen, dass in der Buchhaltung durch entsprechende Kontierung und Buchung die Ein- und Auszahlungen direkt gebucht werden. Dies erfordert jedoch ggf. einen erheblichen Aufwand bei Einrichtung, Pflege und Einsatz des Systems. Andererseits kann eine derivative Ableitung aus den Daten des über die klassische Buchhaltung hergeleiteten Jahresabschlusses erfolgen.

So können aufgrund des Anlagespiegels zunächst die **historischen Anschaffungskosten für das Anlagevermögen** verwendet werden. Das Anlagevermögen wird somit für die Dauer der Betriebszugehörigkeit brutto ausgewiesen und kann so für investitionsorientierte Betrachtungen verwendet werden bzw. wird sofort der Grad der Abgeschriebenheit im Vergleich zu den beiden Erfolgsspalten deutlich. Sollten hier Zuschüsse oder andere nicht zahlungsmittelbegleitete Vorgänge enthalten sein, so sind diese zu korrigieren. Dies betrifft insbesondere selbst geschaffene Vermögensgegenstände, da hier

---

629 Vgl. Kapitel 3.3.3

ggf. auch Abschreibungen angesetzt werden würden, die keine Auszahlungen darstellen. Allerdings wird diese genaue Vorgehensweise auch bei der Erstellung von Kapitalfluss- rechnungen (hier Investitionsauszahlungen) bislang nur dann vorgenommen, wenn die Beträge tatsächlich wesentlich sind. Ansonsten erfolgt häufig eine Nichtberücksichtigung der Position beim operativen Cashflow, da es sich ja nicht um Einzahlungen handelt, d.h. die Auszahlungen für Material und Personal werden nicht korrigiert, und bei den In- vestitionsauszahlungen wird diese Position von den Zugängen lt. Anlagespiegel abgezogen (da die damit zusammenhängenden Auszahlungen bereits im operativen Cashflow erfasst sind). Sinnvoller ist jedoch an diesen Stellen die für die Erstellung der Eigenleistungen benötigten Auszahlungen anzusetzen, die über eine Cash-orientierten Kosten- und Leistungsrechnung zu ermitteln wären. Allerdings bedingt dieses Vorgehen eine Analyse der Vergangenheitswerte, da in der Bilanz ja die kumulierten Werte auszuweisen sind, was einen erheblichen Aufwand verursachen dürfte.

Da **Vorräte** dagegen Teil des Working Capitals sind, erfolgt hier die Berücksichtigung der Verbindlichkeiten aus Lieferungen und Leistungen, so dass die Anschaffungskosten ge- mindert dargestellt werden und letztlich nur die für den Erwerb erfolgten Auszahlungen dort ausgewiesen sind. Forderungen sind dann nicht auszuweisen, da kein Geldabfluss erfolgte.[630] Somit sind Forderungen aus Lieferungen und Leistungen nicht anzusetzen. Dagegen sind z.B. Darlehensforderungen gegen verbundene Unternehmen auszuweisen, soweit ein Geldtransfer stattgefunden hat (z.B. ausgereichte Kredite). Ebenso sind Wert- papiere des Umlaufvermögens sowie die Liquiden Mittel auszuweisen. Rechnungsab- grenzungsposten und latente Steuern dienen lediglich der periodengerechten Erfolgs- ermittlung und sind daher nicht auszuweisen.

Auf der Passivseite gilt dies analog für **Rückstellungen**, die keine Zahlungswirkung haben und daher nicht anzusetzen sind. Als Verbindlichkeiten sind die erhaltenen Einzahlungen darzustellen, d.h. etwa Bankdarlehen oder Ausleihungen. Die Verbindlichkeiten aus Lieferungen und Leistungen sowie die i.d.R. ebenfalls damit in Verbindung stehenden Wechselverbindlichkeiten sind dagegen bei den Vorräten verrechnet.

Das **Eigenkapital** ist die Saldogröße von Auszahlungen für Vermögensgegenstände auf der Aktivseite mit den Einzahlungen der Fremdkapitalgeber auf der Passivseite. Diese Zahl ist ebenso wie der Cashflow nicht mit dem nach handelsrechtlichen Normen ermittelten Eigenkapital gleichzusetzen, da Risiken in Form von Rückstellungen bzw. der kumulierte Werteverzerr des (Anlage-)Vermögens nicht berücksichtigt sind. Allerdings fehlen auch die schwebenden Einzahlungen aus Forderungen. Letztlich stellt diese Summe aber den aktuell den Eigenkapitalgebern zuzurechnende Einzahlungsbetrag dar, d.h. den kumulierten operativen Cashflow vermengt mit den zahlungswirksamen Transaktionen mit den An- teilseignern. Dieser steht aber aus den zuvor dargestellten Gründen, d.h. insbesondere den schwebenden Verpflichtungen bzw. Werteverzehren, nicht zur Ausschüttung zur Ver-

---

[630] An dieser Stelle könnte als eine weitere Verbesserung des Systems auch darüber nachgedacht werden, die für die Erstellung der Leistungen benötigten Auszahlungen anzusetzen. Dafür wäre eine Verknüpfung mit einer Cash-orientierten Kosten- und Leistungsrechnung erforderlich.

fügung. So belastet ein Abgang einer abgeschriebenen Maschine das Eigenkapital in der Liquiditätsdarstellung, da erst dann die Nettozahlungswirkung von An- und Verkaufsbetrag als Eigenkapitalminderung erfasst wird. Aus diesem Grund ist das so dargestellte Eigenkapital nicht anfällig für Verzerrungen durch ansonsten notwendige Bewertungen von Anlagen, Forderungen oder Rückstellungen, was allerdings dazu führt, dass es ebenso wie der operative Cashflow keine Ausschüttungswirkung haben kann.

In der Gewinn- und Verlustrechnung/Kapitalflussrechnung wird analog der in der ersten Spalte darzustellenden **Cashflow auf derivative Art** zu ermitteln und in der direkten Form darzustellen sein, solange keine originäre Ermittlung aus der Buchhaltung heraus erfolgen kann. Dabei erfolgt, wie auch bei der Erstellung der Kapitalflussrechnung üblich, die derivative Ableitung aus den Daten des aktuellen Jahresabschlusses und der Vorjahresbilanzzahlen. Konkret wird etwa die Umsatzeinzahlung ermittelt über die Umsatzerlöse korrigiert um die Veränderung der Forderungen und erhaltenen Anzahlungen, die Materialeinzahlungen durch Berücksichtigung der Veränderungen der Verbindlichkeiten aus Lieferungen und Leistungen sowie geleisteten Anzahlungen usw. Letztlich kann durch die Berücksichtigung der nicht zahlungsmittelbegleiteten Buchungen von Ertrag und Aufwand an den jeweiligen Zahlungspositionen eine sehr treffende Liquiditätsdarstellung erfolgen. Dafür sind allerdings kleine Unterteilungen der GuV notwendig, konkret immer an den Stellen, wo zahlungsmittelbegleitete mit nicht zahlungsmittelbegleiteten Buchungen in einer Position erfasst werden. Die ist insbesondere bei den sonstigen betrieblichen Erträgen und Aufwendungen oder beim außerordentlichen Ertrag und Aufwand der Fall. Bei den Steuern vom Einkommen und Ertrag sind die zu eliminierenden latenten Steuern bereits vom Gesetzgeber her getrennt auszuweisen. Durch das BilMoG sind zudem neue Stellen zur Korrektur nötig, so etwa bezüglich des Aufzinsungsbetrags der Rückstellungen, die dann zu einer genaueren Ermittlung der Zinsauszahlungen führen.

Unterhalb des Cashflows aus operativer Tätigkeit ist nur in der Spalte „Liquidität" noch die Darstellung der Cashflows aus dem Investitions- und aus dem Finanzierungsbereich angehängt. Eine analoge Betrachtung als Periodenveränderung der Bilanzpositionen in den Spalten Ausschüttung sowie Information ist zwar denkbar, erbringt aber hier keinen großen zusätzlichen Nutzen, so dass vor dem Hintergrund der Übersichtlichkeit darauf verzichtet wurde. Zudem ergeben sich Ermittlungsprobleme, wenn das Prinzip der Darstellung der Kapitalflussrechnung beibehalten wird, dass die Beträge brutto, d.h. unsaldiert auszuweisen sind. Im Bereich der Investitionstätigkeit könnten die Daten aus dem Anlagespiegel entnommen werden und würden diesen letztlich mit der nötigen Untergliederung der Darstellung sogar überflüssig machen können. Für die Finanzierungssachverhalte müsste aber eine entsprechende Kontierung eingeführt werden, die z.B. die Zugänge bei den Verbindlichkeiten gegenüber Kreditinstituten von den Tilgungen trennt.

6.5.2.5   Besonderheiten der Spalte „interne Information"

Während bislang lediglich eine andere, aber sachlich aufschlussreichere Darstellung der grundsätzlich im Jahresabschluss vorhandenen Informationen erfolgte, erweitert die vierte Spalte „Interne Information" die Darstellung. Dem primär vergangenheitsbezogen abgeleiteten Bild des Jahresabschlusses wird eine eher zukunftsorientierte Abbildung der Risiko- und Chancenpotenziale gegenübergestellt. Zur Ermittlung der Werte kommen alle im Kapitel 5 im Bereich des Erfolgspotenzial-Controllings skizzierten Quantifizierungs-methoden in Betracht. Soll der Ermittlungsaufwand möglichst gering gehalten werden, sollte zumindest der Versuch der Bewertung der Vermögensgegenstände und Schulden zum beizulegenden Marktwert erfolgen. Daraus resultiert dann auch eine andere Erfolgs-abgrenzung. Konkret wurden von dem Unternehmen folgende Bilanzpositionen intern abweichend von den HGB-Vorschriften ausgewiesen:

- Beim immateriellen Anlagevermögen wurden die selbst geschaffenen Werte nicht mit den Herstellungskosten, sondern mit den darin steckenden Gewinn-potenzialen ausgewiesen (J1 + 0,30 und P1 + 0,50 Mio. €). Weitere Intellectual Capital Positionen wurden nicht aufgenommen.

- Das Sach- und Finanzanalagevermögen wurde zu Marktzeitwerten angesetzt, was die Aufdeckung Stiller Reserven zur Folge hat. Die jährlichen Veränderungen werden zusammen mit denen der immateriellen Vermögensgegenstände als un-regelmäßige Aufwendungen oder Erträge bei den Abschreibungen (wenn Zu-schreibungen) oder den sonstigen betrieblichen Erträge (Wertänderung ruhendes Vermögen) erfasst.

- Die Vorräte werden ebenfalls nicht zu den Herstellungskosten, sondern zu Markt-zeitwerten angesetzt, was auch Auswirkungen auf die Bestandsänderungen Er-zeugnisse in der GuV hat.

- Bei den Forderungen werden in erheblichem Maße Eventualforderungen aus-gewiesen, deren Veränderung sich in den Umsatzerlösen oder den sonstigen be-trieblichen Erträgen niederschlägt.

- Bei Rückstellungen werden analog auch die Eventualverbindlichkeiten mit ihrem Erwartungswert berücksichtigt; die jährliche Veränderung wird im sonstigen be-trieblichen Aufwand erfasst.

- Die kumulierten Veränderungen werden nach Abgrenzung der latenten Steuern im Eigenkapital erfasst.

Im Fallbeispiel wurden bereits im Geschäftsjahr J1 die stillen Reserven massiv zurück-gefahren, da die eingeschlagene Strategie sich durch die aggressive Angebotsausweitung der Konkurrenten mit einem einhergehenden Preisverfall als nicht sinnvoll herausgestellt hat. Allerdings resultierten daraus noch keine Abschreibungsnotwendigkeiten, da die bei-zulegenden Zeitwerte noch oberhalb der Anschaffungskosten lagen. Die erwarteten Erfolgspotenziale in der eigenen Produktionsausweitung waren jedoch in dem Maße nicht mehr gegeben. Im P1 wurden dann bei stabilisierten stillen Reserven konsequent die Eventualverbindlichkeiten durch veränderte Vertragsgestaltungen zurückgefahren. Daher kommt es aus Sicht der Erfolgspotenzialdarstellung der Spalte 4 im P1 im Vergleich zu den Ausweisen im Jahresabschluss zu einem knapp positiven Ergebnisausweis. Es wird deutlich, dass die externe Abbildung des Unternehmens im Jahresabschluss die wirtschaftliche Lage nur unter Beachtung der gesetzlichen Prämissen ausweist, was für die Führung zu Falschabbildungen führen kann. Allerdings fällt bei den Berechnungen der Spalte 4 durch die erheblichen Einschätzungsspielräume bei der Bestimmung stiller Reserven und Lasten die Verlässlichkeit der Daten. Aus diesem Grund erscheint die Gesamtdarstellung ausgehend von den – letztlich durch Bewertungsmaßnahmen nicht veränderbare – Finanzflüssen über die vorsichtige und handelsrechtliche Abbildung bis hin zur internen Abbildung sinnvoll zu sein, um die Führung mit ihren unterschiedlichen Anforderungen adäquat zu unterstützen.

Literatur

[1]   Albach, H./Hahn, D./Mertens, P. (Hrsg.) [Frühwarnsysteme, 1979]: Frühwarnsysteme, ZfB-Ergänzungsheft 2/1979.

[2]   Albers, S./Hildebrandt, L. [Erfolgsfaktorenforschung, 2006]: Methodische Probleme bei der Erfolgsfaktorenforschung, in: zfbf 2006, S. 2-33.

[3]   Albers, S./Skiera, B. [Regressionsanalyse, 1999]: Regressionsanalyse; in: Herrmann, A./Homburg, C. (Hrsg.): Marktforschung, Wiesbaden 1999, S. 203-236.

[4]   Ammann, H./Müller, S. [IFRS, 2006]: IFRS-International Financial Reporting Standards, Bilanzierungs-; Steuerungs- und Analysemöglichkeiten, 2. Aufl., Herne, Berlin 2006.

[5]   Ammann, H./Müller, S. [Konzernbilanzierung, 2005]: Konzernbilanzierung, Grundlagen sowie Steuerungs- und Analysemöglichkeiten, Herne, Berlin 2005.

[6]   Ansoff, H. I. [Weak Signals, 1976]: Managing Surprise and Discontinuity: Strategic Response to Weak Signals, in: zfbf, 1976, S.129-152.

[7]   Arbeitskreis „Immaterielle Werte im Rechnungswesen" der Schmalenbach-Gesellschaft e.V. (Hrsg.) [Immaterielle Werte, 2001]: Kategorisierung und bilanzielle Erfassung immaterieller Werte, in: DB, 2001, S. 989-995.

[8]   Arbeitskreis „Internes Rechnungswesen" der Schmalenbach-Gesellschaft e.V. (Hrsg.) [Praxis-konzepte, 2010]: Vergleich von Praxiskonzepten zur wertorientierten Unternehmenssteuerung, in: zfbf 2010, S. 797-820.

[9]   Atkinson, A. A./Banker, R. D./Kaplan, R. S./Young, S. M. [Management Accounting, 2001]: Management Accounting, Upper Saddle River, 2001.

[10] Axel Springer AG (Hrsg.): Nachhaltigkeitsbericht 2002 und 2003.

[11] Baetge, J./Niemeyer, K./Kümmel, J. [Discounted-Cashflow-Verfahren, 2001]: Darstellung der Discounted-Cashflow-Verfahren (DCF-Verfahren) mit Beispiel, in: Peemöller, V. (Hrsg.): Praxis-handbuch der Unternehmensbewertung, Berlin 2001, S. 263-360.

[12] Baetge, J./Zülch, H. [Fair-Value, 2001]: Fair-Value-Accounting, in: BFuP, 2001, S. 543-562.

[13] Baldenius, T./Fuhrmann, G./Reichelstein, S. [EVA, 1999]: Zurück zu EVA, in: BFuP, 1999, S.51-65.

[14] Ballwieser, W. [Informationsorientierte Jahresabschlussverbesserungen, 1982]: Zur Begründbar-keit informationsorientierter Jahresabschlussverbesserungen, in: ZfbF, 1982, S. 772-793.

[15] Ballwieser, W. [Shareholder-Value, 1994]: Adolf Moxter und der Shareholder-Value-Ansatz, in: Ballwieser, W./Böcking, H.-J./Drukarczyk, J./Schmidt, R. H. (Hrsg.): Bilanzrecht und Kapital-markt, Festschrift zum 65. Geburtstag von Adolf Moxter, Düsseldorf 1994, S. 1378-1405.

[16] Ballwieser, W. [Wertorientierte Unternehmensführung, 2000]: Wertorientierte Unternehmens-führung: Grundlagen, in: ZfbF, 2000, S. 160-166.

[17] Ballwieser, W. [Informationsorientierte Jahresabschlussverbesserungen, 1982]: Zur Begründbar-keit informationsorientierter Jahresabschlussverbesserungen, in: Zeitschrift für betriebs-wirtschaftliche Forschung, 1982, S. 772-793

[18] Barilitis, M. [PIMS-Erkenntnisse, 1996]: Die Gültigkeit der PIMS-Erkenntnisse für Klein- und Mittelbetriebe, Wiesbaden 1996.

[19] Battenfeld, D. [Kostenrechnung, 2001]: Behandlung von Komplexitätskosten in der Kosten-rechnung, in: krp, 2001, S. 137-143.

[20] Bauer, H. H./Huber, F. [Nutzenorientierte Produktgestaltung, 1999]: Nutzenorientierte Produkt-gestaltung; in : Herrmann, A./Homburg, C. (Hrsg.): Marktforschung, Wiesbaden 1999, S.709-738.

[21] Bea, F. X./Schweitzer, M. [Führung, 2011]: Allgemeine Betriebswritschaftslehre, Bd. 2: Führung, 10. Aufl., Konstanz 2011.

[22] Bea, F. X./Haas, J. [Strategisches Management, 1995]: Strategisches Management, Stuttgart, Jena 1995.

[23] Becker, B./Janker, B./Müller, S. [Optimierung, 2004]: Die Optimierung des Risikomanagements als Chance für den Mittelstand, in: DStR, 2004, S. 1578-1584.

[24]   Benkenstein, M. [Dienstleistungsqualität, 1993]: Dienstleistungsqualität - Ansätze zur Messung und Implikationen für die Steuerung, in: ZfB, 1993, S. 1095-1115.

[25]   Bertram, K./Brinkmann, R./Kessler, H./Müller, S. (Hrsg.) [Bilanz-Kommentar, 2010]: HGB Bilanz Kommentar – §238 – §342e HGB, 2. Aufl., Freiburg 2010.

[26]   Betsch, O./Groh, A./Lohmann, L. [Corporate Finance, 2000]: Corporate Finance, 2. Aufl., München 2000.

[27]   Blase, S./Müller, S. [IFRS-8-Erstanwendung, 2009]: Empirische Analyse der vorzeitigen IFRS-8-Erstanwendung, in: WPg 10/2009, S. 537-544

[28]   Bleicher, K. [Integriertes Management, 1999]: Das Konzept Integriertes Management, 5. Aufl., Frankfurt a.M., New York 1999.

[29]   Brackschulze, K./Müller, S. [Prozyklisch Effekte, 2011]: Prozyklisch Effekte von Risikomanagementsystemen nach KonTraG in Finanz- und Vertrauenskrisen, in: DB, 43/2011, S. 2389-2396.

[30]   Breid, V. [Erfolgspotentiallenkung, 1994]: Erfolgspotentiallenkung: Konzeption im System einer finanzierungstheoretisch fundierten, strategischen Erfolgsrechnung, Stuttgart 1994.

[31]   Brown, M. G. [Kennzahlen, 1997]: Kennzahlen: Harte und weiche Faktoren erkennen, messen und bewerten, München, Wien 1997.

[32]   Bruhn, M. [Wirtschaftlichkeit, 1998]: Wirtschaftlichkeit des Qualitätsmanagements: Qualitätscontrolling für Dienstleistungen, 2. Aufl., Berlin, Heidelberg 1998.

[33]   Buchner, H./Weigand, A. [Planung, 2001]: Welche Planung passt zu Ihrem Unternehmen- Empfehlungen zur tubulenzgerechten Optimierung von Planungssystemen; in: Controlling, 2001, S. 419-428.

[34]   Busse v. Colbe, W. u.a. (Hrsg.) [Ergebnis nach DVFA/SG, 2000]: Ergebnis je Aktie nach DVFA/SG, 3. Aufl., Stuttgart 2000.

[35]   Busse von Colbe, W./Pellens, B. [Rechnungswesens, 1998]: Lexikon des Rechnungswesens: Handbuch der Bilanzierung und Prüfung, der Erlös-, Finanz-, Investitions- und Kostenrechnung, 4. Aufl., München 1998.

[36]   Buzzell, G./Gale, B.T. [PIMS-Programm, 1989]: Das PIMS-Programm, Wiesbaden 1989.

[37]   Chmielewicz, K. [Integrierte Finanz-, Bilanz- und Erfolgsplanung, 1993]: Integrierte Finanz-, Bilanz- und Erfolgsplanung, in: Gebhardt, G./Gerke, W./Steiner, M. (Hrsg.): Handbuch des Finanzmanagements, München 1993, S. 43-66.

[38]   Coenenberg, A. G./Haller, A./Schultze, W. [Jahresabschluss, 2009]: Jahresabschluss und Jahresabschlussanalyse, Stuttgart 2009..

[39]   Coenenberg, A. G. [Kostenrechnung, 1999]: Kostenrechnung und Kostenanalyse, Landsberg/Lech 1999.

[40]   Cooper, R./Kaplan, R. S. [Measure Costs, 1988]: Measure Costs right: Make the right decisions, in: Harvard Business Review, 1988, S. 96-103.

[41]   Copeland, T. E./ Koller, T./ Murrin, J. [Unternehmenswert, 1998]: Unternehmenswert: Methoden und Strategien für eine wertorientierte Unternehmensführung, 2. Aufl., Frankfurt a.M. 1998.

[42]   Cromme, G. (Hrsg.) [Corporate Governance Report, 2005]: Corporate Governance Report, Stuttgart 2005.

[43]   D'Aveni, R. [Hyperwettbewerb, 1995]: Hyperwettbewerb, Frankfurt a.M. 1995.

[44]   Demski, J. S./Feltham, G. A. [Cost Determination, 1976]: Cost Determination: A Conceptual-Approach , Ames/Iowa 1976.

[45]   Deutsche Bundesbank (Hrsg.) [Ertragslage, 2011]: Unternehmensbilanzstatistik, 2011. Online abrufbar unter   http://www.bundesbank.de/statistik/statistik_wirtschaftsdaten_tabellen.php (22.11.2011).

[46]   Diekmann, A. [Empirische Sozialforschung, 2001]: Empirische Sozialforschung: Grundlagen, Methoden, Anwendungen, 7. Aufl., Hamburg 2001.

[47]   DIN [SPEC 1086 2009]: DIN SPEC 1086 "Qualitätsstandards im Controlling", Abrufbar unter http://www.din.de/cmd?level=tpl-artkel&menuid=47387&cmsareaid=47387&cmsrubid=47393-&menurubricid=47393&cmstextid=93659&3&languageid=de, 2009.

[48]   Dörner, D. [Komplexität, 1993]: Denken und Handeln in Unbestimmtheit und Komplexität, in: GAIA-Zeitschrift für Umweltschutz, 1993, S. 128-138.

[49]   Dowd, K. [Value at Risk, 1998]: Beyond Value at Risk, Chichester 1998.

[50]   Drucker, P. F. [Kunst des Managements, 2000]: Die Kunst des Managements, München 2000.

[51]   Dürr, H. [Controlling als Instrument, 1990]: Controlling als Instrument der Unternehmens-führung, in: Küpper, H.-U./Mellwig, W./Moxter, A./Ordelheide, D. (Hrsg.): Unternehmens-führung und Controlling, Wiesbaden 1990, S. 57-66.

[52]   Ehrbar, A. [EVA, 1999]: Economic Value Added, Wiesbaden 1999.

[53]   Eidel, U. [Verfahren, 2000]: Moderne Verfahren der Unternehmensbewertung und Performance-Messung, 2. Aufl., Herne, Berlin 2000.

[54]   Eisele, W./Knobloch, A. P. [Betriebliches Rechnungswesen, 2011]: Technik des betrieblichen Rechnungswesens, München 2011.

[55]   Engelbrechtsmüller, C./Losbichler, H. (Hrsg.) [CFO_Schlüssel-Know-how, 2010]: CFO_Schlüssel-Know-how unter IFRS, Wien 2010.

[56]   Esch, F.-R. [Markenwertmessung, 1999]: Markenwertmessung; in: Herrmann, A./Homburg, C. (Hrsg.): Marktforschung, Wiesbaden 1999, S. 979-1023.

[57]   Eschenbach, R./Kunesch, H. [Strategische Konzepte, 1996]: Strategische Konzepte – Management-Ansätze von Ansoff bis Ulrich, 3. Aufl., Stuttgart 1996.

[58]   Eschweiler, M./Vieth, M. [Preisdeterminanten, 2004]: Preisdeterminanten bei Spielertransfers in der Fußball-Bundesliga, in: DBW 2004, S. 671-692.

[59]   Ewert, R./Wagenhofer, A. [Interne Unternehmensrechnung, 2008]: Interne Unternehmens-rechnung, 7. Aufl., Heidelberg u.a.O. 2008.

[60]   Facharbeitskreis IFRS des Internatinoalen Controllervereins (Hrsg.) [Controller Statement IFRS, 2011]: Controller Statement International Financial Reporting Standards – Chansen und Risiken für Controller, 2. Aufl., Gautingen 2011.

[61]   Fischer, T. M. [Erfolgsfaktoren, 1993]: Kostenmanagement strategischer Erfolgsfaktoren, München 1993.

[62]   Fleischhacker E./Kirchberger, T. [Basel II, 2007] Basel II und KMU: Die Bedeutung interner und externer Ratings, in: ÖBA 1/2007 S. 17-27.

[63]   Freidank, C.-C. (Hrsg.) [Reform, 2004]: Reform der Rechnungslegung und Corporate Governance in Deutschland und Europa, Wiesbaden 2004.

[64]   Freidank, C.-C. [Kostenrechnung, 2008]: Kostenrechnung : Einführung in die begrifflichen, theoretischen, verrechnungstechnischen sowie planungs- und kontrollorientierten Grundlagen des innerbetrieblichen Rechnungswesens und einem Überblick über neuere Konzepte des Kostenmanagements, 8. Aufl., München u.a.O. 2008.

[65]   Freidank, C.-C. [Risikomanagementsystem, 2001]: Zum Aufbau und Einsatz eines Risikomanagementsystems gemäß § 91 Abs. 2 AktG in Industriebetrieben, in: Tanski, J. S. (Hrsg.): Handbuch Finanz- und Rechnungswesen, Landsberg am Lech, 42. Nachlieferung 3/2001, VII.3.1, S. 1-38.

[66]   Freidank, C.-C. [Systeme der Kostenrechnung, 2000]: Systeme der Kostenrechnung, in: Tanski, J. S. (Hrsg.): Handbuch Finanz- und Rechnungswesen, Landsberg am Lech, 38. Nachlieferung, 2000, VI. 1.1, S. 1-70.

[67]   Freidank, C.-C. [Instrumentarium, 1999]: Das Instrumentarium der Kostenrechnung, in: Tanski, J. S. (Hrsg.): Handbuch Finanz- und Rechnungswesen, Landsberg am Lech, 37. Nachlieferung 1999, VI. 1.3, S. 1-118.

[68]   Freidank, C.-C. [Kurzfristige Entscheidungsinstrumente, 1999]: Teilkosten- und Deckungsbei-tragsrechnungen als kurzfristige Entscheidungsinstrumente, in: Tanski, J. S. (Hrsg.): Handbuch Finanz- und Rechnungswesen, Landsberg am Lech, 35. Nachlieferung, 1999, VI. 2.2, S. 1-80.

[69]   Freidank, C.-C. [Controlling, 1993]: Controlling: Ein unscharfes Konzept gewinnt Konturen in: DBW, 1993, S. 399-415.

[70]   Freidank, C.-C./Müller, S./Wulf, I. (Hrsg.) [Controlling und Rechnungslegung, 2008]: Controlling und Rechnungslegung – Aktuelle Entwicklungen in Wissenschaft und Praxis – Festschrift Prof. Dr. Laurenz Lachnit zum 65. Geburtstag, Wiesbaden 2008.

[71] Freidank, C.-C./Wiemers, B. [Prozeßkostenrechnung, 1998]: Zum Aufbau und Einsatz der Prozeßkostenrechnung in Revisionsunternehmen, in: Lachnit, L./Lange, C./Palloks, M. (Hrsg.): Zukunftsfähiges Controlling. Konzeptionen, Umsetzungen, Praxiserfahrungen, Festschrift zum 60. Geburtstag von T. Reichmann, München 1998, S. 173-204.

[72] Friedl, B. [Kostenrechnung, 2010]: Kostenrechnung, 2. Aufl., München 2010.

[73] Fröhling, O. [KonTraG, 2000]: KonTraG und Controlling, München 2000.

[74] Fröhling, O. [Dynamisches Kostenmanagement, 1994]: Dynamisches Kostenmanagement, München 1994.

[75] Funke, S. [Fixkosten, 1995]: Fixkosten und Beschäftigungsrisiko, München 1995.

[76] Füss, R. [Interne Revision, 2005]: Interne Revision – Bestandsaufnahme und Entwicklungsperspektiven, Berlin 2005.

[77] Gabriel, R./Chamoni, P./Gluchowski, P. [Data Warehouse, 2000]: Data Warehouse und OLAP – Analyseorientierte Informationssysteme für das Management, in: zfbf, 2000, S. 76-78.

[78] Gälweiler, A. [Determinanten, 1990]: Determinanten des Zeithorizontes in der Unternehmensplanung, in: Hahn, D./Taylor, B. (Hrsg.): Strategische Unternehmungsplanung - Strategische Unternehmungsführung, 5. Aufl., Heidelberg 1990, S. 203-220.

[79] Gebhardt, G./Mansch, H. (Hrsg.)/AK „Finanzierungsrechnung" der SG [Wertorientierte Unternehmenssteuerung, 2005]: Wertorientierte Unternehmenssteuerung in Theorie und Praxis, zfbf Sonderheft 53, 2005.

[80] Gerpott, T.J./Thomas, S.E. [Markenbewertungsverfahren, 2004]: Markenbewertungsverfahren, Einsatzfelder und Verfahrensüberblick, in: WiSt 2004, S. 394-400.

[81] Glaß, J. [Benchmarking, 2001]: Mit Benchmarking in Forschung und Entwicklung den Entwicklungsprozess optimieren, in: krp, 2001, S. 23-27.

[82] Gleich, R./Horváth, P/Michel, U. (Hrsg.) [Finanz-Controlling, Planegg/München 2011.

[83] Gleich, R./Kopp, J. [Neugestaltung, 2001]: Ansätze zur Neugestaltung der Planung und Budgetierung, in: Controlling, 2001, S. 429-436.

[84] Gomez, P. [Führen, 1995]: Führen in turbulenten Zeiten, in: Thommen, J.-P. (Hrsg.): Management-Kompetenz, Wiesbaden 1995, S. 183-194.

[85] Gräfer, H. [Bilanzanalyse, 2005]: Bilanzanalyse, 7. Aufl., Herne, Berlin 2005.

[86] Graumann, M. [Controlling, 2011]: Controlling – Begriff, Elemente, Methoden und Schnittstellen, 3. Aufl., Düsseldorf 2011.

[87] Gray, S. J./Salter, S. B./Radebaugh, L. H. [Global Accounting, 2001]: Global Accounting and Control, New York, 2001.

[88] Grevelius, S. [Without Budget, 2001]: Thirty successful Years without Budget; in: Controlling, 2001, S. 443-446.

[89] Grünig, R./Heckner, F./Zeuss, A. [Strategische Erfolgsfaktoren, 1996]: Methoden zu Identifikation strategischer Erfolgsfaktoren, in: Die Unternehmung, 1/1996, S. 3-12.

[90] Günther, G./Kriegbaum, C. [Markenbewertung, 2001]: Methoden der Markenbewertung; in: Controlling, 2001, S. 129-137.

[91] Gürtler, M. [Performancemessung, 2001]: Performancemessung und duales Risiko, in: DBW, 2001, S. 530-541.

[92] Haas, D. [Risikomanagement, 2000]: Risikomanagement in Verkehrsunternehmen, in: Dörner, D. et al. (Hrsg.): Praxis des Risikomanagements: Grundlagen, Kategorien, branchenspezifische und strukturelle Aspekte, Stuttgart 2000, S. 589-622.

[93] Hachmeister, D./Kunatz, O. [Geschäfts- oder Firmenwert, 2005]: Die Bilanzierung des Geschäfts- oder Firmenwerts im Übergang auf IFRS 3, in: KoR, 2005, S. 62-75.

[94] Haedrich, G./Jenner, G. [Strategische Erfolgsfaktoren, 1996]: Strategische Erfolgsfaktoren in Konsumgütermärkten, in: Die Unternehmung, 1/1996, S. 13-26.

[95] Hahn, D. [Führungsgrößen, 2002]: Kardinale Führungsgrößen des wertorientierten Controlling in Industrieunternehmungen, in: Controlling, 2002, S. 129-141.

[96] Hahn, D. [Unternehmensziele, 1995]: Unternehmensziele im Wandel - Konsequenzen für das Controlling, in: Controlling, 1995, S. 328-338.

[97]   Hahn, D. [Frühwarnsysteme, 1983]: Frühwarnsysteme, in: Buchinger, G. (Hrsg.): Umfeldana-
       lysen für das strategische Management: Konzeptionen – Praxis – Entwicklungstendenzen, Wien
       1983, S. 3-26.

[98]   Hahn, D./Hungenberg, H. [Controllingkonzepte, 2001]: PuK, Controllingkonzepte: Planung und
       Kontrolle, Planungs- und Kontrollsysteme, Planungs- und Kontrollrechnung, 6. Aufl., Wies-
       baden 2001.

[99]   Hahn, D./Krystek, U. [Früherkennungssysteme und KonTraG, 2000]: Früherkennungssysteme
       und KonTraG, in: Dörner, D. et al. (Hrsg.): Praxis des Risikomanagements: Grundlagen, Kate-
       gorien, branchenspezifische und strukturelle Aspekte, Stuttgart 2000, S. 73-97.

[100] Haller, A./Dietrich, R. [Intellectual Capital, 2001]: Intellectual Capital Bericht als Teil des Lage-
       berichts, in: DB, 2001, S. 1045-1052.

[101] Haller, S. [Beurteilung, 1998]: Beurteilung von Dienstleistungsqualität: Dynamische Betrachtung
       des Qualitätsurteils im Weiterbildungsbereich, 2. Aufl., Wiesbaden 1998.

[102] Hamel, G./Prahal, C. [Zukunft, 1995]: Wettlauf um die Zukunft, Wien 1995.

[103] Hammer, R. H. [Unternehmensplanung, 1995]: Unternehmensplanung, München, Wien 1995.

[104] Hans, L./Warschburger, V. [Controlling, 1999]: Controlling, 2. Aufl., München, Wien 1999.

[105] Hansmann, K.-W. [Prognoseverfahren, 1995]: Prognose und Prognoseverfahren, in: BFuP, 1995,
       S. 269-286.

[106] Hansmann, K.-W. [Prognoseverfahren, 1983]: Prognoseverfahren, Wiesbaden 1983.

[107] Hasegewa, T. [Management Accounting, 1994]: Entwicklung des Management Accounting
       Systems und der Management Organisation in japanischen Unternehmungen, in: Controlling,
       1994, S. 4-11.

[108] Helbling, C. [Unternehmensbewertung und Steuern, 1998]: Unternehmensbewertung und
       Steuern, 9. Aufl., Düsseldorf 1998.

[109] Henn, H. [Customer-Value, 1999]: Customer-Value-Implementierung, Wiesbaden 1999.

[110] Henzler, H. [Januskopf, 1974]: Der Januskopf muß weg!, in Wirtschaftswoche 28/1974, S. 60-63.

[111] Herrmann, A./Homburg, C. (Hrsg.) [Marktforschung, 1999]: Marktforschung, Methoden, An-
       wendungen, Praxisbeispiele, Wiesbaden 1999.

[112] Hirsch, B. [Controlleraufgabe, 2001]: Die Bereitstellung von Informationen über Wertvor-
       stellungen als Controlleraufgabe, in: Controlling, 2001, S. 497-502.

[113] Hoffjan, A. [Controlling-Konzeption, 1997]: Entwicklung einer verhaltensorientierten
       Controlling-Konzeption für die Arbeitsverwaltung, Wiesbaden 1997.

[114] Hoffjan, A. [Cost Benchmarking, 1997]: Cost Benchmarking als Instrument des strategischen
       Kostenmanagement, in: Freidank, C.-C. et al. (Hrsg): Kostenmanagement, Berlin/Heidelberg/
       New York 1997, S. 345-355.

[115] Homburg, C./Demmer, W. [Intelligente Kostenreduktion, 1995]: Ansatzpunkte und Instrumente
       einer intelligenten Kostenreduktion, in: krp, 1995, S. 21-28.

[116] Homburg, C./Pflesser, C. [Kausalanalyse, 1999]:Strukturgleichungsmodelle mit latenten
       Variablen: Kausalanalyse; in: Herrmann, A./Homburg, C. (Hrsg.): Marktforschung, Wiesbaden
       1999, S. 633-659.

[117] Hope, J./Fraser, R. [Beyond Budgeting, 2003]: Beyond Budgeting, Boston, MA, 2003.

[118] Horngren, C. T./Foster, G./Datar, S. M./et al. [Cost Accounting, 2009]: Cost Accounting – a
       managerial emphasis, 13. Aufl., Upper Saddle River/New Jersey 2009.

[119] Horváth, P. (Hrsg.) [Target Costing, 1993]: Target Costing - Marktorientierte Zielkosten in der
       deutschen Praxis, Stuttgart 1993.

[120] Horváth, P. [Controlling, 2011]: Controlling, 12. Aufl., München 2011.

[121] Horváth, P. [Controllingkonzept, 2009]: Das Controllingkonzept. Der Weg zu einem wirkungs-
       vollen Controllingsystem, 7. Aufl., München 2009.

[122] Horváth, P./Gleich, R. [Controlling und Risikomanagement, 2000]: Controlling als Teil des
       Risikomanagements, in: Dörner, D. et al. (Hrsg.): Praxis des Risikomanagements: Grundlagen,
       Kategorien, branchenspezifische und strukturelle Aspekte, Stuttgart 2000, S. 99-126.

[123] Horváth, P./Kieninger, M./Mayer, R./Schimank, C. [Prozeßkostenrechnung, 1993]:
       Prozeßkostenrechnung - oder wie die Praxis die Theorie überholt, in: DBW, 1993, S. 609-628.

[124]   Horváth, P./Lamla, J. [Cost Benchmarking, 1995]: Cost Benchmarking und Kaizen Costing, in: Reichmann, T. (Hrsg.): Handbuch Kosten- und Erfolgs-Controlling, München 1995, S. 63-88.

[125]   Horváth, P./Mayer, R. [Kostentransparenz, 1989]: Der neue Weg zu mehr Kostentransparenz und wirkungsvollen Unternehmensstrategien, in: Controlling, 1989.

[126]   Horváth, P./Seidenschwarz, W. [Zielkostenmanagement, 1992]: Zielkostenmanagement, in: ZfC, 1992, S. 142-150.

[127]   Hostettler, S. [EVA, 1998]: Economic Value Added (EVA), Bern, Stuttgart, Wien 1998.

[128]   Hüttner, M. [Prognoseverfahren, 1986]: Prognoseverfahren, Berlin/New York 1986.

[129]   IASB (Hrsg): Discussion Paper, Preliminary Views on Financial Statement Presentation, Oktober 2008.

[130]   ICV-Facharbeitskreis „Controlling und IFRS" (Hrsg.) [BilMoG und Controlling, 2009]: BilMoG und Controlling, Freiburg u.a.O. 2009.

[131]   ICV-Facharbeitskreis „Controlling und IFRS" (Hrsg.) [Impulspapier, 2011]: Impulspapier Drei-Spalten-Bilanz, Gautingen bei München. 2011.

[132]   Interbrand (Hrsg.) [Most Valueable Brands, 2011]: World´s Most Valueable Brands by Interbrand 2011,   http://issuu.com/interbrand/docs/bestglobalbrands2011-interbrand?viewMode=presenta-tion&mode=embed, 30.11.2011.

[133]   Itami, H. [Invisible Assets, 1994]: Mobilizing Invisible Assets, Cambridge/MA 1994.

[134]   Johnson, M. E. [Learning From Toys, 2001]: Learning From Toys: Lesson in Managing Supply Chain Risk from the Toy Industry, in: California Management Review, 2001, S. 106-124.

[135]   Kaplan, R. S./Cooper, R. [Cost&Effect, 1998]: Cost&Effect – Using Integrated Cost Systems to Drive Profitability and Performance, Boston/MA, 1998.

[136]   Kaplan, R. S./Norton, D. P. [Balanced Scorecard, 1997]: Balanced Scorecard: Strategien erfolg-reich umsetzen, Stuttgart 1997.

[137]   Kemper, O./Sachse, D. [Balanced Scorecard, 1999]: Die Balanced Scorecard als Bestandteil eines Frühwarnsystems, in: Henckel v. Donnersmarck, M./Schatz, R. (Hrsg.): Frühwarnsysteme, Fribourg 1999, S. 49-68.

[138]   Kilger, W./Pampel, J./Vikas, K. [Flexible Plankostenrechnung, 2002]: Flexible Plankosten-rechnung und Deckungsbeitragsrechnung, 11. Aufl., Wiesbaden 2002.

[139]   Klingebiel, N. [Externe Berichterstattung, 2000]: Externe Berichterstattung via Balanced Scorecard, in: Controller Magazin, 2000, S. 175-179.

[140]   Klingebiel, N. [Performance Measurement, 1999]: Performance Measurement, Wiesbaden 1999, S. 141-159.

[141]   Klingels, B. [cash generating unit, 2005]: Die cash generating unit nach IAS 36 im IFRS-Jahresabschluss, Berlin 2005.

[142]   Klingler, B. F. [Target Cost Management, 1993]: Target Cost Management, in: Controlling, 1993, S. 200-207.

[143]   Knyphausen, D. zu [Firms, 1993]: Why are Firms different?, in: DBW, 1993, S. 771-791.

[144]   Koch, G. [Controlling, 1980]: Controlling - Information und Koordination im Unternehmen, Göttingen 1980.

[145]   KPMG (Hrsg.) [IFRS für die Unternehmensführung, 2006]: IFRS für die Unternehmensführung, Berlin 2006.

[146]   KPMG (Hrsg.) [IFRS, 2004]: IFRS, 3. Aufl., Stuttgart 2004.

[147]   KPMG Consulting (Hrsg.) [Shareholder-Value Konzepte, 2000]: Shareholder-Value Konzepte, Frankfurt a.M. 2000.

[148]   Kraege, T. [Informationssystem, 1998]: Informationssystem für die Konzernführung, Wiesbaden 1998.

[149]   Kraus, H. [Operatives Controlling, 1990]: Operatives Controlling, in: Mayer, E./Weber, J. (Hrsg.): Handbuch Controlling, Stuttgart 1990, S. 117-172.

[150]   Krcmar, H. [Entscheidungsunterstützungssysteme, 1990]: Entscheidungsunterstützungssysteme: Hilfsmittel und Werkzeuge, in: Kurbel, K./Strunz, H. (Hrsg.): Handbuch Wirtschaftsinformatik, Stuttgart 1990, S. 408-412.

[151] Kremin-Buch, B. [Kostenmanagement, 2004]: Strategisches Kostenmanagement, 3. Aufl., Wiesbaden 2004, S. 18-19.

[152] Kromschröder, B./Lück , W. [Unternehmensüberwachung, 1998]: Grundsätze risikoorientierter Unternehmensüberwachung, in: DB, 1998, S. 1573-1585.

[153] Kruschwitz, L. [Unternehmensbewertung, 2001]: Risikoabschläge, Risikozuschläge und Risikoprämien in der Unternehmensbewertung, in: DB, 2001, S. 2409-2413.

[154] Krystek, U./Müller, M. [Frühaufklärungssysteme, 1999]: Frühaufklärungssysteme. Spezielle Informationssysteme zur Erfüllung der Risikopflicht nach KonTraG, in: Controlling, 1999.

[155] Krystek, U./Müller-Stewens, G. [Strategische Frühaufklärung, 1997]: Strategische Frühaufklärung als Element strategischer Führung, in: Hahn, D./Taylor, B.(Hrsg.): Strategische Unternehmensplanung – strategische Unternehmensführung: Stand und Entwicklungstendenzen, 7. Aufl., Heidelberg 1997, S. 913- 933.

[156] Kummer, S. [Supply Chain Controlling, 2001]: Supply Chain Controlling, in: krp, 2001, S. 81-87.

[157] Küpper, H.-U. [Controlling, 2005]: Controlling - Konzeption, Aufgaben und Instrumente, 4. Aufl., Stuttgart 2005.

[158] Küpper, H.-U. [Konzeption, 1987]: Konzeption des Controllings aus betriebswirtschaftlicher Sicht, in: Scheer, A.-W. (Hrsg.): Rechnungswesen und EDV, Heidelberg 1987, S. 82-116.

[159] Küting, K./Hütten, C. [Lagebericht, 2000]: Darstellung und Prüfung der künftigen Entwicklungsrisiken und –chancen im Lagebericht; in: Lachnit, L./Freidank, C.-C. (Hrsg.): Investororientierte Unternehmenspublizität, Wiesbaden 2000, S. 399-431.

[160] Küting, K./Lorson, P. [Benchmarking, 1996]: Benchmarking von Geschäftsprozessen als Instrument der Geschäftsprozeßanalyse, in: Berkau, C./Hirschmann, P. (Hrsg.): Kostenorientiertes Geschäftsprozessmanagement, München 1996, S. 121-140.

[161] Küting, K./Weber, C.-P. [Bilanzanalyse, 2004]: Die Bilanzanalyse: Lehrbuch zur Beurteilung von Einzel- und Konzernabschlüssen, 7. Aufl., Stuttgart 2004.

[162] Labhart, P.A. [Value Reporting, 1999]: Value Reporting: Informationsbedürfnisse des Kapitalmarktes und Wertsteigerung durch Reporting, Zürich 1999.

[163] Lachnit, L. [Bilanzanalyse, 2004]: Bilanzanalyse, Wiesbaden 2004.

[164] Lachnit, L. [Qualitätscontrolling, 2000]: Struktur eines Qualitätscontrollingsystems für die öffentliche Verwaltung, in: krp, 2000, S. 29-41.

[165] Lachnit, L. [Schätzung stiller Reserven, 2000]: Schätzung stiller Reserven als Problem der externen Jahresabschlußanalyse, in: Lachnit, L./Freidank, C.-C. (Hrsg.): Investororientierte Unternehmenspublizität, Wiesbaden 2000, S. 769-808.

[166] Lachnit, L. [Prozeßorientiert erweiterte KLR, 1999]: Prozeßorientiert erweiterte Kosten- und Leistungsrechnung für die öffentliche Verwaltung, in: krp, 1999, S. 44-51.

[167] Lachnit, L. [RL-Kennzahlensystem, 1998]: Das Rentabilitäts-Liquiditäts-(R/L-) Kennzahlensystem als Basis controllinggestützter Managementkonzepte, in: Lachnit, L./Lange, Ch./Palloks, M. (Hrsg.): Zukunftsfähiges Controlling: Konzeption, Umsetzungen, Praxiserfahrungen, Festschrift Reichmann, München 1998, S. 19-44.

[168] Lachnit, L. [Frühwarnsysteme, 1997]: Frühwarnsysteme, in: Mertens, P. et al. (Hrsg.): Lexikon der Wirtschaftsinformatik, 3. Aufl., Berlin u.a.O. 1997, S. 168-169.

[169] Lachnit, L. [Finanzplanung, 1995]: Finanzplanung, in: Gerke, W./Steiner, M. (Hrsg.): Handwörterbuch des Finanz- und Bankwesens, 2. Aufl., Stuttgart 1995, Sp. 776-788.

[170] Lachnit, L. [Umsatz- und Gesamtleistungsprognose, 1995]: Umsatz- und Gesamtleistungsprognose bei Unternehmen mit Mengen- bzw. Einzelleistungstätigkeit, in: Reichmann, T. (Hrsg.): Handbuch Kosten- und Erfolgs-Controlling, München 1995, S. 109-125.

[171] Lachnit, L. [Controllingkonzeption, 1994]: Controllingkonzeption für Unternehmen mit Projektleistungstätigkeit, München 1994.

[172] Lachnit, L. [True and fair view, 1993]: "True and fair view" und Rechnungslegung über stille Rücklagen im Jahresabschluß von Kapitalgesellschaften, in: WPg, 1993, S. 193-201.

[173] Lachnit, L. [Finanzlage-Analyse, 1993]: Finanzlage-Analyse, in: Chmielewicz, K./Schweitzer, M. (Hrsg.): Handwörterbuch des Rechnungswesens, Stuttgart 1993, S. 226-227.

[174] Lachnit, L. [Umsatzprognose, 1992]: Umsatzprognose auf Basis von Expertensystemen, in: Controlling, 1992, S. 160-167.

[175] Lachnit, L. [Controlling, 1992]: Controlling als Instrument der Unternehmensführung, in: Lachnit, L. (Hrsg.): Controllingsysteme für ein PC-gestütztes Erfolgs- und Finanzmanagement, München 1992, S. 1-18.

[176] Lachnit, L. [ERFI, 1992]: Modell zur integrierten Erfolgs- und Finanzlenkung (ERFI), in: Lachnit, L. (Hrsg.): Controllingsysteme für PC-gestütztes Erfolgs- und Finanzmanagement, München 1992, S. 39-74.

[177] Lachnit, L. [Unternehmensführung, 1989]: EDV-gestützte Unternehmensführung in mittelständischen Betrieben, München 1989.

[178] Lachnit, L. [Früherkennung, 1986]: Betriebliche Früherkennung auf Prognosebasis, in: Jacob, H. (Hrsg.): Früherkennung und Steuerung von Unternehmensentwicklungen. Schriften zur Unternehmensführung, Wiesbaden 1986, S. 5-30.

[179] Lachnit, L. [Multivariate Analyse- und Prognosemöglichkeiten, 1981]: Multivariate Analyse- und Prognosemöglichkeiten auf Jahresabschlußbasis zur Unternehmensbeurteilung und Aktienkursprognose, in: ZfB, 1981, S. 595-600.

[180] Lachnit, L. [Jahresabschlußanalyse, 1979]: Systemorientierte Jahresabschlußanalyse. Weiterentwicklung der externen Jahresabschlußanalyse mit Kennzahlensystemen, EDV und mathematisch-statistischen Methoden, Wiesbaden 1979.

[181] Lachnit, L. [Cash Flow, 1975]: Die betriebswirtschaftliche Kennzahl Cash Flow, in: WiSt, 1975, S. 218-224.

[182] Lachnit, L./Ammann, H. [Jahresabschlussanalyse, 2002]: Jahresabschlussanalyse, in: Hofbauer, M. /Kupsch, P. (Hrsg.): Bonner Handbuch Rechnungslegung, 23. Erg.-Lfg., Bonn 2002, Bd. 2 , Fach 5.

[183] Lachnit, L./Ammann, H. [Finanzergebnis, 1995]: Sachgemäße Ermittlung des Finanzergebnisses in der externen Jahresabschlußanalyse, in: DStR, 1995, S. 1281-1288.

[184] Lachnit, L./Dey, G. [Bereiche und Stellen, 1992]: Modell zur Lenkung von Bereichen und Stellen, in: Lachnit, L. (Hrsg.): Controllingsysteme für ein PC-gestütztes Erfolgs- und Finanzmanagement, München 1992, S. 85-118.

[185] Lachnit, L./Müller, S. [Ratingsysteme, 2005]: Internationalisierung der Rechnungslegung und Ratingsysteme der Kreditinstitute zur Beurteilung von Firmenkunden, in: Müller, S./Jöhnk, T./Bruns, A.: Beiträge zum Finanz-, Rechnungs- und Bankwesen, Wiesbaden 2005, S. 221-239.

[186] Lachnit, L./Müller. S. [Geschäfts- oder Firmenwert, 2003]: Bilanzanalytische Behandlung von Geschäfts- oder Firmenwerten, in: KoR, 2003, S. 540-550.

[187] Lachnit, L./Müller, S. [Risiko-Controlling, 2003]: Integrierte Erfolgs-, Bilanz- und Finanzrechnung als Instrument des Risiko-Controlling, in: Freidank, C.-C./Mayer, E. (Hrsg.): Controlling-Konzepte, 6. Aufl., Wiesbaden 2003, S. 563-586.

[188] Lachnit, L./Müller, S. [Performancedarstellung, 2002]: Probleme bei der wertorientierten Performancedarstellung von Unternehmen, in: DB, 2002, S. 2553-2559.

[189] Lachnit, L./Müller, S. [Risikomanagement, 2001]: Risikomanagementsystem nach KonTraG und Prüfung des Systems durch den Wirtschaftsprüfer, in: Freidank, C.-C. (Hrsg.): Die deutsche Rechnungslegung und Wirtschaftsprüfung im Umbruch, Festschrift Strobel, München 2001, S. 363-393.

[190] Lachnit, L./Wulf, I. [Immaterielle Potenziale, 2009]: Quantifizierung immaterieller Potenziale, in: Controlling 2009, S. 526-533.

[191] Lange, B. [Erfolgsfaktoren, 1982]: Bestimmungen strategischer Erfolgsfaktoren und Grenzen ihrer empirischen Fundierung, in: Die Unternehmung, 1982, S. 27-41.

[192] Lange, C./Schaefer, S./Daldrup, H. [Unternehmensnetzwerke, 2001]: Integriertes Controlling in Strategischen Unternehmensnetzwerken, in: Controlling, 2001, S. 75-83.

[193] Lehner, U./Schmidt, M. [Risikomanagement, 2000]: Risikomanagement im Industrieunternehmen, in: BFuP, 2000, S. 261-272.

[194] Lewis, T. G. [Steigerung, 1995]: Steigerung des Unternehmenswertes – Total Value Management, 2. Aufl., Landberg/Lech, 1995.

[195] Liebl, F. [Frühaufklärung, 1996]: Strategische Frühaufklärung: Trends – Issues – Stakeholders, München 1996.

[196] Liessmann, K. [Strategisches Controlling, 1990]: Strategisches Controlling, in: Mayer, E./Weber, J. (Hrsg.): Handbuch Controlling, Stuttgart 1990, S. 303-364.

[197] Lingnau, V. [Geschichte, 1998]: Geschichte des Controlling, in: WiSt 1998, S. 274-281.

[198] Lockhart, R. S. [Statistics, 1997]: Introduction in Statistics and Data Analysis for the Behavioral Sciences, New York/NY, 1997.

[199] Loew, H.-C. [Entwicklungsgeschichte, 1999]: Frühwarnung, Früherkennung, Frühaufklärung – Entwicklungsgeschichte und theoretische Grundlagen, in: Henckel v. Donnersmarck, M./Schatz, R. (Hrsg.): Frühwarnsysteme, Bonn u.a.O. 1999, S. 19-47.

[200] Lorson, P. [Controllung, 2011]: Controlling, in: Beas, F. X./Schweitzer, M. (Hrsg.): Führung, 2011, S. 270-386.

[201] Lorson, P. [Shareholder-Value-Ansätze, 1999]: Shareholder-Value-Ansätze, in: DB, 1999, S. 1329-1339.

[202] Lück, W. [Betriebswirtschaftliche Aspekte, 1999]: Betriebswirtschaftliche Aspekte der Einrichtung eines Überwachungssystems und eines Risikomanagementsystems, in: Dörner, D./Menold, D./Pfitzer, N. (Hrsg.): Reform des Aktienrechts, der Rechnungslegung und Prüfung, Stuttgart 1999, S. 139-176.

[203] Lück, W. [Überwachungssystem, 1998]: Risikomanagement und Überwachungssystem. KonTraG: Anforderungen und Umsetzungen in der betrieblichen Praxis, Karlsruhe 1998.

[204] Lück, W. [Unternehmerische Risiken, 1998]: Der Umgang mit unternehmerischen Risiken durch ein Risikomanagementsystem und durch ein Überwachungssystem: Anforderungen durch das KonTraG und Umsetzung in der betrieblichen Praxis, in: DB, 1998, S. 1925-1930.

[205] Lück, W. [Risikomanagement-System, 1998]: Elemente eines Risiko-Management-Systems: Notwendigkeit eines Risiko-Managementsystems durch den Entwurf eines Gesetzes zur Kontrolle und Transparenz im Unternehmensbereich (KonTraG), in: DB, 1998, S. 8-14.

[206] Lück, W./Hunecke, J. [Überlebensfähigkeit von Unternehmen, 1998]: Die Bedeutung des Risikomanagementsystems und des Überwachungssystems zur Sicherung der Überlebensfähigkeit von Unternehmen. Theoretische Überlegungen und Empfehlungen für die Praxis, in: Die Steuerberatung, 1998, S. 513-518.

[207] Mann, R. [Praxis, 1989]: Praxis strategisches Controlling mit Checklists und Arbeitsformularen, Landsberg/Lech, 1989.

[208] Männel, W. [Erlösrechnung, 1992]: Bedeutung der Erlösrechnung für die Ergebnisrechnung, in: Männel, W. (Hrsg.): Handbuch Kostenrechnung, Wiesbaden 1992, S. 631-655.

[209] Männel, W. [Frühzeitige Kostenkalkuation, 1994]: Frühzeitige Kostenkalkuation, in: krp, 1994, S. 106-112.

[210] Marr, R. [Betrieb und Umwelt, 1989]: Betrieb und Umwelt; in: Bitz, M. et al. (Hrsg.): Vahlens Kompendium der Betriebswirtschaftslehre, Bd. 1, München 1989, S. 101-103.

[211] Matschke, D. [Controllingpraxis, 2001]: Tendenzen in der Controllingpraxis der 500 größten deutschen Unternehmen: Ergebnisse einer empirischen Erhebung, in: Controller Magazin, 2001, S. 368-374.

[212] Mertens, P./Rässler, S. [Prognoserechnung, 2005]: Prognoserechnung, 6. Aufl., Heidelberg 2005.

[213] Miller, M. H./Modigliani, F. [Valuation, 1961]: Dividend Policy, Groth, and the Valuation of Shares, in: The Journal of Business, 1961, S. 411-433.

[214] Moxter, A. [Unsichere Erwartungen, 1962]: Bilanzierung und unsichere Erwartungen, in: Zeitschrift für handelswirtschaftliche Forschung, 1962), S. 607-632.

[215] Müller, A. [Ganzheitliches Controlling, 1996]: Grundzüge eines ganzheitlichen Controllings, München, Wien 1996.

[216] Müller, A. [Gemeinkostenmanagement, 1992]: Gemeinkostenmanagement. Vorteile der Prozeßkostenrechnung, Wiesbaden 1992.

[217] Müller, A. [Gewinnung, 2001]: Systematische Gewinnung von Frühindikatoren für Frühaufklärungssysteme, in: krp, 2001, S. 212-222.

[218] Müller, S./Brackschulze, K./Mayer-Fiedrich, M. D. [Basel III, 2011]: Finanzierung mittelständischer Unternehmen nach Basel III, 2. Aufl., München 2011.

[219] Müller, S./Wobbe, C. [Bonitätsmanagement, 2007]: Verbesserung der nachhaltigen Fremdkapitalaufnahmemöglichkeit durch die Integration eines Bonitätsmanagementsystems, in: BB 2007, S. 1491-1497.

[220] Müller, S. [Führungskennzahlensystem, 2004]: Konvergente Ausgestaltung eines Führungskennzahlensystems, in: Seicht, G. (Hrsg.): Jahrbuch für Controlling und Rechnungswesen 2004, S. 273-300.

[221] Müller, S. [Management-Rechnungswesen, 2003]: Management-Rechnungswesen – Ausgestaltung des externen und internen Rechnungswesens unter Konvergenzgesichtspunkten, Wiesbaden 2003.

[222] Müller, S. [Immaterielle Vermögensgegenstände, 2010]: Ansatz und Bewertung selbst geschaffener immaterieller Vermögensgegenstände des Anlagevermögens, in: ZfCM, Sonderheft 3/2010, S. 5-11.

[223] Müller, S. [Marktforschung, 1999]: Grundlagen der Qualitativen Marktforschung, in: Herrmann, A./Homburg, C. (Hrsg.): Marktforschung, Wiesbaden 1999.

[224] Müller, S./Brackschulze, K./Mayer-Fiedrich, M.-D. [Basel III, 2011]: Finanzierung mittelständischer Unternehmen nach Basel III – Selbstrating, Risikocontrolling und Finanzierungsalternativen, München 2011.

[225] Müller, S./Eiselt, A. [Kapitalflussrechnung, 2008]: IFRS: Kapitalflussrechnung: Darstellung und Analyse von Cashflows und Zahlungsmitteln – IFRS Best Practice Bd. 8, Berlin 2008.

[226] Müller, S./Ordemann, T./Pampel, J. [Handlungsempfehlungen, 2005]: Handlungsempfehlungen für die Anwendung der IFRS im Controlling mittelständischer Unternehmen, in: BB, 2005, S. 2119-2125.

[227] Müller, S./Papenfuß, U./Schaefer, C. [Controlling in Kommunen, 2009]: Rechnungslegung und Controlling in Kommunen: Status quo und Reformansätze – KVS Bd. 1, Berlin 2009.

[228] Nicolai, A./Kieser, A. [Erfolgsfaktorenforschung, 2002]: Die Erfolgsfaktorenforschung weiter auf Erfolgskurs, in DBW, 2002, S. 579-596.

[229] Oecking, G. [Fixkostenmanagement, 1998]: Fixkostenmanagement: zentrale Aufgabe eines zukunftsorientierten Kosten- und Erfolgscontrolling; in: Lachnit, L./Lange, C./Palloks, M. (Hrsg.): Zukunftsfähiges Controlling, Festschrift Reichmann, München 1998, S. 153-172.

[230] Olshagen, C. [Prozeßkostenrechnung, 1991]: Prozeßkostenrechnung. Aufbau und Einsatz, Wiesbaden 1991.

[231] Ossadnik, W. [Controlling, 2002]: Controlling, 3. Aufl., München 2002.

[232] Peemöller, V. [Controlling, 2005]: Controlling, 5. Aufl., Herne/Berlin 2005.

[233] Pellens, B./Fülbier, R. U./Gassen, J. [Unternehmenspublizität, 1998]: Unternehmenspublizität unter veränderten Marktbedingungen; in: Börsig, C./Coenenberg, A. G. (Hrsg.): Controlling und Rechnungswesen im internationalen Wettbewerb, Stuttgart 1998, S. 55-69.

[234] Perridon, L./Steiner, M./Rathgeber, A. [Finanzwirtschaft, 2009]: Finanzwirtschaft der Unternehmung, 15. Aufl., München 2009.

[235] Pfohl, M. [Prozessorientierte Budgetierung, 2000]: Prozessorientierte Budgetierung in: DBW, 2000, S. 277-279.

[236] Pollanz, M. [Wertorientierte Unternehmensführung, 1999]: Ganzheitliches Risikomanagement im Kontext einer wertorientierten Unternehmensführung (Risk Adjusted Balanced Scorecarding), in: Controlling, 1999, S. 1277-1281.

[237] Rappaport, A. [Shareholder-Value, 1999]: Shareholder-Value: ein Handbuch für Manager und Investoren, 2. Aufl., Stuttgart 1999.

[238] Reckenfelderbäumer, M. [Prozeßkostenrechnung, 1994]: Entwicklungsstand und Perspektiven der Prozeßkostenrechnung, Wiesbaden 1994.

[239] Reichmann, T. [Controlling mit Kennzahlen, 2011]: Controlling mit Kennzahlen und Managementberichten, 8. Aufl., München 2011.

[240] Reichmann, T. [Controlling, 1995]: Kosten- und Erfolgscontrolling - Neuere Entwicklungen in der Führungsunterstützung, in: Reichmann, T. (Hrsg.): Handbuch Kosten- und Erfolgs-Controlling, München 1995, S. 3-24.

[241] Reichmann, T./Lachnit, L. [Planung, Steuerung und Kontrolle, 1976]: Planung, Steuerung und Kontrolle mit Hilfe von Kennzahlen, in: ZfbF 1976, S. 705-723.

[242] Reinschmidt, J. [Beschaffungs-Controlling, 1989]: Beschaffungs-Controlling mit Kennzahlensystemen, Bergisch-Gladbach 1989.

[243] Renner, A./Sauter, R. [Targetmanager, 1997]: Targetmanager – Erste Standardsoftware zur Unterstützung des gesamten Target Costing-Prozeßes , in: Controlling, 1997, S. 65-71.

[244] Rese, M. [Erlösplanung, 2002]: Erlösplanung und Erlöskontrolle, in: Küpper, H.-U./Wagenhofer, A. (Hrsg.): Handwörterbuch Unternehmensrechnung und Controlling, 4. Aufl., Stuttgart 2002, Sp. 453-462.

[245] Riebel, P. [Deckungsbeitragsrechnung, 1994]: Einzelkosten- und Deckungsbeitragsrechnung, 7. Aufl., Wiesbaden 1994.

[246] Riebel, P. [Deckungsbeitragsrechnung, 1970]: Deckungsbeitragsrechnung, in: HWR, Stuttgart 1970, Sp. 383-408.

[247] Riegler, C. [Anreizsysteme, 2000]: Hierarchische Anreizsysteme im wertorientierten Management, Stuttgart 2000.

[248] Roehl-Anderson, J. M./Bragg, S. [Controllership, 2004]: Controllership: The Work of the Managerial Accountant, 7. Aufl., New York 2004.

[249] Roehl-Anderson, J. M./Bragg, S. [Controller's Function, 2000]: The Controller's Function: The Work of an Managerial Accountant, 2. Aufl., New York 2000.

[250] Rudolph, A. [Prognoseverfahren, 1998]: Prognoseverfahren in der Praxis, Heidelberg 1998.

[251] Scharpf, P./Lutz, G. [Risikomanagement, 2000]: Risikomanagement, Bilanzierung und Aufsicht von Finanzderivten, 2. Aufl., Stuttgart 2000.

[252] Scheer, A.-W. [Modellierungsmethoden, 1998]: ARIS-Modellierungsmethoden, Metamodelle, Anwendungen, Berlin 1998.

[253] Scheffler, E. [Strategisches Management, 1989]: Im strategisches Management erfolgreich sein, in: Controlling, 1989, S. 26-33.

[254] Schellein, H. [Steuerungsinstrument, 1998]: Der Konzernabschluß als Steuerungsinstrument – Möglichkeiten und Grenzen; in: Theisen, M. R. (Hrsg.): Der Konzern im Umbruch, Stuttgart 1998, S. 249-257.

[255] Schierenbeck, H. [Grundzüge, 1999]: Grundzüge der Betriebswirtschaftslehre, 14. Aufl., München, Wien 1999.

[256] Schierenbeck, H./ Lister, M. [Value Controlling, 2001]: Value Controlling – Grundlagen wertorientierter Unternehmensführung, München, Wien 2001.

[257] Schirmeister, R./Reimsbach, D. [Bewertung immatereiellen Vermögens, 2010]: Die Bewertung des immatereillen Vermögens in der externen Unternehmensanalyse, in: Jahrbuch Controlling und Rechnungswesen, 2010, S. 269-289.

[258] Schmidbauer, R. [Beteiligungs-Controlling, 1998]: Konzeption eines unternehmenswertorientierten Beteiligungs-Controlling im Konzern, Frankfurt a.M. u.a.O. 1998.

[259] Schneider, D. [EVA, 2001]: Oh, EVA, EVA, schlimmes Weib: Zur Fragwürdigkeit einer Zielvorgabe-Kennzahl nach Steuern im Konzerncontrolling, in: DB, 2001, S. 2509-2514.

[260] Schneider, D. [Entscheidungstheorie, 1995]: Informations- und Entscheidungstheorie, München 1995.

[261] Schneider, D. [Investition, 1992]: Investition, Finanzierung und Besteuerung, 7. Aufl., Wiesbaden 1992.

[262] Schneider, D. [Substanzerhaltung, 1984]: Entscheidungsrelevante fixe Kosten, Abschreibungen und Zinsen zur Substanzerhaltung, in: DB, 1984, S. 2521-2528.

[263] Schneider, D./Bäumler, M. [Unternehmertum, 1994]: Controlling-Instrumente versus Unternehmertum, in: Controlling, 1994, S. 370-372.

[264] Schneider, M. [„Strategische Komplementaritäten", 2001]: „Strategische Kompementaritäten" und das Management intangibler Ressourcen, in: ZfbF, 2001, S. 589-604.

[265] Schön, D./Diederichs, M./Busch, V. [Projektgeschäft, 2001]: Chancen- und Risikomanagement im Projektgeschäft, in: Controlling, 2001, S. 379-387.

[266] Schredelseker, K. [Sozialbilanz, 1994]: Sozialbilanz, in: Busse von Colbe, W. (Hrsg.): Lexikon des Rechnungswesens, 3. Aufl., München, Wien 1994, S. 575-578.

[267] Schulz, M. [Investitionscontrolling, 2005]: Anreizorientiertes Investitionscontrolling mit vollständigen Finanzplänen, Berlin, 2005.

[268] Schweitzer, M./Küpper, H.-U. [Kosten- und Erlösrechnung, 2011]: Systeme der Kosten- und Erlösrechnung, 10. Aufl., München 2011.

[269] Schweitzer, M./Wagener, K. [Geschichte, 1998]: Geschichte des Rechnungswesens, in: WiSt, 1998, S. 442.

[270] Seidenschwanz, W./Niemand, S. [Zuliefererintegration, 1994]: Zuliefererintegration im marktorientierten Zielkostenmagement, in: Controlling, 1994, S. 262-270.

[271] Serfling, K. [Controlling, 1992]: Controlling, 2. Aufl., Stuttgart, Berlin, Köln 1992.

[272] Serven, L. B. M. [Value Planning, 2001]: Value Planning – The New-Approach to Building Value Every Day, New York u.a.O. 2001.

[273] Seuring, S./Müller, M./Goldbach, M./Schneidewind, U. (Hrsg.) [Supply Chains, 2003]: Strategy and Organization in Supply Chains, Heidelberg 2003.

[274] Shank, J. K./Govindarajan, V. [Strategic Cost Analysis, 1989]: Strategic Cost Analysis. The Evolution from Managerial to Strategic Accounting, Homewood 1989.

[275] Shim, J. K./Siegel, J. G. [Cost Management, 2000]: Modern Cost Management & Analyses, 2. Aufl., New York 2000.

[276] Spannagl, T./Häßler, A. [Implementierung, 1999]: Ein Ansatz zur Implementierung eines Risikomanagement-Prozesses, in: DStR, 1999, S. 1826-1835.

[277] Standop, D. [Prognosemethode, 2002]: Prognosemethode, qualitative, in: Küpper, H.-U./Wagenhofer, A. (Hrsg.): Handwörterbuch Unternehmensrechnung und Controlling, 4. Aufl., Stuttgart 2002, S. 1551-1562.

[278] Stauss, B/Hentschel, B. [Dienstleistungsqualität, 1991]: Dienstleistungsqualität, in: WiSt, 1991, S. 238-244.

[279] Steinle, C./Bruch, Heike (Hrsg.) [Controlling, 2003]: Controlling. Kompendium für Ausbildung und Praxis, Stuttgart 2003.

[280] Stewart, G. B. [Quest for Value, 1999]: The Ouest for Value, New York 1999.

[281] Stoi, R./Giehl, M. [Prozeßkostenrechnung, 1995]: Prozeßkostenrechnung im Vertriebsmanagement, in: Controlling, 1995, S. 140-147.

[282] Strobel, W. [Unternehmensüberwachung, 2000]: Reform der Unternehmensüberwachung durch den Aufsichtsrat der Aktiengesellschaft, in: Lachnit, L./Freidank,C.-C. (Hrsg.): Investororientierte Unternehmenspublizität, Wiesbaden 2000, S. 527-569.

[283] Töpfer, A. [Management, 2001]: Gezieltes Customer Relationship Management, in: Controlling, 2001, S. 185-195.

[284] Trautwein, F. [Unternehmensakquisition, 1989]: Zur Bewertung von Unternehmensakquisitionen, in: DBW, 1989, S. 537-539.

[285] Turnheim, G. [Chaos, 1993]: Chaos und Management, Wien 1993.

[286] Vahs, D. [Controlling-Konzeptionen, 1990]: Controlling-Konzeptionen in deutschen Industrieunternehmungen - eine betriebswirtschaftlich-historische Untersuchung, Frankfurt a.M. u.a.O. 1990, S. 77.

[287] Vikas, K. [Kostenmanagement, 1996]: Neue Konzepte des Kostenmanagements, 3. Aufl., Wiesbaden 1996.

[288] Wall, F. [Balanced Scorecard, 2001]: Ursache-Wirkungsbeziehungen als ein zentraler Bestandteil der Balanced Scorecard, in: Controlling, 2001, S. 65-74.

[289] Weber, J./Schäffer, U. [Thesen zum Controlling, 2004]: Thesen zum Controlling, in: Scherm, E./Pietsch, G. (Hrsg.): Controlling: Theorien und Konzeptionen, München 2004, S. 459-466.

[290] Weber, J./Schäffer, U. [Controlling, 2011]: Einführung in das Controlling, 13. Aufl., Stuttgart 2011.

[291] Weber,J./Weißenberger, B. E./Liekweg, A. [Ausgestaltung, 1999]: Ausgestaltung eines unternehmerischen Chancen- und Risikomanagements nach dem KonTraG, in: DStR, 1999, S. 1710-1716.

[292] Welge, M. K./Al-Laham., A. [Planungspraxis, 1997]: Stand der strategischen Planungspraxis in der deutschen Industrie, in: ZfbF 1997, S. 790-806.

[293] Werner, L. [Entscheidungsunterstützungssysteme, 1992]: Entscheidungsunterstützungssysteme, Heidelberg 1992.

[294] Wirtz, B. W. [Vision Management, 1996]: Vision Management, in: DBW, 1996, S. 250-278.

[295] Wobbe, C. [Bondholder-Management, 2006]: Bondholder-Management: Notwendigkeit – Ansatzpunkte – Integration in den strategischen Managementprozess, Hamburg 2006.

[296] Wohlgemuth, A. C. [Erfolgsfaktoren, 1989]: Die klippenreiche Suche nach den Erfolgsfaktoren, in: Die Unternehmung, 1989, S. 89-111.

[297] Wulf, I. [Stille Reserven, 2001]: Stille Reserven im Jahresabschluß nach IAS und US-GAAP, Wiesbaden 2001.

[298] Wulf, I./Müller, S. [Bilanztraining, 2011]: Bilanztraining – Jahresabschluss, Ansatz und Bewertung, 13. Aufl., München 2011.

[299] Wunder, R./Schlagenhaufer, P. [Personal-Controlling, 1994]: Personal-Controlling, Stuttgart 1994.

[300] Zahn, E./ Kemper, H.-H./Lasi, H. [Informationsmanagement, 2011]: Informationstechnologie und Informationsmanagement, in: Bea, F. X./Dichtl, E./Schweitzer, M. (Hrsg.): Führung 2011, S. 448-487.

[301] Zahn, E./Foschiani, S. [Wettbewerb, 2001]: Strategiekompetenz und Strategieinnovation für den dynamischen Wettbewerb, in: Controlling, 2001, S. 413-418.

[302] Zahn, W. [Target Costing, 1995]: Target Costing bei einem Automobilzulieferer, in: Controlling, 1995, S. 148-153.

[303] Zimmermann, G./Grundmann, R. [Target Costing, 2001]: Zur Anwendung des Target Costing in Kreditinstituten, in: Zeitschrift für das gesamte Kreditwesen, 2001, S. 79-850.

[304] Zimmermann, G./Jöhnk, T. [Balanced Scorecard, 2000]: Erfahrungen der Unternehmenspraxis mit der Balanced Scorecard, in: Controlling, 2000, S. 601-606.

[305] Zimmermann, G./Jöhnk, T. [Instrument, 2000]: Die Balanced Scorecard – ein Instrument zur Steuerung öffentlich-rechtlicher Kreditinstitute?, in: Budäus, D./Küpper, W./Streitferdt, L. (Hrsg.): Reform des öffentlichen Rechnungswesens – Festschrift Lüder, Wiesbaden 2000, S. 629-652.

[306] Zimmermann, G./Wortmann, A. [Institution, 2001]: Der Shareholder-Value-Ansatz als Institution zur Kontrolle der Führung von Publikumsgesellschaften, in: DB, 2001, S. 289-294.

[307] Zündorf, H./Burger, K. M. [Risikomanagement, 2000]: Risikomanagement in der Medienbranche, in: Dörner, D. et al. (Hrsg.): Praxis des Risikomanagements: Grundlagen, Kategorien, branchenspezifische und strukturelle Aspekte, Stuttgart 2000, S. 719-750.

Stichwortverzeichnis

A

Abbildungskonzeption 73
Abbildungsrisiko 224
ABC-Analyse 308
Abgrenzung von Kostenstellen 63
Absatzmanagement 136
Absatzprognose 120
Abweichungsanalyse 96, 183
Activity-Based-Budgeting 159
Aktuelle Liquiditätssicherung 161
Anderskosten 57
Andersleistungen 58
Anlagencontrolling 42
Anlagendeckung 176, 307
Anreizsysteme 41
Äquivalenzziffernrechnung 71
Aufwand 56
Ausprägungen des Controlling 7

B

Balanced Scorecard 319
Befragungen 277
Benchmarking 115
Bereinigungen 169
Beschäftigungsabweichung 95, 97
Beständeänderungen 188, 332
Beständebezogene Finanzanalyse 163
Betriebliches Rechnungswesen 51
Betriebsabrechnungsbogen 65
Betriebsergebnisplanung 144
Bewegungsbezogene Finanzanalyse 181
Bewegungsbilanz 187
Bewertung 267
Bottom-up-Verfahren 153
Brutto-Cashflow 259

Brutto-Investitionsbasis 258
Budget 150, 221
Budgetierung 150
Budgetierungstechniken 156
Budgetkontrolle 154
Budgetrevision 155
Business Reengineering 106

C

Capital Employed 256
Cashflow 193, 304
Cashflow-Ermittlung 331
Cashflow-Kennzahlen 305
Cashflow-Statement 191, 198, 339
Cashflow-Verwendungsrechnung 193
CFRoI 259
Chancen 223
Chancenbetrachtung 236
Conjoint-Analyse 111
Controller 8
Controllership 1
Controlling 1
  Aufgabengebiete 8
  Begriff 3
  Bereicheorientiert 33
  Effizienzsteigerung 5
  Entwicklung 6
  Funktionalaspekt 32
  Koordination 4
  Operatives 28
  Rationalitätssicherung 4
  Strategisches 27
Controllingausprägungen 7
Controllinginstrumente 43
Controllingteilgebiete 9, 25
Corporate Governance 22

Cost Center 63
CVA 258

D

Deckungsbeitrag 68, 86
Deckungsbeitragsrechnung 62, 86, 89
Deckungsverhältnisse 176
Direct Costing 86
Discounted Cashflow 260
Diskriminanzanalysen 180
Dispositive Einzeltechniken 43
Divisionskalkulation 70
Dynamisches Finanzcontrolling 181

E

Eigenkapitalbereinigung 170
Eigenkapitalquote 172, 307
Eigenkapitalrentabilität 298
Eigenkontrolle 156
Einzelkosten 61
Einzelkostenplanung 142
Einzelkostenrechnung 83
Einzelkostenrechnung, Relative 62, 89
Einzeltechniken 43
Engpass 68, 91
Entity-Ansatz 255, 262
Equity-Ansatz 255
Erfolg 217
Erfolgs- und Finanzlenkung 13, 217
Erfolgs- und Finanztransformation 249
Erfolgs-, Bilanz- und Finanzplanung 163
Erfolgs-, Bilanz- und Finanzplanungssystem 218
Erfolgscontrolling 3, 26, 49
Erfolgsfaktoren 255, 270
Erfolgsfaktorenforschung 274
Erfolgsindikatoren 255
Erfolgslage 145
Erfolgsplanung 144
Erfolgspotenziale 253, 285

Erfassung 287
Erfolgsspaltung 328
Ergebnisrechnung
    Kalkulatorische 55, 72
Erlösartenrechnung 73
Erlöse 56
    Neutrale 57
Erlösschmälerungen 62
Erlösstelle 64
Erlösstellenrechnung 73
Erlösträgerrechnung 73
Ertrag 56
EVA$^{\copyright}$ 256

F

F+E-Controlling 37
Fallbeispiel 324
Finanzbuchhaltung 50
Finanzcontrolling 3, 26, 161
Finanzflusskennzahlen 337
Finanzflussrechnung 305
Finanzkontrolle 162, 183
Finanzkrise 239
Finanzlage 161
Finanzlageanalyse 162
Finanzplan
    Fristigkeit 185
    Typen 184
Finanzplanungsprozess 182
Finanzprognose 182
Fixe Kosten 60, 310
Fixkostendeckungsrechnung 87
Fixkostenmanagement 102
Fixkostenverrechnung 96
Flexible Plankostenrechnung 96
Forschung- und Entwicklung 37
Fortschreibungsbudgetierung 158
Free Cashflow 260
Fremdkapitalbereinigung 169
Fremdkontrolle 156

Frühaufklärungssysteme 137, 228
  Ganzheitliche 139
  Hochrechnungsorientiert 137
  Indikatororientiert 138
  Operative 229
  Schwache Signale 138
  Strategische 229
Frühwarnsysteme 136, 228
Führungsinformationssystem 19, 25
Führungssystem 2, 8
Führungsteilsysteme 8
Funktionalbereiche 32
Funktionsbereicheplanung 217

G

Gegenstromverfahren 145, 153
Gemeinerlöse 61
Gemeinkosten 61
Gemeinkostenplanung 142
Gesamtabschreibungsquote 168
Gesamtkapitalrentabilität 298
Gesamtkostenverfahren 75
Gesamtleistungsprognose 129
Grenzplankostenrechnung 83, 99
Grundrechnung 62

I

Immaterielle Vermögensgegenstände 172
  Quantifizierung 269
Indikatoren 277
Industrieökonomie 274
Information 17
Informationsgewinnung 116
Informationssystem 17
Informationswirtschaft 17
Integration 13
  Organisatorische 220
  Sachliche 219
  Zeitliche 220
Integrierte Erfolgs- und Finanzplanung 218

Integrierte Planung 163
Integriertes Risikomanagementsystem 247
Intellectual Capital 268
Interne Bestandsrechnung 172
Internes Kontrollsystem 237
Intuition 5
Investitionscontrolling 42
Investitionstätigkeit 168
Investment Center 64
Istkostenrechnung 81

J

Jahresfinanzplan 187

K

Kaizen-Budgeting 158
Kalkulationsverfahren 70
Kalkulatorische Betriebsleistung 129
Kalkulatorische Ergebnisrechnung 55, 72
Kalkulatorische Kosten 57
Kalkulatorische Leistungen 57
Kapitalanalyse 169
Kapitalflussrechnung 188
Kapitalkosten 314
Kapitalkostensatz 257
Kapitalrückflusszeiten 175
Kapitalstruktur 172, 335
Kausale Verfahren 122
Kennzahlen 291
Kennzahlensystem 291
Key Performance Indicators 320
Key Value Driver 271
Kontodatenanalyse 211
Kontrolle 13, 214
Koordination 4, 10
  Instrumente 11
Korrelationsanalyse 273
Korrelationsrechnungen 126
Kosten
  Kalkulatorische 57

Kosten- und Leistungsrechnung 50
  Abbildung von Gesamtunternehmen 73
  Aufgaben 52
  Begriff 50
  Betrachtungsobjekt 52
  Kalkulation 69
  Preisentscheidungen 68
  Preisgrenzen 69
  Programmentscheidungen 68
  Systeme der 79
  Teilgebiete 58, 77
  Zielsetzung 52
Kostenartenrechnung 54, 59
Kostenauflösungsverfahren 84
Kostenbegriff 55
Kostenbestimmungsfaktoren 141
Kosteneinflussgrößen 84, 101
Kostenfunktion 100
Kostenmanagement 102
Kostenplanung 118, 140
Kostenrechnungssysteme 79
Kostenrelationen 140
Kostenremanenz 102
Kostenschlüsselung 67
Kostenstellen
  Abgrenzung 63
Kostenstellenrechnung 54, 63
Kostenträgereinzelkosten 66
Kostenträgergemeinkosten 67
Kostenträgerrechnung 54, 67
Kostenträgerstückrechnung 67
Kostenträgerzeitrechnung 67
Kostentreiber 105
Kostenverläufe 85, 100
Kostenverteilung 65
Kostenzurechnung 65
Kreditverhandlungen 172
Kundenbefragung 279
Kuppelproduktion 72
Kurzfristige Deckungsrelationen 178
Kurzfristkapitalanteil 173

L

Langfristige Deckungskennzahlen 176
Langfristkapitalanteil 173
Leerkosten 96
Leistungen 56
  Kalkulatorische 57
Leistungsartenrechnung 73
Leistungserstellung 49
Leistungsmengeninduzierte Kosten 105
Leistungsmengenneutrale Kosten 105
Leistungsstellenrechnung 73
Leistungsträgerrechnung 73
Leverage Effekt 173
Lifecycle Costing 107
Liquidität 217
Liquiditätskoeffizienten 177, 306
Liquiditätsprognose 180
Liquiditätsreserve 161
Liquiditätssicherung 161
Liquiditätsstatus 181
Logistikcontrolling 36

M

Management
  Armaturenbrett 291
Management-Rechnungswesen 45
Managementsystem 8
Markennamen 269
Marketingcontrolling 35
Maschinensatzrechnung 72
Mengenabweichung 94
Modell-/Methodenbank 20
Modellierungsmethoden 271
Monitoring 281
Multiattributive Verfahren 278
Multiple Regression 127
MVA 257

N

Nachhaltigkeit 24

Nachhaltigkeitskennzahlen 317
Nachleistungskosten 108
Netto-Cashflow 259
Neutrale Erlöse 57
Neutraler Aufwand 57
Neutraler Aufwand 57
NOPAT 257
Normalkostenrechnung 82
Nutzkosten 96

O

Operative Planung 214
Operatives Controlling 28
Ordentliches Ergebnis 297
Organisation 311
Organisatorische Integration 220

P

Patente 269
Personalcontrolling 41
PIMS-Studie 274
Planbewegungsbilanz 187
Planfinanzflussrechnung 188
Plankostenrechnung 93
    Bestandteile 93
    Flexible 96
    Starre 94
    Systeme der 93
Plankostenverrechnungssatz 95
Planung 11, 119, 213
    Führungspotenzial- 30
    Funktionsbereichs- 31
    Operative 13
    Potenzialstruktur- 30
    Produktprogramm- 31
    Produktprogramm- und Potenzial- 30
    Strategische 13
Planungs- und Kontrollsystem 12, 184, 214
    Gestaltung 29
    Operatives 31

Planungsprozess 143
Planungssystem 13, 143, 213
Potenzialplanung 215
Preisabweichungen 94
Preisgrenze 69
Produkte 308
Produktionscontrolling 34
Produktionsfaktoren 34
Produktionsfunktionen 100
Produktionsprogramm 89
Produktlebenszyklus 109
Produktprogrammplanung 215
Profit Center 64
Prognose 119
Prognosemethoden 120
Prognosetechniken 183
Projektcontrolling 39
Prospektive Finanzanalyse 179
Prozessketten 106
Prozesskostenrechnung 61, 103
Prozesskostensatz 105

Q

Qualität 278
Qualitative Prognoseverfahren 120
Quantitative Prognoseverfahren 120, 121

R

Rating 172
Rationalitätssicherung 22
Rechenzwecke 79
Rechnungswesen
    Betriebliches 51
Regressionsanalyse 273
Reinvestitionsquote 168
Relative Deckungsbeiträge 91
Rentabilität 291
Rentabilitätsanalyse 334
Ressourcenansatz 274
Revenue Center 64

Risiken 223
Risiko
    Zukunftseinschätzung 235
Risikoaggregation 234
Risikobericht 236
Risikobewältigung 225
Risikobewertung 231
Risikocontrolling 26, 224, 227
Risikoerkennungsmethoden 228
Risikofrühwarnsystem 225
Risikogesamteinschätzung 211
Risikoidentifikation 228
Risikointerdependenzen 234
Risikoinventur 228
Risikokennzahlen 315
Risikokommunikation 233
Risikomanagement-Gesamtsystem 226
Risikomanagementprozess 225
    Beispiel 230
    Verfahrensschritte 225
Risikomanagementsystem 225
Risikoorientierte Kreditvergabe 202
Risikoorientierte Performancemaße 316
Risikoportfolio 231
Risikosteuerung 227, 236
Risikoüberwachung 237
Risikoüberwachungssystem 225
risk map 232
RL-Kennzahlensystem 295
    Allgemeiner Teil 297
    Erweiterung 312
    Liquiditätsteil 303
    Nachhaltigkeitskennzahlen 317
    Rentabilitätsteil 297
    Risikokennzahlen 315
    Sonderteil 307
    Wertorientierung 313
ROI aus Betriebsergebnis 302
ROI-System 292

S

Sachliche Integration 219
Scanning 280
Schätzverfahren 172
Schwache Signale 280
Segmente 32
Selbstrating
    Gesamtbeurteilung 211
Shareholder Value 258, 313
Sollkosten 97
Spezifischer Deckungsbeitrag 68
Sprungfixe Kosten 60
Stakeholder Ansatz 261
Standardkostenrechnung 82
Starre Plankostenrechnung 94
Stille Reserven/-Lasten 169
Strategische
    Controllinginstrumente 280
Strategische Planung 214
Strategisches Controlling 27
Stromgrößenbezogene Finanzanalyse 163
Strukturelle Liquiditätssicherung 161
Strukturmodelle 130
Supply Chain Controlling 36
Supply Chain Management 106

T

Target Costing 111
Tätigkeitsanalyse 106
Teilgebiete des Controlling 9
Teilkostenrechnung 83
    Entscheidungsnutzen 89
    Verfahren 83
Teilsysteme 10
Top-down-Verfahren 153
Trendanalysen 282

U

Überbetrieblicher Vergleich 332
Umsatzkostenverfahren 74

Umsatzmanagement 136
Umsatzplanung 139
Umsatzprognose 118, 120
   Einzelfertigung 129
   Massenfertigung 125
Umsatzrentabilität 292, 334
Umschlagsgegebenheiten 166
Umschlagshäufigkeit 166, 292, 334
Umweltanalyse 271
Unternehmensführung
   Aufgaben der 24
   Operative 216
   Strategische 215
Unternehmensführungssystem 213
Unternehmenstätigkeitsprozess 49
Ursache-Wirkungs-Zusammenhänge 254

V

Value at Risk 316
Variable Kosten 60, 309
Verbrauchsabweichung 94, 99
Verbrauchsfunktion 140
Vergleich 106
Vermögensanalyse 164
Vermögensbereinigung 169
Vermögensstruktur 164, 334

Vermögensumschlag 166
Verwaltungscontrolling 38
Vollkostenrechnung 81
Vorleistungskosten 108
Vorrätecontrolling 42

W

WACC 257
Warnsignale 211
Wertorientierte Analyse 335
Wertorientierte Konzepte 313
   Restwertermittlung 314
Wertorientierte Unternehmensführung 255
Werttreiber 260
Working Capital 306

Z

Zeitliche Integration 220
Zeitreihenverfahren 122
Zero Base Budgeting 159
Zielkosten 112
Zielkostenkontrolldiagramm 112
Zukunftsrisiko 224
Zusatzkosten 57
Zuschlagskalkulation 71